John Julius Norwich
BYZANZ

John Julius Norwich

BYZANZ

Auf dem Höhepunkt
der Macht
800–1071

Aus dem Englischen von
Esther Matille, Ulrike und Manfred Halbe
Verlagsbüro Neumeister-Taroni, Zürich

Econ

Titel der englischen Originalausgabe: Byzantium. The Apogee. Originalverlag Viking, London. Übersetzt von Esther Matille, Ulrike und Manfred Halbe (Verlagsbüro Neumeister-Taroni, Zürich). Copyright © 1991 by John Julius Norwich.

Sonderausgabe 1998
© 1994 der deutschen Ausgabe by Econ Verlag GmbH, Düsseldorf und München.
Der Econ Verlag ist ein Unternehmen der Econ & List Verlagsgesellschaft.
Alle Rechte der Verbreitung, auch durch Film, Funk und Fernsehen, fotomechanische Wiedergabe, Tonträger jeder Art, auszugsweisen Nachdruck oder Einspeicherung und Rückgewinnung in Datenverarbeitungsanlagen aller Art, sind vorbehalten.
Redaktion: Brigitta Neumeister-Taroni. Gesetzt aus der Sabon, Linotype. Satz: LHF Satzstudio GmbH, Düsseldorf. Druck und Bindearbeiten: Franz Spiegel Buch GmbH, Ulm. Printed in Germany. ISBN 3-430-17162-8.

Inhalt

Einführung	7
1. Krum	11
2. Rückkehr zum Ikonoklasmus	35
3. Theophilos	59
4. Die Rückkehr der Bilder	73
5. Patriarchen und Komplotte	85
6. Doppelmord	103
7. Basileios der Makedonier	117
8. Leon der Weise	133
9. Romanos gelangt an die Macht	157
10. Der sanfte Usurpator	177
11. Gelehrter und Kaiser	205
12. Der bleiche Tod der Sarazenen	231
13. Johannes Tzimiskes	265
14. Der junge Basileios	289
15. Der Bulgarenschlächter	307
16. Der Anfang vom Ende	333
17. Das Ende der Paphlagonier	363
18. Konstantin Monomachos und das Schisma	381
19. Auftakt zur Katastrophe	409
20. Mantzikert	427
Karten und Pläne	459
Genealogie	467
Chronologische Verzeichnisse	471
Anmerkungen	479
Bibliographie	503
Personen- und Ortsregister	512

Einführung

Als Einführung zu diesem Buch genügt im Grunde der Hinweis, daß es den Überblick fortführen soll, den ich mit dem ersten Band in Angriff nahm. Dort, in *Byzanz. Der Aufstieg des Oströmischen Reiches,* begann ich mit den Gründen für den so folgenreichen Entschluß Konstantins des Großen, am Bosporus eine neue Hauptstadt des Römischen Reichs zu gründen, und zeichnete deren Schicksal anhand der Ereignisse um Konstantin und die nach ihm Herrschenden bis zu jenem schicksalsträchtigen Weihnachtstag des Jahres 800 nach, als Papst Leo III. Karl den Großen zum römischen Kaiser krönte und damit – wenn auch nicht formell, so doch in der Praxis – die stets vorausgesetzte Einheit des Christentums in Frage stellte und Europa zwei, statt wie bis dahin einen Kaiser bekam.

Der vorliegende Band befaßt sich mit einer kürzeren Zeitspanne, mit weniger als drei im Gegensatz zu den fünf Jahrhunderten im ersten Band, und zwar zum Teil, weil es, wie in der Geschichte immer wieder, zu einem Schneeballeffekt im Ablauf der Ereignisse kam; immer mehr Figuren treten auf, und sie alle wollen auf die Leinwand des immer dichter bevölkerten östlichen Mittelmeerraums gebannt sein. Der Hauptgrund liegt jedoch darin, daß die zeitgenössischen Quellen für diesen zweiten Zeitabschnitt um einiges informativer sind. Wie bereits in der Einführung zum ersten Band erwähnt, sind die überlieferten Dokumente für die ersten paar hundert Jahre der byzantinischen Ära bedauernswert dürftig und in der Regel auch noch widersprüchlich. Und was ihren Unterhaltungswert angeht, ist im Grunde nur Prokop wirklich mit Vergnügen zu lesen – er macht allerdings einiges wieder wett.

Nun, da sich das Rad schneller dreht und die Geschichte immer mehr in Schwung kommt, beginnen sich die Chronisten zu mehren, und ihre Berichte sind immer öfter mit Porträts, Beschreibungen und Anekdoten ausgeschmückt. Zwar gibt es nach wie vor einzelne Epochen, wie zum Beispiel der Beginn des elften Jahrhunderts, für die unsere Quellen leider ungenügend sind, aber solche Zeitabschnitte sind fortan eher die Ausnahme als die Regel. Dank den Berichten von Liutprand von Cremona, Theophanes Continuatus, Georgios Kredenos, Johannes Skylitzes und vor allem jenen des unsympathischen, aber trotz allem faszinierenden Michael Psellos können wir uns, was das Leben am byzantinischen Kaiserpalast des Frühmittelalters betrifft, an einem unvergleichlich viel farbigeren Bild erfreuen als von jedem europäischen Hof dieser Zeit. Ich habe mir diese Chroniken dankbar zunutze gemacht und sie, direkt oder indirekt, ausführlich – für manche vielleicht zu ausführlich – zitiert. Zwar hat dies ebenfalls zur Verkürzung der auf den folgenden Seiten behandelten Zeitspanne beigetragen, aber das schien es mir wert zu sein.

Außerdem erlaubte es mir, diesen zweiten Band so zu beenden, wie ich bereits den ersten aufhören ließ: mit einem der wichtigsten Ereignisse in der byzantinischen Geschichte. Während sich jedoch die Thronbesteigung Karls des Großen, so traumatisch sie auch gewesen sein mag, als viel weniger nachteilig für das Ostreich erwies als damals befürchtet, war die Schlacht von Mantzikert eine absolute Katastrophe, deren volles Ausmaß sich erst nach und nach enthüllte. Byzanz verlor in diesem Alptraum von wenigen Stunden drei Viertel von Kleinasien und damit jenes Gebietes, auf welches das Reich am stärksten angewiesen war und das seinen wertvollsten Besitz darstellte. Und es erwies sich, daß dieser Verlust erst der Anfang war. Kaum hatten türkische Verbände einen Teil Anatoliens überrollt, war es nur noch eine Frage der Zeit, bis sie das ganze Land besetzten. Die Balkanhalbinsel folgte und schließlich Konstantinopel selbst. Die Eroberungsmacht aus dem Orient hatte es jedoch nicht eilig, und der Prozeß nahm fast vierhundert Jahre in Anspruch. Es besteht jedoch kein Zweifel, daß die Entwicklung, die am Diens-

Einführung 9

tag, dem 29. Mai 1453, zu Ende ging, als Sultan Mehmed II. den
Kopf zu Gebet und Dank neigte und mit dem Turban in der Hagia
Sophia den Fußboden berührte, ihren Anfang 382 Jahre zuvor auf
dem fernen Schlachtfeld bei Mantzikert genommen hatte.

In dem unmittelbar auf jene so erschütternde und schmähliche
Niederlage folgenden Jahrzehnt, als immer größere Teile Kleinasiens
von den seldschukischen Truppen überschwemmt wurden und die
Regierungsbeamten von Michael VII. und Nikephoros III. tatenlos
zusahen, wie das Reich immer tiefer in die Anarchie schlitterte, werden wohl nur wenige all derer in Byzanz, die darüber nachdachten,
noch daran gezweifelt haben, daß die Tage ihres Reichs gezählt
waren. Doch wie schon so oft in der byzantinischen Geschichte –
Konstantinopel stand ja bekanntlich unter göttlichem Schutz – kam
Rettung in letzter Minute: Nach einem Dutzend nahezu absurder
Gestalten auf dem byzantinischen Thron in kaum mehr als fünfzig
Jahren läßt jene von Alexios Komnenos geradezu heroische Züge
vermuten. Und so endet das vorliegende Buch, das auf der letzten
Seite von seiner Krönung am Ostersonntag des Jahres 1081 berich-
tet, in hoffnungsvollerem Ton. Die Schilderung aber, wie sich diese
Hoffnung erfüllte, muß auf den dritten Band warten, in dem die lan-
ge Geschichte, wie ich hoffe, zu Ende geführt wird.

Bleibt nur noch, meine übliche Warnung anzubringen. Obwohl
ich mein Möglichstes getan habe, um den Tatsachen so nahe zu kommen, wie es die vorhandenen Quellen erlauben, erhebt dieses Buch
keinen Anspruch auf akademische Genauigkeit und, bedingt durch
persönliche Voreingenommenheit der Chronisten den vorgestellten
Personen und Ereignissen gegenüber, auch nicht den der Sachlich-
keit. Als ich zu schreiben begann, wußte ich nur wenig über Byzanz,
und ich werde zweifellos vieles, was ich schrieb, schon wieder
vergessen haben, wenn diese Geschichte abgeschlossen ist. Daß
die wirtschaftlichen Aspekte etwas zu kurz kommen, liegt daran,
daß ich kein Volkswirtschaftler bin und ein dreibändiges Werk
auch ohne diesen Aspekt umfangreich genug ist. Und wenn ich mehr
auf die Persönlichkeiten der Kaiser und Kaiserinnen eingehe als auf
allgemeine gesellschaftliche Entwicklungen, kann ich zu meiner
Entschuldigung nur anführen, daß ich Menschen Tendenzen vor-
ziehe.

Wer sich etwas Anspruchsvollerem stellen will, halte sich an die Bibliographie, die viele hervorragende wissenschaftliche Titel enthält. Das vorliegende Werk gehört nicht in diese Kategorie. Meine vorrangige Absicht war, interessierten Laien jene Art byzantinischer Geschichte aus der Vogelperspektive zu bieten, die mir fehlte, als ich dem Zauber des östlichen Mittelmeerraums zu verfallen begann. Ob es mir gelungen ist, muß offenbleiben, fehlt doch diesem, wenngleich relativ bescheidenen Projekt noch immer der letzte, fast vier Jahrhunderte umfassende Teil. Immerhin habe ich den Punkt, an dem es kein Zurück mehr gibt, bereits weit überschritten. Mir macht es Spaß, und wenn ich verwandte Seelen dazu bringen kann, mein Vergnügen zu teilen, bin ich in der Tat zufrieden.

John Julius Norwich

1

Krum

(800–814)

Selbst wenn wir Vögel wären, bestünde keine
Hoffnung auf Entkommen.

Kaiser Nikephoros I. auf dem Totenbett

Als Papst Leo III. an Weihnachten im Jahre 800 Karl, dem Sohn des Frankenkönigs Pippin, die Kaiserkrone aufsetzte und sich vor ihm als dem römischem Kaiser niederwarf, bestand das Byzantinische Reich bereits seit 470 Jahren. Im Jahre 330 hatte es Konstantin der Große mit der Stadt begründet, die er offiziell als Neues Rom bezeichnete, die aber besser bekannt wurde unter dem Namen Konstantinopel. Byzanz hatte hart um das Überleben kämpfen müssen. Im Westen gegen Barbarenstämme – gotische, hunnische, vandalische und awarische –, im Osten gegen das Persische Reich, und nur allzubald nach dem Untergang des Sassanidenreiches gegen die noch größere Bedrohung durch den Islam. Über die Jahrhunderte hinweg hatte das Reich einiges an Territorium eingebüßt. Die Sarazenenscharen hatten Palästina, Syrien, Nordafrika und Ägypten erobert; ein Großteil Italiens war nach Justinians Rückeroberung an die Langobarden gefallen, die das Gebiet ihrerseits freiwillig dem Papst weitergaben. Zu den früheren Verlusten kamen aktuelle Sorgen. Kalif Harun al-Raschid übte immer größeren Druck auf die anatolische Grenze aus. Näher der Heimat, auf dem Balkan, stellte Bulgarien eine ständige Bedrohung dar, während das Reich noch immer von der heftigen Kontroverse entzweigerissen wurde, für die sich auch nach über siebzig Jahren keine Lösung abzeichnete: War es nun Sünde, Ikonen und geweihte Bilder von Jesus, Maria und den Heiligen zu verehren, oder doch nicht?

Die Frage hatte sich bereits 726 gestellt, als Kaiser Leon III.[1] »der Isaurier« die Zerstörung der großen goldenen Christus-Ikone über den bronzenen Türen des Chalketors angeordnet hatte, dem Haupteingang des Kaiserpalastes in Konstantinopel. Vier Jahre später hatte er ein weiterführendes Edikt erlassen, das sich gegen alle Heiligenbilder im ganzen Reich richtete. Mit noch größerem Fanatismus wurde der von Leon III. in Gang gesetzte Bilderstreit von seinem Sohn Konstantin V. fortgesetzt. Erst nach dessen Tod im Jahre 775 schwang das Pendel dank Kaiserin Irene, seiner Schwiegertochter, in die andere Richtung aus, zugunsten der Ikonodulen also, die Bilder anbeteten oder zumindest verehrten.

Irenes Mann, der labile und wirkungslose Leon IV., war zwar ein Bilderstürmer wie sein Vater, doch konnte er sich nicht gegen seine Frau durchsetzen. Nach seinem frühen Tod mit einunddreißig Jahren wurde sie Regentin an der Stelle ihres zehnjährigen Sohnes Konstantin VI. Als dieser als Erwachsener versuchte, die ihm nach geltendem Recht zustehende Macht zu übernehmen, ließ ihn seine Mutter auf so grausame Weise blenden, daß er bald darauf an den Folgen starb – womit sie gewiß gerechnet hatte. Damit herrschte sie als erste Frau über das Byzantinische Reich nicht nur als Regentin an ihres Sohnes Statt, sondern in eigener Person. Als schon von jeher leidenschaftliche Bilderverehrerin führte sie den Bilderkult wieder ein und erreichte sogar, daß er im Jahre 787 vom zweiten Konzil von Nikäa formell erläutert und gebilligt wurde. In anderen Bereichen erwies sich ihre Herrschaft als ein Debakel. Am Ende des Jahrhunderts herrschte Not, und das Reich stand am Rand einer Revolution.

In diesem Augenblick allgemeiner Unzufriedenheit und sinkender Moral tauchte eine neue Bedrohung auf. Sie war weder wirtschaftlicher noch militärischer Natur, sondern für Byzanz völlig neu, richtete sie sich doch gegen die Grundfesten des Reiches, gegen die Einheit von Römischem Reich und christlichem Glauben. Diese Einheit symbolisierte und repräsentierte aus byzantinischer Sicht der Kaiser. Er war Augustus' Nachfolger und Gottes Statthalter zugleich, der Auserwählte Christi und den Aposteln gleich. Daraus folgte, daß so, wie es nur einen Herrscher im Himmel gab, es auch nur einen Kaiser auf Erden geben konnte – wenn er zu rein administrativen Zwecken den Thron auch mit jemandem teilen konnte. Diese gottgewollte

Der Heiratsantrag (801)

Autorität in Frage zu stellen, war nicht nur Verrat, sondern Gotteslästerung. Die Tatsache, daß es über die Jahrhunderte schon oft dazu gekommen war, spielt dabei keine Rolle; das Bewußtsein einer Sünde dient selten dazu, sie zu verhindern. Man muß sich vergegenwärtigen, daß die Vorstellung eines auf einer höheren geistigen Ebene sich bewegenden Kaisers, der mit einem Fuß im Himmel stand, keineswegs eine abstruse Doktrin war. Es handelte sich dabei im Gegenteil um eine feste Überzeugung, die praktisch die gesamte byzantinische Bevölkerung teilte, vom Basileus selbst bis hin zur einfachsten Bauernfamilie, um einen Glaubensartikel, der mindestens ebenso allgemein akzeptiert war wie etwa die Gültigkeit der christlichen Gebote. Kein Wunder, daß die Nachricht von der Krönung in Rom, die Anfang 801 in Konstantinopel eintraf, ungläubiges Entsetzen auslöste.

Wieviel Karl der Große über die byzantinische Reichstheorie wußte, als er sich an jenem Weihnachtsmorgen vor dem Hochaltar der Peterskirche von den Knien erhob, werden wir nie erfahren. Er hätte die Sache jedoch ohnehin ganz anders betrachtet: In seinen Augen stand der kaiserliche Thron in Byzanz nämlich nicht nur auf wackligen Füßen, sondern war leer. Der alten salischen Tradition zufolge, in der er aufgewachsen war, durfte keine Frau eine Krone tragen, es sei denn in Gemeinschaft mit ihrem Mann. Und es spricht einiges dafür, daß Papst Leo diese Sicht teilte. Damit aber blieb das Römische Reich, ungeachtet der soeben vollzogenen schicksalsträchtigen Feier, für die beiden Männer im Westen eins und unteilbar, allerdings mit Karl als Kaiser. Neu war einzig der Umstand, daß sich der Papst das Recht herausgenommen hatte, den römischen Kaiser eigenmächtig zu ernennen und einzusetzen – ein Recht, das seit annähernd fünfhundert Jahren Byzanz ausgeübt hatte.

Gleichzeitig war nicht zu leugnen, daß Irene jeden Zentimeter des Reichsgebiets für sich beanspruchte, und ebensowenig konnte es Zweifel daran geben, daß die Krönung in Rom mit allem, was sie implizierte, in Konstantinopel auf heftigsten Widerstand stoßen würde. In diesem Bewußtsein schickte Karl der Große Gesandte zur Kaiserin mit dem Auftrag, um ihre Hand anzuhalten. Seine Vorteile lagen auf der Hand. Waren die Reichsgebiete in Ost und West unter einer Krone vereint, stand das Reich wieder als jene Einheit da, als die es Konstantin sich vorgestellt hatte. Außerdem gab es keine Familienmitglieder mehr, die die Nachfolge nach Irenes Tod hätten anfechten können – dafür hatte sie ja selbst wirkungsvoll gesorgt. Im Gegensatz zu ihren Untertanen war Irene dem Vorschlag nicht abgeneigt. In einer Ehe mit Karl erkannte sie eine Möglichkeit, die leeren Staatskassen wieder zu füllen und, noch wichtiger, vielleicht sogar den Aufstand zu vermeiden, der, wie sie wohl wußte, kurz vor dem Ausbruch stand. Zudem konnte sie der erstickenden Intrigenwirtschaft Konstantinopels entrinnen. Als sich ihre Berater vom Schreck erholt hatten, wehrten sie sich jedoch mit Händen und Füßen dagegen: Ein solcher Vorschlag müsse, so heißt es in einer deutschen Geschichtsstudie anschaulich, etwa dieselbe Wirkung gehabt haben, wie wenn der Wiener Bevölkerung im achtzehnten Jahrhundert zu Ohren gekommen wäre, Kaiserin Maria Theresia wolle den Negus von Abessinien heiraten. Wie hätten sie die Unterwerfung des Römischen Reiches unter einen ungehobelten barbarischen Analphabeten billigen können? Noch vor Ende des Jahres erklärte eine Gruppe ranghoher Beamter unter der Leitung von Irenes leidgeprüftem *Genikos Logothetes* (faktisch ihr Finanzminister) sie für abgesetzt. Zu ihrer kaum verhohlenen Erleichterung wurde sie auf die nicht ganz passende Insel Lesbos verbannt, wo sie kurz darauf starb.

Eine detailliertere Schilderung der Krönung Karls des Großen und seiner »verhinderten« Hochzeit sowie eine eingehendere Analyse ihrer Bedeutung findet sich im ersten Band dieser Geschichte von Byzanz. Sie an dieser Stelle noch einmal zusammenzufassen, schien angebracht, um in Erinnerung zu rufen, wie der erste Band endete, und den Hintergrund aufzuzeigen, auf dem sich die nun folgenden Ereignisse abspielten. Als erstes ist von der Inthronisierung des Anführers jener Palastrevolte gegen Kaiserin Irene zu berichten, ihres ehemaligen *Genikos Logothetes:* er, der Chef der kaiserlichen Verwaltung, nahm nun den Namen und Titel Nikephoros I. an.

Es heißt, der neue Kaiser sei arabischer Abstammung gewesen, ein Nachkomme des ghassanidischen Königs Dschaballah und damit aus einem christlich-arabischen Fürstengeschlecht in Syrien. Er war fest entschlossen, das Reich wieder in Ordnung zu bringen, dabei

Nikephoros' Reformen (803) 15

aber nicht übermäßig besorgt um die Methoden, mit denen er dieses
Ziel erreichen wollte. Niemand verstand den Ernst der Lage besser
als er. Irene hatte die Armee von allen Anhängern des Bildersturms
gesäubert, damit aber eine katastrophale Schwächung herbeigeführt, welche die Feinde des Reichs unverzüglich ausnützten. Nicht
in der Lage, sie mit Waffengewalt aufzuhalten, war die Kaiserin
gezwungen gewesen, dem bulgarischen Khan und dem Kalifen
Harun al-Raschid große jährliche Tribute anzubieten. Hinzu kam,
daß die ständigen arabischen Einfälle in Kleinasien sich verheerend
auf das Kleinbauerntum ausgewirkt hatten, auf den Stand also, auf
dem seit dem Ende des siebten Jahrhunderts, seit Justinian II., die
Verteidigung des Reichs ruhte. Von ihren Höfen vertrieben, waren
viele Familien in die Hauptstadt gezogen und stellten nun dort mit
ihren Forderungen nach Lebensmitteln und Unterhaltszahlungen
eine zusätzliche Belastung dar, statt die Staatskasse mit regelmäßigen Abgaben zu füllen. Unterdessen fielen ihre Höfe der Habgier von
Großgrundbesitzern zum Opfer und besonders auch den Klöstern,
die Irene von allen Steuern befreit hatte. Da sie auch die von der frei-
en Bürgerschaft Konstantinopels zu entrichtende Kopfsteuer sowie
die Verbrauchssteuer[2] abgeschafft und die Zolleinnahmen von
Abydos auf die Hälfte gesenkt hatte, war das Reich in einem Zeitraum von wenigen Jahren gefährlich nahe an den finanziellen und
fiskalischen Ruin geraten. Der Staatsstreich, der zu ihrem Sturz
führte, kam sozusagen gerade noch im letzten Augenblick.

Zu seinem Pech zog sich Nikephoros den Zorn und den erbitterten Haß des Mönchs und Chronisten Theophanes zu, unserer einzigen vollständigen und im allgemeinen verläßlichen, zeitgenössischen Quelle für jene Zeit. Er hielt den Kaiser für nicht viel besser als
den leibhaftigen Antichrist und verschaffte ihm dadurch über Jahrhunderte hinweg eine äußerst schlechte Presse. Tatsächlich hätten
aber wohl nur wenige erfahrenere oder besser qualifizierte Kandidaten zur Verfügung gestanden, um Byzanz finanziell wieder auf die
Beine zu helfen. In der Wahl der Mittel war er allerdings nicht zim-
perlich. Ohne viel Federlesens wurden Irenes Steuererlasse rückgängig gemacht, andere Abgaben massiv erhöht und verarmte Kleinbauern in die reguläre Armee eingezogen, wobei man die Kosten
ihrer Ausrüstung in der Höhe von rund achtzehneinhalb Goldstük-

ken einfach auf wohlhabendere Nachbarn überwälzte. Private Darlehen an Handeltreibende waren verboten. Schiffseigner durften nur beim Staat Kredit aufnehmen, und der verlangte schamlos einen Zins von annähernd siebzehn Prozent. Im Gegensatz zu so vielen seiner Vorgänger hatte der Kaiser auch keinerlei Skrupel, gegen die Kirche vorzugehen. Er instruierte seine Beamten, Bischöfe und Geistliche seien »wie Sklaven« zu behandeln, und gab ihnen die Vollmacht, wenn nötig Gold- und Silbergeräte einzuziehen. Die Klöster behandelte er mit noch größerer Arroganz, was Theophanes' Zorn wohl weitgehend erklärt. Er quartierte Truppen bei ihnen ein, übertrug der kaiserlichen Kommission die Gewalt, bestimmte Ländereien zu beschlagnahmen, ohne gleichzeitig entsprechende Steuererleichterung zu gewähren, und erhob Kopfsteuern von den dort ansässigen Pachtfamilien und Angestellten. Verständlich, daß dies seiner Beliebtheit nicht gerade förderlich war, wenn auch die Wirtschaft in der Folge dieser Maßnahmen bald wieder auf festeren Füßen stand als Jahre zuvor.

Und dies war dringend nötig, hatte doch eine von Nikephoros' ersten Amtshandlungen nach der Inthronisierung darin bestanden, dem Kalifen zu schreiben, er habe nicht die Absicht, weiterhin Tributzahlungen zu leisten, sondern verlange im Gegenteil die Rückzahlung der Unsummen, die seine Vorgängerin entrichtet habe. Damit riskierte er kaltblütig Krieg. Harun reagierte mit einem sofortigen Angriff, was um so schlimmer war, als 803 auch noch der byzantinische Oberbefehlshaber, ein Armenier namens Bardanes Turkos, rebellierte und sich zum Kaiser ausrief.[3] Dieser Aufstand wurde zwar praktisch auf der Stelle niedergeschlagen, aber die Sarazenen hatten sich bereits beträchtlicher Gebiete bemächtigt, die sie in den kommenden Jahren noch ausdehnten. 806 stieß ein 135 000 Mann starkes moslemisches Heer, vom Kalifen persönlich angeführt, nach Kappadokien vor und eroberte Tyana, ein heute unbedeutendes Dorf namens Kalesihisar, damals jedoch eine bedeutende Stadt mit Bischofssitz. Die Truppen zogen sich erst nach der Zahlung eines Lösegelds von 50 000 Goldstücken zurück.

Zum Glück für das Reich starb Harun drei Jahre später. Bis dahin war Nikephoros aber noch an zwei weiteren Fronten beschäftigt. Die erste lag im heutigen Griechenland, und zwar auf dem Pelopon-

Massaker und Rache (809)

nes und im Thema Hellas, wozu etwas vereinfacht gesagt Attika, Böotien und Phokis gehörten. Während der im sechsten Jahrhundert erfolgten sogenannten slawischen Landnahme hatten slawische Siedlungsgruppen das ganze Gebiet überrollt und den byzantinischen Einfluß stark zurückgedrängt. Auf dem Peloponnes gab es seit 747 nicht eine einzige Reichstruppe mehr. Kaiserliche Erlasse zeitigten schon lange keine Wirkung mehr. Zum Glück hatten sich die Eingewanderten als sanfte, friedliebende Leute erwiesen, die nichts weiter verlangten, als in Ruhe ihr Land zu bestellen. Mit dem Aufstieg der bulgarischen Stämme und ihren großangelegten Überfällen auf Makedonien wuchs jedoch die Gefahr einer raschen Verschlechterung der Situation stetig. Einen großen vereinten, kriegführenden slawischen Block von der Donau bis zum Kap Matapan wollte man in Byzanz nicht riskieren.

Die Befürchtungen des Kaisers bestätigten sich, als im Jahre 805 eine beträchtliche slawische Streitmacht die Stadt Patras am Golf von Korinth angriff. Es gelang, sie zurückzuwerfen, wenn auch mit einiger Mühe. Der Vorfall bestärkte Nikephoros, eine umfassende Neubesiedlung des Peloponnes einzuleiten, für die er unzählige griechischsprechende Untertanen aus dem ganzen Reich umsiedeln ließ, darunter auch beträchtliche Kolonien aus Kalabrien und Sizilien. Diese brachten natürlich den christlichen Glauben mit, zu dem die slawische Bevölkerung nicht übergetreten und der seit ihrer Einwanderung größtenteils verlorengegangen war. Wie bei Zwangsumsiedlungen immer ließen sich die meisten nur aus Angst vor den Folgen einer Weigerung dazu bringen, ihre Heimat gegen eine Terra incognita einzutauschen, die ihres Wissens feindselige barbarische Sippen bevölkerten. Ohne Nikephoros' Politik hätte die spätere Geschichte der Balkanhalbinsel wohl einen ganz anderen Verlauf genommen.

Diese Vermutung gewinnt noch an Wahrscheinlichkeit, wenn wir uns vergegenwärtigen, daß mit Krum im ersten Jahrzehnt des neunten Jahrhunderts einer der furchterregendsten Anführer des bulgarischen Volkes an die Macht gelangte. Über seine Herkunft ist nichts überliefert. Sicher ist dagegen, daß unter seiner Herrschaft zu Beginn des neunten Jahrhunderts die awarischen Völkerschaften als solche erloschen und für immer aus der Geschichte verschwanden, und daß er 807 die Oberhand gewann und die bulgarischen Stämme des Donaubeckens mit denjenigen in Pannonien und Transsylvanien vereinte und zu einer in der bulgarischen Geschichte noch nie dagewesenen militärischen Stärke vereinte. Im selben Jahr beschloß Nikephoros, den teuer erkauften Waffenstillstand an der Ostgrenze auszunützen, um einen Feldzug gegen Bulgarien zu führen. Er kam aber nicht weiter als bis nach Adrianopel, als eine Verschwörung unter seinen Offizieren aufgedeckt wurde und er den Feldzug unvermittelt abbrechen mußte. Nun war es an Krum, die Initiative zu ergreifen. Im Spätherbst des Jahres 808 überrumpelte er mit seinen Truppen ein großes byzantinisches Heer, das in der Nähe der Flußmündung des Struma lagerte, und schlug es vernichtend. Des weiteren gelang es ihm im Frühjahr 809, mittels einer List in die Stadt Serdika (heute Sofia) zu gelangen. Er ließ die Festung schleifen und die gesamte 6000 Mann starke Truppe niedermetzeln.

So unbeliebt Nikephoros auch bis dahin schon immer gewesen sein mochte, nie zuvor war er in den Straßen Konstantinopels so offen von seinen Untertanen verunglimpft worden wie am Gründonnerstag, als die Nachricht von dem Massaker die Hauptstadt erreichte. Man murrte, er habe sich damit nicht nur als habgierig und raffgierig erwiesen, sondern auch als erbärmlicher Feldherr. In der Tat war der eine der beiden Feldzüge gegen Krum eine Totgeburt gewesen, aufgegeben, bevor auch nur ein einziger Pfeil abgeschossen worden war, und der andere hatte mit einer vernichtenden Niederlage geendet. Diesmal bot ihnen der Kaiser jedoch keinen Grund zur Klage. Auch er kochte vor Wut. Er verließ mit dem Heer sogleich die Stadt und erreichte nach Gewaltmärschen am Ostersonntag die bulgarische Hauptstadt Pliska, die sich ihm zu seiner Freude praktisch ohne Verteidigung präsentierte. Seine Männer fielen wie die Heuschrecken darüber her, brandschatzten, vergewaltigten, töteten, plünderten und legten den Holzpalast des Khans in Schutt und Asche. Danach zogen sie gleich weiter nach Serdika. Dort gab Nikephoros den Befehl, die Festung wieder aufzubauen und kehrte, befriedigt über das Erreichte, im Triumph nach Konstantinopel zurück.

Doch Krum gab sich noch nicht geschlagen – und Nikephoros wußte das. Das ganze folgende Jahr verbrachte er damit, seine letzte Großoffensive gegen den bulgarischen Khan zu planen, einen

Massaker und Rache (809)

Angriff, der diesen mitsamt seinen hassenswerten Stämmen genauso wirksam ausschalten sollte wie Krum die awarischen weniger als zehn Jahre zuvor. Seit dem Tod von Harun al-Raschid war die Ostfront ruhig gewesen; die Söhne des Kalifen waren zu sehr mit Streitereien untereinander beschäftigt, um sich mit Byzanz zu befassen. Darum konnte man die Heere der asiatischen Themen zusammenziehen, um sie mit ihren Kollegen im Westen zu vereinen. Im Mai 811 marschierte eine riesige Streitmacht durch das Goldene Tor, der Kaiser mit seinem Sohn Staurakios an der Spitze.

Am Anfang lief alles nach Wunsch. Vor einer derart überwältigenden Streitmacht blieb den bulgarischen Truppen nichts anderes übrig, als sich zurückzuziehen. Pliska wurde einmal mehr verwüstet und die Bevölkerung massakriert. Nikephoros, der sich, wenn wir Theophanes glauben dürfen, in einem wahren Blutrausch befunden haben muß, verschonte weder Frauen noch Kinder. Einer besonders furchtbaren Geschichte zufolge warfen die Soldaten Babys in die Dreschmaschinen. Der erst kurz zuvor wiederaufgebaute Palast des Khans wurde ein zweites Mal dem Erdboden gleichgemacht. Angesichts seiner Lage ersuchte Krum um Frieden, doch Nikephoros war fest entschlossen, was er begonnen hatte, zu Ende zu führen, und marschierte mit seinen Truppen weiter, auf der Suche nach dem bulgarischen Heer, das in die Berge geflohen war.

Er sollte seine Unbeugsamkeit nur zu bald bereuen. Am Donnerstag, dem 24. Juli, führte er sein Heer noch immer auf Verfolgungsjagd durch einen felsigen Engpaß – vermutlich den Paß von Verbitza, etwa fünfzig Kilometer südlich des heutigen bulgarischen Ortes Turgovishte –, ohne zuvor angeordnet zu haben, daß die Gegend angemessen erkundet wurde.[4] Die feindlichen Truppen, die insgeheim jeden Schritt der Eindringlinge überwacht hatten, sahen ihre Chance gekommen. Im Schutz der Dunkelheit blockierten sie die Schlucht auf beiden Seiten mit massiven Holzbarrikaden. Bei Tagesanbruch erkannte Nikephoros, daß man ihn in eine Falle gelockt hatte. Flucht war unmöglich, sein und seiner Männer Schicksal besiegelt. Den ganzen Tag warteten sie auf den Angriff; doch die Bulgaren, die immer noch an ihren Barrikaden arbeiteten, hatten keine Eile. Erst am 26. Juli, einem Samstag, schlugen sie kurz nach Mitternacht zu und rächten sich bitter für die zuvor erlittenen Grausamkeiten.

Das Massaker dauerte die ganze Nacht hindurch und bis in den folgenden Tag hinein. Ein großer Teil des byzantinischen Heeres wurde aufgerieben. Viele Soldaten verbrannten, als die Bulgaren die Palisaden in Brand steckten, andere wurden unter künstlich ausgelösten Erdrutschen begraben. Die paar wenigen, denen es gelang durchzukommen, hauptsächlich Berittene, stürzten in heller Panik vor ihren Verfolgern in den nahen Fluß und ertranken. Unter der Handvoll der Überlebenden befand sich Michael Rangabe, der Schwiegersohn des Kaisers. Dessen eigener Sohn Staurakios hatte weniger Glück. Gelähmt durch eine schreckliche Nackenverletzung, bei der Rückenmark austrat, brachte man ihn nach Konstantinopel zurück, wo er noch immer unter unsäglichen Schmerzen sechs Monate später starb.

Nikephoros fiel, und sein Leichnam wurde sogleich sichergestellt und im Triumph ins bulgarische Lager geschleppt. Dort schlug man den Kopf ab, spießte ihn auf einen Pfahl und setzte ihn mehrere Tage dem öffentlichen Hohn und Spott aus. Aber es blieb nicht bei dieser Demütigung. Krum ließ den Schädel mit Silber ausgießen und benützte ihn zeit seines Lebens als Trinkbecher.

Am Bosporus wurde die Nachricht vom Tod des Kaisers mit Entsetzen aufgenommen. Eine vergleichbare Katastrophe lag über vierhundert Jahre zurück. Als letzter im Feld getöteter Kaiser war Valens 378 in Adrianopel umgekommen. Obwohl die byzantinische Bevölkerung Nikephoros nie gemocht hatte, war sie sich der Erniedrigung, die der bulgarische Khan ihm und damit auch ihnen zugefügt hatte, schneidend bewußt. Ebensogut wußte man, daß im Reich zwar die Finanzen stimmten, die Lage vom militärischen Standpunkt her aber kaum hätte schlimmer sein können. So erscholl der dringende Ruf nach einem neuen starken Mann, der eine neue Armee rekrutieren und aus einer Position gewisser Stärke heraus mit Karl dem Großen verhandeln konnte, dessen Forderung nach Anerkennung seiner kaiserlichen Ansprüche immer beharrlicher wurde. Von Staurakios war nichts dergleichen zu erwarten. Sein Vater hatte ihn zwar bereits 803 zum Mitkaiser gekrönt, doch nun lag er gelähmt und von Schmerzen gequält darnieder; der erlösende Tod würde nicht mehr lange auf sich warten lassen. Da er kinderlos war, erwartete man allgemein, daß er

Nikephoros' Tod (811)

zugunsten des einzigen noch verbleibenden männlichen Verwandten abdankte, von Michael Rangabe, dem Ehemann von Nikephoros' Tochter Prokopia. Daß jener die tödliche Schlacht überlebt hatte, grenzte an ein Wunder und wurde von vielen als ein Zeichen ausgelegt, daß er göttlichen Schutz genieße. Aus Gründen, die nicht auszumachen sind, haßte ihn Staurakios jedoch und machte den schwachen Versuch, seine Frau Theophano zu seiner Nachfolgerin zu ernennen.[5] Aber er war nicht in der Lage, seinen Plan durchzusetzen. Entsprechend wurde am 2. Oktober 811 ohne die Zustimmung des sterbenden Kaisers und ohne sein Wissen Michael gekrönt und zum Basileus ernannt – der erste in der Geschichte von Byzanz, der weder einen griechischen noch einen römischen Namen trug, sondern einen hebräischen. Staurakios wurde trotz seines Zustandes eilig in ein Kloster verfrachtet, wo ihn drei Monate später endlich der wohl sehnlichst erwartete Tod ereilte.

Kaiser Michael I. stand im besten Alter. Es heißt bewundernd, das volle Gesicht sei von dichtem, dunklem Lockengewirr und einem Bart umrahmt gewesen. Es stellte sich jedoch sehr bald heraus, daß sich unter den Gaben, die der Himmel ihm geschenkt hatte, weder die Intelligenz noch die Charakterfestigkeit befanden. Er erwies sich als willensschwach und leicht lenkbar, eine Marionette, die sich von allen führen ließ, denen es gelang, die Fäden in die Hand zu bekommen. Da er tief religiös war, verwundert es nicht, daß die einflußreichsten Personen, die ihn während seiner kurzen Regierungszeit manipulierten, die führenden Kirchenmänner jener Zeit waren: Nikephoros, der Patriarch von Konstantinopel, und Theodor von Studios. Der Patriarch Nikephoros war 806 von seinem kaiserlichen Namensvetter zum Nachfolger des verstorbenen Tarasios ernannt worden. Wie Tarasios war er bis dahin Beamter und Laie gewesen. Seine Erhebung auf den Patriarchenthron war nur gerade eine Woche, nachdem man ihm seine erste Tonsur geschnitten hatte, erfolgt.[6] Er war ein Mann von beträchtlichen Fähigkeiten und hoher Integrität und hat uns eine der wenigen zuverlässigen Quellen für den Zeitabschnitt von der Herrschaft des Herakleios bis zu jener Konstantins V. hinterlassen; nur schade, daß er sie nicht bis zu seiner Zeit fortgesetzt hat. Obwohl er sich als frommer Kirchenmann und standhafter Verfechter des Bilderkultes erwies, begegneten ihm die extremistischen Mönche – angeführt von Theodor von Studios – vom ersten Moment seiner Ernennung an mit Abneigung und Mißtrauen. Der Grund für diese Haltung ist unschwer zu erraten. Für Theodor und seine Anhänger war Nikephoros nichts als ein Betrüger, ein Werkzeug des Kaisers, der nur dem Namen nach Geistlicher war und dessen Weihe eines der feierlichsten kirchlichen Sakramente der Lächerlichkeit preisgegeben hatte. Genau dasselbe hatten sie auch von seinem Vorgänger Tarasios gehalten und ihre Ansicht vollauf bestätigt gefunden, als dieser 795 dem jungen Konstantin VI. die Zustimmung erteilte, seine Frau Maria von Amnia in ein Kloster zu stecken und mit Theododote, einer seiner Hofdamen, eine neue Ehe einzugehen. Ihren Verdruß über dieses Verhalten – trotz der etwas peinlichen Tatsache, daß es sich bei der fraglichen Dame um eine Kusine von Abt Theodor handelte – versuchte man bis zu einem gewissen Grad zu beschwichtigen, indem man den Geistlichen namens Joseph, der die Trauung vollzogen hatte, exkommunizierte. Daß er zehn Jahre später durch eine vom Kaiser einberufene Synode jedoch rehabilitiert wurde, machte die Sache nicht besser, und als diese Entscheidung vom neuen Patriarchen unterstützt wurde, erhielt die Angelegenheit neuen Zündstoff: Theodor wurde ein zweites Mal in die Verbannung geschickt.

Solange Kaiser Nikephoros lebte, konnte es keine Hoffnung auf eine Versöhnung zwischen dem gemäßigteren und dem extremistischen monastischen Block geben. Konstantin VI. lag zwar längst im Grab, aber da man den Disput um seine zweite Ehe damals keineswegs nur als akademische Spitzfindigkeit auffaßte, ist es mehr als wahrscheinlich, daß Nikephoros genauso dagegen war wie Theodor. Aber darum ging es ihm nicht. Für den Kaiser bestand vielmehr die dringende Notwendigkeit, grundsätzlich einzuführen, daß er jederzeit eine Dispensation erlangen konnte, selbst in Fragen des kanonischen Rechts, wenn er dies wünschte und eine Kirchensynode es billigte. Und um dieses Ziel zu erreichen, eignete sich der später so genannte Moicheanische Streit (*moicheia*, griech. Ehebruch) ebenso gut wie jeder andere.

In der Zwischenzeit war jedoch auch Kaiser Nikephoros gestorben, und sein hasenfüßiger Schwiegersohn war weder in der Lage noch bereit, den Kampf fortzusetzen. Patriarch Nikephoros war

Der Moicheanische Streit (811)

mehr oder weniger der gleichen Ansicht; vor allem aber war ihm klar, daß unter den gegebenen Umständen die beiden Faktionen versöhnt werden mußten. Da er Michaels Krönung an die Bedingung geknüpft hatte, daß dieser eine Verpflichtung unterzeichnete, den orthodoxen Glauben zu unterstützen und Mönchen und Geistlichen Sicherheit vor Körperstrafen oder Einschränkung ihrer Bewegungsfreiheit zu garantieren, ermunterte er den Kaiser nun, Theodor und seine Mitverbannten zurückzuholen und erneut das Exkommunikationsurteil über den armen Joseph zu verhängen. Damit handelte er sich wohl mehr ein als vorgesehen. Trotz all seiner Bigotterie war Theodor ein Mann von unheimlicher Energie und persönlicher Ausstrahlung und erlangte schnell großen Einfluß auf den Kaiser. Michael I. zog ihn in allem zu Rate, ob es sich nun um kirchliche Angelegenheiten handelte oder nicht, und befolgte seinen Rat ausnahmslos.

Es ist in der neueren Geschichtsforschung üblich, Michael I. – und mit ihm Theodor von Studios – den folgenreichen Wechsel in der byzantinischen Haltung gegenüber dem Westen als Verdienst anzurechnen. Nikephoros I. hatte während seiner Regierungszeit den Kaiseranspruch Karls des Großen weitgehend ignoriert – eine Politik, die nicht gerade von Erfolg gekrönt war, führte sie doch zu dem etwas planlosen Seekrieg gegen das Fränkische Reich und indirekt zum Abfall der jungen Republik Venedig.[7] Welch bessere Erklärung konnte es für den plötzlichen Meinungsumschwung in Konstantinopel daher geben als die, daß das Reich nach dem Debakel von 811 den Krieg nicht mehr habe weiterführen können und der Tod des ehrgeizig sturen Nikephoros seinem Nachfolger erlaubt habe, in Friedensverhandlungen einzulenken?

Nun, es gibt keine, außer die Tatsache, daß kaiserliche Gesandte auf dem Weg nach Aachen an den Hof Karls des Großen im Spätherbst 810 durch Venedig kamen und eine Einigung in allen wichtigen Punkten ziemlich sicher bereits im Frühjahr 811 erreicht war, das heißt zumindest mehrere Wochen vor dem Vernichtungsschlag gegen das byzantinische Heer. Zugegeben, es dauerte ein weiteres Jahr, bis neue Abgeordnete, diesmal Repräsentanten von Michael, Karl den Großen als Kaiser begrüßten, und nochmals drei Jahre, bis der Vertrag schließlich ratifiziert wurde. Doch es kann kein Zweifel bestehen, daß das ursprüngliche Friedensangebot von Nikephoros ausging. Und so ist der folgende Frieden viel mehr sein Verdienst als der seines Nachfolgers oder Theodors. Er ging denn auch nicht umsonst als *Pax Nicephori* in die Geschichte ein.

Vielleicht hatte sich Nikephoros nach einigem Nachdenken gefragt, ob ein Kaiser des Westens bei näherer Betrachtung wirklich so schrecklich sei. Konstantinopel mochte das neue Rom sein, Erbin der römischen Kultur, ihrer Gesetze und Traditionen. Byzanz war inzwischen jedoch durch und durch griechisch geworden. Stadt und Reich hatten nichts, nicht einmal die Sprache oder die Religion, mit dem neuen Europa gemeinsam, das jenseits der Adria Konturen annahm. Außerdem hatte das Byzantinische Reich auf jene Gebiete auch keinen Einfluß mehr. Aachen, nicht Konstantinopel, war das Zentrum gewesen, von dem aus die *Pax Romana* im Westen wiederhergestellt worden war. Das Römische Reich mußte unteilbar bleiben, das war keine Frage; aber würden zwei Kaiser es denn unbedingt teilen? Könnten sie ihm nicht im Gegenteil neue Stärke verleihen, solange sie in gutem Einvernehmen blieben?

Karl der Große bot ausgezeichnete Bedingungen an. Er würde alle Ansprüche auf Venedig und die gesamte Provinz Venetien aufgeben, außerdem auf die Städte von Istrien und der dalmatinischen Küste. Als Gegenleistung verlangte er einzig die Anerkennung seines kaiserlichen Status, insbesondere das Recht, sich in offiziellen Dokumenten als Basileus bezeichnen zu dürfen. Genaugenommen hieß dies natürlich, daß er dem byzantinischen Kaiser ebenbürtig war und seine Erben anerkanntermaßen das Nachfolgerecht auf den Thron Konstantinopels besaßen. Ob man in Byzanz eine derartige Auslegung jemals intellektuell akzeptierte, bleibt fraglich – emotional mit Sicherheit schon gar nicht.[8]

Es spielte letztlich keine Rolle, denn das Reich Karls des Großen zerfiel nach seinem Tod innerhalb weniger Jahre und erlangte erst hundert Jahre später unter Otto dem Großen die frühere Bedeutung wieder. Und weder dann noch zu irgendeinem späteren Zeitpunkt hat jemals ernstlich ein Kaiser des Westens auch nur in Erwägung gezogen, von seinem Recht auf die Nachfolge des byzantinischen Throns Gebrauch zu machen. Dieser Umstand soll die Bedeutung der *Pax Nicephori* nicht herabsetzen. Immerhin steht sie für die erst-

Die Pax Nicephori 25

malige Sanktionierung zweier gleichberechtigter römischer Kaiser: Sie teilten sich nicht einen einzigen Thron aus – wenn auch fiktiven – administrativen Gründen, wie dies Diokletian und seine Nachfolger mit jeweils katastrophalen Folgen versucht hatten, sondern sie waren wirklich voneinander unabhängig; sie verfolgten eine eigene Politik und anerkannten zugleich Anspruch und Titel des anderen, ein Muster, das später die Verhältnisse im mittelalterlichen Europa prägte.

Der sterbende Staurakios hatte sich der Nachfolge von Michael Rangabe nicht zu Unrecht widersetzt. Gäbe es den Friedensvertrag mit Karl dem Großen nicht, bei dem ihm zu seinem Glück die Federführung zufiel, müßte man die Herrschaft dieses glücklosen Monarchen als die reine Katastrophe bezeichnen. In auffallendem Gegensatz zu seinem Vorgänger waren er und seine Frau Prokopia, deren Krönung nur zehn Tage nach seiner eigenen stattgefunden hatte, entsetzlich verschwenderisch. Sie verschenkten Unsummen an Kirchen und Klöster und – so machte es zuweilen den Anschein – an alle, die darum baten. Nur auf einem Gebiet weigerte sich Michael offenbar, Geld locker zu machen oder überhaupt Interesse aufzubringen: für die Verteidigung des Reichs und alles, was damit zusammenhing.

Dabei hätte es das Reich wieder einmal besonders nötig gehabt. Ermutigt durch seinen Sieg im Jahr zuvor hatte Krum im Frühjahr 812 Develtos eingenommen, eine befestigte byzantinische Stadt am Schwarzen Meer. Er kontrollierte nun die Küstenstraße nach Süden. Die Bevölkerung hatte er, mitsamt dem Bischof, gewaltsam in sein Herrschaftsgebiet verfrachtet. Im Juni machte sich Michael auf, um ihm entgegenzutreten. Das neu einberufene Heer, das noch keinerlei Erfahrung hatte und überhaupt nicht ausgebildet war, revoltierte jedoch praktisch auf der Stelle, und Michael war zur Umkehr gezwungen. Zwangsläufig verbreitete sich die Nachricht von seinem Rückzug wie ein Lauffeuer durch Thrakien und Makedonien. Die dortige Bevölkerung erkannte, daß sie nun Krum und seinen Truppen ausgeliefert war, und ergriff panikartig die Flucht. Mehrere kleinere Grenzfestungen wurden einfach aufgegeben und die wichtigen Stützpunkte Anchialos und Beroe (heute die bulgarischen Städte Pomorie und Stara Sagora) weitgehend verlassen; Irene hatte deren

Befestigungen erst vor kurzem wieder instand setzen lassen. Bis nach Philippopel (Plowdiw), der wichtigsten Stadt in Westthrakien, wurden die Leute von Angst ergriffen.

Derartige Panik erwies sich als unbegründet, zumindest zu jenem Zeitpunkt. Krum ist zugute zu halten, daß er keinen Grund sah, um etwas zu kämpfen, was er auch umsonst bekommen konnte; er bot Frieden an. Nach dieser Gelegenheit hätte Michael mit beiden Händen greifen sollen. Unter den vom Khan angebotenen Bedingungen befand sich nun aber auch die durchaus verständliche Forderung, ihm sämtliche bulgarischen Gefangenen und Deserteure, die sich in byzantinischer Hand befanden, zu überstellen, und das war mehr, als Abt Theodor meinte ertragen zu können. Mit dem, an dieser Stelle völlig unangebrachten, Wort Jesu, »Wer zu mir kommt, den werde ich nicht hinausstoßen«[9], überzeugte er den Kaiser spielend, die Bedingungen abzulehnen. So tobte der Krieg weiter.

Krums nächstes Ziel war Mesembria (Nesebur), einer der reichsten Häfen der ganzen Balkanhalbinsel. Die Stadt befand sich praktisch auf einer Insel und war nur durch eine schmale, etwa vierhundert Meter lange, stark befestigte Landenge mit dem Festland verbunden. Da die bulgarischen Truppen keine Schiffe besaßen, war dies ihre einzige Möglichkeit für einen Angriff. Früher hätten wenige Schiffe der kaiserlichen Flotte genügt, um die Versorgung mit Lebensmitteln und Munition auf unbestimmte Zeit hinaus sicherzustellen. Die Flotte befand sich jedoch nach Jahren der Vernachlässigung im letzten Stadium des Zerfalls, und Kaiser Michael unternahm keinen Versuch, die Stadt mit Proviant zu versorgen.

Als die Belagerung begann, zelebrierte Patriarch Nikephoros in der Apostelkirche in Konstantinopel eine Bittmesse. Mittendrin entstand plötzlich Aufruhr. Ein Teil der Versammelten, darunter eine große Gruppe kürzlich entlassener Armeeveteranen, umringte das große Marmorgrabmal Konstantins V. und rief den toten Kaiser an, sein Totenhemd zu zerreißen und sie, wie er es so oft in der Vergangenheit getan habe, wieder zu Sieg und Heil zu führen. Es braucht kaum erwähnt zu werden, daß ihre Gebete nicht erhört wurden, aber sie hatten ihre Meinung öffentlich zum Ausdruck gebracht, und es war nicht schwer, daraus Schlüsse zu ziehen. Der siegreiche Konstantin war Bilderstürmer gewesen. Unter allen drei bilderverehren-

Die Schlacht von Wersinikia (813)

den nachfolgenden Oberhäuptern aber war das Reich immer wieder gedemütigt und erniedrigt worden. Kurz, das Pendel stand wieder einmal davor, auf die andere Seite auszuschlagen. Noch eine Niederlage, dann würde es soweit sein. Diese ließ nicht lange auf sich warten. Am 5. November 812 fiel Mesembria. Krum erbeutete riesige Gold- und Silbervorräte und, was noch viel schlimmer war, Kanister mit flüssigem Griechischem Feuer, der wirksamsten, streng geheimen Waffe des Reiches, dazu sechsunddreißig Bronze-Siphons, um es zu versprühen. Für den Kaiser in Konstantinopel gab es nur eines: Wenn er seinen Thron behalten wollte, mußte er einmal mehr gegen seinen Feind marschieren. Und diesmal mußte er gewinnen. Den Winter verbrachte er damit, Truppen aus allen Winkeln des Reiches zusammenzuziehen. Im Mai 813 brach er von der Hauptstadt auf. Prokopia begleitete ihn bis nach Heraklea am Marmarameer, wo sie ihm vom Aquädukt aus zum Abschied zuwinkte.

Die bulgarische Armee ließ sich außerordentlich schwierig in den Kampf verwickeln, bevor sie wirklich genügend darauf vorbereitet war. Michael hatte garantiert nicht vergessen, wie er im Jahre 811 nur um Haaresbreite entkommen war. Wohl deshalb zögerte er, Feindesland zu betreten. Über einen Monat blieb er unschlüssig in Thrakien. Seine mehrheitlich asiatischen Truppen wurden immer rastloser. Anfang Juni überquerte Krum die Grenze. Schließlich standen sich die beiden Armeen auf dem Feld von Wersinikia, etwa dreißig Kilometer nordöstlich von Adrianopel, gegenüber. Zahlenmäßig waren die kaiserlichen Truppen den bulgarischen überlegen. Michael schien jedoch noch immer zu zaudern und ließ nicht angreifen. Weitere nicht enden wollende zwei Wochen beobachteten die beiden Lager einander. Am 21. Juni ersuchte Johannes Aplakes, der Befehlshaber des makedonischen Regiments auf dem linken Flügel, den Kaiser um die Erlaubnis zum Angriff. Dieser fand am nächsten Tag statt. In wilder Unordnung wichen die bulgarischen Truppen vor dem Ansturm zurück. Einen Moment lang sah es aus, als wäre die Schlacht schon vorbei, bevor sie recht begonnen hatte. Doch dann geschah etwas geradezu Unerhörtes. Die anatolischen Truppen auf der Rechten, die unter der Führung von Leon dem Armenier standen, machten plötzlich kehrt und ergriffen die Flucht.

Es heißt, zunächst habe Krum nur sprachlos dagestanden und seinen Augen nicht getraut. Doch dann, als er sich seiner Chance bewußt wurde, stürzte er sich mit seinen Männern auf die unglückseligen Makedonier, die von ihren Kameraden im Stich gelassen worden und nun zahlenmäßig hoffnungslos unterlegen waren. Krum und seine Scharen metzelten sie samt und sonders nieder. Darauf sahen sie ihren Weg klar vor sich: der Eroberung Konstantinopels stand nichts mehr im Wege. Am 17. Juli schlug das bulgarische Heer vor den Stadtmauern sein Lager auf. Doch zu diesem Zeitpunkt war Michael Rangabe bereits nicht mehr Kaiser. Noch einmal einer Schlacht unverletzt entronnen, war er so schnell wie möglich in die Hauptstadt zurückgeeilt und hatte den Patriarchen sogleich in Kenntnis gesetzt, daß er abdanken werde. Er erklärte, er könne sich dem Willen des Allmächtigen nicht länger widersetzen, der seine Abneigung gegen Nikephoros' Familie nun endgültig bewiesen habe. Ob der Patriarch mit dieser Begründung einverstanden war oder nicht, billigte er doch ganz bestimmt Michaels Entschluß — lag darin doch, so befürchtete er, die einzige Hoffnung auf das Überleben der kaiserlichen Familie. Kaiserin Prokopia war anderer Ansicht. Sie verspürte nicht den geringsten Wunsch, den Thron aufzugeben. Sie gefiel sich in ihrer Rolle und sah sich ganz als neue Theodora, die ihren Mann zum Durchhalten ermutigte. Ihre Argumente stießen jedoch auf taube Ohren. Sie, der Ex-Kaiser und ihre fünf Kinder suchten, unter Mönchskutten verborgen, Zuflucht in der Kirche der pharischen Jungfrau, wo sie warteten, bis man ihnen sicheres Geleit garantierte. Ihr Leben wurde verschont, die drei Söhne jedoch wurden entmannt, um eine künftige Machtergreifung von vornherein auszuschließen.[10] Prokopia und die Töchter steckte man ins Kloster. Michael nahm als Mönch den Namen Athanasios an und verbrachte die restlichen dreiunddreißig Jahre seines Lebens in einem Kloster auf einer der Prinzeninseln im Marmarameer, wo er am Todestag seines Vorgängers Staurakios, am 11. Januar 845, starb. Leon der Armenier aber, der Befehlshaber jener treulosen anatolischen Einheit, die ihren Kaiser verraten und den so nahen entscheidenden Sieg vergeben hatte, zog durch das Goldene Tor in Konstantinopel ein, ließ sich in der Studioskirche zum Basileus ernennen und ritt dann im Triumph durch Konstantinopels Straßen zum Kaiserpalast.

Leons Verrat (813)

Man fragt sich unweigerlich, was auf dem Schlachtfeld wirklich geschehen war. Leons anatolische Soldaten waren erprobte und erfahrene Haudegen – die letzten, die auf dem Schlachtfeld den Kopf verlieren würden, schon gar nicht, wenn sie, wie hier, einer unterlegenen Streitmacht auf offenem Gelände gegenüberstanden. Die einzige halbwegs vernünftige Erklärung für ihre Handlungsweise ist Verrat. Das hieße, daß sie Feigheit vortäuschten, um unter dem Rest des Heeres Panik auszulösen. Was ihren Befehlshaber betrifft, so spielte er seine Karten mit der üblichen Raffinesse aus. Indem er bis zum letzten Moment abgewartet und das Feld erst verlassen hatte, als alle seine Männer geflohen waren, konnte er später behaupten, er habe sich korrekt verhalten. Natürlich gab es schwere Verdachtsmomente gegen ihn, doch schlüssig beweisen ließ sich nichts. Und bis dahin hatte er sich ohnehin verschafft, worauf er es abgesehen hatte: die Krone von Byzanz. Besonders erwähnenswert ist in diesem Zusammenhang der Umstand, daß nach einer der auf den ersten Blick demütigendsten Niederlagen der Geschichte des Römischen Reichs keiner der Geflohenen je bestraft wurde.

Leon hatte seinen Kaiser nicht zum erstenmal verraten. Er war bereits ein paar Jahre zuvor in den Aufstand von Bardanes Turkos verwickelt gewesen, und seine Einheit hatte ihn dabei unterstützt. Doch waren sie als einzige an jener Verschwörung beteiligt? Kann sein. Wahrscheinlicher scheint jedoch, daß es noch jemanden gab, der viel zum Erfolg der Operation betrug, und das war Krum. Seit die bulgarischen Truppen zu einer Bedrohung für das Reich geworden waren, hatten sie offene Feldschlachten in der Ebene stets vermieden und sich jedesmal im Gebirge verschanzt. Diese Art zu kämpfen kam ihrer Strategie viel mehr entgegen. Weshalb sollte ihr trickreicher, erfahrener Khan nun plötzlich eine Gewohnheit aufgeben, die sich sein Leben lang bewährt hatte, und seine Männer vor einem weit überlegenen Heer aufmarschieren lassen? War es wirklich Verblüffung, was ihn und seine Truppen wie gelähmt auf der Stelle warten ließ, als die Anatolier flohen? Hatte er ihnen nicht vielmehr die Flucht ermöglicht, bevor er unter den tapferen Makedoniern ein Massaker anrichtete? Ist es nicht viel wahrscheinlicher, daß Leon den Erfolg seines Vorhabens sicherte, indem er sich den bulgarischen Herrscher zum Komplizen erkor – der den Vorschlag als unwiderstehlich empfunden haben muß, verpflichtete er ihn doch zu nichts weiter, sobald seine Mitverschwörer einmal geflüchtet waren?

Während Krum zusah, wie sich seine Soldaten zu beiden Seiten des Goldenen Tors vor den Mauern eingruben, konnte er auf sechs Jahre ununterbrochenen Erfolges zurückblicken. Er hatte für den Tod zweier römischer Kaiser und den Sturz eines dritten gesorgt. Er hatte zwei kaiserliche Heere vernichtend geschlagen: eines davon völlig ausgelöscht, und das andere war, aus welchen Gründen auch immer, schändlich geflohen. Nun jedoch wurde er angehalten. Diese mächtigen Schutzwälle, die sich vor ihm auftürmten, waren niemals im Sturm zu nehmen, das wußte er. Einem merkwürdigen, bis heute erhaltenen Fragment zufolge, das sich jedoch nicht zuordnen läßt – statt eines Autors steht *Scriptor Incertus,*das heißt »Verfasser unbekannt« –, soll er seine Unentschlossenheit, wie weiter vorzugehen sei, mit zahllosen sonderbaren Zeremonien und Machtdemonstrationen überspielt haben. Mit unverhohlenem Staunen blickten die Verteidigungstruppen von den Mauern herab auf die aufwendigen Tier- und Menschenopfer, mit denen die heidnischen Priester ihre Gottheiten günstig zu stimmen suchten. Sie beobachteten auch fasziniert, wie Krum persönlich – Theophanes bezeichnet ihn als neuen Sanherib – für ein rituelles Fußbad langsam ins Meer schritt und wieder herauskam, um seine Soldaten mit dem Wasser zu beträufeln. Ein anderes Mal paradierte er in vollem Staat durch dichtgedrängt stehende Reihen klagender Frauen, und seine Krieger brüllten Beifall.

Was der Khan mit diesen Vorstellungen zu erreichen hoffte, bleibt im dunkeln. Da innerhalb der Mauern keine Reaktion zu erkennen war, sandte er wenige Tage später dem Kaiser eine Botschaft mit der Bitte, ihm zu gestatten, als Zeichen seines Sieges seine Lanze auf dem Goldenen Tor aufzupflanzen. Als sein Vorschlag, wie zu erwarten war, auf eine höfliche Absage stieß, ließ er seinem Unmut freien Lauf und plünderte mehrere Tage lang das Umland, bevor er zum nächsten Vorstoß überging: einem Friedensangebot, in dem er als Preis für einen Rückzug große Mengen Gold, Kisten voll fürstlicher Kleider und nicht zuletzt eine Auswahl der schönsten jungen Frauen des Reichs verlangte. Es versteht sich von selbst, daß Leon ebensowenig die Absicht hatte, ihm diesen

Krums Rache (813)

Wunsch zu erfüllen, wie zuvor. So unakzeptierbar seine Bedingungen aber waren, eröffnete sein Angebot dem verschlagenen Leon doch eine Möglichkeit aus der Sackgasse. Er schlug Krum ein Treffen an der Stelle vor, wo das Nordende der Stadtmauern in das Goldene Horn mündet. Er selbst würde zu Wasser kommen, Krum zu Land; sie sollten keine Waffen tragen und sich nur von wenigen, ebenfalls unbewaffneten Leuten begleiten lassen. Der Khan willigte in den Vorschlag ein. Bereits am nächsten Morgen ritt er mit seinem Schatzmeister, seinem griechischen Schwager Konstantin Patzikos und dessen Sohn zur vereinbarten Stelle. Dort traf er mit dem Kaiser und einem byzantinischen Hofbeamten namens Hexabulios zusammen. Nach dem Austausch der üblichen Höflichkeiten begann das Gespräch. Konstantin diente als Dolmetscher. Alles schien ganz in Ordnung zu sein, da schlug Hexabulios plötzlich die Hände vor das Gesicht. Krum, der diese Geste vielleicht als Kränkung empfand, oder – wahrscheinlicher (und außerdem zutreffend) – als abgesprochenes Signal erkannte, sprang auf sein Pferd, das sein Neffe gesattelt und gezäumt für einen solchen Fall direkt hinter ihm bereitgehalten hatte, und zwar keine Sekunde zu früh. Im selben Augenblick stürzten drei bewaffnete Männer aus einem Hinterhalt. Der Schatzmeister wurde sofort getötet, Patzikos und sein Sohn gefangengenommen. Krum, der sich im Galopp in Sicherheit brachte, wurde von Pfeilen der Verräter verwundet, wenn auch nicht ernsthaft verletzt. Seine Wut über den schamlosen Vertrauensbruch und seine Entschlossenheit, sich zu rächen, wurden dadurch noch gesteigert.

Seine Rache war schrecklich. Die bulgarische Soldateska konnte zwar nicht in die Stadt eindringen, doch die Vororte jenseits des Goldenen Horns mit all ihren Kirchen, Palästen und reichen Klöstern verzehrte bereits einen Tag darauf ein einziges riesiges Flammenmeer. Unter den zerstörten Gebäuden befand sich auch der Mamaspalast[11], eine der prächtigsten kaiserlichen Residenzen der Hauptstadt; die reich geschnitzten Marmorsäulen und Tierskulpturen führte man als Kriegsbeute nach Krums Palast in Pliska über. Sämtliche Lebewesen, die nicht in den Flammen umgekommen waren, wurden niedergemetzelt. Das Gebiet westlich der Stadt erlitt ein ähnliches Schicksal. Mit dem Hebdomonpalast wurde gleich verfahren wie mit dem Mamaspalast. Auf dem Rückweg in die Heimat ließ der noch immer rasende Khan eine alptraumhafte Spur von Tod und Zerstörung hinter sich zurück. Von der Stadt Selymbria wie von unzähligen anderen Städten und Dörfern blieb nichts als Asche übrig. Heraklea blieb dank den Befestigungen, die an Stärke nur wenig hinter denen von Konstantinopel zurückstanden, verschont. Dafür schliffen die Soldaten auf ihrem Rachefeldzug die Festung von Rhädeston (heute Tekirda[g]) und schwärmten dann in den nahen Hügeln aus, wo die Landbevölkerung Zuflucht gesucht hatte. Familie um Familie wurde aufgestöbert, die Männer wurden erschlagen, Frauen und Kinder in die Sklaverei deportiert. Darauf wandte sich Krum nach einer raschen Strafexpedition am Hellespont Richtung Norden Adrianopel zu. Die Stadt litt bereits seit mehreren Wochen unter Vorstößen seitens der Truppen unter der Leitung von Krums Bruder, gegen die sich die kaiserlichen Truppen zur Wehr gesetzt hatten. Allmählich begannen jedoch die Lebensmittel knapp zu werden. Die Ankunft des Schrecken verbreitenden Khans mit der Mehrheit seines Heeres ließ die Moral ganz zusammenbrechen. Alle 10 000 Einwohner wurden über die Donau gebracht, und dort fanden viele, darunter auch der Erzbischof, den Märtyrertod.

Nun war Byzanz an der Reihe, um Frieden zu bitten. Doch Krum konnte Leons Verrat nicht vergessen. Außerdem hatte es auch nicht gerade zu neuer Vertrauensbildung beigetragen, daß ihn im Herbst die Nachricht eines Überraschungsangriffs auf ein bulgarisches Heer in der Nähe von Mesembria erreichte. Die Offensive war vom Kaiser persönlich geplant und ausgeführt worden. Mittels einer seiner notorischen hinterlistigen Strategien hatte er seine Opfer im Schlaf überrumpelt und bis auf den letzten Mann hinmachen lassen. Darauf war er mit seinen Soldaten tief in das feindliche Gebiet vorgestoßen. Die erwachsene Bevölkerung wurde verschont, doch sämtliche Kinder, die man finden konnte, ergriffen und mit dem Kopf gegen die Felsen geschmettert. Nun wußte der Khan, was er zu tun hatte: Wie furchteinflößend die Mauern Konstantinopels auch erscheinen mochten, er würde sie zerstören und mit ihnen das Byzantinische Reich.

Bis in das Frühjahr 814 hinein wurde die Hauptstadt von Gerüchten über seine Vorbereitungen in Atem gehalten. Man erzählte sich

Krums Rache (813)

von turmhohen Belagerungsmaschinen, von riesigen Katapulten, die gewaltige Felsbrocken gegen die Mauern schleudern oder brennende Holzscheite über sie hinwegwerfen konnten, von Sturmleitern und Rammböcken, von tausend Ochsen und fünftausend eisenbeschlagenen Wagen, die bereitstanden, um diese enormen Maschinen an ihren vorgesehenen Standort zu bringen. Leon ließ die Befestigungen fieberhaft verstärken – vor allem um das Blachernenviertel, wo Krum so unehrenhaft überrumpelt worden war und wohin er wahrscheinlich das Hauptgewicht seines Angriff legen würde. Gleichzeitig sandte er eine Abordnung an den Hof Ludwig des Frommen. Dieser hatte wenige Monate zuvor die Nachfolge seines Vaters Karls des Großen übernommen. Doch Leons Mission scheiterte am verständlichen Hinweis Ludwigs, daß er selbst genug eigenen Feinden gegenüberstehe. Als die Gesandtschaft nach Konstantinopel zurückkehrte, war die Gefahr jedoch gebannt. Am Gründonnerstag, den 13. April 814, als seine neue Streitmacht abmarschbereit war, erlitt Krum einen Blutsturz. Das Blut strömte aus Nase, Mund und Ohren, und nach wenigen Minuten war er tot.

Darauf geschah etwas leider höchst Seltenes in der byzantinischen Geschichte: es kehrte Frieden ein. Krums Sohn Omurtag war noch jung und unerfahren. Außerdem hatte er im ersten Jahr seiner Herrschaft mit einem Aufstand der bulgarischen Aristokratie zu kämpfen, der ihn vollauf zu Hause beschäftigte. Ähnliche Unruhen in Bagdad verhinderten jegliche Übergriffe von Harun al-Raschids Nachfolger – nach Kalif al-Amin – Kalif al-Mamun. Und im Westen hielt die *Pax Nicephori* nach wie vor. Leon konnte seine Aufmerksamkeit endlich innenpolitischen Angelegenheiten zuwenden und jenen entscheidenden Schritt tun, um dessentwillen sich die Geschichte seiner vor allem erinnert.

2

Rückkehr zum Ikonoklasmus

(814–829)

Überlaß die Kirche ihren Priestern und Meistern.
Kümmere du dich um dein eigenes Gebiet, um Staat
und Heer. Wenn du dich widersetzest und
entschlossen bist, unseren Glauben zu zerstören,
dann wisse: Käme auch ein Engel vom Himmel, um
uns zu verführen, wir würden ihm nicht gehorchen.
Noch viel weniger würden wir dir gehorchen.

Abt Theodor von Studios an Kaiser Leon V. im Jahre 815

Über die äußere Erscheinung Kaiser Leons V. wissen wir wenig. Die einzige überlieferte Beschreibung besagt nur, daß er klein von Wuchs war, einen Bart trug, volles, lockiges Haar und eine außergewöhnlich laute Stimme hatte. Auf seinen Charakter lassen sich hingegen einige Rückschlüsse ziehen. Ganz im Vordergrund stand sein alles verzehrender Ehrgeiz. Im Gegensatz zu seinem Vorgänger Michael, der von vornehmer und reicher Abstammung war und außerdem den Vorteil hatte, ein Schwiegersohn des Kaisers zu sein, bahnte sich Leon den Weg aus einfachen Verhältnissen zur obersten Regierungsgewalt allein aus eigener Kraft mit Hilfe seiner scheinbar unerschöpflichen Gesundheit. Nehmen wir die Erklärung für sein Verhalten in Wersinikia im vorangegangenen Kapitel für bare Münze, haben wir keinen Grund, an seinen Führungsqualitäten zu zweifeln, geschweige denn an seiner Risikobereitschaft. Jedoch weisen sämtliche Berichte über seinen Straffeldzug vom Herbst 813 durch bulgarisches Gebiet auf einen deutlichen Zug bestialischer Grausamkeit hin. Man darf auch nicht vergessen, daß er Armenier war. Jene Eigenschaft, die man auch seinen Landsleuten nachsagte, besaß er in vollem Ausmaß, ja, sie war vermutlich sein auffallendster Charakterzug: ein scharfer Verstand, gewürzt mit Findigkeit, ja Tücke.

Vermutlich hat gerade dies ihn seinem rebellischen Landsmann Bardanes Turkos ursprünglich sympathisch gemacht. Wenige Jahre später stellte er diese Eigenschaften in Wersinikia unter Beweis und erneut 813, als er seinen nächtlichen Hinterhalt für die bulgarische Streitmacht legte. Ein weiteres Beispiel lieferte er im folgenden Jahr bei der Wiedereinführung des Ikonoklasmus. Seine Gründe, diesen großen Schritt zu wagen, unterschieden sich beträchtlich von denen seines Namensvetters, der achtundachtzig Jahre zuvor dasselbe versucht hatte. Leon III. war ein frommer Theologe gewesen, der lange und ernsthaft über diesbezügliche Fragen nachgedacht und im aufrichtigen Glauben gehandelt hatte, dem Willen Gottes zu gehorchen. Leon V. dagegen hielt sich nicht lange damit auf; sein Ansatz war rein praktischer Natur. Bereits unter Irene hatte die Reichsregierung mit dem Problem der vielen verarmten kleinbäuerlichen Familien zu kämpfen gehabt, die bei sarazenischen Einfällen ihres Besitzes beraubt und aus ihrer Heimat in die Ostprovinzen vertrieben worden waren. Die Männer hatten sich, von Nikephoros als Berufssoldaten angeworben, im Krieg gegen Bulgarien als nützliche Notfall-Miliz für die Hauptstadt erwiesen. Nach dem Ende der Kämpfe waren diese Truppen jedoch aufgelöst worden. Nun einmal mehr der Armut preisgegeben, bettelten die Ehemaligen an den Straßenecken um ihr tägliches Brot.

Da sie aus dem Osten stammten, waren sie fast ausnahmslos in der ikonoklastischen Tradition aufgewachsen. Zudem ging der Ursprung ihres Elends auf die Regierungszeit Irenes zurück. So neigten sie verständlicherweise dazu, es mit ihr und der Reaktion gegen den Bildersturm in Verbindung zu bringen, die sie in die Wege geleitet hatte. Aus diesen Gründen nahm im Sommer des Jahres 814 in Konstantinopel die Anhängerschaft des Ikonoklasmus bedenklich zu. Dies bedeutete zwar noch keine ernsthafte Bedrohung für die Staatssicherheit, aber immerhin eine potentielle Gefahr, wenn man zu lange darüber hinwegging. Die Ikonoklasten waren jedoch nicht nur in den Reihen der unzufriedenen Exsoldaten anzutreffen, sondern auch, wie übrigens schon immer, in den oberen Schichten der

Gesellschaft von Konstantinopel sowie unter den gehobeneren Rängen der Armee. Es wurde erwähnt, daß insbesondere ehemalige Soldaten schon zwei Jahre zuvor mit einer Demonstration am Grab Konstantins V. an die militärischen Triumphe ikonoklastischer Kaiser erinnerte, zu denen die Niederlagen der bilderverehrenden nachfolgenden Oberhäupter in krassem Gegensatz standen. Es muß viele im Reich gegeben haben, die sich nicht mit theologischen Überlegungen beschäftigten, aber dennoch das Gefühl hatten, der Allmächtige habe seinen Standpunkt in dieser Frage nun einmal mehr als deutlich gemacht. Die Zeit für einen Wechsel schien gekommen.

Es war deshalb mehr eine den inneren Frieden erhaltende Maßnahme als der Ausdruck tiefer religiöser Überzeugung, daß Leon seinen Plan in die Tat umsetzte. Als erstes setzte er im Juni 814 eine Sonderkommission ein, welche die Bibel und die Schriften der frühen Kirchenväter im Hinblick auf Hinweise zugunsten der ikonoklastischen Glaubensrichtung untersuchen sollte. Zum Vorsitzenden ernannte er einen weiteren Landsmann, nämlich den Anfang Dreißig stehenden, brillanten jungen armenischen Abt des Sergios- und Bacchus-Klosters. Er hieß mit richtigem Namen Johannes Morocharzamios, der Nachwelt ist er aber besser bekannt als Johannes Grammatikos. Als seinen Stellvertreter wählte der Kaiser eher überraschend Antonios, den Bischof von Sylläon in Pamphylien, einen netten alten Taugenichts, der dem radikalen Anti-Ikonoklasten Scriptor Incertus zufolge die meiste Zeit damit zubrachte, den beiden Mönchen und den zwei Laien, die sonst noch der Kommission angehörten, zweideutige Geschichten zu erzählen. Sie alle waren während des gesamten sechsmonatigen Unterfangens zu strengster Geheimhaltung verpflichtet. In dieser Zeit wohnten sie im Großen Palast, wurden dort offenbar hervorragend verpflegt, waren allerdings angehalten, wenn immer möglich, innerhalb der Mauern zu bleiben.

Die Untersuchung war Anfang Dezember abgeschlossen, und man übergab sie dem Kaiser, der sogleich den Patriarchen Nikephoros in den Palast bestellte. Noch immer vorsichtig zu Werke gehend, schlug Leon – als Kompromiß, »um den Soldaten eine Freude zu machen« – zuerst vor, doch jene Heiligenbilder zu entfernen, die ganz unten an den Wänden hingen. Doch der Patriarch erkannte einen Eisberg, auch wenn er nur dessen Spitze sah, und wollte nichts davon hören. Leon insistierte und fragte ihn, warum er denn Bilder verehre, wenn es in den Schriften doch keinerlei ausdrückliche Anweisung gebe, dies zu tun. Nikephoros entgegnete, daß die Kirche viele Überzeugungen und Bräuche unterstütze, für die keine schriftliche Autorität vorliege. Allem weiteren Vorgehen verschloß er sich. Unter diesen Umständen blieb dem Kaiser nichts anderes übrig, als selbst ein Beispiel zu setzen. Dabei ging er erneut mit der nun schon bekannten Verschlagenheit ans Werk. Das Bild, das er im Visier hatte, war die riesige Christusikone über dem Chalktor, dem Haupttor des Palastes. Dieselbe Ikone hatte im Jahre 726 bereits Leon III. entfernen und Irene später wieder an ihren Platz zurückbringen lassen. Während der Isaurier einfach dem Militär den Auftrag dazu erteilt hatte, plante der Armenier sein Vorgehen jedoch sehr sorgfältig. Auch er ließ eine Abordnung Soldaten kommen, aber seine Instruktionen lauteten etwas anders. Die Soldaten hatten die Aufgabe, einen Tumult auszulösen, der spontan wirken sollte. In dessen Verlauf sollten sie das heilige Bild verwünschen und verfluchen und es mit Dreck und Steinen bewerfen. In diesem Augenblick wollte der Kaiser persönlich erscheinen und dessen Entfernung anordnen, um es vor weiteren Entweihungen zu bewahren.

Die Operation verlief planmäßig. Darauf berief der Patriarch auf eigene Initiative eine Versammlung aller lokalen Bischöfe und Äbte ein, um sie vor dem aufziehenden Sturm zu warnen. Er forderte sie auf, an den Grundsätzen des siebten ökumenischen Konzils von 787[1] festzuhalten. Am frühen Weihnachtsmorgen 814 erhielt er eine weitere Audienz bei Leon. Er bat ihn bei der Gelegenheit inständig, ihn abzusetzen, wenn er dies wünsche, aber nur ja keine radikalen Änderungen in der kirchlichen Doktrin vorzunehmen. Leon versicherte ihm, er habe nichts dergleichen im Sinn. Zur Bestätigung verneigte er sich an der Weihnachtsmesse in der Hagia Sophia demonstrativ wie gewohnt vor dem Bild, auf dem Christi Geburt dargestellt war. Doch kaum zwei Wochen später, am 6. Januar 815, fiel während der Messe allen Anwesenden auf, daß er es ganz unterließ. Nikephoros blieb nichts anderes übrig, als abzuwarten, wie sich die Dinge entwickeln würden.

Er brauchte nicht lange zu warten. Als nächstes berief der Kaiser mehrere ikonoklastische Kirchenmänner in die Hauptstadt. Dabei

Der Beschluß der Synode (815)

war er sorgsam darauf bedacht, daß sie keinerlei Gelegenheit erhielten, bei ihrer Ankunft wie gewöhnlich dem Patriarchen ihre Aufwartung zu machen. Er übergab ihnen die von der Kommission zusammengetragene Sammlung von Zitaten aus der Bibel und den Schriften der Kirchenväter. Daraufhin bestellte er einmal mehr Nikephoros in den Palast. Der Patriarch leistete der Aufforderung Folge – er kam jedoch nicht allein. Mit ihm erschien eine große Anzahl seiner Getreuen, darunter auch Abt Theodor von Studios, einst einer seiner erbittertsten Feinde, doch nun unerschütterlich an seiner Seite stehend. Die folgende Sitzung verlief stürmisch. Dabei ließ sich Theodor dazu hinreißen, dem Kaiser offen mit den eingangs zitierten Worten die Stirn zu bieten. Kurz darauf wurde die versammelte Geistlichkeit verabschiedet und wenige Tage danach ein Edikt veröffentlicht, das dem Patriarchen und allen ikonodulen Mitgliedern verbot, in der Öffentlichkeit oder auch in privaten Residenzen Versammlungen irgendwelcher Art abzuhalten. Patriarch Nikephoros wurde zusätzlich praktisch unter Hausarrest gestellt und damit wirksam daran gehindert, seinen offiziellen Pflichten nachzukommen.

An Ostern fand in der Hagia Sophia eine allgemeine Synode statt, zu der jedoch eine beträchtliche Anzahl ikonoduler Bischöfe keine Einladung erhalten hatte. In der Zwischenzeit war der Patriarch ernstlich erkrankt und konnte der Aufforderung, an der Versammlung teilzunehmen, nicht nachkommen. So enthob man ihn in Abwesenheit seines Amtes. Kaum hatte er sich genügend erholt, wurde er ins Kloster des heiligen Märtyrers Theodor auf der asiatischen Seite des Bosporus verbannt. Dort lebte er noch mehrere Jahre, kehrte jedoch nie nach Konstantinopel zurück. An seiner Stelle ernannte der Kaiser bezeichnenderweise einen Verwandten Konstantins V. zum Patriarchen, nämlich einen gewissen Theodotos Melissenos mit dem Beinamen Kassiteras. Wie Konstantin war der neue Patriarch ein überzeugter Ikonoklast. In anderen Belangen scheint er jedoch alles andere als puritanisch gewesen zu sein. Eine seiner ersten Amtshandlungen nach seiner Erhebung bestand darin, im Palast des Patriarchen ein fürstliches Bankett zu geben. Dabei mußten sich bekannte Geistliche und asketische Mönche, von denen viele seit Jahren kein Fleisch mehr gegessen hatten, der ihnen vorgesetzten erlesenen Speisen und ausgesuchten Weine bedienen. Bury fügt dem hinzu, die nüchterne Feierlichkeit einer erzbischöflichen Tafel sei von frivoler Unterhaltung, amüsanten Geschichten und obszönen Witzen belebt worden.

Das Leben des Patriarchen bestand jedoch nicht nur aus solchen und ähnlichen Vergnügungen. Es war ebenso seine Pflicht, der Synode vorzustehen – eine Aufgabe, um die ihn niemand beneidete und die, wie sich bald herausstellen sollte, seine Fähigkeiten bei weitem überstieg. Nikephoros oder seinem Vorgänger Tarasios wäre es vermutlich irgendwie gelungen, die Ordnung kraft ihrer Autorität aufrechtzuerhalten, aber Theodotos entglitt die Kontrolle, kaum daß gewisse orthodoxe Bischöfe zur Prüfung hereingebeten wurden und sich die Gemüter zu erhitzen begannen. Die Geistlichen wurden angegriffen, umgestoßen, geschlagen, getreten und angespien. Das Ansehen der Synode, das bereits durch die einseitige Zusammensetzung gelitten hatte, nahm durch diese nicht gerade erhebenden Darbietungen noch zusätzlich ab. Aber schließlich klopften sich die Delegierten doch den Staub aus den Gewändern, nahmen ihre Plätze wieder ein – und gehorchten. Die »Erkenntnisse«, zu denen sie gelangten, hatten ohnehin von vornherein festgestanden. Ihr Beschluß – in nur leicht gekürzter Form – lautete wie folgt:

Weil sie der Ansicht waren, daß die Sicherheit des Reiches von der Orthodoxie abhängt, hatten die Kaiser Konstantin [V.] und Leon [III.] bereits früher eine Synode einberufen, an der viele geistliche Väter und Bischöfe teilnahmen, und verurteilten die durch keine Tradition gerechtfertigte schädliche Praxis des Herstellens und Verehrens von Ikonen und gaben der Verehrung im Geiste und in Wahrheit den Vorzug.

Deshalb blieb es in der Kirche Gottes mehrere Jahre ruhig, und die Leute genossen den Frieden, bis die Regierung von den Männern an eine Frau überging und die Kirche das Opfer weiblicher Einfalt wurde. Jene Frau befolgte den Rat unwissender Bischöfe; sie berief eine unvernünftige Versammlung ein; sie setzte als Doktrin fest, daß der Sohn und das Wort Gottes auf ein stoffliches Mittel gemalt und die Muttergottes und die Heiligen auf toten Darstellungen abgebildet wurden; und sie verfügte, daß diese Bilder verehrt werden sollten und widersetzte sich dadurch achtlos der rich-

Der Beschluß der Synode (815) 41

tigen kirchlichen Doktrin. Auf diese Weise besudelte sie unsere Verehrung, die Gott allein gebührt, erklärte, daß das, was nur ihm zusteht, auch leblose Ikonen erhielten. Außerdem erklärte sie unklugerweise, daß sie voll göttlicher Gnade seien, und sie ermutigte das Anzünden von Kerzen und Verbrennen von Weihrauch vor ihnen. Auf diese Weise brachte sie die Einfachen vom richtigen Pfad ab. Deshalb verbieten wir hiermit in der gesamten orthodoxen Kirche die unbefugte Herstellung von Ikonen; wir weisen die Verehrung, wie sie Tarasios[2] definierte, zurück; wir erklären die Erlasse seiner Synode für ungültig, weil sie den Bildern ungebührliche Ehre zugestanden, und wir verurteilen das Anzünden von Kerzen und das Darbringen von Weihrauch. Wir anerkennen jedoch freudig die heilige Synode, die unter der Herrschaft von Konstantin und Leon in der Blachernenkirche zusammentrat, in der Kirche der unbefleckten Jungfrau, als fest auf der Doktrin der Kirchenväter gründend, und erklären, daß die Herstellung von Ikonen – wir enthalten uns, sie *Götzenbilder* zu nennen, denn es gibt Abstufungen des Bösen – weder achtbar noch nutzbringend ist.

Nachdem der Ikonoklasmus einmal mehr im ganzen Reich eingeführt, die Gefahr von zivilen Unruhen zumindest für die unmittelbare Zukunft gebannt und ein dauerhafter Frieden an allen Grenzen eingekehrt war, konnte sich Leon V. zu einem ausgezeichneten Beginn seiner Regierungszeit gratulieren. Da er selbst keine tiefen religiösen Überzeugungen hatte, brauchte er sich nicht mit harten Maßnahmen an den bilderverehrenden Bevölkerungsschichten abzureagieren, die sich weigerten, sich dem neuen Edikt zu fügen. Ein paar der lautstärksten Gegner, die noch immer dagegen demonstrierten und dem Bilderbann öffentlich trotzten, wurden der Form halber bestraft, darunter zum Beispiel Abt Theodor, der mittlerweile anerkannte Führer des ikonodulen Lagers, den man in drei verschiedene Gefängnisse steckte. Sein Biograph schildert genüßlich, wie er wiederholt ausgepeitscht wurde, und beschreibt die Wechselbäder von Hitze und Kälte, denen man ihn aussetzte – ganz zu schweigen von den Heimsuchungen durch Ratten, Flöhe und Läuse. Der Kaiser hätte dazu gewiß höchstens bemerkt, Theodor habe es nicht anders gewollt. Theodor hatte bei kaiserlichen Audienzen niemals ein Blatt vor den Mund genommen, und noch am Palmsonntag vor der Synode eine Prozession veranstaltet, bei der die Mönche des Studios-Kloster schamlos ihre wertvollsten Ikonen gut sichtbar um das Kloster herum getragen hatten. Noch schwerer wog die Entdeckung von 817, daß er nämlich einen regelmäßigen Briefwechsel mit dem neu gewählten Papst Paschalis I. unterhalten und ihn über das Elend der orthodoxen Gläubigen informiert hatte. Eines der Schreiben enthielt sogar den Vorschlag, an den Kaiser des Westens zu appellieren. Ein solches Ansinnen war natürlich ohne weiteres als verräterisch einzustufen, und so ist es nicht verwunderlich, daß Leon hart durchgriff. Dagegen erkannten die meisten Kirchenmänner, die Theodors Meinung teilten, daß sie weitermachen konnten wie bisher, ohne behelligt zu werden, solange sie sich nur unauffällig verhielten. Leons Hauptinteresse galt der Staatssicherheit und der Erhaltung von Ruhe und Ordnung. Was ihn betraf, waren doktrinäre Fragen, die Theodor und seiner Anhängerschaft so sehr am Herzen lagen, zweitrangig.

Das Edikt von 815 löste eine neue Welle großangelegter Zerstörung aus. Nach der Überlieferung durfte jedes heilige Objekt jederzeit von jeder beliebigen Person zerstört und entweiht werden, ohne daß diese mit Bestrafung zu rechnen hatte. Jedes Kleidungsstück und jede Stickerei, auf der Jesus, Maria oder Heilige abgebildet waren, lief Gefahr, in Fetzen gerissen und zertrampelt zu werden. Bemalte Holztafeln wurden mit Kot beschmiert, mit Äxten traktiert oder auf öffentlichen Plätzen verbrannt, wenn auch das Ausmaß des künstlerischen Verlustes damals und in den achtundzwanzig Jahren, die folgten, möglicherweise nicht ganz so groß war wie in dem mit einundsechzig Jahren mehr als doppelt so langen Zeitraum des Bildersturms im achten Jahrhundert. Zudem besaßen Leon und seine Nachfolger wenig von dem fanatischen Eifer, der Leon III. und Konstantin Kopronymos angetrieben hatte. Es bleibt jedoch eine nicht zu bestreitende Tatsache, daß der Verlust enorm gewesen sein muß. Vergegenwärtigen wir uns die atemberaubende Qualität und die bedauernswert geringe Zahl erhaltener byzantinischer Kunstwerke aus der Zeit vor der Mitte des neunten Jahrhunderts, ist dieser Verlust noch heute schmerzlich zu spüren.

Michael der Amorier (820)   43

Mit einem Offizierskollegen namens Michael aus der phrygischen
Stadt Amorion[3] war Leon schon seit einem frühen Zeitpunkt seiner
Karriere befreundet gewesen, vielleicht sogar vor 803, als beide in
die unglückselige Revolte von Bardanes Turkos verwickelt waren.
Was sie verband, ist auf den ersten Blick nicht leicht zu verstehen.
Michael war ein gutmütiger, ungebildeter Provinzler von niedriger
Abstammung mit einem Sprachfehler.[4] Offenbar standen sich die
beiden nahe genug, daß Leon Michaels Sohn Pate stand. Außerdem
gibt es Hinweise darauf, daß Michael seinem Freund in der Zeit der
Schlacht von Wersinikia und des Marsches auf Konstantinopel von
unschätzbarer Hilfe gewesen war. Als Leon im Triumphzug in den
kaiserlichen Palast einzog, ritt der Amorier jedenfalls direkt hinter
ihm. Beim Absteigen vor dem Palast trat er auf den Mantel des Kaisers und riß ihm diesen beinahe von der Schulter. Doch selbst dieser
Fehltritt verhinderte nicht, daß ihn Leon zum *Comes Excubitorum*
ernannte, dem Anführer eines der Eliteregimenter des Palastes. Der
kleine Zwischenfall war bald vergessen.

Irgendwann im Sommer oder Frühherbst des Jahres 820 kam Leon
jedoch zu Ohren, daß Michael ihn verleumde und Aufruhr stifte. Da
es ihm widerstrebte, überstürzte Maßnahmen gegen seinen alten
Kumpan zu ergreifen, gab er zuerst einem anderen Hofbeamten,
nämlich dem Logotheten des Dromos, Johannes Hexabulios, der sieben Jahre zuvor bei dem hinterlistigen Treffen mit Krum mit von der
Partie gewesen war, den Auftrag, unter vier Augen mit ihm zu sprechen und ihn auf die Dummheit seines Verhaltens und die möglichen
Konsequenzen hinzuweisen. Michael nahm jedoch keine Notiz
davon. Im Laufe der Zeit äußerte er sich immer offener gegen seinen
Souverän, bis Hexabulios am Heiligabend schließlich eine Verschwörung aufdeckte, in die vermutlich mehrere ranghohe Militärs verwik-
kelt waren und deren Rädelsführer fraglos Michael war. Er infor-
mierte Leon, und dieser ließ den Freund aus Amorion sofort vorführen. Mit dem unwiderlegbaren Beweismaterial konfrontiert, blieb
diesem keine Wahl, als die Schuld einzugestehen. Außer sich vor Wut
angesichts des Verrats seines Freundes und Mitstreiters, dem er volles
Vertrauen geschenkt hatte, ordnete der Kaiser an, Michael sofort in
den riesigen Ofen zu werfen, der die Bäder im Palast heizte.

Obwohl es längst Nacht war, wäre dieses schreckliche Urteil mit

Sicherheit unverzüglich ausgeführt worden, hätte dies nicht Kaiserin Theodosia verhindert. Als sie die Nachricht von ihren Hofdamen erfuhr, sprang sie aus dem Bett und eilte zu ihrem Mann. Es sei jetzt eine Stunde vor Weihnachten, meinte sie. Wie könnte er am Tag von Christi Geburt das Sakrament empfangen mit einer derart unsagbar grausamen Tat auf dem Gewissen? Ernüchtert von ihren Worten – und vielleicht auch von ihrer Anregung, daß eine längere und sorgfältigere Befragung Michaels mehr über seine Mitverschwörer an den Tag bringen könnte –, willigte Leon ein, die Hinrichtung aufzuschieben. Er ließ den Verurteilten in Ketten legen und in einem kleinen Zimmer in einem entlegenen Winkel des Palastes unter ständiger Bewachung einschließen. Die Schlüssel zum Zimmer und zu den Fußfesseln nahm er an sich, worauf er sich zutiefst aufgewühlt ins Bett zurückzog.

Aber er konnte nicht schlafen. Immer und immer wieder kehrten nun seine Gedanken zu jenem Tag im Jahre 813 zurück, als Michael auf seinen Mantel getreten war und ihm beinahe die kaiserlichen Insignien von den Schultern gerissen hätte. Konnte der Vorfall ein Vorzeichen gewesen sein? Und was war mit dem illuminierten Wahrsagungsbuch, das er kürzlich gelesen hatte, mit der Abbildung eines Löwen zwischen den griechischen Buchstaben *Chi* und *Phi,* dessen Kehle mit einem Schwert durchbohrt war? Wenn nun *Chi* für Weihnachten *(Christous ai gennaisis)* stand und *Phi* für Epiphanie *(Phota)?* Handelte es sich dabei nicht um eine unmißverständliche Vorhersage seines Todes zwischen diesen beiden Feiertagen? Hätte er bloß nicht auf die Bitten seiner Frau gehört und das Urteil auf der Stelle ausführen lassen! Außerdem, war sein Gefangener wirklich sicher? Auf eine plötzliche Eingebung hin stand er auf, packte eine Kerze und machte sich auf den Weg durch die labyrinthischen Gänge des Palastes zum Raum, in dem Michael eingesperrt war. Dabei trat er verschlossene Türen, die ihm in die Quere kamen, einfach mit einem Fußtritt auf. Die Tür zur Zelle dagegen öffnete er leise und fand zu seiner Empörung den Wächter tief schlafend am Boden vor. Der Gefangene lag auf einer Pritsche; offenbar schlief er ebenfalls. Da Leon es nicht für möglich hielt, daß jemand in einer solchen Situation so tief schlafen konnte, legte er die Hand auf Michaels Brust, um nach dem Herzschlag zu fühlen und zu prüfen, ob sein

Die Verschwörung gegen Leon (820) 45

Schlaf echt war. Als sich dies bestätigte, erhob er drohend die Fäuste gegen die beiden Schlafenden und zog sich danach leise zurück.

Was der Kaiser nicht wußte, war der Umstand, daß sich noch eine dritte Person im Zimmer befand, und diese war hellwach. Irgendwie hatte es Michael fertiggebracht, einen seiner persönlichen Diener mitzubringen, einen jungen Eunuchen, der sich, als er Schritte hörte, hastig unter dem Bett versteckt hatte. Von diesem Versteck aus konnte er zwar das Gesicht des Eindringlings nicht sehen, doch die purpurnen Stiefel, die nur der Basileus tragen durfte, waren mehr als ausreichend, um ihn zu identifizieren. Sobald Leon weg war, weckte er seinen Herrn und den Wächter und erzählte ihnen, was er gesehen hatte. Als letzterer merkte, daß nun auch sein Leben in Gefahr war, erklärte er sich nur zu gern bereit, mit seinem Gefangenen gemeinsame Sache zu machen. Unter dem Vorwand, Michael wolle unbedingt beichten, bevor das Urteil vollstreckt werde, sandte er einen anderen von dessen vertrauten Dienern in die Stadt, vorgeblich, um einen Priester zu holen, aber in Wahrheit, um seine Mitverschwörer zu einer Rettungsaktion in letzter Minute zusammenzutrommeln.

Der Diener handelte rasch, und der Plan stand in Kürze fest. Es war üblich, daß sich bei großen Kirchenfesten die Mönche des Chors, die die Frühmesse im Palast sangen, frühmorgens beim Elfenbeintor versammelten, bevor sie in die Stephanskapelle schritten. Und so hüllten sich die Verschwörer an jenem eiskalten Weihnachtsmorgen lange vor der Dämmerung in Mönchsgewänder – das perfekte Versteck für die Schwerter und Dolche, die sie darunter trugen. Sie schlossen sich den Chorsängern an und zogen mit ihnen, die Gesichter tief in den Kapuzen verborgen, in den Palast ein. In der Kapelle angelangt, blieben sie im Schatten zurück und ließen sich abwartend nieder.

Der Beginn des ersten Liedes war das Signal für die Ankunft des Kaisers, der wie üblich seinen Platz einnahm und sogleich mitsang. Über seine Singstimme gab es unterschiedliche Meinungen, wobei er selbst die höchste hatte. In bezug auf ihre Lautstärke stimmen jedoch alle Quellen überein. Die Verschwörer warteten, bis die Musik einen Höhepunkt erreichte, dann schlugen sie zu. Dummerweise trugen sowohl Leon als auch der amtierende Priester hohe Fellhüte, um sich vor der bitteren Kälte zu schützen, und so richteten sich die ersten Schläge gegen den Priester, der sich aber gerade noch rechtzeitig die Mütze vom Kopf reißen konnte, um seinen kahlen Kopf zu enthüllen. Damit hatte er die Angreifer von ihrem Mißgriff überzeugt. Die kurze Verzögerung erlaubte es dem Kaiser, zu seiner Verteidigung ein schweres Kreuz vom Altar zu reißen. Aber schon einen Augenblick später trennte ein heftiger Schwertschlag seinen Arm von der Schulter, welcher das Kreuz noch immer umklammernd über den Boden schlidderte. Leon sank zu Boden, und mit einem weiteren Hieb schlug ihm einer den Kopf ab. So fand seine Herrschaft am Weihnachtstag des Jahres 820, frühmorgens kurz vor vier Uhr ihr Ende.

Die Mörder verloren keine Zeit. Sie eilten in den Raum, in dem Michael noch immer gefangengehalten wurde. Zu ihrem Ärger merkten sie aber bald, daß sie nicht in der Lage waren, ihn aus seinen Fesseln zu befreien. So trugen sie den neuen Kaiser von Byzanz zu seinem Thron und setzten ihn mit den schweren Eisenketten an den Beinen darauf, während sich ihm die hastig zusammengetrommelten Offiziere des kaiserlichen Hofes zu Füßen warfen. Erst um die Mittagszeit herum kam ein Schmied mit einem Vorschlaghammer und einem Stemmeisen, um ihn zu befreien[5], gerade rechtzeitig, damit er zur Krönung durch den Patriarchen in die Hagia Sophia humpeln konnte. Was Theodotos durch den Kopf ging, während er dem Thronräuber die Krone auf das reichlich verlauste Haupt setzte, ist nicht überliefert. Als unverbesserlicher Opportunist, der er war, hätte er sich aber wohl kaum darüber aufgehalten.

Kurze Zeit später wurden die sterblichen Überreste Leons V. aus der Gemeinschaftskloake gefischt, in die man sie geworfen hatte, nackt ins Hippodrom geschleift und dort öffentlich zur Schau gestellt. Danach brachte man den Leichnam auf einem Maulesel zum Hafen, wo Kaiserin Theodosia mit ihren vier Söhne schon wartete. Ein Schiff brachte alle zusammen ins Exil auf die Prinzeninseln im Marmarameer. Als sie dort eintrafen, erwarteten sie schlechte Nachrichten. Um sicherzustellen, daß ihm keine Vergeltung drohte, hatte der neue Kaiser befohlen, die Jungen umgehend zu entmannen.[6] Drei von ihnen überlebten die Tortur. Einer davon, Gregor, wurde später Erzbischof in Syrakus auf Sizilien. Theodosios, der jüngste, starb unter dem Messer und wurde gemeinsam mit seinem Vater verscharrt.

Michael II. (820) 47

Man mag sich beim Lesen über den theatralischen, ja schon fast sensationslüsternen Ton der letzten Seiten wundern, der sich merklich von der bis dahin geübten Zurückhaltung abhebt. Grund dafür ist nicht etwa ein neuer Ansatz des Autors, sondern eine neue Quelle. Sie führt die Chronik des Mönchs Theophanes weiter und beginnt, kurz bevor dieser 814 auf der Insel Samothrake starb, auf die man ihn aus religiösen Gründen verbannt hatte. Dieser sogenannte Theophanes Continuatus (»Fortsetzer« des Theophanes) zeigt einen Hang zum Dramatischen und ein Auge für bezeichnende Einzelheiten, die ihn deutlich von der Masse seiner Kollegen abheben. Wir mögen ihn zwar – vermutlich zu Recht – im Verdacht haben, daß er seine Schilderung mit mehr als nur einem Hauch künstlerischer Freiheit ausgearbeitet hat, dies vor allem auch, weil die spätere Sammlung erst Mitte des zehnten Jahrhunderts entstand, also mehr als hundert Jahre nach den hier beschriebenen Ereignissen niedergeschrieben wurde. Er weiß jedoch zweifellos, wie man eine Geschichte spannend erzählt, und geborene Erzähler sind nur allzu selten in der Geschichte des Mittelalters. In allen wesentlichen Punkten haben wir zudem keinen Grund, an seiner Verläßlichkeit zu zweifeln. Und wenn wir den Rest mit den gebührenden Vorbehalten lesen, spricht nichts dagegen, das Unterhaltende daran zu genießen.

Zu sagen, Michael II. habe den byzantinischen Thron mit Blut an den Händen bestiegen, wäre eine glatte Untertreibung. Gewiß, viele andere Kaiser haben Ähnliches vor ihm getan. Mit Ausnahme vielleicht von Phokas im Jahre 602[7] hatte jedoch keiner den jeweiligen Vorgänger – oder in einem Fall die Vorgängerin – so kaltblütig vom Thron oder sogar ins Jenseits befördert und mit weniger gerechtfertigtem Grund. Leon hatte gewiß schlimme Fehler; darunter standen an erster Stelle Grausamkeit und Falschheit. Er war aber in manchen Dingen auch vorausblickend und erfolgreich gewesen; er hatte als Herrscher viel getan, um das Reichsvermögen wieder anzuhäufen, und wenn ihm Gelegenheit dazu gegeben worden wäre, hätte er das Reich zweifellos zielstrebig und selbstbewußt geführt. Michael konnte seinen Mord weder mit Leons Unfähigkeit noch mit religiösen Gründen rechtfertigen, da er seine Ansichten in bezug auf den

Ikonoklasmus vollauf teilte. Kurz, sein einziges Motiv muß eine Kombination aus Eifersucht und nacktem Ehrgeiz gewesen sein – gemischt mit einer Spur Aberglauben: Er hatte die Worte des Eremiten von Philomelion nie vergessen, die dieser siebzehn Jahre zuvor ausgesprochen hatte.[8]

Die Bevölkerung von Konstantinopel war sich all dessen bewußt. Man spottete über Michaels ungehobeltes Wesen und seine mangelnde Bildung: es hieß, in der Zeit, die er brauchte, um die sechs griechischen Buchstaben seines Namens zu schreiben, hätte jemand anders ein ganzes Buch gelesen. Vom Moment seiner Thronbesteigung an war er auch eine beliebte Zielscheibe politischer Pamphlete. Gleichzeitig war er aber auch gefürchtet, hatte er doch bewiesen, daß er keinerlei Mittel scheute, um seine Ziele zu erreichen. Und trotz alledem sollte er sich als besserer Herrscher erweisen, als irgend jemand erwartet hätte. Seine Herrschaft bestimmten, so bewegt sie auch war, weniger Dummheit und Grausamkeit als vielmehr Mäßigung und gesunder Menschenverstand.

Es mag ein Beweis für die letztgenannte Tugend sein, daß Michael am Pfingstsonntag 821 seinen siebzehnjährigen Sohn Theophilos zum Mitkaiser krönen ließ. Er war sich des Umstands vollkommen bewußt, daß er innerhalb eines Vierteljahrhunderts der siebte Kaiser auf dem byzantinischen Thron war und daß zwei von seinen Vorgängern abgesetzt worden, zwei in der Schlacht gefallen und zwei weitere Attentaten zum Opfer gefallen waren. Außerdem waren die letzten drei nicht miteinander verwandt gewesen, geschweige denn mit ihm. Mehr als alles andere benötigte das Reich jetzt Stabilität. Theophilos' Krönung stellte den ersten Schritt in diese Richtung dar. Aber auch Theophilos brauchte einen Sohn und Erben, und diesem Ziel diente der zweite Schritt, den er kurz darauf unternahm, vermutlich noch am selben Tag. Theophilos wurde mit Theodora, einer Paphlagonierin von edler Abstammung und Würde, verheiratet. Von ihr wird in den kommenden Jahren noch einiges zu hören sein.

Doch schon zu diesem Zeitpunkt mußte sich Michael um dringendere Probleme als die kaiserliche Nachfolge kümmern. Das Reich stand wieder einmal einer Bedrohung gegenüber, allerdings nicht, wie so oft in der Vergangenheit, von sarazenischer oder bulgarischer Sei-

Thomas der Slawe (823)

te, sondern seitens eines militärischen Abenteurers namens Thomas von Gaziura oder, gebräuchlicher, Thomas der Slawe. Es handelte sich um den dritten der drei Offiziere, die Bardanes Turkos 803 zum Eremiten von Philomelion begleitet hatten. Da es seinen beiden Kollegen Leon und Michael bereits gelungen war, den Thron zu besteigen, mußte ihm klar sein, daß laut Prophezeiung sein Versuch, die Macht zu ergreifen, zum Scheitern verurteilt war. Er scheint sich jedoch entschlossen zu haben, den Beweis anzutreten, daß der Prophet irrte. Während der Regierungszeit von Nikephoros und Michael I. hatte er sich im Exil in islamischen Ländern aufgehalten, war jedoch nach der Thronbesteigung Leons zurückgekehrt. Da die Abneigung gegenüber Angehörigen slawischer Völker von armenischer Seite in der Regel noch größer war als von griechischer, verblüfft es einigermaßen, daß ihm Leon ein so hohes militärisches Kommando anvertraute. Bis um die Zeit von Leons Ermordung verhielt er sich ruhig. Kaum war die Krone aber an Michael übergegangen, mit dem er seit langem rivalisierte, begann er eine Revolte zu schüren.

Sein Erfolg war bemerkenswert, und zwar aus mehreren Gründen. In den Ostprovinzen gab er sich als Kaiser Konstantin VI. aus, der der Blendung durch seine Mutter Irene vor dreiundzwanzig Jahren auf wunderbare Weise entgangen sei, und tatsächlich fand in der moslemisch besetzten Stadt Antiochia eine Krönungsfeier statt. Im Westen vertrat er einen radikal anti-ikonoklastischen Standpunkt, wohl wissend, daß ihm dies etliche Unterstützung einbringen würde. Er gab sich überall als Streiter für die Armen und all die, die unter den hohen Steuerlasten und der weitverbreiteten Korruption unter den provinziellen Regierungsbeamten litten. Er scheint trotz des für damalige Zeiten vorgerückten Alters – er muß über fünfzig, vielleicht sogar älter gewesen sein – und eines auffälligen Hinkens eine unwiderstehliche Anziehungskraft ausgestrahlt zu haben. Jene, die ihn und Michael kannten, setzten stets seine Gewandtheit und diese Ausstrahlung in Kontrast zur unzusammenhängenden Ausdrucksweise und Ungeschlachtheit des Kaisers. Und er besaß noch einen weiteren Vorteil: die Abneigung aller rechtschaffenen Frauen und Männer gegen den Amorier angesichts der kaltblütigen Brutalität des Verbrechens, mit dem dieser die Macht ergriffen hatte. Wir mögen uns trotz allem fragen, ob seine große Gefolgschaft ihre Mei-

50   *Rückkehr zum Ikonoklasmus*

nung nicht geändert hätte, wäre bekannt gewesen, daß er beträchtliche finanzielle Unterstützung vom Kalifen Mamun erhielt. Es könnte durchaus sein, daß er ihm sogar versprach, das Reich als Lehen des Kalifats zu verwalten, sollte er erfolgreich sein.

Das Heer, mit dem diese verwachsene, aufgebrachte, aber dennoch charismatische Figur im Frühjahr 821 in das Reich einmarschierte, war riesig; es bestand aus etwa 80 000 Mann, darunter arabische, persische, georgische, armenische, alanische, gotische, hunnische und slawische Einheiten. Man würde erwarten, daß eine so heterogen zusammengesetzte Streitmacht im griechischsprechenden anatolischen Herzland kaum auf viel Gegenliebe stieß. Innerhalb zweier Monate blieben jedoch in ganz Kleinasien nur zwei Themen Michael treu, nämlich Opsikion und Armeniakon. Im Wissen, daß er praktisch das gesamte Reich vom Ararat bis zur Ägäis hinter sich hatte, setzte Thomas im Dezember 821 nach Thrakien über und begann Konstantinopel zu belagern.

Wie wir wissen, sah sich die Hauptstadt nicht zum erstenmal mit einer Belagerung konfrontiert. Beim letzten Vorstoß, der erst acht Jahre zurücklag, hatte Krum zwar keinen ernsthaften Versuch gemacht, die vierhundert Jahre alten Mauern Theodosios' II. zu stürmen, sondern sich damit begnügt, die Außenbezirke und das Viertel Galata auf der anderen Seite des Goldenen Horns in Schutt und Asche zu legen. Aber es hatte auch schon Belagerungen mit allen schrecklichen Folgen dieser Art von Krieg gegeben: durch die Perser im Jahre 626 und durch die Sarazenen 674 und dann nochmals 717/18, als sich die Bevölkerung gleichzeitig gegen Anschläge zu Land und zu Wasser zur Wehr setzen mußte. Damals hatte die gesamte Bevölkerung von Konstantinopel zu Recht das Gefühl gehabt, an der Front zu stehen. Dank ihres Muts und ihrer Entschlossenheit und noch viel mehr dank der hervorragenden Befestigungen, mit denen sich keine andere Stadt messen konnte, hatte man sich jedoch immer behaupten können – so auch gegen Thomas den Slawen. Thomas richtete seinen Hauptangriff gegen das Blachernenviertel im Norden, wo die Landmauern auf das Ufer des Goldenen Horns zulaufen und man die Befestigungen für etwas schwächer hielt. Er wußte offenbar nicht, daß sie gerade in diesem Bereich in Erwartung von Krums letztem Feldzug – zu dem es dann infolge seines plötzli-

Die Belagerung von Arkadiopolis (823)   51

chen Todes nicht mehr kam – auf Veranlassung Leons V. besonders
verstärkt worden waren. Die von Thomas' Heer eingesetzten Belagerungsmaschinen erwiesen sich als hoffnungslos unwirksam. Sie
konnten es niemals mit den gewaltigen Katapulten und Wurfmaschinen aufnehmen, die Michael entlang der Schutzwälle hatte auf-
reihen lassen. Zwar fiel es Thomas' Truppen zur See nicht schwer,
die Provinizflotte in ihren Stützpunkten an der anatolischen Küste
zu besiegen und ihre gesamten Waffen, ja sogar ihre Vorräte an Griechischem Feuer in ihren Besitz zu bringen, aber die tobenden Win-
terstürme hinderten seine Schiffe daran, so weit an die Küste vorzu-
dringen, daß sie nennenswerten Schaden anrichten konnten.

Im Frühjahr 822 machte er einen erneuten, ebenfalls erfolglosen
Versuch. Diesmal gelang es dem Kaiser, von einem der Türme aus,
das Wort an die belagernde Armee zu richten, scheinbar, um an ihre
Loyalität zu appellieren, in Tat und Wahrheit jedoch, um vorzuge-
ben, die Verteidigung der Stadt liege in den letzten Zügen. Die Zuhö-
renden nahmen deshalb an, man werde kaum noch auf ernst zu nehmenden Widerstand stoßen und griffen leichtfertig und in loser Ordnung an. Sie waren vollkommen überrumpelt, als sich plötzlich
mehrere Tore öffneten und sie von kaiserlichen Truppen förmlich
überrollt wurden, bevor sie die Fassung wiedergefunden hatten. Sie
wurden zu Dutzenden niedergemetzelt. In der Folge setzte man den
Angriff auf das Blachernenviertel aus. Offenbar fand noch am selben Tag eine Seeschlacht statt, die ebenfalls mit einer Niederlage für
die Rebellen endete. Eine zweite, zu Beginn des Sommers von Hellas
und dem Peloponnes kommende Flotte hatte den Kampf gegen die
kaiserliche Kriegsflotte kaum aufgenommen, als sie vom Griechischen Feuer auch schon vollständig zerstört wurde.

Bis im zweiten Winter der Revolte, die man angesichts der Zahl
der Beteiligten wohl besser als Bürgerkrieg bezeichnen würde, hatte
Thomas noch immer keinen einzigen ernst zu nehmenden Sieg errungen. Sowohl ihm als auch seinen engen Verbündeten muß klar
gewesen sein, daß sein Versuch der Machtergreifung gescheitert war.
Trotzdem gab er den Kampf nicht auf. Es ist schwer zu sagen, wie
lange die Pattsituation ohne das Eingreifen des bulgarischen Khans
Omurtag – Krums Sohn – noch angehalten hätte. Dieser hatte kurz
nach seiner Inthronisierung mit Byzanz einen dreißigjährigen Frie-

densvertrag abgeschlossen und bot nun Michael seine Hilfe an. Es heißt, der Kaiser habe das Angebot höflich ausgeschlagen, weil er nicht wollte, daß christliches Blut – nicht einmal das von Verrätern – von heidnischen Schwertern vergossen werde. Er konnte den Khan jedoch nicht hindern, auf eigene Faust tätig zu werden, ja, er hat ihn vermutlich heimlich sogar kräftig dazu ermuntert. Jedenfalls stürmten die bulgarischen Scharen im März des Jahres 823 die Hänge des Hämus-Gebirges in Thrakien hinunter und zerschlugen die rebellische Armee wenige Wochen später in der Nähe von Heraklea auf der Keduktos-Ebene.[9] Die Plünderung erfüllte alle Erwartungen. Zufrieden mit seinem Werk kehrte Omurtag nach Hause zurück.

Mit letzter Kraft sammelte Thomas die Reste seiner angeschlagenen Streitkräfte und führte sie etwa dreißig Kilometer westlich von Konstantinopel auf ein anderes offenes Gelände, die Ebene von Diabasis. Kurz darauf – es muß etwa Anfang Mai gewesen sein – ritt der Kaiser an der Spitze seines Heers aus der Hauptstadt, um ein Entscheidung herbeizuführen; dies geschah schließlich an der Stelle, an der die beiden kleinen Flüsse Melas (heute Karasu) und Athyras vom Hügel Kushkaya nahe den Mauern des Anastasios[10] herabflossen. Thomas wandte die altbewährte Taktik an und täuschte Flucht vor. Als jedoch der Zeitpunkt zur Gegenwehr gekommen war, vermochten sich die entmutigten und demoralisierten Truppen nicht mehr aufzuraffen und legten die Waffen nieder. Ihr ehemaliger Befehlshaber, der mit einer Handvoll Getreuen davonkam, floh nach Arkadiopolis (heute Lüleburgaz), und dort verschanzte er sich.

Damit waren die Rollen vertauscht. Nun war Michael der Belagerer und Thomas der Belagerte. Da er sich der extremen Knappheit an Vorräten bewußt war, wies Thomas alle Frauen und Kinder und jene Männer aus der Stadt, die zu alt oder krank waren, um Waffen zu tragen. Was mit ihnen geschah, ist nicht bekannt, aber er konnte mit den kampffähigen Truppen so den ganzen Sommer durchhalten. Im Oktober aber, als sie sich gezwungen sahen, die verwesenden Leiber ihrer Pferde zu essen, war klar, daß sie aufgeben mußten. Die noch konnten, desertierten, indem sie sich über die Mauern abseilten und direkt zum kaiserlichen Lager überliefen. Darauf sandte der Kaiser den restlichen Soldaten eine Botschaft, in der er ihnen Straferlaß versprach, falls sie ihm ihren Anführer auslieferten. Sie wußten, daß als

Die Belagerung von Arkadiopolis (823)

Alternative ziemlich sicher ein Massaker zu erwarten war, und willigten ein.

Thomas und Michael waren viele Jahre lang Feinde gewesen, aber erst in den letzten zwei Jahren hatte ihre Feindschaft in offenen Kampf umgeschlagen. Der Schaden, den sie dem Reich in diesen zwei Jahren sowohl moralisch als auch materiell zugefügt hatten, überstieg alle Schätzungen. Große Landstriche fruchtbaren Ackerlandes waren verwüstet. Angesichts der enorm gestiegenen Steuern und des Mangels an Kapital, auf das sie hätte zurückgreifen können, um diese zu entrichten, war die ansässige Landbevölkerung ruiniert. Einmal mehr scharten sich Kleinbauern in Konstantinopel, um ein Auskommen zu suchen. Das alte Problem, unter dem bereits Nikephoros und Leon V. gelitten hatten, war wieder akut, und zwar mehr denn je zuvor. Als Mitverantwortlicher für dieses Unglück und all die Verwüstungen wußte der unterlegene Slawe, daß er keine Gnade erwarten konnte. Er wurde in Ketten vor Michael gebracht und unsanft vor ihm zu Boden gestoßen. Der Kaiser machte kein Hehl aus seiner Befriedigung. Mit dem purpurnen Stiefel auf dem Nacken seines Opfer verkündete er dessen Schicksal: Hände und Füße sollten ihm abgehackt und der Körper auf einen Pfahl gespießt werden. Das Urteil wurde unmittelbar darauf vor den Mauern von Arkadiopolis vollstreckt.

Die Säuberungsaktionen dauerten noch mehrere Monate an. Thomas' Adoptivsohn Anastasios, ein eher unbedeutender ehemaliger Mönch, erlitt dieselbe Strafe wie sein Vater. Weitere Rädelsführer in den asiatischen Provinzen wurden gehängt. Die überwältigende Mehrheit ihrer Gefolgschaft, die sich den Beamten des Kaisers gestellt hatte, ging jedoch straffrei aus und durfte nach Hause zurückkehren. Zu Beginn des Jahres 824 war die vielleicht größte und weitreichendste Revolte in der byzantinischen Geschichte zu Ende.

Dasselbe ließ sich jedoch von der Drangsal Michaels II. nicht behaupten. Sein Reich hatte sich kaum etwas vom Chaos erholt, das sein Konkurrenzkampf mit Thomas dem Slawen über Byzanz gebracht hatte, als es bereits von zwei weiteren Katastrophen heimgesucht wurde. Diese waren sich in Ursache und Wirkung eigenartig ähnlich und kosteten ihn letztlich zwei seiner wichtigsten Stütz-

punkte im Mittelmeerraum. In der zeitgenössischen Geschichtsschreibung neigte man lange dazu, Thomas auch noch für diese Verluste verantwortlich zu machen, mit der Begründung, seine Revolte
habe das Reich so sehr geschwächt, daß es nicht mehr die Kraft hatte, Widerstand zu leisten. In Tat und Wahrheit waren Michael und
seine Vorgänger jedoch selbst dafür verantwortlich. Frühere Kaiser
hatten eine starke Flotte unterhalten, als unabdingbare Verteidigung
gegen die gefährliche Seemacht der Omajjaden-Kalife von Damaskus. Mit dem Übergang des Kalifats nach der Schlacht am Großen
Zab 750 an die Abbasiden von Bagdad verlor diese Macht rasch an
Bedeutung, und in der Folge begann man die byzantinische Flotte
zunehmend zu vernachlässigen. Als deshalb eine arabische Flotte
von rund 10 000 Mann und vierzig Schiffen im Jahre 825 von Spanien her kommend in kaiserliche Hoheitsgewässer eindrang, konnte
Michael so gut wie nichts veranlassen, um sie daran zu hindern.

Diese arabischen Einheiten waren 813 nach einem mißglückten
Aufstand gegen ihren Emir aus Andalusien vertrieben worden und
hatten sich entschlossen gegen Osten aufgemacht, um ihre zerstreuten Kräfte zu sammeln. In Ägypten, an ihrem ersten Ziel, hatten sie im
Jahre 818 Alexandria eingenommen. Sieben Jahre später zogen sie,
nach der gewaltsamen Vertreibung durch Kalif Mamun, Richtung
Kreta. Aufgrund einer Tradition, die sowohl byzantinische als auch
arabische Quellen belegen, gab ihnen ihr Anführer Abu Hafs zwölf
Tage Zeit, um die Insel zu plündern. Darauf sollten sie sich wieder im
Hafen versammeln. Als sie zurückkamen, sahen sie zu ihrem Schrek-
ken, daß er angeordnet hatte, all ihre Schiffe zu zerstören. Vergeblich
erinnerten sie ihn daran, daß sie ihre Frauen und Kinder in Ägypten
zurückgelassen hatten. Er entgegnete barsch, sie hätten sich jetzt mit
den Kreterinnen zu begnügen. Was sie, so müssen wir annehmen,
wohl oder übel mit unterschiedlichen Graden der Bereitwilligkeit
taten. Die neuentstandenen Sippen gründeten die Stadt Chandax,
später Kandia (heute Heraklion) und seither Hauptstadt der Insel.
Von dort zogen sie aus und nahmen neunundzwanzig weitere Städte
ein, deren Bevölkerung sie den islamischen Glauben aufzwangen und
zum Sklavendasein verdammten. Eine einzige Gemeinde blieb verschont, deren Name leider nicht überliefert ist; dort durfte weiterhin
offen dem christlichen Glauben angehangen werden.

Die arabische Einnahme von Kreta (829) 55

Von da an war Kreta ein Piratennest, vor dessen Raubzügen keine Insel im östlichen Mittelmeer oder in der Ägäis, kein Hafen an der Küste Griechenlands oder in Kleinasien sicher war. Im Verlauf der nächsten hundert Jahre wurden Ägina, Paros und die Zykladen immer und immer wieder verwüstet, die Mönche des Athosberges aus ihren Klöstern vertrieben. Wären mehr schriftliche Dokumente erhalten geblieben, ließe sich zweifellos ähnliches über unzählige andere Inseln, Städte und Klostergemeinschaften sagen. Schon bald war Chandax auch der größte Sklavenumschlagplatz der Zeit. Byzanz versuchte wiederholt, dessen Bevölkerung gefügig zu machen. Allein Michael II. lancierte zwischen 827 und 829 drei Feldzüge, und seine Nachfolger führten die Versuche fort. Erst der bzyzantinische Feldherr – und künftige Kaiser – Nikephoros Phokas brachte sie im Jahre 961 wieder unter Kontrolle.

Innerhalb von nur zwei Jahren nach der Eroberung von Kreta fiel unabhängig davon ein anderes arabisches Heer auf Sizilien ein, diesmal allerdings auf eine Aufforderung hin. Die Truppen sollten Euphemios, einen ehemaligen byzantinischen Admiral, unterstützen. Er hatte seinen Posten verloren, weil er und eine Nonne aus einem nahe gelegenen Kloster durchgebrannt waren. Als er erkannte, daß eine Kapitulation den sicheren Tod oder zumindest schreckliche Verstümmelung bedeutete, zettelte er einen Aufstand an, tötete den kaiserlichen Gouverneur und rief sich zum Kaiser aus. Aber selbst da war ihm klar, daß er seine Stellung ohne fremde Hilfe niemals würde halten können. Er begab sich deshalb zum Emir von Kairouan und verpflichtete sich, ihm einen jährlichen Tribut zu entrichten, sobald er sicher an der Macht sei.

Der Emir konnte einer solchen Aufforderung nicht widerstehen. Am 14. Juni 827 segelte eine Flotte von zwischen siebzig und hundert Schiffen Richtung Norden nach Sizilien. An Bord waren 700 Reiter und 10 000 Fußsoldaten unter dem Befehl von Asad Ibn al-Furat, einem führenden Richter am religiösen Gerichtshof von Kairouan – was etwas überraschen mag. Obwohl Asads Streitmacht auf den ersten Blick imposant war, mußte der Heerführer bald erkennen, daß die Sache nicht so verlaufen würde wie geplant. Er selbst starb während einer Pestepidemie im folgenden Jahr, und Euphemios kam kurz darauf durch die Hand von kaiserlichen Truppen in

Enna um. Noch heute lebt dieser Kampf zwischen christlichen und sarazenischen Streithähnen mit viel Säbelgerassel, Geklapper von Brustpanzern aus Blech und dem Abhacken von turbangeschmückten Köpfen in den traditionellen Puppentheatern von Palermo weiter. Damals dauerte es noch ein halbes Jahrhundert, bis der Fall von Syrakus im Jahre 878 den Triumph der moslemischen Kräfte auf der Insel endgültig beendete.[11]

Lange zuvor hatte sich Sizilien für ein Volk, das auf Piraterie und Eroberungen aus war, als noch besserer Ausgangsort erwiesen als Kreta. Die Armeen des Propheten hatten die Straße von Messina überquert, Kalabrien und den Großteil Apuliens überrollt und von da sogar die Adria zur südlichen dalmatinischen Küste überquert. Michael und seine Nachfolger taten, was sie konnten, um sie in Schach zu halten, doch war die byzantinische Flotte im neunten Jahrhundert einfach nicht groß genug, um die Krisenherde Kreta und Sizilien zugleich anzugehen. Sie konzentrierte sich mehr auf Kreta, weil es näher lag und damit eine unmittelbarere Gefahr darstellte – mit dem Ergebnis, daß die Sarazenen auf Sizilien merkten, daß sie so ziemlich tun und lassen konnten, was sie wollten. Erst im Laufe der Jahrhunderte, als Sizilien einige weitere Invasionen erlitt – normannische, staufische, aus Anjou und Aragon –, wurde der arabische Einfluß zurückgedrängt und die Bevölkerung zunehmend christianisiert. Er verschwand jedoch nie ganz, und Nachfahren der ersten islamischen Ankömmlinge leben bis heute dort.

Über Michael den Amorier ist nichts bekannt, was nahelegte, daß er sich über theologische Fragen übermäßig den Kopf zerbrochen hätte. Insofern er sich überhaupt damit befaßte, vertrat er den Ikonoklasmus. Wie er selbst betonte, hat er in seinem ganzen Leben nie ein Heiligenbild verehrt. Außerdem war er entschlossen, die Kirche so zu lassen, wie er sie vorgefunden hatte. Er besaß nichts vom diesbezüglichen Fanatismus seiner ikonoklastischen Vorgänger oder seines Sohnes Theophilos. Bereits bei seiner Thronbesteigung hatte er alle freigelassen oder zurückgerufen, die Leon zu Gefängnis verurteilt oder in die Verbannung gesandt hatte. Darunter befand sich natürlich auch Theodor von Studios, der seine Kampagne für eine allgemeine Wiedereinsetzung der Bilder sofort

Michaels gemäßigte Haltung (829) 57

wiederaufnahm. Zwar blieb Michael im Prinzip hart, aber er war –
in noch höherem Maße als Leon – bereit, seinen Untertanen die
Form der Verehrung freizustellen, solange dies im Privaten geschah
und sie nicht für die eine oder andere Richtung predigten oder
andere zu bekehren suchten. Außerdem unternahm er nie einen
ernsthaften Versuch, die ikonoklastische Doktrin auch außerhalb
der Hauptstadt durchzusetzen. Selbst unter Leon hatte sich, wer
Ikonen malen wollte oder sie glühend verehrte, nach Griechenland
oder an die Küste und auf die Inseln Kleinasiens zurückziehen können, mit guten Chancen, dort diesen Aktivitäten unbehelligt nachgehen zu können. Unter Michael verbesserten sich diese Aussichten
sogar noch; ihn beruhigten an der ikonodulen Richtung viel weniger die religiösen Gebräuche als das Beharren auf dem Primat des
Papstes in Glaubensfragen. Als einer seiner Untertanen, ein ortho-
doxer Mönch namens Methodios, mit einem Brief von Papst
Paschalis I. aus Rom zurückkehrte, in dem dieser ihn aufforderte,
den Wahren Glauben wiederherzustellen, platzte er beinahe vor
Wut. Methodios wurde ausgepeitscht und dann auf der kleinen
Insel St. Andreas im Golf von Nikomedia für fast neun Jahre in
einer Gruft eingekerkert.

Diese Reaktion auf Paschalis' Schreiben hinderte Michael jedoch
nicht daran, ein Antwortschreiben an den Papst zu erwägen, in dem
er ihm die Exzesse beschreiben wollte, zu denen der Bilderkult seine
leidenschaftlicheren Anhänger geführt habe, und ihn zu bitten, sie
doch nicht mehr aktiv zu unterstützen. Er beschloß jedoch, zuerst
den Rat des Kaisers des Westens einzuholen. So legte er Ludwig dem
Frommen die Hauptargumente vor:

Lichter wurden vor die Bilder gestellt und Weihrauch vor ihnen
entzündet; sie wurden in Ehren gehalten wie das lebensspendende
Kreuz. Sie wurden angebetet und um ihre Fürbitte gebeten. Es gab
sogar welche, die sie in Tücher hüllten und bei der Taufe ihrer Kinder zu Paten machten. Gewisse Priester kratzten Farbe von den
Bildern und mischten sie in das Brot und den Wein, die sie beim
Heiligen Abendmahl verteilten; andere legten den Leib des Herrn
in die Hände der Heiligen, und die Gläubigen erhielten ihn dann
daraus.

Das Schreiben wurde Ludwig von einer gemischten Delegation aus Priestern und Laien überbracht. Man empfing sie am kaiserlichen Hof von Rouen mit vollendetem Zeremoniell. Dann reisten sie weiter nach Rom und erfuhren dort, daß Paschalis inzwischen gestorben war und Eugen II. auf dem Heiligen Stuhl saß. Wie das Treffen mit dem neuen Papst verlief, ist nicht überliefert. Wir wissen nur, daß Eugen Ludwig die Erlaubnis erteilte, eine Synode der fränkischen Bischöfe einzuberufen, die dann 825 in Paris zusammenkam. Diese Körperschaft gelangte mit erstaunlich gesundem Menschenverstand zum Schluß, daß Bilder in Kirchen als Schmuck oder Mahnmale dienen, aber nicht verehrt werden sollten. Leider konnte die Synode nicht als ökumenisch gelten und wurde deshalb von Byzanz schlicht ignoriert.

Alles in allem machte sich Michael durch seine gemäßigte Haltung in Glaubensfragen in kirchlichen Kreisen, abgesehen von ein paar wenigen Extremisten, durchweg beliebt. Die einzigen ernsthaften Differenzen, die er mit der Kirche hatte, betrafen nicht die Ikonenverehrung, sondern seine zweite Ehe, die er vermutlich 824 nach dem Tod seiner ersten Frau Thekla schloß. Den Moralaposteln der strengsten orthodoxen Theologie zufolge war eine zweite Heirat, insbesondere eines Kaisers, nicht tolerierbar. Die Dinge wurden noch komplizierter, weil die fragliche Dame – es handelte sich um Euphrosyne, die Tochter Konstantins VI. und Enkelin von Irene – während vieler Jahre Nonne in einem Kloster auf einer Insel im Marmarameer gewesen war. Wie er es bewerkstelligte, daß sie von ihrem Gelübde befreit wurde, werden wir nie erfahren. Es gelang ihm jedenfalls, und soviel wir wissen, war seine zweite Ehe genauso glücklich wie die erste. Euphrosyne hielt während seiner letzten Krankheit (einer Nierenerkrankung) Wache an seinem Bett und schloß ihm, als er im Oktober 829 starb, schließlich die Augen. Er war seit einem halben Jahrhundert der erste Kaiser, der als regierender Monarch in seinem Bett starb, und auch der erste, der einen starken und gesunden Sohn in der Blüte seiner Jahre zurückließ, um seine Nachfolge anzutreten.

3

Theophilos

(829–842)

Wunder, Vogel oder Handwerk aus Gold,
eher Wunder denn Vogel oder Handwerk,
Gesetzt auf sternhellen goldenen Zweig
Kann er krähn wie die Hähne des Hades
Oder gekränkt vom Mond laut spotten,
Zum Ruhm von unwandelbarem Metall,
Gemeinem Vogel oder Blütenblatt
Und aller Verbindung von Schlamm oder Blut.

W. B. Yeats, *Byzantium*

Als sein Vater starb, war Theophilos bereits acht Jahre lang Mitkaiser gewesen, doch wird er während dieser Zeit von den Chronisten kaum erwäht. Nur einmal, im Jahre 821, ganz zu Beginn ihrer gemeinsamen Regierung, erhaschen wir einen kurzen, verheißungsvollen Blick auf den damals siebzehnjährigen Prinzen: in einer feierlichen Prozession trägt er die wertvollsten Reliquien des Reiches, die Fragmente[1] des Kreuzes Christi und das heilige Gewand der Gottesmutter, die Landmauern entlang, während unten das Heer Thomas' des Slawen lagert. Alles deutet darauf hin, daß es ihm genügte, im Schatten seines Vaters zu stehen, je nach Bedarf verschiedene zeremonielle Funktionen zu erfüllen und im übrigen das Rampenlicht zu meiden. Nun aber, da im Alter von fünfundzwanzig Jahren die eigentliche Macht in seine Hände gelangte, trat er aus dem Dunkel und zeigte endlich, wie hervorragend er dafür qualifiziert war, die Verantwortung für das Reich zu übernehmen.

In krassem Gegensatz zu Michael, der kaum hatte lesen können, war Theophilos ein Intellektueller mit der typisch byzantinischen

Leidenschaft für theologische Fragen und hatte darüber hinaus eine gründliche militärische Ausbildung genossen. Als einen geborenen Feldherrn könnte man ihn zwar keinesfalls bezeichnen, aber er war zumindest kompetent. Schließlich war er ein Ästhet und Förderer der Künste, mit einer Vorliebe und besonderem Verständnis für die Kultur der islamischen Welt – obwohl er während seiner gesamten Regierungszeit beinahe ununterbrochen Krieg gegen das Kalifat führte. Weit mehr als jedem anderen christlichen Kaiser diente ihm ein Abbasiden-Kalif als Vorbild: der große Harun al-Raschid, der 809 gestorben war, als Theophilos fünf Jahre alt gewesen war. Wie Harun nahm er schon früh die Gewohnheit an, sich als Armer zu verkleiden und unerkannt durch die Straßen und über die Märkte Konstantinopels zu gehen, den Sorgen und dem Murren der Leute zuzuhören und sich immer wieder nach Preisen zu erkundigen, vor allem für Lebensmittel. Außerdem ritt er einmal in der Woche vom Großen Palast zur Blachernenkirche – ein Weg, der ihn quer vom einen Ende der Stadt zum anderen führte und in dessen Verlauf er seine Untertanen ermutigte, ihm Klagen über ungerechte Behandlung vorzutragen. Einmal, so lesen wir, habe sich eine Witwe mit dem Vorwurf an ihn gewandt, Petronas, ein Schwager des Kaisers, baue seinen Palast immer weiter aus, so daß ihr Haus daneben kein Licht mehr bekomme. Theophilos soll darauf sofort Nachforschungen angeordnet, und als er hörte, daß die Klage berechtigt war, den Befehl gegeben haben, die störenden Gebäude niederzureißen. Den Schwager ließ er öffentlich auspeitschen.

Zugegeben, die Geschichte klingt nicht restlos überzeugend. Es gibt jedoch keine Charaktereigenschaft, die einem Oberhaupt mit größerer Sicherheit die Liebe und Achtung von Untertanen verschafft, als ein ausgeprägter Sinn für Gerechtigkeit. Der Umstand, daß diese und viele ähnliche Geschichten während seiner Herrschaftszeit im Umlauf waren, ist ein deutliches Zeichen dafür, daß Theophilos bereits zu Lebzeiten eine Legende geworden war, und zwar in einer Art, wie es seit Heraklios zweihundert Jahre zuvor keinem seiner Vorgänger gelungen war. Zudem zeigt es, daß er ehrliche Anstrengungen unternahm, direkten Kontakt zu seinem Volk zu unterhalten – in der Tat ein seltenes Phänomen in einem Reich, dessen Souverän den Aposteln gleich war und bereits halbwegs im Him-

Der Reichtum und sein Ursprung (830)

mel auf einem so erhabenen Sockel stand und so fest in Protokolle und Zeremonielle eingebunden war, daß er in der Regel außer für seine Familie und einen kleinen Beraterstab unerreichbar blieb. Aber neben aller Gerechtigkeitsliebe und vergleichsweisen Aufgeschlossenheit hatte Theophilos auch feste Vorstellungen von seinem Reich. Wie oft er auch versuchen mochte, von seinem Podest herunterzusteigen, zweifelte er dennoch keinen Augenblick daran, daß es aus dem erlesensten Gold beschaffen sein mußte. Auch hier folgte er seinem Vorbild Harun. Um einen byzantinischen Kaiser zu finden, der seine Vorliebe für Üppigkeit und Prunk teilte, müssen wir noch weiter in der Vergangenheit zurückgehen, in der Tat bis zu Justinian. Bereits im Jahre 830, als er erst wenige Monate auf dem Thron war, hatte Theophilos eine diplomatische Gesandtschaft unter der Leitung von Johannes Grammatikos nach Bagdad entsandt, angeblich mit dem Ziel, den Kalifen Mamun offiziell über seine Nachfolge zu informieren. Es scheint ihm jedoch in erster Linie darum gegangen zu sein, das arabische Nachbarvolk mit seinem Reichtum und seiner Großzügigkeit zu beeindrucken. Johannes nahm die prächtigsten Erzeugnisse als Geschenke mit, welche Juweliere und Kunsthandwerker von Konstantinopel je hergestellt hatten. In seinem persönlichen Gepäck befanden sich zudem zwei ausladende, mit Edelsteinen besetzte Präsentierteller aus reinem Gold. Im Verlauf eines Banketts ließ er sich dann einen davon absichtlich »stehlen«. Die arabischen Anwesenden waren entsetzt über diese offenbare Mißachtung der Gesetze der Gastfreundschaft. Um so mehr staunten sie, als Johannes gleichgültig darüber hinwegging und einfach einen identischen Ersatz verlangte, der ihm sogleich gebracht wurde. Abgesehen von solchen Schätzen hatte er 36 000 Goldstücke erhalten, um sie nach Belieben zu verteilen: er soll sie, so wird berichtet, um sich verstreut haben »wie Sand am Meer«.

Woher all dieser Reichtum kam, bleibt allerdings ein Rätsel. In der Regierungszeit Michaels II. hatten sich die kaiserlichen Truhen bedenklich geleert, forderten doch Thomas' Aufstand und die dauernden, wenn auch größtenteils erfolglosen Feldzüge gegen sarazenische Eindringlinge auf Kreta und Sizilien ihren Preis. Zugegeben, Michael gab höchst ungern Geld aus und übte stets strengste Sparsamkeit. Er hätte jedoch nicht ein Viertel dessen sparen können, was sein Sohn mit solcher Freizügigkeit ausgab. Die ganze Angelegenheit erweist sich aber als noch rätselhafter. Theophilos lebte nämlich nicht etwa über seine Verhältnisse, geschweige denn machte er Schulden. Im Gegenteil, er hinterließ die Schatzkammern gar um einiges voller, als er sie vorgefunden hatte. Also muß das Reich irgendwann gegen das Ende von Michaels Regierungszeit Zugang zu einer neuen, offenbar unerschöpflichen Quelle des Reichtums gefunden haben. Eine Studie aus jüngerer Zeit[2] führt dies auf die Öffnung oder Wiedereröffnung von Goldminen, vermutlich in Armenien, zurück, mit dem zusätzlichen Argument, es gebe Beweise dafür, daß die Wirtschaft jener Zeit einen heftigen Inflationsschub erlebte. In Ermangelung einer Erklärung durch zeitgenössische Chronisten und einer anderen, wahrscheinlicheren These, müssen wir annehmen, daß dies zutrifft. Wir werden es jedoch nie mit Sicherheit wissen.

Der neue Basileus jedenfalls hatte Glück. Er besaß sowohl eine Schwäche für kostbare Dinge als auch die Mittel, sie sich leisten zu können. Er leitete umgehend ein ausgedehntes Bauprogramm für die Hauptstadt in die Wege, das sich zur Hauptsache auf den Großen Palast konzentrierte. Bei diesem handelte es sich nicht um ein einziges großes Bauwerk, sondern um eine Ansammlung von kleineren Gebäuden – ähnlich dem heute noch erhaltenen Topkap[i]-Serail aus osmanische Zeit – innerhalb einer weiten Einfassung am Südostende des Hippodroms, die sich bis zum Ufer des Marmarameers erstreckte. Ursprünglich von Konstantin dem Großen zur Zeit der Stadtgründung errichtet, hatte Justinian sie zum großen Teil neu aufbauen lassen. Das war jedoch mittlerweile an die dreihundert Jahre her, und Theophilos fand wahrscheinlich zu Recht, daß Änderungen und Verbesserungen überfällig seien. Kaum ein anderer Kaiser hätte diese Aufgabe jedoch mit derartigem Aufwand in Szene gesetzt.

Mittelpunkt war der sogenannte Triconchos (»Dreifachmuschel«); seine drei von Porphyrsäulen getragenen und mit großen Platten aus mehrfarbigem Marmor verkleideten Apsiden verliehen ihm einen deutlich orientalischen Anstrich. Gegen Westen führten silberbeschlagene Tore in einen halbkreisförmigen, ebenfalls mit Marmor verkleideten Nebenraum, das sogenannte Sigma, während sich im Norden die Perlenhalle erhob. Deren weißer Marmorboden

Der Reichtum und sein Ursprung (830)   63

war reich mit Mosaiken verziert, das Dach ruhte auf acht rosaroten
Marmorsäulen. Vom Hauptraum abgesetzt befand sich ein kleineres
Schlafgemach, wo der Kaiser während der heißen Sommermonate
die Nacht verbrachte. Auf der gegenüberliegenden Seite lag der für
seine Töchter entworfene Karianos-Palast, so benannt nach seinem
breiten Treppenaufgang aus blütenweißem karischem Marmor.
Etwas südlich davon standen die Kamiles, deren sechs Säulen aus
grünem thessalischem Marmor das Auge hinauf zu einer Reihe von
Mosaiken mit Erntedarstellungen lenkte, und weiter zum golden
glitzernden Dach.

Nordöstlich des Großen Palasts und neben der Hagia Sophia
stand der Magnaurapalast, eine weitere Gründung Konstantins.
Hier ließ Theophilos sein berühmtestes mechanisches Spielzeug
installieren. Gesandte, die hier empfangen wurden, staunten nicht
wenig über das, was sie vorfanden: einen Kaiserthron im Schatten
einer goldenen Platane, auf deren Ästen sich mit Juwelen besetzte
Vögel tummelten, von denen einige aussahen, als wären sie soeben
hinunter auf den Thron gehüpft. Unter dem Baum lagerten Löwen
und Greife mit erhobenen Köpfen – auch sie aus purem Gold. Noch
größer pflegte die Verblüffung zu sein, wenn die Tiere auf ein
bestimmtes Signal hin aufstanden, die Löwen brüllten und alle
Vögel gleichzeitig loszwitscherten. Nach einer Weile wurde dieser
Chor unterbrochen, und aus einer goldenen Orgel erscholl Musik.
Darauf verstummte alles, damit sich der Kaiser mit seinen Gästen
unterhalten konnte. Erhoben sich diese jedoch, um zu gehen,
begann der ganze Chor von neuem und hielt so lange an, bis sie den
Raum verlassen hatten.

Als Vorbild für diese schier unglaubliche Installation scheint ein
ähnliches Wunderding im Besitz des Kalifen gedient zu haben, und
aus derselben Richtung kam die Inspiration für den herrlichen
Palast in orientalischem Stil, den sich Theophilos in Bryas an der
bithynischen Küste auf der anderen Seite des Marmarameers erbau-
en ließ. Der Gerechtigkeit halber soll nicht unterschlagen werden,
daß er auch viel Geld und Zeit auf die Verstärkung der Befestigung
von Konstantinopel verwandte. Die Landmauern waren in gutem
Zustand. Der Abschnitt der Seemauern entlang der Küste des Goldenen Horns hatte jedoch während Thomas' Belagerung Anlaß zur

Sorge gegeben, war doch klargeworden, daß sie nicht genügten, um einen entschlossenen Feind abzuhalten. Der ehrgeizige Plan, sie auf der ganzen Länge aufzustocken, stammte zwar noch von Michael II., wurde aber praktisch ganz unter Theophilos ausgeführt. Sein Name erscheint denn auch häufiger auf Inschriften an den Mauern und Türmen als der irgendeines anderen Kaisers. So maßlos und verschwenderisch er gewesen sein mag: er hat die Verantwortung für das Reich offenbar ernst genommen und sich ihr niemals entzogen.

Es war eine bedauernswerte Laune des Schicksals – und niemand mag dies stärker empfunden haben als Theophilos selbst –, daß dieser von Natur aus araberfreundlichste aller byzantinischen Herrscher fast während seiner gesamten Regierungszeit mit islamischen Truppen im Krieg lag. Sechzehn Jahre war es an der Ostfront ruhig gewesen. Zwar gab es kein formelles Friedensabkommen, doch hatte das Kalifat mit einem ausgedehnten Aufstand der hurramitischen Sekte zu kämpfen und die bis zu dem Zeitpunkt üblichen jährlichen Einfälle unterbrechen müssen. Dann flammten im Jahre 829 die Feindseligkeiten erneut auf. Bis zu einem gewissen Grad scheint dies auf einen Fehler von Theophilos zurückzuführen zu sein. Es wäre ihm zwar unendlich lieb gewesen, freundschaftliche Beziehungen zu seinen arabischen Nachbarvölkern aufrechtzuerhalten, denn dies hätte auch einen kulturellen und intellektuellen Austausch erlaubt. Als aber kurz nach seiner Thronbesteigung ein hurramitisches Heer auf Reichsgebiet vorstieß und sich unter dem kaiserlichen Banner anwerben lassen wollte, vermochte er dem so verlockenden Angebot nicht zu widerstehen. Er siedelte die neuen Soldaten im neugeschaffenen Thema Chaldia an der Nordostgrenze an. Dies konnte Kalif Mamun nicht anders denn als Akt der Feindseligkeit deuten, und es verwundert nicht, daß sich sarazenische Heer innerhalb einiger Monate wieder auf dem Kriegspfad befand.

In den ersten Feldzügen lachte das Glück Theophilos. 830 führte er eine siegreiche Expedition auf feindliches Gebiet an, wo er mit seinen Truppen die Stadt Zapetra plünderte. Im Jahr darauf fiel er in das moslemisch besetzte Kilikien ein. Dabei erzielte er so zufriedenstellende Resultate, daß er sich bei der Rückkehr mit seinem siegreichen Heer selbst mit einem Triumphzug belohnte. Die Feierlichkei-

Frieden und Krieg (838)

ten waren so eindrucksvoll, daß uns die Chronisten eine detaillierte Beschreibung hinterlassen haben. Wir erfahren, daß Kaiserin Theodora in Begleitung der wichtigsten Magistraten und Mitglieder des Senats über den Bosporus segelte, um ihren Mann im Palast von Hieria willkommen zu heißen, und daß die ganze Gesellschaft weitere zehn Tage in Asien wartete, bis genügend Gefangene eingetroffen waren, damit der Zug auch die richtige, imposante Größe erreichte. Erst als alle anwesend und die nötigen Vorbereitungen getroffen waren, überquerte Theophilos die Meerenge und fuhr weiter über das Goldene Horn zum Blachernenviertel. Von dort ritt er nach einer kurzen Rast über das offene Gelände außerhalb der Stadtmauern zu einem Punkt, der mehrere hundert Meter westlich des Goldenen Tors lag, wo man ein farbenfrohes Zelt für seinen Empfang errichtet hatte.

Hier nahm der Triumphzug in Richtung Stadt seinen Ausgang. Zuerst kam der scheinbar endlose Zug von Gefangenen, die die wichtigsten Trophäen und Beutestücke mitschleppten. Darauf folgte der Kaiser auf einem weißen Schlachtroß mit juwelenbesetztem Zaumzeug. Auf dem Kopf trug er das Diadem, in der Hand das kaiserliche Zepter. Über seinen Brustpanzer fiel eine lose goldene Tunika mit einer Stickerei aus Rosen und Trauben. Neben ihm, ebenfalls auf einem weißen Pferd und in goldener Rüstung, ritt Cäsar Alexios, der Schwiegersohn, den er kurz zuvor seiner Tochter Maria zum Mann gegeben hatte.[3] Als die beiden am Tor anlangten, stiegen sie ab und verneigten sich dreimal gegen Osten. Dann schritten ihnen die drei ranghöchsten Beamten der Stadt entgegen – der Präpositus, der Magister und der Präfekt –, um den Kaiser zu begrüßen und ihm eine goldene Krone zu überreichen. Nachdem er auf diese Weise seine Autorität über die Hauptstadt symbolisch wiederhergestellt hatte, setzte er die Prozesion auf der breiten Mittelstraße (Mese) bis zur Hagia Sophia fort.

Konstantinopel sei, so erfahren wir, herausgeputzt gewesen wie ein Brautgemach. Teppiche hingen von den Fenstern hinunter, die Straßen waren mit purpurnen und silbernen Girlanden geschmückt, die Mese mit Blumen bestreut. In der Großen Kirche wohnte der Kaiser einer kurzen Dankmesse bei, dann ging er zu Fuß über das Augusteum zum bronzenen Chalketor des Kaiserpalasts, wo ein goldener Thron aufgestellt worden war. Auf der einen Seite stand ein Kreuz, ebenfalls aus massivem Gold, auf der anderen befand sich die große goldene Orgel – eine von mehreren, die er für die Stadt angeschafft hatte, weil er ausgeklügelten Maschinen einfach nicht widerstehen konnte –, der man den Namen *Protothauma* gegeben hatte, was soviel bedeutet wie das »Erste Wunder«. Auf dem Thron sitzend, nahm der Kaiser als nächstes die Gratulationen der Grünen und der Blauen entgegen und erhielt als Geschenk der Bürgerschaft ein Paar goldene Armbinden. Dann ritt er weiter, an den Zeuxippos-Thermen vorbei zum Hippodrom, von wo er schließlich den Palast betrat und den Blicken entschwand.

Am folgenden Tag erhielten alle, die sich auf dem Feldzug verdient gemacht hatten, eine Auszeichnung. Nach dieser Verleihung nahm Theophilos in der kaiserlichen Loge Platz und gab das Zeichen zum Beginn der Spiele.

Indes hatte man zu früh gefeiert. Im Herbst desselben Jahres erlitt die kaiserliche Armee eine schwere Niederlage. Theophilos sah sich gezwungen, Mamun zwei Briefe zu schreiben – der erste war zurückgewiesen worden, weil er mit dem eigenen Namen begonnen hatte und nicht mit dem des Adressaten. Gegen die Rückgabe mehrerer Festungen und die Einwilligung in einen fünfjährigen Frieden bot er dem Kalifen 100 000 Golddinar und 7000 Gefangene an. Aber auch in der respektvolleren Neufassung wurde der Brief mit dem Angebot abgelehnt. Und einem dritten Antrag zu Beginn des folgenden Jahres war ebenfalls nicht mehr Erfolg beschieden. Kurz zuvor war der wichtige Stützpunkt Lulon, der im Norden den Zugang nach Kilikien gesichert hatte, in sarazenische Hände gefallen. Der Kalif machte deutlich, daß er keinem Frieden zustimme, solange nicht sowohl der Kaiser als auch das gesamte Reich dem Christentum abschwören und zum Islam übertreten würden. Bis Mamuns Bruder und Nachfolger Mutasim nach dessen Tod im August 833 die üblichen Anfangsschwierigkeiten überwunden und seine Autorität gefestigt hatte, gab es für Byzanz eine Atempause. 837 flammten die Feindseligkeiten jedoch erneut auf. Einmal mehr sah es zu Beginn gut aus für Theophilos, der in der Zwischenzeit viel unternommen hatte, um seine Armee zu stärken. Feldzüge nach Mesopotamien und in den Westen von Armenien verliefen so erfolgreich, daß sie,

Frieden und Krieg (838) 67

zumindest in seinen Augen, einen weiteren Triumphzug rechtfertigten. Bei den nachfolgenden Spielen nahm er sogar persönlich an den Wettkämpfen teil. In der Kleidung der Blauen lenkte er einen weißen Wagen und – wie hätte es anders sein können – gewann mit großem Abstand, während ihm die Menge zujubelte: »Willkommen, Unvergleichlicher Sieger!«

Doch wieder hatte Theophilos zu früh gefeiert. Im April 838 ritt Mutasim an der Spitze eines Heeres aus seinem Palast in Samarra; eine unserer verläßlichsten Quellen, Michael der Syrier, schätzte es auf 50 000 Mann, ebenso viele Kamele und 20 000 Maultiere. Auf seinem Banner stand als einziges Wort AMORION: die Heimat der kaiserlichen Familie und mittlerweile zweitwichtigste Stadt des Byzantinischen Reichs. Er hatte offensichtlich vor, sie in einen Trümmerhaufen zu verwandeln. Ein, zwei Wochen später – vermutlich sobald er vom Ausrücken des Kalifen mit dem Heer erfahren hatte – brach Theophilos in Konstantinopel auf, entschlossen, ihm den Weg abzuschneiden. In Dazimon (heute Tokat) traf sein Heer auf eine Abteilung der sarazenischen Streitmacht. Zuerst sah alles gut aus, dann aber verdunkelte sich der Himmel, und es begann in Strömen zu regnen. Da bemerkte der Kaiser, daß der Heerflügel auf der anderen Seite sich in Schwierigkeiten befand. Unverzüglich führte er 2000 Soldaten hinter dem Mittelfeld herum, um den anderen zu Hilfe zu eilen, vergaß aber zu seinem Unglück, seinen Unterbefehlshabern zu signalisieren, was er vorhatte. Kaum war er verschwunden, hieß es sogleich, er sei gefallen. Eine Panik brach aus, worauf alle Mann – wie fast immer in solchen Fällen – die Flucht ergriffen. Als der Regen aufhörte und es wieder hell wurde, erkannte Theophilos, daß er und seine Soldaten umzingelt waren. Es gelang ihnen, allerdings unter schweren Verlusten, sich freizukämpfen, hauptsächlich, weil der Regen die Bogensehnen unbrauchbar gemacht und damit die feindlichen Schützen außer Gefecht gesetzt hatte. Die Schlacht war verloren, die überlebenden Soldaten waren in alle Winde zerstreut, und der Kalif marschierte bereits auf Ankyra (heute Ankara), das sich wenige Tage später kampflos ergab.

Als Mutasim aber sein siegreiches Heer vor Amorion zusammenzog, machte es dennoch ganz den Anschein, als ob die Eroberung dieser großen und stark befestigten Stadt kein leichtes Unterfangen würde. Dem wäre auch zweifellos nicht so gewesen, hätte es in dieser Bastion nicht eine Schwachstelle gegeben, die trotz des ausdrücklichen Befehls des Kaisers, sie angemessen zu verstärken, nur rasch mit Kies gefüllt und oberflächlich zugepflastert worden war. Von dieser empfindlichen Stelle erfuhren die Belagerer durch einen zum Islam übergetretenen Einheimischen. Sofort ließ der Kalif alle verfügbaren Belagerungsmaschinen darauf richten, und innerhalb weniger Tage war eine Bresche geschlagen. Doch auch danach setzten die Reichstruppen den Kampf fort. Schließlich entsandte ihr Befehlshaber drei Offiziere und den örtlichen Bischof mit dem Angebot zu Mutasim, man werde die Stadt gegen freies Geleit für alle, die gehen wollten, ausliefern. Mutasim lehnte das Angebot ab und bestand auf einer bedingungslosen Kapitulation. Darauf nahm einer der Offiziere, ein gewisser Boiditzes, einen arabischen Feldherrn beiseite und sagte ihm Kollaboration zu. Was er genau unternahm, ist nicht überliefert. Vielleicht löste er in dem Augenblick seine Truppen auf oder befahl ihnen, erst zu feuern, wenn er den Befehl dazu erteilte. Jedenfalls konnten die Sarazenen danach ungehindert in die Stadt einmarschieren. Amorion war gefallen.

Viele suchten in einer großen Kirche Zuflucht und wurden darin von den Eroberern bei lebendigem Leib verbrannt. Andere, die man gefangengenommen hatte, um sie in die Sklaverei zu führen, wurden niedergemetzelt, als die Wasservorräte des Heers auszugehen drohten, oder einfach in der Wüste zurückgelassen, wo sie verdursteten. Nur gerade zweiundvierzig Menschen überlebten den Marsch nach Samarra. Nach siebenjähriger Gefangenschaft, während der sie sich standhaft geweigert hatten, ihrem Glauben abzuschwören, wurden sie vor die Wahl gestellt, sich zu bekehren oder zu sterben. Ohne zu zögern wählten alle den Tod. Am 6. März 845 wurden sie am Ufer des Tigris enthauptet. Sie gingen als die zweiundvierzig Märtyrer und Märtyrerinnen von Amorion[4] in die Geschichte der griechisch-orthodoxen Kirche ein.

Die Nachricht von der Zerstörung Amorions – Mutasim hatte Wort gehalten – wurde in Konstantinopel mit Entsetzen aufgenommen. Man betrachtete die Katastrophe nicht nur als schweren Schlag gegen das Zentrum des Reichs, sondern auch als persönliche Beileidigung des Kaisers und seiner Dynastie. Theophilos, den die

Tod von Mutasim und Theophilos (842) 69

zunehmende Macht des Islams ernstlich beunruhigte, sandte sogleich einen leidenschaftlichen Hilferuf an Kaiser Ludwig und schlug ihm eine gemeinsame Offensive vor. Soweit verifizierbar ist, bestand seine ursprüngliche Idee darin, daß das Ostreich zu einem Großangriff auf Kreta ansetzen sollte, während gleichzeitig der Westen gegen Sizilien und Süditalien vorging. Möglich ist aber auch, daß es einen noch viel ehrgeizigeren Plan gab: einen kombinierten Angriff auf das sarazenische Nordafrika und sogar Ägypten. Zusätzlich kam man überein, die Verbindung der beiden Reiche durch die Ehe zwischen einer von Theophilos' Töchtern und Ludwigs Enkel, dem künftigen Ludwig II., zu besiegeln.

Im Juni 839 wurde den byzantinischen Gesandten am kaiserlichen Hof in Ingelheim ein herzlicher Empfang bereitet, und die damals begonnenen Gespräche dauerten in unregelmäßigen Abständen über vier Jahre hinweg an, obwohl in dieser Zeitspanne beide Kaiser starben. Hätten diese Verhandlungen Früchte getragen, wäre der Zeitpunkt für den Anfang der Kreuzzüge wohl zweihundertfünfzig Jahre früher eingetreten. Sie führten jedoch zu nichts. Ein ähnlicher Appell an Venedig – eine der ersten Gelegenheiten, bei der die junge Republik respektvoll als unabhängiger Staat angesprochen wurde – blieb ebenso erfolglos. Der Kalif unternahm im übrigen nicht sogleich den Versuch, seinen Siegeszug fortzusetzen. Erst 842 segelte eine riesige Flotte aus syrischen Häfen gegen Konstantinopel. Sie fiel einem plötzlichen Sturm zum Opfer; von sieben abgesehen, zerschellten sämtliche vierhundert *Dromond*.[5] Mutasim erfuhr jedoch von dem Unglück nie. Er war bereits am 5. Januar in Samarra gestorben. Nur fünf Tage darauf folgte ihm Theophilos ins Grab.

Angesichts seiner Bewunderung für die arabische Kunst und Kultur überrascht es kaum, daß Theophilos die ikonoklastische Haltung seiner unmittelbaren Vorgänger teilte. Einige Chronisten haben ihm sogar Fanatismus vorgeworfen. Tatsächlich beruht sein diesbezüglicher Ruf auf einer kleinen Zahl bekanntgewordener Fälle von Mißhandlungen. So ließ er zum Beispiel Lazaros, den führenden Ikonenmaler jener Zeit, nach mehreren Vorwarnungen auspeitschen und dessen Handflächen mit glühenden Nägeln versengen. Nach seiner Freilassung auf Intervention von Kaiserin Theodora hin soll dieser noch mindestens zwei weitere wichtige Aufträge vollendet haben, darunter ein sehr großes Christusbild als Ersatz für jenes, welches Leon vom Chalketor hatte entfernen lassen. Das würde immerhin bedeuten, daß er trotz der Mißhandlung noch fähig war, sein Handwerk auszuüben.

Vermutlich hatte der Kaiser Lazaros als Opfer für die Züchtigung gewählt, weil dieser in bilderverehrenden Kreisen und wegen seines offenen Widerstandes gegen den kaiserlichen Erlaß sehr bekannt war. Er nahm damit eine so exponierte Position ein, daß Theophilos gar nicht anders konnte, als an ihm ein Exempel zu statuieren. Ähnliche Überlegungen erklären sein Vorgehen in einem zweiten, besser dokumentierten Fall, bei dem es um zwei Brüder aus Palästina ging, den Schreiber Theodor und den Hymnenschreiber Theophanes. Sie hatten im Jahre 826 nach dem Tod Theodors von Studios gemeinsam dessen Rolle als wichtigste Fürsprecher für die Bilderverehrung übernommen. Ihrem eigenen Bericht zufolge wurden sie nach Konstantinopel gerufen, eine Woche eingekerkert und dann vor den Kaiser gebracht. Auf die Frage, warum sie überhaupt ins Reich gekommen seien, verweigerten sie die Antwort. Darauf prügelte man sie, auch auf den Kopf. Am nächsten Tag wurden sie ausgepeitscht, weigerten sich jedoch nach wie vor, ihrer Überzeugung abzuschwören. Weitere vier Tage später bot ihnen Theophilos eine letzte Chance. Sollten sie einwilligen, nur einmal das Abendmahl gemeinsam mit Ikonoklasten einzunehmen, würden sie nichts mehr von der Angelegeheit hören. Doch sie schüttelten nur den Kopf. So band man sie auf kaiserlichen Befehl auf eine Bank und ritzte ihnen despektierliche Spottverse auf das Gesicht. Theophilos meinte dazu, diese seien zwar nicht besonders gut, aber gut genug für sie. Sie seien hier zitiert, bestätigen sie doch des Kaisers Ansicht:[6]

Alle wollen in die Stadt eilen,
wo Gottes heiligstes Wort Fuß gefaßt hat,
damit die Erde Bestand habe.
Aber in dem ehrwürdigen Ort sah man diese,
Sie waren böse Träger abergläubischer Irre.
Dort nun vollführten sie ungläubig
viele schändliche Dinge in ihrer bösen Häresie.
So mußten sie als Apostaten weichen.

Die Zeiten ändern sich (842)

Sie flohen zur Reichshauptstadt
und ließen nicht von ihren ungesetzlichen Lehren.
Man brannte daher auf ihrer verbrecherischen Stirne
das Delikt ein.
So verurteilte und vertrieb man sie wieder.

Der Grundtenor der Fragen, die der Kaiser stellte – und ebenso diese bedauernswert holprigen Verse –, weist darauf hin, daß nicht die geringste der Verschuldungen der Brüder darin bestand, daß sie Fremde waren. Theophilos glaubte offenbar, sie seien in der Absicht, Unruhe zu stiften, ins Reich gekommen. Sie wurden im übrigen nicht nach Palästina zurückgebracht, wie die letzte Zeile nahelegen könnte, sondern in der kleinen bithynischen Stadt Apamea inhaftiert. Theodor starb dort, während sein Bruder überlebte und in besseren Zeiten zum Bischof von Nikäa ernannt wurde.

Diese nicht gerade erbauliche Geschichte macht deutlich, welcher Grausamkeit und Brutalität Theophilos fähig war, wenn man sich seiner Autorität widersetzte. Zweifellos war sein Vorgehen auch in diesem Fall eher politisch als religiös motiviert. Für ihn war die Grenze klar überschritten, sobald der Ikonenkult öffentlich in Konstantinopel ausgeübt wurde, während seine Untertanen andernorts im Reich oder in der Privatsphäre ihrer Häuser diesbezüglich tun und lassen konnten, was sie wollten. Selbst im Palast unternahm er keinen Versuch, seine fromme paphlagonische Frau Theodora und ihre Mutter Theokiste zu beeinflussen, obwohl er gewußt haben muß, daß beide begeisterte Bilderverehrerinnen waren.

Vielleicht erkannte er auch, daß die Kräfte des Ikonoklasmus praktisch aufgezehrt waren. Diese zweite Periode des Bildersturms war kaum mehr als ein blasser Abglanz der ersten gewesen. Leon der Isaurier und Konstantin Kopronymos hatten das Gesicht des Reichs verändert, indem sie alle anderen Angelegenheiten dem einzigen, einfachen Glauben unterordneten, der ihr Leben beherrschte. Leon der Armenier, Michael und Theophilos hatten ihre Ansichten zwar geteilt, jedoch kaum etwas von deren Fanatismus dafür entwickelt. Die Zeiten änderten sich zusehends. Die mystische, metaphysische Einstellung zur Religion, aus der der Ikonoklasmus hervorgegangen war, kam von Tag zu Tag mehr aus der Mode. Die östlichen Gebiete, wo sie zuerst breite Zustimmung gefunden hatte, waren teilweise bereits an sarazenische Stämme verlorengegangen. Die Bevölkerung der verbleibenden Gegenden, die unter den Belagerungen litt und entsprechend unruhig war, hatte ein instinktives Mißtrauen gegenüber einer Lehre entwickelt, die so offensichtliche Ähnlichkeiten mit dem Islam aufwies. Eine neue Sicht der Dinge lag in der Luft, ein wiedererwachtes Bewußtsein für den klassischen Geist, der für Vernunft und Klarheit und so im Gegensatz zur introspektiven Spiritualität des orientalischen Denkens stand. Gleichzeitig begannen sich die Menschen, die die Schönheit figürlicher Darstellungen so lange entbehren mußten, nach den alten, vertrauten Bildern zu sehnen, die an sicherere und zuversichtlichere Zeiten gemahnten. Als Kaiser Theophilos am 20. Januar 842 im Alter von achtunddreißig Jahren an Dysenterie starb, endete das Zeitalter des Ikonoklasmus mit ihm.

4

Die Rückkehr der Bilder
(842–856)

Gottesverehrung ist Verehrung von Symbolen. Sie
unterscheidet sich nur dem Grade nach; und der
schlimmste Götzendienst ist eben nur deshalb so
schlimm, weil er das Bildliche am stärksten betont.

Thomas Carlyle, *Helden und Heldenverehrung*[1]

Während Theophilos' Herrschaft soll seine Frau Theodora eines Tages vom Hofnarren Denderis dabei überrascht worden sein, wie sie Heiligenbilder küßte, die sie in ihrem Schlafzimmer versteckt hielt. Dabei habe sie ihre Verwirrung verborgen, so gut es ging, und erklärt, sie habe lediglich mit ein paar Puppen gespielt, die noch aus ihrer Jugendzeit stammten. Es ist unwahrscheinlich, daß ihr Denderis glaubte. Jedenfalls berichtete er dem Kaiser davon. Dieser bekam daraufhin einen Tobsuchtsanfall und beschuldigte sie der Götzenanbetung. Diesmal gab Theodora eine neue Erklärung ab: Es seien keine Puppen gewesen; Denderis habe sich von ihrem eigenen und dem Spiegelbild einiger Hofdamen täuschen lassen. Theophilos ließ sich anscheinend ebenfalls täuschen – Spiegel waren im neunten Jahrhundert eine Seltenheit, und so mag ihre Erklärung damals weniger weithergeholt geklungen haben, als dies heute der Fall wäre. Einige Zweifel sind ihm offenbar jedoch geblieben, fragte er doch einige Zeit später den Narren, ob er das seltsame Gebaren seiner Frau etwa noch einmal beobachtet habe. »Pssst«, soll Denderis mit dem einem Finger an den Lippen geantwortet und dem Kaiser mit der anderen Hand einen Klaps auf das Hinterteil gegeben haben, »pst, Kaiser – kein Wort über die Puppen!«
Dies ist eine alberne kleine Geschichte und vermutlich eine erfun-

dene obendrein. Sie illustriert jedoch Theodoras wichtigstes Anliegen, als sie nach dem Tod ihres Mannes als Regentin für ihren zweijährigen Sohn die Herrschaft übernahm, nämlich den Ikonoklasmus im ganzen Reich auszurotten. Sie ging dabei jedoch umsichtig zu Werke. Johannes Grammatikos, ein leidenschaftlicher Ikonoklast, hatte die vergangenen fünf Jahre fest auf dem Patriarchenstuhl gesessen, und es muß in Konstantinopel viele ältere Männer gegeben haben, die sich noch an das Debakel von 786 erinnerten, da eine andere Frau, die die höchste Regierungsgewalt innehatte, dasselbe Ziel verfolgte. Diese hatte damals vorschnell gehandelt und beinahe einen Aufstand ausgelöst. Theodora verhielt sich klüger als Irene. Außerdem nutzte sie den Umstand, daß ihr drei außergewöhnlich fähige Männer als Berater zur Seite standen: ihr Onkel Sergios Niketiates, ihr Bruder Bardas und der Logothet des Dromos Theoktistos. Die ersten beiden teilten ihre Haltung. Theoktistos war früher zwar erklärter Ikonklast gewesen, aber er besaß staatsmännisches Format und erkannte, daß sich die Zeiten geändert hatten. Es bestand klar die Gefahr, daß die ikonodule Gefolgschaft das Gesetz selbst in die Hand nahm, wenn die neue Regierung in der Frage des Ikonoklasmus nicht entschieden durchgriff. Die vier schmiedeten ihre Pläne sorgfältig und ließen dann ankündigen, Anfang März 843, also vierzehn Monate nach dem Tod von Theophilos, werde ein Konzil einberufen. In der Zwischenzeit setzten sie eine Kommission unter der Leitung des alten Methodios ein, der sowohl unter Michael II. als auch unter dessen Sohn verfolgt worden war, sich schließlich mit Theophilos ausgesöhnt hatte und nun seit mehreren Jahren im Kaiserpalast lebte. Die Kommission sollte die Traktandenliste sowie das nötige Dokumentationsmaterial vorbereiten.

Im großen und ganzen verlief das Konzil ohne Zwischenfälle. Das einzige Problem stellte Johannes Grammatikos dar, der sich weigerte abzudanken und daraufhin abgesetzt wurde. Doch selbst dann ließ er sich nicht dazu bewegen, den Palast des Patriarchen zu verlassen; dies berichten zumindest sonst gewöhnlich gut unterrichtete Quellen. Als Bardas ihn aufsuchte, um ihn zur Vernunft zu bringen, hob er seine Röcke und zeigte ihm mehrere häßliche Wunden am Unterleib. Sie seien das Werk eines Pelotons Soldaten, erklärte er, die gekommen seien, um ihn hinauszuwerfen. Wie sich aber später her-

Die Verschwörung gegen Methodios (843)

ausstellte, hatte er sich die Wunden selbst zugefügt. Schließlich willigte er doch noch ein, in Frieden zu gehen, und zog sich in seine Villa am Bosporus zurück. Dort, so erzählten sich seine Feinde hinter vorgehaltener Hand, habe er sich der Geisterbeschwörung und dem Okkultismus hingegeben.

Anstelle von Johannes Grammatikos wurde Methodios gewählt, und die Beschlüsse des Siebten Ökumenischen Konzils, das der ersten Periode des Ikonoklasmus ein Ende gesetzt hatte, erhielten eine vollumfängliche Bestätigung. Auf Bestreben der Kaiserin ließ man jedoch den Namen ihres verstorbenen Mannes auf der Liste der führenden Ikonoklasten, die jetzt als Häretiker mit dem Kirchenbann belegt wurden, aus. Die geflissentlich in Umlauf gebrachte Geschichte, er habe auf dem Totenbett bereut und Theodora habe ihm eine Ikone an den Mund gehalten, als er starb, braucht man nicht ernst zu nehmen. Sie stieß vermutlich schon damals auf wenig Glauben. Sie diente lediglich dazu, daß sich alle geschickt aus einer möglicherweise peinlichen Situation ziehen konnten, und es wurden niemals ernsthafte Einwände dagegen laut.

Der Sieg war errungen. Er galt nicht als Sieg der Bilderverehrung über die Bilderstürmerei, sondern als einer des Verstandes über die Mystik, des Griechischen über das Orientalisch-Metaphysische und letztlich auch des Westens über den Osten. Ein Sieg, der für die Art der kulturellen Entwicklung im Reich ebenso entscheidend war wie der Triumph über das Persische Reich und der anhaltende Kampf gegen die arabische Bedrohung für seine politische. Und wie dies bei so vielen Siegen der Fall ist, verdankte auch dieser seinen langfristigen Erfolg ziemlich sicher der Mäßigung und Großzügigkeit der Siegenden. Am 11. März – es war zufällig der erste Sonntag im Frühjahr, und die Ostkirche begeht diesen noch immer als Feiertag – wurde eine Dankmesse in der Hagia Sophia gelsen, an der die gesamte kaiserliche Familie und unzählige Mönche aus allen umliegenden Klöstern[2] teilnahmen. Ikonen wurden zu Hunderten herumgetragen und tauchten von dem Zeitpunkt an allmählich auch wieder an Kirchenwänden auf. Es gab jedoch keine allzu rasche oder unkontrollierte Ausbreitung, um keine aufgebrachten Reaktionen von seiten der Unverbesserlichen zu provozieren. Selbst das umstrittene Christusbild, das über dem Chalketor gehangen hatte, brachte man erst nach einigen Jahren wieder an seinen Platz, und es dauerte fast ein Vierteljahrhundert, bis das erste figürliche Mosaik[3] in der Hagia Sophia enthüllt wurde: das große und unvergeßliche Bild der thronenden Maria mit dem Kind, die nach mehr als elfhundert Jahren noch immer gelassen auf uns hinunterblicken.

Auch Patriarch Methodios zeigte trotz allem, was er durchgemacht hatte, keinerlei Rachegelüste. Die führenden Ikonoklasten wurden zwar mit dem Kirchenbann belegt, jedoch nie mißhandelt oder ihrer Freiheit beraubt. Ihrer Verachtung machten eher die Ikonodulen Luft, hauptsächlich die fanatischen Mönche des Studios-Klosters. Nachdem sie der Patriarch bei der Besetzung freiwerdender Bischofssitze zugunsten gemäßigterer Kräfte übergangen hatte, kritisierten sie ihn so heftig, daß er sich genötigt fühlte, sie gesamthaft zu exkommunizieren. Zuvor sollen sie bereits versucht haben, seinen Rücktritt zu erzwingen, indem sie zu einem – in diesem Fall einzigartig – ungeeigneten Mittel griffen und eine junge Frau bestachen, ihn der Verführung zu bezichtigen. Bei der darauffolgenden Untersuchung habe Methodios den sichtbaren Beweis dafür geliefert, daß er dessen nicht fähig war, indem er jene Körperteile entblößte, die direkt für ein derartiges Vergehen zur Anwendung kämen, und die welken Überreste seiner Männlichkeit folgendermaßen erklärte: Jahre zuvor sei in Rom sein Gebet an den heiligen Petrus, ihn von lustvollen Gedanken zu befreien, mit beängstigender Wirksamkeit erhört worden. Es überrascht deshalb nicht, daß er den Prozeß gewann. Die Frau gestand darauf, daß die Geschichte erfunden sei. Dennoch wurden die Anstifter zu keiner schlimmeren Strafe verurteilt, als daß sie jedes Jahr am ersten Sonntag im Frühjahr mit Fackeln an der feierlichen Prozession von der Blachernenkirche zur Hagia Sophia teilnehmen mußten, um dort der wiederholten öffentlichen Verhängung des Kirchenbannes über sie beizuwohnen.

Schließlich kamen einige ikonodule Märtyrer zu postumer Ehre. Die sterblichen Überreste von Theodor von Studios und des Patriarchen Nikephoros, die beide im Exil gestorben waren, wurden nach Konstantinopel überführt und dort im Beisein der Kaiserin und des gesamten Hofstaats feierlich in der Apostelkirche beigesetzt. Ein weniger erbauliches Spektakel war die Entweihung des Grabes des

Theoktistos (853) 77

Erzikonoklasten Konstantin V., von dessen grünem Marmorsarkophag mehrere Platten entfernt und zur Verschönerung eines Raumes im Kaiserpalast benutzt wurden.

Den geschlagenen Ikonoklasten blieb ein Trost. In der Zeit vor dem Bildersturm und sogar während des ikonodulen Zwischenspiels unter Kaiserin Irene, ihrem Sohn und dessen Nachfolgern waren nicht nur religiöse Bilder, sondern auch Skulpturen entstanden. Das Konzil von 843 hatte zwischen diesen beiden Kunstrichtungen nicht unterschieden. Gewissermaßen in stiller Übereinkunft beschränkte sich danach die byzantinische Kunst auf die Malerei. Die Bildhauerei, ob in Stein oder Marmor, Holz oder Gips, Gold, Silber oder Bronze, wurde aufgegeben. Dies sollte uns eigentlich nicht weiter erstaunen, spricht das zweite Gebot doch für sich selbst. Wir sollten uns viel eher fragen, warum es in Westeuropa so mir nichts, dir nichts ignoriert wurde – wäre da nicht der Umstand, daß die übrigen neun auch kaum mehr Beachtung fanden. Zu bedauern ist diese Entwicklung dennoch. Hätte Byzanz weiterhin so hohe Begabungen in der Bildhaueei und Schnitzkunst hervorgebracht wie in der Malerei und Mosaikkunst, wäre die Welt um so manche Schätze reicher.

Bald nachdem die Ikonen wieder zu Ehren gekommen waren, gelang es dem Logotheten Theoktistos, seine beiden Kollegen zu verdrängen. In den folgenden dreizehn Jahren stand er besonders in Theodoras Gunst und hatte gemeinsam mit ihr die Herrschaft inne. Er war – höchst ungewöhnlich – Patrizier und Eunuch, außerdem ein äußerst gebildeter und kultivierter Mann, der viel Zeit und Energie darauf verwandte, das Bildungsniveau in der Hauptstadt zu heben. Bereits vor seiner Zeit war Konstantinopel dem Westen weit voraus gewesen. Nun legte Theoktistos den Grundstein für die kulturelle Renaissance, die im späten neunten und im zehnten Jahrhundert ihren Höhepunkt erreichte und von der später noch die Rede sein wird. Besonders hervorragende Ergebnisse zeitigte seine Finanzpolitik. Das Gold floß in die kaiserlichen Truhen wie zu Theophilos' Zeiten – und die Gründe dafür sind genausowenig bekannt.

Auch auf militärischem Gebiet war Theoktistos erfolgreicher als ursprünglich angenommen. Aus Gründen, die bald klar sein werden, fielen Theodoras Sohn, Kaiser Michael III., und seine Magistraten einer vorsätzlichen Verleumdungskampagne von seiten fast aller zeitgenössischen Quellen und späteren Chronisten zum Opfer. Sie hatten nicht gezögert, das Werk ihrer Vorgänger zu verfälschen – allen voran Kaiser Konstantin Porphyrogennetos höchstpersönlich. Erst vor nicht langer Zeit fand man heraus, inwieweit dies die Geschichtsforschung bis heute verfälschte. Inzwischen wissen wir zum Beispiel, daß der Feldzug gegen die Sarazenen von Kreta, den Theoktistos persönlich anführte, keineswegs zusammenbrach, nachdem dieser nach Konstantinopel zurückgekehrt war, sondern in der Tat zur Wiedereroberung der Insel führte, die darauf mehrere Jahre unter der Kontrolle des Reichs blieb. Zehn Jahre später, am 22. Mai 853, fand ein besonders riskanter Angriff zur See statt, vielleicht die gewagteste Militäroperation seit dem Auftreten von moslemischen Einfällen überhaupt. Im Ostdelta des Nils tauchte vor Damietta überraschend eine byzantinische Flotte unter dem Befehl des Eunuchen Damianos auf. Sie zerstörte ein riesiges Waffenlager, setzte die Stadt und alle im Hafen liegenden Schiffe in Brand und machte unzählige Gefangene. Erst vor kurzer Zeit entdeckte arabische Quellen berichten von weiteren Operationen in Gebieten rings um die Ägäis und vor der syrischen Küste, an denen nicht weniger als drei weitere Flotten mit insgesamt dreihundert Schiffen beteiligt gewesen sein sollen.

Dem Urteil der Geschichte nicht entziehen kann sich Theoktistos hingegen für seine unleugbare Beteiligung an einer Operation, die Bury als »eines der größten politischen Desaster des neunten Jahrhunderts« bezeichnete: die Verfolgung der paulikianischen Glaubensangehörigen. Die weitverbreitete, im Grunde ungefährliche christliche Sekte war zweihundert Jahre zuvor in Armenien entstanden und hatte bis zur Herrschaft Michaels I. im Frieden mit dem Reich gelebt. Wie auch sonst immer hatte Michael dem Druck der Geistlichkeit nachgegeben und erste Maßnahmen gegen sie angeordnet, und zwar aus rein doktrinären Gründen. Sie hingen zwar dem Ikonoklasmus an, doch nicht dies war für ihre Verfolgung ausschlaggebend, sondern daß sie auch die Sakramente der Taufe und der Ehe, die Eucharistie, das Zeichen des Kreuzes, das ganze Alte Testament und einen Großteil des Neuen sowie die gesamte kirchli-

Theoktistos (853) 79

che Hierarchie ablehnten. Sie hielten am manichäischen Glauben und damit am dualistischen Prinzip von Gut und Böse fest, nach dem die materielle Welt eine Schöpfung des Teufels ist. Daraus folgerten sie, standhaft dem Monophysitismus[4] verpflichtet, daß die einzige Natur Christi dieser Welt nichts verdanke und vertraten zum Beispiel die Ansicht, Maria habe lediglich als irdisches Gefäß für die göttliche Essenz gedient, und diese sei durch sie hindurch geströmt »wie Wasser durch eine Röhre«.

Mit der Rückkehr der ikonoklastischen Richtung an die Macht hatte sich die paulikianische Gemeinschaft Hoffnungen auf ein Ende ihrer Sorgen gemacht, aber sie wurde enttäuscht. Leon der Armenier wie Theophilos verfogten die Politik ihrer Vorgänger aktiv weiter. Und kaum waren die Ikonodulen wieder an der Macht, setzten sie die Verfolgungen mit doppelter Kraft fort. Ein neuer Erlaß wurde veröffentlicht; er forderte alle Mitglieder der Sekte unter Androhung der Todesstrafe zum Widerruf auf. Eine große Expedition rückte Richtung Osten aus, um dem Befehl Nachdruck zu verleihen. Da die Opfer praktisch ausnahmslos an ihrem Glauben festhielten, kam es zu einem Massaker riesigen Ausmaßes. An die hunderttausend Menschen, die dem Paulikianismus anhingen, sollen getötet worden sein: gehängt, ertränkt, erstochen, ja sogar gekreuzigt. Besitz und Land wurden vom Staat beschlagnahmt. Zum Glück gelang einer beträchtlichen Zahl die Flucht. Sie suchten am einzigen in Frage kommenden Ort Asyl: jenseits der Grenze, im Sarazenenreich von Omar ibn Abdullah, dem Emir von Melitene (heute Malatia).

Noch nie zuvor war das Byzantinische Reich gegen eine religiöse Gemeinschaft mit dem Vorsatz vorgegangen, sie auszulöschen, und es sollte für den Rest seiner Geschichte bei diesem einen Versuch bleiben. So brutal und barbarisch aber die Behandlung der paulikianischen Gemeinschaft war, so unglaublich kurzsichtig war sie auch. In Ruhe und sich selbst überlassen, hätten diese frommen, unauffälligen und disziplinierten Männer und Frauen ein ausgezeichnetes Bollwerk gegen die sarazenischen Einfälle abgegeben und sich die Hochachtung und den Dank der gesamten rechtschaffenen byzantinischen Bevölkerung verdient. Statt dessen wurden sie gegen ihren Willen auf das Herrschaftsgebiet des Kalifats getrieben, dem sie schon bald die Treue hielten und von dem aus sie als beherzte Verbündete das Byzantinische Reich bekämpften. Wie so oft fanden ihre Anschauungen unter dem Druck der Verfolgung eine noch größere Verbreitung. Dieselbe oder zumindest eine sehr ähnliche Glaubensrichtung vertrat im zehnten Jahrhundert die Anhängerschaft Bogomils in Bulgarien und Bosnien und im elften und zwölften Jahrhundert, von dieser beeinflußt, die ebenfalls manichäische Richtung der sogenannten Katharer in Südfrankreich. Die paulikianische Glaubensgemeinschaft vertrat keine sehr attraktive Weltanschauung, und es hätte unermeßliches Leid vermieden werden können, wäre sie auf jene Region Armeniens beschränkt geblieben, der sie entsprungen war. Die Hauptschuld dafür, daß es nicht so blieb, tragen mehrere byzantinische Herrscher.

In der Zwischenzeit war Kaiser Michael III. herangewachsen. Als Minderjähriger hatte er kaum Erwähnung gefunden. Seine Mutter war eine energische, entschlossene Frau, die ihn mit fester Hand im Hintergrund hielt. Während seines ganzen kurzen Lebens blieb er beinahe kindlich schwach und ließ sich leicht lenken. In einigen Belangen aber scheint er reifer gewesen zu sein. Im Jahre 855 verliebte er sich mit fünfzehn Jahren in eine gewisse Eudokia Ingerina und hätte sie vielleicht auch geheiratet, hätte ihn seine Mutter nicht gezwungen, sie zugunsten einer anderen Eudokia mit dem Zunamen Dekapolita aufzugeben, für die er sich allerdings kein bißchen interessierte. Angesichts der herrschenden Umstände blieb ihm wohl nichts anderes übrig, als bedingungslos zu gehorchen. Vielleicht entschloß er sich bereits damals, die Verbindung zu seiner ersten Liebe aufrechtzuerhalten; es besteht Grund zur Annahme, daß diese Beziehung bis zu seinem Tod dauerte. Gut möglich, daß seine unterdrückte Auflehnung gegen Theodoras Maßnahme dazu führte, daß er der Verschwörung, die nur wenige Monate später zu ihrem Sturz führte, mehr als nur ein offenes Ohr schenkte.

Führender Kopf dieses Unternehmens war der machthungrige Bardas, Kaiserin Theodoras Bruder. Er hatte ihr und Theoktistos nie vergeben, daß sie ihn im Jahre 843 ausgetrickst hatten. Zwölf Jahre lang hatte er geduldig auf seine Chance gewartet. Jetzt schien sie gekommen. Mit Hilfe des *Parakoimomenos* Damianos – des Anfüh-

Theoktistos' Fall (855) 81

rers beim Angriff auf Damietta zwei Jahre zuvor, der möglicherweise der Meinung war, seine damaligen Verdienste seien nicht angemessen honoriert worden – war es ein leichtes, Michael davon zu überzeugen, daß er niemals an die ihm zustehende Macht gelangen würde, solange seine Mutter und Theoktistos die Zügel in den Händen hielten, und daß sie ihn, falls er versuchen sollte, sich durchzusetzen, bedenkenlos absetzen würden.

Kaum war er sich der Unterstützung des jungen Kaisers sicher, schritt Bardas unverzüglich zur Tat. Als Theoktistos wie üblich ein, zwei Tage später, am 20. November 855, im Palast unterwegs zu den Gemächern von Theodora war, stellten sich ihm Michael und Damianos in den Weg. Michael brüllte wütend, er sei kein Kind mehr, und wenn es irgendwelche Staatsangelegenheiten gebe, die zu erledigen seien, habe er sich gefälligst an ihn zu wenden, nicht an seine Mutter. Es kam zu einer Auseinandersetzung, worauf sich Theoktistos umwandte und dahin zurückging, woher er gekommen war – aber nicht weit. Unvermutet sprang Bardas zusammen mit einer Gruppe unzufriedener Armeesoldaten plötzlich aus einem Hinterhalt und warf ihn zu Boden. Irgendwie gelang es Theoktistos zwar, das Schwert zu ziehen. Er wurde jedoch rasch überwältigt und, sich noch immer zur Wehr setzend, in die Skyla geschafft, ein kleines, ovales Vorzimmer mit direktem Zugang zum Hippodrom. Soweit sich das beurteilen läßt, wollte ihn Bardas ursprünglich an einen weit entfernten Ort in die Verbannung schicken. Da aber erteilte der Kaiser persönlich seinen Wachen den Befehl, ihn zu töten. In diesem Moment erschien Theodora in der Tür der Skyla. Sie hatte erfahren, was geschehen war, und wollte protestieren. Doch sie kam zu spät. Grob schob man sie beiseite, und die Wachen zogen Theoktistos unter dem Sessel hervor, unter den er sich verkrochen hatte. Sie hielten ihn fest; dann stach der Kommandant ihn nieder.

Mit dem Tod von Theoktistos ging auch Theodoras Macht zu Ende. Sie lebte zwar vorläufig weiterhin im Kaiserpalast, hatte aber keinen Einfluß mehr auf den Gang der Dinge. Auf einer außerordentlichen Sitzung des Senats im März 856 wurde ihr Sohn zum Kaiser ausgerufen. In dieser Eigenschaft sollte er die nächsten elf Jahre regieren. Regieren ist jedoch nicht unbedingt mit herrschen gleichzusetzen. Angesichts von Michaels schwachem Charakter und seiner allgemeinen Verantwortungslosigkeit kam es dem Reich nur zugute, daß die eigentliche Herrschaft von seinem Onkel ausgeübt wurde. Trotz der gewissenlosen Art, wie Bardas die Macht an sich gerissen hatte – seine Beteuerung, er habe Theoktistos nur in die Verbannung schicken wollen, trägt wenig zur Milderung seiner Schuld bei, denn er hätte den schwachen Kaiser mit Sicherheit leicht dazu überreden können –, erwies er sich schnell als noch effizienter als Theoktistos und Theodora. Er verwaltete das Reich hervorragend und war ein weitblickender Staatsmann mit scheinbar grenzenloser Energie. Er prägte eine Zeit, die von vielen als ein goldenes Zeitalter für Byzanz bezeichnet wurde. Als wichtigster Beamter des Reiches und Oberbefehlshaber der Streitkräfte erlebte er eine Zeitspanne beinahe ununterbrochener Erfolge, so zum Beispiel auf militärischem Gebiet. Wie wir aus arabischen Quellen erfahren – im Gegensatz zu den gefälschten byzantinischen –, überschritt im Jahre 856 ein Heer unter dem Befehl seines Bruders Petronas den Euphrat, drang bis Amida (heute Diyarbakir) weit auf moslemisches Territorium vor und nahm viele Gefangene. Bei einem weiteren Feldzug, den er drei Jahre später persönlich anführte, überquerte das Heer denselben Fluß bei Hochwasser und ging als Legende in eines der beliebtesten griechischen Volksepen ein. Im Sommer 958 erfolgte ein weiterer Angriff auf Damietta und verlief ebenso erfolgreich wie der erste. Zudem konnten im Jahre 863 die kaiserlichen Armeen innerhalb von zehn Wochen zwei vernichtende Siege über sarazenische Truppen verzeichnen.

Die erste Schlacht wurde gegen Omar ibn Abdullah, den Emir von Melitene, geschlagen. Er war schon immer ein gefährlicher Gegner gewesen und hatte nun seine Streitkräfte noch mit erbitterten paulikianischen Flüchtlingen verstärken können. Im Frühsommer führte er sein aus Christen und Moslems bestehendes Heer durch das Thema Armeniakon an der südlichen Schwarzmeerküste und plünderte das wichtige Handelszentrum Amisos (Samsun). Das byzantinische Heer von gegen 50 000 Mann, das ihm entgegengesandt wurde, stand wieder unter dem Befehl von Petronas. Dieser teilte seine Truppen in drei Abteilungen und rückte gleichzeitig von Norden, Süden und Westen her vor; so gelang es, den Emir bei Poson einzukreisen. Die genaue Stelle läßt sich nicht mehr mit Sicherheit eruie-

Die Wende (857) 83

ren. Sie muß jedoch irgendwo zwischen dem Fluß Halys und einem Nebenfluß namens Lalakaon gelegen haben. In den folgenden erbitterten Kämpfen wurden Omar sowie fast alle seine Männer getötet, Sarazenen und Paulikianer ohne Unterschied. Dann zogen Petronas und der Kaiser, der arabischen Chronisten zufolge die ganze Zeit anwesend war, im Triumph nach Konstantinopel zurück. Unter den Gefangenen befand sich auch der Sohn des Emirs – einer der wenigen überlebenden Araber. Man war noch nicht sehr lange wieder in der Hauptstadt, als die Nachricht eines weiteren entscheidenden Sieges eintraf: in Mayyafariqin hatte Ali ibn Yahya, der sarazenische Gouverneur von Armenien, eine Niederlage erlitten und war ebenfalls im Kampf gefallen.

Befriedigt erklärte man die Schmach von Amorion als gerächt. Das Blatt begann sich zu wenden. Bis zu diesem Zeitpunkt hatte Byzanz seit Beginn der arabischen Einfälle mehr oder weniger einen Verteidigungskrieg geführt. Als mehrheitlich Schwächere hatten die byzantinischen Truppen jeweils um das Davonkommen gekämpft. Von nun an begannen sie vermehrt anzugreifen. Mittlerweile waren sie nicht nur stärker und besser ausgerüstet als ihre Gegner, sondern auch von einer neuen Kampfmoral angetrieben.

5

Patriarchen und Komplotte

(857–866)

*Sie ließen sich nicht nur zu ungesetzlichen
Handlungen verleiten, sondern haben sich,
sollte es einen Gipfel des Irrtums geben, zu diesem
aufgeschwungen ... Wann hätte man bis auf den
heutigen Tag selbst aus dem Mund der Verworfensten
je solche Forderungen vernommen? Welche lügenhafte
Schlange hat ihnen solches Gift in die Herzen
gespien?*

Patriarch Photios in einem Brief an die Patriarchen des
Ostens im Sommer 867

Das Zusammenspiel kluger Staatsführung im Inneren und auswärtiger militärischer Erfolge sollte, so wäre anzunehmen, ein brauchbares Rezept für einen glücklichen, harmonischen Staat sein. Doch Glück und Harmonie waren in Byzanz selten zu Gast. Unter den zahlreichen Urhebern von Zwietracht muß der christlichen Kirche die erste Stelle eingeräumt werden. Wer immer diese Geschichte bis dahin aufmerksam gelesen hat, wird sich anhand unzähliger Gelegenheiten die Frage gestellt haben, ob es dem Reich nicht doch besser bekommen wäre, wenn es heidnisch geblieben wäre – ob Julian Apostata schließlich nicht doch recht hatte. Und es nimmt sich vollends wie eine Ironie der Geschichte aus, daß diese Zeit tiefgreifender Gärungen im Geschick von Byzanz mit der schwersten noch ausstehenden Krise in der ganzen unerquicklichen Geschichte der Beziehung zwischen dem Patriarchen in Konstantinopel und dem Papst in Rom einhergehen sollte.

Der Beginn dieser Querelen läßt sich zurückverfolgen bis zum Tod des alten weisen Patriarchen Methodios im Jahre 847 und zu dessen Nachfolger Ignatios dem Eunuchen, dem Sohn des zurückgetretenen Kaisers Michael I.[1] Ignatios konnte mehr als nur sein kaiserliches Blut geltend machen: In den finstersten Tagen des Ikonoklasmus hatte er niemals geschwankt, für die heiligen Bilder und für das Kloster einzutreten, das er auf der im Marmarameer gelegenen Insel Terebinthos (heute Tavsan) gegründet und zu einem häufig aufgesuchten Refugium für alle gemacht hatte, die seine Auffassung teilten und sich in der Hauptstadt nicht mehr sicher fühlten. Doch während Methodios mit den einstigen Ikonoklasten nachsichtig und milde verfahren war, kannte der engstirnige und bigotte Ignatios weder Verzeihung noch Kompromiß. Er, der seinen Aufstieg nur der Kaiserin zu verdanken hatte, lieferte, noch bevor seine feierliche Einsetzung beendet war, schon einen Vorgeschmack dessen, was von ihm zu erwarten war. Sein Opfer bei dieser Gelegenheit war Gregor Asbestas, der Erzbischof von Syrakus, der sich als Anführer der gemäßigten Partei von vornherein bestens als Objekt von Ignatios' Rachsucht eignete. Ignatios wandte sich mitten im Gottesdienst unter einem frei erfundenen Vorwand Gregor zu und wies ihn mir nichts dir nichts aus der Kirche. Das war aber noch nicht alles; er verfolgte den geplagten Erzbischof die nächsten sechs Jahre über, bis Gregor schließlich 853 vor eine Synode zitiert wurde, die sich überwiegend aus Anhängern des Patriarchen zusammensetzte; kein Wunder, daß sie Gregor absetzte und exkommunizierte.

Gregor bat nacheinander zwei Päpste um seine Wiedereinsetzung. Doch da Ignatios wie alle fanatischen Ikonodulen den päpstlichen Führungsanspruch stets vehement vertreten hatte, wollte sich der Vatikan ihn nicht zum Gegner machen. Inzwischen hatten die ehemals Gemäßigten ihre Zurückhaltung längst aufgegeben. Einig in ihrem Abscheu vor dem Patriarchen, waren sie fest entschlossen, sich seiner zu entledigen. Glücklicherweise fand sich auch noch genau im richtigen Augenblick eine stärkere und tatkräftigere Führergestalt, als es Gregor je hätte sein können. Dieser Mann namens Photios konnte sich zwar nicht wie sein Gegenpart kaiserlicher Abstammung rühmen, aber auch er war ein Aristokrat und hatte zudem eine Verbindung zum Kaiser, wenn auch keine sehr enge; Theodoras Schwester war nämlich mit dem Schwager seines Vaters

Photios (857)

verheiratet. Außerdem galt Photios als der beschlagenste Gelehrte seiner Zeit, und er hatte das Zeug dazu, Ignatios Fallstricke auszulegen, vermochte dieser doch die einfachsten theologischen Lehren kaum zu fassen. Um ihn zu ködern, hatte Photios sogar einmal eine neue, eindeutig häretische Theorie vorgeschlagen, die er sich gerade ausgedacht hatte, nach der der Mensch zwei getrennte Seelen besitze, von denen die eine irren könne, die andere aber unfehlbar sei. Sein glänzender Ruf als Gelehrter und Intellektueller garantierte, daß auch viele, die es hätten besser wissen müssen, dies ernst nahmen, darunter natürlich auch Ignatios. Nachdem seine Lehre die gewünschte Wirkung erzielt und den Patriarchen als Dummkopf bloßgestellt hatte, widerrief er sie kaltlächelnd. Sein Freund Konstantin, von dessen slawischer Mission in Kürze die Rede sein wird, soll seinen alten Lehrer zurechtgewiesen haben, weil dieser die Gläubigen leichtfertig in Verwirrung gebracht habe. Photios dagegen war nicht von seiner Überzeugung abzubringen, daß er damit keinen großen Schaden angerichtet habe. Hatte er übrigens tatsächlich nicht. Auf ihn geht damit der einzige wirklich gelungene Streich in der ganzen Geschichte der Theologie zurück, und schon dafür verdient er unseren Dank.

Seiner überragenden Bildung ungeachtet, war er indes kein Mann der Kirche, sondern hatte sich für eine politische Laufbahn in der Reichsverwaltung entschieden, wo er erwartungsgemäß schnell aufgestiegen war. Nahezu zwangsläufig wurde Photios, als Bardas an die Macht kam, sein engster Freund und Berater. Für Patriarch Ignatios hätte die Entwicklung kaum ungünstiger verlaufen können. Jeder vernünftige Mensch hätte unter solchen Umständen seine Position zu sichern versucht, sich nicht sonderlich hervorgewagt und seine Ziele möglichst unauffällig verfolgt. Es ist typisch für Ignatios, daß er, Faustschläge verteilend wie ein Boxer, zur Attacke überging. Immerhin ist einzuräumen, daß er einen Angriffspunkt wählte, bei dem er festen Boden unter den Füßen hatte. Bardas hatte sich ausgerechnet in seine Schwiegertochter verliebt und ihr zuliebe seine Frau verlassen. Der Skandal wurde natürlich zum Stadtgespräch von Konstantinopel. Ignatios wies ihn dafür zunächst öffentlich zurecht, und als er nicht reagierte, exkommunizierte er ihn am Dreikönigstag des Jahres 858 und verweigerte ihm die Sakramente.

Das war zwar ein mutiger, aber auch ein verhängnisvoller Schritt. Von dieser Stunde an suchte Bardas eine Gelegenheit, sich des widerspenstigen Patriarchen ein für allemal zu entledigen. Sie ergab sich einige Monate später, als Michael II., der Theodora immer weniger traute, schließlich entschied, sie mitsamt ihren unverheirateten Schwestern kurzerhand in das nahe Karianoskloster zu verfrachten. Um sicherzugehen, daß sie dort auch blieben, wollte er sie außerdem kahlscheren lassen. Ignatios weigerte sich aber schlankweg, diese Maßnahme auszuführen, als man ihn dazu aufforderte. Nun hatte Bardas leichtes Spiel. Mühelos überzeugte er Michael, daß dies nur eines bedeuten könne, nämlich daß der Patriarch und die Kaiserin sich in unheiliger Allianz gegen ihn verschworen hätten. Zusätzlich kam ihm der Umstand zustatten, daß zu diesem Zeitpunkt ein Epileptiker namens Gebeon mit der nicht gerade überzeugenden Behauptung auftrat, er sei ein Sohn Theodoras aus einer früheren Ehe. Im Handumdrehen lag gefälschtes Beweismaterial vor, aus dem hervorging, daß er im Auftrag des Patriarchen gehandelt habe. Am 23. November wurde Ignatios unter Hausarrest gestellt und ohne Gerichtsurteil in sein Kloster auf Terebinthos verbannt.

Als sein Nachfolger kam für Bardas von vornherein nur Photios in Frage. Zweierlei stand dem allerdings entgegen. Zunächst, daß er Laie war; doch dieses Hindernis ließ sich leicht aus der Welt schaffen. Am 20. Dezember erhielt er die Tonsur, am 21. wurde er zum Lektor, am 22. zum Subdiakon, am 23. zum Diakon, am 24. zum Priester und an Weihnachten von seinem Freund Gregor Asbestas zum Bischof geweiht. Seine Einsetzung als Patriarch erfolgte gleich darauf. Diese Prozedur war eine Farce, aber keineswegs die erste ihrer Art, hatten doch Patriarch Tarasios, Photios' Onkel, sowie sein Nachfolger Nikephoros ihre kirchlichen Würden auf dieselbe Weise erhalten. Das zweite Hindernis verursachte mehr Probleme. Kein Druckmittel – und davon wurde sicherlich reichlich Gebrauch gemacht – vermochte Ignatios zum Rücktritt zu bewegen. Da das einzige legale Mittel, ihn loszuwerden, die kanonische Absetzung durch ein Kirchenkonzil, nicht angewandt werden konnte, mußte man das Gesetz brechen. Photios konnte den Patriarchenthron zwar de facto besetzen, nicht ab de jure einnehmen, solange Ignatios nicht einlenkte.

Papst Nikolaus I. (859)

Da der Rivale nun wenigstens zeitweise außer Gefecht gesetzt war, machte sich Photios daran, seine Position zu festigen. Zunächst gab er dem Papst in Rom offiziell seine Einsetzung bekannt. Ein derartiges Schreiben war meist eine reine Formsache und wurde genauso formell bestätigt. Papst Nikolaus I. bekundete jedoch im Unterschied zu fast allen seinen Vorgängern lebhaftes Interesse an der Ostkirche, hatte er doch die feste Absicht, sie seiner Autorität dauerhaft unterzuordnen. Als langjähriges Mitglied der päpstlichen Kurie war er möglicherweise an der Korrespondenz mit dem Erzbischof von Syrakus beteiligt gewesen; zudem waren die Ereignisse um Photios' Inthronisierung sicherlich schon zu seiner Kenntnis gelangt. Zwar enthielt der Brief des neuen Patriarchen – ein Muster an taktvoller Diplomatie – kein Wort gegen den Vorgänger, doch in einem offensichtlich vom Kaiser persönlich hinzugefügten Begleitschreiben bezichtigte dieser Ignatios, seine Herde vernachlässigt zu haben und deswegen nach kanonischem Recht abgesetzt worden zu sein. Beides entsprach, wie der Papst zu Recht argwöhnte, nicht der Wahrheit. So empfing er zwar die byzantinischen Gesandtschaft mit allem Pomp in S. Maria Maggiore und nahm ihre Geschenke[2] huldvoll entgegen, ließ aber keinen Zweifel daran, daß er ohne weitere Nachforschungen Photios nicht als Patriarch anzuerkennen gewillt war. Er schlug vielmehr vor, im folgenden Jahr in Konstantinopel ein Konzil abzuhalten, das den Fall untersuchen sollte; er werde dafür zwei Beobachter zur persönlichen Berichterstattung entsenden. Gleichzeitig nutzte er die Gelegenheit, den Patriarchen, und über diesen auch den Kaiser, höflich, aber bestimmt darauf aufmerksam zu machen, daß es an der Zeit sei, die Bistümer in Sizilien und Kalabrien, das Vikariat von Thessalonike und mehrere Diözesen auf dem Balkan, die Leo III. 732 der römischen Rechtsprechung entzogen und jener von Konstantinopel unterstellt hatte[3], dem päpstlichen Herrschaftsbereich wieder einzugliedern. Natürlich hütete er sich davor, offen einen Kuhhandel anzubieten, doch war die Implikation nicht zu verkennen.

Etwa ein Jahr nachdem Papst Nikolaus die kaiserlichen Abgesandten in Rom empfangen hatte, nämlich im Hochsommer des Jahres 860, traf die Bevölkerung von Konstantinopel ein derart traumatisches Ereignis, daß niemand sich an Vergleichbares glaubte erinnern zu können. Der Kaiser und sein Onkel waren wieder einmal mit einem Heer gegen die Sarazenen ausgerückt, da tauchte zu ihrem Schreck am Nachmittag des 18. Juni ohne jede Vorankündigung eine rund zweihundert Schiffe zählende Flotte von den entlegenen Gebieten am Schwarzen Meer im Bosporus auf und bewegte sich langsam auf die Stadt zu, raubte die reichen Klöster an der Küste aus und brannte sie nieder und plünderte alle Städte und Dörfer am Weg. Kaum hatte sie das südliche Ende der Meerenge erreicht, fuhren einige Schiffe weiter ins Marmarameer, um die Prinzeninseln zu verwüsten, während die Mehrzahl eingangs des Goldenen Horns vor Anker ging.

Für die byzantinische Bevölkerung war dies die erste wirkliche Konfrontation mit dem russischen Volk, dessen Zukunft sich in den folgenden Jahrhunderten mit der ihren aufs engste verquickte. Die Anführer waren höchstwahrscheinlich nicht rein slawischer Herkunft, sondern Nachfahren der großen normanischen Wanderbewegung, die gegen Ende des achten Jahrhunderts entstanden war und nachhaltige Auswirkungen auf Europa, Westasien und schließlich sogar die Neue Welt hatte. Um 830 hatten sie ein Khanat am Oberlauf der Wolga errichtet, und keine dreißig Jahre später steuerten sie auf jenem gewaltigen Fluß und gleichzeitig auf dem Dnjepr und dem Don ihre gefürchteten Langschiffe südwärts auf die großen Handelsstädte am Schwarzen und Kaspischen Meer zu. Mit ihnen kamen ihre slawischen Untertanen, mit denen sie schon bald voll und ganz verschmolzen. Dieses Volk war also einer der letzten fremden Stämme, welche die Bevölkerung von Konstantinopel in Angst und Schrecken versetzen.

Vereinzelte Rus – so nannten sie sich selbst – hatte man schon zuvor gesehen, insbesondere als 838/39 eine kleine Gesandtschaft mit einem nicht näher bezeichneten diplomatischen Auftrag am Hof von Kaiser Theophilos eingetroffen war. Was hier vor sich ging, hatte jedoch mit einer diplomatischen Mission nicht das geringste zu tun, und die Lage verschärfte sich zusätzlich dadurch, daß der Kaiser, sein Oberbefehlshaber und die Hauptmasse des Heeres sich in Asien aufhielten. Was dann geschah, ist nicht geklärt.[4] Mit ziemlicher Sicherheit ist anzunehmen, daß Oryphas, dem der Oberbefehl über die Hauptstadt anvertraut war, Kaiser Michael II. Boten nach-

Raubzug aus Rußland (860) 91

sandte, um ihn von der Notlage in Kenntnis zu setzen. Jedenfalls
kehrte dieser sogleich zurück. Doch als er eintraf, war die räuberische Flotte bereits wieder durch den Bosporus in das Schwarze Meer
zurückgesegelt und befand sich auf dem Heimweg.

Warum hatten sie es so eilig? Photios, der über den Überfall zwei
Predigten hielt – die erste noch während dieser in Gang war, die
zweite ein paar Tage nach dem Verschwinden der russischen Flotte –,
malt ein bluttriefendes Bild all der Abscheulichkeiten und zügello-
sen Grausamkeiten, denen zum Opfer fiel, wer immer den Räubern
in die Hände fiel, und schreibt dem wundertätigen Gewand Marias[5]
zu, daß die Stadt verschont blieb, der heiligsten Reliquie der Stadt,
die man in Schulterhöhe um die Stadtmauern getragen und die den
sofortigen Rückzug bewirkt habe. Andere Quellen[6] streichen das
übernatürliche Moment noch stärker heraus und behaupten, der
Patriarch habe das Gewand ins Meer getaucht, woraufhin sich ein
fürchterlicher Sturm erhoben und die russischen Schiffe zerschmet-
tert habe. Dies klingt jedoch mehr als unglaubwürdig. Auch hätte
Photios etwas derart Wirkungsvolles mit Sicherheit erwähnt. Wahrscheinlicher ist, daß die Räuber, da sich die Stadt als uneinnehmbar
erwies und die Möglichkeiten zur Plünderung außerhalb der Mauern erschöpft waren, beschlossen, es genug sein zu lassen und nach
Hause zurückzukehren.

Aus welchem Grund sie auch abgezogen sein mögen: daß das
Ansehen des Patriarchen nach diesem Ereignis größer war als zuvor,
ist nicht zu bezweifeln. Sein Gegner Ignatios war weniger vom Glück
begünstigt. Seit seiner endgültigen Absetzung war er Verfolgungen
ausgesetzt, die die meisten Menschen seines Alters gebrochen hätten. Nachdem er einige Zeit auf Terebinthos zugebracht hatte, war
er nach Hieria geschafft – wo sich wie zum Hohn ein besonders
prachtvoller Kaiserpalast befand –, und dort in einem ehemaligen
Ziegenstall untergebracht worden. Anschließend brachte man ihn
nach Konstantinopel zurück und warf ihn in Promotos am Goldenen Horn ins Gefängnis, wo er in Eisenketten gelegt und so schweren Mißhandlungen ausgesetzt war, daß ihm mindestens zwei Zähne ausgeschlagen wurden. Nach einem kurzen Zwischenaufenthalt
im Numera-Gefängnis in der Nähe des Palastes überführte man ihn
nach Mytilene auf Lesbos; von dort durfte er sechs Monate später

wieder in sein Kloster zurückkehren. Dies alles, so könnte man meinen, hätte gereicht, aber da traten die russischen Räuber auf den Plan, nämlich jene, die zu den Prinzeninseln gesegelt waren. Sie fielen wie die Berserker über Terebinthos her, verwüsteten und plünderten die Klostergebäude und brachten über zwanzig Mönche und ihre Bediensteten um. Ignatios kam mit äußerster Not mit dem Leben davon.

Es war vorauszusehen, daß man die Katastrophe in Konstantinopel als erneutes Zeichen göttlicher Mißbilligung zu deuten wußte und einen Teil des restlichen Anhangs von Ignatios eliminierte. Doch änderte all dies nichts. Der störrische alte Eunuch blieb standhaft, fest entschlossen, jede Härte und jede üble Behandlung auf sich zu nehmen, die seine Feinde ihm angedeihen ließen. Seine Stunde würde schon noch kommen. Bis dahin aber wollte er ruhig abwarten – er setzte seine Hoffnung auf Papst Nikolaus, dessen Gesandtschaft für das kommende Frühjahr erwartet wurde.

Die päpstlichen Beauftragten Zacharias von Anagni und Rodoald von Porto trafen im April 861 in Konstantinopel ein. Vielleicht handelten sie nach strikten Weisungen des Papstes, vielleicht auch nicht; sie ließen jedenfalls von Anfang an keinen Zweifel daran, wem ihre Sympathien galten. Vom Augenblick ihrer Ankunft an setzte Photios sie jedoch stark unter Druck. Das erste von zahlreichen Geschenken – kostbar bestickte Gewänder von unschätzbarem Wert – hatten sie bereits auf dem Weg nach Konstantinopel überreicht bekommen. Gleich nach ihrem Eintreffen gerieten sie in das Karussell kirchlicher Zeremonien, Empfänge, Bankette und allerhand Unterhaltung, wobei der Patriarch ihnen nicht von der Seite wich, sie mit seiner Gelehrsamkeit blendete und mit seinem Charme umgarnte. Dagegen gestalteten sich die kaiserlichen Audienzen längst nicht so angenehm. Zwar behandelte auch der Kaiser sie mit der nötigen Courtoisie, aber er konnte es sich nicht verkneifen, sie mehrfach darauf hinzuweisen, daß es einzig von seinem Wohlwollen abhänge, ob sie jemals nach Hause zurückkehrten oder ob ein längerer Aufenthalt an einem Ort, der berüchtigt sei für seine gefräßigen Insekten, als äußerst unangenehme Alternative für sie in Betracht gezogen werden müsse. Durch eine ausgeklügelte Kombination von Bestechung,

Die päpstliche Wut (861)

Überredung und verhüllter Drohung machte man Zacharias und Rodoald rasch und unmißverständlich klar, auf welche Seite sie sich zu schlagen hatten; und schon lange vor der Eröffnungssitzung des Konzils – direkt vor Ostern in der Apostelkirche – konnte Photios davon ausgehen, daß sie keinerlei Schwierigkeit machen würden. Ignatios hielt man gänzlich außer ihrer Reichweite. Sie bekamen ihn erst zu Gesicht, als er in die Kirche geführt wurde, um seine Aussage zu machen. Sein Versuch, im vollen Ornat des Patriarchen zu erscheinen, mißlang; vielmehr mußte er im schlichten Mönchshabit mitanhören, wie zweiundsiebzig Zeugen unter Eid aussagten, seine Ernennung sei ungültig, da nicht Ergebnis einer kanonischen Wahl, sondern der persönlichen Begünstigung durch Kaiserin Theodora gewesen. Am Ende der vierten Sitzung wurde seine Absetzung durch ein Dokument förmlich besiegelt. Es trug neben der Unterschrift der übrigen Unterzeichnenden, gut sichtbar, auch die Zacharias' von Anagni und Rodoalds von Porto.

Wie nicht anders zu erwarten, war Papst Nikolaus außer sich. Als die gebeutelten Prälaten im Herbst nach Rom zurückkehrten, ließ er sie keinen Moment im Zweifel an seinem Unwillen. Ihre Aufgabe, so wies er sie zurecht, habe darin bestanden, herauszufinden, was wirklich vorgefallen sei. Sie seien nicht befugt gewesen, sich zu Richtern aufzuschwingen. Mit dem Überschreiten ihrer Befugnisse hätten sie sich nicht nur einer schweren Insubordination schuldig gemacht, sondern auch die Interessen der ganzen Kirche verraten. Sie seien den byzantinischen Schmeicheleien in einer Weise erlegen, die unschuldigen Kindern eher angestanden hätte als gestandenen Kirchenmännern. Noch schlimmer aber sei, daß sie für all das noch nicht einmal eine Gegenleistung herausgeholt hätten. Falls nämlich – und es mache ganz den Anschein – das Königreich Bulgarien in Kürze das Christentum annehmen sollte, sei es geradezu lebenswichtig, die illyrischen Bistümer möglichst rasch wieder in den römischen Herrschaftsbereich einzugliedern. Hier habe nun eine einmalige Chance bestanden, dies sicherzustellen. Ob die erbärmlichen Gesandten solch eine Möglichkeit in ihren Gesprächen mit Photios auch nur erwähnt hätten? Natürlich nicht. Statt dessen hätten sie sich von ihm übertölpeln lassen und sich dadurch ihres Ranges und ihrer Stellung als sträflich unwürdig erwiesen. Er werde später über ihre Zukunft entscheiden. Jetzt seien sie vorerst entlassen.

Mit schlotternden Knien zogen sie ab. Doch der päpstlichen Wut war es nicht vergönnt, so schnell zu verrauchen, denn gerade erreichte eine andere Delegation aus Konstantinopel Rom, und diese berichtete ausführlich über die Vorgänge auf dem Konzil und brachte einen Brief von Photios mit, der den Papst noch mehr auf die Palme bringen mußte. Wenn auch im Ton aalglatter Höflichkeit abgefaßt, enthielt er doch nicht einen einzigen jener Ausdrücke der Verehrung und des Respektes, die bei solchen Gelegenheiten sonst gang und gäbe waren. Im Gegenteil, der Patriarch wandte sich an den Papst als an seinesgleichen, und obwohl er an keiner Stelle auf die Unabhängigkeit des Patriarchats von Konstantinopel ausdrücklich Anspruch erhob, ging implizit dieser Anspruch aus jeder Zeile hervor. Zu den umstrittenen Bistümern äußerte er sich dahingehend, daß er persönlich nichts lieber sähe, als daß sie unter die Autorität Roms zurückkehrten; leider falle dies aber in die Kompetenz des Kaisers, und dieser halte gegenwärtig die Zeit nicht für reif, irgend etwas zu ändern.

Spätestens jetzt wußte Nikolaus mit absoluter Klarheit, daß er schwere Geschütze auffahren mußte. Sein Entschluß stand endgültig fest, als plötzlich und ganz unerwartet ein gewisser Theognostos auftauchte, der nicht nur mehrere hohe kirchliche Titel trug – Archimandrit der römischen Kirche, Abt des Klosters von Pegae, *Skeuophylax* der Hagia Sophia[7] und Exarch der Klöster von Konstantinopel –, sondern auch der bekannteste und lautstärkste Fürsprecher des abgesetzten Patriarchen war. Trotz strengster Beobachtung auf kaiserlichen Befehl war es ihm gelungen, in einer Verkleidung aus Konstantinopel zu entkommen. Nun berichtete er dem Papst minutiös, wie unfair bei der vor kurzem erfolgten Befragung vorgegangen worden sei, von der Niedertracht der Zeugen, der Ungeheuerlichkeit von Photios' Verhalten und auch dem seiner Freunde, von Ignatios' Loyalität zu Rom und schließlich von all der Drangsal, die der alte Patriarch habe erdulden müssen. Diese habe nach dem Konzil sogar noch an Unerträglichkeit zugenommen. Um ihn zur Abdankung zu zwingen – was ja gar nicht mehr nötig gewesen sei –, hätten seine Peiniger ihn erneut gefangengesetzt, wiederholt gefoltert, zwei Wochen hun-

Die Missionierung Mährens (862) 95

gern lassen und nackt bis aufs Hemd in der Totenkapelle der Apostelkirche eingesperrt, dort auf die Überreste des entweihten Sarkophags des Erzikonoklasten Konstantin V. gespannt und ihm schwere Steine an die Fußgelenke gebunden. Als der Gepeinigte kaum noch bei Bewußsein war, habe man ihm eine Feder in die Hand gedrückt und ihm die Hand zu einer Unterschrift geführt, über die Photios dann persönlich eine Abdankungserklärung geschrieben habe.[8]

Der Papst zögerte nun nicht länger. Zunächst sandte er ein Rundschreiben an die Patriarchen von Alexandria, Antiochia und Jerusalem. Darin hieß es, Ignatios sei illegal abgesetzt und sein Amt von einem niederträchtigen Schurken usurpiert. Er beschwöre sie, alles in ihrer Macht Stehende zu tun, um ihn wieder auf seinen angestammten Thron zu bringen. (Da die Bistümer der drei Patriarchen sich zu der Zeit in sarazenischer Hand befanden, bot sich ihnen allerdings kaum eine Möglichkeit zur Intervention.) Als nächstes schrieb er an den Kaiser und an Photios, legte seine Sicht der Dinge unmißverständlich dar und pochte erneut auf die Suprematie des römischen Pontifex, ohne dessen Zustimmung kein Patriarch ein Amt antreten oder abgesetzt werden könne. Als diese Briefe unbeantwortet blieben, berief er eine Synode ein, die im April 863 im Lateran zusammentrat. Sie sprach Photios sämtliche kirchlichen Weihen ab und erklärte ihn für exkommuniziert, falls er nicht umgehend alle Ansprüche auf das Patriarchat widerrufe, dehnte dieses Urteil auf all jene kirchlichen Amtsträger aus, die Photios bestallt hatte, und setzte den alten Ignatios sowie alle, die um seinetwillen ihre Posten verloren hatten, wieder in Amt und Würden ein. Während Zacharias von Anagni für sein Verhalten in Konstantinopel verurteilt wurde und seinen Bischofssitz verlor, kam Rodoald, der Bischof von Porto, zunächst ungeschoren davon.[9]

Den Kaiser und seinen Patriarchen ärgerte die Hartnäckigkeit des Papstes zwar ungeheuer, sie scherten sich aber im übrigen nicht sonderlich um sein Verdikt. Vor allem Michael war hochgestimmt. Das Jahr 863 war, wie schon erwähnt, mit seinen Erfolgen eine Art _annus mirabilis_ für das byzantinische Heer. Zudem hatten auf der Balkanhalbinsel in religiöser Hinsicht Entwicklungen stattgefunden, mit denen verglichen das ganze Gezänk um Photios geradezu belanglos erscheinen mußte.

Die slawischen Völker hatten sich seit ihrem ersten Vordringen auf kaiserliches Gebiet im sechsten Jahrhundert immer wieder als unerfreuliches und unwillkommenes Element für das Römische Reich erwiesen. Der russische Überfall 860 hatte ihr Ansehen bei der byzantinischen Bevölkerung auch nicht gerade verbessert. In den beiden darauffolgenden Jahren – das Gerangel zwischen Patriarch Photios und Papst Nikolaus I. hatte gerade den Zenit erreicht – traf indes eine Gesandtschaft des mährischen Fürsten Rostislaw in einer Mission ganz anderer Art ein. Ihr Herr, so erklärten sie, wünsche mit all seinen Untertanen zum Christentum überzutreten, aber die christlichen Missionare, die in letzter Zeit zu ihnen gekommen seien, hätten allesamt höchst widersprüchliche Lehren verbreitet. Er begehre nun zu wissen, ob der Kaiser willens sei, glaubwürdige Missionare zu entsenden, die die Wahrheit und nichts als die Wahrheit verkünden würden.

So will es jedenfalls die Legende. Daß eine Gesandtschaft aus Mähren in Konstantinopel eingetroffen ist, steht außer Frage. Dagegen ist unwahrscheinlich, daß der Zweck dieser Mission so unschuldig-naiv war, wie die Überlieferung glauben machen will. Massenbekehrungen ganzer Nationen und Völker liegen fast immer politische Absichten zugrunde, und diese bildet keine Ausnahme. Rostislaw wurde an der nordwestlichen Grenze seines Gebietes von fränkischen Völkerschaften schwer bedrängt. Als sich zu Beginn des Jahres 862 der fränkische König Ludwig[10] dann mit dem bulgarischen Khan Boris verbündete, benötigte er dringend seinerseits einen starken Partner. Höchstwahrscheinlich bestand der Hauptzweck der Mission also darin, dem byzantinischen Kaiser vor Augen zu führen, in welcher Gefahr sich die Balkanhalbinsel befinde, und ihn dazu zu bringen, gegen die bulgarischen Nachbarn die Waffen zu erheben, bevor es zu spät sei. Der Übertritt zum Christentum – und zwar zum orthodoxen Christentum – war in dem Zusammenhang ein zusätzlicher Anreiz, zumal nicht auszuschließen war, daß Boris seinerseits plötzlich eine Massenbekehrung des bulgarischen Volkes ankündigen konnte und in diesem Fall wohl dem römischen Christentum den Vorzug geben würde.

Eine solch einmalige Gelegenheit ließ sich ein Mann wie Patriarch Photios natürlich nicht entgehen, bot sich doch hier nicht nur die

Die Missionierung Mährens (862)

Gelegenheit, den Heiden das Evangelium bekannt zu machen, sondern auch die, den Einfluß der orthodoxen Kirche bis in den fernen Nordwesten auszudehnen. Außerdem verband sich damit die unter den gegebenen Umständen verlockende Möglichkeit, dem Papstum einen schweren Schlag zu versetzen. Photios wußte nur zu gut, wie gerne Nikolaus alle frisch bekehrten Balkanvölker unter den Fittichen der päpstlichen Autorität gesehen hätte. Außerdem verfügte er über einen für diese Aufgabe hervoragend geeigneten Kandidaten. Es handelte sich um einen Mönch aus Thessalonike, dessen Taufname Konstantin lautete, der der Nachwelt aber unter seinem slawischen Namen Kyrill bekannt ist, den er ein paar Jahre darauf kurz vor seinem Tod annahm. Dieser damals fünfunddreißigjährige Mann war schon in jungen Jahren durch seine Bildung und sein frommes Wesen aufgefallen, verbunden mit einer bemerkenswerten Sprachbegabung. Von Theoktistos nach Konstantinopel geholt, hatte er bei Photios studiert, und dieser war von ihm so beeindruckt gewesen, daß er ihn zu seinem Bibliothekar ernannt hatte. Später hatte Kyrill eine Missionsreise ins Chasarenreich unternommen und dort zu den Menschen in ihrer Muttersprache gepredigt, worauf sich Unzählige bekehren ließen. Außerdem gelang es ihm, ihren Herrscher so für sich einzunehmen, daß dieser etwa zweitausend gefangene Christen freiließ.

Was die militärische Intervention betraf, gab sich Kaiser Michael zu Beginn nicht gerade begeistert. Die byzantinische Streitmacht errang an der Ostfront gerade einen Erfolg nach dem anderen, und er hatte keine Lust, diese unvorhergesehene Siegesserie zugunsten eines weit ungewisseren Feldzuges im Westen zu unterbrechen. Doch sah auch er ein – und andernfalls hätte ihn Photios sehr bald davon überzeugt –, daß er eine Katastrophe förmlich herbeirief, wenn er Ludwig freie Hand auf dem Balkan gewährte. Also wurden mehrere Regimenter nach Konstantinopel zurückbeordert, und in der Zwischenzeit bereitete sich die Flotte, die während des Ostfeldzuges größtenteils untätig geblieben war, auf den Einsatz vor. Im Sommer 863 segelten die Schiffe durch den Bosporus in das Schwarze Meer und gingen an der bulgarischen Küste vor Anker. Gleichzeitig überschritt der Kaiser an der Spitze seines Heeres die Grenze.

Er hätte keinen günstigeren Zeitpunkt wählen können. Während die bulgarischen Truppen sich im Norden an der mährischen Grenze aufhielten, lastete auf dem Süden die schwerste Hungersnot des Jahrhunderts. Da Boris augenblicklich begriff, daß Widerstand zwecklos war, schickte er eine Botschaft an Michael, um seine Bedingungen entgegenzunehmen. Diese lauteten schlicht, der Khan müsse sein Bündnis mit dem Frankenreich annullieren und das Christentum nach orthodoxem Ritus annehmen. Boris fügte sich dem mit beinahe unziemlicher Hast. Im September 865 reiste er nach Konstantinopel, wo er sich vom Patriarchen in der Hagia Sophia christlich taufen ließ und den Namen Michael annahm; der Kaiser stand ihm persönlich Pate.

Kyrill war in der Zwischenzeit im Frühjahr des vorangegangenen Jahres zu seiner Mission nach Mähren aufgebrochen, und zwar in Begleitung seines Bruders Methodios, der für die Aufgabe, die vor ihnen lag, fast ebensogut geeignet war. Da er während seiner früheren Laufbahn im Staatsdienst in einer Provinz tätig gewesen war, in der ein hoher Anteil von Angehörigen slawischer Stämme lebte, beherrschte er ihre Sprache. Später hatte er sich für ein kontemplatives Leben entschieden und in ein Kloster auf dem bithynischen Olymp zurückgezogen. Doch als sein Bruder ihn bat, die Last der neuen Mission mit ihm zu teilen, hatte er sich ihm bereitwillig angeschlossen. Die beiden brachen, so weit sich das rekonstruieren läßt, im Frühsommer 864 in Konstantinopel auf und hielten sich über drei Jahre lang in Mähren auf.

Nach einer alten Überlieferung soll Kyrill in dieser Zeit ein neues Alphabet für die Transkription der bis dahin nicht schriftlich festgehaltenen slawischen Umgangssprache geschaffen und dann mit der Übersetzung der Bibel und Teilen der Liturgie begonnen haben. Seltsam ist, daß er in makedonisches Slawisch übersetzte, einen Dialekt, der mit dem in der mährischen Slowakei verbreiteten nur entfernt verwandt ist und von dem dort wohl kaum jemand auch nur ein Wort verstanden haben dürfte. Möglich, daß er bei der Entwicklung des Alphabets eher Bulgarien als Mähren im Sinn hatte und später in die einzige slawische Sprache übersetzte, die er konnte.[11]

Unter diesen Umständen verwundert es nicht, daß der Missionierung Mährens kaum Erfolg beschieden war. Immerhin hat Kyrill die

Kyrill und Methodios (864)

Basis für die Entwicklung der slawischen Literatur gelegt, gab er doch den slawischen Völkern ein Alphabet in die Hand, das auf die phonetischen Besonderheiten ihrer Sprachen zugeschnitten war. Daß die beiden Gelehrten und Heiligen heute noch in Erinnerung sind und verehrt werden, geht vermutlich ebenso auf dieses Verdienst zurück wie auf Kyrills und seines Bruders Methodois' Wirken als Missionare.

Im August 865 erhielt Papst Nikolaus einen Brief des Kaisers in Byzanz. Drei Jahre lang war ihre Kontroverse ins Leere gelaufen. In diesen drei Jahren war Michael II. aufgrund der politischen, militärischen und religiösen Erfolge in Bulgarien noch arroganter und anmaßender geworden. Die beiden päpstlichen Gesandten, so ließ er verlauten, könnten sich überaus glücklich schätzen, daß man sie an der Synode überhaupt zugelassen habe, sei es doch darum gegangen, ein internes Problem zu schlichten, das sie nichts angehe, weshalb sie im Grunde ganz überflüssig gewesen seien. Für den Streit verantwortlich seien letztlich Verleumder und Quertreiber wie Theognostos, die ihr Gift geschäftig in ganz Rom verspritzten. Diese seien unverzüglich auszuliefern und nach Konstantinopel zu senden. Sollte sich der Papst weigern, werde der Kaiser selbst nach Rom kommen und sie holen.

Nikolaus zahlte mit gleicher Münze heim. Er brachte ein einziges Thema zur Sprache: die Suprematie Roms. Daran gebe es nichts zu rütteln und dazu keine Alternative. Hätten nicht noch vor zwanzig Jahren die Kaiser und Patriarchen von Konstantinopel der Häresie des Ikonoklasmus angehangen? Jedes nicht vom Papst autorisierte Konzil sei illegal und seine Beschlüsse von vornherein null und nichtig. Theognostos und seinen Freunden stehe es frei, solange am päpstlichen Hof zu verbleiben, wie sie es wünschten. Er werde eine Konzession machen, aber keinen Schritt mehr; er sei bereit, die jeweiligen Ansprüche der beiden rivalisierenden Patriarchen noch einmal zu prüfen, wenn sie in Rom bei ihm vorsprächen. Das sei das äußerste, wozu er bereit sei.

Es ist unwahrscheinlich, daß Michael je vorhatte, seine Drohung wahrzumachen; vermutlich sollte sie nur seine Argumentation untermauern. Doch dies wird sich allein schon darum nicht klären lassen, weil sich unverhofft etwas ereignete, das die Kontroverse in einem völlig neuen Licht erscheinen ließ und zumindest Photios – denn der mittlerweile hoffnungslos dem Alkohol verfallene Kaiser lebte den größten Teil des Tages in dumpfer Apathie dahin – zwang, die Sache weit ernster zu nehmen als zuvor: Noch bevor ein Jahr nach seinem Übertritt vergangen war, meldete sich der bulgarische Khan in gefährlich deutlicher Weise, hatte er doch mitansehen müssen, wie sein Königreich in Windeseile von griechischen und armenischen Priestern überschwemmt wurde. Diese lagen sich unentwegt über abstruse Spitzfindigkeiten der Lehre in den Haaren, die seine verstörten Untertanen weder verstanden noch interessierten. Die so unvermittelt Neubekehrten hatten sich zudem überwiegend in ihrer überlieferten Religion wohl gefühlt und mußten nun zu ihrem Verdruß feststellen, daß sie nicht nur den Anweisungen jener unwillkommenen und untereinander zerstrittenen Fremden Folge leisten, sondern sie auch noch verköstigen und beherbergen sollten. Und noch etwas. Die aufwendige Feier seiner Taufe durch Photios in der Hagia Sophia hatte Khan Boris zutiefst beeindruckt, und nun wünschte er sich Ähnliches für sein Volk, ausgeführt von Angehörigen seines Volkes. Deshalb schrieb er nach Konstantinopel und bat um die Ernennung eines Patriarchen von Bulgarien.

Und da beging Patriarch Photios die vermutlich verhängnisvollste Fehleinschätzung seines Lebens. Unerschütterlich in seinem Willen, die bulgarische Kirche fest unter seiner Kontrolle zu halten, schlug er nicht nur die Bitte ab, sondern tat die ganze Angelegenheit als bedeutungslos ab. Boris – den wir, um keine Verwirrung zu stiften, weiterhin bei seinem angestammten Namen nennen wollen – hatte auch verschiedene Punkte der orthodoxen Lehre und gesellschaftlicher Sitten angesprochen, die auf die eine oder andere Weise mit den einheimischen Traditionen kollidierten, und angemerkt, daß der Widerstand der Bevölkerung gegen den neuen Glauben leichter überwunden werden könnte, wenn man ihr gestatten würde, an ihren Gebräuchen festzuhalten. Seine Vorschläge wurden teils zurückgewiesen, teils schlicht ignoriert. Der Khan schäumte vor Wut. Er sei zwar ganz gerne des Kaisers Patenkind, dagegen habe er nicht die geringste Lust, dessen Vasall zu werden. Er war klug. Er wußte genau, was zwischen Rom und Konstantinopel schwelte und

Boris' Fragenkatalog (866)

sah folglich auch die Möglichkeit, die eine Partei gegen die andere auszuspielen. So sandte er im Sommer 866 eine Delegation an Papst Nikolaus mit einer Liste all jener Punkte, die Photios auf so beleidigende Weise abgeschmettert hatte, fügte sicherheitshalber noch weitere hinzu und bat den Papst um seine Stellungnahme zu jedem einzelnen.

Auf diese Gelegenheit hatte Nikolaus gewartet. Umgehend entsandte er die beiden Bischöfe Paulus von Populonia und Formosus von Porto, Rodoalds Nachfolger, als seine persönlichen Botschafter an den bulgarischen Hof, im Gepäck ein bemerkenswertes Dokument, in dem der Papst genaue und durchdachte Antworten auf sämtliche der hundertsechs Punkte von Boris' Fragenkatalog gab. Er zeigte sich für alle traditionellen Empfindlichkeiten aufgeschlossen, machte alle möglichen Konzessionen, solange sie nicht direkt gegen das kanonische Recht verstießen, und legte, wo solche nicht gemacht werden konnten, die Gründe für seine Weigerung dar. Hosen, räumte er ein, könnten natürlich Männer und Frauen gleichermaßen tragen, auch einen Turban, nur nicht in der Kirche. Wenn man in Byzanz behaupte, es sei verboten, sich mittwochs und freitags zu waschen, sei das Unsinn. Es bestehe auch kein Grund, während der Fastenzeit ohne Milch und Käse auszukommen. Jedoch sei jeglicher heidnische Aberglaube streng verboten, darunter zum Beispiel der verbreitete griechische Brauch, als göttliche Weisung zu nehmen, was sich beim zufälligen Aufschlagen der Bibel zeige. Bigamie im übrigen ebenfalls.

In Bulgarien war man insgesamt mit den Antworten des Papstes und, was genauso wichtig war, mit der Mühe, die er sich offensichtlich gegeben hatte, äußerst zufrieden. Umgehend gelobte Khan Boris dem Heiligen Stuhl ewige Treue und wies erleichert alle orthodoxen Missionare aus seinem Königreich aus. Paulus und Formosus waren nahezu ein ganzes Jahr mit Predigen und Taufen beschäftigt. Ihnen folgte schon bald eine ganze Schar von Bischöfen und Priestern, die das gute Werk fortsetzten.

6

Doppelmord

(866–867)

*Zwar bin ich den Fuchs los, aber an seine Stelle habe
ich einen Löwen gesetzt, und der wird uns einmal alle
verschlingen.*

Bardas, nach der Entlassung seines *Parakoimomenos*
Damianos

Die Geschichte des sogenannten photianischen Schismas detailliert zu schildern erschien mir nicht nur angebracht, weil sie an sich interessant ist, sondern auch wegen ihrer Bedeutung für die Ost-West-Beziehungen innerhalb der christlichen Kirche. Sie ist auch noch nicht abgeschlossen. Es ist jedoch an der Zeit, einen kurzen Blick auf die weltliche Bühne während der Regierungszeit Michaels III. zu werfen und auf die Menschen, die die längsten Schatten warfen, angefangen mit dem Kaiser selbst.

Wenn Michael bisher in dieser Darstellung etwas blaß erschienen ist, dann deshalb, weil er nicht mehr zu bieten hatte. Er war eine sehr schwache Persönlichkeit, die zunächst von seiner Mutter Theodora, dann von seinem Onkel Bardas und schließlich von seinem besten Freund, Mörder und Nachfolger Basileios dem Makedonier beherrscht wurde. Wenn auch von Anfang an feststand, daß er nicht der Herrscher sein würde, den das Reich benötigte, war er nicht ganz bar jeder Fähigkeit: als gerade Zwanzigjähriger war er schon kriegserfahren und seine persönliche Kühnheit im Feld allgemein anerkannt. Aber es fehlte ihm neben anderen Dingen vor allem an Entschlußkraft. Er gab sich ganz seinen privaten Vergnügungen hin und überließ die Regierungsgeschäfte anderen. Auch war er weder in der Lage noch bereit, seinen allmählichen Verfall zur Kenntnis zu nehmen: einen Verfall, der ihn in seinen letzten fünf Lebensjahren bis zum gewaltsamen Tod im Alter von siebenundzwanzig Jahren auf den Stand eines Trunkenboldes und Wüstlings hinabsinken ließ, was ihm später den Zunamen »der Säufer« eintrug.

Zum Glück für das Reich waren jedoch andere – und dazu überaus fähige – ehrgeizig genug, die Zügel in die Hand zu nehmen und in seinem Namen zu regieren: zuerst, zur Zeit der Regentschaft von Michaels Mutter Theodora, der Eunuch Theoktistos, dann nach ihrem Sturz ihr Bruder Bardas. Etwa um das Jahr 859 wurde Bardas zum *Kuropalates* ernannt. Diese seltene Auszeichnung war sonst Mitgliedern der kaiserlichen Familie vorbehalten und begründete gewissermaßen den Anspruch auf die Nachfolge, sollte der Kaiser ohne Erben sterben. Doch je mehr Bardas an Macht und Einfluß hinzugewann, genügte ihm auch das nicht mehr, und so wurde er im April 862, am Sonntag nach Ostern, zum Cäsar ernannt. Da Michael seine Frau Eudokia Dekapolitana zu diesem Zeitpunkt schon in die Wüste geschickt hatte, bestand kaum noch Hoffnung auf einen legitimen Erben. In Bardas sah man daher allgemein den künftigen Kaiser von Byzanz. Und da der gegenwärtige dem Alkohol schon fast gänzlich verfallen war, glaubte niemand, daß es bis dahin noch lange dauern würde.

Bardas führte sich inzwischen weiterhin in allem, außer dem Namen nach, wie der Basileus persönlich auf, und zwar für das Reich sehr geschickt. In die zehn Jahre seiner Herrschaft fielen die Siege über die sarazenischen Gebiete im Osten und die Bekehrung des bulgarischen Volkes, ganz zu schweigen von gewichtigen Fortschritten im langwierigen Kampf der byzantinischen Kirche um die Unabhängigkeit von Rom. Ganz wie sein Schwager Theophilos nahm er persönlich regen Anteil an der Rechtsprechung, und wie Theoktistos förderte er das Bildungswesen. Die während der Regierung von Thedosios II. zu Beginn des fünften Jahrhunderts gegründete Universität von Konstantinopel war langsam verfallen und hatte sich in den Tagen des ersten Bildersturms völlig aufgelöst. Bardas ließ sie wiederaufleben, indem er sie während dieser Zeit im kaiserlichen Magnaurapalast unter der Leitung Leons des Philosophen oder, wie man ihn zuweilen ebenfalls nennt, des Mathematikers, unterbrachte.

Basileios der Makedonier (866)

Dieser Leon zählt gemeinsam mit dem Patriarchen Photios und dem Missionar Konstantin-Kyrill zu den größten Gelehrten seiner Zeit. Er war ein Vetter von Johannes Grammatikos und hatte als junger Mann in Konstantinopel Philosophie und Mathematik unterrichtet; berühmt wurde er aber erst, nachdem einer seiner Schüler, der, von Sarazenen gefangen und nach Bagdad verschleppt, den Kalifen al-Mamun durch sein Wissen derart beeindruckt hatte, daß dieser sich nach seinem Lehrer erkundigte. Der Kalif, selbst ein sehr gebildeter und großzügiger Förderer von Kunst und Wissenschaft, hatte daraufhin an Kaiser Theophilos geschrieben und ihm zweitausend Pfund Gold und ewigen Frieden angeboten, wenn er ihm Leon für einige Monate ausleihe. Doch Theophilos hatte klugerweise vorgezogen, ihn als Lehrer für die Bevölkerung der Hauptstadt einzusetzen, wo er regelmäßig in der Märtyrerkirche las. Später wurde Leon Erzbischof von Thessalonike, verlor dieses Amt allerdings als glühender Ikonoklast nach dem Tod des Kaisers, worauf er seine Lehrtätigkeit wiederaufnahm. Unter seiner Leitung im Magnaurapalast hatte Konstantin-Kyrill vorübergehend den Lehrstuhl für Philosophie innegehabt und je ein Schüler von ihm die Lehrstühle für Geometrie, Astronomie und Philologie besetzt. Bezeichnend, daß es keinen Lehrstuhl für Religionswissenschaften gab; an der Universität befaßte man sich nur mit weltlichen Fachgebieten, was die fanatische Feindseligkeit erklärt, mit der Ignatios und seine Gefolgschaft sie bedachten.

In seinen letzten Lebensjahren verstärkten sich des Kaisers widerlichste Gewohnheiten. So umgab er sich mit Günstlingen und Kumpanen, die mit ihm in obszöner Aufmachung randalierend durch die Straßen der Hauptstadt zogen. Einer dieser Männer – er tritt um 857 erstmals in Erscheinung – war ein roher und ungebildeter armenischer Bauer namens Basileios. Wie so viele seiner Landsleute war auch seine Familie zwangsweise in Thrakien angesiedelt, später jedoch von Krum gefangengenommen und jenseits der Donau in ein Gebiet namens Makedonien verschleppt worden, das vermutlich wegen der vielen makedonischen Familien so hieß, die das nämliche Schicksal ereilt hatte. Dort verbrachte Basileios fast seine gesamte Kindheit. Er und seine Nachkommen tragen den völlig irreführen-

den Beinamen »die Makedonier«, obwohl in seinen Adern kein
Tropfen makedonisches Blut floß, seine Muttersprache Armenisch
war und er Griechisch nur mit starkem armenischen Akzent zu sprechen vermochte. Er hatte keinerlei intellektuelle Fertigkeiten vorzuweisen – er war Analphabet und blieb es sein Leben lang – und
konnte sich nur zweier Vorzüge rühmen: herakleischer Körperkraft
und einer erstaunlichen Begabung im Umgang mit Pferden. Beides
mag anfänglich die Aufmerksamkeit des Kaisers auf ihn gelenkt
haben. Genesios berichtet, er habe sich einst beim Ringkampf her-
vorgetan, als er seine Kräfte mit einem bulgarischen Giganten zu
messen hatte, der schon etliche frühere Meister aufs Kreuz gelegt
hatte. Als Basileios an der Reihe war, soll er den Burschen wie eine
Feder hochgehoben und quer durch den Raum geschleudert haben.
Theophanes Continuatus berichtet ähnliches und außerdem noch
eine andere Geschichte: Michael habe einst ein herrliches, aber
unbezähmbares Pferd zum Geschenk erhalten, das weder er noch
einer seiner Freunde hätten zureiten können. Da habe einer bemerkt,
wenn alle anderen versagten, sei oft seinem Pferdeknecht Erfolg
beschieden. Basileios, den er damit meinte, soll sich dem Pferd genä-
hert, mit der einen Hand das Zaumzeug ergriffen, das wilde schöne
Tier mit der anderen am Ohr gestreichelt und ihm dabei zärtlich
etwas zugeflüstert haben, worauf es sich sogleich beruhigte. Der
Kaiser sei von dieser Tat so beeindruckt gewesen, daß er den jungen
Armenier auf der Stelle in seinen Dienst aufgenommen habe.

Man kann diesen Anekdoten Glauben schenken oder nicht; sie
sind Teil der üblichen Legendenbildung. In diesem Zusammmhang
gibt es noch eine andere Geschichte aus Basileios' Jünglingszeit. Sie
gehört ebenfalls der Legende an, wurde jedoch während seines späteren Lebens eifrig verbreitet und ist ein deutliches Symptom dafür,
daß er seine Thronbesteigung rechtfertigen mußte. Im fünften Buch
des Theophanes Continuatus, bei dem es sich um eine höchst
schmeichelhafte Biographie des Basileios handelt, die man heute für
ein Werk seines mutmaßlichen Enkels Kaiser Konstantin VII. Porphyrogennetos hält, wird beschrieben, wie er zum ersten Mal an
einem Sonntagabend in der Dämmerung Konstantinopel betreten
und sich im Portal der Kirche des heiligen Diomedes in der Nähe des
Goldenen Tores zum Schlafen niedergelegt habe. In der Nacht sei der

Leons VI. ungewisse Vaterschaft (866) 107

Abt des Klosters, zu dem die Kirche gehörte, von einer geheimnisvollen Stimme geweckt worden, und diese habe ihm befohlen, dem Kaiser das Tor zu öffnen. Er sei aufgestanden, habe aber nur einen zerlumpten Landfahrer auf dem Boden kauern sehen und sei wieder in sein Bett zurückgekehrt. Die Stimme habe sich ein zweites Mal gemeldet – mit dem gleichen Ergebnis. Dann sei sie noch ein drittes Mal, mit stärkerem Nachdruck ertönt; gleichzeitig habe er einen heftigen Stoß in die Rippen erhalten. »Steh auf«, habe die Stimme befohlen, »und hole den Mann, der vor dem Tor liegt. Es ist der Kaiser.« Nun habe der Abt gehorcht, den jungen Mann ins Kloster geführt, ihm zu essen gegeben, ihn gewaschen und neu eingekleidet und von ihm nur erbeten, er möge künftig sein Freund und Bruder sein.

Es ist unbekannt, ob diese unwahrscheinliche Geschichte Michael jemals zu Ohren gekommen ist und, sollte dies der Fall gewesen sein, wie sie auf ihn gewirkt hat. Von dem Augenblick an, da Basileios am kaiserlichen Hof erschien, begann jedenfalls sein steiler Aufstieg. Schon bald war er mehr Freund als Diener, und als das Amt des *Parakoimomenos*[1] recht unerwartet vakant wurde – der Eunuch Damianos war abgesetzt worden, nachdem er sich mit Bardas angelegt hatte –, übertrug Michael ihm dieses umgehend. Von da an lebten der Kaiser und sein oberster Kämmerer ganz eng zusammen, so eng, daß nicht wenige Anspielungen auf eine homosexuelle Beziehung durch die historischen Studien geistern. Die ungewöhnliche Art und Weise, in der Michael das künftige häusliche Glück arrangierte, macht jedoch wahrscheinlich, daß dies zumindest nicht seine einzige Beziehung war. Basileios mußte sich nämlich von seiner Frau Maria scheiden lassen, um Michaels erste Liebe und langjährige Geliebte Eudokia Ingerina zu heiraten. Das war, gelinde gesprochen, ziemlich ungewöhnlich, und es kann dafür nur eine plausible Erklärung geben: die Maßnahme gestattete Michael, die Dame ohne den sonst unvermeidlichen Skandal in den Palast zu holen. Und dies legt einen anderen, weiterreichenden Schluß nahe: daß er sie sich, dem Kaiser, weiterhin zu erhalten gedachte. In diesem Fall wäre es durchaus möglich, daß Eudokia Ingerina den Knaben Leon, den sie am 19. September 866 zur Welt brachte, nicht mit Basileios, sondern mit Michael zeugte. Damit wäre die heute sogenannte makedonische Dynastie also einfach die Fortführung der amorischen.[2]

All dies ist, wie bei historisch zweifelhafter Vaterschaft oft, natürlich rein hypothetisch. In der Geschichtsforschung wollen manche darum auch nichts davon wissen. Andererseits finden sich eine ganze Reihe von Anzeichen, welche die Hypothese stützen und die man zur Kenntnis nehmen kann, um das Bild abzurunden. Erstens behauptet mindestens eine Quelle, nämlich Simeon, kategorisch, Leon sei Michaels Sohn, und scheint davon auszugehen, daß dies in Konstantinopel allgemein angenommen wurde. Zweitens hat Basileios Leon nie gemocht. Das einzige seiner Kinder, ob wirklicher oder angeblicher, dem er echte Zuneigung entgegenbrachte, war offenbar Konstantin, der Sohn seiner ersten Frau Maria. Diesen Knaben vergötterte er, und sein früher Tod hat ihn so schwer getroffen, daß er nie ganz darüber hinweggekommen ist. Drittens, und dies ist in mancher Hinsicht besonders merkwürdig: Hätte Eudokia mit Basileios als dessen Frau zusammengelebt, hätte der Kaiser sich doch kaum die Mühe gemacht, seinem Favoriten eine Bettgenossin zuzuführen, und wohl schon gar nicht seine Schwester Thekla, die kurz zuvor aus ihrer klösterlichen Abgeschiedenheit befreit worden war, weil sie sich offensichtlich dafür nicht geeignet hatte, und die nun diese unwahrscheinliche *Ménage à quatre* komplettieren sollte. Basileios' Liaison mit ihr war aber doch vielleicht nicht mehr als eine Zwischenstation. Thekla ging ihrerseits schon bald ein Verhältnis mit dem adligen Höfling Johannes Neatokomites ein, dem aber leider kein Glück beschieden war. Basileios kam dahinter und ließ die beiden schwer züchtigen. Johannes erhielt die Tonsur und verschwand in einem Kloster, während Theklas gesamtes Eigentum außer ihrem Haus in Blachernae konfisziert wurde. Sie starb dort ein paar Jahre später. Ob Eudokia noch zu Lebzeiten Michaels mit Basileios das Bett teilte, sei dahingestellt; es ist aber anzunehmen, daß es nach seinem Tod geschah. Sie brachte jedenfalls noch zwei Söhne, Alexander (870) und Stephanos (871), zur Welt.[3]

Im gleichen Maße, wie Basileios' Einfluß auf Michael zunahm, verschärfte sich die auf Gegenseitigkeit beruhende Feindseligkeit zwischen ihm und Bardas. Auf seiten des Cäsars hatte zu Beginn eher Verachtung als Argwohn gestanden. Er hatte angenommen, sein

Ermordung von Bardas (866)

Neffe Michael werde ihm stillschweigend die Regierung des Reiches überlassen, solange er seinem ausschweifenden Treiben keinen Einhalt gebiete. Basileios betrachtete er vermutlich einfach als widerlichen Spießgesellen bei jenem Treiben, aber nicht mehr. Doch die atemberaubende Geschwindigkeit, mit der Basileios seinen Einfluß auf den nutzlosen Kaiser erweiterte, veranlaßte ihn bald zu einer Revision seiner ursprünglichen Auffassung. Dieser Mann wurde zu einer ernsthaften Bedrohung für den Staat und auch für ihn und – sollte der diesem Kapitel vorangestellte Ausspruch nicht gänzlich apokryph sein – war das Bardas auch ganz klar bewußt.

Indes war Basileios' Ehrgeiz noch längst nicht befriedigt, und inzwischen hatte er selbst den Thron im Visier. Er schien ihm zum Greifen nahe – wäre da nicht der Rivale gewesen, der ihm den Weg versperrte. Also weckte und nährte Basileios, ebenso wie Bardas den jungen Kaiser zwölf Jahre zuvor gegen den Eunuchen Theoktistos aufgestachelt hatte, in aller Stille heimtückisch den Argwohn des Kaisers auf seinen Onkel. Er redete ihm ein, dieser verachte ihn nicht nur, sondern gedenke ihn vielmehr aus dem Weg zu räumen, um sich selbst zum einzigen, unangefochtenen Herrscher von Byzanz aufzuschwingen. Die einzige Chance, die Michael habe, sei, ihm zuvorzukommen, solange die Möglichkeit dazu noch bestehe.

Trotz der jüngsten Erfolge gegen die sarazenischen Truppen im Osten gab es immer noch einen Kriegsschauplatz, auf dem Byzanz nichts erreicht hatte: Kreta war nach der zwischenzeitlichen Rückeroberung durch Theoktistos wieder in die Hände der »Ungläubigen« gelangt. Dies gedachte Bardas nicht mehr länger hinzunehmen, und im Frühjahr 866 hatte er mit Vorbereitungen zu einem großangelegten Feldzug gegen die Insel begonnen. Im Winter zuvor wurde ihm hinterbracht, daß der bevorstehende Feldzug für einen Anschlag auf sein Leben genutzt werden solle, hinter dem der Kaiser und sein Kämmerer stünden. Sofort blies er die ganze Sache ab, denn er glaubte sich in der Hauptstadt besser schützen zu können. Außerdem scheint er seinem Neffen den Verdacht auf den Kopf zugesagt zu haben, denn an Mariä Verkündigung, also am 25. März, unterschrieben in der Marienkirche Chalkopratea[4] Michael und Basileios – dieser vermutlich mit einem Kreuz – eine offizielle Erklärung, worin sie schworen, daß sie gegen ihn keine Feindseligkeiten hegten.

Dieser Eid war so feierlich – er soll mit dem Blut Jesu Christi unterzeichnet worden sein, wovon es angeblich noch einen sich immer mehr verflüchtigenden Rest gab und den man zusammen mit den besonders wertvollen und geheiligten Reliquien in der Hagia Sophia aufbewahrte –, daß Bardas seine Anklage bereute. Und so sah man ihn an seinem Platz an der Seite des Kaisers, als das Heer kurz nach Ostern in Konstantinopel aufbrach.

Die Marschroute Weg des Heeres führte zunächst nach Kleinasien in das Mündungsgebiet des Mäander, wo in der Nähe der antiken Stadt Milet die Flotte vor Anker lag. Am Vorabend der Einschiffung erhielt Bardas erneut eine Warnung, worüber er zunächst lachend hinwegging. In der Nacht schlief er aber kaum, und bereits ganz früh am folgenden Morgen, am 21. April, vertraute er seinem Freund Philotheos, dem obersten Logotheten, an, was er nun doch befürchtete. Philotheos versuchte alles, um ihn zu beruhigen. Er gab ihm den Rat, seinen pfirsichfarbenen und goldenen Mantel anzulegen und seinen Feinden entgegenzutreten, dann würden sie sich zerstreuen. Bardas hielt sich an den Rat und ritt prächtig gekleidet zum kaiserlichen Zelt, wo er sich neben seinen Neffen setzte und anscheinend höchst aufmerksam mitanhörte, wie ein anderer Logothet den Morgenbericht vorlas. Danach wandte er sich an Michael und regte an, mit der Einschiffung zu beginnen, falls nicht noch etwas anderes zu erledigen sei. In diesem Augenblick bemerkte er mit einem Seitenblick, wie Basileios heimlich ein Zeichen gab. So rasch Bardas auch zum Schwert griff, es war zu spät. Mit einem gewaltigen Schlag streckte Basileios ihn nieder, während die Mitverschworenen hervorstürmten, um ihn endgültig ins Jenseits zu befördern.

Der Kaiser selbst rührte sich nicht. Da ihn, was geschehen war, weniger überraschte als vielmehr total verblüffte, ist man sich auch heute noch nicht einig darüber, ob und wie weit er an der Verschwörung beteiligt war. Es kann aber keinen Zweifel daran geben, daß er sich, zumindest grundsätzlich, über Basileios' Absichten im klaren war. Seine späteren Handlungen stützen die Vermutung seiner Komplizenschaft. Offensichtlich auf Anweisung von Basileios schrieb er umgehend an Photios in Konstantinopel, sein Onkel sei wegen Hochverrates hingerichtet worden. Die Antwort des Patriarchen war ein Meisterwerk versteckter Andeutungen: Die Tugend und

Ermordung von Bardas (866) 111

Milde seiner Majestät, schrieb er, verbiete ihm zu argwöhnen, der
Brief sei nicht echt oder die Begleitumstände beim Tod des Cäsars
seien andere, als die im Brief genannten – Worte, die unzweifelhaft
zeigen, daß er eben dies argwöhnte. Das Schreiben schloß mit der
dringenden Bitte, der Kaiser möge im Namen des Senates und des
Volkes umgehend in die Hauptstadt Konstantinopel zurückkehren.

Diese Bitte hatte ihre guten Gründe, und Michael und Basileios
wußten es. Ein paar Tage später befanden sie sich bereits wieder in
Konstantinopel. Der Kreta-Feldzug war zu Ende, noch bevor er
begonnen hatte. Am Pfingstsonntag 866 sahen die Gläubigen in der
Hagia Sophia in der Frühe mit Erstaunen, daß nicht nur ein Thron
an seinem angestammten Platz stand, sondern zwei ganz ähnliche
nebeneinander. Noch mehr staunten sie, als der Kaiser zwar in der
üblichen Prozession vom Palast eintraf, aber anstatt gleich zu seinem
Sessel zu schreiten, auf die Ambo hinaufstieg, die große dreistufige
Kanzel aus Buntmarmor, die sonst zur Verlesung des Evangeliums
und der liturgischen Gebete diente. Darauf stieg Basileios im
Gewand des Oberkämmerers zur mittleren Plattform hoch, während einer der Sekretäre sich auf die unterste begab und im Namen
des Kaisers verkündete:

Cäsar Bardas hat eine Verschwörung zu meiner Ermordung angestiftet und um die Tat auszuführen, mich dazu gebracht, die Stadt
zu verlassen. Hätten mich Symbatios[5] und Basileios nicht von der
Verschwörung in Kenntnis gesetzt, wäre ich heute nicht mehr am
Leben. Der Cäsar war schuldig und hat sich seinen Tod selbst
zuzuschreiben. Es ist mein Wille, daß der Oberkämmerer Basileios, der loyal zu mir steht, mich von meinem Feind befreit hat und
mir ganz ergeben ist, Beschützer und Lenker meines Reiches sein
und von allen als Basileus ausgerufen werden soll.

Während Eunuchen Basileios die purpurnen Schnürstiefel und die
übrigen kaiserlichen Insignien anlegten, übergab Michael sein Diadem dem Patriarchen; dieser segnete es und setzte es ihm wieder auf
den Kopf. Danach nahm es der Kaiser erneut herunter und krönte
eigenhändig seinen neuen Mitkaiser. Basileios war am Ziel seiner

Wünsche. Der Aufstieg vom Stallknecht zum Basileus hatte ihn gerade neun Jahre gekostet.

Das Doppelkaisertum währte dagegen nur sechzehn Monate. In diesem Zeitabschnitt beherrschten erneut religiöse Ereignisse die Bühne. Als sich immer mehr westliche Missionare nach Bulgarien ergossen, merkte Photios, daß ihm die Kontrolle entglitten war: Boris und seine Untertanen waren offenbar unwiderruflich ins römische Lager hinübergewechselt. Besonders schlimm aber war, daß die Missionare gefährliche Häresien verbreiteten, von denen mindestens eine – nämlich Konstantinopel sei nicht, wie man dort behauptete, das führende Patriarchat, sondern ihm gebühre als jüngstem von allen fünf[6] bestehenden vielmehr die geringste Ehre – geradezu beleidigenden Charakter hatte. Genauso schlimm war das Beharren Roms auf dem Zölibat des Klerus, denn sollte dies allgemein anerkannt werden, würde es die orthodoxen Gemeindepfarrer, von denen man gerade erwartete, daß sie heirateten, in Mißkredit bringen.[7] Am schlimmsten erschien jedoch einem ernsthaften Theologen wie Photios eine Lehre, die Papst Nikolaus jetzt zum ersten Mal offiziell absegnete und die sich zum Eckstein der ganzen Kontroverse zwischen der östlichen und der westlichen Kirche auswuchs: die Lehre vom zwiefachen Ursprung des Heiligen Geistes.

Im Urchristentum herrschte die Auffassung vor, die dritte Person der Trinität gehe unmittelbar und ausschließlich aus Gott Vater hervor. Gegen Ende des sechsten Jahrhunderts tauchte dann das fatale Wort *filioque* (und dem Sohn) auf. Kurz nach 800, als im Reich Karls des Großen das nikänische Credo in der Messe gebräuchlich wurde, setzte sich im Westen dieser Zusatz überall durch, während ihn die Ostkirche weiterhin für eine äußerst verwerfliche Häresie hielt. Miterleben zu müssen, daß vom Papst autorisierte Repräsentanten dieses Gift unter dem bulgarischen Volk nun verbreiteten, war für den Patriarchen unerträglich. Er berief daher ein allgemeines Konzil ein, das im Spätsommer 867 in Konstantinopel zusammentrat, um den Doppelursprung und mehrere andere Häresien, deren sich die römische Mission schuldig machte, zu verurteilen und das arme, verführte bulgarische Volk aus dem Rachen der Hölle zu befreien. Es sollte mit einem Donnerschlag enden, nämlich mit der Absetzung des Papstes.

Der zwiefache Ursprung (866) 113

Aber würde das nicht nur eine leere Geste gegenüber Rom bedeuten? Photios war vom Gegenteil überzeugt. Er wußte, daß Nikolaus mittlerweile im Westen fast so unpopulär war wie in Byzanz. Da er König Lothar II. von Lothringen die Scheidung von seiner Frau und die Heirat seiner Mätresse verweigert hatte, hatte er sich nicht nur Lothar zum Feind gemacht, sondern auch seinen älteren Bruder Kaiser Ludwig II. Den beiden Brüdern konnte also nichts gelegener kommen, als ihn stürzen und durch einen umgänglicheren Pontifex ersetzt zu sehen. Byzantinische Gesandte eilten an Ludwigs Hof, und man verständigte sich rasch, wenn auch ohne förmliche Übereinkunft. Das Konzil sollte nicht nur Papst Nikolaus absetzen; Ludwig wollte außerdem eine Streitmacht nach Rom entsenden, um ihn ganz zu beseitigen. Als Gegenleistung sollte die byzantinische Regierung ihrem Verbündeten volle Anerkennung des Reichs garantieren und ihm als fränkischem Kaiser die Ehre erweisen.

Dies war in der Tat keine geringe Konzession. Zwar hatte dieselbe Ehre bereits 812 Ludwigs Urgroßvater erwiesen, aber die damalige Situation war mit der jetzigen nicht vergleichbar, und außerdem hatte Karl für dieses Privileg teuer bezahlt. Da zudem in Byzanz viele diese Entscheidung bitter bekämpft hatten, war sie nicht wiederholt worden. Und schließlich war Ludwig ja auch nicht Karl der Große. Auch wenn er sich Kaiser nannte, blieb er in Italien ein relativ unbedeutender Fürst. Konnte er denn als Gottes Stellvertreter auf Erden, Erwählter des Himmels, den Aposteln gleich gelten, da er seinen Rang einzig byzantinischer Gnade zu verdanken hatte? Protest wäre vielleicht von Michael zu erwarten gewesen, dessen Oberherrschaft immerhin auch auf dem Spiel stand, oder zumindest von seinem Mitkaiser Basileios, falls Michael in seiner Trunksucht und seinen Orgien nicht mehr dazu in der Lage war. Aber Photios ging so geschickt vor, daß keiner von beiden, soweit bekannt ist, auch nur mit einer Silbe gegen den Plan protestiert hätte.

Statt dessen saßen sie gemeinsam dem Konzil vor, welches genau nach dem Willen des Patriarchen verfuhr. Die Häresien wurden verurteilt und verdammt, der Papst wurde abgesetzt und auch gleich noch der Bann über ihn ausgesprochen. Ludwig und seiner Frau Engelbertha erkannte man die klangvollen Titel Kaiser und Kaiserin zu. Photios frohlockte: Welch triumphaler Augenblick, der Höhepunkt seiner Laufbahn! Wie hätte er auch ahnen können, daß kaum einen Monat später dies gesamte Werk schon nichts mehr wert sein und er selbst, so bald nach seinem großen Triumph, vor seinen beiden ältesten und erbittertsten Feinden gedemütigt werden würde.

Als Michael III. und Basileios I. im Jahre 867 Seite an Seite das Konzil eröffneten, weilten unter den Anwesenden kaum welche, die darüber im Bilde waren, wie sie wirklich zueinander standen. Michael hatte seinen Freund auf den Thron gebracht, weil er sich über die eigene Unfähigkeit zu herrschen keinerlei Illusionen hingab und besser als alle anderen wußte, wie sehr er einer starken Stütze bedurfte. Je mehr er jedoch moralisch verkam und je tiefer er im Morast der Ausschweifung versank, machten ihn die Trunksucht, die Schändung und Verwüstung von Kirchen und die sinnlosen Grausamkeiten nicht nur zu einem Ärgernis, sondern zu einer gefährlichen Belastung. War er einmal nüchtern, dachte er nur noch an Wagenrennen. Er hatte sich prächtige neue Stallungen errichten lassen, die mit ihren marmornen Mauern eher einem Palast glichen, und dazu eine private Rennbahn in Mamas, wo er für die Spiele im Hippodrom zu trainieren pflegte und den ganzen Tag in der Gesellschaft professioneller Wagenlenker verbrachte, die seit je als Bodensatz der byzantinischen Gesellschaft galten; er überschüttete sie mit Gold und Geschenken und übernahm die Patenschaft für ihre Kinder. Als er wieder einmal persönlich ein Rennen bestritt, flüsterte man sich zu, er habe ein Bild der Mutter Gottes in der kaiserlichen Loge aufgestellt, damit sie an seiner Statt die Schirmherrschaft über die Spiele übernehme und seinem sicher vorhersehbaren Sieg Beifall spende. Bardas hatte ihn in gewissem Maße noch in die Schranken verweisen können. Für Basileios dagegen brachte Michael nie denselben Respekt auf, und er wies all dessen Versuche, ihn zurechtzuweisen, scharf zurück. Die Partnerschaft konnte deshalb nicht lange funktionieren. Und so beschloß Basileios der Makedonier ein weiteres Mal, zur Tat zu schreiten.

Am 24. September 867 tafelten die beiden Kaiser und Eudokia Ingerina im Mamaspalast. Gegen Ende der Mahlzeit verließ Basileios unter einem Vorwand den Saal und begab sich eilends in Michaels Gemach. Dort verbog er die Türriegel so, daß die Tür sich nicht mehr

Ermordung Michaels III. (867)

verschließen ließ. Danach nahm er wieder am Tisch Platz, bis sein Mitkaiser wie immer volltrunken ins Bett taumelte und sofort in einen tiefen Rauschschlaf fiel. Derweil haten sich Basileios' Mitverschworene in einem entlegenen Winkel des Palastes eingefunden. Basileios begab sich zu ihnen, und gemeinsam warteten sie ab.

Byzantinische Kaiser schliefen niemals allein. In dieser Nacht jedoch war der Bedienstete, der sonst das Schlafzimmer mit dem Kaiser teilte, mit einem Auftrag fortgeschickt worden. Seine Stelle hatte der Patrikios Basiliskianos, ein alter Zechkumpan Michaels, eingenommen.[8] Da ihm nicht entgangen war, daß die Riegel verbogen waren, lag er stundenlang ängstlich wach, bis er schließlich Schritte hörte: da stand auch schon Basileios mit acht Kumpanen auf der Schwelle. Basiliskianos versuchte sich ihm in den Weg zu stellen, wurde aber zur Seite geschleudert. Während er zu Boden stürzte, verletzte ihn ein Schwertstreich schwer. In der Zwischenzeit war der Mitverschwörer Johannes Chaldos an den schlafenden Kaiser herangetreten, hatte aber anscheinend nicht den Mut, ihn zu töten, sondern hieb ihm nur beide Hände ab und flüchtete. So blieb es Basileios' Vetter Asylaion vorbehalten, dem Kaiser den Gnadenstoß zu versetzen.

Die Attentäter ließen den toten oder auch sterbenden Michael in seinem Blut liegen und eilten zum Goldenen Horn, wo ein Boot auf sie wartete, um sie zum Großen Palast hinüberzurudern. Da sie dort bereits ein bestochener Wächter erwartete, öffneten sich ihnen die Tore sogleich. Am folgenden Morgen brachte Basileios als erstes Eudokia Ingerina offiziell in den kaiserlichen Gemächern unter. Außer Michaels Familie scheint kaum jemand über die Nachricht vom Kaisermord groß überrascht gewesen zu sein oder Michael bedauert zu haben. Doch einer der Hofbeamten, die an jenem Morgen in den Mamaspalast geschickt wurden, um Anstalten für das Begräbnis zu treffen, fand den schrecklich verstümmelten Leib in eine Pferdedecke gehüllt und daneben Kaiserin Theodora und ihre Töchter, die nun das Kloster verlassen durften: in großer Trauer weinten sie um den Sohn und Bruder. Michael wurde mit minimalem Aufwand in Chrysopolis auf der asiatischen Seite des Bosporus bestattet.

7

Basileios der Makedonier

(867–886)

*Vermutlich ist keine andere Familie so von Gott
begünstigt worden wie jene [die makedonische], was
befremdlich wirkt angesichts der verbrecherischen
Weise ihres Aufstiegs und der Tatsache, daß sie diesen
Aufstieg Mord und Blutvergießen verdankt. Und doch
hat die Pflanze Wurzeln geschlagen und so machtvolle
Sprößlinge hervorgebracht; und alle haben sie
kaiserliche Frucht getragen, mit der sich keine andere
an Schönheit und Glanz messen kann.*

Michael Psellos

Endlich befreit vom unnützen Ballast seines Mitregenten, brachte
Basileios das Reich sofort auf einen völlig neuen Kurs. Photios
wurde als Patriarch abgesetzt, noch bevor Michaels Leichnam ganz
erkaltet war: eine nicht unpopuläre Entscheidung. Photios hatte
sich weder für eine Verurteilung der Mörder von Cäsar Bardas eingesetzt noch über die obszönen und frevelhaften Extravaganzen des
bedauernswerten Kaisers auch nur ein Wort verloren. Es wurde im
Gegenteil gemunkelt, er habe diesen einst zu einem Wetttrinken her-
ausgefordert und mit sechzig zu fünfzig Bechern geschlagen! Und
bedeutende Kirchenmänner, die gemeinsam mit ihm die Messe feier-
ten, waren durchaus bereit zu beschwören, daß er anstelle der liturgischen Gebete Passagen weltlicher griechischer Dichtung vor sich
hin murmle. Zudem war die Mehrheit der byzantinischen Gebildeten tief bestürzt über seine zynische Bereitwilligkeit gewesen, Ludwig II. kaiserliche Ehren als Gegenleistung für Augenblicksvorteile
angedeihen zu lassen. Für den Patriarchen war es dennoch wie ein

Dolchstoß von hinterrücks, in dem Augenblick entmachtet zu werden, da seine Pläne Früchte zu tragen begannen und die endlose Schlacht gegen Papst Nikolaus so gut wie gewonnen war. Noch mehr demütigte ihn, daß zwei Monate später sein alter Gegner Ignatios, dessen Sturheit er mißbilligte und von dessen Intellekt er nichts hielt, wiedereingesetzt wurde.

Wo lagen die Gründe für diese Kehrtwendung? Basileios hatte mit Michael das Konzil präsidiert, auf dem über den Papst der Bann verhängt worden war und Photios alle seine damaligen Ziele erreicht hatte. Warum initiierte er in dem Augenblick, da er endlich sein eigener Herr war, eine Politik, die man als faktische Anerkennung der päpstlichen Suprematie auffassen könnte, ja als eine, die zudem allem diametral entgegenstand, dem er selbst knapp zwei Monate zuvor noch mit Eid und Siegel zugestimmt hatte? Wohl einzig und allein deshalb, weil es für ihn, den Pragmatiker und Tatmenschen, wichtigere Dinge gab als das Recht zur Wahl des Patriarchen. An erster Stelle stand für ihn die Rückeroberung der westlichen Provinzen des Reiches. Zum ersten Mal seit Justinian – von dem erfolglosen und geradezu lächerlichen Versuch Konstanz' II. im siebten Jahrhundert einmal abgesehen – saß ein Herrscher auf dem byzantinischen Thron, der lange und intensiv eine Wiedereroberung in Erwägung gezogen hatte und nun dazu entschlossen war. Da er wußte, daß päpstliche Hilfe von unschätzbarem Wert war, um dieses Ziel zu erreichen, schien ihm diese Hilfe mit der Wiedereinsetzung von Ignatios nicht zu teuer erkauft. Die kaiserlichen Gesandten befanden sich deshalb bereits auf dem Weg nach Rom, als Photios von seiner Absetzung Kenntnis erhielt.

Ob Papst Nikolaus des Kaisers unvermuteten Gesinnungswandel zu akzeptieren geneigt gewesen wäre, bleibe dahingestellt. Er starb am 13. November 867. Sein Nachfolger Hadrian II. teilte zwar seine Einstellung, war aber milder und weniger aufbrausend; zudem war er nie Opfer von Angriffen auf seine Person gewesen. Deshalb verstand er Basileios' freundliche Eröffnung als Zeichen der Reue und nahm seine Einladung, zu einem neuen Konzil in Konstantinopel eine eigene Delegation zu senden, bereitwillig an; dort wolle man die Spaltung, die Photios bedauerlicherweise herbeigeführt habe, ein für allemal überwinden. Auf der Eröffnungssitzung der neuen Ver-

Bulgariens Rückkehr in den Schoß der Ostkirche (870)

sammlung Anfang Oktober 869 erkannten die päpstlichen Delegierten jedoch sogleich, daß Basileios alles andere als bußfertig oder gar unterwürfig war. Ihre Annahme, sie seien eingeladen worden, um den Vorsitz zu führen, wurde barsch korrigiert. Diese Ehre sollte vielmehr dem Basileus zustehen, das heißt seinem akkreditierten Vertreter.[1] Später, als man endlich zum bedeutendsten Punkt des Konzils kam, dem Schicksal von Photios, wies Basileios ihr Begehren, diesen sofort ungehört zu verurteilen, zurück und bestand darauf, daß dem ehemaligen Patriarchen gestattet werde, sich vor ihnen zu verteidigen. Photios verhielt sich geschickt: er verweigerte die Aussage. Er brach sein Schweigen auch nicht, als am 5. November der Bann über ihn ausgesprochen wurde. Aber Basileios war das völlig egal; ihm war vor allem an der Durchsetzung zweier wichtiger Prinzipien gelegen: erstens, daß das korrekte byzantinische und nicht das römische Gerichtsverfahren Punkt für Punkt zugrunde gelegt wurde, was dem Angeklagten die Möglichkeit nahm, Berufung einzulegen, und zweitens, daß er und nicht etwa die päpstlichen Abgesandten das Urteil verhängte.

Mit Unterbrechungen versammelte sich das Konzil weiterhin bis Februar 870. Kurz vor seinem Abschluß trafen jedoch nur wenige Tage nacheinander zwei Gesandtschaften in Byzanz ein. Die erste kam von Boris aus Bulgarien. Er war immer noch nicht zufrieden. Der Übertritt seines Volkes zum Christentum erwies sich als weit schwieriger, als er sich vorgestellt hatte. In den viereinhalb Jahren seit seiner Taufe hatte er eine Rebellion bojarischer Einheimischer niederschlagen müssen, die ihn fast den Thron kostete. Er hatte sich in Byzanz über Photios' hochfahrende und herablassende Behandlung und auch über seine Weigerung, ihm einen Patriarchen von Bulgarien zuzugestehen, beschwert. Und obwohl es ihm anfangs gefallen hatte, daß Papst Nikolaus seinen Wünschen so generös entsprach, war ihm immer klarer geworden, daß seine Flitterwochen mit Rom zu Ende waren. Bischof Formosus, sein besonderer Freund, und Paulus von Populonia, die Missionare Roms, hatten sich in kürzester Zeit genauso unbeliebt gemacht wie ihre orthodoxen Vorgänger. Am meisten brachte ihn jedoch auf, daß der neue Papst Hadrian sich noch sturer weigerte als Nikolaus, ihm einen Patriarchen oder auch einen Erzbischof zuzugestehen. Schon einmal hatte er sich den Streit zwischen Rom und Byzanz zunutze machen können. Vielleicht gelang es, obwohl sie sich offenbar versöhnt hatten, noch einmal? Seine Boten brachten nur eine Frage an das Konzil vor, aber sie war mehr als jede andere geeignet, äußerste Zwietracht unter den Delegierten zu säen: Zu welcher Diözese denn nun Bulgarien gehören solle, wenn man ihm schon kein eigenes Patriarchat zugestehe, zu Konstantinopel oder zu Rom?

Basileios verzichtete auf eine Antwort und unterbreitete die Frage den theoretisch neutralen Vertretern der drei übrigen Patriarchate Alexandria, Antiochia und Jerusalem. Weder er noch irgendwer unter den Anwesenden hegte auch nur den geringsten Zweifel, wie die Antwort ausfallen würde. Der schärfste Protest der mit nur zwei Gesandten päpstlichen Minderheit beeindruckte niemanden. Aufs äußerste empört, bestiegen sie das Schiff nach Rom. Kaum hatten sich ihre erhitzten Gemüter ein wenig beruhigt, wurde ihr Schiff zu allem Überfluß beim Eintritt in die Adria auch noch von dalmatinischen Piraten gekapert, die ihnen alles, was sie besaßen, raubten und sie erst nach neun Monaten ihre Reise fortsetzen ließen.

Bulgarien kehrte also in den Schoß der orthodoxen Kirche zurück, und da ist seine Gemeinde bis zum heutigen Tag geblieben. Da Photios nun kein Hindernis mehr darstellte, bekam Boris endlich, was er wollte. Am 4. März weihte Ignatios in der Hagia Sophia einen Erzbischof und mehrere Bischöfe. Theoretisch unterstanden sie zwar der Autorität Konstantinopels, in allen alltäglichen Angelegenheiten aber waren sie praktisch autonom. Basileios hatte all dies voll unterstützt. Er war sich aber über den Preis, den er dafür zu zahlen hatte, völlig im klaren: die kürzlich erzielte Annäherung an Rom, um deretwillen Photios nun umsonst geopfert worden war.

Die zweite Gesandtschaft, die im Februar 870 am Bosporus eintraf, hatte einen Brief Ludwigs II. im Gepäck, der im Ton unverkennbar unfreundlich gehalten war. Der Westkaiser fühlte sich beleidigt und gab in dem Schreiben seiner Entrüstung Ausdruck. Während seiner erfolglosen Belagerung der moslemisch besetzten Stadt Bari vor zwei Jahren hatte ihm Basileios Unterstützung durch die byzantinische Flotte in Aussicht gestellt und gleichzeitig die Heirat zwischen seinem ältesten Sohn Konstantin und Ludwigs Tochter Her-

Byzantinische Eroberungen (880)

mingarde vorgeschlagen. Ludwig war damit einverstanden gewesen, und die Flotte hatte sich 869 auf den Weg nach Bari gemacht. Sie war aber erst eingetroffen, als sich die fränkischen Truppen bereits in ihre Winterquartiere zurückgezogen hatten, und der byzantinische Admiral Niketas bemerkte zudem mit Schrecken, daß seine neuen Verbündeten nicht nur weit geringer an Zahl waren, als man ihm vorgegaukelt hatte, sondern obendrein nur volltrunken umhergrölten. Er hatte unverzüglich ihren Kaiser aufgesucht und ihn mit kaum verhohlener Verachtung als fränkischen *König* angesprochen. Dagegen hatte Ludwig protestiert, worauf ein heftiger Streit ausbrach, nach dem Niketas mit dem größten Teil der Flotte sogleich nach Konstantinopel zurückgekehrt war. Die fränkischen Gesandten trafen kurz danach ein. Sie verhehlten Basileios die Wut ihres Herrn in keiner Weise und unterstrichen gleichzeitig seinen Anspruch nicht nur auf den Titel eines Kaisers der Franken, sondern auf einen noch klangvolleren, den man in Byzanz nicht einmal Karl dem Großen gewährt hatte[2], nämlich *Imperator Romanorum* (Kaiser des römischen Volkes).

Damit hatte Basileios innerhalb weniger Wochen beide potentiellen Verbündeten gegen sich aufgebracht. Die Verärgerung des Papstes war durch die Kehrtwendung Bulgariens hinlänglich kompensiert, der Streit mit Ludwig entbehrte jedoch eines solchen Ausgleichs und hatte statt dessen eine erbittert geführte Korrespondenz über dessen Anspruch zur Folge, in deren Verlauf beide Parteien sich mehr und mehr auf ihre Positionen versteiften. Da beide außerdem um den Besitz Süditaliens rivalisierten, hätten sich ihre Beziehungen leicht weiter verschlechtern, ja, es hätte sogar zum Krieg kommen können. Da überwarf sich Ludwig mit Aldechis, dem lombardischen Herzog von Benevento, und geriet 871 mit seiner Frau in dessen Gefangenschaft. Das kaiserliche Paar des Westens kam erst frei, nachdem Ludwig bei den Evangelien geschworen hatte, daß er nie wieder das Territorium des Herzogtums bewaffnet betreten werde. Doch von diesem erpreßten Eid erhielt er schon bald päpstlichen Dispens, und 872 gelang ihm die Vertreibung der sarazenischen Besatzung aus Capua. Danach ließen seine Kräfte nach, und er zog sich in den Norden zurück, wo er drei Jahre später in der Nähe von Brescia starb, ohne daß er und seine Frau einen männlichen Erben hinterlassen hätten.

Während die byzantinische Flotte in der Adria operierte oder, genauer gesagt, untätig wartete, hatte die Hauptmasse des Heeres im Osten zu tun. Dort galt es nicht nur einen, sondern zwei Feinde des Reiches zu bekämpfen: sarazenische und paulitianische Truppen, die wieder einmal großen Zulauf hatten und sich bereits über Kleinasien hinaus nach Westen ausbreiteten. In zwei Eilfeldzügen stießen Basileios und sein Schwager Christophoros mit dem Heer tief in ihr Kernland vor, zerstörten 872 mit der befestigten Stadt Tephrike[3] die zentrale Ausgangsbasis für ihre Überfälle und töteten ihren Anführer Chrysocheiros. Nachdem die paulitianische Bedrohung in dieser Region nahezu beseitigt war, konzentrierten sie sich ganz auf das sarazenisch beherrschte Gebiet. Zehn Jahre lang übten sie auf die Bevölkerung ständigen Druck aus, was ihnen nicht nur Zapetra und Samosata, sondern außerdem mehrere andere Festungen im Tal des Euphrat einbrachte. Es gab aber auch Rückschläge: Melitene, ein ständiger Unruheherd, widerstand hartnäckig allen Versuchen der Eroberung im Sturm. Im Jahre 883 erlitt das kaiserliche Heer in der Nähe von Tarsos eine schwere Schlappe, wodurch es kurzfristig in seinem kriegerischen Eroberungsdrang gehemmt wurde, allerdings nicht für lange. Erst jetzt zeigte sich, was die ersten siegreichen Kriegszüge unter Bardas und Petronas fast dreißig Jahre zuvor dem Reich gebracht hatten. Sie waren kein Strohfeuer gewesen, sondern der Beginn eines anhaltenden deutlichen Vormarsches, der seinen Höhepunkt erst mit den Feldzügen der Kaiser Nikephoros Phokas und Johannes Tzimiskes hundert Jahre später erreichte.

In Westeuropa verleibte sich Byzanz in gleichem Maßstab eroberte Gebiete ein. Zwar schlugen Basileios' Vorhaben, Sizilien und Kreta zurückzugewinnen, fehl – die letzte sizilianische Feste Syrakus fiel 878 –, doch es gelang, die sarazenischen Stützpunkte an der gesamten dalmatinischen Küste zu vernichten; das Gebiet wurde kaiserliches Thema. 873 errang er die Oberhoheit über Adelchis von Benevento, im selben Jahr wurde Otranto dem Reich wiedereingegliedert, und drei Jahre später erkannte Bari Basileios als Oberhaupt an. Mit dem lebenswichtigen Brückenkopf in der Hand begann er im folgenden Jahrzehnt eine großangelegte Offensive, als deren Ergebnis dank dem Feldherrn Nikephoros Phokas[4]

Byzantinische Eroberungen (880)

praktisch ganz Süditalien bis zum Ende des Jahrhunderts wieder unter der Oberhoheit von Byzanz stand. Für das Papsttum und das westliche Kaisertum konnte es keinen deutlicheren Beweis dafür geben, daß Byzanz seine Ansprüche auf Italien keineswegs aufgegeben hatte. Für das Land und seine Bevölkerung war es einmal mehr eine Zeit der Not und des Leidens. Und man kämpfte nicht nur zu Land. Die lange vernachlässigte Flotte des Reiches war von Theoktistos und Bardas wieder zu einer schlagkräftigen Streitmacht aufgerüstet worden. Basileios führte dieses militärische Werk energisch fort, und ihm, seinem Sohn und seinem Enkel hatte es das Reich vor allem zu verdanken, daß die ebenso machthungrigen, aber unterlegenen Rivalen wieder mit Neid auf die Seemacht blickten. Die mit äußerstem Geschick operierende Flotte kontrollierte erfolgreich die Küsten, überwachte die Meere und griff die sarazenischen Piratenschiffe an, wo immer sie sich zeigten.

Die Missionsarbeit kam gleichfalls zügig voran. Die slawischen Stämme traten einer nach dem anderen zum Christentum über. Und obwohl der römische Einfluß in Kroatien und dem nördlichen Teil der dalmatinischen Küste wie auch in Mähren, wo Kyrill und Methodios ihre Niederlage eingestehen mußten, weiterhin dominierte, bekannten sich Serbien, Makedonien und Griechenland begeistert sowohl zur orthodoxen Lehre als auch zur Suprematie Konstantinopels.

An diesem Erfolg hatte das zweite Patriarchat von Ignatios keinen geringen Anteil. Paradoxerweise führten aber gerade diese kirchlichen Erfolge auch zur Rückkehr von Photios aus dem Exil. Daß man ihn zurückrief, hat ihn vermutlich nicht sehr überrascht. Er wußte, daß seine Gefolgschaft ebenso groß war wie die seines Rivalen und daß er weitaus intelligenter war. Während der sieben Jahre, die er in der Verbannung verbrachte, zeigte sich mehr als deutlich, daß die unvorhergesehene, dramatische Ausbreitung des orthodoxen Glaubens Probleme riesigen Ausmaßes mit sich brachte, theologische so gut wie verwaltungsmäßige, mit denen fertig zu werden der eher ungebildete alte Patriarch mitnichten in der Lage war. Ignatios hatte hilflos, aber insgeheim vielleicht sogar erleichtert, mitansehen müssen, wie immer mehr offene Anhänger von Photios in kirchliche

Schlüsselpositionen gehievt wurden. Er scheint denn auch keinerlei Einwände erhoben zu haben, als man 874 oder 875 ihren Anführer in die Hauptstadt zurückberief und ihm die Leitung der Universität Magnaura anvertraut. Daß er auch die Erziehung der kaiserlichen Söhne übernehmen durfte, ist mit Sicherheit als weiterer deutlicher Vertrauensbeweis zu werten. Als Ignatios 877 im Alter von achtzig Jahren starb, gelangte Photios zum zweiten Mal auf den Patriarchenthron.[5] Drei Jahre später anerkannte ihn auch Papst Johannes VIII. – ohne daß ihm selbst viel daran gelegen gewesen wäre.

In der spätsommerlichen Phase seiner außerordentlichen Laufbahn entwarf Photios eine Art Testament, in dem er der Nachwelt seine Auffassung über das Amt des Patriarchen und dessen Beziehung zum kaiserlichen Thron darlegte. Um dessen Bedeutung zu verstehen, muß man sich zunächst einem anderen, von Basileios initiierten Werk zuwenden, das für den »makedonischen« Analphabeten äußerst beachtlich ist: es ist die Rede von der Reform des römischen Gesetzeswerkes.

Eine Reform dieser Größenordnung war seit Justinian, mehr als dreihundert Jahre zuvor, nicht mehr in Angriff genommen worden. Zwar hatte Leon III. mit der *Ekloga* ein kleines Werk verfaßt, das als Richtlinie für die richterliche Arbeit gedacht war. Doch dies war inzwischen unzureichend und obsolet geworden. Basileios schwebte ein gewaltiges Kompendium vor, was er als *Anakatharsis,* das heißt Reinigung, der alten Gesetze bezeichnete, die erneut gesammelt, miteinander verglichen und, falls nötig, in Einklang gebracht werden sollten. Es wurde jedoch zu seinen Lebzeiten nicht fertig, und in der ursprünglichen Form auch später nicht. Statt dessen erschien ein kürzeres Werk, das Handbuch oder *Procheiron,* mit einer Zusammenstellung der wichtigsten regelmäßig angewandten Gesetze, die man um der Übersichtlichkeit willem in vierzig Paragraphen eingeteilt hatte. Daran schloß sich gegen Ende von Basileios' Regierungszeit die *Epanagoge* (Zusammenfassung) an, ein Werk, welches außer seinem auch die Namen von Eudokia Ingerinas Söhnen Leon und Alexander trägt.

Dieses zweite Werk ist über weite Strecken kaum mehr als eine Neuzusammenstellung des ersten, jedoch ergänzt durch ein Corpus mit Gesetzen über die Rechte und Pflichten des Kaisers, des Patriar-

Gesetzesreform (880) 125

chen und jener, die andere hohe staatliche und kirchliche Ämter innehaben. Es trägt deutlich Photios' Handschrift. Das Byzantinische Reich wird darin als eine politische Einheit dargestellt, an dessen Spitze Kaiser und Patriarch einträchtig stehen und gemeinsam für das materielle und geistige Wohlergehen ihrer Untertanen wirken. Natürlich war dies – nicht nur – im Jahrhundert zuvor fast nie der Fall gewesen. Doch obwohl diese Theorie eher das Ideal als die Realität beschrieb, war sie noch lange nicht wertlos. Leider genoß sie jedoch längst nicht überall Unterstützung, was der Patriarch schon bald zu seinem Nachteil erfahren mußte.

Zweifellos hat sich Basileios, zumindest in der letzten Dekade seiner Regierungszeit, immer mehr als ein zweiter Justinian verstanden und entsprechend gehandelt. Unter seiner Herrschaft wurden Italien zurück ins Reich geholt, Gesetze gesammelt und die Rechtsprechung revidiert sowie eine rege Bautätigkeit entfacht, alles mit dem gleichen Enthusiasmus wie unter seinem berühmten Vorbild und auch in demselben ehrgeizigen Umfang und Stil. Im neunten Jahrhundert, in der Zeit des Inkonoklasmus, waren kaum neue Bauwerke entstanden. Erst Theophilos war in dieser Hinsicht wieder aktiv geworden, doch er hatte sich auf den Profanbau beschränkt. So hatte man nicht nur den Bau von neuen Kirchen unterlassen, sondern auch viele alte so sträflich vernachlässigt, daß sie nun unbedingt ausgebessert werden mußten. Das galt sogar für die Hagia Sophia, deren großer Westbogen bei dem schweren Erdbeben vom 9. Januar 869 beschädigt worden war und jeden Augenblick einzustürzen drohte. Basileios ließ sie gerade noch rechtzeitig retten und mit einem Mosaik schmücken, das Maria mit dem Kind, flankiert von Petrus und Paulus, zeigt.[6] Die alte Apostelkirche befand sich in einem noch jämmerlicheren Zustand. Ursprünglich unter Konstantin erbaut, hatte Justinian sie von Grund auf neugestalten lassen. Da jedoch die Fundamente schon immer zu schwach gewesen waren, war sie erneut verfallen. Unter Basileios wurde sie vollständig renoviert, der untere Teil des Mauerwerks mit Buntmarmorplatten verkleidet und die oberen mit Mosaiken vom Leben Jesu von der Verkündigung bis zur Passion geschmückt. Viele andere Heiligtümer von geringerem Rang wurden ganz ähnlich restauriert; manche von ihnen erhielten anstelle des alten Holzdaches – das immer eine Feuergefahr darstellte – ein neues aus Stein, häufig auch eine Kuppel.

Die größte architektonische Leistung gelang jedoch mit der neuen Kirche, die kurz *Nea,* die Neue, genannt wurde, obwohl sie offiziell dem heiligen Michael, dem Propheten Elias[7], Maria und dem heiligen Nikolaus geweiht war. sie stand auf dem Gelände des Großen Palastes, von den kaiserlichen Privatgemächern aus gesehen direkt Richtung Osten, und es wurden keinerlei Kosten gescheut, weder für den Bau selbst noch für die Ausstattung. Betrachtet man Basileios als Justinian seiner Zeit, dann war die Nea seine Hagia Sophia. Ihre goldenen Kuppeln waren von jedem Punkt der Stadt und schon weit draußen auf dem Meer auszumachen. In der Hauptkuppel befand sich ein gleißendes Mosaik des Christos Pantokrator, des Weltenherrschers, in den übrigen waren Engel und Erzengel, Märtyrerinnen und Apostel, Patriarchen und Propheten dargestellt. Besonders beeindruckend soll nach Photios, der eine detaillierte Beschreibung der gesamten Kirche hinterlassen hat, die Ikonostase gewesen sein, ganz aus Gold und Silber und mit Edelsteinen besetzt. Der Hochaltar dahinter war von einem Kiborion auf drei silberüberzogenen Säulen überspannt und soll aus einem Material bestanden haben, das noch wertvoller als Gold war; er wies vermutlich gleichfalls Juwelen und Emaillearbeiten auf. In der mittleren der drei Ostapsiden befand sich ein Mosaik, auf dem Maria »uns ihre reinen Hände entgegenstreckt und dem Kaiser ein langes Leben und den Sieg über seine Feinde gewährt«. Den Großen Palast ließ Basileios mit einer neuen Schatzkammer, mit glanzvollen neuen Bädern und einem weiteren Triklinion ausstatten. Auch die Chalke wurde großzügig erneuert, mit Marmor und Mosaiken geschmückt, wie es dem Hauptzugang zum Kaiserpalast schließlich angemessen war. Dasselbe widerfuhr den anderen Palästen: Mangana, Magnaura, Eleuthera, Hieria und Mamas. Nichts wurde ausgelassen. Nur wenige Kaiser, wenn überhaupt ein zweiter, haben so sehr dafür gesorgt, daß Konstantinopel auch blieb, was es schon immer gewesen war: die glanzvollste Stadt der Welt, ein riesiges Schatzhaus, das selbst bereits ein Schatz war. Um so trauriger, daß in der ganzen Stadt von all diesen Werken nichts erhalten geblieben ist.

Leistungen unter Basileios (880)　　　127

Im Sommer des Jahres 879 konnte Basileios der Makedonier auf zwölf höchst erfolgreiche Jahre zurückblicken. Seine Streitkräfte waren schlagkräftiger als je zuvor; im Osten wie im Westen zogen sich die sarazenischen Truppen zurück. Die paulitianische Sekte war zerschlagen; die bulgarischen und serbischen Stämme waren konvertiert und dem Schoß der orthodoxen Kirche einverleibt. Das photianische Schisma war überwunden; man hatte dem Papst in Rom in aller Deutlichkeit gezeigt, daß mit Byzanz nicht zu scherzen war. Die Gesetzesreform war auf dem Weg, das *Procheiron* bereits veröffentlicht, und die Arbeit an der *Epanagoge* kam zügig voran. Die bedeutenden Bauwerke der Hauptstadt standen restauriert in neuem Glanz da, während dort, wo das Palastgelände zum Marmarameer hin abfällt, die neue große Kirche Nea sich triumphal emporreckte, ein bleibendes Denkmal der Majestät und des Glanzes ihres Gründers für die Welt. In gut einem Jahrzehnt hatte sich der ungebildete armenische Bauer, der den Thron durch feige Mordtaten usurpiert hatte, die selbst in der byzantinischen Geschichte ihresgleichen suchen, zum erfolgreichsten Kaiser seit Justinian gemausert.

Justinian war ohne Nachfolger geblieben. Basileios konnte, ob zu Recht oder Unrecht, deren vier vorweisen. Die drei jüngeren interessierten ihn kaum – Eudokia Ingerinas zweiten Sohn Leon verabscheute er geradezu –, aber sein ältester Sohn Konstantin, das einzige Kind seiner ersten Frau Maria, war sein Augapfel, vielleicht das einzige menschliche Wesen, das er je wirklich geliebt hat. Mit allen körperlichen Vorzügen von Basileios ausgestattet und ausgesprochen gut aussehend, war Konstantin, kaum dem Knabenalter entwachsen, mit seinem Vater auf einem schneeweißen Pferd und in einer goldenen Rüstung in die Schlacht gezogen. 869 hatte man ihn zum Mitkaiser gekrönt, und er hätte, wenn sich die vorausgehenden Verhandlungen nicht ungünstig entwickelt hätten, vermutlich die Tochter Ludwigs II. zur Frau bekommen und damit das Oströmische und Weströmische Reich unter seinem Zepter vereinigt. Doch dessenungeachtet versprach er ein ebenso großer Herrscher zu werden wie sein Vater, vielleicht sogar ein noch größerer.

Doch er starb ganz unvermutet Anfang September 879. Die Umstände seines Todes sind nicht bekannt. Basileios erholte sich jedoch nie wieder von diesem Schlag. Er betrachtete ihn als göttliche Vergeltung, als Gottes Strafe für den Mord, den er, Basileios, an dessen Gesalbtem begangen hatte. Trotz allem, was er geleistet, obwohl er die prächtigste Kirche der Christenheit errichtet hatte, war ihm nicht vergeben worden. Er zog sich mehr und mehr zurück und verfiel in tiefe Depressionen, die gelegentlich in Anfälle von Wahnsinn übergingen. Bei solchen Gelegenheiten vermochte nur ein Mensch ihn zu beruhigen: Photios. Er pflegte den wie abwesend wirkenden Kaiser aufzumuntern, indem er immer pompösere Messen für das Seelenheil Konstantins zelebrierte, den er schließlich sogar heiligsprechen ließ. Als auch dies nicht mehr genügte, veranstalteten er und sein enger Freund Theodoros Santabarenos, der Erzbischof von Euchaites, eine Séance, bei der Basileios angeblich den Schatten seines Sohnes auf einem weißen Streitroß mit einer Lanze in der Hand und von Kopf bis Fuß in Gold gekleidet sah. Als er jedoch die Erscheinung umarmen wollte, entschwand sie.[8]

Mit all diesen Aktionen verfolgte Photios, zumindest wenn man Theophanes Continuatus glauben darf, ein Ziel: die Nachfolge von Basileios' zweitem Sohn und nun rechtmäßigem Erben Leon zu vereiteln. Die Gründe dafür sind nicht bekannt. Zwar war der Jüngling jähzornig und stellte nach allgemeiner Auffassung den Frauen etwas zu eifrig nach – sein Verhältnis mit der schönen Zoe Zautzina war bereits Stadtgespräch –, doch bestand kein Grund zur Annahme, er werde als Basileus keine gute Figur machen. Man kann sich auch nur schwer vorstellen, daß Photios auf eine Wiedereinsetzung der amorischen Dynastie hinarbeitete, mit der er lediglich entfernt und auch nur durch Heirat verwandt war. Doch wie auch immer: er bestärkte Basileios in seiner Abneigung gegen Leon, wo immer sich eine Gelegenheit dazu bot. Und er hatte damit Erfolg.

Leon war sechzehn, als man ihn gegen seinen Willen mit Theophano, einer Verwandten der Eudokia, vermählte, die offenbar vom Glück nicht gerade begünstigt und sehr fromm war. Er weigerte sich, Zoe aufzugeben, und Theophano beschwerte sich bei Basileios darüber, worauf dieser so in Wut geriet, daß er seinen Sohn eigenhändig bis aufs Blut verdrosch. Zoe wurde aus Konstantinopel verbannt und mit einem Mann namens Theodoros Gutzuniates verheiratet, von dem kaum etwas bekannt ist, was aber auch nicht nötig ist.

Leons Einkerkerung und Freilassung (886)

Unterdessen setzte der Patriarch seine Rufmordkampagne unbeirrt fort, indem er immer eindrucksvollere Hinweise auf Verschwörung und Verrat ausstreute. Angesichts seines geistigen und emotionalen Zustandes fiel der alte Kaiser nur allzuleicht darauf herein. Schon etwa ein Jahr später wurde Leon verhaftet, ohne Urteil eingekerkert und um ein Haar sogar geblendet. Nach drei Monaten[9] Haft setzte ihn Basileios dann widerstrebend auf freien Fuß.

Was Leons Freilassung bewirkte, ist unklar. Er selbst schrieb sie dem gnädigen Eingreifen des Propheten Elias zu. Kaum glaubhafter erscheint die Behauptung einiger Chronisten, die Entscheidung des Kaisers sei vor allem einem Papagei zu verdanken, der in seinem Käfig im kaiserlichen Speisesaal unablässig »Oh weh, armer Leon« geschrien habe: eine solche Klage hätte vermutlich viel eher dazu geführt, daß Basileios dem Vogel eigenhändig den Hals umdrehte. Wahrscheinlich hat er einfach dem Druck der Öffentlichkeit nachgegeben, da Leon außerhalb seiner Familie überall beliebt und noch nie angeklagt gewesen war. Der Kaiser blieb aber bei seiner ablehnenden Haltung. Als Leon, wieder in Amt und Würden, einige Zeit darauf bei einem feierlichen Umzug unvermutet von der Menge mit tosendem Beifall bedacht wurde, konnte sich der Alte nicht beherrschen und schrie den Leuten entgegen, ihre Hochrufe seien fehl am Platz, der junge Mann werde ihnen vielmehr in Zukunft mit Sicherheit noch viel Kummer und Not bereiten.

Während der letzten qualvollen Jahre fand Basileios eine gewisse Linderung seiner Leiden beim Jagen. Auf einer solchen Jagd in der Nähe seines Landsitzes Apamea fand er im Sommer 886 den Tod. Wie es dazu kam, wird für immer ungeklärt bleiben. Nach den meisten Chronisten starb er an den Folgen eines Jagdunfalls, und dabei belassen sie es. Zwei von ihnen, Simeon Logothetes und der anonyme Autor der *Vita S. Euthymii,* berichten detailliert, was sich zugetragen haben soll, aber ihre Version der Geschichte klingt derart phantastisch, daß man gleich argwöhnisch wird. Danach soll Basileios allein – »denn seine Gefährten waren erschöpft« – vorausgeritten sein und dabei an einem Bachufer einen gewaltigen Hirsch beim Trinken überrascht haben. Als er mit dem Pferd auf ihn zugeritten sei, habe sich das Tier unvermittelt umgedreht und ihn angegriffen, wobei sich sein ausladendes Geweih in Basileios' Gürtel verfing. Der

Hirsch habe den Kaiser vom Sattel gezogen und sei, ihn hilflos hinter sich herschleppend, in den Wald hinein gesprungen.

Die übrige Jagdgesellschaft bemerkte nicht, was geschehen war, bis sie das reiterlose Pferd des Kaisers erblickte. Eine kleine Gruppe von Farghanesen[10] nahm darauf die Verfolgung des Hirsches auf, holte ihn schließlich ein, umzingelte ihn und zog den Kreis immer enger, bis einer von ihnen Basileios mit seinem Schwert losschneiden konnte. Der Kaiser fiel bewußtlos zu Boden, und während die anderen sich um ihn scharten, entkam der Hirsch (man fing ihn nie). Als der Kaiser wieder zu sich kam, ordnete er die sofortige Hinrichtung der Wache an, die ihn befreit hatte, da sie das Schwert gegen ihren Herrn erhoben habe. Dann befahl er nachzumessen, in welcher Entfernung sich der Vorfall ereignete. (Man gab später sechzehn Meilen an.) Erst dann ließ er sich in den Palast tragen, wo man am Bauch eine stark blutende Wunde fand. Nachdem er neun Tage auf Leben und Tod gelegen, starb er am 29. August, im Alter von vierundsiebzig Jahren.

Was soll man von dieser Mixtur nun halten? Zunächst einmal: ist es denkbar, daß man bei auch nur einem Minimum an Klugheit, ganz abgesehen vom kaiserlichen Protokoll, einen geistig verwirrten Kaiser von beinahe fünfundsiebzig Jahren gänzlich ohne Begleitung gelassen hätte? Und wie hätte weiterhin ein erfahrener Jäger wie er in eine solche Situation geraten können? Warum hat er nicht selbst seinen Gürtel mit dem Messer, das er stets bei sich trug, durchtrennt? Warum hat der Hirsch sich nicht von dem Hindernis befreit, bevor er floh? Und wenn er das nicht konnte, hätte er dann einen Mann, der für seine kolossale Statur bekannt war, wirklich sechzehn Meilen durch unwegsames Waldgelände geschleppt? All dies klingt schon reichlich verdächtig. Der Verdacht erhält im übrigen weitere Nahrung angesichts der Tatsache, daß die Rettungsmannschaft von dem Armenier Stylianos Zautzes angeführt wurde, dem Vater von Zoe, der Geliebten des jungen Leon, und bald schon mächtigsten Mann des Reiches nach dem Kaiser.

So ergibt sich die letzte und wichtigste Frage: Kam Basileios der Makedonier, wie die Chronisten behaupten, tatsächlich durch einen unglücklichen (und kaum glaubhaften) Jagdunfall ums Leben, oder wurde er nicht vielmehr von Stylianos beseitigt – vermutlich mit

Eine offene Frage (886) 131

Wissen und Billigung von Leon? Motive dafür gab es mehr als genug. Der alte Mann wurde immer unberechenbarer. Einmal hatte er Leon bereits ins Gefängnis gebracht; ihm war durchaus zuzutrauen, daß er aus heiterem Himmel befahl, ihn hinzurichten. In derselben Gefahr befand sich Stylianos, zumal er als sehr enger Verbündeter des jungen Prinzen galt, der sich zudem, sollte er Basileios auf dem Thron folgen, mit großer Wahrscheinlichkeit sofort seiner Frau Theophano entledigen und Stylianos Tochter Zoe zur Kaiserin machen würde – wie es dann auch kam.

Keine der Vermutungen läßt sich wirklich belegen, geschweige denn beweisen. Die Antwort muß also offen bleiben. Man kann höchstens festhalten, daß Leon, falls ein Vatermord jemals zu rechtfertigen ist und immer unter der Voraussetzung, daß Basileios überhaupt wirklich sein Vater war, einigen Grund gehabt hätte, dieses Recht für sich in Anspruch zu nehmen. Keines der Verdienste, die der Alte sich um das Reich erworben hat, weder die militärischen Erfolge noch die Schlichtung der religiösen Differenzen, die Gesetzesreform, die Finanz- und Verwaltungsreform, die politische Stabilisierung, die Förderung von Künsten und Wissenschaften, die überragenden Bauwerke, mit denen er die Hauptstadt schmücken ließ und nicht zuletzt der ungeheure Zuwachs an Prestige, den er für Byzanz in der östlichen und westlichen Welt erzielte, beschönigt zudem die Brutalität und das Blutvergießen, mit deren Hilfe er an die Macht gekommen ist. Zwar gilt dies ebenso für viele andere, doch wenn er, wie es den Anschein macht, durch Mörderhand umkam, geschah dies gewiß nicht unverdient.

8

Leon der Weise

(886–912)

Die meisten Tiere bleiben nach dem Tod ihres
Gefährten für den Rest ihres Lebens allein. In
Unkenntnis der Schändlichkeit ihrer Schwäche
bescheiden sich dagegen die Menschen nicht mit einer
Ehe, sondern gehen dreist eine zweite ein, und auch
damit noch nicht zufrieden, sogar eine dritte.

Kaiser Leon VI.

Bedenkt man die Art der Beziehung zwischen Basileios und seinem Nachfolger, der nun den Thron als Leon VI. bestieg, überrascht es nicht weiter, daß sich die Trauerfeierlichkeiten für den alten Kaiser auf das Notwendigste beschränkten. Sein Leichnam wurde nach Konstantinopel überführt und angetan mit allen kaiserlichen Regalien gemäß der Tradition im Triklinion der neunzehn Liegen[1] ausgestellt. Dort fand auch das Requiem statt. Im Anschluß daran sprach der Zeremonienmeister dreimal die altehrwürdige Formel: »Tritt hervor, Basileus, der König der Könige und Herr der Herren ruft dich. Nimm deine Krone vom Haupt.« Dann nahm ihm der *Praepositos* das Diadem ab und ersetzte es durch ein einfaches Purpurkäppchen. Mehr berichten die Quellen nicht. Der Sarkophag wurde dann vermutlich zur Beisetzung in die Apostelkirche überführt, doch ist auch dies keineswegs sicher. Gesichert dagegen ist, daß eine der ersten Amtshandlungen Leons darin bestand, die Überreste Michaels III. aus seinem Grab in Chrysopolis zu holen und sie in derselben Kirche bestatten zu lassen, in einem Sarkophag, in dem zuvor die Gebeine Justins I. oder II. geruht hatten. Eine solche Ehre dem ermordeten Kaiser zu erweisen und damit die von seinem Mörder getroffenen Anordnungen bewußt zu mißachten, stellt, selbst wenn man berücksichtigt, daß Leon Basileios unverhohlen gehaßt hat, eine unnötige, eklatante Besudelung seines Andenkens dar. Wenn aber Leon mit gutem Grund nicht Basileios, sondern Michael für seinen Vater hielt, drängte sich ein solches Vorgehen geradezu auf.

Zur Zeit seiner Einsetzung war der neue Kaiser gerade zwanzig Jahre alt. Bis zu diesem Zeitpunkt war ihm kein schönes Leben vergönnt. Mit dreizehn Jahren erlebte er den Tod Konstantins, der zur Folge hatte, daß ihn Basileios fortan nicht nur leicht verächtlich behandelte, sondern regelrecht verabscheute. Dann kam es knapp drei Jahre später zur erzwungenen Vermählung, zur Verbannung seiner Geliebten und seiner Einkerkerung, die noch unerträglicher wurde dadurch, daß die ungeliebte Theophano darauf bestand, die Haft mitsamt ihrer kleinen Tochter mit ihm zu teilen. So viele widrige Umstände in dem Alter, in dem ein Mensch geformt wird, hätten sich auf Leons Persönlichkeit ohne weiteres verheerend auswirken können. Es spricht sehr für ihn, daß dies nicht geschehen ist. Zwar läßt sich nicht ausschließen, daß er in die Pläne – falls es denn solche gegeben hat – zur Ermordung Basileios' eingeweiht war, aber es gibt dafür keine Beweise. Er scheint freundlich, großzügig, sehr intelligent und auch charmant gewesen zu sein. Und im Gegensatz zu Basileios war er außerdem ein gebildeter Mann.

An Leons intellektuellen Fähigkeiten läßt kein Chronist Zweifel aufkommen. Als erster Kaiser, der von der kulturellen Erneuerung profitierte, die Theoktistos und Bardas einleiteten und für die Photios, Konstantin-Kyrill und Leon der Philosoph exemplarisch stehen, legte er schon ganz früh einen außerordentlichen Bildungshunger an den Tag und interessierte sich, wie in dieser Zeit üblich, vor allem für Philosophie und Theologie. Er glaubte mitnichten in der Art an Astrologie, wie man dies später von ihm behauptete, und er kann unmöglich Autor der außerordentlich populären, jedoch offensichtlich gefälschten Sammlung von Prophezeiungen über das Reich und sein Schicksal sein, für den man ihn in späteren Jahrhunderten allgemein hielt. Vielmehr war er ein hochgebildeter Mann, gebildeter als all seine Vorgänger und auch Vorgängerinnen auf dem byzantinischen Thron. Er hatte sich lesend einen weiten Horizont erworben und kannte sich in allen möglichen Fachgebieten aus; in der Freizeit

Leon der Weise (886)

verfaßte er nicht nur liturgische Texte und Hymnen, sondern auch unzählige Predigten und Homilien (erbauliche Reden), die er selbst an den großen Kirchenfesten von der Kanzel der Hagia Sophia zu halten pflegte. In diesen Ergüssen offenbart sich zuweilen allerdings ein irritierender Mangel an Selbsterkenntnis, klingen doch Diatriben (Moralpredigten) wie zum Beispiel jene gegen die, die »anstatt in den reinen Wassern der Ehe zu baden, es vorziehen, sich im Morast der Unzucht zu suhlen«, aus dem Mund eines Mannes, der schon mit fünfzehn ganz offen eine Geliebte hatte, reichlich befremdlich. Der Gedanke, der diesem Kapitel vorangestellt ist, muß ihm überdies gegen Ende seines Lebens schwer auf der Seele gelastet haben. Der allgemeine Tenor seiner Schriften läßt jedoch keinen Zweifel an seiner umfassenden Gelehrsamkeit zu, die ihm bereits gegen Ende seines dritten Lebensjahrzehnts den Beinamen *Sophotatos* (der Weiseste), eintrug. Zwar wurde außerhalb der griechischen Welt der Superlativ fallengelassen, doch gilt er allgemein, ob zu Recht oder Unrecht, in der Geschichte als Leon der Weise.

Theoretisch teilte Leon den Thron mit seinem Bruder Alexander, aber dieser war eine vergnügungssüchtige Null ohne jegliche Regierungsambitionen, und daher konnte ihm gar nichts Besseres passieren, als aller Verantwortung enthoben zu sein. Unter den gegebenen Umständen war zu erwarten, daß Leon nach der Thronbesteigung die Verwaltung radikal umstellte. Es wird auch niemanden überraschen, daß von diesen Veränderungen Stylianos Zautzes, der eine so fragwürdige Rolle beim mysteriösen Tod des Basileios gespielt hatte, am meisten profitierte. Als oberstem Minister und Logothet vom Dienst lag praktisch die Leitung der Reichspolitik des Inneren wie des Äußeren in seiner Hand. Das prominenteste Opfer war, genauso vorhersehbar, Photios. Nach all dem, was er direkt und indirekt durch die Hand des Patriarchen hatte erdulden müssen, hätte Leon genügend Grund gehabt, ihn schon aus rein persönlichen Gründen zu entlassen. Doch da gab es auch noch anderes. Die langjährigen Querelen mit Ignatios hatten nur allzudeutlich gezeigt, wie gefährlich es war, der Kirche zu viel Unabhängigkeit und damit Handlungsspielraum einzuräumen. Photios' Vorstellungen von der Beziehung zwischen politischem und geistlichem Thron, wie sie in der *Epanagoge* formuliert sind, rochen dem neuen Kaiser verdächtig nach Verrat. Als Folge davon sah sich der Patriarch zum zweiten Mal gezwungen, eine Abdankungsurkunde zu unterzeichnen. Diesmal kam er jedoch nicht so glimpflich davon. Zu Beginn des Jahres 887 wurden er und Theodoros Santabarenos vor ein eigens für diesen Fall gebildetes Tribunal gebracht und bezichtigt, vier Jahre zuvor in eine Verschwörung gegen den Staat verwickelt gewesen zu sein. Santabarenos wurde für schuldig befunden, geblendet und ins Exil geschickt. Der mit allen Wassern gewaschene Photios durfte sich in ein einsames Kloster in Armenien zurückziehen, wo er ungestört seine theologischen und literarischen Arbeiten fortsetzen konnte und ein paar Jahre darauf in völliger Abgeschiedenheit das Zeitliche segnete.

Die Wahl seines Nachfolgers enthüllte, was Leon im Sinn hatte: Weihnachten 886 setzte er kühn seinen noch nicht einmal sechzehn Jahre alten jüngsten Bruder Stephanos auf den Patriarchenthron. Nie zuvor in der Geschichte der Ostkirche war einem derart jungen Menschen das höchste Kirchenamt anvertraut worden. Merkwürdig genug, daß Stephanos' Ernennung aber auf keinen nennenswerten Widerstand zu stoßen schien.[2] Vielleicht waren Bischöfe und Äbte einfach des endlosen Gezänks überdrüssig und begrüßten die Aussicht auf Frieden und Einvernehmen zwischen Kirche und Staat, auch wenn es sie einen Teil ihrer Unabhängigkeit kostete. Da es außerdem keinen anderen geeigneten Kandidaten für dieses Amt gab, mögen sie Stephanos, einen schwachen, kränklichen jungen Mann, der vermutlich nicht lange leben würde, als harmlosen Lückenbüßer betrachtet haben, der seinem Bruder ein paar Jahre Bewegungsfreiheit gewährte, damit dieser seinen Thron sichern konnte. Diese Rechnung ging auf. Der neue Patriarch war so kooperativ, wie man es sich nur wünschen konnte, starb aber schon sechseinhalb Jahre später. Seine Nachfolger verhielten sich, wie sich noch zeigen wird, bei weitem nicht so entgegenkommend.

Mit Stylianos Zautzes als politischem Ratgeber und Stephanos als fügsamem Instrument in kirchlichen Angelegenheiten vermochte Leon das Reich ausgezeichnet zu regieren. Im Inneren gab es bis zum Ende des Jahrhunderts keine nennenswerten Unruhen; dieses endete im Gegenteil friedlich mit einer bedeutenden Synode, vielleicht sogar einem allgemeinen Konzil. Diese im Jahre 899 einberufene

Gesetzesreform (899) 137

Versammlung leistete viel für die Verbesserung der Beziehungen zwischen Ost- und Westkirche. Damals schien selbst der immer noch schwelende Streit zwischen der Gefolgschaft von Photios und jener von Ignatios beigelegt zu sein. (Allerdings entzündete er sich schon bald erneut, und zwar im Zusammenhang mit der vierten Ehe des Kaisers.) Leon konnte also seine ganze Kraft der gewaltigen Aufgabe widmen, die Basileios begonnen hatte: der Reform und Neufassung des römischen Rechts.

Seinen Ruf als Gesetzgeber, der dem Justinians in der Geschichte von Byzanz kaum nachsteht, verdankt er zum Teil Basileios und dem hervorragenden juristischen Stab unter dem Vorsitz des *Protospatharios*[3] namens Symbatios, dem er die im vorigen Kapitel erwähnte Aufgabe der Purifikation (Reinigung) anvertraut hatte. Ein Teil des Ruhms gebührt auch Stylianos, der Leon anregte und antrieb und nach dessen Tod das gesamte Projekt an Schwung verlor. Aber auch Leon widmete sich dem Werk zumindest in der ersten Zeit mit Tatkraft und Begeisterung. Dabei kamen ihm sicherlich seine Bildung und literarischen Fähigkeiten besonders zustatten.

Die Früchte dieser Arbeit erschienen der Reihe nach im Laufe der Jahre unter dem Sammelnamen *Basilika.* Es handelt sich dabei um sechs Bände, unterteilt in je zehn Bücher. Sie beruhten überwiegend auf Justinians *Codex* und *Digesten,* enthielten aber auch einen großen Teil späterer Gesetzeswerke, darunter Teile des *Procheiron,* und hatten außerdem zwei unschätzbare Vorzüge: zum einen waren die Gesetze systematisch geordnet, indem ein Bereich umfassend und ausschließlich in einem Buch abgehandelt war und nirgendwo sonst; zum anderen waren sie in griechischer Sprache geschrieben und nicht in Latein, einer ohnehin schon seit mehr als zweihundert Jahren in Konstantinopel toten, nur Gelehrten verständlichen Sprache. Von der Regierung Leons VI. an war damit das Werk Justinians endgültig überholt, und die mittelalterliche byzantinische Rechtsprechung beruhte fortan in erster Linie auf den *Basilika* und weniger auf *Codex, Digesten* oder *Instituten.*

Ungeachtet ihrer Bedeutung behandeln die *Basilika* jedoch vor allem die grundsätzlichen Prinzipien von Recht und Unrecht und enthalten enttäuschend wenig Informationen über ihre Zeit. Ergiebiger in dieser Hinsicht sind Leons sogenannte Novellen, 113 Einzeldekrete, in denen er ältere Gesetze dem Entwicklungsstand politischer oder religiöser Auffassungen entsprechend reformierte beziehungsweise revidierte. Auch hier darf man dem Kaiser wohl persönlich nicht zuviel Anteil an der Arbeit zusprechen; die siebzehn Dekrete, die ausschließlich kirchliche Angelegenheiten behandeln, mögen noch von ihm selbst stammen, die übrigen aber, angeblich an Stylianos gerichtet, sind vermutlich dessen eigenes Werk. Als bedeutendste der letztgenannten müssen jene gelten, die die alten Rechte der Kurie und des Senates aufheben. Seit über hundert Jahren hatten diese beiden Institutionen, deren Aufgabe ursprünglich darin bestanden hatte, die kaiserliche Macht zu kontrollieren, an Bedeutung verloren; die Novellen 46, 47 und 78 legten sie nun praktisch still. Das heißt aber nicht, daß sie aufgelöst wurden. Insbesondere der Senat tagte weiterhin und tat seine Meinung unerschrocken kund; und als Leon sein Ende nahen fühlte, empfahl er diese Institution der besonderen Obhut seines Sohnes. Der Senat indes hatte als politische Gewalt im Staat ausgespielt und nun auch seinen verfassungsmäßigen Status eingebüßt.

Nur gerade in kirchlichen Fragen war der Kaiser nicht allmächtig. Gottes Statthalter auf Erden mochte er ja sein, aber er war und blieb doch Laie, und die Kirche betrachtete den Patriarchen von Konstantinopel als ihr Oberhaupt. Zwar war auch er vom Kaiser ernannt, aber seine Ernennung bedurfte wie die in alle hohen kirchlichen Ämter stets der Zustimmung des Klerus. Zudem galten die Entscheidungen des Konzils für den Kaiser als verbindlich, was seine Aufgabe in Glaubensfragen auf den Schutz des orthodoxen Glaubens beschränkte, wie er von denen bestimmt wurde, die dazu autorisiert waren. In allen anderen Bereichen war seine Macht jedoch absolut: von Gott erwählt und den Aposteln gleich, stand er an der Spitze der Reichsregierung, war Oberbefehlshaber des Heeres, alleiniger Gesetzgeber und oberster Richter, gegen dessen Urteile kein Einspruch möglich war und die nur von ihm selbst wieder aufgehoben werden konnten.

Die gesegnete Zeit der Ruhe im Reich, die weitgehend ermöglichte, daß das neue Gesetzeswerk schon im letzten Jahrzehnt des neunten Jahrhunderts veröffentlicht werden konnte, fand zum Leidwesen

Wladimir von Bulgarien (894)

Leons jenseits der Grenzen nicht die gewünschte Entsprechung. Im östlichen Mittelmeer und in der Ägäis bestand weiterhin Gefahr durch arabische Einfälle; in manchen Jahren sah es schlimmer aus, in anderen weniger, aber seit Sizilien und Kreta an die Sarazenen gefallen waren, verging kaum ein Jahr, ohne daß Reichsstädte von Überfällen betroffen und die Reichsflotte angegriffen wurden. Eine nähere und gänzlich unvermutete Bedrohung erfolgte indes im Jahre 894 von Bulgarien her. Nach König Boris' Bekehrung fast dreißig Jahre zuvor hatte man in Byzanz darauf gebaut, daß die beiden christlichen Völker künftig friedlich zusammenlebten. 889 aber hatte Boris abgedankt, sich ins Kloster St. Panteleimon in der Nähe von Preslaw zurückgezogen und den Thron seinem ältesten Sohn Wladimir überlassen, und dieser hatte sich als ein wahres Verhängnis erwiesen. In heftiger Auflehnung gegen seinen Vater und alles, wofür dieser stand, fühlte er sich zur einst mächtigen bojarischen Aristokratie hingezogen, die Boris mit allen Mitteln zu zerschlagen versucht hatte. Ihre Angehörigen hielten an den alten Verhältnissen eisern fest, hatten für das Christentum nur Verachtung übrig und wünschten nichts sehnlicher, als zur alten Zeit der Privilegien und ihres Glaubens zurückzukehren. Wladimir stimmte vollkommen mit ihnen überein. Mit ihrer Unterstützung versuchte er die Situation, die sein Vater geschaffen hatte, so rasch wie möglich ungeschehen zu machen und die alten Gottheiten wiedereinzusetzen.

Nach ein paar Jahren des Wartens hätte er vielleicht sein Ziel erreicht. Die bulgarische Kirche hatte es von Anfang an schwer und kaum Zeit gehabt, festen Grund unter die Füße zu bekommen. Viele, die ihr folgten, mögen deshalb ähnlich rückwärtsgewandte Wünsche gehegt haben. Aber Wladimir hatte seine Rechnung ohne Boris gemacht; dessen Hingabe an ein kontemplatives Leben hatte ihn nicht davon abgehalten, die Vorgänge draußen in der Welt aufmerksam zu verfolgen. In einem Ausbruch ungeheurer Wut, die man über die Jahrhunderte hinweg noch förmlich zu spüren meint, brach er in seinem Kloster auf, übernahm ohne nennenswerten Widerstand wieder die Regierung, setzte Wladimir ab und blendete ihn. Dann ließ er Vertreter aus seinem ganzen Königreich kommen und die versammelten Delegierten seinen jüngeren Sohn Symeon als Herrscher bestätigen. Sie gehorchten ihm ohne Zögern. Daraufhin zog er sich wieder ins Kloster zurück – und verließ es fortan nicht mehr.

Symeon war damals neunundzwanzig Jahre alt. Als Kind hatte man ihn zur Ausbildung nach Konstantinopel geschickt, und vielleicht hatte er dort sogar wie Leon zu Photios' Füßen gesessen. Nach seiner Rückkehr war auch er ins Kloster gegangen, aber die Strenge des Klosterlebens lag seinem kriegerischen, ehrgeizigen Charakter nicht. Als dann der Ruf an ihn erging, den Thron zu besteigen, zögerte er nicht lange. In Byzanz wurde die Nachricht von seiner Thronbesteigung mit Erleichterung aufgenommen, und ein Jahr lang verlief alles zufriedenstellend. Im Jahre 894 vertraute Stylianos Zautzes aus Gründen, die man allenfalls erraten kann, das Handelsmonopol mit Bulgarien zwei Vertrauensleuten an. Diese erhöhten sofort drastisch die Zölle, die bulgarische Kaufleute auf alle ins Reich eingeführten Waren zu entrichten hatten, und verlegten gleichzeitig das Transitlager von Konstantinopel nach Thessalonike, wo sich harte Maßnahmen wesentlich besser kaschieren ließen. Den bulgarischen Kaufleuten gefror vor Schreck das Blut in den Adern. Mit einem Schlag war der gewinnträchtige Frachthandel vom Schwarzen Meer durch den Bosporus zum Goldenen Horn vernichtet. Fast noch schlimmer wirkte sich aus, daß der Weg über Thessalonike beschwerlich, im Winter häufig unpassierbar und außerdem viel weiter war. Zwar legte Symeon sogleich durch eine Gesandtschaft Protest in Konstantinopel ein, aber da Leon sich wie immer hinter seinen Logotheten stellte, erreichte er dadurch nichts.

Leon hatte Symeon indes unterschätzt, mußte seinen Irrtum jedoch bald einsehen. Schon wenige Wochen später marschierte ein bulgarisches Heer in Thrakien ein. Die kaiserlichen Streitkräfte hatten in Süditalien und an der Ostfront aber bereits alle Hände voll zu tun. Dennoch wurde Nikephoros Phokas, der zu Zeit einzige effiziente Feldherr des Reiches, eilends zurückgerufen. Obwohl unter seiner Führung untrainierte und kaum ausgebildete Truppen standen, behielten er und der *Drungarios*[4] Eustathios, der mit seinen Einheiten die Donaumündung abriegelte, die Oberhand, derweil der inzwischen äußerst beunruhigte Kaiser die andrängenden ungarischen Scharen um Unterstützung anging. Dieses wilde Kriegervolk, das seit etlichen Jahrhunderten von Sibirien langsam Richtung

Krieg mit Symeon (902)

Westen zog, stand im Begriff, Moldavien und Transsylvanien jenseits der Donau in Besitz zu nehmen, was es in direkte nördliche Nachbarschaft zu Bulgarien brachte und damit zu einer Völkerschaft, die ihm ein Dorn im Auge war. So bedurfte es keiner großen Überredungskunst, die ungarischen Krieger dazu zu bringen, mit Hilfe byzantinischer Boote auf bulgarisches Gebiet über den Fluß zu setzen. Wie immer in solchen Fällen blieb eine Spur der Verwüstung und Zerstörung zurück. Konnte aber Leon einen Barbarenstamm zu Hilfe rufen, dann auch Symeon. Auf der anderen Seite des ungarischen Gebietes lebte in der südrussischen Steppe ein weiterer Nomadenstamm, die Petschenegen. Von Bulgarien mit Gold bestochen, fielen sie ihrem ungarischen Nachbarvolk in den Rücken, was für dieses noch katastrophalere Folgen hatte als für seine Opfer in Symeons Königreich. Sobald die ungarischen Krieger davon Nachricht erhielten, kehrten sie in aller Eile um, um die Zurückgebliebenen vor diesem neuen Verderben zu bewahren, aber ihnen stellte sich ein gewaltiger petschenegischer Heerhaufen in den Weg. Da sie in Bulgarien, wo Symeon inzwischen gegen sie marschierte, nicht bleiben konnten, blieb ihnen nur die Möglichkeit, ihre alte Wanderung nach Westen über die Pässe der Karpaten in die große Ebene von Pannonien fortzusetzen, in das Land also, das heute Ungarn heißt und ihre Heimat geblieben ist.

Ohne ungarische Bedrohung im Rücken konnte Symeon sich nun wieder ganz auf die byzantinischen Truppen konzentrieren und bereitete ihnen 896 eine schwere Niederlage bei Bulgarophygon in der Nähe des heutigen Barbaeski im europäischen Teil der Türkei. Sehr zum Schaden des Reiches war Nikephoros Phokas von Stylianos nach Konstantinopel zurückbeordert worden. Sein Nachfolger Katakalon aber besaß weder seine Energie noch sein strategisches Geschick. Zwar kam dieser glanzlose Befehlshaber selbst gerade noch mit dem nackten Leben davon, aber nur wenigen seiner Kampfgefährten war dieses Glück beschieden.[5] Leon mußte um Frieden ersuchen, der ihm jedoch erst nach fünf Jahren zäher Verhandlungen und nachdem er widerwillig einen beträchtlichen jährlichen Tribut gezahlt hatte, gewährt wurde. Das Handelszentrum in Thessalonike wurde geschlossen und Konstantinopel wieder Zentrum des Handels mit Bulgarien. Der Krieg, infolge eines an sich unbedeutenden Handelsstreites ausgebrochen, hatte sich für das Reich zu einer wahren Katastrophe ausgewachsen und außerdem die Landkarte Mitteleuropas auf Dauer verändert. Bulgarische Interessen konnte man nun nicht mehr einfach übergehen. Bulgarien hatte sich einmal mehr als eine Macht erwiesen, mit der zu rechnen war.

Die militärische Macht von Byzanz war durch diesen Krieg außerdem gerade in einer Zeit entscheidend geschwächt worden, da das Reich alle verfügbaren Reserven gegen Arabien benötigte. Nach Abzug von Nikephoros Phokas und seinen Truppen ließ sich der sarazenische Vormarsch in Süditalien nicht mehr aufhalten. Am 1. August 902 fiel Taormina und damit der letzte Stützpunkt des Byzantinischen Reiches auf Sizilien. Im Osten blieb Armenien praktisch ohne Schutz, so daß moslemische Streitkräfte wieder nach Kilikien einfallen konnten. In der Ägäis war die Situation nicht besser; noch im selben Jahr wurde der reiche, gut bewehrte Hafen von Demetrias (heute Volos) in Thessalien zerstört. Die schlimmste Katastrophe ereignete sich jedoch zwei Jahre später, als der griechische Renegat Leon von Tripolis eine sarazenische Flotte durch den Hellespont ins Marmarameer führte. Eustathios stellte sich ihm entgegen, verlor aber die Nerven und gab im letzten Augenblick, ohne sich auf einen Kampf eingelassen zu haben, das Kommando ab. Der Oberbefehl ging hastig an einen Offizier namens Himerios; dieser vermochte die sarazenische Flotte zum Rückzug zu zwingen. Anstatt aber in ihre heimischen Gewässer zurückzukehren, segelten sie geradewegs nach Thessalonike. Die Stadt konnte sich drei Tage lang halten. Die Mauern befanden sich jedoch in schlechtem Zustand, außerdem waren sich die beiden Befehlshaber uneinig. Daß der eine nach einem Sturz vom Pferd starb, hätte sich unter anderen Umständen vielleicht segensreich auswirken können, doch es war schon zu spät. Am 29. Juli 904 hielt die Mauer nicht mehr stand, und sarazenische Kommandos fielen durch die Bresche in die Stadt ein. Das anschließende Blutbad dauerte eine ganze Woche lang. Erst dann bestiegen die Aggressoren mit unermeßlicher Beute und angeblich über dreißigtausend Gefangenen wieder ihre Schiffe. Hinter sich ließen sie die Toten und die rauchende Ruine der zweitgrößten Stadt und des zweitwichtigsten Hafens im Reich.

Andronikos Dukas (906)

Das war nicht nur eine Katastrophe, es war eine Schande. Kaiser Leon sann auf Rache. Die zerstörten Befestigungsanlagen von Thessalonike wurden wieder aufgebaut und verstärkt, forcierter Schiffsbau vergrößerte die Flotte beträchtlich, und für den Herbst des Jahres 905 wurde ein Plan entwickelt. Danach sollte Himerios, der inzwischen Stylianos als amtierenden Logotheten abgelöst hatte, die Küste entlang nach Attalea (heute Antalya) segeln, ein unter dem Befehl des dortigen Militärgouverneurs Andronikos Dukas stehendes Landheer an Bord nehmen, und dann die Fahrt nach Tarsos fortsetzen, einer Hafenstadt, die an Größe und Bedeutung Thessalonike kaum nachstand und der er ein ähnliches Schicksal zudachte. Himerios erreichte Attalea mit seiner Flotte wie vorgesehen – aber Dukas weigerte sich nicht nur, sich ihm anzuschließen, sondern revoltierte offen gegen das Reich. In dieser Situation hätte ein unbedeutenderer Mann, dem unvermutet vorher zugesagte Streitkräfte vorenthalten wurden, vielleicht die ganze Operation abgeblasen. Daran aber dachte Himerios, obwohl er schlecht gerüstet war und kaum über Erfahrung verfügte, nicht im geringsten. Eilig setzte er mit seinen Einheiten die Fahrt fort. Schon wenige Tage später hatten sie die sarazenische Flotte, die sie aufzuhalten versuchte, vollständig zerstört und legten Tarsos ihrerseits in Schutt und Asche. Zwei blühende Städte waren in Rauch aufgegangen, Tausende getötet worden – doch die Ehre von Byzanz war wiederhergestellt.

Andronikos Dukas hatte sich in der Zwischenzeit mit allen, die bereit waren, ihm zu folgen, in eine etwa 150 Meilen nordöstlich gelegene Festung bei Ikonion (heute Konya) zurückgezogen, und dort wurde der Winter verbracht. Im März 906 setzte er sich, als sich ein kaiserliches Heer näherte, mit seinem Sohn Konstantin auf sarazenisches Gebiet ab, hielt sich kurze Zeit im zerstörten Tarsos auf und suchte dann Zuflucht in Bagdad. Seine Geschichte ist weder sonderlich erbaulich noch bedeutend, an ihr läßt sich aber eine neue und große Gefahr zeigen, die dem traditionellen Reich künftig drohte: der Aufstieg einer immer mehr an Macht gewinnenden gesellschaftlichen Schicht, die sich im Verlauf des neunten Jahrhunderts gebildet hatte und im zehnten und elften schließlich große Reibungen verursachte. Sie bestand aus einer Anzahl ungeheuer reicher Familien – angesichts ihrer Größe und Verzweigung wäre der Aus-

druck Clans wohl angemessener –, die in ganz Kleinasien ausgedehnte Güter besaßen, auf lange militärische Erfahrung zurückblik-
ken konnten, untereinander heirateten und sich nicht sonderlich an
die Krone gebunden fühlten, außer insofern, als vielen von ihnen
selbst danach gelüstete. Unter diesen war der Dukas-Clan vermutlich der größte und sicherlich der angesehenste; Andronikos setzte
sich an dessen Spitze. Bis dahin hatte er dem Reich gute Dienste
geleistet, vor allen Dingen im Jahre 904 mit einem erfolgreichen
Feldzug nach Syrien. Sein plötzlicher Verrat jedoch, der, soweit
bekannt ist, keine andere Ursache hatte als die Unterstellung unter
einen Befehlshaber, den er als sich untergeordnet betrachtete, zeigt
recht deutlich, wie schwach das Band war, das ihn und viele seinesgleichen an den Thron band.

Wie sich herausstellte, war der Kaiser schließlich selbst, wenn
auch unfreiwillig, die Ursache für den Fall von Andronikos Dukas.
Er hatte eine Gesandtschaft nach Bagdad geschickt, die dort mit
dem elfjährigen Sultan al-Muktadir über einen Gefangenenaus-
tausch verhandeln sollte, und ihr insgeheim einen Brief an seinen
ehemaligen *Strategos* Andronikos mitgegeben, in dem er ihm Vergebung und Wiedereinsetzung anbot, falls er sich wieder loyal hinter
ihn stelle. Zum Pech des Adressaten entdeckte man den Brief, und
damit war Andronikos' Schicksal besiegelt. Bis dahin hatte ihm der
Sultan vertraut, doch nun war er sich nicht mehr sicher. Er hieß ihn
zu sich kommen und zwischen seinem Leben und dem unverzügli-
chen Übertritt zum Islam wählen. Selbstredend entschied sich
Andronikos für das zweite, aber auch das brachte ihm nicht die Freiheit. Man sperrte ihn zwar nicht ein, stellte ihn jedoch unter strenge
Aufsicht. Kurze Zeit darauf starb er.

Leons Kampf gegen die Sarazenenbedrohung war noch längst nicht
zu Ende, sondern dauerte vielmehr bis an sein Lebensende. Dennoch
ist es für uns an der Zeit, nach Konstantinopel zurückzukehren, um
dort seinem bewegten Liebesleben in der zweiten Hälfte seiner
Regierungszeit nachzuspüren.

Als erstes wurden die Schwierigkeiten mit seiner Frau Theophano
offenbar. Solange Basileios lebte, hatte das Paar den Schein, so gut es
ging, wahren müssen. Nach Leons Thronbesteigung kam der rapide

Andronikos Dukas (906) 145

Verfall der Beziehung zwischen ihnen jedoch an den Tag. Sie hatten
einander selbst in guten Tagen nie geliebt; nun ging Theophano –
vielleicht als Ersatz für die Liebe, die man ihr vorenthalten hatte –
ganz in der Religion auf, wurde frömmer und frömmer, bis man sich
selbst in Byzanz offenbar über sie lustig zu machen begann, heißt es
doch in einer Lebensbeschreibung, sie habe sich »mit krankhaftem
Eifer ihrem Seelenheil gewidmet und alle Freuden des weltlichen
Lebens als Morast betrachtet«. Dabei ist im Grunde viel Gutes über
sie zu berichten, geht es doch weiter wie folgt: »Tag und Nacht erhob
sie ihre Seele zu Gott, sang unablässig Psalmen und versuchte ihm
durch endlose Werke der Barmherzigkeit näherzukommen. In der
Öffentlichkeit erschien sie zwar angetan mit purpurnem Ornat und
allem Glanz ihrer Majestät; in ihren Gemächern hüllte sie sich dagegen heimlich in Lumpen. Da sie ein Leben in Askese über alles stellte,
verachtete sie üppige Festmähler; setzte man ihr köstliche Speisen
vor, verlangte sie statt dessen Brot und Gemüse. Alles Geld, das sie
erhielt, alle Güter, die bei weltlich gesinnten Menschen in hohem
Ansehen stehen, verteilte sie an die Armen. Ihre herrlichsten Kleider
gab sie den Bedürftigen, sorgte für Witwen und Waisen, überschüttete die Klöster mit Geschenken und liebte die Mönche wie ihre leiblichen Brüder.«
Dafür, daß sie des Nachts, wie weiter berichtet wird, das Bett ihres
Gatten verschmähte und vielmehr auf einer rauhen Matte in einer
Ecke ruhte, von der sie sich jede Stunde zum Gebet erhob, mag sie
ihre Gründe gehabt haben, aber sie war wohl schon eine reichlich
frustrierende Gefährtin für Leon, der dringend einen Sohn brauchte
und, so räumt die Biographie anonymen Ursprungs ein, »nicht mehr
auf ein weiteres Kind von ihr hoffen konnte, da ihr Leib, geschwächt
und aufgezehrt durch die spirituellen Übungen, nicht mehr kräftig
genug war, sich mit den Freuden des Fleisches abzugeben«.
Im Winter 892 starb ihr einziges Kind Eudokia. Sie verschloß sich
danach immer mehr vor der Welt und zog sich ein oder zwei Jahre
später zu Leons unverhohlenen Erleichterung in den Konvent der
Kirche der Maria Theotokos im Blachernenviertel zurück, wo sie am
10. November 897, noch nicht dreißig Jahre alt, ihrer Tochter ins
Grab folgte. Leon ließ sie in aller Großartigkeit bestatten – nach
allem, was er ihr zu Lebzeiten angetan hatte, das mindeste, was er

noch tun konnte –, und ließ dann seine geliebte Zoe nach Konstantinopel kommen. Nun gab es da allerdings einen Ehemann. Zum Glück für das neue Paar – vielen schien die Glücksportion geradezu unverschämt groß – zog dieser Theodoros Gutzuniates es vor, gerade in diesem so günstigen Augenblick das Zeitliche zu segnen. Unter den Umständen fand keine Untersuchung statt, und so ließ sich nicht beweisen, ob alles mit rechten Dingen zugegangen war. Mit ungebührlicher Hast zog die Witwe im Palast ein, und zu Beginn des Jahres 898 wurden die beiden Liebenden einander endlich vermählt.

Eine Zeitlang lief alles bestens. Zoe kündigte bald Nachwuchs an, und Leon erwartete voller Spannung den Sohn, den die Astrologen ihm prophezeit hatten. Allein, es kam ein Mädchen zur Welt; sie erhielt den Namen Anna. Es war indes nur das erste und gleichzeitig geringste, was ihm zur Jahrhundertwende nicht ganz so lief, wie er es sich wünschte. Das zweite war im Frühjahr 899 der Tod von Stylianos Zautzes. Als Kanzler hatte er ihm ergeben, wenn auch nicht immer so ganz selbstlos dreizehn Jahre lang gedient und als Schwiegervater den eigens für ihn geschaffenen Titel *Basileopator* erhalten. Leon hatte ihm blind vertraut und war gänzlich von seinem Urteil und seiner Erfahrung abhängig gewesen. Der Verlust traf ihn also schwer, doch war damit das Maß seines Leidens noch nicht voll: Im selben Jahr erlag Zoe einer mysteriösen Krankheit. Das lang ersehnte Glück hatte gerade zwei Jahre gedauert.

Leons Trauer war, wie man sich vorstellen kann, tief und echt. Dennoch war ihm sofort klar, daß er sich eine dritte Frau nehmen mußte. Er war nie besonders kräftig gewesen, und seine Gesundheit machte ihm zunehmend zu schaffen. Sein Bruder Alexander, mit dem er theoretisch den Thron teilte, zerstörte sein Leben rasch durch Trunksucht und andere Ausschweifungen und würde wahrscheinlich noch vor ihm sterben. In diesem Fall stand das Reich, da kein Sohn als Nachfolger vorhanden war, erneut in Gefahr, eine leichte Beute jedes Abenteurers, der es sich einzuverleiben wünschte. Und es gab für ihn noch einen Gesichtspunkt: nur bei ordnungsgemäßer, regulärer Nachfolge bestand Hoffnung auf eine kontinuierliche langfristige Politik. Im Jahrhundert, das gerade zu Ende ging, hatten sich diese beiden Aspekte zweifellos bestätigt. Immer wieder hatte jemand den Thron durch List, Gewalt oder beides an sich gerissen. Schon allein im Ikonoklastenstreit war das Pendel so weit in beide Richtungen ausgeschlagen, daß die Mehrheit der Untertanen verständlicherweise diese Machenschaften herzlich leid war. Not tat eine einzige kaiserliche Dynastie mit zahlreichen Mitgliedern, ein Familienclan, in dem ähnliche Ansichten in der Tagespolitik herrschten und das Diadem fraglos vom Vater auf den Sohn oder vom Onkel auf den Neffen überging, ein jeder die Politik des Vorgängers fortführte und damit dem Reich Festigkeit und Kontinuität sicherte, woran es in der jüngsten Vergangenheit so sehr gemangelt hatte. So ideale Verhältnisse waren ohne einen allseits anerkannten Erben nicht zu haben. Fehlte ein solcher, mußte der Kampf um die Nachfolge entbrennen, das Grundübel, aus dem alle anderen entsprangen: die Verschwörungen und Intrigen, die Palastrevolutionen und Staatstreiche, die sinnlosen und verwirrenden Hakenschläge in der Politik. Klar, daß der Kaiser ein drittes Mal heiraten mußte, um von einer Frau einen Sohn und Erben zu bekommen.

Doch war dies erlaubt? Die frühen Kirchenväter wie Hieronymos, Ambrosius und Augustinus hatten diesbezüglich einen großzügigen Standpunkt vertreten; mit vorzeitigem Tod infolge Krankheit, bei einer Geburt oder einem Unfall mußte man damals immer rechnen. Sie zeigten darum auch Verständnis dafür, wenn ein Mann nach dem Tod seiner ersten Frau eine zweite oder sogar eine dritte (nach dem Tod der zweiten) nahm, zumal dies wie auch umgekehrt ohnehin allgemein praktiziert wurde. Im Osten urteilte man in dieser Frage allerdings strenger. Basilius, fast in allen Fragen oberste Autorität, hatte einer Wiederverheiratung nur widerstrebend zugestimmt und nur sofern die Betreffenden entsprechend Buße taten. Eine dritte Heirat verbot er jedoch ausdrücklich. Sie war bestenfalls als »leichte Unzucht« einzustufen und zog für beide Teile vier Jahre lang den Ausschluß von den Sakramenten nach sich. Besonders schlecht beraten waren diejenigen, die sogar eine vierte Ehe einzugehen wagten, machten sie sich doch einer weit schlimmerem Verfehlung schuldig als leichter oder auch schwerer Unzucht: ihr Verbrechen war die Polygamie, »eine tierische, dem menschlichen Wesen zutiefst fremde Handlungsweise«, und diese wurde mit einer kanonischen Strafe von mindesten acht Jahren geahndet.

Aber für Kaiser galten nicht unbedingt dieselben Gesetze wie für Untertanen, und schon gar nicht, wenn es um das Staatsinteresse ging. Leons Bruder, der willfährige Patriarch Stephanos, war zwar leider schon 893 gestorben, aber sein Nachfolger, der gemäßigte, umgängliche Antonios Kauleas gewährte den erforderlichen Dispens ebenso bereitwillig, so daß Leon sich im Sommer 900 in der letzten jener kuriosen Schönheitskonkurrenzen oder Brautschauen, die je am Hof von Konstantinopel veranstaltet wurden, für Eudokia Baiana aus Phrygien als neuer Gefährtin entschied. Allein, am Ostersonntag, dem 12. April 901, konnte sie Leon zwar einen Sohn präsentieren, starb jedoch kurz nach der Geburt, und der kleine Prinz überlebte sie nur um wenige Tage.[6]

Leon gab die Hoffnung aber immer noch nicht auf. Er brauchte nun einmal einen Sohn und, um das zu erreichen, eine Frau. Er war mit fünfunddreißig Jahren so entschlossen wie eh und je, die Dynastie fortzuführen. Eine vierte Heirat würde sich allerdings wesentlich schwerer in die Wege leiten lassen als die dritte, und, selbst wenn sie zustande kam, unwiderruflich die letzte Chance bedeuten. Bevor er die ersten Schritte dazu unternahm, mußte er den Boden auf jeden Fall absichern. Zunächst wurde Zoe Karbonopsina, eine Nichte von Admiral Himerios »mit kohlrabenschwarzen Augen« erst einmal seine Geliebte. Wie vordringlich das Staatsinteresse auch sein mochte, das Leon um einen Sohn zu kämpfen zwang, wird man bei der Sache doch das Gefühl nicht los, daß das Vorgehen irgendwie typisch für ihn war. Obwohl illegal, machten die beiden aus der Verbindung keinerlei Hehl, was der Kirche, die das Verhältnis ohnehin stillschweigend duldete, weit angenehmer war als der Gedanke an eine neuerliche Heirat. Als Zoe ein oder zwei Jahre später eine Tochter zur Welt brachte, hielten sich Entrüstung und Kritik denn auch in Grenzen. Im September 905 gebar sie dann einen Sohn, und obwohl er klein war und kränkelte, sah sich der Kaiser endlich am Ziel seiner Wünsche. Der Patriarch dagegen befand sich in einem Dilemma. Zum einen konnte er eine neuerliche Heirat des Kaisers nicht gutheißen, zum andern aber auch nicht dulden, daß Leon und Zoe für immer in offener Sünde lebten. Schließlich einigte man sich: Unter der Bedingung, daß Leon Zoe aus dem Palast entfernte, würde der Patriarch seine Zustimmung

Zoe Karbonopsina (906)

zur Taufe des Sohnes in der Hagia Sophia geben. Dazu kam es dann auch. Am Dreikönigsfest, dem 6. Januar 906, wurde der Kleine auf den Namen Konstantin getauft.

Nachdem diese Hürde erfolgreich genommen war, sah Leon nicht ein, warum er sich mit einem zölibatären Leben zufriedengeben sollte. Schon nach drei Tagen kehrte Zoe in den Palast zurück, und man plante das weitere Vorgehen. Zwar war nun der Sohn in die Kirche aufgenommen, aber er war immer noch illegitim und damit von der Thronfolge ausgeschlossen. Das mußte irgendwie behoben werden, und dazu gab es nur ein Mittel: den Patriarchen vor vollendete Tatsachen zu stellen. Leon und Zoe taten das einzig Vernünftige; sie suchten nicht lange um Erlaubnis nach, machten keinerlei Ankündigung, sondern ließen sich in aller Stille, ja Heimlichkeit in der Hauskapelle des Palastes von einem Pfarrer trauen. Erst nach der Zeremonie verkündete Leon, was geschehen war, und rief seine vierte Frau zur Kaiserin aus.

Acht Jahre lang hatte sich der Sturm zusammengebraut, nun brach er los. Die Kirche tobte. Kirchenvater Basilius wurde bis zum Überdruß zitiert. Der Patriarch erinnerte den Kaiser öffentlich an die Bedingung, die er mit der Taufe seines Sohnes verknüpft hatte, nämlich daß Leon und Zoe ihr unschickliches Verhältnis beendeten. Im übrigen konnte diese vierte Ehe auch deshalb auf keinen Fall als gültig anerkannt werden, weil Kaiser Leon selbst gemeinsam mit seinem Vorgänger Basileios und seinem Bruder Konstantin den Zivilrechtsartikel unterzeichnet hatte, in dem es hieß:

Für alle soll künftig unzweideutig gelten: falls jemand eine vierte Ehe, die keine Ehe ist, einzugehen wagt, ist eine solche angemaßte Ehe nicht nur nicht gültig und die Nachkommen sind illegitim, sondern jene, die sich mit dem Schmutz der Unzucht befleckt haben, sollen bestraft werden, und zwar in der Weise, daß die Personen, die sich dieser Tat schuldig gemacht haben, wieder getrennt werden.

In zivilrechtlichen Angelegenheiten hätte Leon nun zwar Immunität geltend machen, mit einem neuen Dekret das alte außer Kraft setzen und damit eine vierte Ehe für gesetzmäßig erklären können. Gegen das kanonische Recht vermochte er dagegen nichts. Darum mußte er eine Sondererlaubnis erwirken. Die Frage war nur, wie? Wäre sein Bruder noch am Leben und Patriarch gewesen, hätte sich das Problem wohl ohne allzugroße Schwierigkeiten lösen lassen, so schwer es Stephanos auch gefallen wäre, seine Amtsbrüder dafür zu gewinnen. Aber er und auch sein nachgiebiger Nachfolger Antonios Kauleas waren tot. Als Patriarch war im Jahre 901 ein gewisser Nikolaos eingesetzt worden, ein Neffe von Photios und früherer persönlicher Sekretär von Leon. Auf sich allein gestellt, hätte Nikolaos den Dispens vermutlich erteilt. Doch zu seinem Unglück stellte sich ihm Arethas, der Bischof von Cäsarea, entgegen, der angesehenste Gelehrte seiner Zeit. Und dieser erwies sich als ein höchst unerbittlicher Gegner.

So stolz Leon war, auf der Synode von 899 den Kirchenfrieden wiederhergestellt zu haben, und obwohl die beiden Protagonisten des Schismas längst in ihren Gräbern ruhten, waren die Parteien von Photios und Ignatios immer noch sehr aktiv und bedrohten weiterhin die Einheit der orthodoxen Kirche. Seiner Neigung und Ausbildung nach war Arethas fünfzig Jahre lang ein glühender Photianer gewesen und intellektuell vermutlich der einzige im Reich, der seinem Meister das Wasser reichen konnte. Er hatte kritische Ausgaben mehrerer klassischer Autoren publiziert und war selbst Verfasser eines der frühesten griechischen Kommentare zur Apokalypse. Leider sahen die Anhänger von Ignatios in seinen Schriften aber eine tödliche Beleidigung und klagten ihn zu Ostern des Jahres 900 des Atheismus an. Das Verfahren endete mit einem Freispruch, doch vergessen konnte der bitter Gekränkte eine derartige Beleidigung natürlich nie. Kaum wurde dann sein Freund und Mitstreiter Nikolaos im Jahr darauf zum Patriarchen ernannt, nötigte er ihn, unverzüglich etwas gegen die zu unternehmen, die ihm Unrecht getan hatten. Nikolaos aber weigerte sich und machte geltend, er habe dem Kaiser als Gegenleistung für seine Ernennung versprochen, alles in seiner Macht Stehende zu tun, um den Graben zwischen den verfeindeten Parteien zu überbrücken. Der Streit sei geschlichtet; ihn wieder zu entfachen würde nur dazu führen, die alten Animositäten sinnlos von neuem aufzurühren. Zornig sann Arethas weiterhin auf Rache.

Die vierte Ehe (906) 151

Die vierte Ehe des Kaisers bot ihm nun die Gelegenheit, auf die er gewartet hatte. Natürlich entwickelte sich die Sache so, daß die intellektuellen, weltoffeneren Photianer dahin tendierten, Leon den Dispens zu gewähren, während die strengen, dogmatischen Anhänger von Ignatios sich diesem Ansinnen stur entgegenstellten. Seiner bisherigen Einstellung nach hätte sich Arethas eindeutig dem photianischen Lager zugesellen müssen; allein seine Rachsucht bewog ihn, auf die Linie der Ignatiosanhänger einzuschwenken, die ihn denn auch mit offenen Armen aufnahmen. Weniger intellektuell geschult, wie sie waren, hätten sie nie darauf hoffen dürfen, mit ihren Argumenten gegen die gewitzten Photiosanhänger aufzukommen. Nun aber hatten sie ganz unverhofft einen Sprecher bekommen, und erst noch einen theologisch hochgebildeten Mann, der die Kunst der Disputation und Dialektik[7] von Grund auf erlernt hatte und seinen früheren Freunden, die sich wohl der Sache des Kaisers annehmen würden, mehr als ebenbürtig war.

Die Debatte zog sich das ganze Jahr hin; dank Arethas gewann die Gefolgschaft von Ignatios zusehends an Boden, während Patriarch Nikolaos' Stellung mehr und mehr ins Wanken geriet. Allmählich ging Leon die Geduld aus. Im Herbst scheint er eine neue kühne Idee ausgebrütet zu haben: Die Gefolgschaft von Photios allein war offensichtlich zu schwach, um den Dispens zu erwirken, also würde er ihn von den Ignatiosanhängern zu erhalten suchen. Zwar stellten sie sich strikt dagegen; doch würden sie nicht alles für den Patriarchenthron geben? Man fühlte also in aller Heimlichkeit vor, nicht bei Arethas, der sich gegen die vierte Ehe zu deutlich ausgesprochen hatte, als daß irgendein Pakt hätte zustande kommen können, aber bei Euthymios, dem Abt des Klosters Psamathia, dem Anführer und weithin respektierten Repräsentanten der Partei des Ignatios, bevor Arethas sich ihr angeschlossen hatte.

Ethymios spielt in der Geschichte der orthodoxen Kirche eine undurchsichtige Rolle. Ob er die spätere Kanonisierung verdiente, sei dahingestellt, doch darf man wohl annehmen, daß er wirklich tiefreligiös und ein echter Asket war. In seiner frühen Jugend hatte Leon ihn zum geistigen Vater erwählt und Psamathia eigens für ihn erbauen und austatten lassen. Euthymios hatte jedoch kein Geheimnis daraus gemacht, wie sehr er die Art mißbilligte, in der

Leon mit Theophano umgesprungen war, sowie daß er noch zweimal geheiratet hatte. Leon zollte zwar seinerseits seinem früheren
Mentor immer noch Respekt, doch hatten sich die Beziehungen zwischen den beiden abgekühlt. Angesichts seiner Leistungen und seines Rufs – er war für seine strenge Auslegung des kanonischen
Rechts bekannt und forderte dessen strikte Befolgung – hätte man
erwartet, er würde als strenger Moralist den ihm unterbreiteten Vorschlag weit von sich weisen. Aber Leon kannte ihn zu gut. Nach
anfänglichem, schicklichem Zögern nahm Euthymios den Vorschlag
an und erklärte sich bereit, den gewünschten Dispens zu erteilen,
allerdings unter der Bedingung, daß sich eine Begründung finden
ließ.

Das bereitete Leon keine Schwierigkeiten, hatte er doch bereits
vorgesorgt. Da er wußte, daß die Anhänger von Ignatios seit je strenge Verfechter der päpstlichen Autorität gewesen und auf dem stür-
mischen Höhepunkt des Streites mit den Photianern vor vierzig Jahren von Rom nachdrücklich unterstützt worden waren, enthüllte er
nun, daß er vor kurzem die Frage der *Tetragamie* (diese Bezeichnung
hatte sich inzwischen allgemein durchgesetzt) Papst Sergius III.
unterbreitet habe und eine positive Entscheidung erwarte. Was für
eine bessere Empfehlung es für Euthymios geben könne als den
Segen des Pontifex maximus selbst? Er könne also den Dispens
getrost erteilen und – hätte Leon hinzusetzen können – dennoch sein
Gesicht wahren.

Weshalb aber, so könnte man sich fragen, war Leon so sicher, daß
der Papst in seinem Sinne entscheiden würde? Einmal stand fest, daß
die frühen Kirchenväter sich nie über Gebühr mit dem Problem
mehrerer Ehen beschäftigt hatten. Rom beunruhigte weit mehr, daß
die Kluft zwischen Ost- und Westkirche immer größer wurde. Kein
Papst, dem der Papstthron wirklich gebührte, würde sich eine so
glänzende Gelegenheit entgehen lassen, Konstantinopel unter seine
Autorität zu bringen. Zum andern benötigte Sergius III. dringend
militärischen Beistand in Süditalien, wo sich die sarazenischen Stellungen immer stärker vermehrten. Das also waren die Gründe, weshalb Leon keinen Augenblick daran zweifelte, daß der Papst die
Absegnung seiner vierten Ehe für ein durchaus günstiges Tauschge-
schäft ansehen würde.

Der Dispens (907)

Leon gedachte, den rechten Augenblick abzuwarten. Kein Wort über seine Verhandlungen mit Euthymios oder sein Ersuchen an den Papst drang an die Öffentlichkeit. Er widersetzte sich jedem Ansinnen, sich so lange von Zoe zu trennen, wie die Frage ungelöst sei, und bestand vielmehr darauf, daß sie mit allen Ehren und dem Respekt, die einer Kaiserin zustehen, zu behandeln sei. Als aber Patriarch Nikolaos ihm an Weihnachten 906 und am folgenden Dreikönigsfest den Eintritt in die Hagia Sophia verwehrte, kehrte er ohne Protest in den Palast zurück. Im Februar 907, am Abend vor der Ankunft der päpstlichen Legaten in Konstantinopel, schlug er zu. Nikolaos wurde angeklagt – mit welchem Recht wird niemals zu erfahren sein –, er stehe heimlich mit dem Rebellen Andronikos Dukas in Verbindung; man stellte ihn unter strenge Bewachung und zwang ihn schließlich, die Abdankungsurkunde als Patriarch zu unterzeichnen.

Eine solche Abdankung wäre indes, selbst wenn der Patriarch sich tatsächlich des Verrats schuldig gemacht hätte, ohne die Zustimmung der übrigen Patriarchen und, wenigstens theoretisch, des Papstes in Rom, nicht gültig gewesen. Aber auch dies hatte Leon vorher gründlich bedacht. Jene nämliche Gesandtschaft, die in Bagdad wegen des Gefangenenaustausches verhandelt hatte und Andronikos Dukas zum Verhängnis wurde, war mit einer weiteren Aufgabe betraut gewesen, nämlich die akkreditierten Vertreter der drei östlichen Patriarchate Alexandria, Antiochia und Jerusalem in die Hauptstadt zu zurückzubeordern. Auch war Papst Sergius heimlich von Leons Absichten in Kenntnis gesetzt worden. War es für ihn schon eine Auszeichnung gewesen, daß man ihn um eine Stellungnahme zur vierten Ehe gebeten hatte, so war der erneute Appell des Kaisers im Zusammenhang mit den Vorgängen um seinen Patriarchen ein besonders wertvolles Zeugnis für das große Ansehen des Papsttum im Osten, so daß man ihn nicht zurückweisen konnte.

Der Brief von Papst Sergius, den die Gesandten am folgenden Tag überbrachten, erfüllte die kühnsten Hoffnungen des Kaisers: unter den gegebenen Umständen hatte seine Heiligkeit keinerlei Einwände gegen eine neuerliche Wiederverheiratung. Noch vor Monatsende gewährte der neueingesetzte Patriarch Euthymios den lange ersehnten Dispens. Hingegen *sanktionierte* er die Ehe auch jetzt nicht:

solange Leon mit Zoe weiterhin zusammenlebte, wurde er in die Hagia Sophis nur als Büßer eingelassen, er durfte das Sanktuarium auch weiterhin nicht betreten und sich während des Gottesdienstes nicht hinsetzen. Leon betrachtete dies wohl als eine zu verschmerzende Demütigung, einen leicht zu entrichtenden Preis für ein glückliches Leben als Verheirateter. Mochte die Ehe auch sündhaft sein, hatte man sie doch wenigstens, wenn auch widerstrebend, anerkannt. Er und Zoe waren Mann und Frau, und der inzwischen achtzehn Monate alte Konstantin erhielt den Titel *Porphyrogennetos* (im Purpur geboren), unter dem er bis auf den heutigen Tag geführt wird. Die Nachfolge war also gesichert, soweit sie in solch unsicheren Zeiten überhaupt zu sichern war.

Der Herbst des Jahres 905 war für Kaiser Leon den Weisen eine gesegnete Zeit. Im September hatte Zoe den gemeinsamen Sohn zur Welt gebracht, und im Oktober waren die sarazenische Flotte vernichtet und Tarsos zerstört worden. Endlich schien er unter günstigem Wind zu segeln. Und obwohl das folgende Jahr eine weitere Verschlechterung seiner Beziehung zu Nikolaos mit sich brachte, muß der Triumph über den Patriarchen in den ersten Wochen des Jahres 907 ihn weiter in der Annahme bestärkt haben, daß sich für ihn alles zum Guten wende. Am 15. Mai 908 wurde das Kind zum Mitkaiser gekrönt; zwei Jahre später griff ein Heer unter der Leitung von Himerios den syrischen Hafen Laodikea (heute Lattakia) an, nahm die Stadt ein, raubte, massakrierte und plünderte, verwüstete das Hinterland und kehrte unbehelligt nach Konstantinopel zurück, ohne auch nur ein einziges Schiff verloren zu haben.

Es wäre für Leon ein guter Zeitpunkt gewesen, von der Weltbühne abzutreten. Statt dessen schickte er im Herbst des Jahres 911 seinen Admiral zu einem letzten Versuch aus, Kreta zurückzuerobern. Fünf Jahre lang hatte er die kaiserliche Flotte aufrüsten lassen, und die Himerios zur Verfügung stehende Streitmacht war schlagkräftiger und weit besser ausgerüstet als alle, die je gegen diese Insel gezogen waren. Da aber die sarazenische Besatzung ihre Verteidigungsstellungen gleichzeitig ausgebaut hatte, war diesem Unternehmen nicht mehr Erfolg beschieden als den früheren. Sechs Monate, den ganzen Winter über bis ins Frühjahr hinein, belagerte Himerios Kreta, doch

Leons Verdienste (912) 155

die Verteidigung hielt stand. Seine Truppen konnten die massiven Befestigungsanlagen nicht nennenswert schädigen. Im April 912 traf dann eine höchst eilige Botschaft aus Konstantinopel ein: der Gesundheitszustand des Kaisers, der seit Jahresbeginn schon Anlaß zur Sorge gab, habe sich plötzlich rapide verschlechtert; Leon sei jetzt schwer krank und werde diese Krankheit vermutlich nicht überleben. Widerwillig gab Himerios Befehl zur Beendigung der Belagerung, und das Heer nahm Kurs auf den Bosporus. Da sahen sich die Soldaten vor der Insel Chios unvermutet von einer riesigen Sarazenenflotte unter dem Oberbefehl Leons von Tripolis eingeschlossen, der schon Thessalonike acht Jahre zuvor praktisch ausradiert hatte. Die byzantinischen Schiffe ereilte nun ein ähnliches Schicksal; fast alle wurden versenkt. Himerios konnte gerade noch nach Mytilene entkommen und schlug sich von dort mühsam und schweren Herzens nach Konstantinopel durch.

Als die Nachricht der Katastrophe im Kaiserpalast eintraf, war Leons Lebenskraft praktisch geschwunden. Er vernahm die Meldung und drehte dann das Gesicht zur Wand; am Abend des 11. Mai starb er. In den fünfundzwanzig Jahren seiner Herrschaft hatte er sich vielleicht nicht gerade als besonders erfolgreicher, aber auf jeden Fall als außergewöhnlich guter Kaiser bewährt. Allerdings präsentierte sich die Kirche als unvermeidliche Folge seiner vierten Eheschließung tiefer gespalten denn je zuvor, doch ohne Zoe und diese Ehe mit ihr hätte Leon keinen legitimierten Thronfolger vorweisen können; sein Bruder Alexander hatte es nicht soweit gebracht und war kinderlos gestorben. Indem Leon die Ehe mit Zoe Karbonopsina und die Legitimierung ihres Sohnes durchsetzte, sorgte er für eine allgemein anerkannte Nachfolge und damit die Erhaltung der makedonischen Dynastie, die die Macht noch hundertfünfzig Jahre lang in Händen hielt und damit als die größte Dynastie in der Geschichte von Byzanz dasteht. Verglichen mit diesen beiden Errungenschaften war der Schaden für die Kirche auf lange Sicht eher unbedeutend.

Abschließend sei festgehalten: Leon verfügte nicht über Basileios' Mischung aus skrupellosem Ehrgeiz, fast übermenschlichen Kräften und grenzenlosem Selbstbewußtsein – eine Definition von »Größe«, die so gültig ist wie manche andere –, aber er hat seine Untertanen weise und verantwortungsvoll regiert. Und obwohl seine Streitkräfte mehr Niederlagen von arabischer und bulgarischer Seite einsteckten, als sie verdienten, kann es keinen Zweifel geben, daß er das Reich zumindest innerhalb der Grenzen in weit besserer Verfassung hinterließ, als er es übernommen hatte. Intellektuell und gebildet, wie er war, lag ihm nichts an äußerlicher Prachtentfaltung: weder prächtige Kirchen noch luxuriöse Erweiterungsbauten kaiserlicher Paläste erinnern an ihn. Selbst das Mosaikporträt über der Kaiserpforte der Hagia Sophia, das ihn im Kniefall vor Christus zeigt, ist mit ziemlicher Sicherheit erst geraume Zeit nach seinem Tod entstanden.[8] Leons nachhaltige Verdienste – die Kodifizierung des Rechts, die Neuordnung der Provinzverwaltung und der Wiederaufbau des Heeres – sind vielleicht weniger spektakulär, aber darum nicht weniger wertvoll. Zu seinen Lebzeiten liebte und achtete ihn das Volk, und nach seinem Tod zeigte sich immer wieder, daß die Nachwelt ihm einiges zu verdanken hatte.

9

Romanos gelangt an die Macht
(912–920)

Dreizehn Monate – und eine schlimme Zeit.

Leon der Weise auf dem Sterbebett[1]

Das einzig Positive, was sich über die Herrschaft Kaiser Alexanders sagen läßt, ist, daß sie von kurzer Dauer war. Bereits im Alter von einundvierzig Jahren von seinem vergnügungs- und trunksüchtigen Leben aufgezehrt, hatte er den Thron von Byzanz weniger als dreizehn Monate inne. Aber selbst in dieser kurzen Zeit schaffte er es, bemerkenswert viel Schaden anzurichten. Sein übliches Verhalten läßt sich höchstens noch mit dem Michaels des Säufers zu seinen schlimmsten Zeiten vergleichen. Das Volk von Konstantinopel mußte die gleichen sinnlosen Grausamkeiten mit ansehen, den gleichen Radau Betrunkener auf öffentlichen Plätzen und die gleichen mutwilligen frevlerischen Handlungen. Es machte sogar den Anschein, als wollte er dem Beispiel Wladimirs in Bulgarien folgen und alte Gottheiten im Reich wieder einführen. Mindestens bei einer Gelegenheit geriet er auf einem dieser heidnischen Abwege an den Rand des Wahnsinns, war er doch voll der Überzeugung, bei der Bronzefigur eines Keilers im Hippodrom handle es sich um sein zweites Ich.[2] Er ließ sie mit neuen Zähnen und Genitalien ausstatten, um damit den außergewöhnlichen Verschleiß zu kurieren, den er seinen eigenen diesbezüglichen Körperteilen hatte angedeihen lassen.

Alexander haßte seinen Bruder Leon seit langem. Es scheint ziemlich sicher, daß er im Jahre 903 an einer gescheiterten Verschwörung beteiligt war, die zum Ziel hatte, Leon während der Messe in der Mokioskirche umzubringen. Möglicherweise wurde er deswegen im folgenden Jahr seines Ranges als Mitkaiser beraubt – obwohl seine Position als einziger Thronerbe sicherstellte, daß die Absetzung nur vorübergehenden Charakter haben konnte. Als er endlich an die Macht gelangte, verlor er keine Zeit, seinem Haß offen Ausdruck zu verleihen. Er änderte die politische Linie von Grund auf und stieß alle Anordnungen Leons um. Kurz, er strebte danach, ohne Rücksicht auf die Folgen alles rückgängig zu machen, was sein Bruder je veranlaßt hatte. Kaiserin Zoe wurde mit all ihren Freunden und Beratern ohne viel Federlesens aus dem Palast gewiesen; ihr Onkel Himerios, der dem Reich so nützliche Dienste erwiesen hatte, entehrt und ins Gefängnis gesteckt, wo er sechs Monate später starb.

In der Zwischenzeit war eine bulgarische Gesandtschaft in Konstantinopel eingetroffen. Die von Symeon entsandte Delegation hatte den Auftrag, Alexander zur Thronbesteigung zu gratulieren und ihm vorzuschlagen, den Friedensvertrag von 901 zu erneuern. Für Alexander, der sich nur schwer von einem seiner orgiastischen Trinkgelage losreißen konnte, um sie zu empfangen, war dieser Vertrag ein Werk seines Bruders, und schon allein deshalb mußte er ihn aufheben. In einem plötzlichen Anfall von Trunkenheit und Größenwahn brüllte er die Gesandten an, er werde keine weiteren Abkommen mehr unterzeichnen, und Byzanz werde zudem auch keine Tribute mehr zahlen. Dann entließ er sie. Vermutlich noch mehr entsetzt über das, was sie gesehen, als das, was sie gehört hatten, kehrten sie mit traurigem Kopfschütteln zu ihrem Herrn zurück. Symeon, dessen dürfen wir sicher sein, kam ihr Bericht nicht ungelegen. Mit dem Vertrauen in die Stärke seines Heeres und in der Annahme, daß er nichts von einem Reich zu befürchten habe, das von einer so traurigen Figur regiert wurde, begann er mit seinen Kriegsvorbereitungen.

Unterdessen hatte Alexander einen Schritt unternommen, der sich auf eine Art als beinahe ebenso katastrophal erweisen sollte wie sein Empfang der bulgarischen Delegation. Einmal mehr aus keinem anderen ersichtlichen Grund, als dem Handeln seines Bruders entgegenzuwirken, hatte er die Absetzung des Patriarchen Nikolaos für ungültig erklärt, ihn aus der Verbannung zurückberufen und wieder in sein früheres Amt eingesetzt.

Alexander (912) 159

Nikolaos selbst verbreitete später die Legende, seine Wiedereinsetzung sei in einer rührenden Szene noch auf dem Totenbett von
Leon angeordnet worden. Die widrigen Umstände hatten seinen
Charakter nicht etwa gebessert. Die ganzen fünf Jahre im Exil hatte
er über die erlittene Ungerechtigkeit gebrütet, insbesondere über den
Verrat von Euthymios und der Anhängerschaft von Ignatios, hatten
sie doch ursprünglich in ihrer Opposition gegen Leon zu ihm gehalten, sich dann aber doch hinter diesen gestellt, um seinen, Nikolaos',
Sturz zu planen und selbst die Macht zu ergreifen, indem sie Leon
den erforderlichen Dispens erteilten, also genau das taten, was sie
Nikolaos immer strengsten verboten hatten. Er kehrte – bis zu einem
gewissen Grad verständlicherweise – von einem einzigen Gedanken
beherrscht zurück: Rache.

Zugegeben, vieles sprach für ihn. Allein, er machte den Fehler,
sich von seinem Haß in allen anderen Erwägungen blenden zu lassen. Wäre er mit seinem Sieg zufrieden gewesen, hätte er seine Energie auf eine Versöhnung mit Ignatios' Anhängern verwandt und
Euthymios erlaubt, in aller Ruhe in das Kloster zurückzukehren, das
dieser nie hätte verlassen sollen, wäre es ihm vielleicht mit Zeit und
Geduld gelungen, den Graben zu überbrücken und die Kirche wieder zu vereinen. Statt dessen brachte er sie wie noch kein Patriarch
vor ihm an den Punkt offener Rebellion. Euthymios wurde vor ein
Tribunal im Magnaurapalast gestellt; das Verfahren hat sein zeitge-
nössischer Biograph, der wahrscheinlich persönlich anwesend war,
in allen Einzelheiten festgehalten. Nach diesem Bericht eröffnete
Nikolaos das Kreuzverhör mit folgenden Worten:

»Sag mir, du einfältigster aller Menschen, der du die lüsternen
Träume des verstorbenen Herrschers Leon deutetest, weshalb du,
während ich noch unter den Lebenden weilte, die Kirche zur Frau
nahmst, die mir vermählt war, und sie besudeltest, mich aber vertriebst?«

Euthymios antwortete: »Du warst es, der sie in den Schmutz zog,
und du vertriebst dich selbst, botest deinen Rücktritt nicht einmal, sondern dreimal an. Und wenn du mich danach fragst, werde
ich dir die Art und Weise deiner Besudelung und den Grund für
deine Vertreibung nennen. Denn ich bin in der Lage, so Gott mir

die Kraft gibt, dich zu überführen und dir deine Ungerechtigkeiten vor Augen zu halten.«

Wie betäubt von diesen Worten und vor Wut kochend über die Freizügigkeit, mit der der andere gesprochen hatte, befahl der Patriarch, daß ihm öffentlich und zu seiner Schande die Kleider vom Leib gerissen werden sollten, und erklärte ihn als von seinem heiligen Amt gestürzt.

Da bot sich ein Anblick, wie er erbarmungswürdigerer nie gesehen ward. Sie rissen dem Bischof die Stola herunter, trampelten darauf herum und verschonten nicht einmal das Symbol des Kreuzes; gleichermaßen rissen sie ihm alle seine heiligen Kleider vom Leib, sogar seine Mönchskutte, und trampelten auch darauf herum. Und als die Diener sahen, wie ihr Gebieter dies genoß und sich daran erfreute, ergriffen sie seinen Bart und zogen daran, und sie stießen ihn mit solcher Gewalt, daß er rücklings zu Boden fiel, und dort traten sie nach ihm, spien ihn an, schlugen ihn mit Fäusten und ohrfeigten ihn. Dann befahl der Patriarch, daß er wieder auf die Füße gestellt werde, damit das Verhör weitergehen könne. Einer seiner Helfer, ein außerordentlich kräftiger Riese, blieb jedoch neben ihm stehen, und auf ein Kopfnicken seines Herrn versetzte er ihm zwei Schläge und schlug ihm zwei Zähne heraus, dann trommelte er ihm von hinten auf den Nacken ein, bis er keine Luft mehr bekam und nicht mehr sprechen konnte und beinahe die Treppe hinunterfiel. Hätte ihn dort nicht ein Edelmann namens Petronas zusammen mit drei anderen aufgefangen, wäre er auf der Stelle den Märtyrertod gestorben.[3]

Nachdem er Euthymios in das Kloster von Agathon verbannt und den Kaiser überredet hatte, seinen Namen und den des Papstes von den Diptychen[4] zu entfernen (wodurch er jegliche Verbindung mit Rom abbrach), begann Nikolaos eine großangelegte Säuberung der gesamten Hierarchie. Sie zielte darauf ab, alle Bischöfe und Geistlichen zu eliminieren, die mit Ignatios oder, richtiger, mit Euthymios sympathisierten. Wie er sich das weitere Funktionieren der Kirche nach einem so drastischen Eingriff vorstellte, steht in den Sternen, verstanden sich doch zwei Drittel aller Bischöfe als Anhänger von Euthymios. Das Problem wurde schließlich auf andere Art gelöst:

Alexander stirbt (913)

Die Abgesetzten weigerten sich schlankweg, ihre Posten zu verlassen. Wie vorauszusehen, ging die Opposition von Nikolaos' Erzfeind Arethas von Cäsarea aus, der öffentlich erklärte, er werde seinen Bischofssitz erst verlassen, wenn der Kaiser bewaffnete Truppen sende, um ihn mit Gewalt zu vertreiben. Bis dahin werde er bleiben, wo er sei, und seine Pflicht erfüllen wie bisher. Viele folgten seinem Beispiel. Zusätzlich sahen sich mehrere Photios-treue Bischöfe, die versucht hatten, sich ihrer Euthymios-Anhänger unter den Geistlichen zu entledigen, in ihren Palästen von aufständischen Scharen belagert. In ein oder zwei Städten führten die Revolten zu ernsthaften Unruhen. Erst jetzt erkannte Nikolaos, daß er in ein Wespennest gestochen hatte; in einem hastigen Rückzieher widerrief er all seine Anordnungen. Sein umfangreicher Briefwechsel belegt ab diesem Zeitpunkt einen Grad von Toleranz, der sich in der Tat stark von seinen früheren Drohungen abhob. Nachdem sich der Staub schließlich etwas gelegt hatte, waren zwar mehrere Bischöfe auf andere, gleichwertige Sitze versetzt, jedoch nur vier tatsächlich abgesetzt worden. Wie erwartet befand sich Arethas nicht darunter.

Zu dem Zeitpunkt war Kaiser Alexander aber schon tot. Theophanes Continuatus berichtet, er habe nach einem schweren Mahl unbesonnen in der Mittagshitze Polo gespielt, und dabei habe ihn der Schlag getroffen. Zuverlässigere Quellen erklären jedoch, er sei zusammengebrochen, nachdem er in der Hoffnung, seine Impotenz zu heilen, den Statuen im Hippodrom verschiedene heidnische Opfer dargebracht habe – vermutlich auch dem Keiler. Welche Darstellung zutrifft, spielt jedoch keine Rolle. Entscheidend war allein sein Tod, der zwei Tage später eintrat, am Sonntag, dem 6. Juni 913. Das Mosaikporträt in der Nordgalerie der Hagia Sophia muß noch aus der Zeit seiner Herrschaft stammen, denn nach seinem Tod wollten ihn seine Untertanen nur noch so schnell wie möglich vergessen.

Sobald Zoe vernahm, daß der Kaiser im Sterben liege, verschaffte sie sich, zielstrebig um die Zukunft ihres Sohnes bemüht, wieder Zugang zum Palast. Sie wußte, daß Alexander wenige Monate zuvor vorgeschlagen hatte, ihn zu entmannen, um ihn für immer von der Thronfolge auszuschließen. Nur das Argument, daß ein solcher

Schritt einen möglicherweise gefährlichen Aufschrei provozieren könnte und der Junge ohnehin so schwach und kränklich sei, daß er nicht lange leben werde, vermochte ihn dazu zu bewegen, die Sache nochmals zu überdenken. Nun, da es den Anschein machte, als würde der Patriarch mächtigste Figur im Staat, wuchsen Zoes Befürchtungen noch. Nikolaos hatte den Dispens nie akzeptiert, mit dem sein Feind Euthymios ihre Ehe mit Leon anerkannt und ihren Sohn legitimiert hatte. Sie zweifelte nicht daran, daß er alles in seiner Macht Stehende unternehmen würde, um den jungen Konstantin vom Thron fernzuhalten – und war fest entschlossen, seine Bemühungen zunichte zu machen.

Ihr Verdacht war mehr als gerechtfertigt. Nikolaos hatte sogar bereits einen anderen Kandidaten im Auge, nämlich Konstantin Dukas, Domestikos der Scholen[5] und Sohn des Andronikos, zu dem Nikolaos sechs Jahre zuvor verräterische Kontakte unterhalten haben soll, und damit einen Mann, der sich der makedonischen Dynastie nicht mehr verpflichtet fühlte als sein Vater vor ihm. Vermutlich konnte er auf die Unterstützung der Armee zählen und unterhielt mehr oder weniger ausgeprägte Kontakte zu den meisten Aristokratenfamilien des Reiches. Seine Erfolgschancen bei einem Coup standen deshalb gut, und saß er erst einmal auf dem Thron, würde seine Dankbarkeit gegenüber Nikolaos den letztlichen Sieg des Patriarchats über seine Feinde sicherstellen. Der Patriarch stand bereits seit längerem in einen heimlichen Briefwechsel mit ihm, so daß die Pläne bereit lagen, wenn die Zeit dafür reif war.

Zoe kämpfte noch immer darum, die alte Stellung wiederzuerlangen, als der sterbende Kaiser noch einmal zu Bewußtsein kam und seinen Nachfolger ernennen konnte. Zu ihrer Erleichterung bestimmte er tatsächlich ihren Sohn Konstantin. Um so weniger muß sie jedoch gefreut haben, wen er in den erforderlichen Regentschaftsrat berief: Vorsitzender sollte kein anderer als Patriarch Nikolaos sein. Sie selbst aber gehörte nicht dazu. Zoe protestierte heftig. Noch nie in der byzantinischen Geschichte war der Mutter eines Kaisers und einer gekrönten Augusta[6] der Sitz in einem solchen Rat verwehrt worden. Nikolaos wußte aber, daß er kein Risiko eingehen konnte. Ihre Stellung sowie die ihres Sohnes gingen auf eine Entscheidung von Euthymios zurück. Dadurch war sie gewisserma-

Das Dukas-Fiasko (913)

ßen die Verkörperung von dessen Anhängerschaft schlechthin, sogar noch mehr als der alte Abt selbst, und daher automatisch schlimmste Konkurrentin des nun wieder herrschenden Patriarchen. Eine seiner ersten Handlungen als Regent bestand darin, sie verhaften, ihr das Haar scheren und sie in das ferne Euphemia-Kloster in Petrion verfachten zu lassen. Nicht einmal ihren Namen durfte sie behalten. Schwester Anna sollte sie nun sein und weiter nichts mehr.

Ihr siebenjähriger Sohn war zwar, zumindest für den Augenblick, Alleinherrscher, doch wie lange würde er wohl überleben mit einem Regenten, der ihm das gesetzliche Anrecht auf den Thron absprach? Zum erstenmal geriet seine Stellung und vermutlich auch sein Leben wenige Tage nach seiner Thronbesteigung in Gefahr, als Konstantin Dukas den Versuch zu einem Staatsstreich unternahm. Er marschierte von seinem thrakischen Lager aus Richtung Osten und betrat die Stadt in der Nacht mit nur einer Handvoll Männer, so wenigen, daß man annehmen muß, er habe erwartet, daß man ihm die Palasttore von innen öffnete. Falls dies zutrifft, war er von seinem Empfang gewiß sehr unangenehm überrascht. *Magistros* Johannes Eladas, ein Mitglied des Regentschaftsrats, war gewarnt worden und empfing ihn mit einer hastig zusammengetrommelten Milizkompanie. Mehrere von Dukas' Männern, unter ihnen auch sein Sohn Gregor, wurden im Kampf getötet. Beim Versuch zu fliehen glitt sein Pferd auf dem nassen Pflaster aus. Dukas stürzte zu Boden, und einer der Verteidiger schlug ihm mit einem einzigen Hieb den Kopf ab.

Es bedarf kaum der Erwähnung, daß Nikolaos jegliche Verbindung zu den Verschwörern bestritt. Als Beweis seiner Unschuld leitete er einen schrecklichen Vergeltungsschlag gegen alle ein, deren Komplizenschaft bekannt war oder auch nur vermutet wurde. Ganze Kompanien wurden niedergemetzelt und die Getöteten entlang der asiatischen Küste des Bosporus aufgespießt. Andere ließ er auspeitschen oder blenden. Wer in der Hagia Sophia Zuflucht gesucht hatte, wurde herausgeschleift, tonsuriert und in ein Kloster getrieben, Dukas' Witwe auf die fernen Familiengüter in Paphlagonien verbannt und sein jüngerer Sohn, der nichts mit der Sache zu tun hatte, entmannt. Erst als der Regentschaftsrat gegen das unbarmherzige Blutvergießen protestierte, gebot ihm Nikolaos widerstrebend Einhalt.

Dies geschah gerade noch rechtzeitig. Weniger als zwei Monate nach dem Dukas- Fiasko erschien nämlich Symeon von Bulgarien an der Spitze eines so gewaltigen Heers vor Konstantinopel, daß sein Lager den gesamten sechs Kilometer langen Abschnitt vor den Landmauern zwischen den Ufern des Marmarameers und des Goldenen Horns einnahm. An Ort und Stelle erkannte er jedoch, was so viele Möchtegern-Eroberer des Reiches – einschließlich seines eigenen Vorfahren Krum – hatten erkennen müssen: daß die Befestigungen der Stadt unbezwingbar waren. Er machte dennoch keine Anstalten zum Rückzug, konnte er doch mit der Drohung einer Landblockade, begleitet von der systematischen Verwüstung des Hinterlandes, für Konstantinopel ziemlich unangenehm werden und mit etwas Glück gute Bedingungen für einen Frieden aushandeln, ohne auch nur einen einzigen Mann zu verlieren. Von Hebdomon aus sandte er deshalb Botschafter zum Regentschaftsrat und kündigte an, er sei bereit, über ein Abkommen zu verhandeln.

Nikolaos willigte nur zu gern ein. Um den Frieden mit Symeon zu erhalten, war er bereit, fast jedes Opfer zu bringen. Ein Krieg brachte höchstwahrscheinlich die Abspaltung der bulgarischen Kirche mit sich, die zu der Zeit noch immer zu seinem Patriarchat gehörte, und, noch schlimmer, trieb sie sogar in die Arme Roms zurück. Er lud Symeons beide Söhne zu einem üppigen Bankett im Blachernenpalast, bei dem auch der junge Kaiser zugegen war. Ein, zwei Tage später besuchte er heimlich Symeon in Hebdomon, wo er mit Befriedigung registrierte, daß man ihm großen Respekt zollte. Erwartungsgemäß bestand der bulgarische König in den überraschend freundschaftlichen Gesprächen darauf, daß man die ausstehenden Tribute bezahle. Außerdem scheint er verlangt zu haben, daß eine seiner Töchter mit Konstantin verheiratet werde. Darauf kehrte er mit Geschenken beladen in seine Heimat zurück.

Auf den ersten Blick erscheint Symeons Bescheidenheit verblüffend und unverständlich. Weshalb verhandelte er nicht härter, wenn er schon sein riesiges Heer vor die Stadttore geführt hatte? Ganz einfach: er hatte seine Strategie geändert. Sein Ehrgeiz Byzanz betreffend war größer als je, denn mittlerweile hatte er es auf nichts geringeres als die Krone[7] abgesehen – und diese rückte in Reichweite[8], war er nur erst Schwiegervater des Kaisers. Nach Inspektion der

Stadtmauern war er zur Einsicht gelangt, daß hier ein Ziel vorlag, das nur mit den Mitteln der Diplomatie erreicht werden konnte. Zudem enthüllten ihm seine Gespräche mit Nikolaos einen bis dahin unvermuteten Verbündeten. Nicht nur fühlte der Patriarch anscheinend wenig Loyalität der makedonischen Dynastie gegenüber; seine offensichtliche Angst vor dem Gedanken, die Kontrolle über die bulgarische Kirche zu verlieren, verschaffte Symeon zusätzlich eine überlegene Verhandlungsposition – insbesondere, da er sich keinen Deut um die Unabhängigkeit seiner Kirche von wem oder was auch immer scherte. Da er ohnehin die Absicht hatte, Kaiser zu werden, spielte es ja auch keine Rolle. Aus beiden Gründen jedoch wäre es nichts als dumm gewesen, eine aggressive oder drohende Haltung einzunehmen. Seinen Interessen (und denen seiner Tochter) war am besten gedient, wenn er sich in einem möglichst günstigen Licht präsentierte: als Mann, dessen Entscheidungen von Vernunft und gesundem Menschenverstand diktiert werden – schließlich war er in Konstantinopel ausgebildet worden – und dessen Familie in jeder Beziehung einer kaiserlichen Allianz würdig war. Er gab nur einen Hinweis darauf, daß im Samthandschuh noch eine Eisenfaust steckte – einen so zarten Hinweis, daß er kaum wahrnehmbar war: Symeon vermied jede weitere Erwähnung eines Friedensvertrags. Das Reich war im Moment so geschwächt, daß es nicht nötig war, seine Handlungsfreiheit noch stärker einzuschränken.

Symeon hatte seine Karten perfekt ausgereizt, Patriarch Nikolaos die seinen dagegen überreizt. Die Empörung der Ratsangehörigen über seine Arroganz und das brutale Vorgehen zuerst gegen Euthymios und dann gegen den gesamten Dukas-Clan nahm immer mehr zu. Ebenso entrüstet waren sie über die Art und Weise, wie er mit Zoe umgesprungen war, deren Ansprüche auf eine Mitregentschaft unbestritten galten. Und sie konnten sich zu alledem des Mitleids nicht erwehren beim Anblick des kaiserlichen Knäbleins, das unglücklich durch den Palast irrte und nach seiner Mutter weinte. Die Nachricht, daß Nikolaos – der mittlerweile schwer unter dem Verdacht stand, zumindest zu Beginn in die Dukas-Affäre verwickelt gewesen zu sein – geheime Verhandlungen mit dem bulgarischen König geführt hatte, war der Tropfen, der das Faß zum Überlaufen brachte (denn wie gewöhnlich hatte er sich nicht die Mühe gemacht, sie im vornherein darüber zu informieren). Von dem Augenblick an begann der Rat auseinanderzubrechen. Im Februar 914 wurde Schwester Anna aus dem Nonnenkloster zurückgerufen, und sie setzte umgehend ihre Freunde und Berater wieder in ihre alten Ämter ein. Damit nahm einmal mehr eine Kaiserin die Regentschaft in die Hand.

Die eingesetzte Regierung wurde von Symeon verächtlich als »Rat von Eunuchen« bezeichnet, was sie auch mehrheitlich war. Eunuchen waren im Byzantinischen Reich jedoch weder den etwas gezierten Sopranisten des späteren Westeuropa noch den übergewichtigen Haremswächtern der orientalischen Tradition ähnlich. Zumindest in den vierhundert Jahren nach Justinian, dessen entmannter Feldherr Narses zu den besten Soldaten der Reichsgeschichte zählte, waren sie hochangesehene Mitglieder der Gesellschaft und hatten viele besonders ehrenvolle Ämter in Kirche und Staat inne. Lediglich das jeweilige Amt des Stadtpräfekten, des Quästors, des Domestikos der vier kaiserlichen Regimente und der Thron selbst blieben ihnen vorenthalten. Bis in das zehnte Jahrhundert hinein war es für einen intelligenten Jungen, der in kaiserliche Dienste trat, gewissermaßen eine Garantie, daß er vorwärtskam, wenn man ihn entmannen ließ. Für viele, namentlich ehrgeizige Eltern war es deshalb ganz selbstverständlich, einen der jüngeren Söhne dieser Prozedur zu unterziehen. Das mag uns heute eigenartig erscheinen, ja geradezu barbarisch, doch die Vorteile, die es mit sich brachte, galten zur Begründung als einleuchtend genug. Da Eunuchen nicht für eine Familie zu sorgen brauchten, setzten sie sich in der Regel viel fleißiger und hingebungsvoller ein als ihre vollständig bestückten Kollegen. Da sie keine Kinder hatten, konnten gewisse Ämter auch nicht erblich werden, wie das zur gleichen Zeit im Westen geschah, sondern wurden vielmehr allein aufgrund der Verdienste vergeben. Aus demselben Grund stellten die Eunuchen ein unschätzbares Bollwerk gegen den Feudalismus dar, der dem Byzantinischen Reich vor allem in Kleinasien im Verlauf des Jahrhunderts immer größere Schwierigkeiten bereitete. Schließlich, und dies war wohl der entscheidendste Punkt, stellten sie keine Gefahr für den Kaiser dar. Ein Eunuch konnte – und tat dies auch oft – zwar für einen Bruder oder Neffen intrigieren,

Aschot von Armenien (915)   167

Er konnte jedoch nie, auch wenn er noch so mächtig war, auf den Thron kommen.

Kein Wunder, daß sich die Kaiserin mit ihrem Beraterstab bald als weitaus fähigere Verwalterin des Reichs erwies als Nikolaos und sein Regentschaftsrat. Das einzige Hindernis war der alte Patriarch. Zuerst hatte Zoe vorgehabt, ihn ein zweites Mal durch Euthymios zu ersetzen. Euthymios hatte jedoch Bedenken geäußert; verständlich, daß er genug hatte von den dauernden Machtkämpfen. Mit einem gewissen Widerwillen erlaubte sie deshalb Nikolaos, im Amt zu bleiben, gleichzeitig warnte sie ihn jedoch davor, sich weiter in Angelegenheiten zu mischen, die ihn nichts angingen. Also kehrte er zu seinen priesterlichen Pflichten zurück. Wie einer anderen (zugegebenermaßen ihm feindlich gesinnten) Quelle zu entnehmen ist, betrat er acht Monate nach Zoes Übernahme der Regentschaft zum ersten Mal die Hagia Sophia und akzeptierte sein Schicksal mit soviel Würde, wie er aufbringen konnte. Zweifellos muß es ihn aber fürchterlich geärgert haben, als Zoe ihre ohnehin bereits beträchtliche Popularität mit drei militärischen und politischen Erfolgen von sehr großer Bedeutung für die Sicherheit ihres Reichs noch steigern konnte.

Der erste war die Inthronisation von Aschot zum König von Armenien.[9] Die rauhe, unwirtliche Gegend um den Ararat, lange die empfindlichste Stelle der Konfrontationen zwischen byzantinischen und sarazenischen Einheiten, nahm eine heikle und unklare politische Stellung ein. Vom Thron in Konstantinopel aus betrachtete man die armenischen Fürstenhäuser – Armenien bildete keine wirkliche Einheit – als Vasallen. Zu ihrem Unglück dachten die Kalifen in Bagdad ebenso; über hundert Jahre lang hatte man in Bagdad stets einen arabischen *Ostigan* (Gouverneur) für diese Gegend ernannt. Das armenische Volk jedoch war stolz auf seine Weitsicht und seine alte Kultur und brüstete sich damit, als erstes das Christentum als Landesreligion angenommen zu haben. Wie fast alle christlichen Nachbarvölker im Osten hingen die armenischen Glaubensangehörigen überzeugt dem Monophysitismus an und empfanden Byzanz gegenüber wenig Loyalität oder Zuneigung. Die bei dogmatisch ausgerichteten Gläubigen häufig festellbare Tendenz, Ungläubige häretischen Abtrünnigen vorzuziehen, zeigt sich auch bei ihnen, und viele nahmen den moslemischen Einfluß mit unverhohlener Offenheit auf.

Angesichts der gepflegten Streitlust seiner Bevölkerung und der grundsätzlichen politischen Instabilität überrascht es nicht, daß Armenien von einer politischen Krise nach der andern erschüttert wurde. Im Jahre 909 sah sich das Land jedoch einer Bedrohung gegenüber, die sogar für seine Maßstäbe außerordentlich ernst war. Der *Ostigan* des Kalifen, der persische Emir Jusuf, hatte nämlich beschlossen, es dem byzantinischen Einfluß zu entziehen und ganz der Herrschaft Bagdads zu unterstellen. Er brach einen Bürgerkrieg vom Zaun, was in Armenien nie schwierig war, und fegte dann mit seinen Soldaten durch das von den Kämpfen zerrissene Land; sie metzelten alle nieder, die sich ihnen widersetzten, und begingen in allen Städten und Dörfern, durch die sie kamen, unsägliche Greueltaten. Der Schrecken dauerte vier Jahre; 913 kapitulierte schließlich der armenische König Smbat in der vermeintlichen Hoffnung, das Leben seiner Untertanen zu retten. Für diesen Irrtum »belohnte« ihn Jusuf mit einem ganz besonders schrecklichen Märtyrertod.

Für Byzanz stellte Armenien ein lebenswichtiges Bollwerk dar. Als Zoe 914 wieder an die Macht kam, bestand eine ihrer ersten Amtshandlungen deshalb darin, Smbats Sohn und Erben, den jungen Fürsten Aschot, nach Konstantinopel einzuladen, um mit ihm einen Feldzug zu planen. Als Folge davon kehrte Aschot im Frühjahr des folgenden Jahres an der Spitze eines großen griechischen Heers in seine Heimat zurück. Jusuf leistete erbitterten Widerstand. Sein Heer war jedoch zahlenmäßig hoffnungslos unterlegen. Beim ersten Schneefall – der Winter setzt in dieser Region früh ein – war der gesamte Westen und ein Großteil des östlichen Teils von Armenien wieder fest in Aschots byzanzfreundlichen Händen. Es dauerte zwar weitere vier Jahre, bis das Land völlig befriedet war – dafür sorgten schon die unvermeidlichen internen Zwiste –, seine Integrität war jedoch gerettet, und sowohl Zoe als auch Aschot hatten allen Grund, einander zu beglückwünschen.

Kaiserin Zoes zweiter Triumph bestand im wichtigen Sieg über ein großes moslemisches Heer, das von einem Stützpunkt in Tarsos aus einen Großangriff auf das Reichsgebiet lanciert hatte. Großer Jubel herrschte, als die Nachricht Konstantinopel erreichte. Und doch war

Aschot von Armenien (915)

dieser Erfolg nichts, verglichen mit dem dritten, den sie für Byzanz in der entgegengesetzten Ecke des Reichs errungen hatte, während sich Aschot anschickte, wieder in Armenien Fuß zu fassen. Im süditalienischen Thema Langobardien, direkt vor Capua, vernichtete der kaiserliche *Strategos* mit seinen Einheiten das sarazenische Heer. Damit erreichte das byzantinische Ansehen auf der italienischen Halbinsel das höchste Niveau seit dem Abzug von Nikephoros Phokas im Jahre 886. Bis zum Ende des Jahres 915 saß Kaiserin Zoe so fest im Sattel, daß sie nach Ansicht der Mehrheit ihrer Untertanen überhaupt nichts mehr falsch machen konnte.

Sogar Symeon von Bulgarien erlitt einen Rückschlag, wenn auch nur vorübergehend. Für ihn bedeutete die Entmachtung von Nikolaos und die Rückkehr von Zoe einen niederschmetternden Schlag. Er wußte wohl, daß Zoe die so wichtige Heirat, auf die er all seine Hoffnungen gesetzt hatte, keinen Augenblick lang gutheißen würde. Seine geschickten diplomatischen Winkelzüge hatten zu gar nichts geführt. Nun mußte es doch Krieg geben. Im September erschien er mit seinem Heer vor Adrianopel (Edirne), das ohne auch nur ein Anzeichen von Widerstand sofort von seinem Gouverneur aufgegeben wurde. Dafür verlor Symeon offenbar vollkommen die Nerven, als Kaiserin Zoe ein massives militärisches Aufgebot entsandte, um die Stadt zurückzuerobern; er zog sich jedenfalls in aller Eile zurück.

In den nächsten zwei Jahren begnügte er sich damit, Städte und Dörfer in Thessalien und Epiros zu belästigen. Im Jahre 917 waren seine Truppen jedoch erneut in Thrakien, und Zoe entschied sich für einen Präventivschlag. Johannes Bogas, ihrem *Strategos* in Cherson auf der Krim, war es gelungen, Symeons ehemalige Verbündete, die für ihre Käuflichkeit berüchtigten Petschenegen, zu überreden, von Norden her in Bulgarien einzufallen. Die byzantinische Flotte bekam den Auftrag, sie über die Donau zu bringen, genau so, wie sie fünfundzwanzig Jahre zuvor ungarische Stammesangehörige übergesetzt hatte. In der Zwischenzeit sollte das Heer von Konstantinopel aus an die südliche Grenze vorstoßen. So in die Zange genommen, würde Symeon keine andere Möglichkeit bleiben, als die Bedingungen anzunehmen, die man ihm anbot, und es würde lange dauern, bis er dem Reich wieder Schwierigkeiten machen konnte.

Der Plan schien narrensicher und wäre es wohl auch gewesen, hätte das Schicksal nicht eine plötzliche und unvorhersehbare Wendung genommen. Eine Wendung, die in der Tat so verblüffend ist, daß es verzeihlich ist, wenn wir den Verdacht hegen, daß der Grund dafür erneut in Symeons bemerkenswertem Talent für Bestechung zu suchen ist. Johannes kam mit seinen Petschenegen an das Donauufer, um seine Verabredung mit der Flotte einzuhalten, die von ihrem *Drungarios* befehligt wurde, einem Armenier namens Romanos Lakapenos. Die beiden Männer gerieten jedoch sogleich in einen handfesten Streit über den jeweiligen Grad ihrer Autorität, mit dem Resultat, daß sich Romanos kategorisch weigerte, die Leute wie geplant über den Fluß zu bringen. Die Petschenegen waren des Wartens bald müde und kehrten unverrichteterdinge nach Hause zurück.

Unterdessen war das Heer unter dem Befehl des *Domestikos* Leon Phokas, Sohn des Befehlshabers Nikephoros, von Konstantinopel die Schwarzmeerküste entlang vorgestoßen und hatte am Südende des Golfs von Burgas bulgarisches Gebiet betreten. Dort schlug man außerhalb des kleinen Hafens Anchialos am 20. August in der Abenddämmerung das Lager auf. In dem Moment sah Symeon, der den byzantinischen Vormarsch eingehend beobachtet hatte, seine Chance gekommen. Seine Horden fegten von den westlichen Hügeln herab, überrumpelten die byzantinischen Truppen vollkommen und zeigten keine Gnade. Was genau geschah, ist ungewiß. Georgios Kredenos erzählt, Leons Pferd habe plötzlich gescheut, während sein Herr beim Baden war, und sei reiterlos durch die Reihen galoppiert, wo unter den Soldaten eine Panik ausbrach, glaubten sie doch, ihr Feldherr sei tot. Diese Geschichte mag wahr sein oder nicht, fest steht, daß beinahe das gesamte byzantinische Heer niedergemetzelt wurde. Die Kriegsflotte, die sich in der Nähe hätte aufhalten sollen, um Überlebende zu bergen, war bereits in den Bosporus zurückgekehrt. Wer dem Gemetzel entkommen konnte, hatte keine Möglichkeit zur Flucht und wurde von den Verfolgern umgebracht. Leon Diakonos, der gut hundert Jahre später schrieb, berichtet, zu seiner Zeit sei das Schlachtfeld noch immer von den von der Sonne gebleichten Knochen der Gefallenen bedeckt gewesen. Einer der wenigen, die mit dem Leben davonkamen, war Leon Phokas. Ihm

Debakel bei Anchialos (917) 171

war es irgendwie gelungen, sich der Küste entlang Richtung Norden nach Mesembria durchzuschlagen; dort bestieg er einige Zeit später ein Schiff nach Konstantinopel.

Die Wut der Kaiserin, als sie von dem Debakel erfuhr, war nicht gering. Sie ordnete sofort eine offizielle Untersuchung des Verhaltens von Romanos Lakapenos an, und er wurde zur Blendung verurteilt. Zu seinem Glück – und, wie sich später herausstellen sollte, auch dem des Reiches – verwendeten sich ein paar seiner einflußreichen Freunde für ihn und erwirkten in letzter Minute, daß man ihn begnadigte. Zoes Vertrauen in Leon Phokas war trotz der so verheerenden Niederlage offenbar ungebrochen. Im selben Winter vertraute sie ihm ein weiteres Heer an, um die Bulgaren zurückzudrängen. Sie hatten erneut Ostthrakien überrollt und waren bis zu den Mauern Konstantinopels vorgedrungen. Leon hatte jedoch nichts vom militärischen Geschick seines Vaters geerbt. Er gelangte gerade bis Kasasyrte in den westlichen Außenbezirken der Stadt, da ereilte seine zweite Armee eine fast ebenso gründliche Niederlage wie die erste.

Dies bedeutete einen weiteren Sieg für Symeon – wenigstens bis zu einem gewissen Grad. Bald kam jedoch erneut die Bestätigung für das, was er bereits nur zu gut wußte: welchen Schaden er den kaiserlichen Truppen auch zufügen mochte, die Befestigungen Konstantinopels blieben uneinnehmbar. Er hatte keine andere Wahl, als wütend und frustriert nach Bulgarien zurückzukehren und dort den Rest des Winters zu verbringen. Dennoch stand Konstantinopel zu Beginn des Jahres 918 im Zeichen einer zunehmenden Krise. Nach zwei vernichtenden Niederlagen war Zoes Ruf angeschlagen, ihre Herrschaft ernstlich in Gefahr. Sie wußte, daß keine Aussicht auf eine Übereinkunft mit Symeon bestand. Er beharrte weiterhin auf einer Ehe zwischen ihrem Sohn Konstantin und seiner Tochter als Vorbedingung eines Abkommens. Zoe aber konnte sich noch immer nicht dazu durchringen, eine fremdländische Schwiegertochter auch nur in Erwägung zu ziehen. Um die nötige Unterstützung für die Rettung ihres wackligen Throns zu finden, mußte sie innerhalb des Reichs suchen.

Aber wo? Bestimmt nicht bei Nikolaos, der bereits wieder eine Möglichkeit seiner eigenen Rückkehr an die Macht witterte und sie bestimmt bei der erstbesten Gelegenheit betrogen hätte. Nüchtern betrachtet kamen nur zwei Personen in Frage. Der erste war Leon Phokas, so diskreditiert er auch sein mochte. Er hatte sich nach der Schmach in Kasasyrte auf ihren Befehl nach Asien begeben, um Ordnung in die anatolischen Truppen zu bringen. Seit Konstantin Dukas' Sturz war die Familie, der er entstammte, zur anerkannten führenden Kraft innerhalb des reichen Landadels aufgestiegen. Leon war zudem Witwer, so daß Zoe eine Ehe mit ihm in Betracht ziehen konnte – ein Schritt, der ihre Position, geschweige denn die ihres Sohnes, enorm gestärkt hätte.

Die Alternative hieß Romanos Lakapenos. Er unterschied sich in zwei wichtigen Belangen von Leon: er war erstens weder von hoher Geburt noch gebildet, sondern hatte sich, aus bäuerlichen Verhältnissen stammend, aus eigenen Kräften hochgearbeitet, und war zweitens, obwohl auch er sich in den vergangenen Kämpfen nicht gerade ausgezeichnet hatte, immerhin nicht besiegt worden. Sein großes Flaggschiff lag auch jetzt stolz im Goldenen Horn vor Anker, umgeben von der kaiserlichen Flotte: eine Zurschaustellung der Seemacht, die ihre Wirkung auf die byzantinische Bevölkerung nicht verfehlte, vor allem im Vergleich zum Zustand ihrer Armee – und an dem war, wie wohl alle wußten, hauptsächlich Leon Phokas schuld.

Die Kaiserin zog schließlich doch den properen, aristokratischen Feldherrn dem ungebildeten, fremden Emporkömmling vor. Sie ließ Leon in den Palast kommen, und innerhalb weniger Wochen gehörte er zu ihren engsten Mitarbeitern und vertrautesten Beratern. Sie hatte indes Macht und Einfluß der öffentlichen Meinung ernstlich unterschätzt. Die Bevölkerung von Konstantinopel – ein politischer Faktor, den zu ignorieren für ein Oberhaupt besonders in Krisenzeiten höchst riskant war – brachte der anatolischen Feudalaristokratie seit je wenig Vertrauen entgegen; traditionell galt ihre Loyalität der etablierten kaiserlichen Dynastie, und diese Einstellung teilten auch die Mehrheit der alten städtischen Aristokratie und viele Mitglieder des Hofes. Konstantin war inzwischen dreizehn Jahre alt. Obwohl nach wie vor kein besonders kräftiges Kind, war er offensichtlich intelligent und schien die Voraussetzungen für einen erstklassigen Kaiser zu erfüllen. Doch welche Chance bestand für ihn,

Appell an Romanos Lakapenos (918)

wenn der machthungrige Phokas sich gegen ihn stellte, eine Gefahr, der sich offenbar nicht einmal die Kaiserin bewußt war? Schon mischte sich ein Mitglied des kaiserlichen Hofes in die Sache ein. Konstantins persönlicher Lehrer Theodor schrieb im Namen seines Schülers einen Brief an Romanos Lakapenos und bat ihn um seinen Schutz. Warum Romanos als vertrauenswürdiger gelten sollte als Leon, ist nicht ganz klar. Vielleicht sprach seine bescheidene Herkunft für ihn, weil man hoffte, er lasse sich deshalb leichter unter Kontrolle halten. Wahrscheinlich ging es aber einfach um einen Machtkampf innerhalb des mächtigen Zirkels am Hof. Romanos war jedenfalls kein Jota weniger machthungrig als Phokas und willigte ohne zu zögern ein, dem jungen Kaiser als Beschützer und Fürsprecher zu dienen. Dabei muß er sich im klaren gewesen sein, welche Wirkung eine solche Erklärung auf Kaiserin Zoe haben mußte. Zweifellos nach Absprache mit Phokas, gab sie ihrem alten Freund und Berater, *Parakoimomenos* Konstantin, den Auftrag, Romanos in ihrem Namen zu befehlen, seine Seeleute auszuzahlen und die Flotte umgehend aufzulösen. Dieser reagierte überaus höflich und bat Konstantin an Bord seines Flaggschiffs, damit er sich an Ort und Stelle überzeuge, wie gewissenhaft die kaiserlichen Befehle ausgeführt wurden. Arglos folgte Konstantin der Einladung – und wurde sofort ergriffen und in Gefangenschaft gesetzt.

Die Verhaftung ihres bedeutenden Vertreters war eine vorsätzliche Beleidigung und eine Kampfansage an die Kaiserin. Zoe sandte eine Abordnung an Romanos mit der Forderung nach einer Erklärung, und diese wurde von einem Steinhagel begrüßt. Alarmiert berief sie umgehend eine Sitzung ihrer Magistraten im Bukoleon[10] ein – und mußte erkennen, daß diese die Seite gewechselt hatten. Ihr eigener Sohn, der Knabe Konstantin Porphyrogennetos, verlas eine Erklärung, in der seiner Mutter, der Kaiserin, verkündet wurde, ihre Regentschaft sei zu Ende und werde zukünftig gemeinsam von Patriarch Nikolaos und dem Magistraten Stephanos, einem weiteren Mitglied des früheren Rates, übernommen. Am Morgen danach erschien ein Trupp Soldaten, um Kaiserin Zoe erneut in das Euphemiakloster zu verfrachten. Erst nachdem Konstantin unter Tränen lange darum gefleht hatte, durfte sie schließlich, allerdings entmachtet, im Palast bleiben.

Damit hatte Nikolaos triumphiert. Er erkannte jedoch bald, daß sich das Reich in einem völlig anderen Zustand befand als fünf Jahre zuvor. Zoe war zwar schon mal ausgeschaltet, Leon Phokas und Romanos Lakapenos aber befanden sich weiterhin in offenem Kampf um die oberste Gewalt. Hilflos zwischen ihnen hin und her zappelnd, tat der Patriarch sein Bestes, die beiden gegeneinander auszuspielen, erreichte damit jedoch nur, daß seine eigene Position immer unhaltbarer wurde. Am 25. März 919 erschien denn auch Romanos mit seiner Flotte beim Bukoleon, betrat den Palast über das Seetor und verkündete, er habe die Regierung des Reiches übernommen. Nur einen Monat später verheiratete er seine Tochter Helene in der Hagia Sophia mit dem jungen Konstantin. Er selbst nahm den Titel *Basileopator* an, den Leon der Weise seinerzeit für seinen Schwiegervater Stylianos Zautzes geschaffen hatte.

Zum zweitenmal innerhalb wenig mehr als fünfzig Jahren war ein armenischer Emporkömmling nur einen Schritt vom byzantinischen Thron entfernt.

Das größte Hindernis auf Romanos Lakapenos' Weg an die Macht war nun Leon Phokas, der zu seinem Heer auf der anderen Seite des Bosporus zurückgekehrt war und von seinem Lager in Chrysopolis aus das Signal zum Aufstand gegeben hatte. Um sich die Loyalität seiner Truppen zu sichern, ließ er verlauten, sein Ziel sei einzig, den Kaiser aus den Klauen des *Basileopator* zu befreien. Darauf heuerte Romanos insgeheim einen Priester und eine Agentin aus gewissen Kreisen an und ließ durch sie Kopien eines Briefes verteilen, der deutlich die Signatur des Kaisers trug und in dem es hieß, sein Schwiegervater besitze sein vollstes Vertrauen, während Leon Phokas nichts anderes als ein verachtungswürdiger Rebell sei, der die Verwegenheit besaß, sich gegen seinen rechtmäßigen Souverän zu erheben. Der Priester geriet schon bald in die Hände der Häscher, die Agentin dagegen versah ihren Dienst mit bewundernswürdigem Erfolg. Hunderte von Leons Männern legten die Waffen nieder. Leon mußte erkennen, daß seine Chance gleich Null war. Die einzige Möglichkeit, noch mit dem Leben davonzukommen, bestand in der Flucht. Er wurde jedoch in einem bithynischen Dorf aufgegriffen, geblendet und in Ketten nach Konstantinopel zurückgebracht.

Der Tomus unionis (920) 175

Romanos soll einen Tobsuchtsanfall bekommen haben, als er von der Blendung seines Rivalen hörte, was ihn aber nicht daran hinderte, den Pechvogel zum Spott und Jubel der Massen auf einem Maultier um das Forum führen zu lassen, als nur wenige Wochen später eine weitere Verschwörung aufgedeckt wurde. Doch Leon Phokas war am Ende, und es bestand keine Veranlassung mehr, Energie auf seine Vernichtung zu verschwenden. Viel dringender für Romanos war nun die Überlegung, wie er sich den Weg auf den Thron bahnen konnte. Da er eindeutig kein Recht darauf hatte, konnte er dieses Ziel nur erreichen, indem er Konstantins Anspruch untergrub. So wurde mit begeisterter Zustimmung von Patriarch Nikolaos im Sommer des Jahres 920 eine formelle Synode nach Konstantinopel berufen, mit dem erklärten Ziel, dem Aufruhr innerhalb der Kirche ein Ende zu bereiten. Am 9. Juli ließ die Synode den sogenannten *Tomus unionis* mit einem revidierten und diesmal endgültigen und verbindlich festgelegten Kanon zum Thema der Wiederverheiratung veröffentlichen. Nach diesen peinlich genau festgeschriebenen Bedingungen galt es als völlig legitim, wenn ein Mann ein zweites Mal heiratete, ja einem kinderlosen Witwer unter fünfzig Jahren gestand man sogar eine dritte Heirat zu, unter der Voraussetzung, daß auf die Hochzeit ein angemessener Bußakt folgte. Eine vierte Ehe kam dagegen unter keinen Umständen in Frage und zog unweigerlich die Exkommunikation nach sich, solange die vierte Partnerin nicht endgültig wieder aufgegeben worden war. Nicht erreicht hatte Romanos, daß der Erlaß eine Rückwirkungsklausel enthielt. Die letzten beiden Ehen von Leon VI. wurden jedoch in aller Schärfe verurteilt und die Legitimität seines Sohnes zwar geduldet, aber auch das nur widerstrebend.

Die Gefühle des vierzehnjährigen Konstantin, der das Dokument unterzeichnen mußte, kann man sich in etwa vorstellen. Doch so unwillkommen es ihm erscheinen mußte, bedeutete das Elaborat noch nicht das Ende seines Unglücks. Kaum einen Monat später stellte Romanos seine Mutter Zoe mit dem Vorwurf unter Anklage, sie habe versucht, ihn zu vergiften. Ob an dem Verdacht etwas Wahres war, werden wir nie erfahren. Grund genug hätte sie gehabt, aber da ihm in seiner Skrupellosigkeit jedes Mittel recht war, zum Ziel zu gelangen, kann er die Anklage auch als Vorwand benutzt haben, um sie endgültig aus dem Weg zu schaffen. Der Verdacht genügte jedenfalls, um Kaiserin Zoes Schicksal zu besiegeln. Wieder wurde ihr das Haar geschoren, wieder mußte sie ins rauhe Nonnengewand schlüpfen, und wieder schloß sich das schwere Tor des Euphemiaklosters hinter der widerstrebenden Schwester namens Anna.

Blieb noch ein letztes Hindernis: Konstantins Lehrer Theodor. Er hatte Romanos' Usurpation der Macht entscheidend Vorschub geleistet, indem er ihn ersuchte, als Beschützer des jungen Kaisers zu fungieren. Auch besteht Grund zur Annahme, daß er es war, der das Tor aufschloß und Romanos in den Palast einließ, als dieser im März vor dem Bukoleon erschienen war. Theodor mag naiv gewesen sein und geglaubt haben, er handle im Interesse seines Zöglings. Nun erkannte er, daß er Konstantin mit seinen Intrigen in eben die Situation gebracht hatte, die er hatte vermeiden wollen. Ob kaiserlicher Fürsprecher oder nicht, Romanos hatte sich als ebenso selbstsüchtig erwiesen wie Leon Phokas. Sobald dies Theodor klar wurde, änderte er seine Haltung unverzüglich. Es dauerte nicht lange, bis Romanos dämmerte, daß sein einstiger Komplize zum Gegner geworden war. Er ließ deshalb Theodor und gleich auch dessen Bruder Symeon, vermutlich Anfang September, von *Patrikios* Theophylax, dem Komes der Stallungen, zu einem Bankett laden und während dieses Gastmahls kurzerhand unter der Anklage der Verschwörung verhaften und auf ihren Landsitz in Nordwestanatolien verbannen.

In Theodor verlor Konstantin den letzten ihm gesonnenen Freund. Von dem Zeitpunkt an war er nichts als eine Schachfigur in den Händen seines Schwiegervaters, den er am 24. September 920, nur wenige Tage nach seinem fünfzehnten Geburtstag, zum Cäsar ernannte. Am 17. Dezember desselben Jahres, also kaum drei Monate später, erreichte Romanos Lakapenos' skrupellos bis zum letzten verfolgte Karriere ihren Höhepunkt: Konstantin setzte ihm das kaiserliche Diadem auf.[11] Theoretisch blieb natürlich Konstantin ranghöherer Kaiser, aber binnen eines Jahres prangte Romanos' prächtig gewandetes Porträt auf den Münzen auf dem Ehrenplatz, und die Mehrheit seiner Untertanen muß damit gerechnet haben, daß es nur noch eine Frage der Zeit war, bis der junge Konstantin Porphyrogennetos ganz von der Bildfläche verschwand.

10

Der sanfte Usurpator

(920–948)

Du bist sterblich; dich erwarten Tod, Auferstehung und das Jüngste Gericht. Heute noch am Leben, bist du morgen schon Staub. Ein einziges Fieber kann all deinen Stolz zunichte machen. Was wirst du über dein sündiges Gemetzel sagen, wenn du vor Gott kommst? Wie dem schrecklichen, gerechten Richter gegenübertreten? Wenn du aus Liebe zum Reichtum handelst, garantiere ich dir all deine Wünsche und mehr: du brauchst nur die Hand auszustrecken. Heiße Frieden, Liebe und Eintracht willkommen, auf daß auch du in Frieden, ohne Blutvergießen und ohne Sorgen leben kannst und die ganze Christenheit das Ende ihrer Nöte gekommen sieht und aufhört, ihre Schwestern und Brüder zu töten.

Romanos Lakapenos zu Symeon von Bulgarien,
9. September 924

Über die Vergangenheit von Romanos Lakapenos, oder, wie wir ihn jetzt nennen müssen, Kaiser Romanos I., ist leider nur wenig überliefert. Seine Mutter wird nirgends erwähnt; sein Vater, von seinen Bekannten Theophylax der Unerträgliche genannt, war ein armenischer Bauer, der das Glück hatte, im Jahre 872 ausgerechnet Basileios I. in der Schlacht von Tephriké aus sarazenischer Hand zu retten. Dafür erhielt er eine Stelle in der kaiserlichen Garde, aber das war auch schon alles. Es gibt keinen Hinweis darauf, daß er besonderen Ehrgeiz gezeigt hätte, weder für sich noch für seinen Sohn. Er sorgte sich jedenfalls nicht um Romanos' Bildung, auf deren Mangel Konstantin VII. wütend hinwies, als es ihm die Umstände erlaubten. Es war dem Jungen überlassen, seinen Weg in der Welt zu machen. Er wurde um 870 geboren (nicht einmal das genaue Datum ist bekannt) und trat innerhalb der Marine in kaiserliche Dienste. Daß Liutprand von Cremona berichtet, seine frühe Beförderung sei das direkte Resultat eines kühnen Duells mit einem Löwen, gehört zu der Art von Geschichtsschreibung, die Legenden mit Fakten verknüpft, um eine Person in ein bestimmtes Licht zu rücken; Tatsache ist, daß er nicht viel über dreißig war, als man ihn zum *Strategos* des Themas Samos ernannte, zu dem der Großteil der kleinasiatischen Westküste sowie die davor gelegenen Inseln gehörten. Es handelte sich dabei um eine Stellung von beträchtlicher Bedeutung, übertrug sie ihm doch als Offizier im Dienst die volle Verantwortung für die zivile und militärische Verwaltung. Er scheint seine Pflichten ausgezeichnet erfüllt und seine Karriere ebensogut geplant zu haben, denn als Himerios im Jahre 912 in Ungnade fiel, ging das Amt des *Drungarios* (Großadmirals) offenbar diskussionslos an ihn über.

Als er die Macht ergriff, hatten er und seine Frau Theodora, die er am Dreikönigstag 921 zur Augusta ausrief, bereits mindestens sechs Kinder. Sie brachte noch zwei weitere zur Welt, starb aber 923. Von ihren vier Söhnen waren bis Ende 924 nicht weniger als vier zu Mitkaisern gekrönt. Der jüngste namens Theophylax, ein Eunuch, war für das Patriarchat vorgesehen. Es ist klar, daß der neue Kaiser wie sein Landsmann Basileios I. vor ihm die Absicht hatte, eine Dynastie aufzubauen. Im Unterschied zu diesem besaß er einen vergleichsweise sanften Charakter. Basileios' Weg an die Macht war von mindestens zwei erwiesenen Mordanschlägen begleitet gewesen, während Romanos Lakapenos zwar allerhand Trug und Tricks ohne Rücksicht angewandt hatte, jedoch seiner Natur nach wohl weder gewalttätig noch brutal war und zumindest nicht offen gemordet hatte; als sein Erzrivale Leon Phokas geblendet wurde – im Byzanz des zehnten Jahrhunderts ein weitverbreitetes Schicksal –, gab er offenbar spontan zum Ausdruck, daß derlei Mittel nicht die seinen waren. Für die Mehrheit seiner Feinde sah er das Exil als eine ausreichende Bestrafung an. Die Hartnäckigkeit, mit der sein junger Schwiegersohn am Leben festhielt, muß ihn rasend gemacht haben.

Konstantin Porphyrogennetos (920)

Solange der Porphyrogennetos lebte, gab es keine sichere Zukunft für das Haus Lakapenos. Der Gesundheitszustand Konstantins war nach wie vor sehr labil, und es wäre ein leichtes gewesen, ihn zu vergiften, ohne Verdacht zu erwecken. Basileios hätte unter ähnlichen Umständen wohl keine Sekunde gezögert. Romanos war aus anderem Holz. Er unternahm zwar alles in seiner Macht Stehende, um den jungen Kaiser zu verdrängen und sich wie auch seinen Sohn in höhere Stellungen zu befördern, doch er legte niemals Hand an ihn. Und Schwiegersohn Konstantin überlebte, wie sich herausstellen wird, schließlich beide um Jahre.

Trotzdem muß Konstantin VII. eine elende, unglückliche Jugend verbracht haben, voller Ungewißheit und Angst. Der Vater tot, die Mutter ihrer Stellung beraubt, als Konkubine gebrandmarkt und zweimal verbannt. Systematisch trichterte man ihm ein, er sei nur ein Bastard, und schweigend mußte er zusehen, wie Romanos der Reihe nach alle, denen er noch vertrauen konnte, aus dem Palast entfernen ließ. Und als wäre das nicht schon genug gewesen für ein kränkliches, empfindliches Kind, mußte er einsam und von niemandem geliebt in einer großen, ihm gegenüber grundsätzlich feindselig eingestellten Familie leben. Die Vernunftehe im Alter von dreizehn Jahren mit einem Mitglied dieser Familie, einem jungen Mädchen, das er kaum kannte, wird zu der Zeit kaum zur Verbesserung seiner Lage beigetragen haben. (Später nahm diese Ehe eine glücklichere Wendung, und zwei Kinder des Paares traten schließlich die Thronfolge an.) Es bestehen somit kaum Zweifel, daß der Kaiser seine Jugend in trauriger Einsamkeit verbrachte und mehr oder weniger ignoriert wurde. Zu seinem Glück wurde seine körperliche Schwäche durch einen außergewöhnlich lebhaften Verstand und breite künstlerische und intellektuelle Interessen ausgeglichen. Er scheint ein begabter Maler gewesen zu sein, war fasziniert von der großen weiten Welt jenseits der Mauern von Konstantinopel und auf der anderen Seite der Reichsgrenzen und verbrachte Stunden, ja Tage damit, die Details der byzantinischen Hofzeremonien zu studieren. Dies war der Bereich, in den seine Stellung ihm uneingeschränkt Einblick gewährte und für den sein Werk *De Ceremoniis Aulae Byzantinae* unsere wertvollste Quelle bleibt.

Es kam ihm zugute, daß er zumindest zu der Zeit weder politischen Ehrgeiz noch, soweit sich das beurteilen läßt, viel Zivilcourage besaß. Aber er verhielt sich klug, indem er in seiner Situation keinen Versuch machte sich durchzusetzen: weder als ihn sein Schwiegervater als ranghöheren Kaiser verdrängte, noch als dieser im Mai 921 seinen ältesten Sohn Christophoros ebenfalls auf den Thron erhob, noch als er nach dem Tod der Augusta Theodora im Februar 923 Christophoros' Frau Sophia krönte, noch als er, wiederum zwei Jahre später, zwei weitere Söhne Theodoras und Romanos' erhob und es damit insgesamt absurderweise fünf Kaiser gab, und nicht einmal als er 927 Christophoros als zweithöchsten dieser fünf erklärte und damit sich selbst, den Porphyrogennetos, auf den dritten Rang zurückstufte. Niemals äußerte Konstantin auch nur ein Wort des Protestes. Sein Schweigen ist jedoch nicht mit Gleichgültigkeit gleichzusetzen. Seine späteren Schriften belegen, daß ihn jede einzelne Kränkung traf, am stärksten, so ist zu vermuten, der *Tomus unionis*. Was dieses Dokument für Konstantin noch unerträglicher machte, war die Klausel, nach der es jedes Jahr am zweiten Sonntag im Juli von jeder Kanzel des Reiches zu verlesen war. Außerdem fand zur Erinnerung daran in Konstantinopel jährlich eine Prozession von der Irenenkirche zur Hagia Sophia statt, an der alle Mitkaiser zusammen mit dem Patriarchen teilnehmen mußten. Doch auch dabei machte Konstantin gehorsam und ohne Klagen alles so, wie es von ihm verlangt wurde. Er wußte, daß es für ihn eine Pflicht gab, die vor allen anderen Vorrang hatte: zu überleben.

»Wir haben frohe Nachrichten für Sie, mein Sohn, die Ihr Herz ebenso erfreuen werden, wie es uns Freude bereitet, sie Ihnen mitzuteilen: die Kirche Gottes ist einmal mehr vereint.« So begann ein Schreiben von Patriarch Nikolaos an Symeon von Bulgarien, in dem er diesen über den *Tomus unionis* und das Ende des Streits zwischen seiner eigenen Anhängerschaft und derjenigen von Euthymios in Kenntnis setzte. Symeon freute sich jedoch kein bißchen, denn die byzantinische Kirche interessierte ihn nicht. Ihm war nur am Kaiserthron gelegen, der sieben Jahre zuvor vor seiner Nase gestanden hatte und seit Romanos Lakapenos' Machtergreifung weiter in die Ferne gerückt zu sein schien denn je. Vom Augenblick seiner Inthronisation an hatte Romanos alles in seiner Macht Stehende unternom-

Symeon schlägt ein Treffen vor (924)

men, um die guten Beziehungen zu seinen bulgarischen Nachbarn wiederherzustellen. Er war bereit, Symeon Tribut zu bezahlen oder, wenn nötig, sogar territoriale Konzessionen zu machen. Symeon nahm jedoch keine Bedingungen an, die nicht mit Romanos' Abdankung verknüpft waren. So hielten die Kämpfe an. Byzanz griff erneut zur alten List, an einer anderen Stelle an der Grenze des Feindes Aufruhr zu stiften – diesmal in Serwia. Die ansässigen Fürsten, die sich vom bulgarischen Joch befreien wollten, waren nur zu gern bereit, die kaiserliche Unterstützung anzunehmen. Die kritische Lage entspannte sich aber trotzdem nie für lange Zeit. 919 stieß Symeon bis zum Hellespont nach Süden vor; 921 war er wieder in Kasasyrte, in Sichtweite der Landmauern; 922 drang er zur europäischen Bosporus-Küste vor, fügte der byzantinischen Armee eine demütigende Niederlage zu, plünderte die ganze Gegend um Stenon (heute Istinye) und brannte einen von Romanos' Lieblingspalästen im Pegenbezirk[1] nieder; 923 eroberte er Adrianopel zurück und bestrafte dessen Gouverneur Moroleon für den geleisteten Widerstand der Stadt, indem er ihn zu Tode foltern ließ.

Kein einziger dieser kleinen Siege brachte ihn seinem Ziel jedoch entscheidend näher. Wieviel Schaden er auch in Thrakien anrichten mochte, wie viele Städte und Ortschaften er auch erobern oder zerstören mochte, vom Land her blieb Konstantinopel uneinnehmbar. Er entschloß sich daher im Jahre 924 zu einem letzten Angriff, diesmal vom Meer her. Er besaß zwar keine eigene Flotte, doch schien es ihm denkbar, daß der in Nordafrika herrschende Kalif des Hauses Fatima[2] bereit sein könnte, seine prächtige Kriegsflotte für einen gemeinsamen Feldzug zur Verfügung zu stellen. Er sandte eine Delegation an den Hof des Mahdi mit dem Auftrag, über seinen Vorschlag zu verhandeln. Die ersten Annäherungsversuche verliefen eindeutig ermutigend; man kam überein, die Gespräche mit Symeon persönlich fortzusetzen. Auf der Heimfahrt in Begleitung einer arabischen Delegation wurden die Gesandten jedoch auf hoher See von einem byzantinischen Geschwader mit kalabrisch-griechischer Besatzung abgefangen und unter schwerer Bewachung nach Konstantinopel überführt. Die bulgarischen Unterhändler ließ Romanos einkerkern, die arabische Delegation dagegen als gerissener Diplomat, der er war, mit Geschenken überhäufen. Er versprach ihnen

Frieden und jährliche Tributzahlungen und sandte sie schließlich zu ihrem Mahdi zurück. Diese Zusicherungen waren zuverlässiger als alles, was sie sich je von Symeon hätten erhoffen können.

Wir wissen nicht, wann und wie die Nachricht über das Scheitern der Mission den bulgarischen Hof erreichte. Es scheint durchaus möglich, daß Symeon annahm, die fatimidische Flotte befinde sich bereits auf dem Marmarameer, als er im Hochsommer 924 sein Heer zum mindestens zehnten Male nach Thrakien führte. Falls dies zutrifft, erlebte er eine Enttäuschung. Daraufhin änderte er seine Taktik grundlegend. Statt wie erwartet und bisher auch üblich zu einem weiteren Verwüstungszug auf das Umland anzusetzen, ließ er seinen alten Bekannten in der Stadt, den Patriarchen, um ein Treffen ersuchen.

Erneut nahm der mittlerweile zweiundsiebzig Jahre alte Nikolaos, bei dem das Alter seine Spuren zu hinterlassen begann, den beschwerlichen Weg durch die Stadt zu den Mauern auf sich, wo ihm eines der Tore vorsichtig geöffnet wurde. Diesmal geschah es aber nicht heimlich, sondern in Begleitung mehrerer ausgezeichneter Hofbeamter. Er traf den bulgarischen König nicht in derselben zugänglichen Stimmung an wie elf Jahre zuvor. Inzwischen hatte Symeon nämlich beschlossen, nicht mehr mit untergebenen Personen zu verhandeln. Wenn sich schon der Patriarch auf seine Bitte hin herbegab, warum dann nicht auch der Kaiser selbst? Höflich teilte er Nikolaos mit, er habe seine Meinung geändert, seit er ihn habe rufen lassen. Über erwünschte Friedenspläne des Reiches könne er nur mit Romanos persönlich verhandeln.

Dieser hatte nichts dagegen, gab er dem Gespräch doch von jeher den Vorzug vor dem Kampf. Außerdem wünschte er, den ständigen bulgarischen Einfällen ein Ende zu setzen. Ein Problem blieb die Frage der Sicherheit. Er hatte nicht mehr Vertrauen in Symeon als dieser in ihn. Keiner von beiden – vor allem Symeon nicht – konnte vergessen, was beim Treffen von Khan Krum und Kaiser Leon V. hundert Jahre zuvor geschehen war. Also wurde an der Nordküste des Goldenen Horns bei Kosmidios[3] ein weit in das Wasser hinausragender Steg gebaut und in der Mitte durch eine Barrikade abgeriegelt. Man war übereinkommen, daß Symeon die Stelle vom Land her aufsuchte und Romanos mit der kaiserlichen Barke über das Goldene

Symeon kehrt nach Hause zurück (926) 183

Horn. Die Barrikade zwischen ihnen sollte während des gesamten Gespräches erhalten bleiben.

Das Treffen fand am Donnerstag, dem 9. September, statt.[4] Symeon ritt in herrlicher Pracht auf, begleitet von einer großen Eskorte, der er ausdrücklich befahl, die Sicherheitsvorkehrungen gründlich zu überprüfen, bevor er sich der Barrikade näherte; Romanos erschien in Begleitung von Patriarch Nikolaos und wirkte im Gegensatz dazu merkwürdig nachdenklich und gebändigt. Er führte die heiligste Reliquie der Stadt mit sich, den Schleier der Gottesmutter, den er sich aus der Blachernenkirche geborgt hatte zum Zeichen der Bedeutung, die er dem Anlaß beimaß. Nach einer weiteren kurzen Verzögerung, bedingt durch den Austausch von Geiseln, standen sich die beiden Monarchen schließlich gegenüber.

Unsere Quellen für das folgende Gespräch sind alle griechischen Ursprungs und deshalb zwangsläufig voreingenommen, so daß es ganz und gar von Romanos dominiert scheint, der sein Gegenüber in typisch byzantinischer Manier prompt mit einer Predigt beglückte. Statt um Frieden zu bitten, wie Symeon vermutlich erwartete, appellierte er an dessen besseres Ich als Christ und legte ihm allen Ernstes nahe, sich zu bessern, solange ihm dazu noch Zeit blieb. Immerhin bot er auch an, die jährlichen Tributzahlungen zu erhöhen, aber er bettete das Angebot offenbar so geschickt in die Moralpredigt ein, daß es wahrscheinlich viele der Anwesenden gar nicht als solches auffaßten und es selbst für jene, die es bemerkten, weniger wie ein Entgegenkommen klang als wie ein Preis, den ein gütiger Schutzherrn freiwillig für die Rettung der Seele eines Sünders aussetzte.

Allen Quellen zufolge bot Romanos eine meisterhafte Vorstellung, und sie hatte mehr Erfolg, als er oder Nikolaos je zu hoffen gewagt hätten, wußten doch alle, daß Romanos aus einer Position der Schwäche heraus sprach. Er, nicht der Bulgare, suchte den Frieden. Außerdem war er als Sohn eines armenischen Bauern von weit niedrigerer Herkunft als Symeon, der sich einer stolzen Ahnenreihe von Khans rühmte, die mindestens vier Generationen bis zu Krum zurückreichte, wahrscheinlich noch viel weiter. Romanos aber spielte die Erhabenheit und Autorität des tausendjährigen Römischen Reiches aus und gab zu verstehen, daß Bulgarien damit verglichen noch immer nicht viel mehr als ein emporgekommenes Fürstentum halbzivilisierter Barbaren sei. Und das war Symeon wohl bewußt.

In diesem Augenblick erschienen zwei Adler am Himmel. Zuerst kreisten sie gemeinsam, dann trennten sie sich plötzlich. Der eine zog weiter seine Kreise über den Türmen von Konstantinopel, während der andere nach Westen Richtung Thrakien davonflog. Flugs wurde dies als Zeichen des Himmels gedeutet, und niemand zog in Zweifel, was es unmißverständlich besagen wollte: so sehr Symeon sich auch anstrengte, er würde nie Herrscher von Byzanz sein; es sollte vielmehr zwei Herrscher auf der Balkanhalbinsel geben und nicht nur einen.

Danach gab es nicht mehr viel zu sagen. Die Einzelheiten der von Romanos angebotenen Tributzahlungen waren rasch geregelt. Dazu sollte ein jährliches Geschenk von hundert *Scaramangia* kommen, jenen reich bestickten seidenen Gewändern, die zu den größten Luxusgütern gehörten, die selbst Konstantinopel zu bieten hatte. Im Gegenzug willigte Symeon ein, sich vom Reichsgebiet und von den Festungen, die er an der Schwarzmeerküste erobert hatte, zurückzuziehen. Dann trat er schweigend von der Barrikade zurück, bestieg sein Pferd und kehrte daraufhin in seine Heimat zurück. Er hielt das Abkommen ein und bedrängte das Reich fortan nicht mehr mit weiteren Einfällen.

Das soll nicht heißen, daß sich seine Ambitionen gelegt hätten. Er war jetzt über sechzig Jahre alt und seit über dreißig Jahren auf dem Thron. Auch er konnte nicht aus seiner Haut. Er träumte jedoch nicht länger davon, in Konstantinopel zu regieren. Daß er 925 den Titel Basileus annahm, obendrein mit der Ergänzung »von Rom und Bulgarien«, war eine Art trotziges Eingeständnis, daß man ihn in seine Grenzen verwiesen hatte; Romanos bemerkte einmal, Symeon könne sich auch Kalif von Bagdad nennen, sofern ihm dies beliebe. Im Jahr darauf erklärte Symeon die Unabhängigkeit der bulgarischen Kirche und erhob seinen Erzbischof in den Rang eines Patriarchen. Nikolaos wäre entsetzt gewesen, seinen alten Alptraum tatsächlich wahr werden zu sehen, doch er hatte im Mai 925 das Zeitliche gesegnet, und sonst schien es niemanden groß zu kümmern. Aus Konstantinopel kam kein einziges Wort des Protestes, was Symeon vermutlich nicht wenig irritierte.

Symeon kehrt nach Hause zurück (926) 185

Aber er schlug sich Konstantinopel aus dem Kopf und wandte die Aufmerksamkeit statt dessen seinen Feinden im Westen zu, Serbien und dem seefahrenden Königreich Kroatien. Ersteres vernichtete er im Sturm, letzteres setzte sich dagegen erfolgreich zur Wehr und rieb im Jahre 926 das bulgarische Heer fast bis auf den letzten Mann auf, und Symeon war gezwungen, einen demütigenden Frieden zu akzeptieren. Von diesem Schlag erholte er sich nicht mehr. Der Kampfgeist hatte ihn verlassen, und am 27. Mai 927 starb er im Alter von neunundsechzig Jahren.[5]

Symeon hatte klare Anweisungen für seine Nachfolge hinterlassen. Die bulgarische Krone sollte an den ältesten der drei Söhne aus seiner zweiten Ehe gehen, einen Jungen namens Peter.[6] Symeons Sohn aus erster Ehe, Michael, wurde aus unerfindlichen Gründen in ein Kloster gesteckt. Bis zu Peters Volljährigkeit sollte sein Onkel mütterlicherseits, ein gewisser Georg Sursubul, als Regent amtieren. Regentschaften sind jedoch stets gefährlich – vor allem wenn sie auf einen so starken Herrscher wie Symeon folgen. Georg erkannte schon bald, daß er, um zu überleben, das vor kurzem geschlossene Bündnis mit Byzanz durch einen formellen Friedensvertrag bekräftigen und wenn möglich durch eine eheliche Verbindung verfestigen mußte. Er sandte deshalb eine Delegation zu Romanos und stieß bei diesem auf offene Ohren. An einer kurz darauf in der Grenzstadt Mesembria abgehaltenen Zusammenkunft erzielten sie rasch eine Übereinkunft: Romanos und sein Gefolge kehrten nach Konstantinopel zurück, die bulgarische Gesandtschaft folgte, und man stellte Georg dort Maria Lakapena, die Tochter von Romanos' ältestem Sohn Christophoros, vor. Er zeigte sich erfreut; als seine vorsichtigen Äußerungen auf ein ermutigendes Echo stießen, ließ er sogleich seinen Neffen kommen.

So kam es, daß zum ersten Mal seit über fünfhundert Jahren eine byzantinische Prinzessin ins Ausland heiratete. Die Hochzeit fand am 8. Oktober, nur viereinhalb Monate nach Symeons Tod, im Pegenpalast statt. Das Paar wurde vom Patriarchen Stephanos II. getraut; er hatte im Jahre 925 die Nachfolge von Nikolaos angetreten, denn Theophylax, der jüngste kaiserliche Sohn, war mit acht Jahren denn doch als zu jung für das Amt betrachtet worden. Die

Braut, dem Friedensschluß zu Ehren in Irene umgetauft, begab sich nochmals kurz nach Konstantinopel, und Peter wartete auf sie im Pegenpalast, wo sie drei Tage später zur Feier des üppigen Hochzeitsfestes wieder eintraf. Darauf verabschiedete sie sich von ihrer Familie. Es sei daran erinnert, daß sowohl sie wie ihr Mann noch fast Kinder waren. Sie hatte ihr Zuhause noch nie zuvor verlassen und zudem keine Ahnung, was für ein Leben sie im fremden Land erwartete. Mit großem Gepäck machte sie sich auf die lange Reise Richtung Nordwesten.

Die Chronisten müssen von der Pracht der Hochzeitsfeierlichkeiten so geblendet gewesen sein, daß sie kaum etwas berichten über den Friedensvertrag, der zur gleichen Zeit unterzeichnet wurde. Es scheint ein, zwei geringfügige Gebietsanpassungen gegeben zu haben; außerdem war eine jährliche Tributzahlung an Peter vorgesehen. Dabei könnte es sich um eine Bestätigung dessen gehandelt haben, was Symeon und Romanos am Goldenen Horn vereinbart hatten. Da die Abmachung jedoch neu die Zusatzklausel enthielt, daß die Zahlung nur zu Maria-Irenes Lebzeiten zu leisten sei, liegt der Schluß nahe, daß es sich um eine Apanage handelte, um sicherzustellen, daß sie den einer byzantinischen Prinzessin angemessenen Lebensstandard aufrechterhalten konnte.[7] Schließlich, und daran lassen die zeitgenössischen Quellen keinen Zweifel, anerkannte Romanos offiziell die Unabhängigkeit des bulgarischen Patriarchats und Peters Zarentitel, griechisch *Basileos*. Die erste dieser Verpflichtungen bereitete ihm keine übermäßigen Sorgen. Schließlich war die Unabhängigkeit des Patriarchats eine vollendete Tatsache, und, obschon ärgerlich für Konstantinopel, beraubte sie Bulgarien einer Erpressungsdrohung, nämlich die des Übertritts zu Rom. Die zweite Abmachung muß schwerer verdaulich gewesen sein; man begnügte sich damit, den Titel in der Praxis schlicht zu ignorieren. Bis Konstantin Porphyrogennetos im Jahre 945 tatsächlich an die Macht kam, wurde Peter in Schreiben vom Bosporus, entgegem diesem Abkommen, stets nur als *Archon* (Herrscher) bezeichnet.

Denn Romanos war in erster Linie Realist. Das Friedensabkommen, unter das er sein Siegel gesetzt hatte, ließ keinen Zweifel daran. Obwohl keine der beiden Mächte als Sieger hervorgegangen war, hatte Bulgarien mehr profitiert. Man kann durchaus den Stand-

Der Friedensvertrag (927) 187

punkt vertreten, daß Romanos mit geduldiger, hartnäckiger Diplomatie günstigere Bedingungen hätte aushandeln können, doch der Aufwand hätte vielleicht in keinem Verhältnis zum Ertrag gestanden. Im Interesse einer schnellen, unumstrittenen Einigung, untermauert durch eine eheliche Allianz als zusätzlicher Garantie für eine dauerhafte byzantinisch-bulgarische Freundschaft, war Romanos durchaus bereit, ein paar Zugeständnisse zu machen. In den ersten vier Jahren seiner Herrschaft, als er mit zwei offenen Revolten zu kämpfen hatte (eine in Apulien, die andere im Thema Chaldia im fernen Nordosten) und praktisch jeden Monat eine neue Verschwörung aufgedeckt wurde, hätte er sich einen solchen Luxus ohnehin nicht leisten können. Nun war seine Stellung gefestigt: sämtliche Regierungs- und Hofbeamten, die sich ihm nicht ergeben hatten, waren in der Verbannung oder in geschlossenen Klöstern verschwunden; an jeder Schlüsselposition befand sich einer seiner Getreuen; die Kriegsmarine stand wie ein Mann hinter ihm und die große Mehrheit des Heers ebenfalls; die Kirche, einem neuen und unterwürfigen Patriarchen unterstellt, machte keine Schwierigkeiten. Romanos war nicht nur der gekrönte und gesalbte Kaiser, sondern Oberhaupt einer großen herrschenden Familie. Der einzige potentielle Rivale befand sich vollständig in seiner Hand und war nebenbei noch sein Schwiegersohn. Endlich konnte er sich sicher fühlen.

Ein, zwei Jahre nach Symeons Tod zeigte sich außerdem, daß Bulgariens Kräfte erschöpft waren. Byzanz hatte seinem Aufstieg ohnehin Grenzen gesetzt, und Byzanz hatte sich einmal mehr als uneinnehmbar erwiesen. Symeon hatte keine andere Wahl, als ein ums andere Mal vor den gewaltigen Mauern kehrtzumachen und sich im Kampf gegen die Stämme des Balkans und der östlichen Steppen aufzureiben, und dies war ein Krieg, der sich niemals gewinnen ließ. Der junge Peter aber besaß nichts von der Expansionslust seines Vaters und war zudem ein Schwiegersohn eines Sohnes des byzantinischen Kaisers. Seinem Vater zwar moralisch überlegen – viele seiner Untertanen betrachteten ihn als Heiligen –, erwies er sich als ein wenig draufgängerischer Herrscher, so daß es in den zweiundvierzig Jahren seiner Herrschaft nicht gelang, das boljarische Volk unter Kontrolle zu bringen, geschweige denn, sein Königreich zusammenzuhalten. Bulgarien gab dem Reich rund ein halbes Jahrhundert lang keinen Grund zur Sorge. Als dann schließlich ein neuer Herrscher und Vertreter einer anderen Dynastie die Autorität Konstantinopels einmal mehr in Frage stellte, sah er sich einem ebenbürtigen Feind gegenüber.

Der Frieden mit Bulgarien erlaubte es Romanos Lakapenos, seine Energie auf den Osten zu konzentrieren, ein für das Wohlergehen und die Sicherheit von Byzanz wesentlich wichtigeres Gebiet, als es der Balkan je sein konnte. Hier lagen die reichsten und fruchtbarsten Felder und Höfe, hier befand sich das scheinbar unerschöpfliche Potential an Menschen, aus deren Reihen sich das Reich seit Jahrhunderten mit den zuverlässigsten und kräftigsten Kriegern versorgte. Hier, und dies war das Entscheidende, verlief die Grenze zwischen Christentum und Islam, von deren Erhaltung und Unverletzlichkeit das Reich abhing.

Um 900 hatte sich Leon VI. die Ländereien von Manuel von Tekes angeeignet, einem unbedeutenden armenischen Fürsten. Mit einer der beiden Nachbarstädte faßte er sie zu einem neuen Thema zusammen, das er Mesopotamien[8] nannte. Mit dieser nicht sehr bedeutenden Ausnahme waren die Ostgrenzen des Reiches zum Zeitpunkt seines Todes im wesentlichen dieselben wie in den zweihundert Jahren zuvor. Überfälle gehörten auf beiden Seiten seit langem zur Tagesordnung. Nur selten verging ein Sommer, ohne daß nicht die eine Seite mindestens einen Feldzug zu Wasser oder zu Land auf das Gebiet der anderen lancierte. Diese Einfälle erforderten oft beträchtliche Truppenstärke, fanden jedoch offenbar mehr zum Zweck des Plünderns und Raubens statt denn aus territorialen Expansionsgelüsten und veränderten die Grenzen in der Regel kaum auf Dauer.

Im Jahre 923 wurde einer der erfolgreichsten Feldherren, die Byzanz je hervorbrachte, zum Oberbefehlshaber der Armee ernannt. Johannes Kurkuas – gelegentlich auch unter seinem Taufnamen Gurgen bekannt – war wie Romanos ein Armenier aus dem äußersten Norden, dem heutigen Georgien. Soweit sich das beurteilen läßt, waren die beiden alte Bekannte. Kurkuas war in der Zeitspanne, da Romanos sich an die Macht hievte, hauptsächlich für das Aufspüren potentiell subversiver Elemente in der Hauptstadt ver-

Kurkuas' Feldzüge (934)   189

antwortlich gewesen. Fünfundzwanzig Jahre lang diente wohl kein
Mann im Reich seinem Herrn ergebener und loyaler als er. Bereits im
ersten Jahr konnte er einen bemerkenswerten Seesieg verzeichnen,
nämlich die endgültige Niederlage des abtrünnigen Piraten Leon
von Tripolis, der neunzehn Jahre zuvor Thessalonike zerstört hatte.
Um sich besser um Symeon kümmern zu können, hatte Romanos im
Jahre 924 einen zweijährigen Frieden mit dem Kalifen geschlossen.
926 aber war die bulgarische Gefahr beseitigt, und er konnte den
Kampf gegen das Kalifat aufnehmen. In den folgenden achtzehn
Jahren veränderte sich denn auch der Charakter des jahrelangen und
bis dahin unentschiedenen Kampfes im Osten grundlegend. Seit den
ersten Tagen der sarazenischen Eroberungen war die Initiative
immer von den islamischen Kräften ausgegangen. Nach einem
ersten Angriff waren sie aber jeweils kaum mehr weiter vorgestoßen.
Byzanz hatte zwar unter Michael III. im vergangenen Jahrhundert
mehrere beachtliche Siege errungen, doch eine großangelegte Invasion in das traditionell sarazenische Gebiet hatte niemals ernsthaft
zur Diskussion gestanden. Die ersten sechs Jahre von Kurkuas' Feldzügen waren nun auf die weitere Konsolidierung der kaiserlichen
Autorität in Armenien ausgerichtet und endeten 932 mit der Eroberung von Mantzikert – einer Stadt, die im Verlauf der byzantinischen
Geschichte noch eine schreckliche Bedeutung erhalten sollte. In Verbindung mit Percri, Khelat (heute Ahlat) und anderen Städten an
und in der Nähe der Nordküste des Wan-Sees ergab dies die Möglichkeit, die Straßen nach Zentralarmenien und das südliche
Waspurkan zu überwachen. Nur zwei Jahre später, am 19. Mai 934,
folgte ein noch größerer Erfolg: die Eroberung von Melitene, dem
ersten bedeutenden arabischen Emirat, das ins Reich eingegliedert
wurde.

Die unmittelbar folgenden Jahre verliefen weniger einnehmend,
hauptsächlich aufgrund einer Gegenoffensive seitens des mächtigen
hamdanidischen Emirs von Mossul, Saïf-ad-Daulah, »Schwert des
Reiches«. Bis im Jahr 940 bereitete er mit seinen Streitkräften Kurkuas ernsthafte Sorgen, und die Angelegenheit hätte womöglich eine
für Byzanz dramatischere Wendung genommen, wäre Saïf nicht
einer neuen Krise in Bagdad wegen eilig zurückgerufen worden: das
Abbasiden-Kalifat drohte rasch auseinanderzubrechen. Das Glück

war Byzanz noch holder, als man ahnen konnte: hätte der Emir den Druck aufrechterhalten, wäre es erst recht schwergefallen, mit dem unerwarteten Schlag fertig zu werden, der im folgenden Sommer wie ein Blitz aus scheinbar heiterem Himmel niederging.

Es mag im Jahre 941 in Konstantinopel noch Männer und Frauen gegeben haben, die sich daran erinnerten, wie ihnen ihre Eltern von dem russischen Überfall einundachtzig Jahre zuvor erzählten, der so großen Schrecken verbreitet hatte, zum Glück jedoch nur von kurzer Dauer gewesen war.[9] Damals war das russische Volk heterogen, bestand es doch aus verschiedenen, hauptsächlich slawischen Stämmen, die von einer feudalen, vermutlich skandinavisch-stämmigen Aristokratie zusammengehalten wurden. In der Zwischenzeit hatte es jedoch sowohl im wörtlichen als auch im übertragenen Sinn einen langen Weg hinter sich gebracht. Um 882 waren wikingische Clans unter der Führung eines Mannes namens Oleg in Nowgorod aufgebrochen und den Dnjepr hinunter nach Kiew gesegelt. Sie eroberten die Stadt und machten sie zur Hauptstadt eines neuen russischen Staates. Von dem Zeitpunkt an weitete sich ihr Handel laufend aus. Die Handelsbeziehungen mit Byzanz wurden in einem von Leon VI. im Jahre 911 unterzeichneten Abkommen geregelt, das allen russischen Kaufleuten in Konstantinopel – mit gewissen Vorbehalten – bevorzugte Behandlung gewährleistete. Die slawische Chronik, (im Grunde fälschlicherweise) unter dem Namen Nestorchronik bekannt, berichtet, daß dieser Vertrag geschlossen wurde, um die Feindseligkeiten zu beenden, nachdem ein Heer unter der Leitung Olegs vier Jahre zuvor, also 907, einen ausgedehnten Feldzug zu Land und zu Wasser gegen Konstantinopel geführt habe. Zweitausend Schiffe und eine nicht näher bezeichnete Anzahl Leute sollen daran beteiligt gewesen sein. In der Chronik steht auch, Oleg habe während der Kämpfe seine Schiffe auf Rollen über den Hügel von Pera und hinunter an die Küste des Goldenen Horns schaffen lassen – was 1453 dann auch Mehmed veranlaßte. Die Nestorchronik ist von fragwürdiger Urheberschaft; dieser Überfall wird jedenfalls von keiner anderen Quelle erwähnt. Oleg starb im Jahr darauf; ihm folgte Igor, ein Sohn Ruriks, als Fürst von Kiew. Die Flotte, die er Anfang Juni 941 entsandte, war allerdings nur allzu wirklich.

Der zweite russische Feldzug (941)

Die griechischen Chroniken beziffern in diesem Fall die Zahl der russischen Schiffe mit zehntausend, in einem Fall gar mit fünfzehntausend. Liutprand von Cremona dagegen (dessen Stiefvater sich damals als Botschafter Italiens in Konstantinopel aufhielt und ihm aus erster Hand berichten konnte, was vorgefallen war) spricht reichlich gemäßigter von *mille et eo amplius* (»tausend und mehr«), was der Wahrheit ziemlich sicher näher kommt. Dennoch verließ Romanos die Zuversicht, als er von seinen bulgarischen Freunden vom russischen Anmarsch Kenntnis erhielt. Sein Heer befand sich an der Ostgrenze, seine Flotte teils im Mittelmeer und teils im Schwarzen Meer. Beiden wurden eiligst Botschaften geschickt mit dem dringenden Befehl, unverzüglich zurückzukehren. Unterdessen arbeiteten die Schiffswerften rund um die Uhr und versuchten, etwas aus den wenigen Schiffen zu machen, die noch in der Hauptstadt aufzutreiben waren: fünfzehn uralte Rümpfe, die längst auf den Schrottplatz gehört hätten, zum Glück aber noch nicht auseinandergenommen worden waren. Man belud sie randvoll mit Griechischem Feuer und schickte sie unter dem *Protovestiarios* Theophanes los, um den nördlichen Ausgang des Bosporus zu versperren. Theophanes kam gerade rechtzeitig. Am Morgen des 11. Juni erschien die russische Flotte am Horizont. Er ließ auf der Stelle angreifen.

Man kann die Bedeutung des Griechischen Feuers für die Geschichte des Byzantinischen Reiches gar nicht genug hervorheben. Ein ums andere Mal hat es in zahllosen Seeschlachten eine so gut wie sichere Niederlage in einen Sieg verwandelt. Die sarazenischen Flotten kannten es nur allzugut – und fanden nie eine wirksame Waffe dagegen. Den russischen Einheiten dagegen war es völlig neu. Kaum war das erste Schiff in Flammen aufgegangen, drehten die übrigen wie vom Donner gerührt vom Bosporus ab und segelten nach Osten die Schwarzmeerküste von Bithynien entlang. Dort gingen sie in voller Stärke an Land und ließen ihre Wut und Frustration darüber, daß ihnen der Zugang zur Hauptstadt verwehrt geblieben war, an der Bevölkerung der Küstenstädte und -dörfer aus. Sie verübten, wie so viele Kriegsheere vor und auch nach ihnen, unsägliche Greuel an der dortigen Bevölkerung, vor allem an den Geistlichen: sie sollen als Zielscheiben für Schießübungen benutzt worden sein;

anderen, noch unglücklicheren, trieben die Soldaten eiserne Spieße in den Schädel.

Der Terror hielt mehrere Wochen lang an. Bardas Phokas, der Militärgouverneur des Thema Armeniakon, eilte mit einem lokalen Truppenaufgebot herbei und hielt die Plünderer in Schach, so gut es ging, bis die Hauptstreitmacht unter Kurkuas anrückte. Auch die Flotte war unterwegs, und jedes neue Geschwader, das eintraf, griff wie Theophanes sogleich an. Schon nach wenigen Tagen waren die Russen in die Defensive gedrängt. Ihr Hauptziel hatten sie verfehlt, der Herbst nahte, und sie wollten je länger, je lieber nur noch eins, nämlich nach Hause. Dazu war es jedoch zu spät. Die byzantinische Flotte hatte in voller Stärke zwischen ihnen und dem offenen Meer Position bezogen und rückte langsam näher. Anfang September unternahmen die Russen einen letzten Versuch, die Blockade im Nordwesten in Richtung Thrakien zu durchbrechen. Erneut waren jedoch Theophanes' Schiffe zu schnell für sie. Plötzlich stand das ganze Meer in Flammen, in Brand gesetzt von, wie es in der Nestorchronik heißt, »geflügeltem Feuer«. Die russischen Schiffe gingen in Flammen auf wie Zunder. Zu Hunderten sprangen die Besatzungsmitglieder über Bord. Es bestand jedoch wenig Hoffnung für sie; die glücklicheren wurden vom Gewicht ihrer Rüstungen nach unten gezogen, der Rest kam im ölbedeckten Wasser um, das ebenso lichterloh brannte wie die Schiffe, von denen sie gesprungen waren. Nur sehr wenige entkamen dem Inferno und kehrten nach Kiew zurück, um ihrem Herrscher von der Katastrophe zu berichten. In Konstantinopel dagegen wurde wild gefeiert, Theophanes als Held empfangen und sogleich zum *Parakoimomenos* befördert. Bei den russischen Gefangenen hatte Romanos offenbar für einmal keine Gnade walten lassen, dies möglicherweise im Zusammenhang mit den Greueltaten, die sie zuvor begangen hatten. Laut Liutprand sollen sie allesamt in Gegenwart seines Stiefvaters hingerichtet worden sein. Weshalb man jedoch einen friedfertigen Botschafter beigezogen haben sollte, um ihm ein geradezu schreckliches Schauspiel vorzuführen, wird nirgends erklärt.[10]

Damit waren aber Romanos' Schwierigkeiten mit dem russischen Volk noch nicht zu Ende. Nur drei Jahre später unternahm Igor einen weiteren Vorstoß. Diesmal versuchte er es mit einer amphibi-

Das Abkommen mit den Russen (942)

schen Operation, für die er Angehörige praktisch aller Stämme in seinem Herrschaftsgebiet aufbot, plus einem großen Söldnerheer aus petschenegischen Reihen. Wie beim vorherigen Mal wurde der Kaiser frühzeitig über die Gefahr informiert. Aus Bulgarien erreichte ihn ein Bericht über den Vormarsch des Landheers, die Bevölkerung von Cherson auf der Krim lieferte ihm eine Beschreibung der Flotte, die einem das Blut in den Adern gerinnen ließ: sie sei so groß, daß die Schiffe das ganze Meer bedeckten. Romanos hatte jedoch nicht vor zu kämpfen, sofern es sich vermeiden ließ. War der letzte Sieg auch vollkommen gewesen, hatte man ihn doch erst nach viel Blutvergießen und großen Verwüstungen errungen. Zudem war sein Heer wieder nicht greifbar. Diesmal befand es sich noch weiter von Konstantinopel entfernt im Thema Mesopotamien, und es war höchst unsicher, ob es überhaupt rechtzeitig zurückgerufen werden konnte. Außerdem verlief der Feldzug dort so erfolgreich, daß es Romanos widerstrebte, die Leute zurückzubeordern. So beschloß er, Gesandte zu Igor zu schicken, der die russischen Landstreitkräfte anführte, um über einen Friedensvertrag zu verhandeln. Diese trafen an der Donau mit dem Kiewer Fürsten zusammen und erkauften Byzanz den Frieden. Weitere Zahlungen beschwichtigten die Petschenegen, die statt dessen über Bulgarien herfielen.

Im folgenden Frühjahr erschien eine Delegation aus Kiew, um ein neues politisches sowie Handelsabkommen zu vereinbaren. Im Namen von Igor auf der einen und Romanos und all seiner Mitkaiser auf der anderen Seite wurden in allen Einzelheiten die Bedingungen festgesetzt, die den Handel zwischen den beiden Staaten regelten, die Pflichten und Verantwortlichkeiten sowie die Privilegien, die die Kaufleute beider Seiten auf dem Gebiet der jeweils anderen genießen sollten. Sie sind in der Nestorchronik festgehalten: Artikel zwei zum Beispiel besagte, daß russische Kaufleute nur in unbewaffneten Gruppen zu fünfzig Personen sowie in Begleitung eines Repräsentanten des Kaisers nach Konstantinopel kommen durften.[11] Waren, die den Wert von 50 *Zolotniki* überstiegen, mußten unter Zollverschluß geliefert werden, und es wurde darauf eine Verbrauchssteuer erhoben. Weitere Artikel bezogen sich auf die Behandlung entflohener Sklaven, auf Auslieferungsbedingungen, Strafen für Verbrechen, die russische Ankömmlinge in Byzanz begingen oder byzantinische in Rußland. Im Falle einer Bedrohung durch eine dritte Macht waren die beiden unterzeichnenden Mächte verpflichtet, der anderen sofort und uneingeschränkt Hilfe zukommen zu lassen. Nachdem Romanos sein Siegel unter den Vertrag gesetzt hatte, kehrten die russischen Gesandten nach Kiew zurück, begleitet von einer kaiserlichen Abordnung, die ermächtigt war, die Ratifikationsurkunden zu unterzeichnen, sobald Igor ebenfalls seine Zustimmung gegeben hatte. Beide Seiten waren zufrieden. Und sie hatten allen Grund: Die Beziehungen zwischen Rußland und Byzanz blieben weit über zwanzig Jahre lang ungetrübt.

Unmittelbar nach der Zerstörung der russischen Flotte im Jahre 941 hatte Johannes Kurkuas sein Heer zurück in den Osten geführt. Zu seiner Erleichterung fand er all seine alten Stellungen noch intakt vor, und sein größter Widersacher, Saïf-ad-Daulah, schlug sich noch immer mit dem Niedergang des Kalifats in Bagdad herum. Alles schien bestens bereit, um die unterbrochene Offensive fortzusetzen. Anfang 942 fielen seine Truppen deshalb in die Provinz Aleppo ein. Es gelang ihnen zwar nicht, die Stadt einzunehmen, arabischen Quellen zufolge machten sie aber zehn- bis fünfzehntausend Gefangene. Schon im Hochsommer befanden sie sich wieder auf Reichsgebiet. Kurkuas ließ seine Truppen ausruhen und mit neuen Waffen und Proviant versorgen. Als der Herbst näherrückte, brachen sie erneut auf. Im Gegensatz zu Armenien brauchte man in Syrien keine Rücksicht auf die klimatischen Verhältnisse zu nehmen und konnte sich das ganze Jahr über schlagen. Kurkuas beschrieb mit seinen Truppen einen großen Bogen im Uhrzeigersinn am Wan-See vorbei und dann Richtung Westen zur großen Festungsstadt Amida am Ufer des Tigris.[12] Von dort marschierte er nach Südosten auf Nisibis und dann erneut Richtung Westen nach Edessa.

Edessa war zwar 641 in der ersten Welle moslemischer Eroberungen bereits in islamische Hände gefallen, konnte aber auf eine lange christliche Tradition zurückblicken. Im fünften Jahrhundert hatte die Stadt der nach dem Konzil von Ephesus[13] aus dem Reich verbannten Anhängerschaft Nestors Zuflucht geboten und stand später den verfolgten monophysitischen Glaubensangehörigen offen. Für die christliche Bevölkerung des Ostens war sie im zehnten Jahrhun-

Romanos' Niedergang (944)

dert jedoch vor allem deshalb ein Begriff, weil sie zwei unbezahlbare Reliquien besaß, nämlich einen Brief des kranken Königs Abgar I. als Antwort von Jesus auf seine Bitte, nach Edessa zu kommen und ihn zu heilen, und das Bildnis des Erlösers, das auf wunderbare Weise auf einem Tuch erschienen war.[14] Eigentlich wußte man, daß die beiden Gegenstände unecht waren. Vom Bild war vor dem fünften Jahrhundert keine Rede gewesen, und den Brief hatte Papst Gelasius 494 als Fälschung entlarvt. Die Legenden lebten aber hartnäckig weiter. Im zehnten Jahrhundert scheint es nicht weniger als drei konkurrierende Bildnisse allein in Edessa gegeben zu haben, und sowohl die jakobitische als auch die nestorianische und die melkitische Sekte behaupteten, im Besitz des echten zu sein.[15]

Für Johannes Kurkuas gab es jedoch nur eines, und er war fest entschlossen, es in seinen Besitz zu bringen. Er bot deshalb der Bevölkerung von Edessa Frieden und die Rückgabe aller Gefangenen gegen das berühmte Bildnis an, was sie vor ein Dilemma stellte. Die große Mehrheit hing dem Islam an, und der mohammedanischen Lehre nach gilt Jesus als einer der »Gott Nahestehenden« und sein Bildnis daher als heiliges Gut. Die Antwort lautete deshalb, eine so wichtige Entscheidung müsse vom Kalifen persönlich gefällt werden; der Feldherr solle sich doch bitte gedulden, bis sie ihre Weisungen erhalten hätten. Kurkuas willigte ein. Er hatte schließlich noch viel zu tun. Den Großteil des folgenden Jahres verbrachten er und seine Soldaten damit, große Flächen von Mesopotamien zu verwüsten und mehrere Städte zu erobern, darunter Dara und Reseina, wo sie wüteten und weitere tausend Menschen gefangennahmen. Dann kehrten sie nach Edessa zurück und warteten ab.

Im Frühjahr des Jahres 944 hielt die Bevölkerung von Edessa ihre Antwort in Händen. Da es offenbar keinen anderen Weg gab, um die Stadt – und wahrscheinlich einen großen Teil der Bevölkerung – zu retten, war ihr vom Kalifen die Vollmacht übertragen, das Bild abzutreten. Mit großer Feierlichkeit trug man es aus der Stadt und überreichte es ehrerbietig Kurkuas, der es sogleich mit schwerbewaffneter Eskorte nach Konstantinopel sandte. Anfang August traf es an der asiatischen Bosporusküste ein, wurde vom *Parakoimomenos* Theophanes in Empfang genommen, Romanos persönlich in den Blachernenpalast gebracht und wenige Tage später, am Fest von

Maria Entschlafung[16], feierlich durch das Goldene Tor in die Stadt getragen. In aller Form nahmen es der Patriarch und die drei noch lebenden jungen Mitkaiser in Empfang; Romanos' Sohn Christophoros war 931 gestorben, Romanos selbst zu krank, um an der Übergabe teilzunehmen. Im Triumph trugen sie das Bild durch die Straßen zur Hagia Sophia. Offenbar gab es jedoch zwei gefährlich peinliche Augenblicke: den ersten, als die beiden Söhne von Romanos das Bild des Erlösers auf dem Tuch einfach nicht erkennen konnten, obwohl es Konstantin Porphyrogennetos klar und deutlich sah, und den zweiten, als ein als verrückt bezeichneter Mann in der jubelnden Menge plötzlich brüllte: »Konstantinopel, nimm die Ehre und die Gnade an; und du, Konstantin, nimm deinen Thron an.«

Tatsächlich lag jedoch nichts auch nur entfernt Verrücktes an dieser Aufforderung, mit der das Publikum zum überwiegenden Teil herzlich einverstanden gewesen sein muß. Mittlerweile war nämlich klar, daß die Tage des Hauses Lakapenos gezählt waren. Romanos war nicht mehr der Mann von einst. Als weit über Siebzigjähriger bekam er immer mehr Ähnlichkeit mit den meisten seiner Vorgänger in diesem Alter. Er verbrachte mehr Zeit mit Mönchen als mit Magistraten, die Staatsgeschäfte entglitten ihm, und er befaßte sich zunehmend mit der Religion. Er fühlte den Tod nahen, und sein Gewissen war nicht rein. So ernsthaft und erfolgreich er als Kaiser auch gearbeitet hatte, blieb doch eine Tatsache bestehen: er hatte im Grunde kein Recht auf den Thron, sondern sich seine Stellung mit Meineid und Täuschung erschlichen und den legitimen Kaiser während eines Vierteljahrhunderts außer der nominellen all seiner Macht beraubt und dafür seine eigenen Söhne in den kaiserlichen Rang erhoben.

Über zumindest zwei von ihnen war in der Tat kaum Achtenswertes zu berichten. Christophoros, der älteste, gab Anlaß zu Hoffnung und hätte sich vielleicht seines Vaters würdig erwiesen, doch er starb, bevor er die Nachfolge antreten konnte. Die zwei jüngeren, Stephanos und Konstantin[17], waren jedoch berüchtigt für ihre Unmoral und Bestechlichkeit. Hinzu kam eine verhängnisvolle Neigung zu Intrigen. Bereits 943 waren sie gegen Johannes Kurkuas vorgegangen, den sie um seine Macht und Beliebtheit über die Maßen beneideten. Dabei war es ihnen gelungen, zu verhindern,

Der Ruf nach Konstantin (944) 197

daß ihr Vater seinen ältesten noch lebenden Enkel Romanos (Konstantin Porphyrogennetos' und Helenes Sohn) mit Johannes Kurkuas' Tochter Euphrosyne verheiratete, worauf dieser sehr gehofft hatte. Gegen das Ende des folgenden Jahres gingen sie noch weiter. Sie zwangen Romanos, den erfolgreichsten Feldherrn des Jahrhunderts, mitten in einem erfolgreichen Feldzug zurückzurufen und durch einen ihrer Verwandten zu ersetzen, einen Mann namens Pantherios, dem nichts anderes gelang, als daß das ganze Heer innerhalb weniger Monate aufgerieben wurde.

Die Bereitschaft, mit der sich der alte Kaiser den Forderungen seiner Söhne unterwarf, ist ein untrügliches Zeichen, daß seine Kräfte abnahmen. Trotz einer Vorliebe für Seemannsgarn und trotz mangelnder Bildung hatte er jedoch dank enormer Bereitschaft zu großem Einsatz, dank unerschütterlichem Selbstvertrauen und einem bedeutenden Maß an gesundem Menschenverstand viel geleistet. Nun schienen ihn alle drei Tugenden verlassen zu haben. In seiner Angst vor dem Tod wurde er wie viele vor und nach ihm nur noch von einem einzigen Gedanken beherrscht: der Rettung seiner Seele. Von einer großen Schar religiöser Berater unterstützt, griff er zu immer ausgefalleneren Mitteln. Einmal hob er zum enormen Schaden für die Staatskasse sämtliche Regierungspachtzinsen in Konstantinopel auf und strich alle Schulden. Ein andermal ließ er die ganze jüdische und armenische Bevölkerung ausschaffen, die nicht bereit war, zum orthodoxen Glauben überzutreten. Fast die einzige vernünftige Leistung der traurigen letzten Jahre stellt sein neues Testament dar, in dem er den Vorrang von Konstantin Porphyrogennetos über seine eigenen Söhne ausdrücklich bestätigte und diese nach seinem Tod von der obersten Regierungsgewalt ausschloß.

Das Vorgehen war vernünftig, was die Bestimmungen des Testaments betraf. Sein Entschluß, sie öffentlich zu machen, muß jedoch zu den größten Fehlern seines Lebens gezählt werden, ließ er seinen Söhnen doch keine Zweifel, daß sie auf verlorenem Posten standen, wenn sie nicht sofort wirksame Gegenmaßnahmen ergriffen. Was würde sie unter Konstantin als Kaiser erwarten? Verbannung? Kastration? Erzwungene Abgeschiedenheit in einem Kloster? Selbst ein weit schlimmeres Schicksal war nicht auszuschließen. Es gab also nur eine Alternative für sie: einen Staatsstreich. Deshalb schlüpften die beiden mit ihrer Gefolgschaft fünf Tage vor Weihnachten des Jahres 944 in der Mittagszeit, wenn jeweils alle Verwaltungsbüros geschlossen waren, in den Großen Palast und eilten zum Gemach, in dem der alte Kaiser auf dem Krankenbett lag. Er wehrte sich nicht, als sie ihn hinunter in den kleinen Hafen Bukoleon trugen, wo ein kleines Boot bereitlag. Ohne daß jemand Alarm schlug, war Romanos wenige Minuten später unterwegs nach Proti (heute K[i]nal[i]), der nächstgelegenen Prinzeninsel. Dort verpaßte man ihm die Tonsur und zwang ihm die Mönchsweihen auf – die er jedoch vermutlich nur allzugern annahm.

Als Romanos' Söhne zum Festland zurückkehrten, war Konstantinopel aus dem Häuschen. Niemand lag besonders viel an Romanos. Man war ja nicht brutal mit ihm umgesprungen, und obwohl er nicht unbeliebt war, hatte man ihm die Mittel, mit denen er die Macht ergriffen hatte, nie vergessen. Der Name, der nun in aller Munde war, lautete Konstantin Porphyrogennetos. Wo befand er sich? Es dauerte nicht lange, und eine wütende, argwöhnische Menge rottete sich vor den Palasttoren zusammen. Erst als sich Konstantin an einem Fenster zeigte, wohlauf, wenn auch etwas zerzaust[18], zerstreute sich die Menge wieder.

Damit aber hatten die Verschwörer nicht gerechnet, vielleicht so wenig wie er selbst. Das Volk wollte Konstantin. Er hatte sich nie darum bemüht, seine Zuneigung zu gewinnen, sondern sich im Gegenteil so weit wie möglich im Hintergrund gehalten und war nur in der Öffentlichkeit erschienen, wenn es die Etikette unbedingt erforderte. Doch dies war nicht der entscheidende Punkt. Er besaß einen Vorzug mit unendlich mehr Gewicht als alle anderen, er besaß Legitimität. Er war Sohn Kaiser Leons des Weisen – wenn auch von Zoe noch vor der formellen Eheschließung geboren und erst nachträglich legitimiert – und Enkel des großen Basileios. Im Purpur geboren war er und er allein der rechtmäßige Kaiser von Byzanz. Die Lakapeni galten als nichts weiter denn emporgekommene Thronräuber, und ihre wankelmütigen sogenannten Untertanen hatten sie satt.

Die Brüder erkannten, daß sie sich vollkommen verrechnet hatten. Ihr Vorhaben, zu gegebener Zeit mit Konstantin so zu verfahren

Der Ruf nach Konstantin (944)

wie mit ihrem Vater, war im Hinblick auf die so deutlich geäußerte öffentliche Meinung nicht mehr möglich. Sie taten deshalb das einzige, was ihnen blieb: widerwillig anerkannten sie Konstantin als ranghöchsten Kaiser – wie sich leicht vorstellen läßt, eine unbehagliche Partnerschaft. Der Porphyrogennetos auf der einen und die Lakapeni auf der anderen Seite beriefen in der Folge so viele ihrer Leute in Schlüsselpositionen, wie sie nur konnten. Sich selbst überlassen, hätte der passive zurückhaltende Konstantin wahrscheinlich nichts unternommen – und wäre gewiß nicht lange Kaiser geblieben. Kaiserin Helene zeigte dagegen mehr Weitblick und war aus härterem Holz geschnitzt. Fünfundzwanzig Jahre lang hatte sie loyal die Interessen ihres Mannes gegen die ihrer Familie vertreten. Nun drängte sie ihn mit aller Kraft zu handeln, solange noch Zeit blieb. Noch schwankte er eine Weile, aber bald erhielt er eine Warnung, die er nicht ignorieren konnte: seine Schwäger planten ihn zu beseitigen. Da zögerte er nicht mehr. Wie immer unter dem Ansporn von Helene erteilte er seine Befehle. Am 27. Januar 945 wurden seine beiden Mitkaiser verhaftet, tonsuriert und nach Proti zu ihrem Vater verbannt. Den griechischen Chronisten zufolge begrüßte der alte Mann seine Söhne mit einem – gut gewählten – Zitat aus Jesaja: »Ich habe Kinder großgezogen und hochgebracht, und sie sind von mir abgefallen.«[19] Liutprand liefert eine sehr ausführliche Schilderung (sein Stiefvater Bischof Sigefred war noch immer als Botschafter für König Hugo von Italien in Konstantinopel und hatte fünf Wochen zuvor zusammen mit anderen diplomatischen Vertretern aus Rom, Gaeta und Amalfi die Sache von Konstantin sehr unterstützt):

Als ihr Vater Romanos von ihrer Ankunft hörte, dankte er Gott und kam ihnen mit freundlichem Gesicht bis vor das Klostertor entgegen. »O glückliche Stunde«, rief er, »die Eure Hoheiten zwang, meinen bescheidenen Sitz aufzusuchen. Wahrscheinlich war es jene kindliche Zuneigung, die mich aus dem Palast vertrieb, die es auch euch nicht länger gestattete, dort zu bleiben. Wie gut, daß ihr mich vor einiger Zeit hierher vorausgeschickt habt: meine Mönchsbrüder und Mitstreiter Jesu widmen ihren Tag geistlichen Übungen und hätten nicht gewußt, wie man Kaiser empfängt, wenn ich nicht bei ihnen gewesen wäre, als Sachverständiger in kaiserlicher Etikette. Hier habt ihr gekochtes Wasser, kälter als der gotische Schnee, hier gibt es weiche Bohnen, alle Arten von Grünzeug und frisch gepflückten Lauch. Ihr werdet hier keine jener Köstlichkeiten der Fischhandlungen finden, die einen krank machen; wir kennen hier höchstens die Krankheiten, die von unserem häufigen Fasten herrühren. Unsere bescheidene Behausung bietet nicht Platz für eine zahlreiche, extravagante Gesellschaft, aber sie ist groß genug für Eure Majestät, die es abgelehnt hat, den Vater im Alter zu verlassen.[20]

Falls der alte Romanos in diesem Tonfall fortfuhr, müssen seine Söhne erleichtert gewesen sein, als sie erfuhren, daß sie nur vorübergehend nach Proti verbannt waren, nämlich so lange, bis man im Palast über ihre langfristige Zukunft entschieden hatte. Klug beschloß man, sie zu trennen. Stephanos kam zuerst auf die Insel Prokonnesos im Marmarameer, dann nach Rhodos und schließlich nach Lesbos, sein Bruder nach einem kurzen Aufenthalt auf Tenedos nach Samothrake. Von den übrigen Lakapeni behielten nur Kaiserin Helene, der Patriarch Theophylax sowie die Zarin Maria-Irene im fernen Bulgarien ihre Machtstellung.[21]

Der alte Kaiser lebte weiterhin in seinem Kloster und verbrachte seine Tage mit Beten und Buße. Sein Gewissen erlaubte ihm noch immer keine Rast. Sein unruhiger Schlaf wurde von schrecklichen Alpträumen heimgesucht. In einem davon sah er, wie er gemeinsam mit seinem Sohn Konstantin und dem Bischof von Heraklea in die Hölle getrieben wurde, wobei jedoch im letzten Moment die Muttergottes erschien, die Hand ausstreckte und ihn zurückzog; für die beiden anderen gab es dagegen keine Rettung. Ein paar Tage später erfuhr er, daß beide in jener Nacht gestorben waren, Konstantin bei einem Fluchtversuch: er hatte seinen Aufseher umgebracht und war danach von anderen Gefängniswärtern erschlagen worden. Romanos war so erschüttert über diese Vision und ihre Erfüllung, daß er beschloß, ein öffentliches Geständnis abzulegen und Buße zu tun. Am Gründonnerstag 946 versammelten sich nicht weniger als dreihundert Mönche aus dem ganzen Reich – und, wie es heißt, selbst aus Rom – und sangen das »Kyrie eleison«, während der greise

Romanos' öffentliche Beichte (946)

Exkaiser eine seiner Sünden nach der andern aufzählte und für jede um Vergebung bat. Schließlich wurde er vor dem Hochaltar von einem Novizen ausgepeitscht und gedemütigt, dann kehrte er allein in seine Zelle zurück. Die Liste mit seinen Sünden wurde Dermokaetes gesandt, einem bekannten heiligen Mönch des Klosters auf dem Olymp in Bithynien, mit einer Spende und der Bitte, die dortige Gemeinschaft solle vierzehn Tage lang fasten und für Romanos' Seele beten. Sie entsprachen der Bitte. Danach, so berichtet Dermokaetes, habe eine Stimme vom Himmel bestätigt, daß ihre Gebete erhört seien. Er schickte das Sündenregister mit nunmehr wunderbarerweise leeren Seiten an Romanos zurück, und dieser ordnete noch an, daß es einst zusammen mit ihm begraben werde.

Obwohl unter den gegebenen Umständen kaum zu glauben, sollen selbst zu dem Zeitpunkt sein Freund, der *Parakoimomenos* Theophanes, und sein jüngster Sohn, Patriarch Theophylax, eine Verschwörung geplant haben, um ihn wieder auf den Thron zu bringen.[22] Noch eigenartiger ist der Umstand, daß Romanos ihnen seine Unterstützung zugesichert haben soll, was gewiß eher geistiger Schwäche als Stärke zuzuschreiben wäre. Jedenfalls wurde die Verschwörung aufgedeckt, bevor sie Schaden anrichtete. Theophylax verhalf sein Amt zur Rettung, Theophanes dagegen mußte mit Verbannung vorliebnehmen – ein trübseliges Ende für eine Laufbahn, in der er seinem Kaiser immer treu gedient hatte, wenn auch leider etwas zu lange. Romanos erlebte die Schmach seines alten Freundes noch, aber es ging ihm zu dem Zeitpunkt zusehends schlechter. Am 13. Juni 948 starb er. Sein Leichnam wurde nach Konstantinopel überführt und im Myreläonkloster neben dem Grab seiner Frau Theodora bestattet.

Romanos war ein guter Kaiser, vielleicht sogar ein bedeutender. Er gelangte zwar mit List und Tücke an die Macht, übte sie dann jedoch klug und maßvoll aus. Es gelang ihm, dem Reich innerhalb von fünfundzwanzig Jahren eine neue Richtung zu weisen. Seine unmittelbare Vorgängerin und der Kaiser vor ihr hatten vor allem mit zwei Problemen zu kämpfen: mit der Kirche, was die letzten Jahre von Leon VI. trübte, und mit Bulgarien, dessen wiederholte Siege zu Zoes Sturz führten. Romanos löste beide – scheinbar mühelos – mit derselben Taktik. Er ließ seinen Feinden ihren Willen, zermürbte sie und sorgte dann dafür, daß sie nicht ersetzt wurden. So war er mit Patriarch Nikolaos verfahren: er schmeichelte ihm und gab seinen Launen nach, bis der alte Mann starb; danach ersetzte er ihn durch zwei kurzlebige Nullen und schließlich durch seinen eigenen Sohn. Ähnlich wickelte er Bulgarien ab: im Vertrauen, daß Konstantinopel uneinnehmbar war und es auch bleiben würde, machte er Zugeständnisse in Thrakien; als Symeon dann aus dem Weg geschafft war, erklärte er sich zu einer gewissen Anzahl weiterer Konzessionen bereit, darunter der Eheschließung seiner Tochter mit Khan Peter, womit sich das ganze Problem endgültig in Wohlgefallen auflöste.

Im Osten erwies sich Romanos' zurückhaltende Diplomatie dagegen als wirkungslos. Waffengewalt war die einzige Sprache, die man dort zu verstehen schien. Da er keine Soldaten gegen Bulgarien verloren hatte, konnte er sein Heer und seine Kriegsflotte in voller Stärke gegen die sarazenischen Truppen einsetzen. Doch war ihm zu alledem auch das Glück hold. Zunächst einmal in der Person Johannes Kurkuas', einem Feldherrn von außergewöhnlichem Format, dann aber auch mit dem angeschlagenen Zustand des abasidischen Kalifats, das seine Autorität nicht mehr durchzusetzen vermochte. Zum erstenmal seit dem Aufstieg des Islam ergriffen christliche Einheiten die Offensive.

Während seiner innenpolitisch bemerkenswert ruhigen Regierungszeit legte Romanos zu Hause dieselben Qualitäten an den Tag wie im Umgang mit Bulgarien. Es kann keinen Zweifel geben, daß er jedes Blutvergießen zu verhindern suchte, wenn immer dies möglich war – eine seltene Tugend in jener sonst so gewalttätigen Zeit. Immer wieder, auch bei Verschwörungen gegen seine eigene Person, zog er Verbannungsurteile einer Hinrichtung vor. Auch scheint er mitfühlend gewesen zu sein. Im schrecklichen Winter 928/29, dem längsten und kältesten in der Geschichte Konstantinopels, wachte er persönlich über die Notvorräte. Zudem war er ein nachsichtiger Familienvater – vielleicht sogar zu nachsichtig, was seine Söhne betraf.

Weshalb war er trotzdem nicht beliebter? Warum protestierte oder unternahm kein Mensch etwas, als sich seine Söhne gegen ihn erhoben? Mochte man ganz einfach keine Thronräuber? Oder fehlte seinem Wesen jene – oft zwiespältige – Gabe, sich bei der Masse

Bilanz (948) 203

beliebt zu machen? In dieser Frage liegt vielleicht wenigstens zum Teil des Rätsels Lösung. Romanos' Tugenden und Qualitäten waren nicht von der Art, die den Sensationshunger beflügeln. Er zog weder mit großem Brimborium in die Schlacht, noch regte er weitreichende Gesetzesreformen an. Seine ehrgeizigen Versuche, eine Landreform einzuleiten, zeigten kaum längerfristige Wirkung und interessierten die Bevölkerung von Konstantinopel ohnehin nicht. Er scheint sich nur selten in der Öffentlichkeit gezeigt zu haben und machte auch im Hippodrom nie viel von sich her. Kurz gesagt, er gab sein Bestes, um seine Untertanen angemessen mit Brot zu versorgen, aber er bot ihnen eindeutig zuwenig Spiele. Da verloren sie das Interesse an ihm, und wenn sie überhaupt an ihn dachten, erinnerten sie sich bloß an die eine unvergeßliche Tat im Leben dieses fähigen, ruhigen und überraschend farblosen Mannes: daran, wie er auf den Thron gekommen war.

Wie wir wissen, erinnerte auch er sich zeit seines Lebens daran. Die Erinnerung blieb so lebendig, und er verzehrte sich so sehr vor Reue, daß seine letzten Jahre eine unablässige seelische Qual für ihn waren, also bestimmt Strafe genug. Obwohl Usurpator, hat er dem Reich danach doch gut gedient. Es tut gut zu wissen, daß er schließlich mit ruhigem Gewissen starb, im Vertrauen, daß ihm seine Sünden vergeben waren.

11

Gelehrter und Kaiser

*Es fehlte ihm an jener Energie des Charakters, die sich
zu einem Leben der Thätigkeit und des Ruhmes
emporschwingen kann, und die Studien, die seine
Muße erheitert und ihr Würde verliegen hatten, waren
mit den ernsten Pflichten eines Herrschers
unvereinbar. Der Kaiser vernachlässigte die
Regierung, um seinen Sohn Romanus in der Kunst
derselben zu unterrichten: während er seinen
Gewohnheiten der Unmäßigkeit und Trägheit
nachhing, ließ er die Zügel der Verwaltung in die
Hände seiner Gattin Helena sinken, und bei der
Wandelbarkeit ihrer Gunst und Laune wurde jeder
Minister wegen der Ernennung eines noch
unwürdigeren Nachfolgers beklagt. Indessen die
Geburt und das Unglück Konstantins hatten ihn den
Griechen theuer gemacht; sie entschuldigten seine
Schwächen; sie ehrten seine Gelehrsamkeit, seine
Unschuld, seine Mildthätigkeit, seine
Gerechtigkeitsliebe, und seine Leichenfeier war von
den ungeheuchelten Thränen seiner Unterthanen
begleitet.*

Gibbon, *Geschichte des Verfalles und Untergangs des
römischen Weltreiches*

Um die Zeit, als Konstantin Porphyrogennetos nach der endgültigen Ausschaltung seiner Schwäger zu Beginn des Jahres 945
die alleinige Macht im Byzantinischen Reich behauptete, war er

schon längst nicht mehr kränklich wie in seiner Kindheit und Jugend. Im Gegenteil: groß und breitschultrig, »hochgewachsen wie eine Zypresse«[1] sah er mit seinem gesundfarbigen, zur Hälfte von einem dichten schwarzen Bart bedeckten Gesicht, in dem helle blaßblaue Augen glänzten, aus, als wüßte er überhaupt nicht, was Krankheit sei. Als Folge eines überwiegend in sitzender Haltung zugebrachten Lebens und eines beinahe unstillbaren Appetits war er für heutige Vorstellungen allerdings viel zu fett. Aber gegen eine gewisse Wohlbeleibtheit hatte man im zehnten Jahrhundert in der Regel nichts einzuwenden, um so weniger bei einem Mann von neununddreißig Jahren, was damals als vorgerücktes mittleres Alter galt.

Über sechsunddreißig Jahre von den insgesamt neununddreißig war Konstantin Titularkaiser gewesen. Praktisch während dieser ganzen Zeit hatte er – aus Gründen, die aus den beiden letzten Kapiteln hervorgehen – jedoch keinen Anteil an der Regierung des Reichs, und sein Auftreten in der Öffentlichkeit war auf das ihm durch sein Amt auferlegte Minimum beschränkt. Aber er vertat seine Zeit nicht. Wie sein Vater Leon der Weise besaß er eine Neigung zu Büchern und zur Gelehrsamkeit, und er konnte ihr im Gegensatz zu Leon ausgiebig nachgehen. Das ehrgeizig gesteckte Ziel, das er in der Einleitung zur Beschreibung des Lebens Basileios' I.[2] ankündigte, nämlich eine Geschichte von Byzanz bis in seine Zeit zu verfassen, hat er jedoch nicht erreicht. Nicht einmal den Teil über die makedonische Dynastie konnte er vollenden. Dennoch ist das von ihm hinterlassene Werk in jeder Hinsicht eindrucksvoll. Keiner anderen Quelle – und ganz sicher keinem anderen Kaiser – verdanken wir soviel Wissen über ihre Zeit.

Konstantin hat sich nicht nur mit der Biographie über Basileios einen Namen gemacht, sondern auch mit zwei weiteren Werken. Beim ersten – es trägt, wie schon erwähnt, den Titel *De Ceremoniis Aulae Byzantinae* – handelt es sich um eine Gesamtdarstellung byzantinischer Rituale, in der Konstantin detailliert das Protokoll sämtlicher Kirchenfeste und Staatsfeiern beschreibt, der Krönungen und Geburtstage, Taufen und Beerdigungen von Kaisern und Kaiserinnen, Beförderungen der obersten Verwaltungs- und Hofbeamten, ja selbst bei den Spielen im Hippodrom. Weder Kleidervorschriften noch Responsorien, noch Akklamationsformeln der Soldaten und

Konstantins literarisches Werk (945) 207

Massen sowie der Blauen und Grünen, nichts wird ausgelassen oder übergangen, nichts dem Zufall überlassen. Selbst bei flüchtiger Lektüre nur weniger Seiten fühlt man sich von der Fülle der beschriebenen Zeremonien geradezu erschlagen und fragt sich, wie ein Kaiser, handle es sich nun um einen tatkräftigen, kraftstrotzenden wie Basileios I. oder Romanos oder aber um einen schlaffen, vergnügungssüchtigen wie Michael III. oder Alexander, das auch nur einen Augenblick aushalten konnte. Aber trotz der wahrhaft beklemmenden Atmosphäre erhält man hier einen seltenen, wertvollen Einblick in das Leben am Hof von Byzanz. Geschildert werden außerdem Mosaiken und Marmor, Damast und Brokat, Dalmatik (liturgisches Obergewand) und Diadem des Basileus: kurz die ganze Majestät des Neuen Rom.

Aber Konstantin VII. war mehr als ein großes goldenes Symbol: er stand auch an der Spitze eines gigantischen Verwaltungsapparates, war Herrscher eines Reiches, das von der Stiefelspitze Italiens bis zum Vorgebirge des Kaukasus reichte, eines riesigen Gebietes also, welches – dessen war er sich sicher – sein Sohn Romanos eines Tages eigenständig regieren würde. Deshalb begann er 952, im Jahr, da Romanos seinen vierzehnten Geburtstag feierte, mit dem Entwurf einer praktischen Anleitung zur Kunst des Regierens, die er schlicht »Konstantin an seinen Sohn Romanos« nannte, die jedoch heute unter dem Titel *De Administrando Imperio* bekannt ist. Dieses Werk scheint auf eine frühere Abhandlung Konstantins über die fremden Völkerschaften in den grenznahen Reichsgebieten zurückzugehen, der er nun eine detaillierte Einschätzung der Weltlage aus seiner Sicht beifügte, womit er seinem Sohn höchst nützliche Ratschläge mit auf den Weg gab. Bezeichnend zum Beispiel, daß er das bulgarische Volk, dem er dreißig Jahre früher mit Sicherheit mehr Aufmerksamkeit gewidmet hätte als irgendeinem anderen, kaum erwähnt. Besonders gründlich beschäftigt er sich mit dem petschenegischen Volk, das aufgrund seiner Bevölkerungszahl und seiner Grausamkeit von allen Feinden des Reiches am meisten gefürchtet wurde. Wie Romanos Lakapenos verabscheute auch Konstantin Krieg aus tiefster Seele und trachtete ihn zu vermeiden, solange es irgendwie ging. In *De Administrando Imperio* empfiehlt er keinerlei Militäraktion selbst gegen dieses Volk. Im Gegenteil:

Meinem Urteil nach gereicht es uns immer sehr zum Vorteil, mit den Petschenegen Frieden zu halten, mit ihnen Übereinkünfte zu treffen und Freundschaftsverträge zu schließen, jedes Jahr einen Boten mit Geschenken, die ihnen gefallen und von angemessenem Wert sind, zu senden, sich auf ihre Sicherheiten - das heißt Geiseln – einzulassen und auf einen diplomatischen Vertreter, der in dieser unserer Gott wohlgefälligen Stadt mit einem fähigen Minister verhandelt und mit allen Aufmerksamkeiten und Ehren behandelt wird, die ein Kaiser zu gewähren hat.[3]

Im weiteren legt er dar, daß so was natürlich seinen Preis hat:

Diese Petschenegen sind unersättlich, begehren solche Annehmlichkeiten heftig, die bei ihnen nicht zu haben sind, und sind unverschämt in ihren Forderungen nach großzügigen Geschenken... Wenn der kaiserliche Gesandte ihr Land betritt, fragen sie sofort nach den Geschenken des Kaisers; und sind die Männer zufriedengestellt, dann fordern sie für ihre Frauen und Eltern das gleiche noch einmal.[4]

Trotz allem riet er, man solle ihren Forderungen ohne zu zögern und freundlich nachkommen; das würde auf lange Sicht am wenigsten kosten.

Den weniger Mächtigen gegenüber schlug Konstantin eine erheblich rauhere Gangart ein: ausländischen Gesandten sollte so wenig wie möglich gewährt werden; unter keinen Umständen dürften sie Staatsroben oder Gewänder mitnehmen – dergleichen scheint im Ausland hoch im Kurs gestanden zu haben, und die byzantinische Regierung wurde immer wieder darum ersucht —, und unter keinen Umständen dürfe man ihnen jemals das Geheimnis des Griechischen Feuers verraten. Romanos möge im übrigen auch alle ehelichen Verbindungen zurückweisen, habe doch schon Konstantin der Große bestimmt, die kaiserliche Familie dürfe keine Verbindung mit einer Person eingehen, die nicht aus dem Byzantinischen Reich stamme, mit Ausnahme einer aus dem fränkischen Reich.[5] An dieser Stelle brechen plötzlich Konstantins Ressentiments gegen seinen Schwiegervater unverhohlen hervor:

Eine echte Enzyklopädie (945) 209

Falls jemand darauf hinweist, Kaiser Romanos habe selbst eine
solche Verbindung arrangiert, indem er die Hand seiner Enkelin
dem bulgarischen Zar Peter gegeben habe, solltest du darauf hinweisen, daß Romanos ein vulgärer ungebildeter Mensch gewesen
ist, der seine Erziehung nicht im Palast erhalten hat und nicht in
den römischen Traditionen unterwiesen worden ist. Da er nicht
der kaiserlichen Familie, ja nicht einmal einer adligen entstammt,
ist er anmmaßend und eigensinnig gewesen. In solchen Angelegenheiten hat er sich weder an das Verbot der Kirche noch an die
Weisung des großen Konstantin gehalten, sondern seinen anma-
ßenden, eigensinnigen Weg eingeschlagen ... Darum ist er schon
zu Lebzeiten viel verunglimpft, vom Senat, vom Volk und von der
Kirche gehaßt und geschmäht worden, was sich darin gezeigt hat,
wie er geendet ist; dieser Haß und diese Verleumdung haben sich
nach seinem Ableben bis auf den heutigen Tag fortgesetzt.[6]

All dies – einschließlich der historischen und geographischen
Beschreibung der kaiserlichen Provinzen, die unter dem Titel *De
Thematibus* bekannt geworden ist – schrieb Konstantin zum größten Teil in seinem eleganten, geschliffenen Gelehrtenstil nieder. Weiter hat er mit Hilfe ganzer Heerscharen von Schreibern und Kopisten
Auszüge aus sämtlichen verfügbaren Manualen und Abhandlungen
über alle möglichen Sachgebiete zusammengestellt: Militärstrate-
gie, Geschichte, Diplomatie, Gesetzeskunde, Hagiographie, Medi-
zin, Ackerbau, Naturwissenschaften, ja sogar Tiermedizin. Aus alledem entstand eine echte Enzyklopädie, ein Nachschlagewerk von
unschätzbarem Wert für die Zivilverwaltung des Reiches und lange
Zeit auch jene bevorzugten Einzelpersonen, die Zugang dazu hatten. An diesem Werk zeigen sich nicht nur Umfang und Qualität der
kaiserlichen Privatbibliothek, sondern auch, wie allumfassend
interessiert Konstantin war. Er soll ein leidenschaftlicher Sammler
gewesen sein und nicht nur Bücher, sondern auch Kunstwerke jeder
Art gesammelt haben. Daß er auch malte – und wenn man Liutprand von Cremona Glauben schenken darf, gar nicht mal so
schlecht –, ist für einen Mann seines Standes und seines Milieus erst
recht ungewöhnlich. Schließlich betätigte er sich auch als großzügi-

ger Mäzen und unterstützte die Herstellung von Mosaiken, Emaillearbeiten, literarischen und gelehrten Werken sowie von Silber- und
Goldschmiedekunst.

Konstantin Porphyrogennetos kommt der zentrale Platz innerhalb der literarischen und künstlerichen Erneuerung des zehnten
Jahrhunderts, die als »makedonische Renaissance« bekannt ist,
weniger in seiner Eigenschaft als Kaiser, sondern in jener als Schrift-
steller, Gelehrter, Kompilator, Sammler, Bücherliebhaber, Maler
und Mäzen zu. Doch erübrigt sich damit nicht die Frage nach seiner
Bedeutung als Kaiser. Schließt man sich Gibbons Urteil an, hat er
geradezu verheerend gewirkt. Aber Gibbon stützt sich auf die beiden
nicht besonders zuverlässigen Quellen Kedrenos und Zonaras – die
beide auf dieselbe ältere Quelle, nämlich Johannes Skylitzes, zurückgehen – und scheint den anonymen Autor des zweiten Teils des
Theophanes Continuatus, Buch VI, zu übergehen, der ein ganz
anderes Bild zeichnet. Dort erscheint Konstantin als fähiger, gewis-
senhafter, arbeitsamer Administrator, der sich seine Leute sehr wohl
auszusuchen und militärische, nautische, kirchliche, zivile und akademische Stellen durchaus entsprechend und erfolgreich zu vergeben wußte. Wieweit er sich dabei auf seine energische Frau Helene
stützte, sei dahingestellt. Er soll das Bildungswesen entscheidend
verbessert und sich besonders in der Justizverwaltung engagiert
haben, indem er allen Berichten über gesellschaftliche Ungerechtigkeiten besonders gegenüber den Armen unverzüglich nachging, und
außerdem die Urteile, in denen lange Haftstrafen verhängt wurden,
persönlich überprüft haben. Alle Quellen scheinen darin übereinzu-
stimmen, daß er mehr aß und trank, als ihm zuträglich war, aber
deswegen war er noch lange kein Säufer; alle Quellen attestieren ihm
übrigens einhellig ein freundliches Wesen: er war Menschen aller
Gesellschaftsschichten gegenüber stets höflich und soll nie die
Beherrschung verloren haben.

Angesichts der erwähnten Gefühle seinem Schwiegervater gegenüber wird verständlich, warum Konstantin instinktiv die Familie
Phokas' begünstigte. Sie gehörte seit Romanos Lakapenos' Staatsstreich zu den unversöhnlichen Feinden des Hauses Lakapenos und
war nicht gewillt, die Behandlung ihres Verwandten Leon – es sei

Der Sachse Otto (945)   211

daran erinnert, daß Romanos ihn zum öffentlichen Gespött machte, indem er ihn auf einem Maultier um das Forum führen ließ – zu vergessen. Sie hatte seither aus ihrer Sympathie für Konstantin kein Geheimnis gemacht, und Konstantin vergalt ihr diese Loyalität nur zu gern. Er ernannte Leons Bruder Bardas Phokas zum Nachfolger von Johannes Kurkuas als Oberbefehlshaber des Ostheeres und dessen Söhne Nikephoros und Leon zu Militärgouverneuren der Themen Anatolien und Kappadokien. Dagegen vertraute er innerhalb der Familie Lakapenos außer seiner Frau, Kaiserin Helene, nur einem, und auch diesem erst, nachdem man ihn entmannt hatte, um eine mögliche Nachfolge auszuschließen: Romanos' leiblichem Sohn Basileios, den er zu seinem *Parakoimomenos* ernannte und der später einen sehr erfolgreichen Feldzug gegen Saïf-ad-Daulah anführte.

In der Außen- und Innenpolitik änderte sich in der Zeitspanne nichts. Was die Sarazenen betraf, war Konstantin entschlossen, weiterhin Druck auszuüben. Es zeigte sich allerdings schon bald, daß Bardas kein Kurkuas war. Doch nach einer schweren Verwundung im Jahre 953 wurde er ohnehin von seinem Sohn Nikephoros abgelöst. Dieser errang vier Jahre später einen der beiden folgenreichsten Siege während der Regierungszeit Konstantins: seine Streitkräfte eroberten Adata in Pamphylien und beherrschten dadurch die Hauptübergänge im Taurosgebirge. Der zweite Triumph für das Reich fiel in das Jahr 958: Samosata (heute Samsat) am Euphrat vermochte dem Angriff eines anderen jungen Feldherrn, Johannes Tzimiskes, nicht standzuhalten. Leider gab es einen ähnlichen Erfolg gegen die sarazenische Besatzung auf Kreta nicht zu vermelden. Ein Feldzug im Jahre 949 mit dem Ziel, die Insel zurückzuerobern, für den Konstantin den deutschen König Otto von Sachsen und, noch verblüffender, den Omajjadenkalif von Córdoba zu gewinnen gehofft hatte, wuchs sich im Gegenteil fast zu einem Fiasko aus.

Die Verantwortung für diese Katastrophe ist zumindest zum Teil Konstantin Gongyles, dem Anführer des Feldzugs, anzulasten. Doch wie sich in den vorhergehenden Versuchen erwiesen hatte, war Kreta bekanntlich eine harte Nuß. Kaum zu tadeln für die Schmach war wohl Konstantin Porphyrogennetos selbst und noch weniger König Otto, der anderem Vorrang gab, und zwar der Ausdehnung des 936 an ihn gefallenen Königreiches: er wollte die Grenzen noch weiter gegen die slawischen Stämme nach Osten vorschieben und gleichzeitig seinen Einfluß bei den benachbarten Staaten, unter diesen besonders Böhmen und Burgund, festigen. Mag sein, daß Konstantin instinktiv etwas vom Durchsetzungsvermögen und damit der Wirkung dieses dynamischen Fürsten erkannte, denn er nahm, sobald er an der Macht war, Kontakt zu ihm auf. Aber er konnte natürlich nicht wissen, daß Otto kaum drei Jahre nach seinem Tod in Rom zum Westkaiser gekrönt werden und dieses Reich zielstrebig zu Schlagkraft und Ansehen bringen würde, wie es sie seit Karl dem Großen nicht mehr gekannt hatte.

Damit war er freilich auch Herr über Italien. Aber in den ersten Jahren der Regierungszeit Konstantins herrschte auf der italienischen Halbinsel noch immer der chaotischen Zustand, dem das Land seit der Aufteilung des karolingischen Reichs im Jahre 888 unterworfen war. Um Italiens Krone konnte sich jeder bemühen, der sie mit Gewalt, Ehrgeiz und Skrupellosigkeit an sich zu reißen gedachte. Und da die Herrschaft über Italien zu jener Zeit als Voraussetzung für die Macht im Westreich galt, kämpften nicht nur italienische Feudaladlige darum, sondern häufig auch Fürsten und Könige benachbarter Länder. Erschwerend kam hinzu, daß sich die Lombardei und ein Großteil Norditaliens in ungarischer Hand befand und die Küsten immer wieder sarazenischen Überfällen von Sizilien, Afrika und nicht zuletzt von ihrer provenzalischen Piratenbastion Le Frassinet her ausgesetzt waren.[7]

Am schlimmsten war jedoch die Situation in Rom. Dort beherrschte die Aristokratie die Kirche vollumfänglich, das Papsttum war zu ihrem Spielball verkommen. Nikolaus I., der hier im Zusammenhang mit dem photianischen Schisma Erwähnung fand, war praktisch für eineinhalb Jahrhunderte der letzte fähige oder integre Pontifex auf dem Thron Petri.[8] Der zweite Papst nach ihm, Johannes VIII., war von Verwandten mit einem Hammer erschlagen worden. Die sterblichen Übereste von Papst Formosus hatte man 896 exhumiert, vor das Tribunal einer Bischofssynode gebracht, völlig entblößt, verstümmelt und in den Tiber geworfen.[9] Im Jahre 928 ließ Marozia, die mächtige Senatrix von Rom, die den Kirchenstaat beherrschte und mehrere Päpste einsetzte, Papst Johannes X., einen

Geliebten ihrer Mutter Theodora, in der Engelsburg erdrosseln, um an seiner Statt ihren Sohn, als dessen Vater ihr früherer Günstling Papst Sergius III. gilt, auf den Papstthron zu bringen; während er heranwuchs, hatten drei Jahre lang ein paar Nullen den Thron für ihn warmgehalten. 932 nahm sie als dritten Mann Hugo von Arles, den von der unglücklichen Päpstin Johanna gekrönten König von Italien; er soll seine Frau ermordet, seine Mutter diffamiert und seinen Bruder geblendet haben, um Marozia zu heiraten. Marozia und Hugo wären mit Sicherheit Kaiserin und Kaiser des Westreiches geworden, hätte nicht Alberich, Marozias Sohn aus erster Ehe, einen Volksaufstand gegen sie angezettelt. Hugo entkam, Marozia warf man in ein Verlies in der Engelsburg, wo sie den Rest ihres Lebens zubringen mußte.

Diese reichlich finsteren Ereignisse bilden den Hintergrund für eine wertvolle und sehr farbige Quelle des zehnten Jahrhunderts über die Geschichte des West- und Ostreiches: Liutprand, Bischof von Cremona, dessen Name schon mehrmals gefallen ist, kam 920 in einer wohlhabenden lombardischen Familie zur Welt. Vor ihm waren bereits sein Vater und Stiefvater als Gesandte König Hugos nach Konstantinopel gereist, er selbst wirkte als Sängerknabe am Hof zu Pavia, da er eine wunderschöne Stimme hatte und König Hugo Musik leidenschaftlich liebte. Hugos sonstige Vergnügungen waren dagegen nicht so unschuldig. Die für Liutprand typische Mischung aus Prüderie und Lüsternheit geht vielleicht auf eine unter Höflingen verbrachten Jugend zurück, die aus ganz Italien und den angrenzenden Ländern nach Pavia strömten. Wie dem auch sei, er entschloß sich, in den Kirchendienst einzutreten und wurde rasch Privatsekretär und Kanzler von Hugos eigentlichem Nachfolger Berengar von Ivrea. Am 1. August 949 reiste er in dessen Auftrag den Po abwärts und begab sich damit auf die erste Etappe einer diplomatischen Mission an den Bosporus.

Schade, daß Liutprand nirgendwo die Gründe für diese Mission preisgibt. Da gleichzeitig ein Bote Ottos, ein gewisser Liutfrid von Mainz, nach Konstantinopel reiste, war Berengar vielleicht darauf erpicht, seine eigene Bedeutung herauszustreichen und klarzustellen, daß bei einer etwaigen Übereinkunft zwischen seinem Rivalen und Konstantin Porphyrogennetos auch mit ihm als Herrn Italiens zu rechnen sei. Die beiden Gesandten, die dasselbe Schiff von Venedig aus benutzten, erreichten Konstantinopel am 17. September und wurden bald darauf vom Kaiser zu einer Audienz empfangen:

In Konstantinopel ist eine Halle neben dem kaiserlichen Palast von wunderbarer Größe und Schönheit; die Griechen nennen sie, indem sie ein V statt des Digamma setzen, Magnavra, d.h. magna aura. Diese Halle also ließ Konstantinus sowohl wegen der spanischen Gesandten, welche kürzlich dorthin gekommen waren, als auch für mich und Liutfrid folgendermaßen herrichten. Vor dem Kaiserthron stand ein eherner, aber vergoldeter Baum, dessen Zweige erfüllt waren von Vögeln verschiedener Art, ebenfalls von Erz und vergoldet, die sämtlich nach ihrem Aussehen die Stimmen verschiedener Vögel ertönen ließen. Der Thron des Kaisers aber war so künstlich erbaut, daß er in einem Augenblick niedrig, bald größer und gleich darauf hoch erhaben erschien. Löwen von ungeheurer Größe, ich weiß nicht ob aus Metall oder aus Holz, aber mit Gold überzogen, standen gleichsam als Wächter des Thrones, indem sie mit dem Schweife auf den Boden schlugen und mit offenem Rachen und beweglicher Zunge ein Gebrüll erhoben. In diesem Saal also wurde ich, gestützt auf die Schultern von zwei Verschnittenen, vor den Kaiser geführt. Bei meinem Eintritt erhoben die Löwen ihr Gebrüll und die Vögel zwitscherten je nach ihrem Aussehen; mich aber ergriff weder Furcht noch Staunen, da ich mich nach alledem bei Leuten, die damit wohl bekannt waren, genau erkundigt hatte. Nach dreimaliger tiefer Verbeugung vor dem Kaiser hob ich den Kopf empor und erblickte ihn, den ich zuerst auf einer kleinen Erhöhung sitzen sah, fast bis zur Decke der Halle emporgehoben und mit anderen Kleidern angetan. Wie dies zuging, kann ich mir nicht denken, es sei denn, daß er emporgewunden wurde wie die Bäume der Kelterpressen gehoben werden. Mit eignem Munde sprach der Kaiser bei dieser Gelegenheit kein Wort; denn wenn er es auch gewollt hätte, so wäre solches wegen der großen Entfernung unziemlich gewesen; durch seinen Kanzler aber erkundigte er sich nach Berengars Leben und Wohlergehen. Nachdem ich darauf in gebührender Weise geantwortet

Liutprand von Cremona (949)

hatte, trat ich auf den Wink des Dolmetschers ab und wurde in die mir angewiesene Herberge zurückgebracht.[10]

Nach dieser Beschreibung berichtet Liutprand, wie peinlich ihm war, als er feststellen mußte, daß Ottos sowie die Gesandten von Córdoba dem Kaiser prächtige Geschenke mitgebracht hatten, sein Herr dagegen nur einen Brief schickte, der obendrein von Lügen strotzte. Zum Glück, fährt er fort, hatte er mehrere Geschenke dabei, die er Konstantin auf eigene Rechnung zu präsentieren gedachte; diese gab er nun widerwillig als Berengars Geschenke aus:

So übergab ich denn neun treffliche Panzer, sieben herrliche Schilde mit vergoldeten Buckeln, zwei silberne Becher vergoldet, Schwerter, Lanzen, Spieße und vier carzimasische Sklaven, die dem Kaiser mehr wert waren als alles Angeführte. Als Carzimasier aber bezeichnen die Griechen ganz entmannte, auch der Rute beraubte, junge Eunuchen, dergleichen die Kaufleute von Verdun sich wegen des unermeßlichen Gewinnes zu verschaffen und nach Spanien auszuführen pflegen.[11]

Der letzte Absatz wirft mehr Fragen auf, als hier erörtert werden können, nicht zuletzt die, warum diese unglücklichen jungen Männer anscheinend so begehrt waren und ausgerechnet von Konstantin, dessen sexuelle Neigungen, soweit bekannt, völlig normal waren und dem auf Verlangen gewiß grenzenloser Nachschub von Sklaven und Sklavinnen aller Art zur Verfügung stand. Doch leider schweigt Liutprand sich darüber aus; immerhin läßt er im folgenden keinen Zweifel daran, daß der Kaiser nicht immer so unnahbar war wie bei seiner ersten Audienz. Drei Tage nach der Übergabe der Geschenke erhielt er eine Einladung zu einem Bankett:

Neben der Rennbahn liegt gen Norden eine Halle von außerordentlicher Höhe und Schönheit, die Decanneacubita genannt wird... Diese Benennung rührt daher, daß am Jahrestage der Menschwerdung unseres Herrn Jesu Christi in jener Halle neunzehn Tafeln gedeckt werden, an welchen der Kaiser und seine

Gäste nicht wie an gewöhnlichen Tagen sitzend, sondern liegend speisen. An solchen Tagen wird auch nicht wie sonst in silbernen, sondern nur in goldenen Schüsseln aufgetragen. Nach der Mahlzeit kommen Früchte in drei goldenen Schalen auf den Tisch; diese aber werden wegen ihrer ungeheueren Schwere nicht von Menschen getragen, sondern auf purpurgedeckten Wagen hereingefahren. Auf die Tafel aber werden zwei in folgender Weise gestellt. Durch Öffnungen in der Decke werden drei mit vergoldetem Leder überzogene Seile herabgelassen, an denen goldene Ringe befestigt sind; diese werden an Haken gelegt, welche aus den Schüsseln hervorragen, und dann werden sie mittels einer über der Decke angebrachten Winde auf den Tisch gehoben, während von unten noch vier oder mehr Menschen nachhelfen. Auf dieselbe Weise werden sie auch wieder abgehoben.

Ob die Einladung Liutprands für das Weihnachtsfest galt, ist nicht zu klären, doch war das Ereignis sicherlich auch in anderer Hinsicht denkwürdig:

Es trat ein Mann auf, der auf seiner Stirn ohne Beihilfe der Hände eine Stange trug, deren Länge 24 Schuh und wohl noch mehr betrug und an welcher eine Elle unterhalb des oberen Endes ein zwei Ellen langes Querholz angebracht war. Dann führte man zwei nackte, doch mit Schürzen versehene Knaben her. Diese kletterten an der Stange hinauf, vollführten oben allerlei Kunststücke und kamen dann, die Köpfe nach unten gekehrt, wieder herab, wobei die Stange sich so wenig bewegte, als ob sie in der Erde fest eingewurzelt wäre. Zuletzt, nachdem der eine Knabe schon herabgestiegen war, blieb der andere noch allein oben und machte seine Kunststücke, was mich in noch größere Verwunderung versetzte. Denn solange beide an der Stange kletterten, schien mir die Sache so oder so möglich, weil sie, wenngleich mit sehr wunderbarer Kunst, doch durch ihr gleiches Gewicht die Stange, an der sie kletterten, senkrecht erhalten hatten. Daß aber der eine, welcher oben auf der Stange blieb, nun dergestalt das Gleichgewicht zu beobachten wußte, daß er seine Kunst dort zeigen konnte und unverletzt herabkam, das versetzte mich in solches Staunen, daß

Auswärtige Missionen (957) 217

meine Verwunderung sogar dem Kaiser nicht entging. Er ließ
daher den Dolmetscher rufen und mich fragen, wen ich mehr
bewundere, den Knaben, der sich so behutsam bewegt hatte, daß
die Stange unbeweglich blieb, oder den Mann, der sie so geschickt
auf der Stirn gehalten hatte, daß sie weder das Gewicht der Knaben noch deren Kunststücke im mindesten aus der Senkrechten
brachten. Und als ich antwortete, ich wisse nicht, was mehr zu
bewundern sei, da lachte der Kaiser herzlich und sagte, er wisse es
auch nicht.[12]

Liutprand und Liutfrid sowie die Boten des Kalifen von Córdoba
samt ihrem Gefolge waren nicht die einzigen ausländischen Gäste,
die Konstantin Porphyrogennetos empfing. 946, ein Jahr nach seinem Machtantritt, war eine sarazenische Gesandtschaft von Saïf-
ad-Daulah eingetroffen, um über den Austausch von Gefangenen zu
verhandeln. 949, im gleichen Jahr also, in dem die erwähnten drei
Gesandten kamen, schickte auch Ungarn eine mit großen Vollmachten ausgestattete Delegation. Sie bot nicht nur einen Nichtangriffs-
pakt an, sondern auch den Übertritt zum Christentum. Auf lange
Sicht am bedeutsamsten war allerdings der Besuch der russischen
Fürstin Olga im Jahre 957, die nach dem Tod ihres Mannes Igor die
Regentschaft im jungen Reich Kiew übernommen hatte. Ihr ging es
um Frieden und gutnachbarliche Beziehungen. Nach einer Reihe
großartiger Empfänge bildete ihre Taufe in der Hagia Sophia durch
den Patriarchen den Höhepunkt ihrer Reise; sie nahm den Namen
von Kaiserin Helene an, die Patin stand.[13] Hatte man in Byzanz
gehofft, auf diese Zeremonie werde sogleich der Übertritt des ganzen russischen Volkes erfolgen, wurde man enttäuscht. Aber die Saat
war gesät, und dreißig Jahre später zeigte sich unter Olgas Enkel
Wladimir, daß sie auf fruchtbaren Boden gefallen war.

Auch in der Innenpolitik setzte Konstantin die von Romanos Lakapenos vorgegebene Linie gerne fort. Ein Schwerpunkt von Romanos' Gesetzgebung war der Schutz des kleinen Wehrbauerntums vor
der Gier der reichen Feudalaristokratie gewesen, die seit Jahren
mehr und mehr ihres Landes aufkaufte; dies hatte ihn sehr, ja zeitweise sogar gefährlich unpopulär gemacht, denn der Einfluß der ari-

stokratischen Familien hatte derart zugenommen, daß man sie jetzt allgemein *hoi dynatoi* (die Mächtigen), nannte. Er ließ sich aber von seinem Vorhaben nicht abbringen, wußte er doch, daß die Kleinbauernfamilien seit Herakleios durch ihre regelmäßigen Staatsabgaben und die Verpflichtung zum Heeresdienst das Rückgrat der gesamten Wirtschaft und die Hauptstütze der Streitmacht des Reiches bildeten.

Zwangsläufig stand Konstantin Porphyrogennetos der Aristokratie zunächst weit näher als sein armenischer Schwiegervater, der sich aus bäuerlichen Verhältnissen emporkatapultiert hatte, denn er gehörte ihr schließlich selbst an. Wie schon zu lesen, machte er auch kein Geheimnis aus seiner Freundschaft zur Familie des Phokas, die all das repräsentierte, dem Romanos sehr mißtrauisch gegenübergestanden hatte. Von dem Augenblick an, in dem er die Macht in Händen hielt, führte er die Agrarpolitik seines Vorgängers jedoch beharrlich weiter; 947 befahl er gar die sofortige, entschädigungslose Rückgabe allen bäuerlichen Landes, das »die Mächtigen« seit seinem Amtsantritt an sich gebracht hatten. Für die früheren Transaktionen mußte der Verkaufspreis theoretisch zwar zurückgezahlt werden, aber auch dann nur von jenen Landeignern, die ein Kapital von über fünfzig Goldstücken besaßen. Weitere Gesetze bestimmten, daß das Eigentum, welches die Lebensgrundlage der Soldaten und die Voraussetzung für die Rüstung bildete, die sie aus eigenen Mitteln für den Militärdienst aufbringen mußten, unveräußerlich und der Verkauf eines kleinen Besitzes erst vierzig Jahre nach Vertragsabschluß definitiv und nicht mehr rückgängig zu machen sei. Romanos' altes Gesetz über den ebenfalls entschädigungslosen Einzug von Ländereien, welche »die Mächtigen« unrechtmäßig erworben hatten, wurde erneuert und manche Gesetzeslücke geschlossen. Als Folge davon standen die landbesitzenden Bauernfamilien gegen Ende von Konstantins Regierungszeit so gut da wie schon seit über hundert Jahren nicht mehr. Es spricht durchaus für die Aristokratie, daß sie die neue Rechtsprechung offenbar ohne nennenswerten Protest hinnahm.

Das schwarze Schaf während Konstantins vierzehnjähriger Alleinherrschaft war niemand aus dem Adel, sondern der Eunuch und Mönch Polyeuktos, den er 956 nach dem Tod seines unrühmli-

Tod von Konstantin Porphyrogennetos (959)

chen Schwagers Theophylax[14] übereilt als Patriarchen einsetzte. Polyeuktos wird unterschiedlich eingeschätzt. Toynbee hält ihn für untadelig, Jenkins dagegen, dessen Ansicht der Wahrheit wohl sehr viel näher kommt, sieht in ihm einen penetranten Fanatiker, der vom Augenblick seiner Ernennung an nur Scherereien gemacht habe: zunächst, indem er den *Parakoimomenos* Basileios öffentlich der Erpressung beschuldigte und dann, indem er das verquere Problem der vierten Ehe Leons mit Zoe Karbonopsina wieder aufwärmte und verlangte, daß der Name des Patriarchen Euthymios – er hatte Leon und Zoe den langersehnten Dispens erteilt – wieder in das heilige Diptychon aufgenommen werde.[15]

Vierzig Jahre zuvor hätte Konstantin eine derartige Initiative vielleicht begrüßt, jetzt aber wünschte er sich wohl nichts weniger, als daß die ganze Angelegenheit wieder aufgerollt wurde. Diesmal mußte Polyeuktos noch zurückstecken, aber er setzte seine Sticheleien so lange fort, bis Konstantin es schließlich satt hatte und im September 959 nach Asien übersetzte, um mit seinem Freund, dem Bischof von Kyzikos, zu erörtern, wie er den Störenfried loswerden könne. Von Kyzikos reiste er weiter nach Bursa in der Hoffnung, daß die berühmten heißen Quellen ihn von einem hartnäckigen Fieber heilten, das ihn beständig quälte. Als die Behandlung keine Wirkung zeigte, begab er sich in das hoch auf dem mysischen Olymp (dem heutigen Ulu Da[g]) gelegene Kloster etwa zwanzig Meilen vor der Stadt. Zu dieser Zeit war aber seine unheilbare Krankheit schon zu erkennen: die Mönche, die sahen, daß keine Hoffnung bestand, bedeuteten ihm, sein Ende sei nahe, er möge sich auf den Tod vorbereiten. Er kehrte daraufhin eilends in die Hauptstadt zurück, wo er am 9. November 959 im Alter von vierundfünfzig Jahren im Bett starb, umgeben von den trauernden Hinterbliebenen: seiner Frau Kaiserin Helene, den gemeinsamen fünf Töchtern und dem zwanzigjährigen Sohn Romanos, der damit Kaiser von Byzanz war.

Wohl kaum ein Regierungsantritt stand unter einem so glücklichen Stern wie der von Romanos II., war das Reich doch während der Regierungszeit seiner Vorgänger Basileios I., Leon dem Weisen, Romanos Lakapenos und Konstantin VII. Porphyrogennetos wirtschaftlich und militärisch auf einen Stand gelangt, wie es ihn seit

Jahrhunderten nicht mehr erreicht hatte. Wissenschaft und Kunst der makedonischen Renaissance standen in voller Blüte. Als unzweifelhaft legitimer Sohn eines vielgeliebten Kaiserpaars und wie sein Vater im Purpur geboren, hatte Romanos II. offenbar von seinen Eltern Stattlichkeit, Schönheit und Ausstrahlung geerbt. Seine Kritiker warfen ihm vor, er sei frivol und vergeude seine Zeit mit Jagen, Zechen und Polospiel, aber derlei Schwächen mag man seiner Jugend zurechnen. Es besteht kein stichhaltiger Grund zur Annahme, daß er sie nicht überwunden hätte, wäre ihm die Möglichkeit dazu verblieben.

Daß er sich verliebte, war ihm noch weniger zu verübeln, zeitigte indes nachhaltige Wirkung. Als Fünfjährigen hatte man ihn mit Bertha verheiratet, einer der vielen leiblichen Nachkommen, derer sich der italienische König Hugo von Arles rühmte; sie war jedoch schon kurze Zeit später gestorben. 958 widersetzte er sich der Wahl, die sein Vater für ihn traf. Anstatt für Hedwig von Bayern, eine Nichte König Ottos, entschied er sich für die Tochter eines peloponnesischen Schankwirts, die den Namen Theophano angenommen hatte, den Prototyp einer Frau, die alles erreicht, was sie will. Sie muß eine atemberaubende Ausstrahlung gehabt haben. Man nimmt Leon Diakonos durchaus ab, daß er sie für die »liebreizendste Frau ihrer Zeit« hält. Sie war außerdem ehrgeizig und kannte, soweit sich das beurteilen läßt, keine großen Skrupel; offenbar schreckte sie vor nichts zurück, auch nicht vor Mord, wie sich noch zeigen wird, um ihre Ziele durchzusetzen. Obwohl sie erst achtzehn Jahre alt war, als Romanos II. den Thron bestieg, beherrschte sie ihn vollkommen. Sie tolerierte weder Rivalinnen noch Rivalen, und dies bekamen ihre Schwiegermutter und fünf Schwägerinnen sofort zu spüren, als sie erst Kaiserin war. Helene quartierte sie in einen abgelegenen Winkel des Palastes um, wo sie im September 961 starb; die fünf Prinzessinnen, von denen eine, Agatha, fünf Jahre lang an der Seite ihres Vaters gelebt, ihm als Privatsekretärin und in der letzten Zeit als Pflegerin gedient hatte, mußten den Schleier nehmen. Sie schickten sich keineswegs freiwillig darein: tagelang soll der Palast von ihren Klagen widerhallt haben; vergeblich sollen Mutter Helene und Bruder Romanos für sie gebeten haben; die junge Kaiserin blieb fest. Sie soll grimmig dabeigestanden haben, als Patriarch Polyeuktos die fünf

Der Kretafeldzug (960) 221

jungen Frauen eigenhändig kahlschor, und entsandte sie, um das
Maß voll zu machen, in fünf verschiedene Klöster. Man kann sich
nur wundern über die Macht, die sie offenbar auf den ganzen Hof in
einer relativ kurzen Zeit gewonnen hat.

Zum größten Teil auf Veranlassung von Theophano verloren auch
viele erprobte Regierungs- und Hofbeamte ihre Stellung; zwei sehr
fähige vermochten sich jedoch zu behaupten, wenn auch in anderer
Funktion. Der ehemalige *Parakoimomenos* Basileios erhielt den Titel
eines *Proedros*, wodurch er den Vorsitz im Senat gewann und praktisch zur rechten Hand des Kaisers aufstieg. Seine vorherige Stelle
ging an den Eunuchen Joseph Bringas über, der in den letzten Regie-
rungsjahren Konstantins mit den Aufgaben eines *Drungarios* (Anführer der kaiserlichen Flotte) betraut war. In den Chroniken wird Bringas als fähige, aber undurchsichtige Figur charakterisiert: zum einen
als hochintelligent und scharfsichtig, ausgestattet mit einem enormen
Maß an Energie und anscheinend unermüdlichen Kräften, zum anderen als überaus habgierig, eitel und grausam. Er hatte sich schon Konstantin immer unentbehrlicher gemacht, so daß dieser vor seinem Tod
den Wunsch bekundete, ihn weiterhin in der Regierungsverantwor-
tung zu behalten. Mit Romanos' Thronbesteigung wuchs seine
Macht im Reich praktisch ins Unbegrenzte. Er war Initiator des Feldzugs, der als sensationellste Leistung in der kurzen Regierungszeit des
jungen Kaisers in die Geschichte einging: der Rückeroberung der
Insel Kreta nach fast eineinhalb Jahrhunderten.

Ein später arabischer Chronist behauptet, nach dem Mißerfolg
des katastrophalen Feldzugs von 949 habe Konstantin Porphyrogennetos mit dem Emir von Kreta eine Übereinkunft des Inhalts
getroffen, daß der Emir den ständigen Überfällen seiner Untertanen
Einhalt gebieten werde, wenn er dafür als Gegenleistung einen jährlichen Tribut vom doppelten Gegenwert dessen erhalte, was die Piraterie einbringe. Dies mag durchaus zutreffen, selbst wenn es keine
byzantinische Quelle bestätigt; keine Zweifel bestehen dagegen hin-
sichtlich der Tatsache, daß das Fiasko von 949 nicht verwunden war.
Schon wenige Wochen nach Romanos' Thronbesteigung wurden
Vorbereitungen für einen neuen Feldzug getroffen, und zwar für
einen bislang unbekannter Größenordnung. Leider liegen keine
genauen Zahlen darüber vor, wer alles daran beteiligt war, doch

stellten sicher alle Teile des Reichs Truppen. Das Heer wurde außerdem verstärkt durch Kontingente aus Armenien sowie eine große Anzahl russischer und warägischer Söldner, die mit Äxten kämpften, so daß es insgesamt weit mehr als 50 000 Mann umfaßte. Über die Größe der Flotte sind wir genauer informiert; sie bestand aus tausend schweren Transportschiffen, dreihundertacht Versorgungsschiffen und mindestens zweitausend Trägerschiffen für das Griechische Feuer. Das Oberkommando über diese gewaltige Streitmacht wurde einem häßlichen, strengen und tief religiösen Mann von siebenundvierzig Jahren übertragen, der sich in der Zwischenzeit als der gegenwärtig beste Feldherr des Reichs bewiesen hatte, ja sogar als einer der besten in seiner ganzen Geschichte.

Es handelt sich um Nikephoros Phokas. Sein Großvater gleichen Namens hatte für die Rückeroberung Süditaliens während der Regierungszeit Basileios' I. verantwortlich gezeichnet, sein Onkel Leon Phokas den Widerstand gegen Romanos Lakapenos im Jahre 919 angeführt, wofür er geblendet wurde. Sein Vater Bardas Phokas war unter Konstantin Porphyrogennetos zum *Domestikos* ernannt worden und hatte die Streitkräfte des Reiches gegen die Sarazenen im Osten befehligt, bis 953 eine tückische Wunde im Gesicht zur Beendigung seiner militärischen Laufbahn führte. Nikephoros nun, bisher Militärgouverneur im Thema Anatolien, hatte das Oberkommando sofort übernommen und vier Jahre später mit der Einnahme des höchst wichtigen Stützpunktes Adata eine vorzügliche Kostprobe seines Könnens gegeben. Er war – und darin stimmen Freund und Feind überein – in jeder Hinsicht der geborene Soldat: kühl und furchtlos in der Schlacht, ausgesprochen kräftig, blitzschnell, wenn es darum ging, eine Chance zu erkennen und zu nutzen sowie äußerst aufmerksam gegenüber seinen Soldaten, die ihn verehrten und ihm blindlings folgten. Außer der Armee interessierte ihn nur noch die Religion; er führte ein asketisch strenges Leben und verbrachte seine Mußestunden im Gespräch oder bei der Korrespondenz mit frommen Männern. Besonders schätzte er den späteren heiligen Athanasios, der, um nicht Abt werden zu müssen, sein Kloster verlassen hatte, und jetzt als Eremit auf dem Berg Athos lebte. Nikephoros Phokas lag nicht das geringste an feiner Lebensart, er war vielmehr ganz der kühl-beherrschte Hagestolz.

Belagerung von Kandia (960) 223

Die Vorbereitungen nahmen das ganze erste Halbjahr von 960 in Anspruch, und in den letzten Junitagen segelte die große Flotte aus dem Goldenen Horn in das Marmarameer. Rund vierzehn Tage später, am 13. Juli, tauchte sie vor der Nordküste Kretas auf. Wo die Landung stattfand, weiß man nicht genau, sie wurde aber von einer großen Anzahl sarazenischer Trupps, die sich auf den Hügeln längs der Küste zu Fuß oder zu Pferd versammelten, beobachtet. Da man sie offensichtlich überrascht hatte, gab es zunächst keinen organisierten Widerstand; wer sich zu weit vorwagte, wurde mit einem Hagel von Pfeilen und Wurfgeschossen bedacht. Während des Landemanövers tauchten aber immer mehr berittene Schwadronen auf; sie bezogen Aufstellung und warfen sich den Eindringlingen dann entgegen. Leon Diakonos[16] zufolge kämpften sie mit fast übermenschlichem Mut, aber da sie zahlenmäßig hoffnungslos unterlegen waren, wirkte sich dies auf die byzantinische Streitmacht kaum aus. Zu Hunderten wurden sie niedergemetzelt und wer immer verwundet vom Pferd sank, von den Kataphrakten – gepanzerten Reitern, deren schwere Rüstung sie praktisch unverwundbar machte (wenn auch nicht in der brütenden Mittelmeersonne) – zu Tode getrampelt.

Ein paar Tage darauf erlitt die Reichsstreitmacht einen ersten Rückschlag. Nikephoros hatte eine ansehnliche Mannschaft unter dem Befehl eines gewissen Pastilas, des *Strategos* von Thrakien, zum Auskundschaften und zur Nahrungsbeschaffung in das Inselinnere entsandt. Unter ihnen befand sich auch ein russisches Kontingent, welches die außerordentliche Schönheit, der Reichtum und die Fruchtbarkeit des Landes offenbar den Krieg und damit auch alle Disziplin vergessen ließ. Was wirklich vorgefallen ist, weiß man nicht. Vermutlich betranken sich diese Kundschafter so ausgiebig, daß einer nach dem anderen mit schwerem Kopf einschlief. Die Sarazenen, die alles was vorging, beobachteten, sahen eine Chance gekommen. Sie fegten heran und überrumpelten ihre Opfer völlig unvorbereitet. Pastilas eilte zwar mit den übrigen zu Hilfe, aber es war bereits zu spät. Fast alle wurden bei dem nun folgenden Handgemenge niedergemacht, darunter auch ihr Anführer. Nur ein paar überlebten und konnten die Nachricht der Hauptstreitmacht überbringen.

Zwar war Nikephoros außer sich, aber er sah keinen Grund, seine Pläne zu ändern, die den direkten Vormarsch auf Kandia (heute Heraklion) vorsahen, der größten Stadt und, sofern es in einem »Seeräuberreich« so etwas gibt, die Hauptstadt von Kreta; in Byzanz war sie als Chandax bekannt. Fiel sie, so bestand große Aussicht, daß es auf der Insel keinen nennenswerten Widerstand mehr geben würde. Ein oder zwei Tage später schlossen Phokas' Truppen die Stadt ein und begannen mit der Belagerung, die sich schließlich acht Monate hinzog. Mit einer wirksamen Abriegelung von der Land- und der Seeseite her hätte sie vermutlich nur halb so lange gedauert, aber es gab keine natürlichen Häfen, und Nikephoros konnte seine Schiffe während des außergewöhnlich langen und rauhen Winters nicht dauernd draußen auf dem Meer lassen. Die Belagerten konnten deshalb alles, was sie benötigten, in die Stadt schaffen und außerdem – was noch wichtiger war und was sie auch taten – dringliche Hilfsgesuche an ihre Mitgläubigen in Sizilien, Ägypten und Spanien richten.

Aber die Appelle verhallten ungehört, und je mehr Zeit verstrich, desto mehr verließ sie der Mut. Einziger Trost blieb ihnen beim Anblick ihrer halberfrorenen Feinde, die sich um die Feuerstellen scharten, das Bewußtsein, daß – wie so oft bei mittelalterlichen Belagerungen – das Leben, zumal im Winter, für die Belagernden weit unangenehmer war als für die Belagerten. Da sich der kalte Winter lange hinzog, litt die kaiserliche Streitmacht in der Tat immer stärker an quälendem Hunger. Unter einem anderen Befehlshaber hätte das vielleicht zu offener Meuterei geführt, aber Nikephoros verstand sich auf seine Leute: es gelang ihm auf seinen täglichen Rundgängen, sie mit neuer Kraft und Hoffnung zu erfüllen und zum Durchhalten zu bewegen. Beim Bewältigen dieser Aufgabe scheint ihn sein Freund und Mentor Athanasios beflügelt zu haben, der mittlerweile nach etlichen zweifelsfreien und ihm zugeschriebenen Wundertaten auf die dringende Bitte des Feldherrn widerstrebend seine Einöde auf dem Berg Athos verlassen hatte und ihm ins Lager gefolgt war. Nikephoros schrieb es ganz dessen Eingreifen zu, daß Mitte Februar die langersehnte Entsatzflotte mit Nachschub aus Konstantinopel eintraf. Noch vor Ablauf des Monats unternahmen die byzantinischen Truppen, deren Kampfmoral wieder beträchtlich angeheizt war, zwei entschlossene Versuche, den Weg in die Stadt mit Gewalt zu

Belagerung von Kandia (960) 225

erzwingen. Diese beiden ersten Angriffe schlugen fehl, doch der dritte, am 7. März 961, brachte sie an ihr Ziel. Erstmals seit 136 Jahren wehte über Kreta wieder die Flagge des Reichs.

Für die Bevölkerung bedeutete es das reine Grauen. Noch am selben Tag begannen die Soldaten zu wüten. Sie vergewaltigten sämtliche Frauen, die ihnen in die Hände gerieten, brachten alles Lebendige um und ließen die Leichen liegen, erdrosselten Kinder, ja selbst Säuglinge an der Mutterbrust, oder spießten sie auf ihre Lanzen – und diesmal blieben offenbar Nikephoros' Autorität und hohes Ansehen ohne Wirkung, vermochte er doch dem Rasen nicht Einhalt zu gebieten. Erst nach drei Tagen verschaffte er sich Gehör, aber selbst da gab es für die Bevölkerung von Kandia kaum Hoffnung. Die Überlebenden wurden in die Sklaverei verkauft, und die siegestrunkene Flotte nahm Kurs auf den Bosporus, ihre Schiffe randvoll beladen mit all jenen erbeuteten Schätzen, die ihrerseits in hundert Jahren aus den reichsten Städten des östlichen Mittelmeeres entführt worden waren.

Der Fall Kandias und der damit einhergehende Zusammenbruch der sarazenischen Herrschaft auf Kreta war für Byzanz der größte Triumph seit den Tagen von Herakleios. Als die Siegesnachricht in Konstantinopel eintraf, feierte die ganze Stadt; in der Hagia Sophia fanden die ganze Nacht über in Anwesenheit von Kaiser und Kaiserin, des Adels und des Klerus und so vieler Menschen aus der Bevölkerung, wie sich in die große Kirche hineinzwängen konnten, Dankmessen statt. In der gewaltigen Menge gab es vielleicht nur einen Menschen, dessen Herz nicht von Jubel erfüllt war, sondern von Furcht. Der Eunuch Joseph Bringas hatte das Haus Phokas, das er krankhaft beneidete, immer gehaßt. Bislang war Nikephoros nur bei seinen Soldaten beliebt gewesen, hatte der Bevölkerung von Konstantinopel, die ihn mehrheitlich ohnehin nur dem Namen nach kannte, aber nichts bedeutet. Dies würde sich nun ändern, denn über Nacht war er zum Helden geworden. Siegreiche Feldherren aber galten, zu Recht, schon immer als gefährlich, und daß Nikephoros vor Ehrgeiz glühte, war bekannt. Um diesen Ehrgeiz in Grenzen zu halten, würden Regierung und Hof sehr behutsam agieren müssen. Es standen somit schwierige Wochen bevor.

So gewährte man Nikephoros Phokas, als die Schiffe stolz in das Goldene Horn hineinsegelten und Romanos, Theophano und das Volk ihn ob seiner historischen Tat beglückwünschten, nicht den ganzen Triumph, den er nach Maßgabe des Reiches mehr als verdient hätte, sondern bereitete ihm nur eine Ovation im Hippodrom, bei der das Volk seine Sensationslust befriedigen, seinen großen Feldherrn anstaunen und hochleben lassen konnte. Er erschien jedoch nicht in einem von vier Pferden gezogenen Wagen, sondern zu Fuß. Es gab keine großartige Militärparade, kein Zurschaustellen von Gefangenen und der Beute. Man ließ ihn außerdem unzweideutig wissen, er dürfe nicht länger in der Hauptstadt verweilen als unbedingt nötig; die sarazenische Moral sei schwer angeschlagen, und das Reich müsse sich den errungenen Vorteil rasch zunutze machen: kurz, er werde im Osten gebraucht.

Als Nikephoros das Kommando im Osten zwei Jahre zuvor aufgegeben hatte, um den Kretafeldzug vorzubereiten, war an seine Stelle sein jüngerer Bruder Leon getreten. Innerhalb weniger Wochen nach jenem Wechsel sah sich dieser jedoch mit einem Großangriff des langjährigen Reichsfeindes Saïf-ad-Daulah konfrontiert. Seit Saïf in den dreißiger. Jahren des Jahrhunderts als respektheischender Gegner von Johannes Kurkuas die Szene betreten hatte, waren er und seine Leute nicht untätig geblieben. 944 hatten sie Aleppo eingenommen, und von diesem beständigen Hauptquartier aus ihren Herrschaftsbereich sehr schnell ausgeweitet, so daß dieser nun den größten Teil Syriens sowie Nordmesopotamien samt den Städten Damaskus, Emesa und Antiochia umfaßte. Mit diesen Eroberungen stärkte Saïf noch seinen heldenhaften Ruf, den er schon als recht junger Mann erworben hatte, und man betrachtete den noch nicht Fünfunddreißigjährigen – er ist 916 geboren – bereits als das leuchtende Ideal eines arabischen Emirs des frühen Mittelalters: grausam und erbarmungslos im Krieg, aber ritterlich und großmütig im Frieden, Dichter und Gelehrter, Schirmherr der Literatur und der Künste, im Besitz der größten Stallungen, der umfassendsten Bibliothek und des am üppigsten besetzten Harems der islamischen Welt.

Unfehlbar hatte Saïf Jahr für Jahr mindestens einen größeren Vorstoß auf byzantinisches Territorium unternommen, aber niemals einen so ehrgeizigen wie im Frühsommer des Jahres 960. Der Zeit-

Saïf-ad-Daulah (961) 227

punkt war sehr gut gewählt, denn das byzantinische Ostheer, stark vermindert durch den Kretafeldzug, war schwächer als in den voraufgegangenen Jahren. Leon Phokas kämpfte immer noch an den Folgen eines erfolgreichen Feldzugs im Süden Syriens, weilte also mehrere Tagesmärsche in entgegengesetzter Richtung entfernt. Eine solche Gelegenheit wollte sich Saïf natürlich nicht entgehen lassen, und so überschritt er etwa zur selben Zeit, da Nikephoros nach Kreta aufbrach, ja vielleicht sogar am selben Tag, an der Spitze eines sarazenischen Heers von schätzungsweise 30 000 Mann die Reichsgrenze von Südosten her, passierte ungehindert die Talschluchten im östlichen Taurosgebirge und marschierte auf die Festung Charsianon[17] bei Melitene zu, wo er die Garnison massakrierte und viele Gefangene nahm.

Leon Phokas verfolgte ihn, ließ sich dabei jedoch Zeit. Er wußte sehr wohl, daß er zahlenmäßig völlig unterlegen war; außerdem waren die Truppen, die ihm zur Verfügung standen, noch erschöpft vom langen kräfteraubenden Feldzug. Sich einem solchen Feind in offener Feldschlacht entgegenzustellen, konnte nur in einer Katastrophe enden. Er rückte also nur bis zu den Bergen vor, wo er die Soldaten mit Bedacht an den Hauptpässen postierte. Dann wartete er ab.

Anfang November kehrte Saïf-ad-Daulah mit seinem Heer um. Sein Feldzug war ein grandioser Erfolg gewesen: seinem Heer folgte ein langer Zug von Gefangenen; die Wagen ächzten unter der Last der Beute. Laut Leon Diakonos ritt Saïf stolz an der Spitze seiner Leute auf einer herrlichen Araberstute und jonglierte dabei die ganze Zeit über gekonnt mit der Lanze, schleuderte sie mal hoch in die Luft und fing sie beim Herabfallen wieder auf, ohne daß sie auch nur einmal zu Boden gefallen wäre oder der Marsch hätte unterbrochen werden müssen. Selbstbewußt und ausgelassen nahm der lange Zug seinen Weg durch das Gebirge zurück. Kaum erreichte er aber den Paß, der auf griechisch *Kylindros* (Zylinder) heißt, erscholl eine Fanfare, und schon gleich darauf wälzten sich gewaltige Steinbrocken den Hang hinab auf den schutzlosen Tatzelwurm. Wie aus dem Nichts tauchten Leon Phokas und sein Heer vor und hinter den arabischen Einheiten auf, und Saïf sah sich unvermittelt umzingelt. Anfangs vermochte er sich noch zu halten, verteidigte sich wutentbrannt, indem er nach rechts und links mit seinem Krummschwert um sich schlug, und als sein Pferd unter ihm tot zusammenbrach, bestieg er dasjenige eines Dieners und stürzte sich wieder ins Getümmel. Erst als er sah, daß der Kampf aussichtslos war, riß er sein Pferd herum und stob im Galopp davon. Dabei warf er immer wieder mit vollen Händen Goldmünzen hinter sich und vermochte dadurch seine geldgierigen Verfolger tatsächlich so lange aufzuhalten, daß er sie schließlich abschütteln und mit etwa dreihundert Reitern entkommen konnte. Von den übrigen lag gut die Hälfte erschlagen; die Überlebenden wurden gefangengenommen und mit denselben Seilen gefesselt, die vorher ihre Opfer gebunden hatten.

Dieser gepriesene Sieg zeigt deutlich, daß Leon Phokas, selbst mit verminderter Truppenstärke, absolut in der Lage war, die Ostgrenze zu verteidigen, und dies wirft erneut die Frage nach den wirklichen Motiven für die geradezu unziemliche Hast auf, mit der Nikephoros zu seinem Entsatz zurück in den Osten beordert wurde.

Wie nicht anders zu erwarten, wirkte sich die erneute Anwesenheit beider Brüder an der Spitze eines Heeres, das wieder seine frühere Größe erreicht hatte und in dem die Kampflust größer war als je zuvor, nachhaltig auf das bevorstehende Geschehen aus. Innerhalb von nur drei Wochen im Februar/März 962 rissen die byzantinischen Truppen fünfundfünfzig mit Mauern bewehrte Städte in Kilikien wieder an sich. Dann marschierten sie nach kurzer Unterbrechung – zur Feier des Osterfestes – durch die syrische Pforte bei Alexandretta (Iskenderun) und zogen von dort in gemächlichem Tempo, aber systematisch brandschatzend, plündernd und mordend Richtung Süden. Nur wenige Monate später standen sie vor den Mauern von Aleppo und bereiteten die Belagerung der Stadt vor.

Aleppo schlug damals gerade ein besonders glänzendes Kapitel seiner Geschichte auf. Seit der Eroberung durch Saïf-ad-Daulah achtzehn Jahre zuvor sah sich die Stadt erstmals als Hauptstadt eines unabhängigen Staates und erste Residenz seines Herrschers. Saïfs herrlicher Palast, die sogenannte Hallaba, gehörte zu den schönsten und berühmtesten Bauwerken der moslemischen Welt im zehnten Jahrhundert. Saïf hatte ihn unablässig mit all den in zahllosen Feldzügen erworbenen Beutestücken geschmückt. Allein, der Palast stand zu seinem großen Nachteil an sehr exponierter und kaum gesi-

Eroberung von Aleppo (962) 229

cherter Lage außerhalb der Stadtmauern. Noch am Abend ihrer Ankunft fielen Nikephoros' Leute wie die Heuschrecken über ihn her, beraubten ihn zuerst aller Schätze und brannten ihn dann bis auf die Grundmauern nieder. Sie brachten schließlich 390 000 Silberdenare, 2000 Kamele, 1400 Maultiere und so viele reinrassige arabsiche Pferde an sich, daß »man sie nicht zählen konnte.« Das Bauwerk wurde innen und außen sämtlicher Schätze entkleidet: die arabischen Chroniken erwähnen voll Trauer das Silber- und Goldgeschirr, die Ballen von Samt und Seidendamast, Schwerter, Brustplatten und juwelenbesetzten Gürtel und sogar die vergoldeten Kacheln der Wände und Dächer. Erst als der Palast vollständig leergeplündert war, wandten die kaiserlichen Soldaten ihre Aufmerksamkeit Aleppo zu. Saïf, den man außerhalb der Mauern aufgespürt hatte, konnte erneut sein Leben nur durch Flucht retten. Dem größten Teil der dortigen Garnison mangelte es ohne ihren Anführer jedoch an Kampflust. Zwei Tage vor Weihnachten stürmten die byzantinischen Eroberer triumphierend in die Stadt. Wie in Kandia zeigten sie sich auch diesmal erbarmungslos von ihrer schlimmsten Seite: das Gemetzel, so schreibt ein arabischer Historiker, sei erst zu Ende gegangen, als die Männer vor lauter Erschöpfung nicht mehr konnten.

Dennoch war Aleppo zwar besetzt, hatte sich aber noch nicht ganz ergeben. In der Zitadelle verschanzten sich einige wenige Leute und weigerten sich hartnäckig zu kapitulieren. Aber Nikephoros beachtete sie einfach nicht. Sie würden sich nicht lange halten können, da ihre Vorräte nicht ewig reichten. Entscheidend war, daß Saïf nicht mehr da war und Aleppo künftig keine ernst zu nehmende Größe mehr darstellte. Da er also keinen Grund mehr sah, noch länger zu verweilen, gab Nikephoros den Befehl zum Rückzug; das siegreiche Heer trat den langen Heimweg an.

Kaum in Kappadokien, erreichte sie die Nachricht vom Tod Kaiser Romanos' II.

12

Der bleiche Tod der Sarazenen

(963–969)

*Am siebenten Juli aber, nämlich am heiligen
Pfingsttage selbst, führte man mich in den
sogenannten Kranzsaal vor Nikephoros, einen
Menschen von ganz eigenartiger Gestalt, zwergenhaft,
mit dickem Kopf und Äuglein wie ein Maulwurf,
entstellt durch einen kurzen, breiten, dichten,
halbgrauen Bart, garstig durch einen zollangen Hals.
Langes, dichtes Haar gab ihm ein Schweinsgesicht, der
Hautfarbe nach war er ein Ätiopier; einer, dem man
um Mitternacht nicht begegnen möchte. Dazu hatte er
einen aufgeschwemmten Bauch, mageren Steiß,
Schenkel, die für seine kleine Gestalt sehr lang waren,
kurze Beine und entsprechende Fersen und Füße. Er
war angetan mit einem Prachtkleid, das aber recht alt
und von langem Gebrauch übelriechend und
verblichen war, und mit sicyonischen Schuhen;
unverschämt im Reden, fuchsartig von Gemüt, war er
in Lüge und Falschheit ein Odysseus.*

Liutprand von Cremona, Beschreibung von Nikephoros
Phokas[1]

Romanos II. war am 15. März 963 gestorben, und schon am folgenden Morgen ging das Gerücht um, Kaiserin Theophano habe ihn vergiftet. Aber ein solches Gerücht ließ sich wahrscheinlich gar nicht vermeiden. In der Intrigenküche Konstantinopel brauten sich nach dem Tod junger Adliger und erst recht natürlich des Basileus solche Gerüchte grundsätzlich zusammen. Die schöne junge

Kaiserin hatte in den dreieinviertel Jahren seit Romanos' Thronbesteigung den Ruf erworben, zu allem fähig zu sein, so daß kaum jemand ihr ein solches Verbrechen nicht zugetraut hätte. Aber zu etwas in der Lage sein, ist etwas ganz anderes, als sich wirklich schuldig zu machen. Es ist zudem auch nicht recht einzusehen, in welcher Beziehung sie ihre Stellung durch Witwenschaft, sei sie nun herbeigeführt oder ohne ihr Dazutun eingetreten, hätte verbessern können. Es besteht kein Grund zur Annahme, sie habe ihren Ehemann nicht geliebt; sie hatten vier gemeinsame Kinder, das jüngste, eine Tochter, hatte sie nur zwei Tage vor seinem Tod zur Welt gebracht. Solange er lebte, konnte auch sie ihre Machtstellung halten; ihre Zukunft wie auch die ihrer Kinder schien gesichert. Nun, da er tot war, schwebten alle in Gefahr. Sie selbst erholte sich noch von der Geburt; ihre beiden Söhne, Thronfolger und Mitkaiser Basileios und Konstantin, waren sechs beziehungsweise drei Jahre alt; das Beispiel ihres Schwiegervaters illustrierte klar genug die Gefahr, die aus einer langen Unmündigkeit von Thronfolgern entstehen konnte, vor allem wenn ein paar ehrgeizige Feldherren auf eine günstige Gelegenheit lauerten. Und während ihre Vorgängerin Zoe nur mit deren zwei fertig werden mußte, standen jetzt drei bereit – Nikephoros und Leon Phokas sowie Johannes Tzimiskes –, die mit Sicherheit alle die gegenwärtige Situation als einen gangbaren Weg zum Thron betrachteten. Und zu diesen mächtigen Anwärtern hätte leicht noch ein vierter, nämlich Joseph Bringas, dazukommen können, wäre ihm als Eunuchen nicht die oberste Machtposition verwehrt gewesen. Aber er war ebenfalls ein notorischer Intrigant, und wenn Theophano auch wußte, daß er die Phokas-Partei niemals unterstützen würde, sah sie doch auf der anderen Seite nicht genau, welche Kandidaten er im Sinn haben mochte.

Vorerst brauchte sie jedoch Schutz, und zwar durch einen, der sich durchzusetzen verstand. Heimlich – Bringas hätte sie mit Sicherheit daran gehindert – sandte sie einen dringlichen Appell an Nikephoros Phokas im Osten, sogleich zurückzukehren. Als der Bote ihn im Lager in der Nähe von Cäsarea schließlich gefunden hatte, zögerte Nikephoros keine Sekunde. Er mußte jetzt, das war ihm völlig klar, rasch handeln; es blieb keine Zeit, die Soldaten zu versammeln, von denen sich viele bereits auf dem Heimmarsch befanden. Er nahm

Die geheime Übereinkunft (963) 233

sich gerade noch Zeit, die wertvollsten Beutestücke seines Syrien-
feldzugs zusammenzupacken, und brach dann mit einer kleinen
Begleitmannschaft auf; Anfang April traf er in der Hauptstadt ein.
Zu diesem Zeitpunkt war das Gesuch Kaiserin Theophanos bereits
Stadtgespräch. Bringas, außer sich vor Wut, hatte heftig protestiert
und war auf einer Versammlung des kaiserlichen Rates so weit
gegangen zu behaupten, der Feldherr sei zu einer öffentlichen
Gefahr geworden und müsse gleich bei seiner Ankunft in Gewahrsam genommen werden. Mit diesem Vorstoß stand er jedoch allein
auf weiter Flur. Die Menschenmenge, die vor dem Palast zusammen-
geströmt war, forderte lautstark, Nikephoros verdiene nicht nur
einen Empfang als Held, sondern eben den Triumphzug, um den
man ihn nach der Eroberung von Kreta so schmählich betrogen
habe.

Nun fand der Triumphzug doch noch statt, und es war vielleicht
der glanzvollste seit jenem von Herakleios über dreihundert Jahre
zuvor, zusätzlich aufgewertet durch das löchrige Gewand Johannes
des Täufers, welches man vor kurzem aus Aleppo, wo es lange Zeit
aufbewahrt worden war, hergebracht hatte und nun triumphierend
vor Nikephoros, »dem bleichen Tod der Sarazenen«, auf seinem Ritt
zum Hippodrom hertrug. Gegen seine ungeheure Popularität konnte Bringas nicht ankommen; zu Wut und Neid, die er seit langem
gegen seinen alten Feind hegte, gesellte sich nun als drittes Furcht.
Nikephoros wurde von der Kaiserin täglich empfangen. Welches Los
erwartete ihn, falls er mit ihrer Unterstützung nach dem Thron griff?
Blendung, Verbannung oder beides? Zwar zeigte Nikephoros nach
außen hin keinerlei derartige Ambitionen; auch ließ er keine Gelegenheit aus, seine Gleichgültigkeit gegenüber weltlicher Prachtentfaltung und Macht sowie überdies den Wunsch kundzutun, sich so
bald wie möglich in das Kloster zurückzuziehen, mit dessen Bau sein
Freund Athanasios auf seine Bitte hin auf dem Berg Athos[2] schon
begonnen hatte. Bringas ließ sich davon aber nicht täuschen. Still
und heimlich schmiedete er Pläne und beorderte, als alle Vorkehrungen getroffen waren, seinen Feind in den Palast.

Doch Nikephoros war gleichfalls auf der Hut. Seine Spione hatten
alle Hände voll zu tun. Er machte sich über die Pläne des *Parakoimomenos* keinerlei Illusionen und wollte auf keinen Fall die Initiative

aus der Hand geben. Anstatt der Aufforderung Folge zu leisten, ging er geradewegs zur Hagia Sophia, wo er Bringas öffentlich beschuldigte, ihm nach dem Leben zu trachten, und bat um Asyl. Diesem brillanten Schachzug war denn auch Erfolg beschieden. Schon bald versammelte sich eine aufgebrachte Menge, die wütend nach Bestrafung eines jeden schrie, der ihren Helden anzutasten wage; ihr schloß sich bald auch Patriarch Polyeuktos an. Wie schon dargestellt, hatte der Patriarch, ein engstirniger Frömmler, Konstantin Porphyrogennetos die letzten Lebensjahre vergällt. Der finstere, selbst sehr fromme Feldherr war allem Anschein nach nun ein Mann nach seinem Herzen, und so zögerte er nicht, in den Ruf der Menge einzufallen. Joseph Bringas war zwar ein mächtiger Mann, aber gegen die Kaiserin, den Patriarchen und das Volk, die offensichtlich vereint hinter dem Heerführer standen, konnte er nicht aufkommen: er mußte vor Wut schäumend mitansehen, wie der Senat Nikephoros' Oberbefehl erneuerte und übereinkam, keine politisch weitreichenden Entscheidungen ohne seine Zustimmung zu treffen. Der Feldherr bedankte sich für das ihm entgegengebrachte Vertrauen und begab sich sogleich nach den Osterfeierlichkeiten zu seinem Heer nach Anatolien.

Aber, wie jedermann argwöhnte, nicht für lange. Die geheimen Unterredungen mit der Kaiserin hatten zu einer Übereinkunft geführt, die – jedenfalls kurzfristig – sich für beide als sehr vorteilhaft erwies. Nikephoros sollte für die Rechte und den leiblichen Schutz der beiden Kindkaiser einstehen und dafür zum Kaiser ausgerufen werden und mit ihnen den Thron teilen. Kaum jemand glaubte ihm jetzt indes noch seine ständig wiederholte Versicherung, er treffe Vorbereitungen für einen Feldzug in Kilikien. Bringas hatte recht gehabt: er machte in der Tat das Heer marschbereit. Allerdings war nicht Kilikien Ziel seines Marsches, sondern Konstantinopel.

Der nunmehr auf aussichtslosem Posten stehende Bringas mußte den letzten Trumpf ausspielen. Er sandte Briefe an die beiden Nikephoros unterstellten Befehlshaber Romanos Kurkuas und Johannes Tzimiskes – den Sohn und den Großneffen von Johannes Kurkuas, der mit der Reichsstreitmacht unter der Regierung von Romanos Lakapenos so bedeutende Siege erfochten hatte – und bot ihnen den Oberbefehl über den Osten und den Westen als Gegenleistung für

Die geheime Übereinkunft (963) 235

den Verrat an ihrem Oberbefehlshaber an. Wie sie das bewerkstelligten, überließ er ihnen: als Möglichkeiten schlug er vor, ihm mit Gewalt die Tonsur zu verpassen und ihn hinter Klostermauern zu bringen, oder ihn in Ketten nach Konstantinopel zu senden. Er verlasse sich auf ihn, schrieb Bringas an Tzimiskes. Habe er erst einmal den Oberbefehl in Anatolien, werde er mit etwas Geduld in absehbarer Zeit Basileus des römischen Volkes sein. Leider hatte er sich an den Falschen gewandt: Tzimiskes ging schnurstracks zu Nikephoros, der in seinem Zelt schlief, weckte ihn ganz aufgeregt und zeigte ihm den Brief. Der Feldherr schien darüber sehr verwirrt. Der Chronist Georgios Kredenos behauptet, er habe sich erst nachdem die beiden Befehlshaber ihn zu töten gedroht hätten, falls er noch länger zögere, zum Handeln entschlossen. Vermutlich war dies jedoch nur kalkulierte Ziererei. Schon im Morgengrauen des 3. Juli 963, bevor noch das Heer vollständig auf der großen Ebene vor den Mauern der kappadokischen Stadt Cäsarea Aufstellung bezogen hatte, wurde Nikephoros Phokas von seinen Befehlshabern nach alter Sitte auf einen großen Schild gehoben und zum Kaiser des römischen Volkes ausgerufen. Anschließend brach er nach einem kurzen Dankgottesdienst in der Hauptkirche zur Hauptstadt auf.

In Konstantinopel wollte sich Joseph Bringas jedoch mit seiner Niederlage nicht abfinden. Er hatte eine beträchtliche Anzahl Soldaten aus Makedonien und anderen europäischen Gebieten zusammengezogen, die den anatolischen Einheiten traditionell mißtrauten und auf deren Loyalität er sich glaubte verlassen zu können. Den größten Teil dieser Truppen postierte er nicht nur entlang der Mauern zur Land- und Seeseite hin, sondern auch an allen strategisch wichtigen Stellen in der Stadt, um schon die ersten Anzeichen einer Volkserhebung im Keim ersticken zu können. Die übrigen schickte er an die asiatische Küste des Bosporus, wo sie alle Schiffe, die sie auftreiben konnten, beschlagnahmen und auf die europäische Seite hinüberschaffen sollten. Als Nikephoros Phokas mit seinem Heer in Chrysopolis (uns geläufiger als Skutari) am 9. August eintraf, sah er sich außerstande, die Meerenge zu überqueren. Er zeigte sich davon jedoch nicht sehr beeindruckt. Da seine Freunde und Anhänger in der Stadt nun seine Wachfeuer sehen konnten, rechnete er damit, daß zumindest einige von ihnen sich im Schutz der Dunkelheit zu ihm durchschlagen würden. Er machte es sich also im nahe gelegenen kaiserlichen Sommerpalast von Hieria bequem und wartete ab. Schon bald sollten sich seine Hoffnungen erfüllen. Als einer der ersten traf sein Bruder Leon ein, Sieger der Schlacht am Kylindros-Paß. Aber Leon brachte unerfreuliche Nachrichten: ihr Vater, der alte Feldherr Bardas Phokas – inzwischen weit über achtzig Jahre alt –, befand sich als Geisel in Bringas Hand. Sollte sich Nikephoros nur einen Schritt weiter vorwagen, würden seine Überlebenschancen schwinden.

Die Ereignisse spitzten sich jedoch schneller zu, als Leon ahnen konnte. Bardas hatte sich die zunehmende Verwirrung in der Stadt zunutze machen, höchstwahrscheinlich mit stillschweigender Duldung seiner Wächter entkommen und Asyl in der Hagia Sophia finden können. Als Bringas davon erfuhr, sandte er ihm sogleich einen Trupp Soldaten nach mit dem Befehl, ihn mit Gewalt aus seinem Refugium zu holen. Dies war ein folgenschwerer Fehler, denn man schrieb den 9. August, einen Sonntag, so daß eine große Menschenmenge die Kirche füllte. Da Bardas als berühmter Veteran der Sarazenenkriege und Vater von Nikephoros eine beliebte Persönlichkeit war, sahen sich die Soldaten augenblicklich von einer feindseligen Menge umzingelt, die ihnen den Gefangenen wegschnappte, sie aus dem Gebäude hinauswarf und daraufhin den Alten auf seinen Sitz im Sanktuarium zurückgeleitete.

Welche Schwächen Bringas auch gehabt haben mag, ein Feigling war er nicht. Als er seine Leute mit leeren Händen und sichtlich mitgenommen zurückkehren sah, sprang er auf sein Pferd und ritt geradewegs zum Sitz des Patriarchen, der sich direkt neben der Hagia Sophia befand. Als Polyeuktos sich weigerte einzugreifen, begab er sich in die Kirche, bahnte sich einen Weg durch das Menschengewühl, stieg auf die Ambo und wandte sich, nachdem er die Priester mit gebieterischer Gebärde zum Schweigen gebracht hatte, an die Versammelten. Aber einmal mehr unterschätzte er die Stärke der Opposition gegen ihn. Einige versöhnliche Worte hätten vielleicht die Situation retten können. Statt dessen tobte er, holte zu einem Rundschlag gegen alle aus, die sich seinen Anordnungen widersetzte, und drohte, der Stadt allen Nachschub an Lebensmitteln zu verwehren und das Volk, wenn nötig, durch Hunger zur Unterwerfung zu zwingen. Dann verließ er die Kirche und hielt nur noch einmal an, um den Brotverkäufern, die am Westtor ihre festen Stände hatten, zu befehlen, ihre Buden unverzüglich zu schließen. Das war natürlich eine leere Drohung, und Bringas wußte es so gut wie sein Publikum. Er kehrte deshalb so wütend wie zuvor mit dem sicheren Gefühl in seinen Palast zurück, daß er als kaiserlicher *Parakoimomenos* und Kanzler des Byzantinischen Reiches die erste Runde verloren und sich geradezu zum Narren gemacht hatte. Aber er gab sich immer noch nicht geschlagen. Er wartete, bis die Menge aus der Hagia Sophia herausströmte. Der Gottesdienst war zu Ende, und alle kehrten zum Mittagsmahl nach Hause. Dann ließ er die beiden Kindkaiser kommen, nahm sie fest bei der Hand und kehrte mit ihnen zur großen Kirche zurück, in der sich inzwischen niemand mehr aufhielt als der alte Bardas, der still im dämmrigen Sanktuarium saß. Von der anschließenden Unterredung liegt uns kein Bericht vor; die Anwesenheit der beiden Knaben läßt vermuten, daß Bringas drohte, sie würden jeden weiteren Widerstand Bardas' mit dem Leben bezahlen. Überliefert ist nur, daß Bardas sich hat abführen lassen.

Zum dritten Mal aber unterschätzte Bringas das Ausmaß der Reaktion bei der Bevölkerung. Als die Vesperstunde nahte und sich die Hagia Sophia allmählich wieder mit Menschen füllte, galt deren erster Gedanke Bardas. Als sie ihn nicht mehr fanden, ergrimmten sie stärker denn je; ihre Wut richtete sich diesmal vor allem gegen den Patriarchen und den Klerus, die den Zuflucht Suchenden bestenfalls nicht hatten schützen können, schlimmstenfalls aber absichtlich verraten hatten. Der jetzt aufs äußerste beunruhigte Polyeuktos eilte in den Palast, wo er Bardas in traurigem Zustand in einem Vorraum sitzend vorfand. Er kehrte mit ihm in die Hagia Sophia zurück, und als die beiden dort erschienen, trat sofort absolute Stille ein. Als jedoch Bringas kurz darauf mit einer Schar Makedonier auftauchte und wieder Hand an ihn zu legen versuchte, war das Maß endgültig voll. Während einige sich um den Greis bemühten, ihn in sein Haus zurückbrachten und eine Wache zu seinem Schutz postierten, griffen die übrigen zu Steinen und allen möglichen anderen Gegenständen – die Kircheneinrichtung nicht ausgenommen –, die als Waffe dienen konnten, und stürzten sich auf Bringas' Soldaten.

Der Aufstand breitete sich nun wie ein Flächenbrand über die Stadt aus. Wie alle derartigen Erhebungen entwickelte er sich zu Beginn völlig ziellos. Je mehr er jedoch an Stoßkraft zunahm, desto klarer zeichnete sich ab, wer die Fäden in der Hand hielt: Basileios, ein leiblicher Sohn von Romanos Lakapenos. Vermutlich um die Ansprüche seiner älteren ehelichen Söhne zu wahren, hatte Romanos ihn als Kind entmannen lassen. Doch schon ganz früh ließ er eine außergewöhnliche Intelligenz und Fähigkeit erkennen und spielte geraume Zeit eine wichtige Rolle im Staat. Schon 944 hatte ihn Konstantin Porphyrogennetos zum *Patrikios* und Exarchen der Großen Hetaireia[3] gemacht. Ein paar Monate später war er bereits *Parakoimomenos.* 958 befehligte er das Ostheer und errang mit ihm einen so nachhaltigen Sieg über Saïf-ad-Daulah, daß man ihm bei seiner Rückkehr in die Hauptstadt einen glänzenden Triumphzug bereitete. Nach Konstantins Tod im Jahr darauf legte er dessen Leichnam eigenhändig neben den seines Vaters Leon in denselben Sarkophag. Nach seiner Beförderung zum *Proedros* rückte in seine bisherige Stellung Joseph Bringas nach, den er nicht mochte und dem er mißtraute.

Als Basileios nun den Lärm der Aufständischen vernahm, wußte er, daß seine Zeit gekommen war. Schnell rief er all seine Diener und Untergebenen zusammen; viertausend sollen es gewesen sein, wenn man dem Chroniken Glauben schenken darf, eine Zahl, die eine Vorstellung vom Status byzantinischer Adliger zu dieser Zeit vermittelt. Er führte sie zum Forum, wo die Menge am dichtesten drängte, und riß sofort die Initiative an sich. Als erstes ließ er überall in der Stadt die unmittelbar bevorstehende Ankunft des neuen Kaisers ausrufen. Dann – und das verschaffte ihm vermutlich noch mehr Genugtuung – führte er den Mob zu Bringas Privatpalast, den man zuerst um alles Wertvolle plünderte und dann bis auf die Grundmauern niederbrannte. Danach brandschatzten und plünderten die Massen die ganze Stadt: was als verständlicher Protest begonnen hatte, verwandelte sich schnell in einen Raubzug eines grölenden, gierigen Mobs. Erst nach drei Tagen vermochte Basileios seine Autorität wieder durchzusetzen und wenigstens den Anschein von Ruhe und Ordnung wiederherzustellen, aber da lag Konstantinopel schon halb in Schutt und Asche. Dann aber konnte er seine Leute zum Gol-

Einzug Nikephoros' II. in Konstantinopel (963)   239

denen Horn führen, sich aller Schiffe, die im Hafen vor Anker lagen,
bemächtigen und mit dieser riesigen Flotte über den Bosporus nach
Hieria übersetzen, wo Nikephoros immer noch wartete.

Endlich, am Sonntag, dem 16. August 963, schickte sich Kaiser
Nikephoros Phokas an, in seine Hauptstadt einzuziehen. An der Seite des wieder zum *Parakoimomenos* ernannten Basileios bestieg er
das kaiserliche *Dromond* und setzte sich auf den großen Silberthron
unter dem goldenen, von vergoldeten Karyatiden getragenen Balda-
chin. Gemessen ruderte man ihn über das Meer und dann westwärts
entlang der europäischen Küste zum Hebdomonpalast direkt vor
dem südlichen Ende der Stadtmauern. Hier legte man ihm festliche
Gewänder an, hängte ihm die goldene Brustplatte um und half ihm
auf ein gewaltiges weißes Streitroß mit einer purpurn und golden
verzierten Schabracke, das ihn durch die Stadt tragen sollte. Und so
nahm der große Zug seinen Anfang. Ein erster Halt galt dem Abra-
mitenkloster des Acheiropoietos[4], um die wundertätige (»nicht von
Menschenhand geschaffene«) Ikone der Muttergottes zu verehren;
dann setzte sich der Zug wieder in Bewegung, durchschritt das
Goldene Tor und begab sich die Mese entlang zur Hagia Sophia,
wo Patriarch Polyeuktos Nikephoros in Anwesenheit der beiden
Kindkaiser Nikephoros Phokas feierlich das Diadem aufs Haupt
setzte.

Da Liutprand von Cremona seine Verachtung für Nikephoros Phokas nie verhehlte, nimmt man unwillkürlich an, daß die Beschreibung, die diesem Kapitel vorangestellt ist, nicht von Vorurteilen frei
ist. Und doch zeichnet Leon Diakonos, der den Kaiser gut kannte
und gegen ihn nichts hatte, ein ganz ähnliches Bild: Auch er
beschreibt Nikephoros als klein und gedrungen – diesen Eindruck
unterstrichen die breiten Schultern und der mächtige Brustkorb –
und von dunkler Hautfarbe, die während seiner langen Dienstzeit
unter der Sonne Syriens noch dunkler geworden sei; dazu hätten
unter buschigen Brauen kleine Augen hervorgelugt (er fügt hinzu, sie
seien ihm nachdenklich und etwas traurig vorgekommen). Auch das
Haar des Kaisers wird von beiden sehr ähnlich beschrieben, was im
übrigen Darstellungen auf zeitgenössischen Münzen durchaus
bestätigen. Liutprands Assoziation an ein »Schweinsgesicht« läßt

sich zwar schwerlich in Einklang bringen mit den langen, dichten Locken, von denen Leon spricht, ist aber fast mit Sicherheit auf seine persönliche Abneigung zurückzuführen.

In Kapitel 11 sind Charakter und Lebensart von Nikephoros Phokas bereits kurz gestreift worden. Beides war, um es noch einmal zu sagen, nicht besonders anziehend. Nikephoros zeigte kaum andere Interessen als jene für das Heer und die Religion. Gewiß, er gab sich in der Regel moralisch einwandfrei, war trotz seines engen Horizontes intelligent, ernsthaft und sachlich, dazu offenbar völlig unbestechlich, auch nicht anfällig für Schmeicheleien und beinhart. Aber er konnte auch erbarmungslos und grausam sein, sein Geiz und seine Habgier waren allgemein bekannt, und außerdem spielte er gern ein doppeltes Spiel. Insgesamt verhielt er sich, was seine Lebensgewohnheiten betraf, zwar vorbildlich, aber es fällt doch schwer, diesem Mann Sympathie entgegenzubringen, der jahrelang kein Fleisch aß, Frauen verachtete, stets im härenen Gewand seines Onkels – eines für seine Frömmigkeit bekannten Mönchs namens Michael Maleinos – schlief und etliche Stunden des Tages im Gebet verbrachte. Doch Nikephoros bewarb sich nie um die Gunst des Volkes. Obwohl jetzt bereits über fünfzig, mangelte es ihm nicht an Kraft, so daß er sich mit wahrer Begeisterung den Regierungsgeschäften widmen konnte.

Zunächst nahm er sich Bringas vor. Dieser hatte, als der Mob lautstark sein Blut forderte, ebenfalls in der Hagia Sophia Zuflucht gesucht, sie aber nach Abflauen des Aufruhrs offenbar auf eigene Faust wieder verlassen. Als er sich schließlich vor seinem alten Feind niederwerfen mußte – er wußte bereits, daß er abgesetzt und sein Haus mit all seinen Besitztümern dahin war –, muß er um seine Zukunft gebangt haben. Der Kaiser war indes nicht rachsüchtig. Er gab sich damit zufrieden, Bringas in seine Heimat Paphlagonien zu verbannen und ihm zu verbieten, Konstantinopel je wieder zu betreten. Indes galt es nicht nur zu bestrafen, sondern auch zu belohnen. Seinem greisen Vater Bardas verlieh Nikephoros den Titel eines Cäsars in Anerkennung des Mutes, den er während seiner Leidenszeit bewiesen hatte. Seinen Bruder Leon ernannte er zum *Magistros* und *Kuropalates,* das heißt Marschall des kaiserlichen Hofes. Johannes Tzimiskes schließlich bestätigte er als *Domestikos* und Oberbefehlshaber des Heeres in Anatolien.

Eheschließung von Theophano und Nikephoros (963)   241

Bleibt Theophano, ohne die er vermutlich den Rest seiner Laufbahn in Syrien im Kampf gegen die Sarazenen verbracht hätte; sie
hatte ihn als erste zurückrufen lassen und ihm den Schutz ihrer Kinder anvertraut. Die erste Maßnahme, die er sie betreffend veranlaßte, nimmt sich auf den ersten Blick besehen merkwürdig aus, verwies
er sie doch aus dem Palast und in die alte Festung im Petrion, dem
heutigen Phanarviertel am Goldenen Horn, wo sie einen Monat und
vier Tage lang in einer gefängnisartigen Unterkunft ausharren mußte, während sich Nikephoros, streng und asketisch wie immer, in
den kaiserlichen Gemächern einrichtete. Am 20. September aber
heirateten die beiden in der Pfalzkapelle der Nea.

Es scheint unzweifelhaft, in Theophanos zeitweiliger Verbannung
eine von beiden im voraus verabredete Maßnahme zur Wahrung der
Form und zur Vermeidung von unerwünschtem Klatsch zu sehen,
wenn auch nicht unmittelbar einleuchtet, warum die Kaiserin ausgerechnet an einem so unwirtlichen Ort und nicht in einem der zahlreichen Paläste in der Umgebung der Hauptstadt untergebracht wurde.
Interessanter ist jedoch die Frage nach den Motiven für diese Ehe.
Einige zeitgenössische Quellen, wenn auch nicht gerade die verläßlichsten, behaupten, Nikephoros sei, geblendet von der außerordentlichen Erscheinung der Kaiserin, in leidenschaftlicher Liebe zur
ihr entbrannt. Diese Theorie haben zahlreiche spätere Chroniken
nur allzu bereitwillig übernommen; der Grund ist nicht schwer zu
erraten: der Vorstellung vom rauhbeinigen, unbeugsamen alten
Feldherrn, der plötzlich Kopf und Herz an die lieblichste – und
lasterhafteste – Frau ihrer Zeit verliert, kann man sich kaum entziehen. Ist sie aber auch wahrscheinlich? Nikephoros war aufgrund seines Naturells und seines frömmelnden Wesens ein Asket; er hatte
nach dem Tod seiner ersten Frau Keuschheit gelobt und sein ganzes
Leben hindurch kaum eine Gelegenheit ausgelassen, seinen Leib
noch mehr abzutöten. Hätte er sich also, so fragte man sich in anderen Studien, so leicht einwickeln lassen? Könnte es sich nicht eher
um eine Übereinkunft gehandelt haben, welche die beiden gemeinsam in den langen persönlichen Sitzungen nach seiner vorläufigen
Rückkehr ausgehandelt hatten, nach der er ihr und ihren Kind-
kaisern Schutz garantierte und dafür mit der Kaiserkrone belohnt
wurde?

Für sie wird es sicher nichts weiter gewesen sein. Man kann sich einfach nicht vorstellen, daß diese außergewöhnliche und den Annehmlichkeiten des Lebens sicherlich nicht abgeneigte junge Kaiserin nach einer glücklichen, wenn auch kurzen Ehe mit dem fraglos attraktiven Romanos für einen frömmelnden Puritaner, der doppelt so alt war wie sie, etwas anderes als Widerwillen empfunden haben könnte. Selbst wenn man Liutprands Beschreibung für ausgesprochen boshaft hält, war Nikephoros anscheinend so unattraktiv, daß es ans Groteske grenzt. Bei Nikephoros kann man dagegen nicht so sicher sein. Hätte man nur die Beschreibung seines Charakters und seines Werdegangs als Anhaltspunkte, würde man vermutlich seine Motive als von Ehrgeiz und nicht von Liebe bestimmt und für rein politisch halten. Andererseits wäre er keineswegs der erste eingefleischte Junggeselle, dem eine Frau den Boden unter den Füßen wegzieht, wenn er am wenigsten damit rechnet. Sein Verhalten, als später die Legalität der Verbindung angefochten wurde, legt ebenfalls den Schluß nahe, daß es sich für ihn keineswegs um eine Vernunftehe handelte, sondern daß er seine Frau heftigst liebte.

Doch gab es andere, die ihre Skrupel nicht so leicht überwinden konnten wie Nikephoros, unter ihnen Patriarch Polyeuktos. Zwar hatte er, soweit bekannt ist, weder gewichtige Einwände gegen die kaiserliche Eheschließung verlauten lassen, noch Bedenken irgendeiner Art geäußert, sondern Nikephoros höchstpersönlich durch das Mittelschiff der Nea zur Ikonostasis geleitet, vor der die Zeremonie stattfand. Aber als Nikephoros kurz vor Ende der Messe allein auf die Mitteltür der Ikonostasis zuschritt, um den dahinter befindlichen Hochaltar zu küssen, trat der Patriarch mit hocherhobenen Händen vor. Ob der Kaiser nicht wisse, fragte er, welche Buße die Kirche all jenen auferlege, die eine zweite Ehe eingingen? Erst nach Ablauf eines vollen Jahres werde er wieder Zutritt zum Heiligtum erhalten, so lange bleibe es ihm verschlossen.

Nikephoros mußte sich diesem Urteilsspruch notgedrungen beugen, aber er verzieh Polyeuktos die, seiner Ansicht nach, öffentliche Beleidigung nie. Auch waren damit seine Sorgen noch nicht zu Ende. Denn schon nach wenigen Tagen konnte der Palastkaplan, ein gewisser Stylianos, sich nicht enthalten, ein äußerst heikles Faktum zu erwähnen, das alle, die darum wußten, sehr beflissen zu vergessen

Anfechtung der Ehe (963) 243

suchten: daß Nikephoros nämlich vor wenigen Jahren auf einem seiner Abstecher nach Konstantinopel bei einem von Theophanos Kindern Pate gestanden hatte. Einem weiteren Gesetz der orthodoxen Kirche zufolge entstand durch diesen Akt eine enge spirituelle Verwandtschaft zwischen ihnen, daß eine Ehe unmöglich oder, sofern man daran festhielt, eine solche null und nichtig war. Als Polyeuktos davon erfuhr, zögerte er keinen Augenblick. Wie schon bei zahlreichen früheren Gelegenheiten demonstrierte er ein weiteres Mal, daß ihm jegliches Gespür für diplomatische oder taktische Schachzüge abging; Gesetz war Gesetz für ihn, und das hieß, es buchstabengetreu zu befolgen. Er begab sich geradewegs zum Palast und in die kaiserlichen Privatgemächer, wo er ihn schlicht vor die Wahl stellte, Theophano entweder sofort zu entsagen oder aber auf·Lebenszeit dem Kirchenbann zu verfallen.

Hätte seine Frau ihm nichts bedeutet, wäre Nikephoros wohl darauf eingegangen. Schon der Gedanke, daß ihm für den Rest des Lebens die Eucharistie verwehrt würde, mußte für einen Menschen seiner Veranlagung und seiner Religiosität unerträglich sein. Sich dem Kirchenrecht bereitwillig zu unterwerfen und damit Theophano im Kloster verschwinden zu sehen, hätte ihn nicht nur wieder in den Stand göttlicher Gnade versetzt, sondern ihm außerdem einen guten Vorwand geliefert, sich einer lästigen Verpflichtung zu entledigen – wenn sie ihm denn lästig war. Doch er unterwarf sich nicht. Statt eine der beiden Möglichkeiten zu akzeptieren, berief er umgehend eine Versammlung aller Bischöfe ein, die gerade in Konstantinopel weilten (und von denen einige eigens gekommen waren, um sich seiner Gunst zu versichern und darum nicht allzuschwer zu überzeugen sein würden), und dazu einer ganzen Reihe anderer prominenter Persönlichkeiten aus Kirche und Staat. Er ließ sie nicht im Zweifel darüber, daß er von ihnen eine Lösung erwarte. Schon nach kurzer Zeit verkündete die erlauchte Versammlung ihr Urteil: das Kirchendekret, das auf den ersten Blick Zweifel an der Gültigkeit der Ehe des Kaisers aufkommen lasse, sei während der Regierungszeit und folglich im Namen Konstantin Kopronymos' erlassen worden, eines Häretikers, der die Muttergottes und die Heiligen verachtet, ihre Verehrung niederträchtig verfolgt, Teufel angebetet, verbrecherisch Mönche hingerichtet und die heiligen Bilder ehrfurchtslos zerstört habe. Da das Dekret folglich ungültig sei, sei die Ehe gültig.

Nicht jedoch in den Augen des Patriarchen. Unbeugsam wie immer, aber auch mit einem gewissen Recht bestand er darauf, daß ein Ad-hoc-Gremium dieser Art in solchen Angelegenheiten keine Autorität beanspruchen könne, und erneuerte sein Ultimatum schlicht. Damit war der Kaiser exkommuniziert, das Zerwürfnis zwischen Kirche und Staat besiegelt. Aber auch diesmal gab Nikephoros nicht klein bei. Obwohl sein Seelenheil auf dem Spiel stand, wollte er Theophano nicht verlassen. Erneut suchte man verzweifelt nach einem Ausweg. Schließlich stieß man auf eine Lösung, vielleicht keine sonderlich elegante oder gar ehrenvolle, dafür aber eine, die Erfolg verhieß. Schon ein paar Tage später schwor Stylianos, der die ganze Lawine ins Rollen gebracht hatte, vor Vertretern der Kirche und dem Senat, er habe niemals die ihm zugeschriebene Aussage gemacht oder, falls dies doch geschehen, habe sein Gedächtnis ihn getrogen. Nun holte man den alten Bardas dazu. Er bekräftigte zittrig, weder er noch sein Sohn habe jemals bei einem von Thephanos Kindern Pate gestanden. Polyeuktos sah ein, daß er geschlagen war, obwohl er genau wußte, daß es sich bei dem einen so gut um einen Lügner handelte wie beim anderen. Stylianos hätte er vielleicht noch herumbekommen, aber an den alten Cäsar, der nicht nur die Verehrung genoß, die dem Vater des Kaisers gebührte, sondern auch das besondere Ansehen, das jenen vorbehalten ist, die mit einem Bein bereits im Grab stehen, kam er nicht heran. Also gab er nach.

Nun galt es noch einen einzigen Gegner dieser Ehe zu überwinden: Athanasios, dessen Kloster auf dem Berg Athos inzwischen nahezu fertig war. Der Kirche fehlten nur noch die Kuppeln; darum herum wurden die Klostergebäude rasch hochgezogen, und irgendwo tief im Innern befand sich die dem Kaiser zugedachte Zelle. Der *Vita Anastasii* zufolge beschuldigte Athanasios Nikephoros in einem Brief, sein Gelöbnis gebrochen und die vergänglichen Freuden dieser Welt den unvergänglichen der nachfolgenden vorgezogen zu haben, setzte sämtliche Bauarbeiten augenblicklich aus und zog sich in heller Empörung in seine alte Einsiedelei zurück. Das *Typikon* der Großen Lavra versichert dagegen, der Heilige sei höchstpersönlich geradewegs nach Konstantinopel gereist und habe dem Kaiser gesagt,

Eroberung Zyperns (967) 245

was er von ihm halte, und hinzugefügt, nach einem solchen Vertrauensbruch habe er jegliches Interesse an seinem Kloster verloren und wünsche nicht zurückzukehren. Darauf sei Nikephoros auf die Knie gefallen und habe unter Tränen beteuert, ihm sei keine andere Wahl geblieben; er habe seinen Traum vom Kloster keineswegs aufgegeben, und eines Tages, sobald es die Situation erlaube, werde er Theophano entsagen und sich, wie versprochen, seinem alten Freund auf dem heiligen Berg anschließen. Auch habe er bis jetzt, so soll er ihm weiterhin versichert haben, aller körperlichen Reize seiner Frau ungeachtet keinen fleischlichen Umgang mit ihr gepflogen.[5] Dann habe er ihm einen *Chrysobulos* in die Hand gedrückt, womit er das neue Kloster formal anerkannte und von jeglicher direkten kaiserlichen Kontrolle entband, und ihn gebeten, zurückzukehren, um das angefangene Werk zu vollenden.

Schwer beladen mit all den Schätzen, kostbaren Reliquien, Stiftungsgeldern und Privilegien, womit Nikephoros sein gequältes Gewissen zu beruhigen trachtete – darunter sollen sich auch die große juwelenbesetzte Bibel und das goldene Reliquiar mit einem Stück vom Kreuz Jesu befunden haben, die heute noch zu den Kostbarkeiten des Klosters auf dem heiligen Berg Athos gehören –, entsprach Athanasios seinen Bitten. Binnen weniger Monate war das Kloster fertiggestellt. Leider Gottes war jedoch weder dem einen noch dem anderen der beiden alten Männer ein geruhsamer Lebensabend innerhalb seiner Mauern vergönnt. Vom schrecklichen Schicksal Nikephoros' wird anschließend berichtet, wobei dieser neuerliche Schock Athanasios aber erspart blieb, stürzte doch schon kurz nach Wiederaufnahme der Bauarbeiten die halbfertige Kuppel seiner Kirche auf ihn herab und begrub ihn unter sich.

Kaiser Nikephoros II. war, wie gesagt, durch und durch Soldat. Den Krieg gegen die Sarazenen sah er als einen Kreuzzug an. Er war davon überzeugt, es sei Gottes Wille, die Ungläubigen in die Wüste, aus der sie gekommen waren, zurückzujagen, und daß er, Nikephoros, dazu auserwählt war, diesen Willen zu vollstrecken. So groß seine Leidenschaft zu Theophano auch gewesen sein mag, von dieser Pflicht konnte sie ihn nicht abhalten. Im Jahre 964 eröffnete er also erneut den Krieg, der sehr schnell seine alte Eigendynamik wiedererlangte. Im Sommer des Jahres 965 gelang die erste bedeutende Eroberung dieses neuen Feldzugs: Tarsos fiel, das arabische Hauptsprungbrett für die jährlichen Einfälle nach Kilikien und seit über zweihundert Jahren ein schmerzvoller Dorn im Fleisch von Byzanz.

Von Tarsos war es nicht weit nach Zypern. Schon 668 war die Insel Gegenstand eines Vertrages zwischen Konstantin IV. und Kalif Abdul-Malik gewesen und danach entmilitarisiert und als neutrales Kondominium vom Kaiser und vom Kalifen zusammen regiert worden. In den Augen des bigotten Nikephoros war diese erstaunlich zivilisierte Übereinkunft jedoch völlig unakzeptabel. Im Sommer 965 nahmen seine Truppen die Insel mit einer solchen Gewalt in Besitz, daß die dort lebenden moslemischen Glaubensangehörigen nicht einmal den Versuch eines Protestes oder gar Widerstandes unternahmen. Zypern wurde byzantinisches Thema.

Daß die Sarazenen auf diese Art Raubüberfall zu diesem Zeitpunkt nicht reagierten, hatte man schon fast erwartet angesichts des Niedergangs des abassidischen Kalifats, der die Untertanen immer mehr demoralisierte. Saïf-ad-Daulah von Aleppo hatte den Schlag, den ihm die Zerstörung seines Palastes und die Eroberung seiner Hauptstadt 962 versetzt hatten, nie verwinden können. Fünf Jahre danach starb er als gebrochener Mann und anscheinend durch einen Schlaganfall teilweise gelähmt im Alter von gerade einundfünfzig Jahren.[6] Ohne seinen Hauptgegner gab es für Nikephoros auf seinem Vormarsch kein ernsthaftes Hindernis mehr. Der Status von Aleppo, dessen Besatzung nie offiziell kapituliert hatte, wurde nun geklärt: die Stadt wurde Vasall und Protektorat des Reiches. Im Jahre 969 fiel auch die alte Patriarchenstadt Antiochia nach 332 Jahren wieder in christliche Hände.

Was den Krieg im Osten betrifft, erscheint die Regierungszeit Nikephoros' II. als ununterbrochene Serie von Erfolgen. Dies braucht nicht weiter zu verwundern, denn dazu war ausschließlich strategisches Geschick und Gewalt vonnöten, über die der Kaiser, sein Bruder Leon und sein Waffengefährte Johannes Tzimiskes – gar nicht zu reden von Michael Burtzes, dem Nachwuchshelden von Antiochia – mit ihrer Streitmacht im Übermaß verfügten. Die Westpolitik steht dagegen weniger gut da, denn in den Verhandlungen

Verheerende Diplomatie (967) 247

mit europäischen Mächten war die Kunst der Diplomatie gefragt. In
der Geschichte von Byzanz hat es jedoch kaum einen schlechteren
Diplomaten gegeben als Nikephoros Phokas. Ihm scheint zudem die
oberste Gewalt zu Kopf gestiegen zu sein: während es ihm in seinen
besten Augenblicken lediglich an Charme gebrach, gebärdete er sich
im Verlauf seiner Regierung immer anmaßender und überheblicher.
Eine einprägsame Kostprobe seines stümperhaften Benehmens gab
er bereits 965, als eine Gesandtschaft aus Bulgarien eintraf, um die
jährlichen Tribute abzuholen, die zwischen Romanos Lakapenos
und Zar Peter anläßlich dessen Eheschließung mit Kaisertochter
Maria-Irene im Jahre 927 vereinbart worden waren. Es trifft zwar
zu, daß die bulgarische Gesandtschaft ihr Glück herausforderte,
denn Zarin Maria-Irene war ein oder zwei Monate zuvor gestorben,
und Nikephoros hätte mit Recht darauf hinweisen können, daß die
Übereinkunft mit ihrem Tod hinfällig geworden war.[7] Andererseits
war Bulgarien ein unschätzbar nützlicher Pufferstaat, der das Reich
gegen Ungarn und Rußland abschirmte, so daß man die bescheidene
Summe, die seit achtunddreißig Jahren regelmäßig und selbstverständlich bezahlt wurde, als nicht zu hohen Preis für gutnachbar-
schaftliche Beziehungen hätte ansehen können. Das Verhalten des
Kaisers ist so oder so durch nichts zu rechtfertigen. Er kanzelte die
Gesandten nämlich ab wie Schuljungen, beschimpfte sie und ihre
Landsleute als eine Rasse hinterhältiger, dreckiger Bettelleute, als
Sklaven in Potenz und Hundesöhne, beherrscht von einem nur in
Tierfelle gehüllten Fürsten. Dann ließ er sie auspeitschen und schick-
te sie mit leeren Händen nach Preslaw zurück.

Keine Art der Provokation vermochte eine solche Behandlung zu
entschuldigen; eine vergleichbare Reaktion hatte sich nur Kaiser
Alexander in einer ähnlichen Situation ein halbes Jahrhundert zuvor
erlaubt. Aber während Alexander sich volltrunken wie ein Flegel
benommen hatte, war Nikephoros' Handeln ernst gemeint. Er marschierte schnurstracks mit einigen Truppenkontingenten zur bulgarischen Grenze und nahm mehrere Grenzfesten ein, um zu demon-
strieren, daß er meinte, was er gesagt hatte. Unter anderen Umständen hätte er seinen Vormarsch zweifellos noch weiter fortgesetzt.
Nur daß die Hauptmasse seines Heeres im Osten erfolgreich kämpfte, hielt ihn davon ab, wollte er doch die günstige Situation derzeit

nicht ohne Not aufs Spiel setzen. Deshalb traf er mit Fürst Swjatoslaw von Kiew, dem Sohn Igors und der vor kurzem getauften Olga, ein Abkommen, in dem er ihm als Gegenleistung für eine stattliche Summe zugestand, Bulgariens Unterwerfung an seiner Statt in die Hand zu nehmen. Swjatoslaw nahm zwar auch das byzantinische Gold mit Freuden entgegen, doch ihn gelüstete darüber hinaus wirklich nach Eroberung. Erst wenige Jahre zuvor hatte er das chasarische Königreich schwer verwüstet. Nun bot sich ihm hier eine wie vom Himmel gesandte Gelegenheit, den bulgarischen Nachbarn das gleiche Schicksal zu bereiten und seine bereits ausgedehnten Grenzen bis zur Donau vorzuschieben. Das nun hoffnungslos gespaltene Königreich Bulgarien vermochte keinen wirksamen Widerstand zu leisten, und viel zu spät mußte Nikephoros erkennen, daß er ein schwaches, aber friedfertiges Nachbarland gegen einen ehrgeizigen und sehr aggressiven Feind eingetauscht hatte.

In seinen Verhandlungen mit dem Westen erwies sich Nikephoros' Diplomatie, wenn man davon überhaupt sprechen kann, als ähnlich verheerend, und der dortige Hauptgegner zeigte noch mehr Format. Seit der Sachse Otto vor fünfzehn Jahren in diesem Buch zum ersten Mal auftauchte, war eine Menge passiert. Obwohl er seit 952 Titularkönig von Italien war, hatte er anfangs vor allem in Deutschland zu tun gehabt, während die Halbinsel eigentlich von Markgraf Berengar von Ivrea regiert wurde. 961 aber war er auf einen Hilferuf des unsäglichen Papstes Johannes XII.[8] nach Italien geeilt, hatte seine Oberherrschaft wiederhergestellt, Berengar gefangengesetzt und war dann nach Rom geritten, wo der Papst ihn im Februar 962 zum Kaiser krönte.

Wer aufmerksam gelesen hat, erinnert sich vielleicht noch daran, daß Otto vor Jahren das Angebot eines Bündnisses von seiten Konstantin Porphyrogennetos' begrüßte, eines Bündnisses, das Konstantin durch die Verheiratung seines Sohnes Romanos nach dem frühen Tod von dessen erster Frau mit Ottos Nichte Hedwig zu besiegeln hoffte. Daß Romanos diese Dame zugunsten von Theophano zurückwies, verstimmte den Sachsenkönig schwer, und als der in Ottos Augen arrogante und ungehobelte junge Mann 959 seinem Vater auf dem Thron folgte, kühlten sich die Beziehungen zwischen ihnen noch weiter ab. Aber Otto hatte den Traum von einer

Verheerende Diplomatie (967)   249

dynastischen Verbindung noch nicht fahren lassen. In den letzten
Wochen des Jahres 967 – Romanos stand diesem Wunsch nun nicht
mehr im Weg – schickte er Boten zu Nikephoros, die etwaige Möglichkeiten in dieser Hinsicht ausloten sollten. Aufgrund von Mißver-
ständnissen auf beiden Seiten schlug diese Aktion fehl, ja, Otto
ärgerte sich so sehr, daß er, um den Basileus wieder auf den Boden
der Tatsachen zu bringen, einen durch nichts provozierten Angriff
auf das Byzanz unterstellte Apulien unternahm und diese Provinz
zum großen Teil in Besitz nahm. Als sein Heer jedoch Bari absolut
nicht beizukommen vermochte, griff er erneut zu diplomatischen
Mitteln. Im Frühsommer 968 schickte er eine zweite Gesandtschaft
los, die größere Vollmachten hatte als die erste und von einem viel
erfahreneren Verhandlungsführer geleitet wurde, nämlich von unserem alten Freund Liutprand von Cremona.

Liutprands Bericht an Otto über diese zweite Reise zum Bosporus,
die sogenannte *Relatio de legatione constantinopolitana,* ist ein
einzigartiges, höchst amüsantes, wenn auch äußerst boshaft
geschriebenes Dokument, wie es kein zweites über eine diplomatische Mission an den Hof von Byzanz gibt. Wenn er nicht viel Gutes
zu berichten hat, kann dies allerdings angesichts der Schwierigkeiten, denen er sich gegenübersah, kaum überraschen. Zu diesen
zählte vor allem die schroffe Art des Kaisers. Auf seiner ersten Mission hatte sich Liutprand mit Konstantin Porphyrogennetos, dessen gelehrsame Gewandtheit jeden westlichen Intellektuellen vermutlich nachhaltig beeindruckt hat, recht gut arrangiert. Dem groben, unkultivierten Nikephoros dagegen war er höchst widerwär-
tig: ein zungenfertiger Schwindler, besonders gefährlich durch sein
elegantes Griechisch, ein Mann, dem man auf keinen Fall trauen
konnte und obendrein ein Häretiker. Zu alledem war er auch noch
Repräsentant eines deutschen Abenteurers, der sich Kaiser nannte,
obwohl doch jeder verständige Mensch wußte, daß das Römische
Reich eins und unteilbar war und sein Zentrum Konstantinopel:
jemand, der sich Nikephoros' Thron anmaßte, ein Usurpator seines
Titels, der außerdem vor kurzem mit einem völlig ungerechtfertigten Angriff auf byzantinisches Reichsgebiet seine Glaubwürdigkeit
verwirkt hatte.

Daß man Liutprand bei seinem zweiten Besuch in Konstantinopel einen recht lauen Empfang bereitete, war folglich kaum anders zu erwarten, aber er fühlte sich dennoch in seiner Eigenliebe tief getroffen. Immerhin hatte man ihn neunzehn Jahre zuvor, obwohl er bloß als Gesandter eines italienischen Markgrafen kam, mit gebührender Höflichkeit willkommen geheißen. An seinen jetzigen Herrn schrieb er nun, wie man ihn als Generalbevollmächtigten des Westkaisers mit kaum verhohlener Feindseligkeit empfing:

Man sperrte uns in eine freilich große, offene Pfalz, die weder die Kälte abhielt noch gegen die Hitze Schutz gewährte. Bewaffnete Krieger wurden als Wächter aufgestellt, um all den Meinen den Ausweg, den anderen den Eingang zu verwehren. Diese Herberge, die nur uns Eingesperrten zugänglich war, lag von dem kaiserlichen Palast so weit ab, daß uns der Atem verging, wenn wir uns dorthin, nicht etwa zu Pferde, sondern zu Fuß begeben mußten. Zu unserem Ungemach kam noch das hinzu, daß der griechische Wein für uns ungenießbar war, weil man ihm Pech, Harz und Gips beimischt...[9]
Am vierten Juni kamen wir, wie gesagt, zu Konstantinopel vor dem Tag Karea an und warteten bis zur elften Stunde mit unseren Pferden im strömenden Regen. Um die elfte Stunde gab uns Nikephoros den Befehl, zu kommen; doch achtete er uns, die doch Eure Gnade so hoch geehrt hat, nicht für würdig, unseren Einzug zu Pferde zu halten, und so führte man uns denn in jenes schon erwähnte marmorne, verhaßte, wasserlose, offene Haus. Am sechsten Juni aber, Sonnabend vor Pfingsten, wurde ich dem Hofmarschall und Kanzler Leo[n], einem Brunder des Kaisers, vorgestellt und hatte mit ihm einen großen Streit über Eueren kaiserlichen Titel zu bestehen. Denn er wollte Euch in seiner Sprache nicht Kaiser nennen, sondern geringschätzig König. Als ich ihm die Bemerkung machte, die Bedeutung sei dieselbe und nur die Bezeichnung verschieden, entgegnete er, ich sei nicht des Friedens, sondern des Streites halber gekommen, dann stand er zornig auf und nahm Eueren Brief auf wirklich beleidigende Art nicht eigenhändig, sondern durch den Dolmetscher in Empfang – ein Mensch, von Statur ziemlich hoch gewachsen, ein Heuchler an

Liutprands zweite Mission (968)

Demut; wenn man sich darauf [auf ihn] stützt, wird er einem die Hand durchbohren.[10]

Am darauffolgenden Tag hatte Liutprand seine erste Audienz beim Kaiser, und der kam, so berichtet er, sogleich zur Sache. Er bedauere, seinen Gästen keinen höflicheren Empfang bereitet zu haben, aber angesichts von Ottos Verhalten, nämlich in Rom einzufallen, Berengar und Adalbert ihres gesetzlich angestammten Königreiches zu berauben, ganz zu schweigen von seinem Versuch, Apulien einzunehmen, sei ihm nichts anderes übriggeblieben. Liutprand schlug sich, wenn man seinem Bericht Glauben schenken darf, so gut er konnte. Er argumentierte, sein Herr sei nicht in Rom eingefallen, sondern habe die Stadt von einer Tyrannei geiler Huren und Böcke befreit. Wären Nikephoros und all seine Vorgänger die echten römischen Kaiser, die sie zu sein behaupteten, hätten sie solche Zustände nicht einreißen lassen dürfen. Berengar und Adalbert seien Ottos Vasallen gewesen. Sie hätten sich gegen ihn erhoben, folglich habe er sie entfernt. So und nicht anders sei das gewesen. Das Problem Apulien sei einfach zu lösen: stimme Nikephoros einer Ehe zwischen Romanos' Tochter und dem Sohn seines Herrn, dem jungen Otto, zu – er regierte seit Weihnachten als Mitkaiser seines Vaters –, werde der Abzug aller Truppen aus der fraglichen Region eine von mehreren bedeutenden Konzessionen sein, die er als Gegenleistung erwarten dürfe. Auf den Vorschlag habe er nicht gleich eine Antwort erhalten, sondern der Kaiser habe ihm bedeutet, daß die Audienz beendet sei. Daraufhin habe Liutprand sich entfernt. Sechs Tage später habe ihn jedoch der *Parakoimomenos* Basileios kommen lassen und ihm mitgeteilt, daß eine im Purpur geborene Prinzessin möglicherweise zu haben wäre, allerdings nur, wenn das Westreich dafür Ravenna, Rom, ganz Ostitalien und außerdem Istrien und den nördlichen Teil der dalmatinischen Küste abtrete.

Weder Nikephoros noch Basileios können auch nur einen Augenblick lang gedacht haben, Otto gehe auf Bedingungen ein, die praktisch auf den Verlust ganz Italiens und anderer Gebiete obendrein hinausliefen. Auch wäre Liutprand wohl nicht befugt gewesen, sie zu akzeptieren, selbst wenn er es gewollt hätte. Deshalb bestand für ihn kein Grund mehr, sich noch länger in Konstantinopel aufzuhalten. Seine düsteren Vorahnungen erhielten neue Nahrung, als er, statt daß man ihn auf die Reise schickte, noch strenger auf seine verhaßte Unterkunft beschränkt wurde; er durfte sie nur verlassen, wenn der Kaiser ihn gelegentlich zum Mahl lud. Diese Einladungen hätten zudem wahrlich angenehmer sein können, ekelte er sich doch vor der Mahlzeit, »die wie bei Betrunkenen von Öl triefte und mit einer anderen sehr schlechten Fischlake getränkt war«;[11] auch schikanierte ihn Nikephoros andauernd. Wie, so habe er ihn immer wieder gefragt, habe sein Herr sich bloß erdreisten können, Land in Süditalien zu besetzen, von dem er gewußt habe, daß es seit Jahrhunderten byzantinisches Eigentum sei? Wie, um auch darauf zu sprechen zu kommen, habe er es überhaupt wagen können, sich Kaiser zu nennen?

Ende Juli brach zur großen Erleichterung des Gesandten Liutprand sein Gastgeber nach Syrien auf, um seinen Feldzug fortzusetzen. Jetzt schien zumindest die Chance zu bestehen, daß man ihm nach Hause zurückzukehren erlaubte. Aber weitere Hindernisse stellten sich ihm in den Weg. Am 15. August ereignete sich das nächste Mißgeschick: ein Bote Papst Johannes' XIII. traf mit einem Brief ein, der die Verhandlungen vorantreiben sollte, aber zu seinem Unglück Otto als erhabenen Kaiser des römischen Volkes betitelte, Nikephoros dagegen bloß als Kaiser des griechischen. Liutprand beschreibt die Reaktion am byzantinischen Hof mit makabrer Genüßlichkeit: wären doch die neuen Boten von höherem Rang, zitiert er einen Höfling, »wäre doch der eine Bischof, der andere Markgraf! Dann würde man sie tüchtig mit Ruten streichen, ihnen Bart und Haare ausraufen, dann sie in Säcke nähen und im Meer versenken.«[12] Als Bischof, bekennt er, habe er um seine eigene Sicherheit gefürchtet. Zwar war er Gesandter des Westkaisers und nicht des Papstes, aber es war kein Geheimnis, daß Papst Johannes auf Ottos Seite stand. Liutprand konnte darum keineswegs sichergehen, daß man sich in Byzanz bei der gegenwärtig herrschenden Antipathie dem Westen gegenüber um derlei feine Unterschiede scheren würde. Und die folgenden Ereignisse gaben ihm recht. Am 17. Dezember lud man ihn erneut vor, diesmal vor den *Patrikios* Christophoros, einen Eunuchen; er leitete die Unterredung mit ein paar persönlichen Bemerkungen ein:

Liutprands Leiden (968) 253

Es zeigt die Blässe im Antlitz, dein Verfall am ganzen Leib, dein ungeschorenes Haupthaar und der gegen deine Sitte lang gewachsene Bart, daß unendlicher Gram dein Herz erfüllt, weil sich die Zeit der Rückkehr zu deinem Herrn verschoben hat. Doch bitten wir dich, darum weder dem heiligen Kaiser noch uns zu zürnen. Wir geben die Gründe deiner Verspätung an. Der römische Papst – wenn anders der Papst genannt werden kann, der mit dem Sohne Alberichs, dem von Gott abtrünnigen Ehebrecher und Kirchenschänder, Gemeinschaft gehabt und an seinen Handlungen teilgenommen hat – hat an unseren heiligsten Kaiser einen Brief gesandt, der des Papstes wohl würdig, des Kaisers aber nicht würdig ist, worin er ihn Kaiser der Griechen und nicht der Römer nennt, was unbestreitbar nach dem Rat deines Herrn geschehen ist...

Höre also! Der dumme, alberne Papst weiß nicht, daß der heilige Konstantinus das kaiserliche Zepter, den ganzen Senat, die ganze römische Ritterschaft hierher gebracht, in Rom aber nur gemeine Knechte, nämlich Fischer, Naschwerkhändler, Vogelsteller, Hurenkinder, Pöbel und Sklaven gelassen hat. Nie würde er so etwas schreiben, wenn ihn nicht dein König dazu verleitet hätte.[13]

Da es in dieser Situation nicht ratsam war, den Helden zu spielen, versuchte Liutprand zu argumentieren: seit den Tagen Konstantins habe man in Byzanz Sprache, Sitten und Kleidung geändert, und der Papst habe vermutlich gedacht, ihnen mißfalle alles Römische. Aber er ließ es bei dieser kurzen Bemerkung bewenden und versprach schließlich, alle Briefe würden künftig an »Nikephoros, Konstantinus und Basilius, die großen und erhabenen Kaiser der Römer« adressiert.

Endlich erhielt er die Erlaubnis zum Aufbruch. Aber es erwartete ihn noch eine weitere Demütigung. Während seines Aufenthaltes in Konstantinopel hatte er fünf Längen prächtigen Purpurstoffes zur Ausschmückung seiner Kathedrale in Cremona käuflich erworben. Diese, so wurde ihm knapp befohlen, habe er nun zurückzulassen. Vergeblich machte er geltend, Nikephoros persönlich habe ihn ermächtigt, so viel er wolle mitzunehmen; als Zeugen dafür nannte er den Dolmetscher und Leon, den Bruder des Kaisers, die beide während der Unterredung anwesend gewesen seien. Nikephoros, so bekam er zu hören, habe bei seiner Erlaubnis nicht derartige Kostbarkeiten im Sinn gehabt. Vergeblich wandte er ein, er habe bei seinem früheren Aufenthalt in der Stadt vor beinahe zwanzig Jahren sogar als unbedeutender Diakon im Auftrag des Markgrafen Berengar mit einer weit größeren Anzahl von Gewändern, die noch weit kostbarer gewesen seien, als die Stoffe, um die es jetzt gehe, abreisen dürfen und außerdem keine derartigen Ausflüchte und Beleidigungen erfahren, wie er sie jetzt, da er als Bischof im Auftrag eines Kaisers handle, ertragen müsse. Die Zeiten, so bedeutete man ihm unbeirrt, hätten sich eben geändert. Konstantin sei ein sanfter Mann gewesen, der sich der Freundschaft der Völker auf friedfertige Weise von seinem Palast aus versicherte, Nikephoros dagegen ein Mann von kriegerischer Natur, der sich die Völker »durch den Schrecken und sein Schwert« unterwerfe, statt sie zu bestechen. Endlich, am 2. Oktober, nach vier Monaten des Elends, der Krankheit und beinahe andauernder Verleumdung

verließ ich ... nachmittags zu Schiff mit meinem Führer jene ehemals so reiche und blühende, jetzt aber hungernde, meineidige, lügenhafte, treulose, räuberische, habsüchtige, geizige und prahlerische Stadt; in neunundvierzig Tagen gelangte ich zu Esel, zu Fuß, zu Pferde, hungernd, dürstend, seufzend, weinend und stöhnend nach Naupaktu[o]s, einer Stadt, die zur Provinz Nikopolis gehörte ...[14]

Aber auch damit war Liutprands Leidensweg noch nicht zu Ende. Widrige Winde verzögerten seine Weiterfahrt von Naupaktos aus. In Patras ließ ihn die Schiffsmannschaft im Stich. Auf Leukas empfing den Halbverhungerten der dortige Bischof und Eunuch unfreundlich, und auf Korfu erlebte er nacheinander drei Erdbeben und wurde anschließend von Dieben ausgeraubt. Auch war er sich im klaren darüber, daß seine Mission ergebnislos verlaufen war. Eine Ehe zwischen den kaiserlichen Häusern schien immer noch in weiter Ferne, und die Beziehungen zwischen Ost und West waren wohl noch gespannter als vor seinem Aufbruch zu dieser Mission; ja, noch bevor er wieder in Cremona ankam, war im Süden Italiens der Krieg

Nikephoros' II. Regierungsschwäche (968) 255

zwischen den beiden Reichen erneut entbrannt. Armer Liutprand –
wie hätte er ahnen können, daß der Bericht über seine Reise noch
tausend Jahre nach seinem Tod gelesen werden und immer noch so
frisch, komisch und aufschlußreich wirken würde wie zu der Zeit,
da er ihn abfaßte. Schade, es hätte ihn gewiß aufgeheitert.

Angesichts des Charakters, der Lebensart und der Erscheinung
Nikephoros Phokas' stand nicht zu erwarten, daß er bei seinen
Untertanen lange beliebt bleiben würde. Zu Beginn seiner Regentschaft war er als Held populär gewesen, der ausdauernd und tapfer
für das Reich gekämpft hatte und dessen Mühen mit der Rückeroberung Kretas und der Beseitigung der Sarazenengefahr im Osten
belohnt worden waren. Auf der Woge dieser Popularität kam er auf
den Thron, zwar nicht aufgrund eines Geburtsrechts, aber doch auf
die Aufforderung der regierenden Kaiserin hin, die schon bald darauf die Ehe mit ihm einging. Selbst seine ärgsten Feinde hätten zugestimmt, daß er, wie auch sie, im politischen Vakuum, das nach
Romanos' Tod entstanden war, durchaus rechtmäßig handelte.
Aber, wie soeben demonstriert, war Nikephoros in der Friedens-
kunst völlig unbegabt. In den sechs Jahren seiner Regierung machte
er sich in kürzester Zeit alle zu Feinden, mit denen er in Berührung
kam, darunter auch die Macht, die für den byzantinischen Staat von
größter Wichtigkeit war: die Bevölkerung von Konstantinopel.

Die politische Macht, die er zuvor nie genossen hatte, war ihm zu
Kopf gestiegen, und im gleichen Maß wie seine Arroganz nahmen
auch seine Reizbarkeit und seine Ungeduld zu. Die unverzeihliche
Behandlung des Bischofs von Cremona – der immerhin kaiserlicher
Botschafter war – und die Art, wie er die bulgarischen Gesandten
traktierte, waren leider nur allzu charakteristisch für sein Vorgehen
in Sachen Diplomatie. Er scheint auch mit seinen eigenen Hof- und
Regierungsbeamten ähnlich hoffärtig umgesprungen zu sein. Die
Abneigung und das mit der Zeit zunehmende Mißtrauen, die sie
ihrem Herrn entgegenbrachten, lagen jedoch nicht allein in seiner
Person begründet, sah er doch auch nicht in der Lage, außenpoliti-
sche Vorgänge richtig einzuschätzen. Als Beispiele dafür mögen sein
Auftrag an Fürst Swjatoslaw von Kiew dienen, Bulgarien zu verhee-
ren, sowie die unnötige Beleidigung Ottos des Großen zu einer Zeit,

da sein Heer, das bereits an Fronten in Ost und West alle Hände voll zu tun hatte, nicht auch noch in Süditalien einen dritten Kriegsschauplatz eröffnen konnte. Zu alledem kommt die schamlose Begünstigung, die er den einzigen beiden Bereichen erwies, die seinen sozialen Hintergrund repräsentierten: allem voran dem Heer und dann der anatolischen Militäraristokratie. Die kaiserliche Garnison in Konstantinopel konnte in seinen Augen grundsätzlich nichts falsch machen und nutzte diese Einstellung voll aus. Nachts hallten die Straßen vom Zechgegröle besoffener Soldaten wider, was dazu führte, daß anständige Leute sich nicht mehr aus ihren Häusern trauten. Die zahllosen an den Kaiser gerichteten Proteste und Petitionen aber landeten schnöde im Papierkorb.

Die Vermögensverhältnisse der Mächtigen veränderten sich geradezu dramatisch. Während Romanos Lakapenos und auch Konstantin Porphyrogennetos alles unternommen hatten, um ihren wachsenden Einfluß einzudämmen, begünstigte sie Nikephoros Phokas rechtlich ganz gezielt. Beim Verkauf eines Besitztums war den Eignern des angrenzenden Landes früher der Kauf zunächst verwehrt gewesen. Von nun an fiel es dem Meistbietenden zu, natürlich fast immer Landadeligen, denen es um die Vergrößerung ihres Landbesitzes zu tun war. Früher hatte der Mindestwert eines Eigentums, den ein kleiner Landbesitzer vorweisen mußte, um als bewaffneter Reiter Dienst tun zu können, vier Pfund in Gold betragen. Diesen Betrag erhöhte Nikephoros nun auf zwölf Pfund und schloß damit Tausende von landbesitzenden Bauernfamilien aus, die jahrhundertelang das Rückgrat der Wehrbauernschaft gebildet hatten. Dadurch wurde die besitzende Klasse noch mächtiger. So drohten die Reichen immer reicher und die Armen immer ärmer zu werden. Die Bevölkerung von Konstantinopel, die zwar keinerlei Interesse für Agrarfragen und wenig für militärische Angelegenheiten zeigte – diese überließ sie möglichst ihren asiatischen Landsleuten –, aber diese Verhältnisse sehr wohl als ungerecht erkannte, verhehlte ihre Mißbilligung keineswegs.

Auch auf seiten der Kirche regte sich Widerstand, was vielleicht überraschend klingt. Aufgrund seiner extremen Frömmigkeit hatte der Kaiser bei den kirchlichen Autoritäten anfangs in hoher Gunst gestanden, doch schon bald begriffen sie, daß seine Ansichten über

Ludwig, der Fromme, Kaiser des Weströmischen Reiches. Darstellung auf dem Manuskript eines Gedichts, um 831 bis 840 *(Österreichische Nationalbibliothek, Wien).*

oben: Maria mit dem Kind. Mosaik in der Apsis der Hagia Sophia, um 861. Istanbu *(Foto: C. M. Dixon).*
unten: Das Griechische Feuer. Illumination aus dem Codex Skylitzes, 13. oder 14. Jahrhundert *(Biblioteca Nacional, Madrid; Foto: MAS).*

Karl der Große. Büste im Karlsschrein, um 1350 *(Domkapitel Aachen; Foto: Münchhow)*.

Christus der Weltenherrscher, Maria, Erzengel und Apostel. Kuppelmosaik in der Kirche der Hagia Sophia in Thessalonike, spätes 9. Jahrhundert.

Ikone des heiligen Michael mit Schutzheiligen der Soldaten. Gold, Edelsteine und Email cloisonné, 11. oder 12. Jahrhundert *(Domschatz der Markuskirche, Venedig; Foto: Scala).*

Der thronende Otto III. aus dem sogenannten Evangeliar Ottos III., entstanden in Reichenau oder am kaiserlichen Hof, um 998 *(Bayerische Staatsbibliothek, München; Foto: Hirmer Fotoarchiv, München)*.

Höhlenkirchen, Klöster und Einsiedeleien in Kappadokien.
Blick auf das Tal von Göreme *(oben)*.
Kirche von Nannazan *(unten)*.

Die heilige Eudokia. Einlegearbeit in Stein, 10. Jahrhundert *(Archäologisches Museum, Istanbul)*.

Aufstand im Hippodrom (967) 257

ihre Rolle in der Gesellschaft sich radikal von den ihren unterschieden. Der enorme Reichtum, den die Kirche, besonders die Klöster, im Laufe der Jahrhunderte aufgehäuft hatten, stand seinem asketisch puritanischen Empfinden diametral entgegen. Zwar war dieses Problem nicht neu, aber seit der Zeit von Konstantin Kopronymos zweihundert Jahre zuvor nicht mehr aufgegriffen worden. Da große Teile besten Ackerlandes aufgrund klösterlicher Mißwirtschaft brachlagen, war es höchste Zeit, für Abhilfe zu sorgen. Nikephoros ging auf für ihn typische Weise kompromißlos vor: alle derartigen Händel wurden prinzipiell verboten. Zwar durften Wohltätige weiterhin verfallene oder beschädigte Kirchen und Klöster restaurieren lassen, mehr aber nicht. Natürlich löste das Edikt einen Sturm des Protestes beim Klerus aus, aber es kam nur noch schlimmer: ein neues Dekret verkündete, daß inskünftig kein Bischof ohne des Kaisers persönliche Zustimmung ernannt werden dürfe. Dies konnte nach Auffassung der wutschnaubenden Priesterschaft nur bedeuten, daß Nikephoros die Kirche samt ihrer Hierarchie und Verwaltung gänzlich seiner Kontrolle unterwerfen wollte.

Was schließlich Reiche und Arme, Klerus und Laien, Soldaten und Zivilbevölkerung gleichermaßen traf, waren erdrückende Steuern, die Nikephoros auf einen nie erreichten Stand hochschraubte, um seine endlosen Kriege zu finanzieren, die gleichzeitig an drei Fronten tobten: gegen Sarazenenfestungen im Osten, Rußland in Bulgarien und Otto in Süditalien. Der erste war bereits so gut wie gewonnen, die anderen waren unnötig und hätten niemals vom Zaun gebrochen werden dürfen. Daher sah die steuerzahlende Bevölkerung keinen Grund, warum sie ein so gewaltig aufgeblähtes Heer unterhalten sollte, das sie ohnehin von Herzen verabscheute und dessen Repräsentanten keinerlei Anstalten machten, die beträchtliche Beute zu teilen, während sie gleichzeitig immer größere Geldsummen verlangten. Die Lage verschlimmerte sich, als eine Reihe schwerer Mißernten den Brotpreis in schwindelerregende Höhe trieb. In ähnlichen Situationen hatten in der Vergangenheit die Kaiser eine staatliche Unterstützung angeordnet; Nikephoros machte dazu jedoch keinerlei Anstalten, und bald argwöhnte man überall, er nutze das Unglück seiner Untertanen zugunsten seiner über alles geschätzten Soldaten aus.

So wuchs die Unzufriedenheit. Je mehr sie zunahm, desto häufiger verlieh man ihr öffentlich Ausdruck. Am Ostersonntag 967 wurden die ersten Anzeichen ernsthafter Probleme deutlich, als ein Streit zwischen der armenischen Garde des Kaisers und thrakischen Seeleuten zu einem regelrechten Aufruhr eskalierte. Es gab zahlreiche Schwerverletzte, ein Teil davon starb. Am selben Nachmittag zu Beginn der alljährlichen Osterspiele im Hippodrom verbreitete sich das Gerücht, der Kaiser gedenke seinem Zorn dadurch Ausdruck zu verleihen, daß er willkürlich Leute aus der Menge töten lasse. Zu diesem Zeitpunkt beabsichtigte Nikephoros gewiß nichts dergleichen. In einer Pause zwischen den Rennen stiegen jedoch einige Abteilungen bewaffneter Garden auf ein Zeichen von ihm in die Arena hinab. Die Gründe dafür sind nicht klar. Leon Diakonos meint, er habe sich zu dieser Demonstration militärischer Stärke als Warnung entschlossen, als Signal, daß er keine Wiederholung des morgendlichen Aufruhrs dulden würde. Da aber bei den Spielen manchmal Scheingefechte vorgeführt wurden, mag er auch einfach etwas Ähnliches als Publikumsspektakel angeordnet haben. Die Anwesenden gerieten jedoch in Panik, die dichtgedrängte Masse von Tausenden dachte nur an eines: Flucht. Erst als viele beim plötzlichen Ansturm auf die Ausgänge bereits zu Tode gequetscht und getrampelt waren, bemerkte man, daß die Soldaten in der Arena gegen niemanden vorgegangen waren und der Kaiser immer noch ruhig und gänzlich unbeteiligt in seiner Loge saß; allmählich kehrte wieder Ruhe ein. Die Schuld am Vorfall schob das Volk aber Nikephoros in die Schuhe, und er wurde noch unbeliebter.

Als er zwei Monate darauf am Himmelfahrtstag nach der Morgenmesse in der Marienkirche zu Pege in feierlicher Prozession durch die Stadt zog, ertönten aus der Menge wüste Beschimpfungen, wie es hieß, von den Familienangehörigen und Freunden derer, die während der Osterwirren umgekommen waren. Im nächsten Augenblick sah er sich von einer feindseligen Menge umringt. Wie immer, wenn Gefahr für Leib und Leben drohte, zeigte Nikephoros keine Spur von Nervosität, sondern setzte seinen Weg gemessenen Schrittes fort, ohne nach rechts oder links zu sehen. Hätte seine Leibgarde nicht eine dichte Phalanx um ihn gebildet und ihn gegen Schläge und sogar Wurfgeschosse abgeschirmt, wäre er jedoch nur

Aufstand im Hippodrom (967) 259

mit viel Glück lebend in den Palast zurückgekommen. Am nächsten Morgen wurden zwei Frauen, Mutter und Tochter, die man festgenommen hatte, weil sie von einem nahen Hausdach Ziegel auf den Kaiser geworfen hatten, lebendigen Leibes im Bezirk Amaratas verbrannt. Nikephoros ordnete die Befestigung des Großen Palastes an; dieser wurde hermetisch gegen die angrenzenden Straßen abgeriegelt. Innerhalb dieser Enklave, zum kleinen Hafen Bukoleon hin, ließ er eine Art privater Zitadelle für sich, seine Familie und seine engsten Vertrauten errichten. Spätestens jetzt war allen klar, daß der Kaiser, vielleicht zum ersten Mal in seinem Leben, sich fürchtete. Auf dem Schlachtfeld hatte er nicht gewußt, was dieses Wort bedeutete. Aber Konstantinopel, wo die Luft vor Gerüchten von Verschwörungen und bösen Vorzeichen nur so schwirrte, war unheimlich und bedrohlich geworden. Sein Antlitz verdüsterte sich zusehends, seine religiösen Übungen nahmen immer krankhaftere und verbissenere Züge an. Er pflegte nicht mehr im Bett zu schlafen, sondern auf einem Pantherfell in einer Ecke des kaiserlichen Schlafgemachs auf dem Boden. Der Tod seines Vaters Bardas, der neunzigjährig sein Leben aushauchte, traf ihn schwer. Auch scheint er sich vom Schock, den er an einem Spätsommertag erlitt, als er während einer religiösen Prozession von einem unbekannten, widerlich aussehendem Mönch, der ihm einen Zettel in die Hand drückte und sofort wieder in der Menge untertauchte, angepöbelt wurde, nie wieder erholt zu haben. Auf dem Zettel soll gestanden haben: »O Basileus, obwohl ich nur ein armer Erdenwurm bin, ist mir offenbart worden, daß du im dritten Monat nach dem kommenden September sterben wirst.«

Das Schicksal Bulgariens gab schließlich den Ausschlag. Im Sommer 968 wußte König Peter nicht mehr ein noch aus. Nach einem Schlaganfall teilweise gelähmt, sandte er zunächst einen Botschafter[15] nach Konstantinopel, der um militärischen Beistand gegen Swjatoslaw ersuchte, und bald darauf zwei bulgarische Prinzessinnen als Bräute für die jungen Kaiser Konstantin und Basileios. Aber es war bereits zu spät. Am 30. Januar 969 starb er nach einer Regierungszeit von zweiundvierzig Jahren; seine Nachfolge trat sein ältester Sohn Boris an, ein Grünschnabel, der nur durch seinen gewaltigen roten Bart auffiel. Etwa sechs Monate später folgte Peter die

Fürstin Olga von Kiew ins Grab, die als einzige einen mäßigenden Einfluß auf ihren eigensinnigen Sohn Swjatoslaw ausgeübt hatte. Dieser stürmte an der Spitze eines gewaltigen heterogenen Heeres aus russischen, ungarischen und petschenegischen Soldaten in das Kernland von Bulgarien vor. Preslaw fiel fast kampflos; der junge Boris geriet mit seiner gesamten Familie in Gefangenschaft. Dagegen leistete Philippopel heroisch Widerstand. Aber auch diese Stadt mußte schließlich kapitulieren und für ihren Widerstand teuer bezahlen: Swjatoslaw ließ 20 000 Menschen kurzerhand aufspießen. Als bei Wintereinbruch russische Truppen die ganze thrakische Grenze entlang Posten bezogen, zweifelte kaum jemand daran, daß sie zu Frühjahrsbeginn das Reich angreifen würden.[16]

Damit ist das Stichwort gegeben für einen weiteren Auftritt der liebreizenden und für den Gang der Dinge schicksalsträchtigen Kaiserin Theophano. So unwahrscheinlich es ist, daß sie – oder überhaupt eine Frau – sich von Nikephoros angezogen fühlte, so wenig kann ein Zweifel daran bestehen, daß sie sich irgendwann im Verlauf der vergangenen sechs Jahre in seinen ehemaligen Kollegen, den ausgesprochen properen *Domestikos* Johannes Tzimiskes verliebte. Wie heiß der drahtige, unwiderstehliche Armenier diese Leidenschaft erwiderte, ist dagegen nicht bekannt: in ihm regten sich viele andere Gefühle – Ehrgeiz, Neid, Ressentiments gegen Nikephoros, der ihn jüngst des militärischen Oberkommandos entsetzt und auf seine anatolischen Besitzungen verbannt hatte –, die ihn zu dem trieben, was er schließlich tat. Aber Theophano hatte sich schon früher als sehr einnehmende Persönlichkeit bewiesen, und ob er nun etwas für sie empfand oder nicht: ganz kalt können ihn ihre Umarmungen gewiß nicht gelassen haben.

Zunächst einmal galt es, ihren Ehemann davon zu überzeugen, daß er seinem früheren Freund Unrecht getan habe – ihm verdanke er doch wohl die Krone –, und ihn dazu zu bringen, den Bannspruch aufzuheben. Dies war nicht so schwierig, wie man denken könnte. Wenn sie etwas wirklich wollte, konnte sie es praktisch immer durchsetzen – vielleicht ein weiteres Anzeichen dafür, daß er sie wirklich geliebt hat, oder aber für ihre Klugheit. Auf alle Fälle erklärte er sich mit Tzimiskes' Rückkehr einverstanden, vorausgesetzt, daß er das Haus seiner Familie in Chalkedon auf der asiati-

Theophano und Tzimiskes (969)

schen Bosporusküste nicht verließ und nach Konstantinopel nur mit einer Sondererlaubnis kam. Für ein Liebespaar war dies natürlich alles andere als ideal, aber man traf entsprechende Vorkehrungen, und schon nach kurzer Zeit setzte der drahtige Feldherr nachts im Schutz der Dunkelheit über die Meerenge und huschte in einen entlegenen Winkel des Palastes, wo ihn die Kaiserin erwartete – und wo beide neben weniger verwerflichen Beschäftigungen sich kaltblütig mit einem Plan zur Ermordung des Ehemannes beschäftigten.

Mitverschworene ließen sich unschwer finden. Mittlerweile gab es nur noch wenige im unmittelbaren Gefolge, die für Nikephoros ein gutes Wort eingelegt hätten. Zur Verschwörungs-Partei gesellten sich auch der *Parakoimomenos* Basileios und mehrere hohe Hofbeamte. Ebenfalls mit von der Partie war Michael Burtzes, der Antiochia eingenommen und dem Nikephoros diesen Sieg übelgenommen hatte; er war schon bald darauf seines Kommandos verlustig gegangen.

Als Zeitpunkt für den Anschlag wurde der 10. Dezember festgelegt. Am Nachmittag dieses Tages betraten die engeren Verschwörer, in Frauenkleidern und mit Schwertern unter den Gewändern, das *Gynaikeion* (Frauenflügel) des Palastes, als wollten sie Theophano besuchen. Diese teilte ihnen verschiedene der zahlreichen kleinen Räume zu, wo sie unbemerkt warten konnten, bis die Zeit zum Handeln gekommen war. Gegen Abend erhielt Nikephoros einmal mehr einen Zettel mit einer Warnung, diesmal von einem seiner Kaplane. Darauf wurde ihm mitgeteilt, ihm drohe unmittelbar Gefahr und die Mörder hielten sich bereits im Palast versteckt. Sofort beauftragte er Michael, seinen obersten Eunuchen und Majordomus, der Sache nachzugehen. Da aber Michael ebenfalls unter Theophanos Kommando stand, berichtete er nach einer Runde, ihm sei nichts Verdächtiges aufgefallen.

Im Dezember bricht die Dunkelheit schon früh herein, und in der Nacht erhob sich ein fürchterlicher Schneesturm. Die Verschwörer blieben im stockfinsteren Palast in ihren Verstecken, denn ohne Johannes Tzimiskes wagten sei nicht loszuschlagen. Würde er aber bei einer solchen Witterung die heimliche Fahrt über den Bosporus überhaupt antreten können? Theophano fühlte sich bemüßigt, den Argwohn ihres Mannes zu zerstreuen und sicherzustellen, daß der

Weg im richtigen Augenblick frei war. Sie wolle, so sagte sie ihm, noch auf einen Augenblick zu den beiden bulgarischen Prinzessinnen hinübergehen, um nachzusehen, ob sie sich in ihrer neuen Umgebung wohl fühlten. Sie werde nicht lange bleiben, und er solle doch bitte nicht zusperren, bevor sie zurück sei, sondern erst danach. Dagegen hatte Nikephoros nichts einzuwenden. Er las noch eine Weile weiter in einem der frommen Bücher, die seine Bibliothek füllten, dann ließ er sich wie gewöhnlich zum Gebet nieder. Da seine Frau immer noch nicht zurück war, streifte er schließlich das härene Gewand seines Onkel über und streckte sich zum Schlafen auf dem Boden aus.

Draußen heulte weiter der Sturm. Es war bitterkalt und schneite in dichten Flocken. Der Wind türmte die Wellen auf dem Bosporus auf. Johannes Tzimiskes, der sich mit drei Vertrauten in einem unbeleuchteten Boot von Chalkedon aufgemacht hatte, mußte eine lange, gefährliche Überfahrt bestehen. Erst gegen elf Uhr hörten seine Komplizen den leisen Pfiff, der als Zeichen seiner Ankunft verabredet worden war. Lautlos ließ man von einem Fenster der Gemächer der Kaiserin ein Seil hinab und zog die Verschwörer einzeln daran hoch. Tzimiskes folgte als letzter. Sobald er drinnen war, machten sie sich ans Werk. Ein Eunuch führte sie geradewegs ins Schlafzimmer des Kaisers. Für einen Moment stutzten sie, weil sie das Bett leer vorfanden. Doch der Eunuch deutete stumm in eine entlegene Ecke des Raumes, wo ihr Opfer auf seinem Pantherfell in tiefem Schlaf ruhte. Die letzten Augenblicke in Nikephoros Phokas' Leben, bei denen die Chronisten so genüßlich verweilen, lesen sich nicht gerade schön. Durch den Lärm aufgeweckt, versuchte er aufzustehen, da traf ihn ein wuchtiger Schwertstreich des *Taxiarchos* Leon Balantes. Der Hieb zielte auf den Hals, doch durch die plötzliche Bewegung des Kaisers wurde er umgelenkt, und die Schneide zog sich mit voller Wucht quer über sein Gesicht; blutüberströmt schrie er und rief die heilige Jungfrau Theotokos um Hilfe an. Man zerrte ihn zum Fußende des großen Bettes hinüber, auf dem Johannes Tzimiskes in Richterpose thronte, und versuchte ihn auf die Knie zu zwingen, aber er fiel zu Boden und lag reglos da, während sein früherer Kampfgefährte ihm seine Ungerechtigkeit und Undankbarkeit vorhielt, völlig unbeherrscht nach ihm trat und ihm büschelweise Haupt- und Bart-

Nikephoros' Tod (969) 263

haar ausriß. Kaum hatte Tzimiskes sich ausgetobt, traten die anderen an seine Stelle. Jeder hatte eine eigene Rechnung zu begleichen. Der eine zerschmetterte ihm den Kiefer, ein anderer schlug ihm mit dem Dolchknauf die Schneidezähne aus, bis er schließlich – von wem, ist nicht überliefert – mit einem langen Krummschwert durchbohrt wurde. Dieser Gnadenstoß beendete das Leben von Nikephoros Phokas.

Die Nachricht verbreitete sich in Windeseile. Schon kurz nach vollendeter Tat verkündeten Theophanos' und Tzimiskes' Anhänger überall in den schneebedeckten Straßen der Stadt laut schreiend: Johannes, Augustus und Kaiser des römischen Volkes! Angeführt vom Kammerherrn Basileios persönlich, schlossen sich ihnen bald weitere an; sie unterstützten zwar ebenfalls lautstark das neue Regime, riefen aber auf dessen Anweisungen hin auch die beiden Kindkaiser Basileios und Konstantin aus. Unterdessen eilten im weitverzweigten Palast, in dem niemals vollständige Nachtruhe herrschte, die wachhabenden Waräger mit der Streitaxt in der Hand zum Hafen Bukoleon hinunter. Dort sahen sie im Fackelschein, wie die Mörder triumphierend Nikephoros' Haupt aus einem Fenster hinaushielten. Sie blieben wie angewurzelt stehen. Wäre er noch am Leben gewesen, hätten sie ihn wahrscheinlich bis zum letzten Atemzug verteidigt. Nun, da er tot war, sahen sie keinen Grund, ihn zu rächen. Sie hatten einen neuen Herrn, und damit war die Angelegenheit für sie erledigt.

Auch die Identität dieses neuen Herrn wurde ihnen als vollendete Tatsache vor Augen geführt. Nach vollbrachter Tat war Johannes Tzimiskes sogleich zum *Chrysotriklineon* geeilt, dem großen goldenen Thronsaal des Palastes, dort in die purpurnen Stiefel geschlüpft und hatte sich mit sämtlichen kaiserlichen Regalien behängt, die er finden konnte. Nun saß er schon auf dem Thron, ihm zur Seite Theophano und ihre beiden Söhne, während seine Mitverschworenen und eine ständig anwachsende Menge von Höflingen ihm als Kaiser huldigten.

Den ganzen folgenden Tag über herrschte in Konstantinopel eine wahre Grabesruhe. Basileios, von nun an Johannes' rechte Hand, sein erfahrenster und vertrautester Stellvertreter, hatte eine Ausgangssperre verhängt. Die Bevölkerung sollte möglichst ihre Häuser nicht verlassen; die sich zu einer Reise anschickten, erhielten Versammlungsverbot und wurden mit sofortiger Exekution bedroht für den Fall, daß sie auch nur die geringste Unruhe stifteten. Inzwischen war der Wind abgeflaut und der Sturm einer unheimlichen Stille gewichen. Dichter Nebel hing über dem Marmarameer: Nikephoros' Leichnam lag unter dem Fenster, aus den man ihn geworfen hatte, ein geschändetes Bündel im blutgetränkten Schnee. Selbstverständlich stand nach einem solchen Ende ein Staatsbegräbnis außer Frage. Statt dessen warf man den Toten nach Anbruch der Nacht auf eine behelfsmäßig zusammengeschusterte Holzbahre, deckte ihn mit einem groben Sack zu und schleppte ihn in aller Stille durch die leeren Straßen zur Apostelkirche, wo man ihn in einen der Marmorsarkophage legte, die Konstantin der Große sechshundert Jahre zuvor hatte aufstellen lassen. So fand er zwar eine ehrwürdige letzte Ruhestätte, aber Nikephoros Phokas, der als bleicher Tod der Sarazenen gefeiert wurde, als Held von Syrien und Kreta, der zugleich fromm war bis zur Bigotterie und schrecklich, großartig und unausstehlich, hätte auch ein angemesseneres Ende verdient.

13

Johannes Tzimiskes

(969–976)

*Wenn du meine Vorschläge ablehnst, wird dir und
deinen Untertanen nichts anderes übrigbleiben, als
Europa für immer zu verlassen, wo du ja kaum noch
Gebiete und wo du kein Recht zu bleiben hast. Zieh
dich nach Asien zurück und überlaß Konstantinopel
uns. Nur dann könnt ihr auf einen echten Frieden
zwischen dem russischen Volk und euch hoffen.*

Fürst Swjatoslaw von Kiew an Kaiser Johannes Tzimiskes
im Jahre 970

Zum zweitenmal innerhalb von zehn Jahren hatte ein Mitglied
der anatolischen Aristoktratie die Macht ergriffen. Beide Male
war der Thronräuber ein äußerst erfolgreicher Feldherr gewesen.
Beide Male war es ihm nur dank der entscheidenden Unterstützung
von Kaiserin Theophano gelungen, die ihn zum Beschützer ihrer
beiden noch kleinen Söhne erklärte. Es gab jedoch zwei entscheidende Unterschiede zwischen Nikephoros Phokas und Johannes
Tzimiskes: einer hatte mit ihrer Stellung zu tun, der andere mit ihrer
Person.

Zwar besaß weder der eine noch der andere den geringsten
Anspruch auf das kaiserliche Diadem, aber Nikephoros konnte
wenigstens ins Feld führen, er habe es auf Aufforderung von Kaiserin Theophano angenommen und seine Stellung mit der anschließenden Heirat zusätzlich legitimiert. Johannes dagegen hatte die
Macht mit Gewalt und Blutvergießen an sich gerissen. Zu seinem
Pech war das Patriarchat noch immer in den Händen von Polyeuktos, der zwar langsam alt wurde und dessen Kräfte nachließen, der

aber so streng und unerbittlich war wie eh und je. Aber auch er konnte den neuen Kandidaten nicht so ohne weiteres zurückweisen. Das einzige, was ihm zu tun blieb und was er auch tat, war, die Krönung an bestimmte Bedingungen zu knüpfen, die Johannes, wenn auch widerwillig, annehmen mußte. Die erste Bedingung betraf Theophano. Das Liebespaar hatte zweifellos gehofft, daß mit dem Mord an Nikephoros nicht nur der Thron frei werde, sondern auch ihrer Verbindung nichts mehr im Weg stehe. Dies aber, so erklärte der Patriarch streng, komme überhaupt nicht in Frage. Johannes Tzimiskes' Krönung könne im Gegenteil erst stattfinden, wenn die Kaiserin aus dem Weg geräumt sei und sich in Konstantinopel nie mehr blicken lasse.

Wie bereits angedeutet, hat Johannes Theophano vielleicht niemals wirklich geliebt und sie von Anfang an lediglich als Mittel zur Verwirklichung seiner skrupellos-ehrgeizigen Pläne benutzt. Er zögerte jedenfalls keinen Augenblick, um seine Wahl zu treffen. Gedemütigt und frustriert wurde die Kaiserin auf die Insel Proti im Marmarameer verfrachtet, die bevorzugte Abstellkammer für kaiserlichen Überschuß.[1] Damit war aber Polyeuktos noch nicht zufrieden. Als nächstes verlangte er von Kaiser Johannes, öffentlich Buße zu tun und alle seine Komplizen zu denunzieren. Und schließlich erhielt er die Auflage, alle gegen die Kirche gerichteten Erlasse seines Vorgängers abzuschaffen. Wiederum willigte Johannes ohne Zögern ein. An Weihnachten des Jahres 969, nur gerade zwei Wochen nach dem Mord, schritt der Kaiser zu seiner Krönung. Nun mußte er nur noch mit der Familie seines Opfers fertig werden, allen voran mit Leon Phokas, dem ehemaligen *Kuropalates*, der nach einem fehlgeschlagenen Gegen-Staatsstreich die Nerven verloren hatte und mit seinem ältesten Sohn, der wie sein Onkel Nikephoros hieß, in die Hagia Sophia geflüchtet war. Beide wurden ihrer Würden, Ämter und Besitztümer enthoben und nach Lesbos in die Verbannung geschickt. Leons zweiter Sohn Bardas kam in das viel unwirtlichere Amaseia in Pontos, eine niederschlagsreiche Gegend in der Nähe der Schwarzmeerküste. Nur *Patrikios,* sein jüngster Sohn und ebenfalls brillanter Feldherr, entging der Verbannung, vielleicht aufgrund seiner ausgezeichneten militärischen Erfolge gegen die Sarazenen, wahrscheinlicher jedoch, weil er Eunuch war und daher auch längerfristig keine Gefahr darstellte.

Johannes Tzimiskes' Charakter (969) 267

Bis zu diesem Zeitpunkt kann man die Lebensgeschichte Johannes Tzimiskes' beim besten Willen nicht als erbaulich bezeichnen. Wenn man jedoch seinen Charakter mit demjenigen von Nikephoros laut zeitgenössischen Beschreibungen vergleicht, genießt Johannes weit mehr Ansehen, als zu erwarten wäre. Es ist tatsächlich für uns fast unmöglich, den brutalen, zynischen Mörder, als der er auf den vorangegangenen Seiten erscheint, in Einklang zu bringen mit dem Ritter ohne Furcht und Tadel, als den ihn die Chronisten seiner Zeit beschreiben. Sie ergehen sich nicht nur über seine Verdienste im Feld, sondern auch über seine angebliche Güte und Großherzigkeit, seine Integrität und Intelligenz, seinen Elan und seine großartiges Auftreten; sie schildern sein umwerfend gutes Aussehen – dunkelblondes Haar, roter Bart, ein klarer, offener Blick aus leuchtend blauen Augen –, und wenn er auch eher klein war, so doch außerordentlich beweglich und stark, so daß sich keiner seiner Männer mit ihm habe messen können, weder im Reiten oder Bogenschießen noch im Speer- und Wurfspießwerfen. Außerdem besaß er einen lockeren Charme, der alle Herzen im Sturm eroberte. Wie Nikephoros war er Witwer, hatte jedoch im Gegensatz zu ihm kein Keuschheitsgelübde abgelegt. Seine Art, mit Frauen umzugehen, soll unwiderstehlich gewesen sein. Selbst seine Laster werden zu seinen Gunsten ausgelegt. Leon Diakonos, der ihn gut kannte, erwähnt seine Vorliebe für Wein, Vergnügungen und all die guten Dinge des Lebens als durchaus positiv. Kurz, er wird als erstaunlicher Kontrast zu seinem häßlichen, ungeschlachten und puritanischen Vorgänger geschildert. Vor dem Hintergrund der düsteren Askese Kaiser Nikephoros' werden Johannes' Eigenschaften und besonders die unkomplizierte Art, mit der er das Leben genoß, so deutlich wie nur möglich abgehoben. Der Chronist Konstantin Manasses geht sogar so weit, ihn mit dem »neuen Paradies« zu vergleichen, »aus dem die vier Flüsse Gerechtigkeit, Weisheit, Klugheit und Mut flossen... Wären seine Hände nicht mit dem Mord an Nikephoros befleckt gewesen, wäre er wie ein unvergleichlicher Stern am Firmament erstrahlt.«

Aus der Reihe der solcherart gepriesenen Tugenden machte er sich vermutlich mit seiner spontanen und instinktiven Großzügigkeit bei seinen Untertanen am meisten beliebt. Zwar hatte Polyeuktos darauf bestanden, daß Johannes Tzimiskes seinen persönlichen Reichtum verteilte, bevor er die kaiserlichen Schatztruhen in Besitz nahm, aber so wie er uns beschrieben wird, hätte er dies ebensogut von sich aus getan haben können. Der größte Teil des Vermögens ging an jene Bevölkerungsschichten, die am stärksten von den in rascher Folge eingetretenen Mißernten betroffen waren, in der Hauptsache thrakische Bauernfamilien, die unter einer besonders schweren Hungersnot litten. (Ein weiterer Gegensatz zur Haltung von Nikephoros, der mit Sicherheit zur Kenntnis genommen wurde.) Zudem profitierte von der Verteilung seines persönlichen Besitzes vor allem die von ihm bevorzugte karitative Einrichtung Nosokomion, ein Haus für Leprakranke, auf der anderen Seite des Bosporus in Chrysopolis. Laut Leon Diakonos soll er ihm zeit seines Lebens regelmäßig Besuche abgestattet, die Kranken getröstet und ihnen neuen Mut zugesprochen, ja sogar hin und wieder eigenhändig ihre Wunden ausgewaschen haben. So betörte er das Volk, und so kam es, daß der Schuldige an einem der schrecklichsten Morde in der an schlimmen Taten so reichen Geschichte des Byzantinischen Reichs innerhalb weniger Monate zu einem seiner beliebtesten Herrscher aufstieg.

Das war aber ein Glück, denn zu diesem Zeitpunkt befand sich der Kiewer Fürst Swjatoslaw bereits auf dem Vormarsch. Bulgarien war bereits erobert. Doch Swjatoslaw hatte nicht die Absicht, es dabei bewenden zu lassen. Das einzige lohnende Ziel für ihn hieß Byzanz. Zwar waren die beiden vorhergegangenen russischen Angriffe auf die Hauptstadt gescheitert, der erste, im Jahre 861, jedoch nicht viel mehr als ein Überfall, und auch der zweite, weniger als dreißig Jahre zuvor von seinem Vater Igor lanciert, ausschließlich eine Operation zur See gewesen. Daß Konstantinopel vom Meer her uneinnehmbar war, wollte Swjatoslaw gern glauben. Vom Land her sah die Sache jedoch gewiß anders aus. Sein Heer war riesig. Und auch die Moral der Soldaten hätte nach den Siegen und Plünderungen in Bulgarien nicht höher sein können. Was also sollte ihn daran hindern, die flache, gesichtslose Ebene zu durchqueren, die sich fast bis zum Bosporus erstreckte, sich den sagenumwobenen Reichtum der byzantinischen Kaiser anzueignen und schließlich selbst ihren Thron zu besteigen? Den mörderischen Thronräuber (der selbst keinen größeren Anspruch auf den Thron

Swjatoslaws Invasion (970) 269

hatte als er) würde er in die anatolischen Einöden verbannen, wo er hergekommen war.

Johannes tat sein Bestes, um zu verhandeln. Er stellte Swjatoslaw die Differenz zu der Summe in Aussicht, die ihm Nikephoros für den Angriff auf Bulgarien angeboten, aber nicht bezahlt hatte, wenn er dafür das Reichsgebiet verließ. Die Antwort des Kiewer Fürsten machte jedoch klar, daß auf diplomatischem Weg nichts zu erreichen war. Ein Krieg schien unvermeidlich. In Konstantinopel begann man fieberhaft, wo es nötig schien, die Mauern auszubessern. Die Spannung stieg. Die Bevölkerung hatte natürlich früher schon ähnlichen Gefahren gegenübergestanden. Die meisten Bedrohungen der jüngeren Vergangenheit waren jedoch von Bulgarien ausgegangen, einem Land, dessen Sprache man verstand und dessen Truppen zwar zahlreich, aber doch nicht unermeßlich waren. Jetzt sah man sich mit einem riesigen Volk konfrontiert, dessen Reich von der Balkanhalbinsel bis zur Ostsee reichte und das aus Rassen bestand, deren Namen man noch kaum je gehört hatte – und, so ging die Sage, alle der schrecklichsten Grausamkeiten fähig.

Das byzantinische Heer war jedoch gerüstet; hauptsächlich dank Nikephoros Phokas hatte es sich zur erstklassigen Streitmacht entwickelt und konnte sich mindestens eines halben Dutzends hervorragender Feldherren rühmen – unter ihnen nicht zuletzt der Kaiser selbst –, wie es sie wohl seit Belisars Zeiten nie mehr gegeben hatte. Johannes wußte, daß er diesmal in Konstantinopel bleiben mußte, auch wenn er dies aufrichtig bedauert haben muß. Seine Stellung dort war aber noch nicht gefestigt genug, als daß er sich den Luxus, an einem Feldzug teilzunehmen, hätte erlauben können. Er setzte jedoch vollstes Vertrauen in seine Befehlshaber – nicht zu Unrecht, wie sich zeigen sollte. Der eine der beiden Anführer der Vorhut war der *Magistros* Bardas Skleros, ein Bruder von Johannes' Frau Maria – »der hübschesten und reinsten von allen«, wie Leon Diakonos schreibt –, die mehrere Jahre zuvor kinderlos gestorben war. Bardas hatte in Syrien an Johannes' Seite gekämpft und war wahrscheinlich dessen nächster Freund. Der zweite war der Eunuch Peter Phokas, *Patrikios* und *Stratopedarches,* der sich wie Skleros in den Sarazenenkriegen ausgezeichnet sowie sich kurz zuvor in einem Scharmützel gegen Ungarn in Thrakien bewährt hatte, indem er sich in dessen

Verlauf einem Stammesfürsten – einem Riesen mit schwerer Rüstung – von Mann zu Mann gestellt und ihn mit solcher Gewalt durchbohrt hatte, daß die Spitze seiner Lanze zwischen dessen Schulterblättern wieder hervortrat. Er war der Neffe des ermordeten Nikephoros und wie erwähnt der einzige aus der engeren Verwandtschaft seines Onkels, welcher der Verbannung entgangen war. Falls er einen Groll gegen Tzimiskes hegte, so gab er sich jedenfalls alle Mühe, ihn zu verbergen.

Beide Feldherren hatten strikten Befehl, den offenen Kampf wenn möglich zu vermeiden. Johannes scheint der Auffassung gewesen zu sein, der bloße Anblick des gesamten kaiserlichen Heers könnte genügen, Swjatoslaw zum Rückzug zu bewegen. Er sandte es einzig deswegen zu diesem frühen Zeitpunkt aus – es war noch Anfang Frühjahr –, um die undisziplinierten russischen Horden mit der Organisation und Stärke der byzantinischen Streitmacht zu beeindrucken und das thrakische Umland vor ihrer unwillkommenen Nähe zu schützen. Tzimiskes hatte den Kiewer Fürsten jedoch verkannt. Swjatoslaw wollte kämpfen. Zur Unterstützung hatte er sich sowohl mit Ungarn als auch mit den Petschenegen verbündet und sogar beträchtliche Unterstützung bei boljarischen Einheiten von Bulgarien gefunden, indem er ihnen versprach, all ihre früheren Privilegien zurückzugeben und ihnen sogar zu gestatten, zum Heidentum zurückzukehren, nach dem sich noch immer viele heimlich sehnten. Es ist unmöglich, die genauen Truppenstärken abzuschätzen, denn zeitgenössische Chroniken neigen dazu, sowohl die Überlegenheit des Feindes als auch die eigene Schwäche zu übertreiben. So beziffern Zonaras und Johannes Skylitzes die russische Streitmacht auf dreihundert- beziehungsweise dreihundertachttausend Mann, während die Nestorchronik nur von einem Zehntel dieser offensichtlich unmöglich hohen Zahl spricht. Vielleicht sind fünfzigtausend nicht allzuweit gefehlt. Dagegen habe das byzantinische Heer – so heißt es vermutlich etwas untertrieben – nur zwölftausend Mann gezählt. Dabei handelte es sich allerdings ausschließlich um hervorragend ausgerüstete und sorgfältig geschulte, in so manchem Kampf unter der syrischen Sonne erprobte Elitetruppen.

Bardas Skleros, mit dem Oberbefehl betraut, rückte zunächst bis Adrianopel vor. Als sich der Feind näherte, zog er sich jedoch lang-

Swjatoslaws Invasion (970)

sam zurück und erweckte absichtlich den Eindruck, als hätte er Angst zu kämpfen. Dadurch wiegte er das russische Heer in ein Gefühl der Sicherheit, das bald in übersteigertes Selbstvertrauen umschlug. In der Zeit traf er weit hinter seiner vordersten Linie entsprechende Vorbereitungen. Am vereinbarten Tag sandte er eine Kavallerieabordnung unter *Patrikios* Johannes Alakas als Lockvogel los. Sie hatte Anweisung, eine ähnliche Strategie zu verfolgen. Zuerst sollte sie den Feind leicht angreifen und sich dann schnell zurückziehen, damit er die Verfolgung aufnahm. Wenn sie dies geschafft hatte, jedoch den Rückzug beschleunigen, sich hin und wieder den Verfolgenden stellen, und dann erneut fliehen. Der Vorsprung durfte nie zu groß werden, damit die vorbereitete Falle schließlich hinter ihren unwilligen Opfern zuschnappen konnte.

Die List klappte vorzüglich. Swjatoslaws Heer rückte in drei Abteilungen vor. Die erste bestand aus russischen und bulgarischen Einheiten, die zweite aus ungarischen und anderen in Ungarn ansässigen Stämmen, die dritte aus Petschenegen. Letztere griffen Alakas an und nahmen die Verfolgung auf. Zuversichtlich, daß sie ihn und seine Abordnung bald einholen würden, freuten sie sich wohl bereits darauf, sie zu töten und ihnen Pferde, Rüstung, Waffen und die gesamte Habe abzunehmen. In einem auslaufenden Tal schwärmte die byzantinische Reiterei plötzlich aus. Die Verfolger taten es ihr gleich. Da schlug Skleros zu. Umzingelt und zahlenmäßig hoffnungslos unterlegen, wurden die Petschenegen praktisch vollzählig niedergemetzelt.

Doch dies war nur der Anfang. Wenige Tage darauf kam es in der Nähe der Stadt Arkadiopolis, ungefähr nach einem Drittel der Strecke von Adrianopel bis Konstantinopel, zum entscheidenden Kampf, und zwar einer offenen Feldschlacht, der ersten, die zwischen byzantinischen und russischen Heeren ausgefochten wurde und einer äußerst blutigen dazu. Wir müssen selbst entscheiden, was von der Schilderung der Ereignisse zu halten ist, die uns Leon Diakonos und Johannes Skylitzes liefern: Der junge Konstantin Skleros habe seinen älteren Bruder und Vorgesetzten im Kampf mit einem russischen Hünen verwickelt gesehen, sei ihm zu Hilfe geeilt und habe zu einem gewaltigen Schlag ausgeholt. Der Russe habe das Schwert auf sein Pferd abgelenkt, was dieses den Kopf kostete. Der Reiter sei darauf zu Boden gestürzt, und dort habe ihn Konstantin in aller Ruhe erwürgt. Bardas habe einen ebenso gigantischen Wikingerhäuptling mit dem Schwert mitten entzweigehauen, so daß die beiden Hälften auf beiden Seiten des Pferdes zu Boden fielen. Kein Zweifel besteht offenbar daran, daß diese Schlacht in einer Beziehung wenig mit dem Kriegsgeschehen vergangener Jahrhunderte gemeinsam hatte, das nur allzuoft in einer unrühmlichen Folge von Ungehorsam, Feigheit und Verrat endete. Hier wird ein sagenhaft heldisches, ja fast homerisches Zeitalter geschildert, mit furchtlosen Kommandanten in glänzender Rüstung, die immer an der Spitze ihrer Einheiten standen oder da, wo der Kampf am härtesten tobte, und die niemals zögerten, einen feindlichen Streiter von Mann zu Mann anzugreifen, entschlossen, für ihren Kaiser den Sieg zu erringen oder beim Versuch dazu zu sterben. Für Byzanz wird die Schlacht bei Arkadiopolis als ein Triumph verbucht, für Rußland als das, was es war: ein Massaker. Swjatoslaw führte ein besiegtes, aufgeriebenes Heer zurück nach Bulgarien. Es verging ein ganzes Jahr, bis er sich wieder zeigte.

Während sein Schwager sich mit seinen Truppen in Thrakien schlug, festigte Johannes Tzimiskes seine Stellung in Konstantinopel. Gleichzeitig kehrte der Haupttroß des Heeres aus dem Osten zurück und wurde neu bewaffnet, ausgerüstet und mit zusätzlichen Leuten verstärkt. Johannes wußte, daß der Krieg noch nicht vorbei war. Der Kiewer Fürst hatte eine schmerzvolle Lektion erhalten. Er war jedoch noch am Leben, und es gab keinen Grund zur Annahme, daß er nicht mit ungemindertem Ehrgeiz weiterkämpfen würde – und sei es, um sich zu rächen.

Zu Beginn des Frühjahrs 971 war Johannes soweit. Das Heer befand sich in erstklassigem Zustand, und diesmal würde er es persönlich anführen. Wenn Swjatoslaw nichts unternahm, würde er in Bulgarien einfallen und ihn aufscheuchen. Da erhielt er kurz vor dem Aufbruch Neuigkeiten aus dem Osten. Bardas Phokas, Nikephoros' Neffe, war aus der Verbannung in Pontos entflohen und nach Cäsarea (heute Kayseri) zurückgekehrt, in die kappadokische Machtbasis seiner Familie; dort hatte ihn eine Versammlung bürgerlicher und aristokratischer Familien zum Basileus ausgerufen. War das allein schon schlimm genug, erreichte ihn kurz darauf eine wei-

Bardas Phokas' Aufstand (971) 273

tere schlechte Nachricht. Leon Phokas und seinem Sohn sei es im Exil auf Lesbos gelungen, über einen Bischof die Neuigkeit von der Rebellion in ganz Thrakien zu verbreiten; zudem hätten sie ihre unmittelbar bevorstehende Ankunft angekündigt und die Bevölkerung aufgerufen, sich gegen den neuen Thronräuber zu erheben.

Der Kaiser reagierte mit seiner üblichen Schnelligkeit. Als der Bischof verhaftet und verhört wurde, gab er preis, was er wußte. Aufgrund seiner Aussage verurteilte man Leon und seinen Sohn in einem Schnellverfahren zum Tod. Fast auf der Stelle bereute Johannes diese Entscheidung jedoch wieder, eine den Chronisten zufolge typische Reaktion für ihn, was das brutale und rücksichtslose Vorgehen seinem Vorgänger und Theophano gegenüber noch schwerer verständlich macht. Er hob das Todesurteil auf und ordnete ihre Blendung und lebenslängliche Verbannung an. Als ihm kurz darauf auch dies noch zu streng erschien, sandte er im letzten Augenblick heimlich Anweisungen nach Lesbos, das glühende Eisen zurückzuziehen und den beiden Männern das Augenlicht zu lassen. Schließlich seien nicht sie es, sondern der Prätendent, der die wahre Gefahr darstelle. Zu diesem aber schickte Johannes Gesandte mit dem Versprechen, daß er sein Leben und seinen Besitz behalten dürfe, wenn er seinen Thronanspruch aufgabe. Bardas Phokas reagierte jedoch wie Swjatoslaw ein Jahr zuvor. Er rückte an der Spitze mehrerer tausend Leute langsam gegen Konstantinopel vor.

Bis zu diesem Zeitpunkt muß der Kaiser den Rückzug seiner Truppen aus Anatolien bitter bereut haben. Nun hatte er keine wirksame Streitmacht mehr vor Ort, die die Auseinandersetzung ausfechten konnte. Von den dort verbliebenen Soldaten hatte sich eine nicht unbeträchtliche Zahl den Rebellen angeschlossen. So gab es nur eine Möglichkeit: seinen besten Feldherrn mit den besten Leuten aus Thrakien zu entsenden. Wenige Tage später war Bardas Skleros unterwegs. Es war zweifellos ein Risiko, da Swjatoslaw nun freie Bahn hatte, falls er angriff, noch bevor Skleros zurückkehren konnte. Die Bedrohung aus dem Osten war jedoch akuter, und das Risiko ließ sich nicht vermeiden.

Selbst in dieser Situation hatte Johannes die Hoffnung nicht aufgegeben, dem Reich einen Bürgerkrieg ersparen zu können. Er trug seinem Schwager auf, keine Anstrengung zu scheuen, um ein Blutvergießen zu vermeiden. All jenen, die Phokas verließen, sollte er nicht nur Straffreiheit garantieren, sondern ihnen auch Ehren und eine finanzielle Belohnung in Aussichten stellen. Als alter Freund und Waffengefährte von Phokas gehorchte Skleros nur zu gern, zumal sein jüngerer Bruder Konstantin, der sich auf dem Schlachfeld von Arkadiopolis mit Ruhm bedeckt hatte, mit dessen Schwester verheiratet war. Kaum hatte er den See der vierzig Märtyrer[2] erreicht, berichteten seine Späher, Phokas' Lager liege direkt vor ihnen. Er verzichtete jedoch auf einen Angriff und entsandte statt dessen eine Gruppe Geheimagenten, die als Bettler verkleidet die Rebellen bestechen sollten. Ob die Geschwindigkeit und die Größe der kaiserlichen Truppen ihre Moral untergraben hatten oder die versprochenen großzügigen Belohnungen für eine Desertion unwiderstehlich erschienen – die Mission der Geheimagenten verlief außerordentlich erfolgreich. Jeden Abend wandten sich mehr Anhänger von Phokas ab, verließen sein Lager und liefen zu Skleros über, wo sie mit offenen Armen empfangen wurden. Phokas' Heer war in kürzester Zeit auf wenige hundert Mann zusammengeschrumpft – und noch kein einziger Pfeil war verschossen worden. Außer sich und gedemütigt floh Phokas im Schutz der Dunkelheit mit einer kleinen Gruppe Reiter, die noch zu ihm hielten. Er suchte mit seiner Familie Zuflucht in der Festung Tyropoion etwas außerhalb der heutigen Stadt Ilgin, aber es nützte ihm nichts. Skleros folgte ihnen und belagerte das kleine Kastell. Bardas Phokas und seine Getreuen hielten so lange aus, wie es ging. Nachdem ihnen zugesichert worden war, ihr Leben werde verschont, kamen er, seine Frau und seine Kinder heraus und ergaben sich.

Johannes Tzimiskes hielt Wort. Er ließ Bardas tonsurieren und ihn und seine Familie ins Exil nach Chios bringen, auf eine der schönsten Inseln der Ägäis. Kaum ein Herrscher wäre so gnädig mit einem rebellischen Thronanwärter verfahren; kaum ein Prätendent konnte sich je über eine so milde Strafe freuen.[3]

Leon Phokas' Aufstand blieb die einzige Bedrohung für Johannes Tzimiskes auf dem Thron, aber das änderte nichts an der Tatsache, daß er keinen rechtmäßigen Anspruch darauf hatte, wenn er sich nicht wenigstens bis zu einem gewissen Grad zum Mitglied der kai-

Kaiserliche Hochzeiten (971) 275

serlichen Familie erheben konnte. Außer unbestreitbaren privaten Annehmlichkeiten hätte ihm eine Heirat mit der erlesenen Exkaiserin Theophano eine beträchtliche Stärkung seiner Position verschafft. Aber er wußte wohl, daß dies nicht in Frage kam. Zum Glück gab es noch andere Möglichkeiten, und zwar in der Person einer der fünf Schwestern von Romanos II., die Theophano in verschiedene Klöster gesteckt hatte. Im Herbst des Jahres 971 kündete Johannes seine Vermählung mit Theodora, einer dieser fünf Schwestern, an. Zwölf Jahre nonnenhafter Abgeschiedenheit waren ihrem Auftreten nicht gerade zugute gekommen. Leon Diakonos, für den sonst immer alle Prinzessinnen (geschweige denn Kaiserinnen) den Gipfel der Schönheit verkörpern, schreibt trocken, sie sei weder schön noch elegant gewesen. Aber Johannes heiratete Theodora ja auch nicht deswegen. Er heiratete sie, weil sie Urenkelin, Enkelin, Tochter und Schwester verschiedener Kaiser und Kaiserinnen war und weil er sie brauchte, um zum Mitglied der glorreichen makedonischen Dynastie aufzusteigen.

Die Hochzeit fand im November statt. Der alte Polyeuktos war nur fünf Wochen nach der Krönung gestorben. Hätte Johannes seinen Staatsstreich um ein paar Monate verschoben, hätte sein künftiges Leben wie auch dasjenige von Theophano möglicherweise ganz anders ausgesehen. Die Trauung vollzog sein Nachfolger, der weltfremde Asket Basileios Skamandrenos[4], den Johannes persönlich ernannt hatte, und die Feierlichkeiten dauerten bis lange nach Weihnachten an. Bis dahin stand bereits eine weitere kaiserliche Hochzeit an, und zwar eine Verbindung von längerfristig weit größerer Tragweite. Sie setzte dem fünf Jahre währenden Streit mit Otto II. ein Ende und knüpfte ein unauflösliches Band zwischen dem Ost- und dem Westreich. Die Idee zu einer solchen Verbindung war bekanntlich zum erstenmal unter Konstantin Porphyrogennetos aufgetaucht. Im Jahre 967 nahm Otto sie wieder auf. Sie war auch der Hauptgrund für die mißglückte Mission von Liutprand von Cremona im darauffolgenden Jahr gewesen. Wie nicht anders zu erwarten, hatte die Vorstellung einer solchen Heirat dem beschränkten und argwöhnischen Nikephoros Phokas widerstrebt. Johannes Tzimiskes unterstützte das Vorhaben mit aller Kraft. Auf seine Einladung hin war gegen Ende Dezember eine Abordnung unter dem Erzbischof von Köln in Konstantinopel erschienen, um die zukünftige Braut abzuholen und sie dem kaiserlichen Bräutigam zuzuführen.[5]

Bei diesem handelte es sich um den siebzehnjährigen Otto, den Sohn und Erben des Westkaisers. Die Identität der Braut geht aus den Aufzeichnungen der Historiker nicht eindeutig hervor. Sie hieß jedenfalls Theophano. Sehr lange wurde angenommen, sie sei eine Tochter Romanos' II. und somit die Schwester der beiden Kaiserjungen gewesen. Heute ist man sich jedoch weitgehend einig, daß sie eine Blutsverwandte Johannes' war – vielleicht seine Nichte –, und damit gar nicht der makedonischen Dynastie angehörte. Als die arme Braut in Rom eintraf, scheint man dort jedenfalls bestürzt gewesen zu sein, als sich herausstellte, daß es sich nicht um die erwartete *Porphyrogennita* handelte. Zuerst wollte Otto der Große sie umgehend nach Konstantinopel zurückschicken. Zum Glück obsiegte aber weiserer Ratschlag: man wies ihn darauf hin, daß Johannes seit seiner Heirat Mitglied der kaiserlichen Familie sei und damit auch seine Nichte.[6] So wurden die beiden am 14. April 972 von Papst Johannes XIII. in der Peterskirche getraut.

Für Theophano bedeutete es, daß sie von einer Gruppe ältlicher Geistlicher von ihrem Zuhause und ihrer Familie weg in ein unbekanntes Land gebracht wurde, zu einem Mann, den sie noch nie gesehen hatte, über dessen Wesen sie nichts wußte und von dessen Sprache sie kein Wort verstand. Wie sich herausstellte, hatte sie Glück gehabt. Die Ehe erwies sich als überraschend angenehm. Sie wurde freundlich und rücksichtsvoll behandelt und durfte ihre byzantinischen Bräuche und Sitten weiterhin pflegen, was sie auch eifrig tat. Ihr Sohn, der zukünftige Otto III., wuchs schließlich stärker in der griechischen als in der sächsischen Tradition auf. Theophano trug insbesondere auch wesentlich zur Verbesserung der Beziehungen zwischen den beiden Reichen bei, und zwar nicht in erster Linie aufgrund der Tatsache, daß sie mit Otto verheiratet war, sondern vor allem durch ihre Intelligenz und diplomatischen Bemühungen. Aber selbst wenn sie aus besonderem Holz geschnitzt war, müssen die ersten vier Monate des Jahres 972 der damals erst Sechzehnjährigen wie ein Alptraum vorgekommen sein. Es ist darum nur fair, einen Augenblick ihrer Belastung, ihrer Ängste und ihrer Ein-

Johannes bricht zu einem Feldzug auf (972) 277

samkeit zu gedenken, bevor wir unsere Aufmerksamkeit wieder ihrem Onkel Johannes Tzimiskes zuwenden. Er amüsierte sich zu der Zeit gerade prächtig.

Eine Woche vor Palmsonntag des Jahres 972 war Johannes Tzimiskes glänzender Stimmung nach Thrakien aufgebrochen. Er hatte zwar in der Tat ein ganzes Jahr verloren, denn Bardas Phokas' Revolte nahm ihn den größten Teil des Jahres 971 in Anspruch, und als der Aufstand endlich ganz niedergeschlagen war, konnte er keinen neuen Feldzug mehr lancieren, da das Jahr bereits zu weit fortgeschritten war. Die restlichen Monate verbrachte er trotzdem äußerst nutzbringend: mit diplomatischen Aktivitäten (dazu gehörte unter anderem ein wichtiges Abkommen mit Venedig), der Vorbereitung seiner Schwarzmeerflotte und dem Schulen und Drillen seiner Truppen – eine Beschäftigung, derer er nie müde wurde. Seine größte Befürchtung war nicht eingetreten: daß russische Räuberbanden vom byzantinischen Rückzug profitieren und auf ihren Streifzügen nach Herzenslust im Land plündern und vergewaltigen könnten. Swjatoslaw war noch nicht zu einem neuerlichen, großen Angriff gegen Byzanz bereit und lag noch immer in Bulgarien auf der Lauer. Nun war die Zeit gekommen, ihn ein für allemal zu erledigen.

Bevor er den Palast verließ, verrichtete Johannes in der kleinen Kapelle beim großen Chalketor seine Gebete. Diese Kapelle hatte Romanos Lakapenos einst als privaten Andachtsraum für den Kaiser errichten lassen. Johannes ließ sie vergrößern und reicher ausstatten, denn sie sollte ihm später als Begräbnisstätte dienen; ein ausladendes, mit Gold und Email üppig ausgekleidetes Grabmal war bereits im Bau. Nach dem Gebet zog er an der Spitze einer langen, feierlichen Prozession weiter zur Hagia Sophia. In der Rechten trug er ein großes Kreuz, in das ein goldgerahmtes Stück des Kreuzes Christi eingelassen war. In der Hagia Sophia rief er dann nochmals den Schlachtengott an, und von da ging es in die Blachernenkirche, wo er weitere Gebete verrichtete. Dann inspizierte er die im Goldenen Horn versammelte Flotte und gab schließlich das Zeichen zum Setzen der Segel. Ihr Ziel war die Donaumündung, wo die Schiffe jeglichen Versuch Swjatoslaws, über den Seeweg zu entkommen, vereiteln sollte. Sobald die ersten Schiffe unterwegs waren, wandte sich Johannes ab und ritt an der Spitze seiner Truppen Richtung Westen.

In Adrianopel griff er die Rumpfarmee auf, die Bardas Skleros ein Jahr zuvor in Thrakien zurückgelassen hatte. Unter dem zeitweiligen Befehl des *Magistros* Johannes Kurkuas – der mit seiner tiefen Abneigung gegen jegliche anstrengende Tätigkeit und seiner gleichzeitigen Vorliebe für die Flasche einen bedauernswerten Kontrast zu seinem berühmten Namensvetter abgab – hatte die Kampfmoral der Männer rasch den Tiefpunkt erreicht. Sie wurde jedoch auf dem Vormarsch nach Bulgarien durch den Anblick des Kaisers in seiner von Kopf bis Fuß vergoldeten Rüstung und der fast ebenso prächtig herausgeputzten Feldherren auf ihren glänzend gestriegelten und geschmückten Pferden wieder angeregt. Zu Johannes' Erleichterung präsentierten sich die Pässe durch den Balkan unbewacht, waren sie den byzantinischen Truppen doch auf früheren Feldzügen verschiedentlich zum Verhängnis geworden, so zum Beispiel im Jahre 757 Konstantin Kopronymos und 811 Nikephoros I., um nur zwei Beispiele zu nennen. Der erste Teil von Johannes' Plan klappte. Swjatoslaw hatte angenommen, daß der Kaiser wie gewöhnlich Ostern in Konstantinopel feiern und frühestens Mitte April ins Feld ziehen werde, und daher noch keine Verteidigungsmaßnahmen getroffen. Am Mittwoch vor Ostern kamen Johannes und sein Heer oberhalb der bulgarischen Hauptstadt Preslaw aus den Bergen. Zu ihren Füßen lag das russische Lager. Überraschung war alles; sie griffen unverzüglich an.

Die Schlacht, die an den Ufern des heute als Goljama Kamciya bekannten Flusses ausgefochten wurde, war lang, heftig und lange Zeit unentschieden. Erst als Johannes sein persönliches Regiment – die »Unsterblichen«, die er selbst angeworben und gedrillt hatte und die bisher in der Reserve geblieben waren – in einem mörderischen Schlag auf die linke Flanke des russischen Heeres losließ, verloren Swjatoslaw Soldaten die Nerven, und ihre Ordnung brach auf. Sie flohen um ihr Leben Richtung Preslaw, die kaiserliche Reiterei hart auf den Fersen. Nur wenige erreichten die Hauptstadt lebendig. Die byzantinischen Haudegen metzelten bis zum Anbruch der Nacht, und am nächsten Tag enthüllte die Morgenröte ein mit Toten übersätes Schlachtfeld. Zu diesem Zeitpunkt stand der Kaiser bereits vor

Swjatoslaws Niederlage (972)

den Toren von Preslaw und forderte die Verteidigung auf, sich zu ergeben. Als die Leute darauf nicht eingingen, befahl er sogleich mit der Belagerung zu beginnen. Mit Katapulten und Wurfmaschinen schleuderten die byzantinischen Truppen schwere Steine und mit Griechischem Feuer getränkte brennende Bolzen über die Stadtmauern und stellten gleichzeitig Leitern für den Schlußangriff bereit.

Als erster betrat ein junger Mann »noch ohne Bart« namens Theodosios Mesonyktes die Stadt; ihm folgten sofort hundert weitere, und bald war Preslaw überrollt. Im Stadtzentrum befand sich jedoch eine weitere befestigte Umwallung und dahinter teils Palast, teils Zitadelle, teils Schatzkammer. Hierher hatten sich die Überlebenden zurückgezogen, um zum letzten Mal Stellung zu beziehen. Nach weiteren schweren Kämpfen, während derer es den byzantinischen Streitkräften nicht gelang, diesen inneren Befestigungsring zu durchbrechen, befahl Johannes, die Wälle in Brand zu stecken. Die Gebäude dahinter bestanden aus Holz und gingen in Flammen auf wie Streichhölzer; die Verschanzten verbrannten lebendigen Leibes oder wurden beim Versuch zu fliehen umgebracht. Unter denen, die sich ergaben, befand sich auch der abgesetzte bulgarische Zar Boris – der mit dem roten Bart; er war seit zwei Jahren Swjatoslaws Gefangener. Der Kaiser empfing ihn mit ausgesuchter Höflichkeit und erklärte ihm, er sehe seine Aufgabe nicht darin, Bulgarien zu erobern, sondern es zu befreien – eine Aussage, die er im Hinblick auf sein späteres Vorgehen besser unterlassen hätte.

Ostern wurde in den Ruinen von Preslaw gefeiert. Johannes dachte über das Problem Swjatoslaw nach. Er erfuhr, daß sich dieser in Silistria, dem wichtigsten Donauhafen Bulgariens, aufhielt, wo er vermutlich versuchte, seine Verbindungswege trotz der byzantinischen Flotte aufrechtzuerhalten. Sogleich wurde eine Abordnung entsandt, um ihn über das Schicksal der Stadt Preslaw zu informieren und im Namen Kaiser Johannes' zur Kapitulation aufzufordern. (Johannes hatte die bulgarische Hauptstadt mittlerweile sich selbst zu Ehren in Johannopolis umbenannt.) Das byzantinische Heer hielt sich nur so lange in Preslaw auf, bis die zertrümmerten Befestigungen der Stadt wiederaufgebaut waren, dann brach man einmal mehr nach Norden auf. Es war ein langer, anstrengender Marsch. Schließlich wurden die Truppen am Tag des heiligen Georg vor Silistria zusammengezogen. Das folgende Geschehen lief ähnlich ab wie die Schlacht um Preslaw: zuerst ein erbitterter Kampf vor den Mauern, gefolgt von einem Angriff auf die Stadt selbst. Diesmal stieß man jedoch auf größeren Widerstand. Silistria widerstand allen Versuchen, im Sturm erobert zu werden. Beide Seiten stellten sich auf eine Belagerung ein. Ein Geschwader der byzantinischen Flotte verstärkte die Blockade vom Fluß her.

Die Belagerung dauerte drei Monate, dann waren die Vorräte in der Stadt erschöpft. Schließlich beschloß Swjatoslaw, alles auf eine Karte zu setzen, und stürmte am 24. Juli mit seinen Leuten aus dem Haupttor. So groß war ihre Stoßkraft, so verzweifelt ihre Entschlossenheit, daß sie die byzantinischen Reihen beinahe durchbrochen hätten, ja, dies wäre ihnen laut Leon Diakonos in der Tat geglückt – hätte nicht auf wunderbare Weise der heilige Theodor Stratilates eingegriffen, den der Kaiser und viele Soldaten beobachteten, wie er auf einem schneeweißen Pferd inmitten des Gewühls heldenhaft um sich schlug. In Wirklichkeit gewann Johannes die Schlacht an diesem Tag mit Hilfe seines Lieblingstricks, einem vorgetäuschten Rückzug. Bei Einbruch der Dunkelheit ersuchte Swjatoslaw um Frieden. Er versprach, das gesamte Land zu räumen und alle Gefangenen, die er seit seiner Ankunft in Bulgarien gemacht hatte, auszuliefern, sowie außerdem nie wieder einen Versuch zu unternehmen, die byzantinische Stadt Cherson auf der Krim anzugreifen oder zu überfallen. Im Gegenzug verlangte er lediglich freies Geleit über die Donau und etwas Proviant für seine wenigen überlebenden Leute. Johannes willigte ein.

Bevor sie den Rückmarsch antraten, trafen sich die beiden Herrscher auf Swjatoslaws Wunsch persönlich. Johannes ritt in vollem Staat auf seinem Schlachtpferd zum vereinbarten Treffpunkt am Flußufer hinunter, der Kiewer Fürst kam per Schiff. Er ruderte an der Seite seiner Leute und unterschied sich von ihnen nur durch sein einigermaßen sauberes weißes Gewand, einen mit Juwelen besetzten Ohrring und die beiden langen blonden Haarsträhnen – Kennzeichen seines Ranges –, die von dem sonst kahlgeschorenen Kopf herunterhingen. (Das Haar sowie seine blauen Augen und der herabhängende Schnurrbart zeugten trotz seines Namens von wikingischer Abkunft.) Im Verlauf einer kurzen, aber freundlichen Unterre-

Swjatoslaws Niederlage (972)

dung gab er der Hoffnung Ausdruck, daß der alte Handelsvertrag, der unter anderem die Besuche russischer Kaufleute in Konstantinopel regelte, erneuert werde. Dann kletterte er nach einer würdevollen Verbeugung vor Johannes in sein Boot und ruderte davon.

Er sollte Rußland nicht mehr wiedersehen. Auf dem Marsch durch petschenegisches Gebiet wurde er angehalten und verhört. Wo all die wertvolle Beute sei, die er ihnen für ihre Unterstützung versprochen habe? Nun ja, es gebe keine, mußte er antworten. Die Beute sei an die Sieger gegangen. Als Besiegter könne er froh sein, daß er mit dem Leben davongekommen sei. Dies genügte den Petschenegen nicht; als Swjatoslaw im folgenden Frühjahr die Stromschnellen des Dnjepr passieren wollte, überfielen sie ihn und brachten ihn um. Aus seinem Schädel stellten sie einen Trinkbecher her wie der Bulgare Krum aus jenem Nikephoros' I. 161 Jahre zuvor.

Johannes Tzimiskes erlebte eine erfreulichere Heimkunft. Bevor er Silistria verließ, benannte er die Stadt noch schnell um in Theodoropolis, zu Ehren des Heiligen, mit dem er Seite an Seite vor den Stadtmauern gekämpft zu haben glaubte. Dann brach er Richtung Süden nach Konstantinopel auf, Zar Boris einschließlich Familie im Schlepptau. Er konnte sich vor seinem Volk mit zwei bedeutenden Leistungen brüsten, hatte er doch nicht nur einen gefährlichen Feind von der Balkanhalbinsel vertrieben, sondern auch Bulgarien für das Reich zurückgewonnen. Denn was er Boris in Preslaw auch zugesagt haben mochte, er hegte nicht die geringste Absicht, ihn wieder auf seinen Thron zu setzen. In der Tat hätte man es niemandem unter den Anwesenden verdenken können, wenn sie bei seinem triumphalen Einzug in Konstantinopel geglaubt hätten, Bulgarien und nicht Rußland sei geschlagen worden. Auf dem Ehrenplatz in der Prozession – im vergoldeten Wagen, der von vier weißen Pferden gezogen wurde und eigentlich dem Kaiser vorbehalten war –, thronte die meistverehrte bulgarische Ikone, ein Bildnis der Gottesmutter. Abgesehen vom heiligen Theodor hatte in Johannes' Augen nämlich auch dieses Bild teilweise zum byzantinischen Sieg beigetragen, und deshalb brachte er es nun als Stück der Kriegsbeute von seinem Feldzug mit und ritt selbst in seiner glänzenden Rüstung unmittelbar dahinter. Am Ende des Zugs gingen Zar Boris, die Zarin sowie ihre

Kinder – zu Fuß; die Menge am Straßenrand konnte sich ihren eigenen Reim darauf machen.

Wer danach noch immer im unklaren war, welche Pläne das Reich für seinen verwüsteten, geschlagenen Nachbarn hatte, wurde bald darüber aufgeklärt. Als die Prozession die Hagia Sophia betrat, schritt Johannes zum Hochaltar und legte nicht nur die heilige Ikone darauf, sondern auch die Krone und die anderen Insignien des bulgarischen Staates. Kurz darauf zwang er den jungen Zar, in einer Staatsfeier im Palast offiziell abzudanken. Von diesem Augenblick an war Bulgarien kaiserliche Provinz. Das bulgarische Patriarchat wurde abgeschafft und alle seine Diözesen einmal mehr Konstantinopel unterstellt. Typisch, daß Johannes versuchte, den Schlag etwas zu mildern, indem er Boris den Ehrentitel eines *Magistros* verlieh. Dessen jüngerer Bruder Romanos hatte weniger Glück. Er wurde entmannt – vorgeblich, um zu verhindern, daß er als Thronanwärter in seine Heimat zurückkehren konnte.[7] Dies war das Ende von Krums Dynastie, die Byzanz mehr als nur einmal hatte erzittern lassen.

Ein Volk läßt sich jedoch nicht so rasch ausmerzen. Ein Blick auf die Landkarte zeigt, daß Bulgarien im zehnten Jahrhundert einiges größer war als heute und ein Gebiet umfaßte, das sich fast bis zur Adria erstreckte. Nur dessen östliche Teil war direkt vom Krieg betroffen gewesen, für den Westen – vielleicht zwei Drittel des Staates – gab es keinen Grund, seine Unabhängigkeit aufzugeben. Der Lebensfunke sollte bald für eine kurze, doch ereignisreiche Zeit noch ein letztes Mal im ersten bulgarischen Reich eine Glut entfachen. Für die Geschichte des kometenhaften Aufstiegs sowie des tragischen Sturzes von Samuel Kometopolos müssen wir uns jedoch bis zum nächsten Kapitel gedulden.

Nach dem Erfolg seines Bulgarienfeldzugs kümmerte sich Johannes Tzimiskes nicht mehr besonders um Europa – zumindest nicht, was weltliche Dinge betraf. Es gab Wichtigeres im Osten zu tun. Das abbasidische Kalifat in Bagdad stellte keine Bedrohung mehr dar. Der schwache und kränkliche Kalif al-Muti besaß kaum mehr Verfügungsgewalt, sondern war gewissermaßen ein Gefangener in seinem Palast. Die Gefahr lauerte im Süden. 969, erst drei Jahre zuvor,

Die fatimidische Bedrohung (973) 283

war das fatimidische Konkurrenz-Kalifat auf Expansionskurs gegangen. Von der Hauptstadt Mahdia an der Ostküste des heutigen Tunesien aus waren fatimidische Truppen durch das Nildelta und weiter über den Sinai nach Palästina und nach Südsyrien gezogen. Im Jahre 971 hatten sie Antiochia angegriffen. Es war klar, daß sie angehalten werden mußten, bevor sie dem Reich ernsthaften Schaden zufügten. Als sie im Juli 972 ein byzantinisches Heer vor den Mauern von Amida beinahe aufrieben, traf Johannes bereits Vorbereitungen, um gegen sie ins Feld zu ziehen.

Im Frühjahr 974 stand sein Heer bereit. Doch eben da erreichte ihn die Nachricht von einer weiteren Krise. Diesmal befand sich der Schauplatz in Armenien, wo sich Fürsten und Barone, die sich sonst in den Haaren lagen, plötzlich mit einem auf achtzigtausend Mann geschätzten Heer um ihren »König der Könige« Aschot III. versammelt hatten.[8] Besondere Gründe dafür sind nicht überliefert. Der Armenier Matthäus von Edessa, unsere Hauptquelle für diese Zeit, äußert sich bedauerlich vage dazu. Wir können nur annehmen, daß Aschot von Johannes' Vorbereitungen hörte und daraus schloß, der Feldzug richte sich gegen ihn. Der Kaiser, der ja schließlich selbst aus Armenien stammte, zerstreute ihre Befürchtungen. Trotzdem beschloß er, nicht über die normale Route nach Syrien zu marschieren, sondern den Umweg nach Norden über Armenien zu nehmen, um Aschot persönlich von seinen friedlichen Absichten zu überzeugen und den König der Könige, so hoffte er, dazu zu bringen, ihm einen Teil oder die gesamte armenische Armee zur Verfügung zu stellen. Diese Entscheidung verlängerte den Marsch zwar um etwa fünfhundert bis sechshundert Kilometer, doch die erzielten Ergebnisse rechtfertigten dies vollkommen. Aschot verbündete sich für den bevorstehenden Feldzug bereitwillig mit dem Reich und überließ Johannes sofort zehntausend seiner besten voll ausgerüsteten und kampfbereiten Soldaten.

Die vereinten Streitkräfte zogen darauf Richtung Süden nach Amida und Martyropolis (Mayyafariquin), einer Stadt, die der Plünderung und Verheerung nur durch die Bezahlung eines hohen Lösegelds entging. Von da ging es weiter über Nisibis (wohin die gesamte Bevölkerung vor ihm geflohen war) in die mesopotamische Ebene. Auf der ganzen Strecke stießen sie auf keinerlei nennenswerten

Widerstand. Weshalb der Kaiser nicht gegen Bagdad vorrückte, bleibt unklar. In ihrem damaligen Zustand hätte die Stadt einem Großangriff kaum standgehalten. Statt dessen zogen sich die byzantinischen Streitkräfte, mit Beute beladen, nach Antiochia zurück. Dort bezog das Heer sein Winterlager, und Johannes eilte nach Konstantinopel zurück.

Anlaß für diese lange und anstrengende Reise nach Westen in die Hauptstadt – im Bewußtsein, daß er in ein, zwei Monaten wieder würde zurückkehren müssen –, war höchstwahrscheinlich eine kirchenpolitische Krise, die allerding nicht in Konstantinopel heraufbeschworen worden war, sondern in Rom. Otto der Große war 973 gestorben. Sein Sohn Otto II. befand sich in Deutschland. Im Frühsommer des Jahres 974 hatte ein Kardinaldiakon namens Franco, ein adliger Römer, der den Sachsenkaiser Otto haßte, weil er das Papsttum zu seinem Spielball degradiert hatte, die Gelegenheit ergriffen, um einen Coup gegen Ottos Marionette Papst Benedikt VI. zu inszenieren. Der Papst wurde in die Engelsburg gesperrt und kurz darauf stranguliert. Unter dem Namen Bonifaz VII. setzte sich Franco selbst auf den Heiligen Stuhl. Eine Gegenrevolte zugunsten des Kaisers zwang ihn jedoch beinahe unverzüglich, nach Konstantinopel zu flüchten, und in der Zwischenzeit ernannte der junge Kaiser Otto II. den Bischof von Sutri zum Nachfolger. Eine der ersten Amtshandlungen des neuen Papstes namens Benedikt VII. bestand darin, seinen Vorgänger zu exkommunizieren.

Die Ankunft Bonifaz' VII. am Bosporus brachte Byzanz in arge Verlegenheit. Aufgrund seiner Opposition zum Westreich pflegte er starke Verbindungen zu Konstantinopel und hatte Nikephoros Phokas bei all seinen Differenzen mit Otto I. standhaft unterstützt. Was er in Byzanz von seinem Vorgehen gegen Benedikt VI. erzählte, ist nicht überliefert. Der Palast schien jedenfalls entschieden zu haben, daß er Unterstützung verdiente und daß die Beziehungen zu Rom sofort abgebrochen werden müßten. Wahrscheinlich wurde auch ein dringender Appell an den Kaiser in Mesopotamien gesandt, sobald wie möglich zurückzukehren, um die Angelegenheit ein für allemal zu regeln. Patriarch Basileios war anderer Meinung. Zwar von Johannes persönlich für das Patriarchat ausgewählt, war er dennoch

Der Flüchtlingspapst (974)

nicht bereit, sich seine Haltung diktieren zu lassen. Für ihn standen sowohl die Einheit der Kirche als auch der Primat des legitimen Pontifex außer Frage. Er war daher fest entschlossen, das Exkommunikationsurteil zu unterstützen.

Wie sich gezeigt hat, neigten stets die urbanen und ehrgeizigen Patriarchen von Konstantinopel dazu, den Status des Papstes in Rom in Frage zu stellen. Die weltfremden Asketen kannten keine solchen Zweifel. Basileios Skamandrenos paßte wunderbar in die zweite Kategorie. Seine Gemeinde hielt ihn für fast zu heilig, ernährte er sich doch, dem Verhungern nahe, nur von Beeren und Wasser, trug dasselbe schmutzige Gewand, bis es zerfiel, und schlief immer auf dem nackten Boden. Sein einziger Fehler, so Leon Diakonos, sei ein Hang, das Benehmen der anderen allzugenau unter die Lupe zu nehmen und sich über die Maßen in ihre Angelegenheiten einzumischen. Eben damit machte er sich jedoch äußerst unbeliebt. Als entschieden wurde, ihn zugunsten eines Umgänglicheren zu ersetzen, standen deshalb genug Bischöfe und Geistliche zur Verfügung, die gegen ihn aussagten. Ohne Skrupel bezeugten sie, er habe sich der Mißwirtschaft, der Umgehung des Kanons und sogar der Intrigen in bezug auf die Nachfolge schuldig gemacht. Basileios verteidigte sich gegen diese Anschuldigungen nicht, bestand jedoch darauf, daß er nur von einem ökumenischen Konzil abgesetzt werden könne, das heißt, von einem Konzil, an dem der Papst angemessen vertreten sei. Das kaiserliche Tribunal, das kurz nach Johannes' Rückkehr zusammentrat, bewies ihm nur zu gern das Gegenteil.

Basileios wurde verbannt, Benedikt VII. in Byzanz nicht als Papst anerkannt, und Bonifaz blieb bis im April des Jahres 984 in Konstantinopel. Dann gelang es ihm mit byzantinischer Hilfe, den Nachfolger seines Rivalen, Johannes XIV. (der ebenfalls ein böses Ende in der Engelsburg nahm), abzusetzen und erneut den Heiligen Stuhl zu besteigen. Diesmal hielt er sich fünfzehn Monate – bis zu seinem Tod im folgenden Jahr; höchstwahrscheinlich wurde er vergiftet. Es heißt, sein Leichnam sei nackt durch die Stadt geschleift und schließlich »unter dem Pferd Konstantins«[9] auf dem Kapitol liegengelassen worden und dort verblieben, bis ihn eine Gruppe vorbeikommender Priester mitnahm und begraben ließ.

Zu Beginn des Frühjahrs 975 war die Krise beigelegt. Ein neuer Patriarch, Antonios III. Studites, war fest in der Hagia Sophia etabliert. Johannes Tzimiskes konnte in den Osten zurückkehren und seinen letzten und spektakulärsten Feldzug anführen. Von Antiochia wandte er sich zuerst Emesa (Homs) zu, das kampflos kapitulierte. Dann zog er weiter nach Baalbek, das nach kaum mehr als einem symbolischen Widerstand fiel. Damaskus folgte. Damit war der Weg frei nach Palästina. Tiberias, Nazareth, Cäsarea, es schien, als wolle der Triumph niemals enden. Da verschanzten sich jedoch die afrikanischen Einheiten all dieser Städte in einer Reihe von Festungen entlang der Küste. Anstatt weiter Richtung Jerusalem zu marschieren, machte Johannes deshalb kehrt, um sich mit ihnen zu befassen, bevor er ernsthaft Gefahr lief, daß sie ihm in den Rücken fallen konnten. Sidon fiel und dann trotz heroischen Widerstands auch Beirut, danach Byblos. Von allen Küstenstädten widersetzte sich nur Tripolis einer Eroberung. Bis zum Ende des Sommers stand ein Großteil von Palästina, Syrien und des Libanons – alles Gebiete, die seit Herakleios' Tagen kein byzantinischer Kaiser mehr betreten hatte – unter bzyantinischer Kontrolle.

Dies war eine geradezu unglaubliche Aktion. Als Johannes gegen Ende des Jahres nach Konstantinopel zurückkehrte, war er jedoch todkrank. Welcher Art diese Krankheit war, ist ungewiß. Unsere drei verläßlichsten Quellen Skylitzes, Zonaras und Leon Diakonos deuten anklagend auf den *Parakoimomenos* Basileios. Sie berichten, der Kaiser habe auf seiner Rückreise durch Anatolien gefragt, wem die reichen Güter gehörten, an denen er vorbeikam. Darauf antwortete man ihm, alle gehörten Basileios, was nichts anderes bedeuten konnte als Unterschlagung ungeahnten Ausmaßes. Vor Zorn rasend machte er keinen Hehl daraus, daß er seinen Schatzmeister gleich nach der Rückkehr zur Rede stellen werde, was er besser verschwiegen hätte. Einer der Kuriere, die täglich zwischen dem Heer und dem Palast hin und her pendelten, teilte Basileios Johannes' Absicht mit. Dieser erkannte die Gefahr und traf entsprechende Vorkehrungen. Als der Kaiser ein, zwei Wochen später mit einem seiner reichen Vasallen in Bithynien dinierte, schüttete man ein langsam wirkendes Gift in den Becher. Am Morgen danach konnte er sich kaum mehr bewegen, seine Augen waren blutunterlaufen, Nacken und Schul-

Tod von Johannes Tsimiskes (976)   287

tern mit eiternden Pusteln bedeckt. Von da an beherrschte ihn nur noch ein Gedanke: nach Hause zurückzukehren, bevor er starb. Boten eilten nach Konstantinopel, um seine Ankunft vorzubereiten und die Arbeiten an seinem Grabmal voranzutreiben.

Als er den Bosporus erreichte, konnte er nur noch mit Mühe atmen. Er scheint sich dann aber noch einmal lange genug von seiner Trage erhoben zu haben, um der Messe beizuwohnen, bei der die wichtigste Ausbeute, die er aus dem Osten mitgebracht hatte – ein Paar Sandalen Christi und Haare von Johannes dem Täufer –, neu geweiht und in der Hagia Sophia untergebracht wurde. Danach legte er sich ins Bett und erhob sich nicht wieder. Er vermachte seine persönlichen Reichtümer den Armen und Kranken. Dann legte er unter Tränen Bischof Nikolaos von Adrianopel eine ausführliche Beichte ab und rief mehrmals die Heilige Maria Theotokos an, sie möge sich für ihn verwenden. Er flehte so lange um ihren Beistand, bis er am 10. Januar 976 im Alter von einundfünfzig Jahren starb. Er war sechs Jahre und einen Monat an der Macht gewesen.

Was ist von dieser Vergiftungsgeschichte zu halten? Mindestens sieben Chronisten wiederholen sie in der einen oder anderen Form, wobei nicht alle Basileios beschuldigen. Wie bereits aus vorhergehenden Kapiteln hervorgeht, erhob sich bei derartigen Todesfällen unweigerlich der Verdacht auf Mord. Als Schuldiger wäre Basileios jedoch wohl kaum als Regent für die beiden jungen Kaiser eingesetzt worden. Und worum hätte es sich bei diesem geheimnisvollen Gift handeln können, das so langsam und doch so sicher wirkte? Ist es nicht viel wahrscheinlicher, daß Johannes wie Tausende seiner Soldaten von niedrigerem Rang während jener Kriege im Osten an Typhus, Malaria oder Ruhr starb oder an einer der anderen all der tödlichen Krankheiten, die selbst heute noch nur mit Mühe in Schach gehalten werden können?

Vermutlich, aber wir werden es nie mit letzter Sicherheit wissen. Johannes Tzimiskes' Tod ist genauso rätselhaft wie sein Leben. Während seiner kurzen Herrschaft erwies er sich als einer der erfolgreichsten Kaiser für Byzanz. Er besiegte Rußland, Bulgarien sowie die Kalifate von Bagdad und Kairo, holte einen Großteil von Syrien und vom Libanon, von Mesopotamien und Palästina heim ins Reich; Verbündete wie Feinde kündeten von seiner Kühnheit, seiner Ritterlichkeit und seinem Mitgefühl. Im Frieden war er ein weiser und gerechter Herrscher, ein Freund der Armen und vor allem auch der Kranken, mit denen er sich immer besonders verbunden fühlte, obwohl er selbst offenbar bis zuletzt keinen Tag lang krank war. Seine strahlende Persönlichkeit vermochte ebenso zu blenden wie seine glänzende Rüstung. Und doch kann all diese Überlieferung uns niemals ganz blind machen für ein anderes, dunkleres Bild: das eines armseligen, formlosen Bündels, das zusammengekrümmt auf dem Palastboden liegt, während eine andere Person – drahtig, muskulös und außerordentlich stark, voller Verachtung darauf hinunterblickt und es mit Füßen tritt.

14

Der junge Basileios

(976–989)

Setze Gouverneure ab, wenn sie zu eingebildet
werden. Laß keinem Feldherrn auf einem Feldzug
zuviel Macht. Erschöpf sie mit ungerechten
Forderungen, damit sie mit ihren eigenen
Angelegenheiten beschäftigt sind. Gestatte keiner
Frau Einsitz in den kaiserlichen Räten. Sei für
niemanden zugänglich. Teile deine privatesten Pläne
nur ganz wenigen mit.[1]

Bardas Skleros zu Basileios II., Bithynien im Jahre 989

Mit dem Tod von Johannes Tzimiskes schien der Weg für die Machtübernahme der beiden jungen Söhne Romanos' II. endlich geebnet. Basileios war achtzehn und sein Bruder Konstantin sechzehn Jahre alt. Die beiden hätten sich kaum unähnlicher sein können. Während Konstantin damals wie später nie auch nur das geringste Interesse für Politik oder Staatsführung bekundete und am liebsten sich selbst und seinen leicht unappetitlichen Neigungen überlassen blieb, beeindruckte Basileios durch seine Aufgewecktheit, seine rasche Auffassungsgabe und seine offenbar unerschöpfliche Energie. Noch weniger aber glich er seinen verwandten Vorgängern: Trotz seiner unbestrittenen Intelligenz war er keineswegs ein Intellektueller wie Leon der Weise und Konstantin Porphyrogennetos, er zeigte keinerlei Vorliebe für Bildung oder Literatur, und die Grobschlächtigkeit seines Griechisch tat der so anspruchsvollen byzantinischen Bevölkerung in den Ohren weh. Während sich Leon und Konstantin immer bemüht hatten, ihre Macht und Herrlichkeit durch blendende Auftritte und prächtige Kleidung zu betonen und sich mit unbezahlbaren Schätzen und Kunstobjekten zu umgeben, gab Basileios praktisch nichts für sich aus, beschränkte die Staatsfeierlichkeiten auf ein Minimum und trug sowohl im Palast als auch in der Stadt Alltagskleidung, die sich nicht für einen Kaiser geziemte und die, wie bemerkt wurde, nicht allzu sauber war. Auch vom Aussehen her glich er weder seinem Vater noch seinem Großvater besonders. Beide waren große und brünett gewesen, Basileios dagegen war klein und untersetzt, hatte ein rundes, von einem dichten Bart umkränztes Gesicht und helle blaue Augen, die mit ungewöhnlichem Glanz unter hohen, geschwungenen Augenbrauen hervorblickten. Der Chronist Michael Psellos (der an dieser Stelle zum ersten von vielen Malen in dieser Geschichte auftaucht) schreibt, wenn Basileios nicht im Sattel gesessen habe, sei seine Erscheinung sehr durchschnittlich gewesen. Nur zu Pferd habe er sich voll zur Geltung gebracht, denn er war ein vorzüglicher Reiter.[2] In einer weiteren Beziehung unterschied sich Basileios von seinem Vater und auch von seiner Mutter. Romanos und Theophano waren den sinnlichen Freuden immer sehr zugetan und liebten das Vergnügen. Basileios hatte in seiner Jugend ähnliche Züge gezeigt, aber mit der Thronbesteigung fiel alle Lebensfreude von ihm ab, und er führte von da an ein außergewöhnlich nüchternes Leben. Er aß und trank mäßig bis frugal und näherte sich keiner Frau. Fast als einziger aller byzantinischen Kaiser und zeitgenössischen europäischen Fürsten heiratete er nie. Diese Unterlassung erscheint noch außergewöhnlicher, als er einen legitimen Nachfolger gebraucht hätte; als ein solcher galt nur ein Junge, und Helene Alypina, die als Frau seines Bruders auch einen Nachfolger hätte stellen können, brachte ausschließlich Töchter zur Welt. Man fragt sich unweigerlich, ob es nicht vielleicht doch eine Hochzeit gab, von der nichts überliefert ist. Schließlich werden in den Chroniken, die Frauen fast immer totgeschwiegen haben, mehrere Kaiserinnen, so zum Beispiel auch Johannes Tzimiskes' Frau, nur ein einziges Mal erwähnt und dann nie mehr. Unsere Quellen für die Herrschaft von Basileios II. sind aber leider sehr dürftig. So unterhaltsam eine solche These auch sein mag, sie läßt sich nicht erhärten. Aus dem halben Jahrhundert der gemeinsamen Regierung von Basileios und seinem Bruder Konstantin sind uns verschiedene Beschreibungen von Staatsfunktionen erhalten geblieben. In allen wird Helene als einzige Kaiserin erwähnt, die sämtliche

Bardas Skleros' Revolte (977)   291

Pflichten ihres Ranges erfüllte. Es kann daher kein Zweifel daran
bestehen, daß Basileios bis zu seinem Tod Junggeselle blieb. Über den
Grund dafür darf spekuliert werden.

Von dem Augenblick an, da er ranghöchster Kaiser wurde, scheint
Basileios entschlossen gewesen zu sein, sowohl zu herrschen als auch
zu regieren. Da sich sein Bruder dankbar der Bürde der Verantwortung enthoben sah, hätte es keinerlei Schwierigkeiten geben sollen.
Zwei Hindernisse standen ihm dennoch im Weg. Das erste in der
Person seines Großonkels und Namensvetters, des *Parakoimomenos* Basileios. Vor gut dreißig Jahren war der damals etwas über
zwanzig Jahre alte, als natürlicher Sohn von Romanos Lakapenos
geltende Eunuch von Konstantin Porphyrogennetos in das höchste
Amt des byzantinischen Staates unter demjenigen des Kaisers erhoben worden und hatte dieses seither unter Romanos II., Nikephoros
Phokas und Johannes Tzimiskes innegehabt. Ob er tatsächlich
absichtlich die frühen Ausschweifungen der beiden Kaiser unterstützte, wie oft behauptet wurde, um selbst die Vormacht zu behalten, oder nicht, bleibe dahingestellt. Er hatte jedenfalls nicht die
Absicht, seine Position so ganz kampflos aufzugeben.

Das zweite Hindernis war viel gravierender, denn es betraf direkt
seinen Thronanspruch. Man muß sich vergegenwärtigen, daß die
ersten römischen Kaiser das Recht auf den Thron nicht erbten, sondern von ihrem Heer ernannt wurden. Obwohl nun die Erbfolge in
Konstantinopel längst akzeptiert war, integrierte man sie nie als entscheidenden Bestandteil in das politische System. Nachdem nun drei
siegreiche Feldherren in weniger als sechzig Jahren die Macht ergriffen und ausgeübt hatten, schien die Erbfolgeregelung, zumindest in
den Augen der anatolischen Militäraristokratie, so ziemlich ausge-
dient zu haben. War es nicht besser, so lautete ihr Argument, zur
alten Tradition zurückzukehren, nach der das kaiserliche Diadem
Vorrecht gereifter Männer war, die sich in der Schlacht bewiesen
hatten, und nicht das unerfahrener, unreifer Jugendlicher, deren einziger Vorzug es war, im Purpur geboren worden zu sein?

So kam es, daß die ersten neun Jahre von Basileios' theoretisch
autokratischer Herrschaft zu einem überwiegenden Teil von seinem
furchteinflößenden Haushofmeister überschattet wurden. Außerdem verbrachte er die ersten dreizehn Jahre einen Gutteil der Zeit

damit, den Thron gegen Angriffe zweier aufständischer Feldherren zu verteidigen, die ihm diesen mit aller Entschlossenheit entreißen wollten. Beiden sind wir bereits früher begegnet. Der eine war Bardas Skleros, *Domestikos* der Truppen im Osten, der seinem Schwager Johannes Tzimiskes mit unerschütterlicher Loyalität gedient hatte und sich als dessen legitimen Nachfolger betrachtete, der andere, vielleicht absehbarere, Bardas Phokas, ein Neffe des Kaisers Nikephoros. Nach dem Scheitern seiner ersten Revolte gegen Tzimiskes war er fest entschlossen, eine zweite gegen Basileios zu lancieren, sobald sich ihm eine Gelegenheit bot. Skleros ergriff als erster die Initiative. Im Frühling des Jahres 976, nur ein, zwei Monate nach dem Tod seines Schwagers Johannes Tsimiskes, ließ er sich von seinen Einheiten zum Basileus ausrufen, nahm die Heereskasse in Besitz und marschierte gegen Cäsarea. Bis im Herbst des Jahres 977 hatte er zwei entscheidende Schlachten gewonnen. Im Verlauf der zweiten war der Befehlshaber der loyalen Truppen, sein ehemaliger Waffenkamerad Peter Phokas, ums Leben gekommen. Außerdem hatte Skleros die Unterstützung der südlichen Flotte gewonnen, die in Attaleia stationiert war. Nachdem er wenige Monate später Nikäa erobert hatte, zog er seine Truppen an der asiatischen Küste des Bosporus zusammen und richtete sich auf eine Belagerung von Konstantinopel zu Wasser und zu Lande ein.

Zu Wasser war der Konflikt rasch entschieden. Die heimatliche Flotte, die dem regierenden Kaiser traditionsgemäß die Treue hielt, lief aus dem Goldenen Horn aus und machte kurzen Prozeß mit den Schiffen der Rebellen. Zu Land schien die Lage dagegen ernst, und das wäre sie vermutlich geblieben, hätte der Eunuch Basileios (der zu diesem Zeitpunkt faktisch noch immer die Regierungsgewalt innehatte) nicht soviel Phantasie und, es muß gesagt werden, Mut gehabt, den Oberbefehl über das Heer Bardas Phokas anzuvertrauen. Dies war, gelinde gesagt, eine unerwartete Ernennung. Phokas' Loyalität dem Thron gegenüber war kaum weniger fragwürdig als diejenige von Skleros. Als der Entscheid gefällt wurde, befand sich Phokas noch immer auf Chios in der Verbannung. Andererseits wurde mittlerweile das gesamte Heer von anatolischen Baronen kontrolliert, und ein anderer Befehlshaber wäre kaum verläßlicher gewesen. Wenn Phokas auch von seiner Machtergreifung träumte,

Die Jahre der Vorbereitung (985)   293

mußte er doch zuerst Skleros aus dem Weg räumen. Die einzige Gefahr bestand darin, daß die beiden Feldherren gemeinsame Sache gegen Konstantinopel machten. Dies schien bei näherem Zusehen eher unwahrscheinlich, aber so oder so mußte das Risiko eingegangen werden.

So warf Bardas Phokas, den man in aller Eile von Chios herbrachte, die Mönchskutte ab, legte den beiden Kaisern den Treueeid ab und begab sich in aller Stille zu seiner Machtbasis in Cäsarea, wo es für ihn ein leichtes war, ein Heer auszuheben. Skleros, der die Gefahr in seinem Rücken erkannte, blieb keine Wahl, als sich zurückzuziehen. Der folgende Bürgerkrieg dauerte an die drei Jahre. Es kam zu mehreren blutigen Begegnungen. Bardas Skleros gelang es jedoch trotz wiederholten taktischen Siegen nicht, die Streitkräfte seines Rivalen aufzureiben. Sie schafften es immer wieder, sich in tadelloser Ordnung zurückzuziehen, Verstärkung zu holen und sich ein, zwei Monate später mit neuen Kräften dem Kampf zu stellen. Schließlich standen sich die beiden Heere doch zum letztenmal gegenüber. Das genaue Datum ist umstritten, es muß jedoch im Frühjahr des Jahres 979 gewesen sein. Als Bardas Phokas erkannte, daß die Schlacht eine Wendung zu seinen Ungunsten nahm, forderte er Skleros heraus, den Konflikt im direkten Zweikampf zu entscheiden. Mutig – denn Phokas war ein Hüne von einem Mann[3] – nahm Skleros die Herausforderung an. Die Soldaten beider Seiten scharten sich um sie, um zuzusehen. Mit einem wie eine Szene aus der *Ilias* beschriebenen Auftakt begann der Kampf. Die zwei Kämpen galoppierten aufeinander los und schlugen gleichzeitig zu. Phokas konnte Skleros' Hieb ablenken; dieser traf statt seiner sein Pferd, durchtrennte dessen Zaumzeug und verletzte es am Ohr. Sein eigener Hieb dagegen hatte sein Ziel getroffen. Skleros fiel in seinem Sattel nach vorne und glitt mit blutüberströmtem Kopf zu Boden. Ein paar seiner Männer trugen ihn bewußtlos zu einem nahe gelegenen Fluß, um die Wunde auszuwaschen; die übrigen flohen. Der Krieg war zu Ende.

Zumindest für den Moment. Kaiser Basileios, der die Ereignisse von Konstantinopel aus verfolgt hatte, wußte, daß er noch immer nicht fest auf dem Thron saß. Abgesehen von allem anderen waren beide

Rivalen noch immer am Leben und schmiedeten zweifellos Pläne für die Zukunft. Bardas Skleros hatte Zuflucht bei den Sarazenen gesucht. Man hatte ihn in Halbgefangenschaft nach Bagdad gebracht, von wo er früher oder später zurückkehren würde. Dadurch, daß er den Hieb überlebt hatte, war Bardas Phokas' Ruf zwar leicht angeschlagen; dennoch war er stärker denn je und würde trotz seines Treueschwurs bestimmt noch einmal versuchen, die Macht zu ergreifen. Immerhin bot sich hier Basileios ein bitter nötiger Aufschub, der ihm Zeit gab, sich auf die enormen Aufgaben vorzubereiten, die vor ihm lagen. Während der sechs Jahre nach Skleros' Niederlage hören wir nur noch wenig von ihm. Wir können jedoch sicher sein, daß er sich aufs äußerste bemühte, sich mit den innersten Mechanismen der Armee, der Flotte, der Kirche, der Klöster und aller übrigen Staatszweige vertraut zu machen. Wenn er werden wollte, wozu er entschlossen war, nämlich ein Kaiser im wahrsten Sinne des Wortes, der seine Regierung leitete, für jeden außenpolitischen Aspekt verantwortlich und bereit war, wenn nötig seine Truppen persönlich ins Feld zu führen, konnte er nichts dem Zufall überlassen.

Im Jahre 985 war er bereit. Einzig sein Großonkel stand ihm noch im Weg, der *Parakoimomenos* Basileios. Dieser ließ sich allerdings nicht so leicht zur Seite drängen. Er war zwar ein Eunuch, aber es gab nur wenige Männer in Konstantinopel, die nicht vor seiner riesigen Gestalt erzitterten. Jedes Wort und jede Geste schienen seine kaiserliche Abstammung zu bezeugen und Autorität auszustrahlen. Nachdem er zeit seines Lebens loyal zur makedonischen Dynastie gestanden hatte – er gehörte ja selbst dazu –, scheint er dem jungen Kaiser anfangs ehrlich zugetan gewesen zu sein. Nur machte er den Fehler, ihn zu unterschätzen. Indem er ihn abwechslungsweise beschützte und tyrannisierte, behandelte er ihn wie ein Kind, noch als er längst erwachsen war. Er wies seine Ideen zurück, überging seine Vorschläge und hob seine Befehle ohne Zögern oder Entschuldigung jederzeit auf. Als der junge Basileios sich in allem, was er unternahm, blockiert und frustriert sah, schlug seine lange gehegte Abneigung in Haß um. Er erkannte, daß er nie würde frei handeln können, solange er sich nicht ein für allemal dieser unerträglichen Last entledigte. Zum Glück gab es genügend Begründungen dafür.

Die Jahre der Vorbereitung (985) 295

Die Bestechlichkeit seines Haushofmeisters war berüchtigt und hatte ihm enormen Reichtum eingebracht, den er schamlos zur Schau stellte. Er unterhielt ein Gefolge, das selbst dasjenige des Kaisers in den Schatten stellte. Außerdem war vor kurzem entdeckt worden, daß er heimlich in einem möglicherweise verräterischen Briefwechsel mit Bardas Phokas stand. Basileios traf Vorbereitungen; dann schlug er zu. Eines schönen Morgens erfuhr die Hauptstadt, daß der meistgefürchtete Mann im Reich verhaftet und verbannt war. All seine Güter hatte man beschlagnahmt.

Man dürfte annehmen, dies sei Strafe genug, vor allem angesichts des Umfangs der Güter. Der *Parakoimomenos* besaß bei weitem den größten Grundbesitz in allen kaiserlichen Gebieten. Basileios neigte jedoch zur Rachsucht, ein Charakterzug, den er niemals zu beherrschen lernte. Nicht zufrieden damit, den alten Feind entmachtet und enteignet zu haben, wandte er sich gegen die große Klosteranlage, die der Eunuch in Konstantinopel erbauen und zu Ehren des heiligen Basileios, seines Namensvetters, reich hatte ausstatten lassen. Es heißt, Kaiser Basileios II. soll versucht gewesen sein, sie ganz abzureißen. Da er jedoch nicht Gefahr laufen wollte, sich dem Vorwurf der Pietätlosigkeit auszusetzen, gab er sich damit zufrieden, sämtliche beweglichen Möbel und Mosaiken entfernen zu lassen und die glücklosen Mönche in die Armut zu stürzen.[4] Noch außergewöhnlicher war der Umstand, daß er darauf ein Edikt erließ, demzufolge alle von seinem Großonkel erlassenen Gesetze für ungültig erklärt wurden, wenn sie nicht seine eigene kaiserliche, handschriftliche Billigung trugen. »Denn«, erklärte er, »zu Beginn unserer Herrschaft, bis zur Absetzung des *Parakoimomenos* Basileios ... geschah manches, was nicht unserem Wunsch entsprach, denn er hatte alles nach seinem Willen entschieden.« Für den alten Mann im Exil mußte dies klingen, als würde seine Existenz verleugnet. Er verfiel zusehends und starb bald darauf.

Endlich war Basileios sein eigener Herr und Meister. Weniger als ein Jahr später stand das Reich einer neuen Bedrohung gegenüber; sie fügte ihm eine größere Demütigung zu als alles Vorhergehende. Samuel, der selbsternannte Zar des bulgarischen Reiches, fiel in Thessalien ein und eroberte Larissa, die bedeutendste Stadt in dieser Gegend.

Über Zar Samuels Herkunft wissen wir nur wenig. Sein Vater, der *Komes* Nikolaos, scheint ungefähr zur Zeit von Swjatoslaws Invasion als Gouverneur von ganz oder einem Teil Westbulgariens amtiert zu haben. Als er starb, ging sein Einfluß und vielleicht auch seine Stellung an seine vier Söhne über. So wurden diese jungen Männer automatisch zu Anführern eines Aufstands, der kurz nach Johannes Tzimiskes' Tod ausbrach und sich bald zu einem regelrechten Unabhängigkeitskrieg auswuchs. Als diese Nachricht Konstantinopel erreichte, gelang Zar Boris und seinem Bruder Romanos die Flucht. Sie schlossen sich den Aufständischen an. Boris kam versehentlich an der Grenze durch die Hand seiner eigenen Leute um, Romanos jedoch als Eunuch für die Thronfolge nicht in Frage. Die Führung verblieb daher bei den Söhnen des *Komes,* die unter dem Namen *Kometopouli* bekannt waren, insbesondere beim jüngsten und durchsetzungsfähigsten: bei Samuel.

Bardas Skleros' Revolte kam Samuel sehr gelegen, hatte sie ihm doch Gelegenheit geboten, sein Gebiet auszudehnen, ohne dabei auf Widerstand zu stoßen. Allmählich gelang es ihm, das ganze bulgarische Gebiet westlich der Linie von der Donau nach Süden, ungefähr in der Mitte zwischen der früheren Hauptstadt Serdika (heute Sofia) und Philippopel, unter Kontrolle zu bringen. Dann hatte er den alten Titel eines Zaren angenommen und gleichzeitig das alte bulgarische und von Tsimiskes abgeschaffte Patriarchat wieder eingesetzt. Das bulgarische Volk betrachtete diesen neuen Staat sowohl politisch als auch kirchlich weniger als eine Neugründung, denn als Fortsetzung des alten. Die Kontinuität wurde durch die enge Verbindung mit Prinz Romanos unterstrichen, den Samuel wohlweislich mit Ehren und Titeln überschüttete.

Im Jahre 980 fühlte sich Samuel sicher genug, um seine Gegenwart über die Grenzen hinaus spürbar werden zu lassen. Von da an verging nicht ein Sommer ohne einen oder mehrere bulgarische Einfälle in Thessalien. Doch erst nach weiteren fünf Jahren belagerte er Larissa mit seinen Truppen ernsthaft. Die Bevölkerung harrte so lange wie nur möglich aus. Als man jedoch zu Beginn des Jahres 986 eine Person dabei ertappte, wie sie aus lauter Hunger den Oberschenkel eines toten Menschen verspeiste, entschloß man sich zur Kapitulation. Mit Ausnahme einer einzigen kollaborativen Familie

Samuel (986) 297

namens Nikulitzes wurden alle in die Sklaverei verkauft. Die heiligste Reliquie der Stadt, der Leichnam ihres ehemaligen Bischofs, des heiligen Achilleus, wurde mitgenommen, um den Dom in Prespa zu schmücken, wohin Samuel kurz zuvor seine Hauptstadt verlegt hatte.[5]

Diese Anmaßung durfte nicht ungestraft durchgehen. Als Basileios davon erfuhr, befahl er die sofortige Mobilmachung des Heeres, übernahm persönlich den Oberbefehl und marschierte auf Serdika. Er folgte der Maritza, wandte sich dann nach Nordwesten und zog durch den als Trajaner-Tor bekannten Paß hinaus in die Ebene, in der die Stadt liegt. Kurz vor seinem Ziel hielt er an, um auf die Nachhut zu warten. Dies war ein folgenschwerer Schritt, denn er gab Samuel, der mit seinem Bruder Aaron und Prinz Romanos von Thessalien heraufgeeilt war, Zeit, die umliegenden Berge zu besetzen. Erst Ende Juli marschierte der Kaiser mit seinem Heer weiter vor und begann mit der Belagerung der Stadt, jedoch wenig erfolgreich. Das Wetter war drückend heiß, die Moral seiner Leute auf dem Tiefpunkt angelangt. Der Umstand, daß Samuels Einheiten die kaiserlichen Abordnungen bei ihrer Suche nach Lebensmitteln ständig überfielen, hatte zur Folge, daß die Belagernden oft genauso knapp an Vorräten waren wie die Belagerten. Nach nur drei Wochen beschloß Basileios, den Kampf aufzugeben und nach Hause zurückzukehren. Es kam jedoch anders und noch schlimmer. Als die byzantinischen Truppen am Dienstag, dem 17. August, zum zweiten Mal durch das Trajaner-Tor marschierten, liefen sie direkt in Samuels sorgfältig vorbereiteten Hinterhalt. Die bulgarische Reiterei strömte zu beiden Seiten von den Berghängen hinunter und überrumpelte die byzantinischen Einheiten vollkommen. Die große Mehrheit wurde auf der Stelle erschlagen, die ganze Ausrüstung, einschließlich der Heereskasse, war verloren. Ein, zwei Tage später folgte dem geschlagenen Kaiser nur noch ein armseliger Überrest des einst so stolzen Heeres mit schleppendem Gang nach Philippopel hinein.[6]

Wie gedemütigt sich Basileios gefühlt haben muß, kann man sich denken. Es hatte ihm nie an Vertrauen in die eigenen Fähigkeiten gefehlt, und er hatte sich zu einem der effizientesten Herrscher ausgebildet, die in Byzanz je regierten. Die Jahre im Schatten seines Großonkels waren ihm unerträglich erschienen, hegte er doch stets die Überzeugung, daß er das Reich besser regieren könne als alle anderen: War ihm erst freie Hand gewährt, würde man schon sehen, daß er allein es zu jener Stärke und Blüte zurückführte, die es unter seinem Vorfahren Basileios I., unter Herakleios, ja sogar unter dem großen Justinian hatte. Bis zum Alter von neunundzwanzig Jahren – zu diesem Zeitpunkt trug er den Kaisertitel bereits über ein Vierteljahrhundert – hatte er warten müssen, bis sich ihm endlich Gelegenheit bot, auf eigene Initiative einen bedeutenden Feldzug zu unternehmen – und nun endete dieser in einer Katastrophe. Er schämte sich, war aber auch wütend. Sein Selbstbewußtsein kostete es ihn trotz allem nicht. Als er in Konstantinopel eintraf, gelobte er feierlich, sich an der ganzen bulgarischen Bevölkerung zu rächen, bis sie den Tag verwünschte, an dem sie auch nur einen Finger gegen ihn erhoben hatte.

Wir werden sehen, daß er Wort hielt.

Basileios' Zeit kam tatsächlich, aber noch war es nicht soweit. Als Bardas Skleros von den Vorfällen beim Trajaner-Tor hörte, gelangte er zu der Überzeugung, daß ihm das Reich nun endgültig zur Verfügung stehe und er nur zuzugreifen brauche. Mittlerweile saß er in Bagdad in echter Gefangenschaft, aber es fiel ihm nicht schwer, den Kalifen Al-Tai zu seiner Freilassung zu bewegen. Als Gegenleistung versprach er ihm großzügig die Rückgabe bestimmter Grenzfestungen, sobald er auf dem Thron sitze. Der Kalif rüstete ihn mit Soldaten, Geld und Proviant aus. Bardas Skleros kehrte deshalb mit einer ansehnlichen und gut versorgten Streitmacht nach Kleinasien zurück. In den ersten Wochen des Jahres 987 ließ er sich in Melitene zum zweitenmal zum Basileus ausrufen.

Wenigstens zu Beginn muß es ihn mit Erleichterung erfüllt haben, daß die anatolischen Barone bereits kurz vor der Revolte standen. Sie waren der festen Überzeugung, daß die kaiserliche Armee ausschließlich in ihren Zuständigkeitsbereich falle, und deshalb außer sich, daß sich der Kaiser ihre Truppen angeeignet hatte, um in Bulgarien einzufallen, ohne ihnen auch nur ein Wort davon zu sagen. Ohne jemanden aus ihren Reihen an der Spitze war die Niederlage ihrer Meinung nach unvermeidlich gewesen. Basileios traf die ganze Schuld, er allein trug die Verantwortung. Kurzum, hier war der

Die beiden Prätendenten (987)

schlüssige Beweis – wenn es überhaupt noch einen brauchte –, daß sie die Krone nie hätten aus der Hand geben sollen. Je schneller sie sie deshalb wiederbekamen, desto besser.

Doch an wen sollte sie gehen? Skleros dürfte nicht besonders erfreut gewesen sein, als er herausfand, daß viele Adlige Bardas Phokas bevorzugten, ja, in der Tat so viele, daß Phokas, anstatt ein kaisertreues Heer gegen ihn anzuführen wie acht Jahre zuvor, einmal mehr die Seiten wechselte und am 15. August das Reich offiziell in eigenem Recht beanspruchte. Von beiden Anwärtern war Phokas nun wesentlich stärker. Er genoß die mehrheitliche Unterstützung der älteren Offiziere sowie der Landaristokratie. Er wagte jedoch nicht, mit Skleros im Rücken nach Konstantinopel zu marschieren. Kein Zweifel, daß man sich in irgendeiner Form einigen mußte. Bardas Phokas unterbreitete Skleros deshalb den Vorschlag, das Reich unter sich aufzuteilen. Ihm würde der europäische Teil genügen, wozu natürlich Konstantinopel gehörte; Skleros bliebe ganz Anatolien vom Marmarameer bis an die Ostgrenze. Gegen den Rat all seiner Verbündeten ging Skleros auf diesen Vorschlag ein. Er war nicht länger auf der Hut – und ging prompt direkt in die Falle. Kurz darauf wurde er verhaftet und verbrachte die folgenden beiden Jahre hinter den Mauern der Festung von Tyropoion, ironischerweise am selben Ort, wo er sechzehn Jahre zuvor Bardas Phokas nach dessen erstem Aufstand ausgehungert hatte. Sein Rivale dagegen versuchte, die Macht an sich zu reißen.

Zu diesem Zeitpunkt kann Phokas kaum am Erfolg seiner Operation gezweifelt haben. Auf seinem langen Marsch durch Kleinasien war er auf keinerlei Widerstand gestoßen; immer mehr Begeisterte scharten sich unter seinem Banner; sein Gegner war ein junger, unerfahrener Kaiser, dessen einzige militärische Heldentat in einem Debakel geendet hatte und dessen Heer – oder was davon noch übriggeblieben war – gebrochen und vollkommen demoralisiert war. Wie sollte er unter diesen Umständen scheitern? An der Küste des Marmarameers teilte er sein Heer auf: die eine Hälfte sandte er Richtung Westen nach Abydos am Hellespont, die andere verschanzte sich gegenüber von Konstantinopel in Chrysopolis. Er selbst begann mit den Vorbereitungen eines Zwei-Fronten-Angriffs auf die Hauptstadt.

Basileios' Lage war verzweifelt, aber er behielt einen klaren Kopf. Weil keine Hoffnung bestand, daß er sein Reich ohne fremde Hilfe verteidigen konnte, mußte er außerhalb um Unterstützung ersuchen. Und Hilfe im benötigten Ausmaß konnte nur aus einer Richtung kommen: von Wladimir, dem Fürsten von Kiew. Obwohl die kaiserlichen Abgeordneten bereits vor Bardas Phokas' Ankunft an der Bosporusküste abgereist waren, dauerte es Monate, bis die fürstliche Antwort eintraf. Die Meldung lautete schließlich dahingehend, daß sich Wladimir an die zwischen seinem Vater Swjatoslaw und Johannes Tzimiskes getroffene Übereinkunft gebunden fühle und die angeforderte Streitmacht entsenden werde. Eine *Druzhina* von sechstausend voll ausgerüsteten Warägern[7] werde so bald wie möglich in Konstantinopel eintreffen. Seine Unterstützung knüpfte er allerdings an eine, wenn auch nur eine Bedingung: daß er die Hand der Schwester des Kaisers erhielt, der *Porphyrogennita* Anna.

Die Wirkung, die diese Forderung am byzantinischen Hof auslöste, läßt sich kaum vorstellen. War denn in der gesamten Geschichte des Reiches jemals eine im Purpur geborene Prinzessin einem Fremden zur Frau gegeben worden? Und Wladimir war nicht nur ein Fremder, trotz der Bekehrung seiner Großmutter Olga war er ein Heide geblieben. Man wußte, daß er seinen eigenen Bruder getötet hatte. Und brüstete er sich nicht damit, daß er mindestens vier Frauen und achthundert Konkubinen habe, was ihn nicht daran hindere, Frauen und Mädchen in jeder Stadt und jedem Dorf, durch die er zufällig kam, zu mißbrauchen und zu vergewaltigen? Nach byzantinischer Meinung besaß er nur einen versöhnlich stimmenden Charakterzug: Er hatte verlauten lassen, daß er für sich und sein Volk eine ehrbare Religion suche. Wenn wir jenem eigenartigen, als Nestorchronik bekannten Dokument Glauben schenken wollen, hatte er bereits angeordnet, daß man für ihn eine Übersicht über sämtliche wichtigen Glaubensrichtungen der bekannten Welt zusammenstellte, und persönlich moslemische, jüdische wie auch katholische Glaubensangehörige befragt – von denen ihn jedoch offenbar niemand besonders beeindruckt hatte. In eben jenem Jahr 987 hatte er schließlich Boten nach Konstantinopel entsandt, und dort war ihnen zu Ehren eine besondere Messe in der Hagia Sophia abgehalten worden. Sie waren von der Schönheit der Kirche so

Massaker in Chrysopolis (989) 301

ergriffen, daß sie, wie sie ihrem Herrn später berichteten, nicht mehr wußten, ob sie sich im Himmel oder auf Erden befänden: »Wir können dir nur sagen, daß dort Gott unter den Menschen wohnt.« Es schien aus all diesen Gründen also wahrscheinlich, daß Wladimir seinen heidnischen Gottheiten und mit etwas Glück auch einigen seiner verwerflichen Gewohnheiten bald abschwören würde. Deshalb gab Basileios der Verbindung seinen Segen, und zwar ebenfalls unter einer einzigen Bedingung: daß der Kiewer Fürst Wladimir zum orthodoxen Glauben übertrat. Dann harrte er der Dinge, die da kommen sollten.

Er harrte fast ein ganzes Jahr. Diese Zeit überlebte er nur dank der kaiserlichen Flotte, die mit ihren andauernden Patrouillen auf dem Hellespont, dem Marmarameer und dem Bosporus Bardas Phokas daran hindern konnte, auf europäischen Boden überzusetzen. Erst ungefähr um die Wintersonnenwende[8] entdeckten die Schwarzmeerspäher die ersten Schiffe einer großen wikingischen Flotte am nördlichen Horizont. Ungefähr eine Woche später lag sie sicher im Goldenen Horn vor Anker: sechstausend stämmige Hünen präsentierten sich Kaiser Basileios zur Inspektion. Seine Pläne waren schnell gefaßt. Eines Abends gegen Ende Februar 989 überquerten sie im Schutz der Dunkelheit mit ihm persönlich an der Spitze die Meerenge und bezogen wenige hundert Meter vom Hauptlager der Aufständischen entfernt Stellung an der Küste von Chrysopolis. Beim ersten Tageslicht griffen sie an. Gleichzeitig überschüttete eine Schwadron kaiserlicher Flammenwerfer die Küste mit Griechischem Feuer. Phokas' Leute, von der furchterregenden Schar aus dem Schlaf gerissen, konnten wenig zu ihrer Verteidigung unternehmen. Die Angreifenden schwangen gnadenlos Schwerter und Kampfbeile, bis sie knöcheltief im Blut standen. Nur wenige ihrer Opfer kamen mit dem Leben davon. Von drei untergeordneten Befehlshabern, die man dem Kaiser auslieferte, wurde einer gehängt, der zweite gepfählt und der dritte ans Kreuz geschlagen.

Zu seinem Glück scheint sich Bardas Phokas bei den Reservetruppen aufgehalten zu haben, wenn nicht sogar in Nikäa. Jedenfalls war er ein Stück weit von Chrysopolis entfernt. Sobald er von dem Massaker hörte, beeilte er sich, um zu seinem restlichen Heer bei

Abydos zu gelangen. Wenn er nur diesen Hafen an der Mündung des Hellesponts erreichte, würde er dort genügend Schiffe finden, um seine Männer auf die Halbinsel Gallipoli übersetzen zu lassen und von dort den Angriff auf Konstantinopel zu lancieren. Kaum angekommen, begann er mit der Belagerung der gleichnamigen Stadt. Gallipoli leistete jedoch erbitterten Widerstand. Da die kaiserliche Flotte die Meerengen sicher unter Kontrolle hielt, erwies sich eine wirkungsvolle Blockade als unmöglich. In der Zwischenzeit machte sich Kaiser Basileios, nach Konstantinopel zurückgekehrt, an die Vorbereitung eines Entlastungsangriffs. Mitte März 989 war man bereit loszuschlagen. Umgehend wurde ein Kontingent vorausgeschickt. Es stand – eher unerwartet – unter dem Befehl seines Bruders und Mitkaisers Konstantin; soviel wir wissen, war dies das einzige Mal in seinem langen Leben, daß dieser unzulängliche Prinz ein Heer ins Feld führte. Basileios schiffte sich wenige Tage später ein. Er ging ein paar Kilometer nordöstlich in der Nähe von Lampsakos an Land und marschierte unverzüglich auf die belagerte Stadt zu, die hünenhaften Waräger hinter sich.

Am nächsten Morgen standen sich die beiden gegnerischen Heere auf der offenen Ebene von Abydos landeinwärts gegenüber; auf beiden Seiten versuchte man mehrere Tage lang, sich in eine bessere Ausgangsstellung zu manövrieren. Erst am Samstag, dem 13. April, gab der Kaiser in der Morgendämmerung den Befehl zum Angriff. Zuerst machte es den Anschein, als wollte schon der erste Ansturm die Entscheidung herbeiführen. Die Aufständischen zerstreuten sich, viele wurden erschlagen, andere machten kehrt und rannten auf und davon. Nur unter größten Schwierigkeiten gelang es Bardas Phokas, wieder Ordnung in seine Reihen zu bringen und die restlichen Truppenverbände zu formieren. Als er über die Ebene blickte, soll er, so ist überliefert, Basileios erblickt haben, der gerade seine nordischen Reihen abritt, sie lobte und zu noch größerem Schlachten anfeuerte, und an seiner Seite Konstantin mit einer langen Lanze. Phokas' Gesichtszüge nahmen einen neuen Ausdruck an. Er erinnerte sich, daß er bei seiner letzten Begegnung mit Bardas Skleros eine sichere Niederlage in einen Sieg verwandelt hatte, indem er seinem Feind einen Zweikampf vorschlug. Alle ignorierend, die ihn von seinem Vorhaben abzubringen versuchten, schrie er unvermitelt nach

Tod des Bardas Phokas (989) 303

seinem Pferd, gab ihm die Sporen und donnerte im Galopp auf die kaiserliche Front zu, das Schwert direkt auf den Kaiser gerichtet. Basileios blieb stehen; er umklammerte sein eigenes Schwert mit der Rechten und hielt in der Linken eine Ikone der Gottesmutter, die für ihre wundertätige Kraft bekannt war.[9] Näher und näher kam sein Angreifer: »Wie eine von einem Orkan getriebene Wolke«, schreibt Psellos. Dann schien er plötzlich zu schwanken. War er von einem plötzlichen Schwindelanfall ergriffen? Er hielt sein Pferd an, glitt aus dem Sattel und blieb reglos auf dem Boden liegen. Als Basileios, Konstantin und ihr Gefolge einen Augenblick später zu ihm traten, war er bereits tot. Zuerst wurde angenommen, er sei von einem Pfeil getroffen worden. An seinem Körper gab es jedoch kein Anzeichen für eine Wunde. In Wirklichkeit hatte ihn schlicht der Schlag gerührt, vermutlich verursacht durch Aufregung und Anstrengung. Er war offenbar sofort tot. Als seine Truppen sahen, was geschehen war, gerieten sie in Panik und flohen. Aber sie waren für die warägischen Riesen leichte Beute; sie verfolgten sie und hackten sie kurzerhand in Stücke.

Nun war Bardas Skleros der einzige Anwärter auf den Thron von Byzanz. Die zwei Jahre seiner Gefangenschaft in Tyropoion hatte er unter der Bewachung von keiner geringeren als Phokas' Frau gestanden. Nach Bardas' Tod betrachtete sie ihn allerdings nicht mehr als Gefangenen, sondern als ihre einzige Hoffnung auf Rache. Sie ließ ihn unverzüglich frei, damit er Gelegenheit bekam, ein neues Heer auszuheben. Skleros merkte jedoch sogleich, daß es zu spät war. Er war alt geworden, und seine Sehkraft nahm rapide ab. In der relativen Dunkelheit der Zelle hatte er den grauen Star kaum bemerkt, der mittlerweile beide Augen trübte, doch als er wieder den strahlenden Himmel Anatoliens über sich hatte, wußte er, daß es keine Hoffnung für ihn gab. Er würde bald vollkommen blind sein. Basileios, der für einmal seine Rachsucht überwand, machte ihm ein beinahe unglaublich großzügiges Angebot. Er verlangte lediglich, daß Skleros in aller Form auf sämtliche kaiserlichen Attribute und den Titel eines Basileus verzichtete; im Gegenzug würde er den Titel *Kuropalates* erhalten, und seine Offiziere durften ihre Ränge und Titel behalten, sobald sie den neuen Treueeid leisteten, ohne eine Strafe zu gewärtigen, die einfachen Soldaten aber nach Hause zurückkehren.

Und so unterwarf sich Bardas Skleros. Auf einem der kaiserlichen Güter in Bithynien trafen sich nach dreizehn Jahren der junge Kaiser und der alte Feldherr zum ersten Mal persönlich. Als Basileios sah, wie sein ehemaliger Feind, mittlerweile fast erblindet, von zwei Höflingen in den Audienzsaal geführt wurde, konnte er sein Verblüffen kaum verbergen. »Ist es möglich«, soll er die Umstehenden gefragt haben, »daß dieser senile Alte wirklich der Mann ist, vor dem ich mich so lange gefürchtet habe? Seht mal, er kann ja kaum selbst gehen!« Dann fiel sein Blick auf Skleros' Füße, die unerklärlicherweise noch immer in kaiserlichen Purpurstiefeln steckten, und er wandte das Gesicht ab. Erst als der alte Mann die anstößigen Stiefel ausgezogen hatte, durfte er sich dem Souverän nähern und sich vor ihm zu Füßen des Thrones verneigen. Basileios behandelte ihn weiterhin erstaunlich höflich und rücksichtsvoll. Er hörte ihm zu, als er sein Verhalten – wenn man Psellos glauben darf – als Ausdruck von Gottes Willen erklärte, und beim folgenden Essen ergriff er als weitere Geste der Versöhnung – oder vielleicht auch, um jeden Verdacht auf Gift zu zerstreuen – den Weinbecher und nahm einen großen Schluck daraus, bevor er ihn an seinen Gast weiterreichte. Dann ließen sich beide nieder, um miteinander zu reden.

Der Kaiser eröffnete das Gespräch, denn er kam, um Rat bei dem alten Befehlshaber zu suchen. Er fragte ihn, wie er sich seiner Meinung nach am besten gegen weitere Revolten des mächtigen anatolischen Landadels, wie er von Bardas Phokas und ihm selbst angeführt worden sei, schützen könne. Skleros' Antwort haben wir zu Beginn dieses Kapitels zitiert. Er schlug nicht vor, den Adel zu unterdrücken. Dies wäre Basileios auch durch die Wahl der skrupellosesten Mittel nicht gelungen. Er empfahl ihm jedoch, ihnen äußerst wenig Spielraum einzuräumen, sie bis aufs Blut zu besteuern, zu schikanieren, zu belästigen, sie mit finanziellen Forderungen zu verfolgen, ja sogar gezielt und ungerecht zu prellen, denn so waren sie viel zu sehr damit beschäftigt, sich selbst über Wasser zu halten, um persönliche Ambitionen verfolgen zu können. Die Worte allein hätten Basileios kaum zu verblüffen vermocht, entsprachen sie doch genau seinen Ansichten in dieser Frage. Interessant war, sie ausgerechnet aus Skleros' Mund zu hören. Nun, da sich sein Leben dem Ende zuneigte und die eigenen, ehrgeizigen Pläne gescheitert waren,

Wladimirs Bekehrung (989)

stelle Bardas Skleros offenbar die Interessen des Reichs über seine persönlichen und auch über die seiner gesellschaftlichen Herkunft. Seine Worte mögen zynisch geklungen haben, waren aber zugleich vorteilhaft. Basileios behielt sie nicht nur zeit seines Lebens in Erinnerung, sondern handelte auch danach und machte sie zum Kernstück seiner Innenpolitik. Und er hatte es niemals zu bereuen.

Angesichts der sich überschlagenden Ereignisse der vergangenen zwei Jahre blieb Basileios verständlichweise kaum Zeit, sich mit der Frage der versprochenen Eheschließung seiner Schwester mit dem Kiewer Fürsten zu befassen. Wladimir machte jedoch bald klar, daß er nicht mit sich spaßen ließ. Er hatte dem Hilfsappell des Kaisers entsprochen und dadurch Byzanz gerettet. Nun erwartete er mit Ungeduld seine Belohnung. Um Basileios an seine Pflichten zu erinnern, nahm er im Sommer 989, völlig unerwartet, kurzerhand Cherson ein, die kaiserliche Kolonie auf der Krim und zugleich den letzten byzantinischen Vorposten an der nördlichen Schwarzmeerküste. Gleichzeitig ließ er Basileios eine Botschaft des ominösen Inhalts zukommen, wenn seine Vergeßlichkeit anhalte, werde Konstantinopel wohl oder übel bald ein ähnliches Schicksal ereilen.[10]

Für Basileios reichte der Fall Chersons vollkommen aus, um die Angelegenheit voranzutreiben. Nicht nur war diese Krimkolonie finanziell und strategisch wichtig für ihn, ihre Eroberung kam zudem der Aufhebung der russischen Unterstützung gleich, und dies zu einer Zeit, da sich Bardas Skleros noch immer auf freiem Fuß befand. Und noch weit schlimmer als all dies: es bestand nun tatsächlich die Möglichkeit einer Annäherung zwischen Wladimir und Zar Samuel von Bulgarien. Die sechstausend Waräger hielten sich noch immer in Konstantinopel auf. Auf ein Wort ihres Gebieters hin konnte ihre gegenwärtige Freundschaft in offene Feindschaft umschlagen – mit unabsehbarem möglichen Schaden. Kurz gesagt, es gab keine andere Möglichkeit: Das Abkommen mußte anerkannt werden. Als die fünfundzwanzigjährige Prinzessin von ihren Brüdern von ihrem Schicksal erfuhr, soll sie ihnen in Tränen aufgelöst vorgeworfen haben, man verkaufe sie blindlings in die Sklaverei – was in Anbetracht der Gerüchte, die über Wladimir kursierten, der Wahrheit sehr nahe kam. Schließlich machte man ihr jedoch klar, was sie zum Wohle des Reichs zu tun habe, nämlich sich in das Unvermeidliche zu schicken. Wohl kaum freudig erregt, bestieg sie das Schiff, das sie nach Cherson brachte, wo ihr Verlobter sie bereits erwartete. Die beiden wurden ordnungsgemäß vermählt, und Basileios erhielt Cherson umgehend als Brautgeschenk zurück für das Reich.

Unmittelbar vor der Hochzeit war Samuel vom Lokalbischof getauft worden, und diese religiöse Zeremonie stellte sich als eine der folgenreichsten für die russische Geschichte heraus.[11] Mit Wladimirs Bekehrung ging Rußland nämlich in den Schoß der christlichen Kirche ein. Nach der Hochzeit wurde das Brautpaar von mehreren lokalen Geistlichen von Cherson nach Kiew begleitet, wo diese unverzüglich neue Gefolgschaft warben und ganze Städte und Dörfer bekehrten. Die neue russische Kirche stand deshalb von Anbeginn unter dem Patriarchat Konstantinopels, blieb also Teil der Ostkirche und damit auch kulturell mit Byzanz verbunden. Das gibt, abgesehen von anderen Dingen, auch Anlaß zur Hoffnung, daß Zarin Anna ihr neues Leben um einiges weniger unerträglich fand, als sie erwartet hatte. Kiew war natürlich mit Konstantinopel nicht vergleichbar. Nach seiner Bekehrung – oder vielleicht auch als Folge seiner Verehelichung mit ihr – muß Wladimir jedoch in der Tat ein anderer Mensch geworden sein. Jedenfalls verschwanden die vier Ehefrauen und achthundert Konkubinen, und er gab ihr von dem Tag an keinen Anlaß zu diesbezüglicher Klage. Allerdings verbrachte er seine Zeit damit, Bekehrungen zu überwachen, bei unzähligen Taufen Pate zu stehen und Kirchen und Klöster zu stiften, wo immer er hinkam. Nun sind zwar Heilige auch nicht gerade das, was frau sich als idealen Ehemann wünscht – und der heilige Wladimir von Kiew war da bestimmt keine Ausnahme –, aber nachdem sie erwartet hatte, ihr Bett mit einem Ungeheuer teilen zu müssen, fühlte sie sich gewiß trotzdem erleichtert.

15

Der Bulgarenschlächter

(989–1025)

*Seine Grausamkeit übte kalte, wohlausgesonnene
Rache an fünfzehntausend Gefangenen, die sich der
Vertheidigung ihres Vaterlandes schuldig gemacht
hatten. Sie wurden des Augenlichts beraubt, und nur
Einem von je hundert ein Auge gelassen, damit er
seine blinden Zenturien ihrem Könige vorführen
könne. Der König, wird gemeldet, starb vor Schmerz
und Entsetzen; die Nation wurde durch dieses
schreckliche Beispiel eingeschüchtert, die Bulgaren
von ihren Niederlassungen verjagt und auf eine kleine
Provinz beschränkt, und die überlebenden Häuptlinge
vermachten ihren Kindern den Rath der Geduld und
die Pflicht der Rache.*

Eduard Gibbon, *Geschichte des Verfalles und Untergangs
des römischen Weltreiches*

Das Jahr 989 steht für die Wende in den fünfundsechzig Jahren
der Regierungszeit Basileios' II. Obwohl er zu diesem Zeitpunkt erst einunddreißig Jahre alt war, trug er den Kaisertitel bereits
seit neunundzwanzig Jahren. Von diesen hatte er die ersten sechzehn
noch minderjährig im Schatten zweier militärischer Draufgänger
gestanden, denen es gelungen war, die Macht an sich zu reißen, nämlich Nikephoros Phokas und Johannes Tzimiskes. Die folgenden
neun verbrachte er als – wenn auch höchst widerwillige – Marionette seines Großonkels, während die letzten vier im Zeichen der demütigenden Niederlage gegen Zar Samuel am Trajaner-Tor standen,
jener großangelegten Revolte, die er nur mit Hilfe von außen nieder-

Der Bulgarenschlächter

zuschlagen vermochte und die ihn womöglich weiterhin bedroht hätte, wäre ihr Anführer nicht plötzlich gestorben – sowie zuletzt der schamlosen Erpressung dieses Kiewer Fürsten, auf die er hatte eingehen müssen. Es sind dies nicht gerade bemerkenswerte Errungenschaften.

Ende 989 aber hatte sich das Blatt gewendet. Dabei waren dieses Jahr über mehrere Katastrophen zu überstehen gewesen. Nach einem der härtesten Winter seit Menschengedenken, in dem sogar das Meer gefror, hatte der Kampf gegen Bardas Phokas stattgefunden und ein weiterer gegen Bardas Skleros. Wenige Tage nach der Eroberung von Cherson durch russische Einheiten traf die Nachricht ein, daß Berrhoia (heute Werija), eine strategisch wichtige Festungsstadt für den Zugang zu Thessalonike, sich in bulgarischer Hand befand, und gleichzeitig brachen ernst zu nehmende Unruhen in Antiochia aus. Das Erscheinen des Polarlichts am 7. April und des hellen Kometen, der im Juli und August drei Wochen lang den Himmel erleuchtete, wurde noch unterschiedlich gedeutet, doch zu dem verheerenden Erdbeben, das in der Nacht des 25. Oktober in Konstantinopel über vierzig Kirchen zerstörte oder beschädigte, gab es nur eine Meinung, und die bezweifelte niemand; selbst die Hagia Sophia blieb nicht verschont: die Zentralkuppel war quer durch gespalten und mußte völlig neu konstruiert werden[1], und beim Einsturz eines Teil der Ostapsis blieb lediglich ein Schutthaufen zurück. Ein unmißverständlicheres Zeichen für den göttlichen Zorn ließ sich kaum vorstellen. Und doch kam das Reich Ende des Jahres zum ersten Mal seit Johannes Tzimiskes' Tod 976 innenpolitisch zur Ruhe, und der Kaiser stand nach all den vielen Niederlagen und Enttäuschungen endlich an der Schwelle zum Ruhm.

Da Basileios nichts mehr von den anatolischen Baronen zu fürchten brauchte, konnte er sich ganz auf jene Aufgabe konzentrieren, die ihn die folgenden dreißig Jahre in Anspruch nehmen sollte: die Vernichtung des bulgarischen Reiches. Es war jedoch typisch für ihn, daß er die Aufmerksamkeit zunächst doch noch einer kleinen unerledigten Nebensache zuwandte. David, der Fürst von Tao in Georgien, hatte im Jahre 978 als loyaler Lehensmann des Reiches auf Zeit ein großes kaiserliches Gebiet nördlich des Wan-Sees als Belohnung für treue Dienste erhalten, seit damals jedoch seinem Ruf

Basileios als Feldherr (995) 309

keine Ehre gemacht, unterstützte er doch den aufständischen Bardas Phokas. Diese Fehleinschätzung muß er bitter bereut haben, als im Herbst 989 ein kaiserliches Heer mit unmißverständlichen Absichten Richtung Osten marschierte. Zu seinem Glück war dessen Befehlshaber, ein gewisser Johannes von Chaldia, vom Kaiser zum Verhandeln autorisiert: unter der Bedingung, daß *sämtliche* seiner Ländereien – einschließlich Geburtshaus und Erbteil – bei seinem Tod an die Krone zurückfielen, dürfe David das ihm überlassene Gebiet bis an sein Lebensende behalten und würde außerdem den Titel eines *Kuropalates* erhalten. Da das Heer nur wenige Kilometer entfernt zum Angriff bereit stand, blieb ihm kaum eine andere Wahl, als dem Vorschlag zuzustimmen. Basileios dagegen konnte auf diese Weise die Ostgrenze seines Reichs um ein Beträchtliches verschieben, ohne auch nur einen einzigen Mann zu verlieren.

Leider, so wußte der Kaiser sehr wohl, ließ sich bei Zar Samuel mit derlei Diplomatie nichts ausrichten. So brach er Anfang Frühjahr 991 mit seinem Heer nach Thessalonike auf. Dort ließ er die Befestigungen verstärken, kniete vor dem Altar des heiligen Demetrios[2], des Schutzheiligen der Stadt, nieder und ließ in einem abgelegenen Kloster einen Lokalheiligen namens Photios aufspüren. Dieser war bei Basileios' Taufe zugegen gewesen, ja, er hatte ihn sogar nach der Feier in seinen Armen in den Palast zurückgetragen. Nun gelobte er, während des kommenden Feldzugs jeden Abend für den Kaiser zu beten.[3] Der Feldzug dauerte vier Jahre, ohne daß Basileios jemals seinen Druck auf das Reich, das er zu vernichten trachtete, aufgab. Damit waren die Zeiten, in denen Krieg auf die Sommermonate beschränkt blieb, endgültig vorbei. Das kaiserliche Heer, vom Kaiser persönlich gedrillt und in hervorragender Verfassung, erwies sich gegen den Januarschnee als ebenso unempfindlich wie gegen die sengende Augustsonne. Zahlreiche Städte, darunter auch Berrhoia, wurden zurückerobert, einige mit einer Garnison belegt, andere, noch unglücklichere, dem Erdboden gleichgemacht.

Es gab jedoch keine großen Truppenbewegungen, keine nennenswerten Siege. Die Ereignisse am Trajaner-Tor hatten Basileios eine Lektion erteilt, die er nie vergaß. Für ihn hing der Erfolg vor allem von einer reibungslosen Organisation ab. Das Heer mußte wie ein einziger, perfekt abgestimmter Körper agieren. Psellos schreibt, beim ersten Anblick des Feindes habe er seine Truppen jeweils »wie einen festen Turm« zusammengezogen. Er unterhielt nahtlose Kommunikationslinien zwischen sich und der Reiterei, der Reiterei und den schweren Fußtruppen, den schweren und den leichten Fußtruppen. Nach dem Beginn der Schlacht war es den Soldaten grundsätzlich verboten, die Reihen zu durchbrechen oder einzelne Vorstöße zu unternehmen. Helden irgendeiner Art wurden nicht nur entmutigt, sondern mit sofortiger Entlassung bestraft – manchmal auch schlimmer. Seine Männer beschwerten sich offen über die endlosen Inspektionen und die Aufmerksamkeit, die der Kaiser jeder auch noch so kleinen Einzelheit ihrer Waffen und Ausrüstung widmete, aber sie schenkten ihm trotzdem ihr Vertrauen und ihre Zuversicht, weil sie wußten, daß er nichts dem Zufall überließ, daß er keine Operation begann, wenn er des Sieges nicht gewiß war, und daß ihm an ihrem Leben ebenso viel lag wie an seinem eigenem.

Unter diesen Umständen mochten Fortschritte zwar gewährleistet sein, sie gingen jedoch unleugbar langsam vonstatten. Es vermag deshalb kaum zu überraschen, daß die Truppen noch relativ wenig erreicht hatten, als Basileios Anfang 995 dringend nach Syrien gerufen wurde. Trotz der zurückeroberten Städte sah die Lage noch kaum anders aus als fünfzehn Jahre zuvor. Der bulgarische Zar war so stark und entschlossen wie eh und je, die Gefahr für Byzanz um keinen Deut geringer geworden. Denn auch Samuel hatte sich vorsichtig verhalten. Ganz nach traditioneller bulgarischer Taktik verschanzte er sich mit seinen Einheiten in den Bergen und vermied Kämpfe auf offenem Feld. Er wußte, daß er gegenüber seinem Feind einen unbestreitbaren Vorteil besaß: er befand sich auf heimischem Terrain. In einem länger dauernden Feldzug konnte Basileios ruhig die Oberhand gewinnen, früher oder später würde ihn die Pflicht jedoch an einen anderen Kriegsschauplatz rufen, wahrscheinlich mit einem nicht geringen Teil seines Heeres, und dann war er gezwungen, den Rest unter dem Befehl von weniger fähigen Männern zurückzulassen. Samuel würde schon noch zum Zug kommen. Er wollte auf der Hut bleiben und abwarten.

Wenn er die Wahl hatte, zog Basileios bedächtiges Handeln vor. Erforderte die Situation aber rasches Vorgehen, war er durchaus

Der Syrienfeldzug (996) 311

erstaunlicher Wendigkeit fähig. Dies bewies er auch bei seinem in Windeseile durchgeführten Syrienfeldzug im Jahre 995. Die Krise war durch die Bedrohung der Stadt Aleppo durch den ägyptischen Fatimiden-Kalifen Asis heraufbeschworen worden. Aleppo war seit der Regierungszeit Nikephoros Phokas' byzantinisches Protektorat. Bereits im Jahre 994 hatte der herrschende Emir an den Kaiser appelliert, worauf dieser Verstärkung nach Antiochia sandte, mit entsprechenden Instruktionen an den dortigen Gouverneur Michael Burtzes, der die Stadt 969 wieder für Byzanz erobert hatte: er sollte intervenieren. Aber Burtzes war nicht mehr der schmissige junge Feldherr von vor fünfundzwanzig Jahren, und er konnte es keinesfalls mit dem fatimidischen Befehlshaber Manjutekin aufnehmen, der am 15. September sein Heer am Orontes praktisch aufgerieben hatte.

Der Emir richtete einen dringlichen zweiten Appell an den Kaiser, in dem er betonte, daß sich nun auch Antiochia in großer Gefahr befinde. Diesmal schätzte Basileios die Notlage richtig ein: eine Intervention war unabdingbar. Er eilte mit so vielen Einheiten nach Konstantinopel zurück, wie er abzuziehen wagte, und sammelte auf dem Marsch sämtliche verfügbaren Reserven, bis er ein neues Heer von vierzigtausend Mann beisammen hatte.[4] Das Problem bestand nun darin, sie nach Syrien zu schaffen. Eine Streitmacht dieses Ausmaßes, mit Waffen, Rüstungen und Proviant beladen, würde für die fast tausend Kilometer durch Anatolien gut drei Monate benötigen. Bis sie ankamen, waren aller Wahrscheinlichkeit nach sowohl Antiochia als auch Aleppo verloren. Jeder Tag zählte. Was war zu tun?

Für Basileios' Lösung, so einfach sie war, gibt es offenbar in der gesamten byzantinischen Geschichte keinen Präzedenzfall. Jeder Soldat erhielt zwei Maultiere, eines zum Reiten und eines für die Ausrüstung sowie als Reserve. Aber auch so waren die einen schneller als die anderen. Der Kaiser, der an der Spitze der Kolonne ritt, konnte es sich allerdings nicht erlauben, auf die Nachzügler zu warten. Gegen Ende April des Jahres 995 zog er die ersten siebzehntausend Mann vor den Stadtmauern von Aleppo zusammen. Sie hatten nur sechzehn Tage gebraucht – aber sie trafen keinen Tag zu früh ein. Die Stadt stand bereits unter schwerer Belagerung. Noch eine Woche, und sie wäre mit einem Großteil von Nordsyrien in fatimidische Hände gefallen. Nun verblieb sie in byzantinischer Hand. Überrumpelt und zahlenmäßig hoffnungslos unterlegen, flohen Manjutekin und seine Männer zurück nach Damaskus. Wenige Tage später zog auch der Kaiser von Byzanz mit seinen Truppen nach Süden; sie plünderten Emesa und ließen wie üblich eine Spur der Verwüstung und des Grauens bis Tripolis hinter sich zurück. Auf dem Weg richteten sie zudem eine starke Garnison in Tortosa (Tartus) ein. Anstelle von Burtzes, den er unter Hausarrest stellte, ernannte er einen neuen, jüngeren Gouverneur in Antiochia. Dieser erhielt die Anweisung, seine Vormachtstellung in der Gegend durch ein jährliches Zurschaustellen seiner Stärke unter Beweis zu stellen. Dann kehrte Basileios nach Konstantinopel zurück.

Selbst auf dem halsbrecherischen Hinmarsch hatte Basileios noch genügend Zeit gefunden, um sich die Gegend, durch die er gekommen war, anzusehen und seine Schlußfolgerungen daraus zu ziehen. Während seiner gemächlicheren Rückreise bestätigten sich diese Eindrücke. Soviel wir wissen, war dies seine erste Reise nach Asien, seit er als Kind seinen Stiefvater Nikephoros Phokas nach Kilikien begleitet hatte. Er war überaus erstaunt über die Größe und den Reichtum der Güter, die die anatolischen »Mächtigen« auf dem juristisch dem Reich oder den lokalen Dorfgemeinschaften gehörenden Land aufgebaut hatten. Verschiedene von ihnen – darunter auch der alte Eustathios Maleinos, auf dessen Gebiet Bardas Phokas das Signal zum Aufstand gegeben hatte – machten den Fehler, Basileios ihrer Loyalität versichern zu wollen, indem sie ihn mit einem Aufwand empfingen, mit dem er selbst kaum hätte mithalten können. Es waren unüberlegte Zurschaustellungen von Reichtum, die ihn, der leere Prahlerei nicht mochte, jedesmal von neuem erzürnten. Es war ein düsterer, nachdenklicher Kaiser, der in jenem Herbst nach Konstantinopel zurückkehrte.

Am 1. Januar 996 erließ er unter seinem Siegel ein Edikt, dessen bloße Überschrift genügte, um die Herzen jener anatolischen Edelleute erstarren zu lasen, die noch vor so kurzer Zeit versucht hatten, ihn zu beeindrucken: »Neue Verordnung«, hieß es, »des frommen Kaisers Basileios des Jungen, mittels derer all jene Reichen verurteilt werden, die ihren Reichtum auf Kosten der Armen mehren.« Weiter bezog er sich auf ein ähnliches, wenn auch viel weniger strenges

Der Syrienfeldzug (996) 313

Edikt von Romanos Lakapenos im Jahre 935. Dieser hatte darin
eine Frist von vierzig Jahren gesetzt, in der Ansprüche auf die Rückgabe unrechtmäßig erworbener Besitztümer geltend gemacht werden konnten. Basileios wußte jedoch um das Problem, daß jeder reiche Grundbesitzer solche Forderungen leicht mit Bestechung,
Erpressung oder beidem unterdrücken konnte. Er zögerte deshalb
keinen Augenblick, die Schuldigen beim Namen zu nennen:

Der *Patrikios* Konstantin Maleinos und sein Sohn, der *Magistros*
Eustathios, genossen während hundert oder gar hundertzwanzig
Jahren den unangefochtenen Besitz von Gütern, die sie unrechtmäßig erworben haben. Dasselbe gilt für die Phokas, die ebenfalls
vom Vater über den Sohn über mehr als ein Jahrhundert Güter
behalten konnten, auf die sie keinen gesetzlichen Anspruch geltend machen können...

Basileios II. schaltete die Frist von vierzig Jahren ganz aus. Er verlangte vielmehr, daß jeder Gebietsanspruch mindestens auf ein
Dekret seines Urgroßvaters Romanos sechzig Jahre zuvor zurückrei-
chen mußte, um gültig zu sein. Aller Besitz, der seitdem erworben
worden war, mußte unverzüglich dem früheren Eigentümer oder
dessen Familie zurückerstattet werden, ohne Entschädigung oder
Zahlungen für jegliche Verbesserungen, die daran vorgenommen
worden waren. Selbst eine kaiserliche *Chrysoboula* – auch eine mit
Basileios' Namen unterzeichnete – galt hierbei nicht als Ausflucht.
Alle von Basileios dem Eunuchen unterzeichneten Urkunden waren
automatisch null und nichtig, falls der Kaiser sie nicht handschrift-
lich als gültig bestätigt hatte.

Die Folgen waren drastisch und für die anatolische Aristokratie
geradezu verheerend. Maleinos wurde nicht nur enteignet, sondern
lebenslänglich inhaftiert. Die Phokas verloren außer einem winzigen
Bruchteil ihren gesamten riesigen Besitz. Manche adligen Familien
wurden buchstäblich zu Bettlern, andere sanken auf das bäuerliche
Niveau ihrer Umgebung. Für die Bauersfamilien dagegen und für
das lokale Kleinbauerntum, die seit Hunderten von Jahren das
Rückgrat der byzantinischen Armee bildeten, war der Weg geebnet,
um wieder zu den Ländereien ihrer Vorfahren zu gelangen. Gleich-

zeitig gelangten große Gebiete, die ehemals in kaiserlichem Besitz gewesen waren, an das Reich zurück. Die Stellung des Kaisers gewann außerordentlich an Stärke. Dreizehn Jahre lang hatte Basileios den ihm nach geltendem Recht zustehenden Thron gegen »die Mächtigen« verteidigen müssen; nun war ihre Macht gebrochen. Und seine Rache war süß, dessen können wir sicher sein.

Auch nach der Veröffentlichung dieses schicksalsträchtigen Edikts kehrte Basileios nicht gleich an die bulgarische Front zurück. Es war unvermeidlich, daß es in Anatolien Ärger geben würde, und seine Präsenz in Konstantinopel war erforderlich, falls es zu ernsthaften Schwierigkeiten kommen sollte. Außerdem war die kaiserliche Kanzlei nun seit beinahe fünf Jahren verwaist, und es türmten sich dort Berge von Arbeit. Das Patriarchat, um nur ein Beispiel zu nennen, war seit dem Jahre 991 unbesetzt geblieben. Am 12. April 996 berief Basileios einen gelernten Physiker namens Sisinnios in dieses Amt, in mancher Hinsicht eine unglückliche Wahl. Nicht so sehr, weil Sisinnios Laie war, sondern weil er dem Westen genausoviel Abneigung und Mißtrauen entgegenbrachte wie sein Gebieter. Er hatte sein neues Amt kaum angetreten, als eine Gesandtschaft vom Hof des jungen Otto III. in Konstantinopel eintraf. Offenbar wünschte Otto wie sein Vater eine byzantinische Frau, und so hielt er formell um die Hand von Eudokia, Zoe oder Theodora an, Basileios' drei Nichten und Töchtern seines Bruders Konstantin – welche, war ihm scheinbar gleichgültig.

Auf den ersten Blick kam das Eintreffen von Ottos Gesandtschaft überraschend. Seine Mutter war zwar die griechische Prinzessin Theophano, eine hervorragende Persönlichkeit, die viel für die Verbreitung der byzantinischen Kultur im Westen geleistet hatte[5], aber sein Vater Otto II. hatte die Heirat damals als Vorwand benützt, um als Teil der Mitgift die »Rückgabe« aller byzantinischen Gebiete in Italien zu fordern. Ein Krieg war die unvermeidliche Folge gewesen; er hatte mit Unterbrechungen bis 981 gedauert. Dann war Otto II. in Apulien einmarschiert und hatte seinen Zorn hauptsächlich an den sarazenischen Besatzungen ausgelassen. Basileios – oder vermutlich eher sein Großonkel, der *Parakoimomenos* – hatte seine Chance erkannt. Schnell wurde ein befristetes Bündnis mit den Sarazenen

Otto III. (996) 315

geschlossen, und diese metzelten kurz darauf Ottos Heer in der Nähe von Stilo in Kalabrien nieder. Zu seinem Glück konnte der Westkaiser gut schwimmen: er schwamm zu einem vorbeikommenden Schiff hinaus und schaffte es, seine Identität zu verbergen. Als das Schiff bei Rossano vorbeikam, sprang er wieder von Bord und erreichte, wieder schwimmend, die Küste. Er erholte sich jedoch anscheinend nicht mehr von der Demütigung und starb im folgenden Jahr im Alter von achtundzwanzig Jahren in Rom.[6]

Otto III., sein Sohn von Theophano, war ein außergewöhnliches Kind. Im Alter von drei Jahren gelangte er als Nachfolger auf den Kaiserthron. Er verband den traditionellen Ehrgeiz seiner Familie mit einem visionären Weitblick, den er zweifellos von seiner Mutter geerbt hatte. Sein beständiger Traum war eine umfassende, byzantinisch geprägte Theokratie, zu der deutsche, griechische, italienische und slawische Völkerschaften gehörten, mit Gott an der Spitze und ihm und dem Papst – in dieser Reihenfolge – als seine Zwillings-Vizekönige. Denn wer war besser dafür geeignet, diesen Traum Wirklichkeit werden zu lassen, als er, der von einer griechischen Mutter Geborene? Und welch besseres Fundament konnte es dafür geben als eine weitere eheliche Verbindung zwischen den beiden Reichen? Otto wählte seine Botschafter sorgfältig aus. Es handelte sich um Bischof Bernward von Würzburg[7] und Johannes Philagathos, den Erzbischof von Piacenza, einen kalabresischen Griechen. Johannes war zwar als Sklave geboren, dann aber enger Freund, Schützling und schließlich Geistlicher von Theophano geworden. Nach ihrem Tod vermochte er sich die Gunst ihres Sohnes erhalten.

Leider gibt es diesmal keinen Bischof von Cremona, der uns von der Mission berichtet. Wir dürfen jedoch annehmen, daß die Gesandtschaft in Konstantinopel um einiges herzlicher empfangen wurden als Liutprand. Auch Basileios hätte sich nichts Besseres wünschen können als eine Heirat, die mit etwas Glück den Frieden in Unteritalien erhalten und ihm freie Hand verschaffen würde, den Kampf gegen Bulgarien wiederaufzunehmen. Es ist überliefert, daß Philagathos bei seiner Rückkunft in Rom[8] byzantinische Gesandte mitbrachte, welche die Einzelheiten mit Otto persönlich besprechen sollten. Hätten sie den Kaiser dort angetroffen, wären bestimmt alle Vorkehrungen rasch in die Wege geleitet worden, die Hochzeit hätte stattgefunden und die Zukunft um einiges anders ausgesehen, und zwar nicht nur für die direkt Betroffenen. Leider war Otto ein paar Wochen zuvor abgereist; dies hatte unglückliche Folgen für ihn, sehr unangenehme für die Delegierten und geradezu verheerende für Johannes Philagathos.

Zu Beginn desselben Jahres 996 hatte der mittlerweile fünfzehn Jahre alte Westkaiser den schneebedeckten Brenner überquert und war in vollem Staat nach Italien gekommen. Er führte die Heilige Lanze, mit der angeblich der römische Kriegsknecht die Seite des gekreuzigten Christus durchbohrt hatte[9], sowie ein beträchtliches Heer mit sich. In Pavia erfuhr er vom Tod Papst Johannes' XV. In Ravenna ernannte er auf Verlangen der Delegierten der römischen Aristokratie, die ihn empfingen, seinen vierundzwanzigjährigen Vetter Bruno von Carinthia, der den Namen Gregor V. annahm, zu dessen Nachfolger. An Christi Himmelfahrt, dem 21. Mai, wurde Otto III. in der Peterskirche von Papst Gregor gekrönt. Als er wenige Wochen später nach Deutschland aufbrach, schien die kaiserliche Macht einmal mehr in der Ewigen Stadt fest etabliert und das westliche Christentum in sichereren Händen als seit vielen Jahren.

Da aber beging Papst Gregor einen schwerwiegenden Fehler. Er widerrief das Verbannungsurteil, das über den *Patrikios* Crescentius, das führende Mitglied der einflußreichsten römischen Familie, verhängt worden war. Dieser hatte die Wahl Johannes' XV. in die Wege geleitet und die Stadt bis kurz vor Ottos Ankunft fest im Griff gehalten. Ungeachtet des geleisteten Treueeids kehrte Crescentius sogleich zu seinen früheren Gepflogenheiten zurück. Kaum wieder an der Macht, bestand eine seiner ersten Amtshandlungen darin, Basileios' Gesandte – die offenbar noch immer in Rom waren und sich von ihrer langen Seereise erholten – ergreifen und ins Gefängnis werfen zu lassen. Dies tat er, so scheint es zumindest, mehr, um Otto eins auszuwischen, indem er dessen Heiratspläne vereitelte, als aus irgendeinem anderen Grund. Gregor sandte in heller Aufregung dringend nach seinem Vetter und bat ihn, zurückzukehren und die kaiserlich-päpstliche Autorität wiederherzustellen. Otto weigerte sich jedoch – mit der etwas merkwürdigen Begründung, er vertrage das Klima dort so schlecht. Dem unglücklichen Papst blieb nichts anderes übrig, als Anfang 997 nach Pavia zu fliehen, worauf Cres-

Papst und Kaiser marschieren gegen Rom (997) 317

centius niemand anderen als den Erzbischof von Piacenza, Johannes Philagathos, an seine Stelle setzte.

Weshalb sich einer der engsten Vertrauten des Kaisers zu einem solchen Schurkenstreich verleiten ließ, ist schwer zu begreifen. Nachdem er die vorbereitenden Verhandlungen für die kaiserliche Hochzeit erfolgreich abgeschlossen hatte, durfte Philagathos ja vertrauensvoll erwarten, in der nahen Zukunft bevorzugt behandelt zu werden. Daß er seinen Herrn betrog, indem er sich mit einem skrupellosen Abenteurer zusammentat, scheint an Wahnsinn zu grenzen. Es heißt, er sei von Ehrgeiz verzehrt worden, und die unmittelbare Aussicht auf den päpstlichen Stuhl, selbst wenn er ihn nur als Gegenpapst innehaben sollte, kam ihm vielleicht zu verlockend vor. Wie auch immer, er richtete sich im Mai 997 als Johannes XVI. im Lateran ein.

Nur zu bald sollte er den Entscheid bereuen. Von seinem Rivalen bereits exkommuniziert, war er einen unglücklichen Sommer lang einem Sturm von Verunglimpfungen von seiten aller italienischen Bischöfe ausgesetzt. Er konnte sich kaum in den Straßen Roms blikken lassen. Gegen Gregors und Ottos Vorwürfe setzte er sich zur Wehr, indem er ihre Überbringer ebenfalls ins Gefängnis werfen ließ. Dann, gegen Ende des Jahres, kam die Vergeltung. Der Kaiser des Westreichs – vermutlich in der Annahme, der römische Winter verlange seiner körperlichen Verfassung weniger ab als der Sommer – marschierte zum zweitenmal auf der Halbinsel ein. Der rechtmäßige Papst stieß in Pavia zu ihm (wo gemeinsam Weihnachten gefeiert wurde), dann zogen die beiden mit einer aus deutschen und italienischen Einheiten bestehenden Streitmacht nach Rom. Zwei Jahre zuvor war Otto III. in friedlicher Absicht, als Freund gekommen. Diesmal war er wutentbrannt und erbarmungslos. Als sich Chaos in der Stadt ausbreitete, verschanzte sich Crescentius mit einem Dutzend Getreuer in der Engelsburg. Johannes Philagathos floh aus der Stadt und suchte in einem als unbezwingbar geltenden Turm Zuflucht. Wenige Tage später wurde er jedoch von einer Gruppe Deutscher aufgespürt, die sehr rasch den Beweis für das Gegenteil erbrachten. Auf Papst Gregors Befehl – jedoch, so wird uns versichert, ohne Wissen Kaiser Ottos III. – wurde Johannes gefangengenommen und schrecklich verstümmelt. Man hackte ihm Ohren,

Nase und Hände ab, blendete ihn und riß ihm die Zunge heraus. Dann wurde er nach Rom zurückgeschleppt und dort in eine Mönchszelle geworfen, wo er auf seinen Prozeß warten sollte.

Irgendwann im Frühjahr des Jahres 998 wurde Johannes Philagathos Papst und Kaiser vorgeführt; sie saßen Seite an Seite. Johannes' Landsmann, der heilige Nilus, Abt von Rossano in Kalabrien, wies zwar darauf hin, daß Johannes bereits genug gelitten habe, aber Papst Gregor war anderer Ansicht. Der Unglückliche wurde rückwärts auf ein Maultier gebunden und unter Hohngelächter und Buhrufen durch die Straßen Roms geführt. Erst dann durfte er sich in einen entfernten Schlupfwinkel zurückziehen, vermutlich in das Kloster in Fulda nahe Frankfurt am Main, wo er noch, wenn man das so nennen kann, bis 1013 weiterlebte.

Crescentius hielt bis am 29. April in der Engelsburg durch; dann mußte er kapitulieren. Seine Strafe war vergleichsweise gnädig. Er wurde am höchsten Punkt der Burg, wo er von ganz Rom zu sehen war, öffentlich geköpft und sein Leichnam in den Burggraben geworfen. Dort holte man ihn später wieder heraus und hängte ihn zusammen mit seinen zwölf Anhängern, die ein ähnliches Schicksal erlitten hatten, an den Füßen an einem Galgen auf dem Monte Mario auf.

Der Ostkaiser Basileios II. scheint sich diese ganze Zeit über in Konstantinopel aufgehalten zu haben, doch dessen ganz sicher sein können wir nicht. Die Neuigkeiten über das Schicksal von Johannes Philagathos und die Ereignisse, die dazu führten, mußten ihm sehr ungelegen kommen. Nicht daß ihn die Beschreibung der Leiden des Erzbischofs Johannes gerührt hätte; zu der Sorte Menschen gehörte er nicht. Er hätte jedoch ebenso gerne einen Griechen auf dem Heiligen Stuhl gesehen wie eine Nichte auf dem Kaiserthron des Westens.[10] Nun stand ersteres nicht mehr zur Disposition, und selbst vor der Heirat gab es viele Fragezeichen. Basileios' Gesandte, die Konstantinopel beinahe zwei Jahre zuvor verlassen hatten, waren zwar endlich aus dem Gefängnis entlassen worden, hatten aber noch keinen Kontakt zu Otto aufgenommen – dessen griechische Sympathien mochten sich schließlich nach der Affäre Philagathos um einiges geändert haben.

Dux Dalmatiae (1000) 319

Basileios beschäftigten zudem andere, dringendere Anliegen. Das bedeutendste war der Umstand, daß Zar Samuel in den vergangenen drei Jahren beträchtlich an Macht gewonnen hatte. Im Jahre 996 machte er sich die Abwesenheit des Ostkaisers zunutze, überfiel den Gouverneur von Thessalonike, brachte ihn um und nahm dessen Sohn wie auch den Nachfolger, Johannes von Chaldia, in Gewahrsam. Danach fiel er mit seinen Leuten in das wehrlose Thema Hellas ein und plünderte Land und Menschen bis hinunter nach Korinth aus. Im folgenden Jahr fügte Nikephoros Uranos, der beste einer neuen Generation von kaiserlichen Feldherren, am Spercheios in der Nähe der Thermopylen dem bulgarischen Heer zwar eine entscheidende Niederlage zu, bei der selbst Samuel nur knapp mit dem Leben davonkam, aber bald darauf eroberten die Zarentruppen den wichtigen Adriahafen Dyrrhachion (Durazzo, heute Durrës in Albanien) und begannen einen ausgedehnten, erfolgreichen Vorstoß durch das dalmatinische Hinterland nach Bosnien. So standen die Dinge, und wenn man ihn und seine Truppen nicht so bald wie nur möglich aufhielt, konnte es für Byzanz bald zu spät sein.

Im Zusammenhang mit den byzantinischen Gebieten an der Adriaküste hatte sich die kaiserliche Administration seit je mit gewissen Problemen herumschlagen müssen. Sie lagen zwar nicht weiter von Konstantinopel entfernt als etwa Syrien, doch die Verbindungswege führten durch wildzerklüftetes Gelände, und die Bevölkerung verhielt sich auch in Friedenszeiten viel weniger entgegenkommend als in Kleinasien. Unter den gegebenen Umständen würde sich Basileios jeden Zentimeter Wegs erkämpfen müssen. Seiner Meinung nach gab es nur eine Lösung: eine Vereinbarung mit der Republik Venedig, mit der er bereits sehr gut stand, hatte er doch im Jahre 992 ein Abkommen mit Pietro Orseolo II. geschlossen, einem der erfolgreichsten Dogen der venezianischen Geschichte. Diesem zufolge hatte Venedig großzügige Handelsprivilegien in Konstantinopel im Austausch gegen die Zusicherung zugesprochen erhalten, in Kriegszeiten für den Transport der byzantinischen Truppen zu sorgen. Weshalb sollte die Republik Venedig nun nicht die Kontrolle über die ganze dalmatinische Küste übernehmen und sie als Protektorat unter byzantinischer Oberhoheit verwalten?

Pietro Orseolo hätte sich nichts Besseres wünschen können als dieses Angebot, eine praktisch unerschöpfliche Quelle an Getreide für Venedigs rasch wachsende Bevölkerung sowie an Holz für den Schiffsbau zu nutzen. Auch litten die venezianischen Kaufleute seit geraumer Zeit unter kroatischen Piraten; die Übereinkunft mit Basileios würde Orseolo erlauben, viel wirksamer gegen sie vorzugehen als zuvor. Also begab sich sein Sohn Giovanni in aller Eile nach Konstantinopel, und die Angelegenheit war bald geregelt. An Christi Himmelfahrt des Jahres 1000 wohnte Orseolo, der nun *Dux Dalmatiae* genannt wurde, der Messe in der Kathedrale S. Pietro di Castello bei und erhielt vom Bischof von Olivolo eine geweihte Standarte.[11] Dann bestieg er sein Flaggschiff und setzte an der Spitze einer enormen Flotte Segel, um die Huldigung seiner neuen Untertanen entgegenzunehmen. Zar Samuel mochte zwar das Hinterland und Bosniens Schlupfwinkel kontrollieren, die griechischsprachigen Küstenstädte befanden sich von da an sicher in seiner Hand.

Basileios II. aber wandte seine Aufmerksamkeit wieder Bulgarien direkt zu. Dabei ging er mit derselben Strategie vor wie immer. Zunächst ließ er im heutigen Philippopel (Plowdiw) ein praktisch uneinnehmbares Basislager einrichten. Dann schwärmten seine Einheiten systematisch Richtung Norden, Westen und Süden aus, um den Eroberungen Nachdruck zu verleihen und die eingenommenen Städte mit Besatzungstruppen zu belegen, bevor sie jeweils weiter vorrückten. Im Jahre 999 führte ein weiterer fatimidischer Sieg in Syrien zur Wiederholung der Krisensituation von 995. Basileios mußte in den Osten zurück. Zufällig fiel am Ostersonntag des Jahres 1000 Fürst David von Tao einem Anschlag zum Opfer – just als Basileios sich in Tarsos aufhielt. So konnte er sogleich mit seinem Heer als Druckmittel den Anspruch auf das Erbe geltend machen. Die Verwaltung des riesigen Gebiets nördlich des Wan-Sees vertraute er Bagrat an, dem Vetter des Verstorbenen und König von Abasgien, auf den er auch Davids Titel eines *Kuropalates* übertrug. Es war jedoch bereits Spätherbst, als er wieder am Bosporus eintraf. Nur ein paar Monate später schloß er mit dem fatimidischen Kalifat einen Friedensvertrag für zehn Jahre ab. Endlich, da sowohl die Ost- als auch die Westgrenze angemessen geschützt waren, konnte er die Aufmerksamkeit ungeteilt Bulgarien zuwenden. Im Sommer 1001 eroberten er und seine

Die verpaßte Hochzeit (1004) 321

Truppen einmal mehr Berrhoia und vertrieben die bulgarischen Einheiten aus Thessalien; dann kehrte der Kaiser nach Konstantinopel zurück, wo ihn wichtige Geschäfte erwarteten.

Kaiser Otto hatte die Idee einer byzantinischen Heirat keineswegs aufgegeben und eine zweite Gesandtschaft dorthin geschickt, mit der Anweisung, nicht nur sämtliche ausstehenden Formalitäten zu erledigen, sondern ihm auch gleich die Braut mitzubringen. Dem wichtigeren Auftrag entsprechend handelte es sich um eine viel größere und eindrucksvollere Delegation als die vorangegangene, angeführt von Erzbischof Arnulf von Mailand, dem reichsten und entsprechend prunkvoll auftretenden Geistlichen des Westens. Er ritt auf einem Streitroß in den Palasthof ein, das mit einer herrlichen Schabracke verziert und dessen Hufe mit goldenen Eisen und silbernen Nägeln beschlagen waren. Wenn auch Basileios keinen Versuch machte, es seinem Gast an Pracht der Aufmachung oder feiner Lebensart gleichzutun – denn Arnulf galt als Inbegriff von Kultiviertheit, Intelligenz und Charme –, empfing er ihn doch mit allen Ehren. Er forderte ihn auf, neben ihm Platz zu nehmen, und nachdem er nach einem Dolmetscher gerufen hatte, unterhielt er sich lange und ernsthaft mit ihm, derweil die übrigen hohen Würdenträger aus Ost und West stehenblieben. Er machte Arnulf keine Schwierigkeiten. Je schneller die Hochzeit stattfand, desto schneller konnte er wieder in Bulgarien sein, wo er hingehörte. Es heißt, Eudokia, die älteste seiner drei Nichten, sei von Pockennarben entstellt und ohnehin der Absicht gewesen, das Leben im Kloster zu verbringen; auch die jüngste, Theodora, soll ihrer Erscheinung und ihres Auftretens wegen nicht in Frage gekommen sein. Sie hat – wie wir später sehen werden – nie geheiratet. Zoe aber, die mittlere, eignete sich offenbar in jeder Beziehung für die Verbindung. Der Erzbischof war höchlich angetan von ihr und zweifelte nicht daran, daß sein Gebieter sie mit ebenso großer Begeisterung aufnehmen würde. Zoe scheint sich über ihre Wünsche im klaren gewesen zu sein und nichts von dem Widerwillen empfunden zu haben, der die Abreise ihrer Tante Anna nach Kiew rund zwölf Jahre zuvor gekennzeichnet hatte. Im Januar des Jahres 1002 segelte sie in Begleitung von Arnulf und seinen Leuten sowie dem einer Porphyrogennita und Kaiserin angemessenen Gefolge ihrer neuen Heimat zu.

Doch es sollte alles ganz anders kommen. Als ihr Schiff in Bari eintraf, erwarteten sie traurige Nachrichten. Ihren Verlobten hatte ein plötzliches Fieber befallen, und er war am 24. Januar in der Burg von Paterno nahe Rom im Alter von zweiundzwanzig Jahren gestorben. Mit diesem Tod verpaßte Zoe viel mehr als einen zukünftigen Ehemann, ja mehr noch mehr als die Kaiserkrone des Westens. Ein Sohn von ihr hätte zur gegebenen Zeit nicht nur das Westreich erben können, sondern, in Ermangelung eines anderen männlichen Erben, auch das des Ostens, so daß die beiden Reiche zum ersten Mal vereint gewesen wären, und als Herrscher ein Gebiet kontrolliert, das sich von der Grenze Frankreichs bis nach Persien erstreckte. So läßt sich ein ganz anderer Verlauf der Weltgeschichte denken. Wie gewonnen, so zerronnen. Von dem großen Traum wie auch von Erzbischof Arnulf Abschied nehmend, machte sich Zoe auf demselben Schiff wieder auf, auf dem sie hergekommen war.

Zoe kann einem in der Tat leid tun. Andererseits brauchen wir sie auch nicht allzusehr zu bedauern. Das Westreich mag ihr entgangen sein. Das Ostreich blieb dagegen ihr Erbe. Wie wir im folgenden Kapitel sehen werden, besaß sie über zwanzig Jahre nach dem Tod ihres Vaters denn auch die alleinige Macht und genoß alle Ehren, die sie sich nur wünschen konnte.

Zoes Stimmung hat sich wohl kaum gehoben, als im Frühjahr des Jahres 1004 in Konstantinopel eine andere dynastische Hochzeit mit all dem Pomp und Prunk gefeiert wurde, wie es für ihre eigene vorgesehen war. Diesmal war die Braut eine entfernte Verwandte der beiden Kaiser namens Maria Argyra. Bräutigam war Giovanni, der Sohn Pietro Orseolos, des Dogen von Venedig, den sein Vater vor kurzem erhoben hatte, damit er die Herrschaft mit ihm teile. Die Trauung fand in der kaiserlichen Kapelle statt und wurde vom Patriarchen persönlich vorgenommen. Beide Kaiser, Basileios II. und Konstantin, waren zugegen, um nach östlicher Tradition das Brautpaar zu krönen. Nach den Feierlichkeiten stellten sie den beiden einen prächtigen Palast zur Verfügung, in dem sie mehrere Monate residierten. Als Maria und Giovanni schließlich nach Venedig zurückkehrten, waren sowohl der Herbst als auch Marias Schwangerschaft bereits weit fortgeschritten.

Die verpaßte Hochzeit (1004) 323

Falls Zoe die beiden um ihr Glück beneidete, hielt dies gewiß nicht lange an. Im Jahre 1006 wurden Norditalien und Dalmatien nach mehreren Mißernten von einer Hungersnot heimgesucht. Und wie so oft im Mittelalter wütete im Gefolge der Hungersnot die Pest. Neben vielen Tausenden von gewöhnlicher Geburt fielen ihr auch Giovanni Orseolo, Maria Argyra und ihr kleiner Sohn zum Opfer. Der Tod der jungen – und offenbar sehr kultivierten – Dogaressa beschrieb Petrus Damiani mit kaum verhohlener Genugtuung. Boshaft wie immer und offenbar in Verkennung der Tatsachen, schrieb er ihn jedoch einer anderen Ursache zu:

Sie hatte derart luxuriöse Gewohnheiten, daß sie es sogar ablehnte, sich in gewöhnlichem Wasser zu waschen, und ihren Bediensteten auftrug, statt dessen den Tau zu sammeln, der vom Himmel fiel, damit sie darin baden konnte. Auch ließ sie sich nicht dazu herab, die Speisen mit den Fingern zu berühren, sondern befahl ihren Eunuchen, es in kleine Stücke zu schneiden, die sie auf ein goldenes Gerät mit zwei Zinken spießte und so dem Mund zuführte. Auch waren ihre Gemächer so schwer von Weihrauch und verschiedenen Duftstoffen erfüllt, daß mir schon übel wird, wenn ich nur davon spreche, geschweige denn würden die es lesen mir glauben. Die Eitelkeit dieser Frau mißfiel jedoch dem Allmächtigen; deshalb rächte Er sich unmißverständlich an ihr. Er hielt nämlich das Schwert Seiner göttlichen Gerechtigkeit über sie, so daß ihr ganzer Körper verfaulte und all ihre Glieder zu zerfallen begannen; dadurch füllte sich ihr Schlafzimmer mit einem unerträglichen Geruch, so daß niemand – keine Dienerin, nicht einmal eine Sklavin – diesem schrecklichen Angriff auf die Nase widerstehen konnte; nur ein einziges Dienstmädchen harrte unter Zuhilfenahme von aromatischen Aufgüssen gewissenhaft dort aus, um ihre Befehle auszuführen. Doch selbst dieses Mädchen konnte sich ihrer Gebieterin nur ganz schnell nähern und mußte sich dann sofort wieder zurückziehen. So tat sie nach einem langsamen Niedergang und schrecklichen Todesqualen zur freudigen Erleichterung ihrer Umgebung den letzten Atemzug.

Fast unmittelbar nach der venezianischen Hochzeit war Basileios nach Bulgarien zurückgekehrt und verwandte dort seine gesamte Energie auf die Vernichtung von Zar Samuel und seinem Reich. Zwischen 1000 und 1004 hatte er in kaum unterbrochenen Feldzügen fast die ganze Osthälfte der Balkanhalbinsel von Thessalonike bis zur Donau mit seinen Truppen wieder an sich gerissen. Samuel, der stets auf eine Strategie vertraute, die man heute vielleicht als Guerilla-Taktik bezeichnen würde, sah sich einem Feind gegenüber, dessen Soldaten sich fast ebenso schnell in unwirtlichem Gelände bewegten wie die seinen, der ihm keine Gelegenheit für einen Hinterhalt oder einen Überraschungsangriff bot, der unempfindlich gegen Hitze und Kälte, Wind und Wetter zu sein schien. Das ganze folgende Jahrzehnt drangen die kaiserlichen Einheiten gewaltsam weiter vor. Die überlieferten Quellen enthalten dazu allerdings herzlich wenig Einzelheiten. Sie besagen zum Beispiel, daß Samuel im Jahre 1005 von seinem Schwiegervater Johannes Chryselios, seiner Tochter Miroslawa und ihrem Mann Aschot verraten wurde und diese im Austausch für Geld und Titel Basileios Dyrrhachion überließen, und daß Samuel 1009 in einem Dorf namens Kreta nahe Thessalonike eine lähmende Niederlage erlitt. Doch das ist auch schon so ziemlich alles. Erst 1014 lüften sich die Schleier und gewähren uns einen Blick auf eine Schlacht, die zwar keineswegs das Ende des Krieges bedeutete, jedoch keinen Zweifel an seinem Ausgang offenließ.

Ausgetragen wurde sie in der engen Schlucht von Klidion oder Cimbalongus, die von Serrai (Seres) zum Oberlauf des Flusses Struma führt. Fünfzehn Jahre zuvor hätte Samuel vermutlich einen Hinterhalt vorbereitet. Inzwischen wäre jedoch jeder solche Plan zum Scheitern verurteilt gewesen, und das wußte er nur allzugut. Statt dessen beschloß er, den Durchgang mit seinen Truppen zu besetzen und Basileios den Weg abzuschneiden, um dessen Heer zu einem langen, gefährlichen Umweg zu zwingen. So fanden die kaiserlichen Truppen den Engpaß dicht an dicht von Holzpalisaden verrammelt vor. Während Basileios noch überlegte, wie weiter vorzugehen sei, schlug Nikephoros Xiphias, einer seiner Befehlshaber und *Strategos* von Philippopel, vor, heimlich eine Abordnung den bewaldeten Hang hinauf, den Grat entlang und wieder hinunter zu führen, um die Bulgaren von hinten anzugreifen. Basileios wägte zunächst ab,

Die Schlacht von Klidion (1014) 325

skeptisch, denn der Plan schmeckte nach Risiko und Wagemut, zwei Bedingungen, denen er von jeher mißtraute. Da er aber keinen anderen Ausweg sah, gab er schließlich widerwillig seine Einwilligung.

So stahl sich Xiphias mit einigen ausgewählten Soldaten aus dem kaiserlichen Lager; sie schlichen sich durch den Wald und kamen schließlich am anderen Ende der Schlucht oberhalb von Samuels Heer heraus. Am 29. Juli schlugen sie los. Gleichzeitig nahmen die beim Kaiser verbliebenen Truppenteile entschlossen die Palisaden in Angriff. Das bulgarische Heer, überrumpelt und nicht in der Lage, beide Seiten des Engpasses zugleich zu verteidigen, geriet in Panik und floh. Dabei wurden viele erschlagen und noch viel mehr gefangengenommen: rund vierzehn- bis fünfzehntausend, wenn man den Quellen glauben darf.[12] Auch Samuel wäre darunter gewesen, wäre es seinem Sohn nicht gelungen, ihn wieder aufs Pferd und in die Festung von Prilep zu schaffen. Die beiden konnten von Glück reden, denn Basileios war in sehr rachsüchtiger Stimmung. Bei der Gelegenheit setzte er denn auch das Strafmaß fest, für das er – mehr als für jede Eroberung oder Gesetzgebung – in die Geschichte einging und das Gibbon eingangs dieses Kapitels beschreibt.

Es war Anfang Oktober, als sich der schreckliche Zug in die Zarenburg von Prespa schleppte. Samuel war bereits krank, gebrochen vom Unglück seines Volkes und seinen enttäuschten Hoffnungen. Beim Anblick des einst so prächtigen Heeres in diesem erbärmlichen Zustand brach er unter einen Schlaganfall zusammen. Ein Schluck kaltes Wasser vermochte ihn für ein paar Augenblicke noch einmal zu beleben, doch bald darauf fiel er in ein Koma und starb zwei Tage später. Die meisten, die seinen Tod betrauerten, wußten sehr wohl, daß sie auch den Untergang des bulgarischen Reichs beweinten. Und doch kämpften sie mit dem Mut der Verzweiflung weiter. Zunächst unter der Führung seines Sohnes Gabriel Radomir und nach dessen Ermordung im Jahre 1016 seines Mörders (und Vetters) Johannes Wladislaw. Erst als Johannes bei der Belagerung von Dyrrhachion im Februar 1018 ebenfalls ums Leben kam, kapitulierten sie. Bald darauf marschierte Basileios in die bulgarische Hauptstadt Ochrid ein. Er wurde an den Toren von Johannes' Witwe Maria und so vielen ihrer Familie, wie sie hatte zusammenbringen können, empfangen: drei Söhnen[13] und sechs Töchtern, außerdem zwei Töchtern von Gabriel Radomir und fünfen seiner Söhne, von denen einer geblendet worden war. Auch ein unehelicher Sohn Samuels soll dabeigewesen sein. Basileios begrüßte sie zuvorkommend und freundlich und unterstellte alle achtzehn seinem persönlichen Schutz.

Mit achtundzwanzig Jahren hatte Basileios zum ersten Mal die Waffen gegen das bulgarische Reich erhoben, nun war er sechzig. Die Vernichtung Bulgariens hatte ihn den Großteil seines Lebens beschäftigt, und nun blickte er befriedigt auf sein siegreich vollbrachtes Werk: zum ersten Mal seit der slawischen Landnahme stand die gesamte Balkanhalbinsel unter byzantinischer Herrschaft. Es blieb ihm nichts mehr zu tun, als sich in so vielen Städten wie möglich zu zeigen, Huldigungen zu empfangen, Treueeide entgegenzunehmen und sich bei der gebeutelten Bevölkerung als neues Oberhaupt zu präsentieren. Von Ochrid begab er sich mit seinen fürstlichen Schützlingen weiter nach Prespa, wo er einen der stolzesten bulgarischen Feldherren, namens Iwazia, blenden ließ, weil er sich weigerte, sich zu unterwerfen. Von da ging es weiter nach Kastoria; dort führte man ihm zwei Töchter von Zar Samuel vor, die, als sie Zarin Maria erblickten, nur mit Mühe davon abgehalten werden konnten, sie in Stücke zu reißen. Weiter ging die Reise zu den Thermopylen, wo Basileios die gebleichten Knochen der Tausenden bulgarischen Soldaten in Augenschein nahm, die Nikephoros Uranos' Heer dreiundzwanzig Jahre zuvor niedergemetzelt hatte, und – mit noch größerem Interesse – die mächtigen Festungen, die ein weiterer seiner Feldherren, Ruben der Armenier, hatte errichten lassen, um den Durchgang gegen weitere Überfälle zu schützen. Dann traf Basileios schließlich in Athen ein, wo er auf die Akropolis stieg, um in der Theotokos-Kirche der Muttergottes, die ursprünglich einer ganz anderen Göttin geweiht war und uns unter dem Namen Parthenon ein Begriff ist, einem Dankesgottesdienst beizuwohnen.

Im Krieg hatte Basileios II., als *Bulgaroktonos,* das heißt Bulgarenschlächter bekannt, keine Gnade walten lassen und sich mit äußerster Brutalität verhalten. Mit dem Anbruch des Friedens gab er sich dagegen gemäßigt und klug. Das bulgarische Volk war nun nicht mehr sein Feind, sondern ihm untertan, und verdiente dadurch alle

Die Verwaltung der bulgarischen Gebiete (1018)   327

Rücksichtnahme. Die Steuern wurden absichtlich tief gehalten und waren nicht wie überall sonst im Reich in Gold zu entrichten, sondern in Naturalien. Das Patriarchat von Ochrid setzte er auf den Status eines Erzbistums herab, ohne es jedoch Konstantinopel unterzuordnen. Die bulgarische Kirche behielt demzufolge ein eigenes Oberhaupt; die Ernennung des Erzbischofs behielt sich jedoch der Kaiser vor. Das eroberte Gebiet wurde zur Hauptsache in zwei Themen aufgeteilt: Bulgarien und Paristrion. Letzteres bestand im wesentlichen aus der alten Donau-Provinz im Norden. Manche Gegenden im Westen – nämlich Kroatien, Dioklea, Rascien und Bosnien – wurden weiterhin von ihren angestammten Fürsten, aber unter kaiserlicher Oberhoheit regiert. Erschöpfung und Erleichterung über den Frieden hielten die bulgarische Bevölkerung davon ab, ihm Schwierigkeiten zu bereiten. Lediglich zweimal kam es später zu – gerechtfertigten – Protesten gegen korrupte kaiserliche Gouverneure. Die bulgarischen Adligen wurden in die gesellschaftliche und Ämterhierarchie von Byzanz eingegliedert und mehrere von ihnen mit hohen Ämtern betraut. So bekleidete Prusian, der älteste Sohn von Johannes Wladislaw, den Rang eines *Magistros* und wurde darauf zum *Strategos* des wichtigen Themas Bukellarion ernannt, welches in etwa das Gebiet zwischen Nikäa und Ankyra umfaßte, und sein Bruder Aaron später *Katepan* (Militärgouverneur) von Waspurkan und, wie wir noch sehen werden, Schwager Kaiser Isaak I. Komnenos'.

Basileios' Problem Bulgarien war gelöst, doch all seine Arbeit damit noch nicht getan. Der *Kuropalates* des Ostens, König Bagrat von Abasgien, war 1014 gestorben, und sein Sohn Georg hatte sich daraufhin strikte geweigert, das vierzehn Jahre zuvor geschlossene Abkommen anzuerkennen, und war in Tao und Phasian einmarschiert, worauf Basileios sofort eine Flotte an die ferne Küste des Schwarzen Meeres entsandte, die versuchen sollte, den Schaden in Grenzen zu halten. Nun bot sich jedoch die einmalige Chance, ein für allemal mit dem Rebellenfürsten fertig zu werden. Im Jahre 1021 machte sich Basileios deshalb auf seinen dritten und letzten Asienfeldzug. Im folgenden Jahr kapitulierte Georg und überließ dem Kaiser seinen dreijährigen Sohn als Geisel und Bürgen für sein Wohlverhalten.[14] Zu dem Zeitpunkt hätte Basileios gut heimkehren können. Statt dessen benützte er die Gelegenheit, um seine Position an der stets unruhigen Ostgrenze zu festigen. Mit Diplomatie und ohne Drohung oder auch nur einen Hinweis auf mögliche militärische Aggression annektierte er die Gegend von Waspurkan. Ebenso ohne Gewalt überredete er Johannes Smbat, den armenischen König von Ani, sein Königreich nach seinem Tod Byzanz zu vermachen. Als er im Jahre 1023 nach Konstantinopel zurückkehrte, hatte er acht neue Themen errichtet. Dazu gehörten Antiochia ganz im Süden, Teluch, die »Euphrat-Städte« (später als Thema Edessa bezeichnet), Melitene, Taron, Waspurkan, Iberien und Theodosiopolis. Er herrschte nun als Souverän von der Adria bis nach Aserbeidschan.

Er war mittlerweile fünfundsechzig Jahre alt, ein stolzes Alter für mittelalterliche Maßstäbe. Fast die Hälfte davon hatte er auf Kriegsschauplätzen zugebracht, und die meisten anderen hätten nach einer ähnlichen Vergangenheit in diesem Alter wohl nur zu gern die Waffen niedergelegt und ihren Lebensabend in Ruhe und Frieden beschlossen. Basileios war aber nicht wie andere. Sein Drang nach kriegerischer Aktivität war unvermindert, und die Nachrichten, die ihn in Konstantinopel erwarteten, ließen ihn sogleich eine neue Richtung erkennen, in die er sie lenken konnte. Die Neuigkeiten kamen von Basileios Boioannes, dem kaiserlichen *Katepan* in Unteritalien. Die politische Lage in dieser Gegend war seit dem Jahr 1017 durch das Eintreffen einer großen Zahl junger normannischer Abenteurer und Freibeuter kompliziert worden. Sie waren auf der Suche nach Ruhm und Geld auf die Halbinsel gekommen und verbündeten sich bereitwillig mit den örtlichen langobardischen Separatisten, um Apulien und Kalabrien von der byzantinischen Herrschaft zu befreien. Ein Jahr lang konnten sie beträchtliche Erfolge verzeichnen. Im Oktober 1019 hatte Boioannes mit seinen Einheiten jedoch bei Cannae am Ofanto – wo schon 216 vor Christus die karthagischen Truppen unter Hannibal das Heer der römischen Republik aufrieben – einen ähnlichen (wenn auch nicht ganz so folgenschweren) Sieg über die vereinten langobardischen und normannischen Truppen errungen und drei Jahre später einen großangelegten, von Westkaiser Heinrich II. persönlich angeführten Feldzug abgeblockt und diesen zum Rückzug über die Alpen gezwungen. Nun war der Augenblick günstig, um nochmals loszuschlagen, solange

Basileios' Leistung (1025) 329

das Eisen noch heiß war, um frühere Landgewinne zu konsolidieren, die als traditionell geltenden Grenzen wiederherzustellen und das Byzantinische Reich einmal mehr endgültig von allen fremden Emporkömmlingen zu säubern.

In Unteritalien war diese Aufgabe dank Boioannes bereits zur Hälfte erledigt. Blieb noch das Problem Sizilien. Belisar hatte die Insel im Jahre 535 heim ins Reich geholt, dreihundert Jahre danach waren jedoch arabische Kräfte einmarschiert, und sie galt schon seit langem als Bestandteil der islamischen Welt.[15] Nun wollte man diesen für Byzanz unbefriedigenden Zustand endlich ins reine bringen. Ein großes neues Heer wurde dafür ausgehoben, und Boioannes erhielt den Befehl, einen umfassenden Plan für die Invasion der Insel im Jahre 1026 auszuarbeiten. Es dauerte dann allerdings noch zwölf Jahre, bevor diese Invasion zustande kam. Und als sie endlich stattfand, waren weder der Kaiser noch sein stolzer *Katepan* am Leben, um sie anzuführen. Denn zehn Tage vor Weihnachten des Jahres 1025 starb Basileios II. um neun Uhr morgens im Großen Palast von Konstantinopel im Alter von siebenundsechzig Jahren.

Er muß als ein Phänomen betrachtet werden, und zwar als eines der erstaunlichsten in der gesamten byzantinischen Geschichte. Aus Gründen, die aus dem vorhergehenden Kapitel hervorgehen, entfaltete er erst spät seine volle Kraft. Als er jedoch die Zügel in den Griff bekommen hatte, entglitten sie ihm nicht mehr. Obwohl er alles äußerliche Brimborium verachtete, das zu seiner Machtstellung gehörte – und auf das praktisch alle vor und nach ihm solchen Wert legten –, dominierte und führte er offenbar mühelos alle kirchlichen und staatlichen Verwaltungszweige. Er berief Patriarchen und setzte sie ab, formulierte Gesetze, die die gesellschaftliche Struktur Anatoliens grundlegend veränderten, ausländische Fürsten waren ihm zu Willen, und dank der einmaligen Art, in der er die strategische Vorstellung des Oberbefehlshabers mit der peinlichen Genauigkeit des Ausbildungsoffiziers verband, erwies er sich als einer der erfolgreichsten Feldherren, die das Reich je sah.

Die letzte Eigenschaft verblüfft vielleicht am meisten. Abgesehen von dem, was der Titel eines Kaisers unweigerlich mit sich bringt, fehlte es ihm völlig an Glanz. In der gesamten Geschichte hatte praktisch jeder erfolgreiche militärische Führer stets etwas Verführerisches an sich, einen undefinierbaren Funken, der auf die Männer überspringt und ihren Kampfwillen entzündet, sie dazu führt, ihm nicht nur willig, sondern mit Begeisterung und Schwung in den Krieg zu folgen. Soweit sich das beurteilen läßt, besaß Basileios nicht die Spur davon. Seine Feldzüge erzeugten weder Blitz noch Donner. Unter seiner Führung präsentierte sich das kaiserliche Heer eher wie ein Lavastrom, der sich langsam, aber unerbittlich vorwärtswälzte, so unempfindlich gegen direkten Widerstand von vorne wie gegen Angriffe von der Seite oder von hinten. Nach der Demütigung am Trajaner-Tor in seiner Jugend – die er niemals vergessen konnte und für die die ganze bulgarische Schlächterei wohl gewissermaßen eine Entschädigung war – ging er kaum mehr Risiken ein und erlitt auch kaum Verluste. Seine Männer vertrauten ihm zwar, sie liebten ihn jedoch nie.

Und dies hat wohl – seine Mutter vielleicht ausgenommen – auch sonst niemand getan. Mit der Liebe scheint er in der Tat nie in Berührung gekommen zu sein, weder als Liebender noch als Geliebter. Es gibt keinen einzigen Hinweis darauf, daß ihn irgend jemand besonders gemocht hätte. Die Chroniken erwähnen niemanden, die oder der ihm nahestand. Kein einsamer Mensch saß je auf dem Thron von Byzanz – oder sonstwo. Aber dies überrascht eigentlich nicht, erscheint er doch nicht gerade als liebenswert. Vielmehr war er häßlich, schmutzig, ungehobelt, bäurisch, ein vollkommener Banause und von fast krankhafter Bösartigkeit, kurz gesagt, ein völlig untypischer Byzantiner. Und all das, hat man den Verdacht, würde er auch bereitwillig zugegeben haben. Kultur und feine Lebensart lagen ihm fern, und so interessierten ihn wohl auch persönliches Glück, Lachen oder Freundschaft und Liebe wenig. Sein ganzes Streben verlegte er auf die Größe und das Wohlergehen des Reichs. Kein Wunder also, daß es diesen Gipfel unter seiner Hand erreichte.

Nur einen Dienst vermochte er dem Reich nicht zu erweisen. Dieses Versagen war jedoch so verheerend, daß es einen Großteil seines Erfolgs überschattete und viele Leistungen zunichte machte. Er hinterließ keine Kinder, keine einzige Person, die nach seinem Tod sein Werk hätte fortsetzen können. Besser als alle anderen wußte er um die hoffnungslose Unfähigkeit seines Bruders Konstantin, der mit über sechzig Jahren noch so leichtsinnig und vergnügungssüchtig

Basileios' Leistung (1025) 331

war wie fünfzig Jahre zuvor. Basileios' Einstellung gegenüber Frauen – ob er sie haßte, verachtete oder (was am allerwahrscheinlichsten ist) fürchtete – bleibt uns ein Rätsel. Man fragt sich unweigerlich, warum er sich bei der ihm eigenen eisernen Disziplin bloß nicht dazu durchringen konnte, sich dem Reich zuliebe mit einer Frau zusammenzutun und gemeinsam mit ihr ein, zwei Söhne zu erzeugen. Dann hätte die Blüte von Byzanz möglicherweise angehalten, das Reich sich noch weiter nach Europa und Asien hinein ausgedehnt und zu noch größeren Höhen von Einfluß und Macht aufsteigen können. Indem Basileios ohne Erben starb, sicherte er gewissermaßen dessen Untergang.

Sein Tod trat am 15. Dezember ein. Schon am 16. Dezember begann der Niedergang.

16

Der Anfang vom Ende
1025–1041

*Keiner der Kaiser meiner Zeit – und ich habe viele in
meinem Leben erlebt, da die meisten sich nur ein Jahr
hielten –, soviel ich weiß also nicht einer von ihnen,
trug die Last des Reiches, ohne in irgendeiner Weise
an seinem Untergang mitzuwirken.*

Michael Psellos *Chronographia*, IV, ii

Der fünfundsechzig Jahre alte Witwer Konstantin VIII., der sich
nun als alleiniger Herrscher von Byzanz sah, war von seinem
Bruder so verschieden, wie man sich nur denken kann. Körperlich
besaß er alle Vorzüge: er war von hohem, ebenmäßigem Wuchs,
Basileios dagegen klein und gedrungen gewesen; dazu bewegte und
benahm er sich mit natürlicher Anmut. Als ausgezeichneter Pferde-
kenner liebte er insbesondere die Jagd und den Zirkus leidenschaftlich und pflegte aus diesem Grund auch seine eigenen Pferde grundsätzlich selbst zu trainieren. In seiner Jugend hatte er aktiv athleti-
sche Wettkämpfe bestritten, im Laufen, Ringen, Speerwerfen und
anderem mehr, was lange Zeit aus der Mode gekommen war, er
jedoch wieder populär machte. Als er nun den Thron bestieg, lag,
das versteht sich fast von selbst, diese sportliche Phase längst hinter
ihm. Da er jahrelang Raubbau an seinen Kräften betrieben hatte,
war seine Gesundheit angegriffen. Er litt so schwer an chronischer
Gicht, daß er sich in den letzten Lebensjahren kaum auf den Füßen
halten konnte. Trotzdem blieb er bis zum Ende eine imposante
Erscheinung. Wie sein Bruder hatte er wenig formelle Ausbildung
genossen, sich jedoch aufgrund seiner lebhaften intellektuellen Neu-
gier einen Anflug von Bildung erworben – zwar nur gerade »ausrei-

chend für ein Kind«, schnaubt Psellos, doch sie ermöglichte es ihm, vor auswärtigen Gesandten zu bestehen, vermochte er sie doch offenbar bestens zur Geltung zu bringen. Wer zum ersten Mal eine Audienz bei ihm erhielt, war in der Regel von seiner bemerkenswerten Eloquenz beeindruckt; sie wirkte um so nachhaltiger, als ihm eine wohltönende Sprechstimme zu eigen war. Seine Rede sprudelte so lebhaft, daß die Sekretäre eine Kurzschrift entwickeln mußten, um mit seinem Diktat Schritt halten zu können.

Mit diesen Vorzügen ausgestattet, hätte er als Kaiser eigentlich eine ausgezeichnete Figur abgeben müssen – und auch können. Warum aber gestaltete sich dann seine Regierung von knapp drei Jahren so katastrophal? Wohl in erster Linie deshalb, weil ihm jegliche Moral offenbar fern lag. Da er Angst vor der eigenen Macht hatte und spürte, daß er damit nicht umgehen konnte, reagierte er auf die kleinste Herausforderung mit hirnloser Grausamkeit. Er glaubte jedem Gerücht, und da er Prozesse wie Konfrontationen fürchtete, ließ er Hunderte von Unschuldigen sofort hinrichten oder verstümmeln. Er bevorzugte als Strafart die Blendung. Er habe eine wahre Vorliebe für diese Form der Tortur gehegt, schreibt Zonaras, da sie die Delinquenten ausschalte und hilflos mache, ohne ihnen das Leben zu nehmen. In Konstantinopel kursierte der sarkastische Ausspruch von der »göttlichen Milde des Kaisers«: sein Hang, sich im nachhinein einer Reueorgie hinzugeben, in Tränen aufgelöst die Arme um die ihres Augenlichts beraubten Opfer zu schlingen und sie um Vergebung zu bitten, vermochte seine Beliebtheit aber auch nicht gerade zu steigern.

Von einem Mann, der den Annehmlichkeiten des Lebens geradezu verfallen war – wenn er die Würfel in der Hand hielt, vergaß er laut Psellos alle anderen Angelegenheiten der Welt, wie wichtig sie auch sein mochten –, wäre zu erwarten gewesen, daß er auf eine besonders sorgsame Wahl der engsten Ratgeber und Vertrauten achtgab, denen er ja das aufreibende Geschäft des Regierens dann vielleicht getrost hätte überlassen können. Falls Konstantin allerdings je glaubte, in diesem Sinne zu handeln, stellen seine diesbezüglichen Entscheidungen seiner Menschenkenntnis kein gutes Zeugnis aus. Die außerordentlich wichtigen Positionen des *Parakoimomenos* und *Domestikos* (Oberbefehlshabers) im Osten legte er in die Hände sei-

Zoe (1028)

nes obersten Kämmerers, des Eunuchen Nikolaos. Einen weiteren Eunuchen namens Symeon und bis dahin ein kleiner Palastfunktionär ernannte er zum Polizeichef von Konstantinopel. Und ein dritter namens Eustathios stieg ebenfalls aus niedriger Stellung auf; ihm unterstanden alle ausländischen, das heißt »barbarischen« Söldner der kaiserlichen Garde. Ein vierter, ein berüchtigter Schläger namens Spondylos, wurde Fürst von Antiochia, Burgvogt der größten und strategisch bedeutsamsten Festung des Reichs und oberster Schutzherr der vor kurzem durch Eroberungen erweiterten südlichen Grenze gegen die sarazenischen Horden.

Nur eine byzantinische Klasse hatte nichts gegen die Schwäche des neuen Regimes einzuwenden: die anatolische Aristokratie. Sie reagierte sogleich mit einem Putsch, jagte Konstantin davon und ersetzte ihn durch einen Kaiser von ihren Gnaden. Törichterweise versuchte jeder sein eigenes Süppchen zu kochen, statt mit den anderen gemeinsam zu handeln. Da außerdem der größte Teil des Heeres von Basileios loyal zu dessen Bruder stand, verlief dieser Putsch deshalb zunächst im Sand. Insgesamt fiel all dies jedoch nicht ins Gewicht: da der Kaiser sich ihren Forderungen nicht zu widersetzen vermochte, fielen binnen weniger Monate die verhaßten Landgesetze dahin. Einmal mehr stürzten sich »die Mächtigen« auf ihre einstmaligen Landgüter, rißen jeden Morgen Landes an sich, dessen sie habhaft werden konnten, und die armen landbesitzenden Bauersfamilien konnten sehen, wo sie blieben. Ihre Nöte verschlimmerten sich zusätzlich durch ein Jahrzehnt der Dürre und Einfälle von Heuschreckenschwärmen, und viele mußten elendiglich verhungern. Wie schon einmal im sechsten Jahrhundert wurde aus Kleinasien ein Land der Latifundien, der riesigen Landgüter im Besitz von Adelsfamilien, die dort selbst nicht lebten und sie von Leibeigenen bewirtschaften ließen.

In all dieser Zeit führte Konstantin VIII. fröhlich seine alten Gewohnheiten weiter: jagen, Feste feiern, spielen, Zechgelage mit Kumpanen und Orgien mit Konkubinen; er ergötzte sich an obszönen Aufführungen in seinem Privattheater und experimentierte – als passionierter Gourmet mit Pferdemagen – mit immer raffinierteren Saucen, nur den Staatsgeschäften entzog er sich, so gut es ging. Solch ein Leben konnte indes nicht ewig währen. Am 9. November 1028 zog er sich eine tödliche Krankheit zu. Da erst verwandte er einen Gedanken auf die Frage, die das Volk von Konstantinopel schon seit langem geplagt haben muß: wer sollte ihm nachfolgen? Wie im vorangegangenen Kapitel dargelegt, hatte ihm seine Frau keine Söhne hinterlassen. Die älteste seiner drei Töchter hatte sich schon lange ganz dem religiösen Leben geweiht; die zweite, Zoe, war einmal ganz nahe daran gewesen zu heiraten, hatte aber bei der Ankunft in Italien ihren Bräutigam Otto III. tot vorgefunden. Das Ereignis lag bereits sechsundzwanzig Jahre zurück, und seit der Zeit führte sie ein zurückgezogenes Leben in den Frauengemächern des kaiserlichen Palastes in Gesellschaft ihrer jüngeren Schwester Theodora. Diese war weit intelligenter, aber weniger attraktiv, und Zoe verstand sich mit ihr offenbar überhaupt nicht.

Obwohl erst Mitte Vierzig, zeigte Theodora bereits ausgesprochen altjüngferliche Züge. Zoe dagegen, die auf die Fünfzig zuging und wohl keine Kinder mehr bekommen konnte, malte sich noch immer aus, was sie durch die Ehe, die ihr nie vergönnt gewesen war, alles hätte erreichen können und sehnte sich nach Befreiung aus ihrem goldenen Käfig im Palast.[1] Sie wußte jedoch – und das gereichte ihr zum Trost –, daß diese Befreiung früher oder später erfolgen mußte, war sie doch Erbin ihres Vaters, so daß das kaiserliche Diadem, wenn auch nicht an sie, so zumindest über sie auf einen Ehemann übergehen würde. Es blieb nur die Frage, wer der Betreffende denn sein sollte. In den heißen Diskussionen am Lager des sterbenden Konstantin tauchte zunächst der Name des *Patrikios* Konstantin Dalassenos auf, Mitglied einer der wenigen Familien der »Mächtigen«, die stets loyal zur makedonischen Dynastie gehalten hatten. Man sandte also einen Boten, um ihn umgehend nach Konstantinopel zu beordern. Doch kaum sprach sich die Kunde davon in der Verwaltung von Konstantinopel herum, brach umgehend ein wahrer Proteststurm los, so daß der Kaiser, selbst auf dem Sterbelager noch furchtsam, augenblicklich nachgab. Ein zweiter Bote jagte dem ersten mit der Instruktion nach, Dalassenos abzufangen und ihm mitzuteilen, er brauche die Reise nicht fortzusetzen. Mittlerweile hatte die Verwaltung einen eigenen Kandidaten vorgeschlagen: den etwas über sechzigjährigen Senator Romanos Argyros.

Michael Psellos (1028)

Romanos entstammte einer alten Adelsfamilie Konstantinopels und war mit Kaiser Konstantin entfernt verwandt[2] (sowie ein Bruder der armen Maria, die vierundzwanzig Jahre zuvor Giovanni Orseleo geheiratet hatte und deren junge Familie an der Pest zugrunde ging). Als *Patrikios*, Oberrichter an einem der höchsten Gerichte, *Ekonomos* (Verwalter) der Hagia Sophia und schließlich kaiserlicher Stadtpräfekt, ein Amt, das etwa dem eines Bürgermeisters entspricht, erschien er als geradezu idealer Thronprätendent. Nur war er leider schon glücklich verheiratet. Konstantins Meinung stand jedoch bereits fest; außerdem durfte keine Zeit mehr vergeudet werden. Der Senator und seine Frau wurden auf der Stelle verhaftet. Man brachte sie vor den Kaiser und stellte sie schlicht vor die Wahl: entweder sie ließen sich augenblicklich scheiden, so daß Romanos Zoe heiraten konnte – in diesem Falle sollte er Cäsar und später Basileus werden –, oder er mußte sein Augenlicht drangeben.

Psellos behauptet, all dies sei nur Theater gewesen, und mit etwas Courage hätte Romanos den Kaiser ohne weiteres in die Enge treiben und unbehelligt mit seiner Frau für den Rest des Lebens zusammenbleiben können. Das klingt jedoch unwahrscheinlich. In den letzten drei Jahren hatte Konstantin bewiesen, daß er noch zu weit größeren Brutalitäten fähig war. Auch war das Problem der Eheschließung Zoes, das heißt der Nachfolge, höchst dringlich geworden und ließ sich keinesfalls länger hinauszögern. Dem alten Ehepaar ist jedenfalls nachzusehen, daß es kein Risiko einging. Romanos Argyros hing offenbar wirklich an seiner Frau; jedenfalls war er wie gelähmt; sie jedoch zögerte keinen Augenblick, sondern soll sich unter Tränen das Haar geschoren und sich bereit erklärt haben, um seinetwillen ins Kloster einzutreten, was denn auch sogleich geschah. Schon am nächsten Tag, dem 10. November, wurde Romanos, wenn auch nur widerstrebend, in der Pfalzkapelle des Palastes mit Zoe verheiratet.[3] Am 11. November stand er am Bett seines Schwiegervaters, als dieser sein Leben aushauchte, und am 12. wurde er als Romanos III. neben der strahlenden Zoe auf den Kaiserthron gesetzt. Bevor die Geschichte weitererzählt wird, gilt es aber innezuhalten, um den bekanntesten Gelehrten jener Zeit und Autor der ausführlichsten – und gleichzeitig unterhaltsamsten – byzantinischen Chronik seit der von Prokop fünfhundert Jahre zuvor einzuführen. Michael Psellos ist auf diesen Seiten schon wiederholt in Erscheinung getreten, jedoch nur als Berichterstatter dessen, was er gehört hat, nicht aber als Augenzeuge. Im folgenden kann seine *Chronographia* – sie erstreckt sich immerhin beinahe über ein halbes Jahrhundert – als Bericht eines Augenzeugen aufgefaßt werden. Er selbst weist darauf zu Beginn des Kapitels über Romanos III. wie folgt hin:

> Von nun an wird diese Geschichte genauer sein als bisher, denn als Kaiser Basileios starb, war ich noch ein Kind, und Konstantins Regierung endete gerade nach Beginn meines ersten Unterrichts. Folglich habe ich mich nie in ihrer Gegenwart aufgehalten, noch sie selbst sprechen hören. Ob ich sie jemals gesehen habe, kann ich nicht sagen, denn ich war damals noch zu klein, als daß ich mich daran erinnern könnte. Romanos dagegen habe ich mit eigenen Augen gesehen und bei einer Gelegenheit sogar mit ihm gesprochen.

Psellos kam im Jahre 1018 als Sohn einer angesehenen Familie der Mittelschicht in Konstantinopel zur Welt. Den gesellschaftlichen Aufstieg verdankte er in erster Linie Johannes Mauropus (Schwarzfuß), dem späteren Erzbischof von Euchaita, der damals als Privatlehrer in der Hauptstadt tätig war und in dessen Haus er unter den Studienkollegen etliche reiche und einflußreiche junge Männer kennenlernte, unter anderem seinen engen Freund Johannes Xiphilinos, den späteren Patriarchen, und Konstantin Dukas, bekannter als Kaiser Konstantin X. Schon bald trat er in kaiserliche Dienste, wo ihm seine schnelle Auffassungsgabe und profunde Gelehrsamkeit, die seit je in Byzanz in hohem Ansehen standen, einen raschen Aufstieg ermöglichten. Folglich beschreibt er Ereignisse, die er nicht nur erlebt, sondern häufig selbst mitgestaltet und überwacht hat. Obwohl die letzten Kapitel seines Werkes ganz offen tendenziös sind – er verfaßte sie im Auftrag seines Freundes Dukas, der damals in Konstantinopel regierte –, bewies kaum ein anderer mittelalterlicher Historiker einen solch lebhaften Blick fürs Detail; noch wenigere haben mit nur knappen Strichen ein derart lebendiges Bild einer Person zu zeichnen vermocht, und keiner hat ein glänzenderes Bild der

Michael Psellos (1028)

Welt, in der er lebte, heraufbeschworen. Romanos Argyros charakterisierte er so:

Dieser Mann, mit der griechischen Literatur großgeworden, kannte sich auch in der italienischen etwas aus. Er sprach sehr gefällig und mit wahrhaft majestätischem Ausdruck. Als Mann von heroischer Statur sah er von Kopf bis Fuß wie ein Kaiser aus. Er hatte allerdings reichlich übertriebene Vorstellungen vom Ausmaß seines Wissens; da er seine Regierung nach dem Vorbild der großen, vergangenen Antoninen auszurichten gedachte..., legte er auf zwei Dinge besonderen Wert: das Studium der schönen Literatur und des Kriegshandwerks. Vom letzteren verstand er überhaupt nichts, und seine literarischen Kenntnisse waren auch nicht gerade profund... Da er sich über sein Wissen täuschte und seine Ansprüche über seine intellektuellen Möglichkeiten hinaus schraubte, mußten ihm notgedrungen folgenschwere Fehler unterlaufen.

Kurz, der Urfehler des Romanos bestand – in scharfem Kontrast zu seinem Vorgänger – darin, daß er sich selbst überschätzte. Fern von Beschränktheit, hatte er als Beamter hervorragend agiert, die kaiserliche Macht jedoch stieg ihm sogleich zu Kopf und scheint ihn zu der Annahme verleitet zu haben, daß ihn die Kaiserwürde dazu befähige, mit allen anerkannten Kaisern von früher auf deren ureigenstem Gebiet Schritt zu halten. War Marc Aurel Philosoph, dann auch er: er verbrachte ganze Tage mit heißen Diskussionen abstruser theologischer und metaphysischer Streitfragen; da er aber weder Syllogistik noch dialektische Argumentation von Grund auf beherrschte, kam nichts dabei heraus. Hatten Augustus oder Konstantin eine Dynastie gegründet, mußte er – seines eigenen und des ebenfalls fortgeschrittenen Alters seiner Frau ungeachtet – es ihnen gleichtun. Da er zu diesem Zweck nichts unversucht lassen wollte, wurde er eine leichte Beute aller Scharlatane in Konstantinopel, deren Wundermittel und Aphrodisiaka er schluckte, mit deren Salben er sich einrieb und auf deren Geheiß hin er sich sportlich ungemein ertüchtigte, da man ihm versprach, er könne auf diese Weise seine Jugendkraft wiedererlangen. Auch Kaiserin Zoe versuchte alles mögliche, sie behängte sich mit Ketten und Talismanen, staffierte sich mit Amuletten aus und fiel auf den offensichtlich lächerlichsten Mumpitz herein, da sie unter allen Umständen ein Kind haben wollte. Niemand, außer vielleicht sie selbst und ihr Ehemann, war jedoch besonders überrascht, als all diese Versuche fehlschlugen.

Solange Romanos den Philosophen oder Dynasten spielte, war das vergleichsweise harmlos. Es änderte sich aber dramatisch, als er sich als Stratege beweisen wollte. Im Jahre 1030 gedachte er dem aufsässigen Emir von Aleppo eine Lektion zu erteilen. Die Feldherren rieten ihm davon ab. Bei seiner Ankunft in Antiochia erwarteten ihn die Emissäre des Emirs, erinnerten ihn an den noch gültigen Friedensvertrag und boten Wiedergutmachung für alle Schäden an, die angerichtet worden waren. Doch Romanos, der schon die Krone in Auftrag gegeben hatte, die er auf seinem Triumphzug zu tragen gedachte, wollte nicht hören. Statt dessen brach er an der Spitze seines Heeres nach Aleppo auf. Man befand sich schon in Syrien und passierte gerade eine Talschlucht, da erscholl unvermutet der sarazenische Schlachtruf, und schon galoppierten die Krieger des Emirs von beiden Seiten die Hänge herab, die in der Sonne blitzenden Krummschwerter über den Köpfen schwingend. Wären Nikephoros Phokas oder Johannes Tzimiskes in einen solchen Hinterhalt geraten, hätten sie dem Sturm zumindest standzuhalten versucht. Romanos Argyros suchte jedoch mitsamt seinem Heer das Heil in der Flucht. Ohne einen seiner Adjutanten, der ihm eilig aufs Pferd half, wäre er sogar mit ziemlicher Sicherheit in Gefangenschaft geraten. Was hier geschah, bedeutete nicht nur eine Katastrophe, sondern eine Schande. Der Feind, so berichtet uns Psellos, habe die Flucht geradezu entgeistert beobachtet, und dafür bestand auch guter Grund. Als Basileios starb, hinterließ er das Heer als die schlagkräftigste Kriegsmaschinerie der damaligen Welt. Nun schickte es sich an, nach nur fünfjähriger Mißleitung und Vernachlässigung, zum Gespött des ganzen Ostens zu werden.

Noch aber war nicht alles verloren. Etwas nördlich von Antiochia lag ein kleines, vergleichsweise unbedeutendes Thema, nach seiner Hauptstadt Teluch bennannt und von einem jungen *Strategos* von offenbar kolossaler Statur und außergewöhnlicher Fähigkeit regiert: Georgios Maniakes. Einige Tage danach ritt ein Trupp von

Georgios Maniakes (1030) 341

rund achthundert sarazenischen Reitern, beladen mit Beute aus dem kaiserlichen Lager, frech auf Teluch zu, wodurch man dort überhaupt erst von dem Debakel erfuhr. Dem aufgebauschten Bericht zufolge war Romanos gefallen und das gesamte byzantinische Heer vernichtet worden. Da der Abend schon hereinbrach, gab man der Garnison bis zum folgenden Morgen Zeit zu kapitulieren und drohte im Falle der Weigerung schreckliche Vergeltung an. Maniakes tat so, als fürchte er sich sehr, stimmte sogleich zu, ließ reichlich Speisen und Wein als Zeichen seiner guten Absichten in das Lager der Ungläubigen schaffen und versprach, mit seinen Männern im Morgengrauen aufzugeben und alles Gold und alle Schätze der Stadt zu übergeben.

Sein Plan ging auf. Nichtsahnend erfreuten sich die Sarazenen des köstlichen Weines und sprachen ihm kräftig zu, da sie sich mit dessen Wirkung nicht auskannten. Maniakes wartete, bis sie wie Steine schliefen, überfiel sie dann mit einem Trupp und befahl, als alle achthundert umgebracht waren, den Leichen Nase und Ohren abzuschneiden. Am nächsten Morgen machte er sich auf die Suche nach seinem geschlagenen Herrscher. Als er schließlich in Kappadokien auf ihn stieß, zog er einen blutbefleckten Sack hervor und schüttete ihm stolz die grausigen Trophäen vor die Füße. Entzückt ernannte ihn daraufhin Romanos auf der Stelle zum _Katapan_ von Untermedien, also praktisch zum Gouverneur aller Städte am Oberlauf des Euphrat mit der Residenz Samosata. Von dort aus unternahm er eine ganze Reihe siegreicher Feldzüge, die zwei Jahre später in der Eroberung von Edessa gipfelten, einer Stadt, die seit Herakleios' Tagen vierhundert Jahre zuvor nicht mehr zu Byzanz gehörte. Wieder in Konstantinopel, ließ Romanos klugerweise die Finger von militärischen Angelegenheiten und widmete sich statt dessen den Regierungsgeschäften. In den ersten Monaten seiner Herrschaft hatte ihm seine wahrscheinlich tatsächliche Großzügigkeit viele Sympathien eingetragen: von seiten der Kirche, als er die jährlich von der Regierung an die Hagia Sophia abgeführten Mittel um achtzig Pfund Gold aufstockte, der Klöster und Großgrundbesitzer, indem er Basileios' Gesetz, das sogenannte _Allelengyon_ aufhob, laut dem die Genannten für alle Steuerausfälle, die ihre Gemeinden zu zahlen hatten, einstehen mußten, der Staatsschuldner, die er amnestierte, was dazu führte, daß Hunderte aus dem Gefängnis freikamen, und der Opfer von Konstantins VIII. Agrarpolitik, die nun fürstlich entschädigt wurden. Ein vielversprechender Beginn also, der aber leeres Versprechen blieb. Im Laufe der Zeit erwies sich Romanos als Gesetzgeber kaum erfolgreicher als auf anderen Gebieten. Die verheerenden Auswirkungen der Gesetze, die Konstantin VIII. erlassen hatte, lagen inzwischen klar zutage. Dennoch setzte der neue Kaiser das Werk seines Vorgängers fort, ja er rief sogar das System der Steuerzüchtung wieder ins Leben, jenen höchst verderblichen Mißbrauch, bei dem ein Spekulant für eine bestimmte Summe sich vom Schatzministerium das Recht erkaufen konnte, nach eigenem Ermessen öffentliche Einnahmen einzuziehen und von den armen Steuerpflichtigen die doppelte oder dreifache Summe zu fordern. Die »Mächtigen« – nun mächtiger denn je – konnten sich natürlich gegen solche Tricks schützen; die Suppe auslöffeln mußten wieder einmal die wehrlosen kleinen Landbesitzenden, die nicht über die Mittel verfügten, etwas Wirkungsvolles dagegen zu unternehmen.

Konnte es ausbleiben, daß Romanos sich früher oder später dem Kirchenbau zuwenden würde? Er hatte schon ein kleines Vermögen für die Vergoldung der Kuppeln der Hagia Sophia und der Theotokoskirche in Blachernae ausgegeben, aber er ließ es dabei nicht bewenden: wie sein bewunderter Vorgänger Justinian wollte auch er ein Denkmal hinterlassen. Das Ergebnis war ein gewaltiges, der Muttergottes *Peribleptos* (der Allsehenden), geweihtes Bauwerk am Hang des siebten Hügels, der zum Marmarameer hin abfällt.[4] Obwohl zweifellos eindrucksvoll, hat es Kaiser Romanos' Ansehen indes kaum aufpoliert; zumindest läßt Psellos keinen Zweifel daran:

Was als fromme Handlung gedacht war, wurde Ursache des Bösen und Anlaß zu vielen Ungerechtigkeiten. Die den Kirchen abverlangten Ausgaben erhöhten sich ständig. Jeden Tag trieb er mehr Beitragszahlungen ein, als für das Werk nötig waren, und wehe den Menschen, die die Großartigkeit des Bauwerks in Grenzen halten wollten. Anderseits erwarben sich jene, die sich eine neue Extravaganz und stilistische Raffinessen ausdachten, dadurch sofort die Freundschaft des Kaisers...

Die Peribleptos *(1030)* 343

Nichts auf Erden schien für diese Kirche gut genug. Der ganze kaiserliche Schatz wurde eingesetzt, aller Goldstrom ergoß sich in dieses Unternehmen. Selbst als alle Vorräte erschöpft waren, wurde weitergebaut. Zum einen stockte man neue Teile auf, andere wieder riß man ein.

Die Kirche allein war aber noch nicht genug. Ihr mußte sich auch ein Kloster angliedern. Schon bald stand dieses zweite Bauwerk so prunkvoll da wie das erste und war so riesig, daß sich kaum genug Mönche dafür fanden. Diese beiden Zeugnisse kaiserlichen Größenwahns sollen die Bevölkerung Konstantinopels schließlich an den Rand einer Rebellion gebracht haben, gerieten die Leute doch außer sich angesichts von Romanos' andauernden Forderungen nach immer mehr Geld. Hat man sie aber, so fragt man sich, dessenungeachtet nicht auch bewundert? Scheinbar nicht. Psellos, so man ihm darin glauben kann, beschreibt die *Peribleptos* als häßlichen Stilmischmasch, dem keinerlei architektonische Gesamtkonzeption zugrunde lag, die der Hagia Sophia gerade ihre Schlichtheit und Strenge verliehe. Das alles läßt sich aber nicht mehr klären, da sich an ihrer Stelle heute die überwältigend uninteressante Steinmasse der armenischen Kirche Surp Kevork (Hl. Georg) erhebt, die heute Sulu Manastir heißt. Vom gewaltigen Bauwerk, das nach Romanos Argyros für ewige Zeiten den Ruhm Gottes und seiner Mutter – und natürlich auch seinen – bekunden sollte, findet sich heute keine Spur mehr.[5]

Wie aber stand es unterdessen um Kaiserin Zoe, ohne die ihr Mann niemals an die Macht gekommen wäre, um das Geld auf diese Weise zu verschwenden? Sie war, wie fast das ganze Leben, noch immer alles andere als am Ziel ihrer Wünsche und zudem wie die Bevölkerung von Konstantinopel, nur aus anderem Grund, ebenfalls erbost über ihren Mann. Ihr Zorn rührte daher, daß er seit dem Tag, an dem er die Hoffnung auf Nachkommenschaft aufgegeben hatte, ihr Bett verschmäht und eine Mätresse genommen hatte. Es heißt, er habe einen solchen Widerwillen gegen sie verspürt, daß er sich kaum im selben Raum wie sie aufhalten mochte. Ihre eigentliche Wut aber wurde durch die Tatsache genährt, daß er ihr den Zugang zum

Staatsschatz verwehrte und lediglich eine mickrige jährliche Rente zugestand, die zu überziehen ihr sogar formell untersagt war. Zu Romanos' Pech war Zoe eine sehr stolze und temperamentvolle Frau. Sie hatte sich außerdem fast fünfzig Jahre lang, im kaiserlichen Haushalt lebend, mit ihres Vaters Einverständnis alle Wünsche erfüllen können, ohne daß ihr etwas abgeschlagen worden wäre. Zuerst bekam ihre Schwester Theodora die Auswirkungen zu spüren; sie konzentrierte sich mittlerweile ausschließlich auf religiöse Dinge und verließ die Frauengemächer kaum jemals. Zoe ließ sie 1031 in ein Kloster einweisen, um, so vernehmen wir leicht verblüfft, »ihren ständigen Intrigen und ihrem skandalösen Leben ein Ende zu setzen«. Bald jedoch schritt sie zu direkteren Taten. Und zu eben diesem Zeitpunkt betrat mit Johannes Orphanotrophos eine ungewöhnliche und undurchsichtige Persönlichkeit die politische Bühne.

Dieser Mann, der in unserer Geschichte im kommenden Jahrzehnt noch eine entscheidende Rolle spielen wird, war ein Eunuch, der sich durch Intelligenz und ehrgeiziges Streben aus unklaren, kleinen Verhältnissen in Paphlagonien zu einer der führenden Figuren der Zivilverwaltung hochgearbeitet hatte. Seit vielen Jahren war er schon Freund und Vertrauter von Romanos, und dieser hatte ihn jüngst zum Leiter des bedeutendsten städtischen Waisenhauses ernannt, was ihm seinen Namen (Orphanotrophos) eintrug. Von seinen vier jüngeren Brüdern waren die beiden ältesten wie er Eunuchen. Die beiden anderen bezeichneten sich als Geldwechsler, werden aber eher als Falschmünzer betrachtet. Den jüngsten namens Michael, einen ungewöhnlich hübschen jungen Mann, nahm Johannes im Jahre 1033 eines Tages in den Palast, um ihn anläßlich einer offiziellen Audienz bei Romanos und Zoe einzuführen. Romanos nahm kaum Notiz von ihm, Zoe dagegen erfaßte wie angerührt das heftigste Begehren nach ihm.

Von diesem Zeitpunkt an empfing sie den jungen Paphlagonier regelmäßig in ihren Privatgemächern und verführte ihn, nachdem er seine Schüchternheit und andere Hemmnisse überwunden hatte. In sexueller Hinsicht war Michael offenbar nicht gerade einer der eifrigsten, dafür fühlte er sich als Konkubine einer Kaiserin natürlich sehr geschmeichelt. Aber er hielt sich an die genauen Instruktio-

Das Schicksal des Romanos Argyros (1034)

nen seines Bruders, und seine eigenen, nun erwachenden Ambitionen besorgten den Rest, vor allem als Zoe von ihrer neuen Eroberung in aller Öffentlichkeit zu schwärmen anfing und ihre Absicht, ihn zum Kaiser zu machen, offen bekundete. Nach allem, was uns überliefert ist, scheint Romanos lange Zeit nichts von diesen Vorgängen geahnt zu haben. Statt Michael zu mißtrauen, ernannte er ihn vielmehr zum persönlichen Diener und ließ sich von ihm regelmäßig Beine und Füße massieren (da seine Gesundheit sich zusehends verschlechterte und das Gehen ihm immer schwerer fiel). Für seine Umgebung sah es aus, als verschlösse er bewußt die Augen vor der allmählich eklatante Formen annehmenden Untreue seiner Frau. Schließlich wollte seine Schwester Pulcheria den Tratsch nicht länger ertragen und setzte ihn wortreich über das, was vorging, in Kenntnis; zudem warnte sie ihn vor einem möglichen Anschlag auf sein Leben. Erst da ließ er Michael kommen und auf mehrere Reliquien schwören, daß an dem, was ihm zu Ohren gekommen, nichts Wahres sei. Als jener keinen Augenblick zögerte, schien er völlig beruhigt.

Am Hof glaubten viele, er stelle sich nur dumm und sei sich ganz klar über die sexuelle Vitalität seiner Frau und darum geradezu froh, daß ihr Appetit auf Michael sie vor schlimmeren Übeln bewahre. Andere behaupteten, Romanos habe, da die Epilepsie des jungen Mannes kein Geheimnis war, die Gerüchte für baren Unsinn erklärt. Mit der Zeit trat die Frage jedoch in den Hintergund, denn niemandem blieb verborgen, daß Romanos nun schwer krank war. Zwar nahm er noch an Umzügen teil, doch (nach Psellos) sah er aus wie ein wandelnder Leichnam: das Gesicht aufgedunsen, der Atem kurz und schnell, und alle paar Schritte benötigte er eine Ruhepause. Er brachte kaum einen Bissen mehr hinunter und konnte nicht schlafen. Auch im Wesen veränderte er sich. Der früher freundliche, zugängliche Mann, den man leicht zum Lachen brachte, verwandelte sich in einen reizbaren und mürrischen Kranken, der sich nur ungern stören ließ und bei der geringsten Provokation aus der Haut fuhr.

Schon des öfteren war in dieser Geschichte davon die Rede, daß unter ähnlichen Umständen am Hof von Byzanz sogleich Gerüchte über eine Vergiftung umliefen. Solche Gerüchte waren nach dem Tod

346   *Der Anfang vom Ende*

von Romanos II. ebenso aufgekommen wie nach jenem von Johannes Tzimiskes, wobei sie in beiden Fällen mit ziemlicher Sicherheit der Grundlage allerdings entbehrten. Bei Romanos III. liegt der Fall etwas weniger eindeutig. Tatsache ist, daß Zoe ihn haßte und Grund genug hatte, ihn loswerden zu wollen, damit sie Michael an seine Stelle setzen konnte. Zudem gab es genügend Gelegenheiten, und ihr späteres Verhalten zeigt, daß sie einer solchen Tat wohl fähig gewesen wäre. Was die unmittelbare kaiserliche Umgebung betrifft, behauptet Psellos nachdrücklich, keiner im Palast habe auch nur eine Sekunde an ihrer Schuld gezweifelt. Für Zoe – und mit ihr natürlich auch für Johannes Orphanotrophos und Michael – sieht der Fall also jetzt schon eher düster aus, und es wird noch finsterer angesichts der höchst verdächtigen Art, wie ihr Ehemann am Gründonnerstag 1034 gestorben ist. Noch einmal ist Psellos zu zitieren; sein Bericht ist am ausführlichsten, und bei unserer Einschätzung dürfen wir seine mit außerordentlicher Sorgfalt gewählten Worte keinesfalls außer acht lassen:

Er bereitete sich für seinen Dienst am Morgen. Schon vor Morgengrauen schickte er sich an, in einem der geräumigen, wunderschön ausgestatteten Bäder unweit der kaiserlichen Gemächer ein Bad zu nehmen. Niemand ging ihm dabei zur Hand. Zu diesem Zeitpunkt deutete noch nichts auf seinen nahen Tod hin... Er wusch Kopf und Körper, danach ging er heftig keuchend zum Schwimmbecken, das zur Mitte hin tiefer wurde. Zuerst schwamm er etwas und ließ sich auf der Oberfläche treiben; dabei atmete er kräftig durch und erfrischte sich mit sichtlichem Vergnügen. Bald trat, wie er es angeordnet hatte, einer aus seinem Gefolge ein, um ihm den Ruheplatz zu richten und beim Ankleiden behilflich zu sein.

Ich kann nicht beschwören, daß dieser Mann ihn tötete. Aber ich weiß, daß all jene, die die Geschichte berichten, behaupten, in dem Moment, als der Kaiser wie gewöhnlich tauchte, habe man ihm den Kopf lange unter Wasser gedrückt und ihn gleichzeitig zu erdrosseln versucht. Dann hätten die Täter sich davongemacht. Später wurde der arme Kaiser, wie ein Korken auf der Oberfläche schwimmend, aufgefunden. Er atmete immer noch schwach und

Heirat von Zoe und Michaels IV. Krönung (1034)

streckte die Arme flehentlich nach Hilfe aus. Jemand hievte ihn dann voller Mitleid aus dem Wasser, trug ihn aus dem Bad und legte ihn auf eine Liege.

Gleichzeitig lockte das Geschrei jener, die ihn fanden, viele Leute herbei, darunter auch die Kaiserin, ohne Gefolge und mit allen Zeichen tiefen Grams. Sie starrte ihren Gatten lange an, und als sie erkannte, daß ihm nicht mehr zu helfen war, entfernte sie sich befriedigt wieder. Romanos stöhnte und warf den Kopf hin und her. Des Sprechens nicht mehr mächtig, versuchte er, sich mit Zeichen und Gesten verständlich zu machen, als er jedoch sah, daß man diese nicht verstand, schloß er die Augen und keuchte noch heftiger. Plötzlich riß er den Mund auf, und eine dunkle, klumpige Masse quoll heraus; er schnappte noch zwei- oder dreimal nach Luft und gab den Geist auf.

Diese kuriose Geschichte hört sich nicht gerade schlüssig an. Für einen Mord – wenn es denn einer war – liegen keinerlei Beweise vor, da es keine Augenzeugen gibt. Psellos stützt sich einzig aufs Hörensagen. Das Opfer konnte vor seinem Tod keine klärenden Hinweise mehr geben. Nach allem, was man weiß, hat der Kaiser vermutlich während des Bades einen plötzlichen Schlag oder einen Herzanfall erlitten. Skylitzes, ein anderer Chronist, gibt als Faktum aus – allerdings ebenfalls, ohne dies erhärten zu können –, Romanos sei von Michaels Getreuen in der *Kolymbethra* (Hauptbecken) in den Bädern des Großen Palastes erdrosselt worden, während Matthäus von Edessa behauptet, er sei an dem Gift gestorben, verabreicht von seiner Frau. Wir haben es also mit zwei fragwürdigen Mordgeschichten über dasselbe Opfer und vier unzusammenhängenden Theorien zu tun. Der ersten zufolge handelt es sich überhaupt nicht um ein Verbrechen: der Kaiser war schon ein sehr kranker Mann und litt höchstwahrscheinlich an einem Herz- oder Kreislaufübel, das beim Baden zu einem Schlaganfall führte. Die zweite geht ebenfalls davon aus, daß der Anfall natürliche Ursachen hatte, hält aber daran fest, die Kaiserin und ihre Getreuen hätten ihm den Gnadenstoß versetzt oder seien dazu angehalten worden. Nach der dritten Theorie wurde Romanos über einen längeren Zeitraum hinweg vergiftet – laut Psellos mit Nieswurz –, was ihn so geschwächt habe, daß das Schwimmen ihn überforderte und er infolge Überanstrengung starb.

Bleibt noch eine vierte Theorie: daß Zoe, Johannes und Michael zunächst planten, Romanos zu vergiften, als er aber weit länger als erwartet lebte, die Geduld verloren und die Angelegenheit beschleunigten. Auf den ersten Blick leuchtet diese Theorie vielleicht am ehesten ein, aber das wird sich niemals mit Gewißheit feststellen lassen und ist wohl auch nicht so wichtig. Folgt man nicht der ersten Hypothese, weil man dafür hält, sie strapaziere unsere Gutgläubigkeit zu sehr, muß Zoe ihren Gatten wohl oder übel auf irgendeine Weise umgebracht haben.

Sie machte keinerlei Anstalten, Zeit mit Trauer über seinen Tod zu verplempern. Im Morgengrauen des Karfreitags, des 12. April 1034, beorderte sie Alexios Studites, den Patriarchen von Konstantinopel, eilig aus der Hagia Sophia in den Palast, wo er als erstes den fast gänzlich nackten Körper des toten Kaisers zu Gesicht bekam. Kaum hatte er sich vom Schock erholt, öffneten sich schon die beiden großen Türflügel und gaben den Blick auf das *Chrysotriklinion*, die große Krönungshalle, frei, wo Kaiserin Zoe bereits in vollem Ornat thronte. Sie trug auf dem Haupt das kaiserliche Diadem, in der Hand das Szepter und um die Schultern den golddurchwirkten, schwer mit Juwelen behangenen Brokatmantel des Kaisers. Zu Alexios' unverhohlenem Entsetzen saß ihr zur Seite, auf gleiche Weise gekleidet und gekrönt, der junge Michael. Zoe gab ihre Anordnungen mit bestimmter, fester Stimme. Alexios verstand ihre Befehle nur zu gut und wagte nicht, sich ihnen zu widersetzen. Zur selben Stunde legte er deshalb die Hand der sechsundfünfzigjährigen Kaiserin, die erst seit wenigen Stunden verwitwet war, und die ihres Mordkomplizen und Geliebten, eines epileptischen, fast vierzig Jahre jüngeren Falschmünzers aus Paphlagonien, ineinander[6]; er weihte ihn zum Basileus, den Aposteln gleich, und rief dann Gottes Segen auf beide herab.

Nachdem die Inhaber hoher kirchlicher und weltlicher Ämter, unter ihnen Bischöfe und Äbte, Senatoren und Feldherren, Minister und Beamte, am kaiserlichen Paar vorüberdefiliert waren, mit ihrer Stirn den Boden berührt und Michaels (wenn auch nicht Zoes) Hand ehrfürchtig geküßt hatten, wurde der Leichnam von Romanos

Heirat von Zoe und Michaels IV. Krönung (1034) 349

Argyros noch am selben Abend in einem offenen Sarkophag durch die Straßen von Konstantinopel in die auf seine Veranlassung erbaute Kirche *Peribleptos* überführt. An der Spitze schritten der neue Kaiser und sein Bruder. Der achtzehnjährige Michael Psellos, der erst seit kurzem in der Haupstadt weilte, sah den Zug mit an. Er behauptet, er habe den alten Romanos einzig an den kaiserlichen Insignien noch erkennen können. Das Gesicht sei nicht eingefallen, sondern seltsam geschwollen und gänzlich ohne Farbe gewesen »wie bei Vergifteten«. Das schüttere Haar und der dünne Bart erinnerten ihn an ein »abgeerntetes Kornfeld«. Niemand habe Tränen vergossen: die Bevölkerung habe Romanos schon zu Lebzeiten von Herzen verabscheut und daher seinen Tod nicht bedauert.

Sollte Zoe gehofft haben, ihr zweiter Ehemann werde kaum mehr sein als ein gekrönter Sklave, der ihr jede Laune nachsehe und all ihren Befehle gehorche, wurde sie schon bald enttäuscht. Ein paar Monate hielt die angenehme Situation zwar vor. Doch bereits lange bevor das schicksalhafte Jahr 1034 zu Ende ging, zeigte Michael erste Anzeichen von Ungeduld. Ob er Zoe jemals geliebt und respektiert hat oder nicht, gelangte er nun zur Ansicht, er könne das Reich weit besser regieren als sie. Zugleich fürchtete er aber, wenn er die Regierung an sich riß – wozu er fest entschlossen war – einem ähnlichen Schicksal entgegenzugehen, wie es seinen Vorgänger ereilt hatte. Sein Bruder Orphanotrophos scheint davon jedenfalls überzeugt gewesen zu sein. Vermutlich auf seine Intrigen hin wurde Zoe unter ständiger Aufsicht in den Frauengemächern eingesperrt; ohne Erlaubnis durfte sie nicht einmal Besuch von befreundeten Personen empfangen; ihre Macht und ihre Freiheiten sowie die Verfügung über ihre finanziellen Mittel wurden noch stärker beschnitten als zu Romanos' Zeiten.

Außer Furcht gab es noch weitere Gründe, weshalb Michael Abstand von seiner Frau zu gewinnen wünschte. Einer davon war seine sich rapide verschlechternde Gesundheit. Die epileptischen Anfälle traten immer häufiger auf. Das ging schließlich so weit, daß er um seinen Thron rote Vorhänge anbringen ließ, die zugezogen wurden, sobald seine Augen sich verschleierten und sein Kopf krampfartig hin und her schlug. Vor seiner Familie und seinen engen

Vertrauten konnte er dieses Ausgeliefertsein jedoch nicht verhehlen. Da er bei den Anfällen Zoes Anwesenheit am wenigsten ertragen konnte, mied er sie überhaupt. Seiner Jugend zum Trotz litt er nun an Fallsucht, einer Krankheit, die ihn zu normaler sexueller Betätigung unfähig machte. Schließlich meldete sich auch noch sein Gewissen. Er verdankte Zoe alles: seine Stellung, seinen Reichtum, seine Macht. Da er genau wußte, daß er ihr diese Schuld übel vergalt, scheute er sich erst recht, ihr unter die Augen zu treten.

Verglichen mit seinem Vertrauensbruch an Romanos, betrachtete er jedoch den Verrat an seiner Frau als geradezu harmlos. Die Erinnerung daran peinigte ihn so, daß er den Rest seines Lebens verzweifelt darauf verwandte, seine Seele zu retten. Täglich hielt er sich stundenlang in Kirchen auf, gründete Dutzende von Männer- und Frauenklöstern, richtete ein riesiges Refugium für fromme Arme ein und ein noch größeres für reuige Prostituierte, holte noch aus dem hintersten Winkel des Reiches heiligmäßige Männer und Asketen, denen er die Füße wusch, derer Gebrechen er sich persönlich annahm und die er in sein eigenes Bett legte, während er sich selbst an ihrer Seite auf einer armseligen Pritsche ausstreckte. Justinians alte Kosmas und Damian – den beiden Ärzten und Heiligen fühlte er sich naturgemäß besonders verbunden – geweihte Kirche verwandelte er laut Psellos in eines der schönsten Bauwerke der Stadt:

> In der Errichtung von Sakralbauten übertraf Michael all seine Vorgänger in der Qualität der Ausführung und an Pracht. Dieses Bauwerk erhielt eine ganz neue symmetrische Ausrichtung; die neuen Kapellen bildeten zusammen mit der Kirche ein harmonisches Werk von unübertroffener Schönheit. Boden und Wände zierten wunderschöne Steine, die ganze Kirche erstrahlte in goldenen Mosaiken und herrlichen Gemälden. In jeder Nische des Bauwerks vermehrten lebensechte Statuen ihren Glanz. Außerdem befanden sich in der Nähe der Kirche, praktisch ihr angeschlossen, luxuriöse Bäder, zahlreiche Springbrunnen, gepflegte Rasenflächen und was sonst noch das Auge anziehen und erfreuen kann.[7]

War Michael IV. gerade nicht mit geistlichen Angelegenheiten beschäftigt, widmete er sich, seitdem er seine Frau ausgeschaltet hat-

Gewissennöte und gute Regierung (1034)

te und sie ihm nicht mehr in die Quere kommen konnte, den Regierungsgeschäften. Es soll hier nicht verschwiegen werden, daß er sich dabei weit geschickter anstellte, als man hätte erwarten können. Er schien erwachsen geworden zu sein, sah im Kaiserreich kein Spielzeug mehr, sondern eine verantwortungsvolle Aufgabe. Psellos zumindest hält befriedigt fest, daß er nicht, wie bei vielen Kaisern üblich, umwälzende Veränderungen in der Verwaltung vornahm: weder wurden bewährte Regelungen aufgehoben, noch die ganze Politik auf den Kopf gestellt oder alte erfahrene Ratgeber ausgewechselt. Gab es Veränderungen, gingen sie vielmehr behutsam vor sich, mußten doch jene, denen er verpflichtet war und die auf hohe Ämter unter der neuen Regierung gehofft hatten, ihre Karriere in untergeordneten Positionen beginnen, um ihr Handwerk von der Pike auf zu lernen. Finanz- und Steuerangelegenheiten überließ er seinem Bruder Orphanotrophos; alles andere behielt er fest in der eigenen Hand, insbesondere die Lokalverwaltung, die auswärtigen Angelegenheiten und das Heer, dessen jämmerliche Moral er weitgehend aufzumöbeln verstand.

Michael besaß kaum Bildung, aber er lernte schnell. Schon wenige Monate, nachdem er die Macht selbst in die Hand genommen hatte, regierte er das Reich sicher und fest. Laut Psellos lobten seine Ratgeber seinen Fleiß, die rasche Auffassungsgabe, den sicheren politischen Instinkt und – trotz seiner Epilepsie – seine emotionale Ausgeglichenheit: niemals soll er die Geduld verloren haben oder auch nur laut geworden sein, sondern sprach – mit ungewöhnlich klangvoller Stimme – gleichmäßig und rasch, war schlagfertig und verfügte über eine natürliche Leichtigkeit im Ausdruck. In seiner Gegenwart vergaß man offenbar seine niedrige Herkunft und seinen schändlichen Weg zum Thron ohne weiteres und nahm nur noch seine Intelligenz, die angenehmen Umgangsformen und sein offensichtlich echtes Interesse, dem Reich mit allen Kräften zu dienen, wahr. Die ihn gut kannten, bewunderten vor allem die Festigkeit, die er im Kampf gegen seine grausamsten Handikaps an den Tag legte: seine Krankheit und seine Familie.

Drei seiner vier älteren Brüder waren im Grunde nichts anders als Parasiten, die auf Kosten des Hofes lebten, einzig auf ihren Vorteil bedacht. Johannes Orphanotrophos, der älteste, erscheint dagegen als um so eindrucksvollere Figur. Gingen ihm Michaels neuerdings zu beobachtende Selbstlosigkeit und hohe moralische Grundsätze auch ab, so stand er ihm an Fleiß und Intelligenz doch kaum nach. Während Michael, den die Krankheit zunehmend schwächte, gelegentlich vor Erschöpfung fast zusammenbrach, schien Johannes' Energie unerschöpflich. Das gleiche gilt für seine Wachsamkeit. Er arbeitete unermüdlich bis spät in die Nacht und durchstreifte anschließend mit offenen Augen und Ohren die Straßen von Konstantinopel. In der Mönchskutte, die er dann zu tragen pflegte, blieb er unerkannt. Es schien nichts zu geben, was er nicht wußte. Wie sein Bruder war er nicht bösartig und hätte wohl niemandem vorsätzlich Unrecht angetan, doch pflegte er ein derart grimmiges und furchterregendes Auftreten, daß man ihn zwar nicht gerade haßte, aber zumindest überall fürchtete. Er trank ausgiebig und gab sich gelegentlich wüsten Ausschweifungen hin. Doch verließen ihn auch in solchen Situationen seine Schläue und Wachsamkeit nicht. Saufkumpane mußten die bittere Erfahrung machen, daß er sich jedes unachtsam dahingeredete Wort merkte und sie am nächsten Morgen vorgeladen wurden, um sich zu rechtfertigten. Psellos – der ihn gut kannte – war nicht der einizige, der schloß, daß Johannes Orphanotrophos betrunken sogar noch gefährlicher war als im nüchternen Zustand.

In einem weiteren wichtigen Punkt unterschied er sich von seinem Bruder, dem Kaiser. Während dieser in allem, was er tat, sich um Fairneß und Unparteilichkeit zumindest bemühte, sorgte sich Johannes vornehmlich um das Fortkommen seiner Familie. Sicherlich brachte diese Schwäche auch ihre Vorteile: ohne sie wäre Michael, um nur die vorrangigste zu nennen, gar nicht erst auf den Thron gelangt, und einmal im Besitz der höchsten Macht, fand er in Johannes jederzeit Rückhalt. Das Betragen der anderen drei Brüder störte Johannes genauso wie alle anderen; er fühlte sich aber dennoch verpflichtet, sie zu schützen, und tat alles, um vor Michael ihre Missetaten zu verbergen oder, falls ihm dies nicht gelang, sie herunterzuspielen oder die Schuld einfach auf andere abzuwälzen. Dies allein vermag zu erklären, warum Michael nicht mit aller Härte gegen sie vorging, wozu er sehr wohl imstande gewesen wäre. Für Johannes gilt diese Entschuldigung nicht. Hätte er sie so fest ange-

Johannes Orphanotrophos (1038)

faßt, wie er alle und alles zu behandeln pflegte, wäre wohl alles in Ordnung gewesen. Indem er dies jedoch unterließ, erwies er dem Ansehen seines Bruders, wie auch seinem eigenen, einen Bärendienst.

Noch schlimmer wirkte sich aus, daß er diesen Familiensinn auch noch auf Stephanos, den Gatten seiner Schwester Maria, ausdehnte. Bevor sich dieser ganz unerwartet als Schwager des Kaisers sah, war er dem schlecht angesehenen Beruf eines Schiffskalfaterers im Hafen von Byzanz nachgegangen. Einem Mann wie ihm, weder intelligent noch gebildet und auch sonst völlig unfähig, hätte es zum Vorteil gereicht, bei seinem Leisten zu bleiben. Psellos hat eine unvergeßliche Beschreibung hinterlassen:

Ich sah ihn nach seiner Verwandlung... Sein Pferd, seine Kleidung und alles, was sonst noch die Erscheinung eines Menschen verändert – alles war fehl am Platz. Es sah aus, als wollte ein Zwerg Herkules spielen... Je mehr sich eine solche Kreatur bemüht, desto mehr straft ihre Erscheinung sie Lügen: sie trägt zwar die Löwenhaut, wird aber vom Gewicht der Keule in den Staub gezogen.

Hätte sich Johannes Orphanotrophos damit zufriedengegeben, seinen Schwager mit Ehren und Titeln zu überhäufen, wäre kein großer Schaden enstanden. Leider ließ er es dabei nicht bewenden. Im Jahre 1038 sorgte er im Gegenteil dafür, daß Stephanos den Oberbefehl über die Transportschiffe für das aufwendigste – und ohne ihn vielleicht erfolgreichste – militärische Unternehmen in der Regierungszeit Michaels erhielt: im lange aufgeschobenen Sizilienfeldzug.

Ursprünglich von Basileios II. für das Jahr 1026 geplant, durch seinen Tod im Jahr davor aber auf unbestimmte Zeit verschoben, schien Michael und seinen Ratgebern dieser Feldzug jetzt nötiger denn je. Die unablässigen Überfälle auf byzantinische Territorien in Süditalien durch die von Sizilien aus operierenden Sarazenen waren nicht mehr bloß lästig, sondern bedrohten schon bald die Sicherheit des Reichs. Diese Angriffe verwüsteten nicht nur die Küstenstädte, sondern die städtischen Kaufleute klagten überdies, im Mittelmeer wimmle es nur so von Piraten, was die Importe mehr und mehr verteuere und den Außenhandel beeinträchtige. Sizilien galt in Byzanz einmütig als angestammter Teil des Reichs; es gab dort noch immer einen beträchtlichen Anteil an griechischer Bevölkerung. Daß die Insel nun schon über zweihundert Jahre in heidnischer Hand war, betrachtete man als einen Affront gegen die Sicherheit wie auch den Stolz des Reichs.

Im selben Maß, in dem der Feldzug in den zwölf Jahren seit Basileios' Tod immer dringlicher geworden war, hatten sich auch die Erfolgschancen verbessert. Unter den arabischen Emiren der Insel war ein Bruderkrieg ausgebrochen. Al-Akhal, der Herrscher von Palermo, hatte sich plötzlich einem Heer von Aufständischen unter der Führung seines Bruders Abu Hafs gegenübergesehen, das von sechstausend afrikanischen Kriegern unter dem Befehl Abdullahs, des Sohnes Emir Zirids von Kairouan, noch verstärkt wurde. Mehr und mehr in Bedrängnis geraten, bat er schließlich 1035 Konstantinopel um Hilfe, und Michael sagte sie ihm zu: so eine Gelegenheit würde sich nicht so bald wieder bieten. Die Ermordung des Emirs fast unmittelbar darauf vereitelte leider die verlockende Aussicht auf eine ungehinderte Landung. Da aber der Aufstand anschließend ganz Sizilien erfaßte, schienen die untereinander zunehmend zerstrittenen sarazenischen Gruppierungen außerstande, einem geballten byzantinischen Angriff nennenswerten Widerstand entgegenzusetzen.

Die Flotte stach im Frühsommer 1038 unter dem Oberkommando von Georgios Maniakes in See, der immer noch vom Ruhm seines Triumphs in Syrien zehrte und nun erster Feldherr des Reichs war. Psellos beschreibt ihn als wahrhaft furchterregende Person:

Ich sah den Mann selbst und bewunderte ihn, denn die Natur vereinte in dieser Person alle erforderlichen Qualitäten eines militärischen Befehlshabers. Er war drei Meter groß, so daß die Männer, um ihn anzuschauen, den Kopf weit in den Nacken legen mußten, als höben sie den Blick zum Kamm eines steilen Hügelzuges oder zum Gipfel eines hohen Berges. Seine Erscheinung war weder edel noch angenehm, sondern beschwor die Vorstellung eines heftigen

Maniakes' Schmach (1040) 355

Sturmes herauf. Seine Stimme tönte wie Donnerhall, und seine Hände sahen aus, als wären sie dazu geschaffen, Mauern einzureißen oder Bronzetore zu zerschmettern. Er hatte die Sprungkraft eines Löwen, ein Stirnrunzeln löste Entsetzen aus. Diesem Eindruck entsprach auch alles andere an ihm. Wer ihn zum ersten Mal sah, mußte feststellen, daß alles, was er über ihn gehört hatte, untertrieben war.

Das Heer, welches dieses grandiose Ungeheuer befehligen sollte, setzte sich wie immer aus verschiedensten Einheiten zusammen. Die stärkste Abteilung bildete ein eindrucksvolles warägisches Kontingent, zu welchem der von einer Pilgerreise nach Jerusalem zurückgekehrte, legendäre nordische Held Harald Hardråde gestoßen war. Den Schwachpunkt stellte eine Abteilung murrender Lombarden aus Apulien dar, denen es überhaupt nicht paßte, daß man sie in byzantinische Dienste gezwungen hatte, was sie offenbar bei jeder Gelegenheit zeigten. Als man im Spätsommer landete, schien alles auf einen Erfolg hinauszulaufen. So tollkühn die untereinander zerstrittenen Sarazenen auch kämpften, konnten sie doch gegen die anbrandende Flut kaum etwas ausrichten. Messina fiel gleich zu Anfang, dann folgte nach heftigen Kämpfen Rometta, die Schlüsselfestung für die Kontrolle des Passes, der Messina mit der Küstenstraße nach Palermo verband. Über die folgenden Etappen des Feldzugs ist kaum etwas bekannt.[8] Das Heer scheint sich langsam, aber stetig auf Syrakus zubewegt zu haben, das 1040 in Maniakes' Hand geriet.[9]

Die Demoralisierung der byzantinischen Streitkräfte und ihr Zusammenbruch nach der Einnahme von Syrakus erfolgten jäh und so umfassend, daß man die sarazenische Behauptung, Allah habe auf ihrer Seite in den Kampf eingegriffen, nur zu gut verstehen kann. Von Anfang an scheint alles schiefgegangen zu sein. Soweit sich das beurteilen läßt, ist die Schuld zum Teil Maniakes und zum Teil Stephanos, dem Schwager des Kaisers, anzulasten. Maniakes verhehlte seine Verachtung für letzteren nie und vergaß sich ihm gegenüber nach einigen besonders krassen Beweisen von Unfähigkeit so weit, daß er ihn heftig anpfiff, spottend Zweifel an seiner Männlichkeit äußerte und ihn als reinen Zulieferer für die Vergnügungen seines kaiserlichen Schwagers bezeichnete. Da dieser Vorfall Stephanos allein schon durch die Gestalt des Angreifers zutiefst beunruhigt haben muß, entschloß er sich zur Rache und sandte eine Eilbotschaft nach Konstantinopel, in der er Maniakes des Verrats beschuldigte. Der wurde umgehend nach Konstantinopel zurückbeordert, und ohne daß er Gelegenheit erhielt, zu den Vorwürfen Stellung zu nehmen, kurzerhand ins Gefängnis geworfen. Den Oberbefehl aber erhielt zunächst Stephanos – mit leicht vorhersehbaren Folgen –, und als dieser bald darauf starb, ging er auf den Eunuchen Basileios über, und der war kaum besser. Zu diesem Zeitpunkt hatte das Heer seine Schlagkraft und Kampflust längst eingebüßt: es setzte zum Rückzug an.

Doch es sollte noch schlimmer kommen. Schon seit einigen Jahren wuchs in Apulien die Unzufriedenheit spürbar. Die lombardischen Separatisten hatten keine Schwierigkeiten, die Bevölkerung gegen ihre byzantinischen Herren aufzuwiegeln, dies besonders seit die kaiserlichen Soldatenwerber Rekruten zum Heeresdienst zwangen. Bereits 1038 fielen etliche führende Leute Mordanschlägen zum Opfer, 1039 präsentierte sich die Stimmung hochexpolsiv, und 1040 ertönte schließlich das Signal zum Aufstand: der *Katapan* wurde ermordet, die Bürgerwehren entlang der Küste meuterten derart, daß die kaum besetzten Garnisonen ihrer nicht mehr Herr werden konnten. Das eilends aus Sizilien herbeigerufene Heer sollte die Ruhe wiederherstellen. Daraufhin war innerhalb weniger Monate ganz Sizilien mit Ausnahme von Messina wieder fest in sarazenischer Hand, so als hätte der aufwendige Feldzug niemals stattgefunden.

Als die Nachricht von der Katastrophe Konstantinopel erreichte, zeichnete sich Michaels Tod bereits ab. Zu politischen Geschäften schon nicht mehr in der Lage, verbrachte er seine Tage mit immer verzweifelteren Versuchen, den göttlichen Zorn zu beschwichtigen, der ihn schon im dritten Lebensjahrzehnt zu einem schrecklich aufgedunsenen Zerrbild seiner selbst hatte werden lassen, nachdem seine Schönheit doch noch einige Jahre zuvor Zoes Herz gewonnen hatte. In jeden Winkel des Reichs wurden Boten mit der Anweisung geschickt, an Pfarrer und Mönche zwei Goldstücke auszuzahlen,

Michael Kalaphates (1040) 357

damit sie für seine Gesundung beteten. Michael selbst hielt sich
immer öfter in Thessalonike auf, warf sich mit ausgestreckten
Armen und Beinen über das Grab des von ihm so sehr verehrten heiligen Demetrios und flehte ihn um Fürbitte an.

Die Regierung des Reichs lag nun in der fähigen Hand von Johannes Orphanotrophos. Manche Berichte, darunter jene von Skylitzes
und Zonaras, zählen seitenlang seine angeblichen Unzulänglichkei-
ten auf. Für Psellos, der der Wirklichkeit wohl etwas näher kommt,
war Johannes in außerfamiliären Angelegenheiten weder ungerecht
noch korrupt, allerdings besessen von der Vorstellung, eine paphlagonische Dynastie zu gründen, und in dieser einen Hinsicht nichts
unversucht zu lassen, was diesem Ziel dienen konnte. Sein Bruder
Michael konnte gut und gern in einem Jahr tot sein, ohne einen
Erben zu hinterlassen. Wie ließ sich da die Nachfolge durch ein
Familienmitglied sichern? Schon 1037 hatte Johannes einen zielge-
richteten Vorstoß auf den Patriarchenthron unternommen, indem er
behauptete, der gegenwärtige Amtsinhaber Alexios Studites sei
nicht nach kanonischem Recht gewählt. Aber der alte Alexios war
ein zu gerissener Gegner für ihn. Wäre seine Wahl tatsächlich ungültig, hatte er geltend gemacht, dann auch jede einzelne kirchliche
Ernennung, die er in den letzten elf Jahren vorgenommen hatte: null
und nichtig damit also auch die Krönung der letzten drei Kaiser.
Johannes' Argumentation fiel in sich zusammen, und die ganze
Angelegenheit verlief im Sande.

Die Frage aber blieb: wer sollte Michaels Nachfolger werden?
Von seinen und Johannes' drei Brüdern war einer, Niketas, schon
tot, die anderen, Eunuchen wie Johannes, kamen nicht in Frage. Zu
jedermanns Erleichterung war sein Schwager Stephanos ebenfalls
tot. Es gab also nur noch eine Möglichkeit: Stephanos' Sohn Michael, der nach dem Beruf seines Vaters von allen Kalaphates (Kalfate-
rer), genannt wurde, doch die Aussicht war nicht gerade erhebend.
Obwohl der Junge – das genaue Datum seiner Geburt ist zwar unbekannt, doch war er dem Jugendalter noch nicht entwachsen – auf
den ersten Blick einen ganz ordentlichen Eindruck machte, entpupp-
te er sich nach dem Zeugnis so mancher bei näherer Bekanntschaft
als Wolf im Schafspelz, als zwanghafter Lügner und unverbesserlicher Intrigant, dessen zur Schau gestellte Freundlichkeit seine wahre

Absichten nur allzuoft verhüllte. Doch Orphanotrophos hatte seine Entscheidung getroffen; Michael IV. zu überreden fiel ihm nicht schwer; Zoe war nicht in der Lage, sich zu widersetzen. So wurde schon bald anläßlich eines Hochamts in der Blachernenkirche die Thronfolge seines Neffen feierlich bestätigt. Die gealterte Kaiserin, die neben ihrem kranken jungen Mann auf dem Thron saß, adoptierte Michael Kalaphates in aller Form als ihren Sohn, indem sie ihn als Symbol dafür, aber auch in einer irgendwie lächerlich wirkenden Geste auf den Schoß nahm. Der Kaiser rief ihn dann mit schwacher Stimme zum Cäsar aus, woraufhin der junge Mann, von dem die zahlreich Versammelten großenteils noch nie etwas gehört hatten und den sie bei der Gelegenheit zum ersten Mal sahen, zur altehrwürdigen Weihezeremonie schritt.

Mochte der neue Cäsar auch unbekannt sein, so erkannten doch alle ohne Ausnahme Johannes Orphanotrophos, der am Throne stand, und niemandem unter ihnen konnte sein Ausdruck von Befriedigung, ja Triumph entgehen. Sie ahnten jedoch ebensowenig wie er, daß er schon bald die Katastrophe bedauern würde, die er unwissentlich über das Reich, seine Familie und sich selbst heraufbeschworen hatte.

Es erübrigt sich an dieser Stelle, im einzelnen den Gründen für den Aufstand nachzugehen, der im Sommer 1040 in Bulgarien losbrach. Die Art der byzantinischen Besteuerung ist dafür wohl in erster Linie verantwortlich zu machen. Basileios II. hatte in weiser Voraussicht den bulgarischen Untertanen gestattet, ihren Tribut in Naturalien zu entrichten, wie sie es seit je gewohnt waren. Johannes Orphanotrophos bestand aber auf Geldzahlungen, womit er ihnen eine viel schwerere Last aufbürdete. Besonders erbittert war man in Bulgarien außerdem darüber, daß nach dem Tod des slawischen Bischofs von Ochrid im Jahre 1037 ein Grieche namens Leon, *Chartophylax* der Hagia Sophia, als Nachfolger ernannt wurde. Drei Jahre später griffen sie unter der Führung eines gewissen Peter Deljan zu den Waffen; es scheint sich dabei um einen Enkel Zar Samuels aus einer unehelichen Verbindung zu handeln. Zu ihm stieß ein paar Wochen später sein Vetter Alusian, der seinem Hausarrest in Konstantinopel hatte entkommen können. Die bulgarischen Aufständischen vertrie-

Michael Kalaphates (1040)

ben die byzantinischen Besatzungstruppen binnen kurzem aus West-bulgarien und fielen dann wie zuvor unter Symeon und Samuel in Nordgriechenland ein. Gegen Ende des Jahres nahmen sie Dyrrha-chion im Sturm, was ihnen einen Zugang zur Adria verschaffte, und drangen anschließend nach Süden bis zum Golf von Lepanto vor; dann marschierten sie gen Osten, um Theben zu belagern.

Da ereignete sich etwas Bestürzendes: Kaiser Michael IV. tat in einer Ansprache vom Palast in Thessalonike aus unvermittelt die Absicht kund, dem Feind an der Spitze seines Heeres persönlich ent-gegenzuziehen. Dabei war er inzwischen halb gelähmt und seine monströs geschwollenen Beine vom Brand befallen. Schon die klein-ste Bewegung bereitete ihm Qualen. Vergeblich beschwor ihn seine Umgebung, darunter auch die noch lebenden Brüder, diesen Gedan-ken fahren zu lassen, er wollte nicht auf sie hören. Schlimm genug, so beteuerte er, daß das Reich während seiner Regierung keinen Zuwachs erlebt habe; er wolle wenigstens dafür sorgen, daß es nicht auch noch verkleinert werde. Psellos schreibt:

> Seine erste Schlacht, die er siegreich bestand, führte er gegen Leute seines Vertrauens, noch bevor er mit den Barbaren in Berührung kam; und die erste Kriegstrophäe stellte der Triumph über seine eigenen Verwandten und Anhänger wie auch über sich selbst dar. Seine körperliche Schwäche wurde durch seine Willenskraft mehr als wettgemacht, und von dieser Kraft beflügelt, legte er seine Sache in Gottes Hand.

Nach Psellos gibt es keinen Zweifel daran, daß es sich nicht um eine leere Geste handelte. Es ging nicht um sinnlose Heldentaten, auch nicht darum, daß ein Todkranker ausritt, um den ruhmreichen Tod auf dem Schlachtfeld zu suchen. Vielmehr wurde der Feldzug genau-estens geplant, die Ziele mit Bedacht gewählt; erst dann führte der sterbende Basileus sein Heer über die Grenze in den Krieg.

Als der Heerestroß im Feindesland ankam, schlug man an geeig-neter Stelle ein Lager auf und hielt Rat, und danach befahl der Kaiser, die Bulgaren anzugreifen. Über diesen außergewöhnlichen Plan waren nicht einmal seine Befehlshaber mit ihm einer Meinung. Wen wundert das, zumal man in der Nacht sogar die Ärzte holen mußte und Michael zu sterben drohte. Doch bei Tagesanbruch erhob er sich sogleich – irgendeine Macht gab ihm ganz offensichtlich neue Kraft –, bestieg sein Pferd, saß fest im Sattel und hielt das Tier mit großem Geschick im Zaum. Dann ritt er zum Verblüffen aller, die ihn sahen, nach hinten und formierte die einzelnen Abteilungen seines Heeres zu einer geschlossenen Streitmacht.

Es würde sich für ihn gut machen, könnte man das Zerschlagen der bulgarischen Rebellion auf die Kühnheit des Kaisers zurückführen. In Wirklichkeit verschuldeten es jedoch Alusians Leute selbst, und zwar durch ihre Disziplinlosigkeit. Sie belagerten zunächst Thessalonike, gerieten dann aber so in Unordnung, daß sie die Verteidigungstruppen praktisch einluden, aus der Stadt heraus zu stürmen und sie zu vernichten. Kam dazu, daß zu dem Zeitpunkt bereits eine Fehde zwischen den beiden Anführern ausgebrochen war und Deljan seinen Vetter Alusian vorschnell der Inkompetenz, ja sogar des Verrats beschuldigte. Alusians Reaktion bestand darin, Deljan eine Falle zu stellen und ihm mit einem Schnitzmesser die Augen auszustechen und die Nase abzuschneiden. Als ihm bald darauf klar wurde, daß der Aufstand verloren war, bot er Michael IV. in einer geheimen Botschaft die Kapitulation gegen Garantie für sicheres Geleit nach Konstantinopel an.

So zog Kaiser Michael IV. zu Beginn des Jahres 1041 im Triumph in Konstantinopel ein, gefolgt von seinem Heer und einem Zug von Gefangenen, zu denen auch der des Augenlichts und seiner Nase beraubte Deljan gehörte. Psellos, der dabei war, beschreibt die Szene:

Die Bevölkerung strömte aus ihren Häusern, um den Kaiser willkommen zu heißen. Ich sah ihn bei dieser Gelegenheit; er sah aus, als nähme er an einer Beerdigung teil, und saß schwankend auf seinem Pferd. Die Finger, mit denen er die Zügel hielt, sahen denen eines Riesen ähnlich, denn jeder einzelne war so dick wie ein Menschenarm – eine Folge seiner Krankheit. Auch zeigte sein Gesicht keine Spur mehr von seiner einstigen Schönheit.

Tod Michaels IV. (1041)

Der Einzug in Konstantinopel war Michaels letztes Auftreten in der Öffentlichkeit. Im Lauf des Jahres verschlechterte sich sein Zustand stetig. Am 10. Dezember fühlte er sein Ende nahen und ließ sich in sein den Heiligen Kosmas und Damian geweihtes Kloster bringen. Dort legte er die kaiserlichen Gewänder und das Diadem ab und tauschte sie gegen eine einfache Mönchskutte ein. Seine Brüder, insbesondere Johannes, vermochten die Tränen nicht zurückzuhalten. Nur er selbst blieb gelassen und heiter im festen Glauben, endlich die Vergebung erlangt zu haben, nach der er so lange gestrebt hatte. Zum allseitigen Erstaunen trat plötzlich die alte Kaiserin Zoe durch das Klostertor; sie hatte vom Zustand ihres Mannes gehört und wollte ihn vor seinem Tod unbedingt noch einmal sehen. Aber Michael weigerte sich selbst angesichts des Todes noch, sie zu empfangen. (Was mögen die Gründe gewesen sein für eine so unnötige Brüskierung der Frau, der er schließlich alles verdankte?) Als die Vesperstunde nahte, verlangte er nach Sandalen. Auf die Auskunft hin, die eigens für ihn angefertigten seien noch nicht verfügbar, verzichtete er auf die kaiserlichen Purpurstiefel und humpelte barfuß in die Kapelle, gestützt von zwei Mitbrüdern. Diese Anstrengung überstieg jedoch seine Kräfte. Da er nach Atem rang, brachte man ihn in seine Zelle zurück, und dort starb er eine oder zwei Stunden später.

Wenige all derer, die den byzantinischen Thron innehatten, sind aus so niedrigen Verhältnissen aufgestiegen und wenige auf eine so fragwürdige Weise an die Macht gekommen, und gewiß keiner hat ein so qualvolles Ende genommen. Vielleicht wäre Michael, hätte er länger gelebt, ein erfolgreicher Kaiser geworden. Vielleicht hätte er den schleichenden Prozeß des Niedergangs, der mit dem Tod Basileios' II. im Jahre 1025 eingesetzt hatte, noch einmal aufzuhalten vermocht. Er besaß Klugheit, Weitblick und – wie der Aufbruch zum letzten, so verblüffenden Bulgarienfeldzug beweist – fast übermenschliche Willenskraft. Alles in allem eine echt tragische Gestalt; während der Regierungszeit derer, die ihm nachfolgten, gab es wohl viele, die heftig bedauerten, daß er nicht mehr da war.

17

Das Ende der Paphlagonier
(1041–1042)

Gott ist nicht ungerecht. Ich habe mich schwerer
Verbrechen schuldig gemacht, für die ich nun die
gebührende Strafe erleide.

Michael V. kurz vor seiner Blendung

Johannes Orphanotrophos traf der Tod des kaiserlichen Bruders schwer. Mochte er auch ein Ränkeschmied und Intrigant sein, die Verbundenheit mit Michael war groß und echt. Drei Tage und drei Nächte lang hielt er Totenwache, bis zur Beerdigung. Die beiden anderen Brüder verhielten sich reichlich verschieden. Da sie fest entschlossen waren, ihren Neffen sicher auf den Thron zu bringen, bevor ein Rivale darauf Anspruch erheben konnte, brachten sie ihn schon in den Palast, kaum daß man seinen Vorgänger hinausgetragen hatte. Sie hätten ihn auch zweifellos umgehend gekrönt, doch dazu fehlte ihnen die nötige Macht. Ihr Geschick hieß, so lange zu warten, bis Johannes Orphanotrophos von seinem letzten Ehrendienst zurückkehrte. Psellos beschreibt die Szene als Augenzeuge:

Als die Brüder Johannes über die Torschwelle des äußeren Palastes kommen hörten, näherten sie sich ihm, als träten sie vor Gott selbst. Diese Zeremonie hatten sie vorher genau geplant: sie umringten ihn und bedeckten ihn über und über mit Küssen. Selbst sein Neffe streckte die Hand nach ihm aus, als ströme bereits durch bloße Berührung ein Segen von ihm aus.

Beim anschließenden Familienrat bestand Johannes listig besonders darauf, daß nichts ohne die wirkliche oder zumindest scheinbare

Zustimmung von Kaiserin Zoe unternommen werden dürfe. Als Nichte Basileios' II. besaß sie allein die Legitimation der Nachfolge. Auf ihre Zustimmung konnte nicht verzichtet werden, wenn Michael Kalaphates als neuer Basileus auch nur die geringste Chance haben sollte.

Sie suchten also Zoe auf, und Michael warf sich seiner Adoptivmutter zu Füßen. Dann wiesen sie sie höchst beredt darauf hin, daß sie die Macht, die ihr von Geburt zukomme, nur durch ihn wiedererlangen könne, versprachen, er werde nur dem Namen nach Kaiser sein, während in Wirklichkeit sie herrschen werde – es sei denn, sie ziehe es vor, durch ihn zu regieren, in diesem Fall würde er ihr aber immer noch dienen, nämlich als Marionettenkaiser und Sprachrohr. So oder so, er würde ihr Sklave sein und ihr jeden Wink von den Augen ablesen. Im Grunde machtlos, dazu nicht mehr jung, an Ehrgeiz gebrochen, vielleicht auch nicht sonderlich intelligent und ohne eine getreue Beratung, ließ sich Zoe überreden, und das hatten die vier auch vorhergesehen. So schritt Michael V. mit ihrer Zustimmung zur Krönung.

Das Oströmische Reich bestand nunmehr gut siebenhundert Jahre. In dieser Zeit hatten fünfundfünfzig Oberhäupter auf dem Thron gesessen. Auf einige war er duch Erbschaft übergegangen, auf andere, wie Michael IV., durch Heirat; wieder andere, unter ihnen zum Beispiel Nikephoros Phokas und Johannes Tzimiskes, hatten ihn mit mehr oder weniger Gewalt an sich gerissen, wobei sie sich immerhin als siegreiche Feldherren das Recht der Erfolgreichen zugestanden und von ihrer Anhängerschaft einer Tradition gemäß, die älter war als Byzanz und bereits auf Augustus zurückging, proklamiert worden waren. Daher kann man wohl mit einigem Recht behaupten, kein Kaiser in der gesamten Geschichte von Byzanz habe weniger Anrecht auf den Thron gehabt als Michael Kalaphates. Sein Onkel war wenigstens noch von einer Kaiserin zum Mann genommen worden, der Neffe dagegen nicht einmal zum Geliebten. Er war von niederster Herkunft, und an militärischen Verdienstem gab es auch nichts vorzuweisen. Er besaß weder charakterliche noch geistige Vorzüge, die ihn auch nur über die geringsten seiner Untertanen emporgehoben hätten. Dieser nichtssagende junge Mann, der nun zu Gottes Stellvertreter auf Erden, den Aposteln gleich, ernannt

Sturz von Johannes Orphanotrophos (1042) 365

wurde, verdankte seine Erhöhung ausschließlich zweierlei: den Machenschaften eines korrupten, selbstsüchtigen Kanzlers und der schwachen Entscheidung einer alten Kaiserin.

In den ersten Wochen seiner Regierungszeit legte er die passende, wenn nicht gar widerwärtige Demut an den Tag, redete Zoe mit »meine Herrin, meine Herrscherin«, Johannes Orphanotrophos mit »mein Herr und Gebieter« an und stellte einen eigenen Thron für diesen neben dem seinem auf. Aber dieses Vorspiel hielt nur eine geraume Zeit an. Schon ein paar Wochen später bemerkte Johannes – der Michaels V. doppeltes Spiel durchaus durchschaute – ohne großes Erstaunen, daß seines Neffen Haltung ihm gegenüber sich drastisch änderte, sowie er ihm den Rücken kehrte. Kurz darauf machte er eine weitere, viel bedenklichere Entdeckung, daß nämlich sein Bruder Konstantin, dem er die Stellung des obersten *Domestikos* verschafft hatte, Michaels Feindseligkeit gegen ihn nach Kräften förderte.

Konstantin, so scheint es nun, hegte schon lange Neid im Herzen auf den Erfolg seines Bruders und die Absicht, ihn zu verderben, sobald sich das gefahrlos machen ließ. Seit dem Augenblick der Ernennung Michaels zum Cäsar hatte er sich deshalb eifrig um die Freundschaft des jungen Mannes bemüht und hatte sich darin als so erfolgreich herausgestellt, daß Michael ihn anläßlich seiner Thronbesteigung in den Rang eines *Nobilissimus* erhob und ständig in seiner Nähe wissen wollte. Seit Konstantin seine Stellung gefestigt glaubte, versuchte er nicht einmal mehr den Anschein zu erwecken, Johannes mit Höflichkeit zu begegnen, sondern schmähte ihn in aller Öffentlichkeit, wann immer sich die Gelegenheit dazu ergab. Nach einer besonders heftigen Auseinandersetzung zwischen den beiden während eines Diners beim Kaiser, erhob sich Johannes zornbebend vom Tisch und verließ den Palast, begab sich aber nicht in seine Wohnung, sondern zog sich auf eines seiner Landgüter zurück: als Zeichen der Mißbilligung, welches, wie er glaubte, Michael bald wieder zur Vernunft bringen würde. In der Tat traf schon kurze Zeit darauf ein Brief mit dem kaiserlichen Siegel ein, in dem zwar sein Stolz als übertrieben angeprangert, er aber auch gebeten wurde, zurückzukehren. In der Annahme, es gelte geheime Staatsgeschäfte zu besprechen, willigte er sofort ein und erwartete, von einem reichlich zerknirschten Neffen empfangen zu werden. Als er jedoch im Palast eintraf, hieß es, der Kaiser sei ins Theater gegangen und habe keinerlei Nachricht hinterlassen. Wütend drehte er sich auf dem Absatz um und kehrte schnurstracks auf sein Landgut zurück.

Psellos, von dem diese Geschichte stammt, gibt sich ohne Anflug eines Zweifels sicher, daß Johannes Orphanotrophos das Ausmaß der Feindseligkeit von seiten Michaels V. ihm gegenüber beträchtlich unterschätzte. Nach diesem Vorfall gab er sich indes keinen Illusionen mehr hin. Endlich sah er deutlich, daß der ganze Plan, seinen Neffen auf den Thron zu bringen, ein katastrophaler Fehler gewesen war, außerdem, daß sein eigener Sturz sich nur dann würde verhindern lassen, wenn er all seine Kraft und Phantasie daransetzte, Michael V. zu stürzen. Zu seinem Pech zogen aber Michael und Konstantin denselben Schluß. Mochten sie auch nicht so intelligent sein wie er, sie verfügten statt dessen über die ganze Regierungsgewalt. Einige Tage später tauchte am Landungssteg von Johannes' Gut, vermutlich irgendwo am Bosporus oder an der Küste des Marmarameers, ein Schiff unter kaiserlicher Standarte auf mit dem Befehl, ihn sogleich zum Palast zu schaffen, wo er sein jüngstes Verhalten erklären solle. Johannes Orphanotrophos muß Verdacht geschöpft haben, entschied sich aber dessenungeachtet zu gehorchen. Noch zu dem Zeitpunkt scheint er geglaubt zu haben, er könne seinen Neffen zur Einsicht bringen, so daß dieser sein eigenes Bestes erkannte.

Dazu gab man ihm jedoch gar keine Gelegenheit mehr. Als sich das Boot dem Großen Palast näherte, gab der Kaiser, der das Manöver von der obersten Terrasse aus verfolgte, ein vorher vereinbartes Signal; das Boot drehte ab, dann machte ein größeres Schiff daran fest, nahm Johannes an Bord und brachte ihn ins Exil, vermutlich in das entlegene Kloster von Monobate, obwohl Psellos behauptet, dort seien nur Banditen untergebracht worden. Konstantinopel hat er niemals wiedergesehen. Michael soll, nachdem er sein Mütchen gekühlt hatte, die Sache soweit bereut haben, daß er seinem früheren Wohltäter immerhin einige schlichte Annehmlichkeiten gewährte. Doch Michael war nicht Johannes' einziger Feind, und bei Verbannung und Einkerkerung allein sollte es darum nicht bleiben.

Zoes Verbannung (1042)

Nachdem ihm Johannes Orphanotrophos, der Michael V. Kalaphates als einziger gewisse Schranken gesetzt hatte, nicht mehr im Weg stand, konnte dieser endlich in die Tat umsetzen, was seit seiner Thronbesteigung in ihm gärte. Zunächst nahm er sich den Hofadel vor. Man kann sich leicht vorstellen, mit welch kaum verhohlener Verachtung dieser ihn vom Tag seiner Krönung an behandelte: man hielt sich zwar peinlich genau an die höfische Etikette, ließ ihn aber jederzeit die Niedrigkeit seiner Herkunft spüren und auch auf welche Weise er an die Macht gekommen war. Aus Rache zu allem entschlossen, machte er sich nun daran, diese Höflinge zu vernichten: er beschimpfte, bedrohte und demütigte sie, dann beraubte er sie einen nach dem anderen ihrer Privilegien, bis sie schließlich um ihr Leben zitterten. Er entließ die kaiserliche Wache (zu dieser Zeit fast durchweg eine Truppe aus Warägern und angelsächsischen Wikingern) und ersetzte sie durch eine Abteilung Skythen – vermutlich Sklaven und allesamt Eunuchen –, deren Loyalität er sich durch gestaffelte Belohnungen versicherte und die sich folglich allen seinen Launen gefällig zeigten. Zugleich gewährte er laut Psellos den Massen immer mehr Freiheiten, weil er glaubte, seine Autorität müsse auf der Liebe der Bevölkerung beruhen und nicht der einer verhätschelten Elite. Natürlich kam das bei den Massen gut an. Wenn Michael V. durch die Straßen ritt, hingen purpurne Tücher aus den Fenstern, waren die Straßen mit kostbaren Teppichen belegt. Im Rausch dieser Verherrlichung sah er sich schon bald als von allen geliebt, als Vater seines Volkes, und hielt seine Stellung für gesichert, ja so gesichert, daß er zum nächsten Punkt seines Planes überzugehen beschloß: zur Beseitigung seiner Adoptivmutter, Kaiserin Zoe.

Gewiß, sie hatte ihm kein Haar gekrümmt, und ihr verdankte er so gut wie seinem Onkel seinen Aufstieg. Aber gerade das war ihm Anlaß genug, sie ebenso wie Johannes zu behandeln, konnte er doch seinem Wesen nach nicht verwinden, wenn ihm jemand einen Dienst erwies. Darüber hinaus verkörperte Zoe für ihn alles, was er aus tiefster Seele haßte: den alten Adel, die makedonische Dynastie, die bornierten, verknöcherten Gepflogenheiten am byzantinischen Hof. Mitanzusehen, daß Zoe in der Kirche und beim Hofzeremoniell vor ihm der Vortritt gewährt und ihr Name bei offiziellen Verlautbarungen vor dem seinen genannt wurde, versetzte ihn in kalte Wut. Sie erinnerte ihn durch ihre bloße Anwesenheit ständig an seinen elenden Hintergrund und an die Demütigung angesichts der kriecherischen Beteuerungen, aufgrund derer er sich ihre Zustimmung zu seiner Krönung erschlichen hatte. Glaubte er zudem, wie Glykas und Skylitzes behaupten und er selbst später zu glauben vorgab, sie sei am Tod seines Vorgänger schuld und plane bereits den seinen? Schon möglich, daß dem so war: unsicher wie er nun einmal war, ließ er sich vielleicht alles einreden. Die Frage ist also nicht zu beantworten, aber das spielt auch keine Rolle, denn sein Entschluß stand ohnehin bereits fest. Es reichte nicht, daß Zoe alt war und bereits ein Schattendasein führte, sie mußte ins Exil.

Zoe hatte von seiten ihrer beiden Ehemänner schon reichlich viel erdulden müssen. Aber das war nichts, verglichen mit dem, was ihr Adoptivsohn ihr nun antat. Zum dritten Mal wurde sie in den Frauengemächern eingesperrt, ihr der Zugriff auf den Reichsschatz versagt, der rechtmäßig ihr gehörte, und nur gerade ein Minimum an Taschengeld zugebilligt. In der Vergangenheit hatte man ihr außerdem nach außen hin immer noch den ihrem Rang gemäßen Respekt gezollt. Diesmal machte man nicht einmal mehr den Versuch, zu verheimlichen, daß sie praktisch gefangengehalten wurde. Selbst das ohnehin seltene Auftreten in der Öffentlichkeit – in der Regel an hohen kirchlichen Feiertagen – war ihr nun untersagt. Man entzog ihr ihre Hofdamen und Zofen und überließ sie statt dessen der Obhut ungebildeter, grober Wärter, die Michael selbst aussuchte.

Aber auch damit gab er sich noch nicht zufrieden. Am Sonntag nach Ostern, dem 18. April 1042, stürmten Soldaten in ihre Gemächer und nahmen die glücklose Zoe unter dem Vorwurf versuchten Königsmordes fest. Das anschließende Tribunal, bei dem etliche falsche, bestochene Zeugen aussagten und die Kaiserin sich nicht einmal verteidigen durfte, war eine der schändlichsten Farcen. Man schnitt ihr das Haar ab und brachte es, wie befohlen, direkt zu Michael. Dann wurde sie eilig zu einem schon wartenden Schiff gebracht und noch am selben Abend in einen Konvent auf der Insel Prinkipo im Marmarameer geschafft. Psellos beschreibt ihren Gram teilnahmsvoll. Unter Tränen habe sie den Geist ihres Onkels Basileios' II. angerufen und um seinen Beistand gefleht. Bei der Ankunft sei

Zoes Verbannung (1042) 369

sie jedoch ruhig und anscheinend in ihr Schicksal ergeben gewesen. Mag durchaus sein, daß sie ein noch schlimmeres erwartet hatte.

Am folgenden Morgen ließ Michael V. den Senat zusammenkommen. Ob die Senatoren seinen Bericht von Zoes wiederholten Mordanschlägen glaubten, ist nicht mehr in Erfahrung zu bringen. Da sie jedoch die Konsequenzen eines etwaigen Protestes nur zu gut kannten, billigten sie seine Maßnahme umgehend und pflichtschuldigst. Der Stadtpräfekt selbst verlas vor einer großen Menschenmenge auf dem Konstantinsforum eine entsprechende öffentliche Erklärung. Wieder einmal hieß es, Zoe habe sich durch die wiederholten Mordversuche an ihrem Mitkaiser die Strafe selbst zuzuschreiben. Michael, so hob man hervor, habe das unter solchen Umständen einzig Mögliche getan. Im übrigen sei mit Patriarch Alexios in der gleichen Weise verfahren worden, denn dieser habe als Komplize bei ihren ruchlosen Pläne mitgewirkt.

Man wüßte gerne mehr über die Verstrickung des Patriarchen, doch geben die griechischen Quellen darüber so gut wie keine Auskunft. Erst von Ibn-al-Athir, einem arabischen Chronisten des dreizehnten Jahrhunderts, der sich offensichtlich auf eine andere, verlorengegangene Quelle stützt, erfährt man von anderen Gründen Michaels V., sich des Patriarchen zu entledigen. Er habe ihn anläßlich eines Besuchs in einem bosporusaufwärts gelegenen Kloster in einen Hinterhalt gelockt, wo ein Trupp seiner skythischen Garde ihm auflauerte, um ihn umzubringen. Alexios sei jedoch entkommen und sogleich nach Konstantinopel zurückgekehrt, wo er alle Kirchenglocken habe läuten lassen, um das Volk zum Aufstand zu bewegen. Diese Geschichte mag man glauben oder nicht; es ist damals jedenfalls zu einem solchen Volksaufstand gekommen. Als der Präfekt mit der Erklärung gerade zu Ende war, erscholl aus der Menge eine Stimme, die den Sturz des Gotteslästeres Michael verlangte und forderte, ihn durch Zoe, die rechtmäßige Kaiserin, zu ersetzen. Die Menge fiel sogleich in diesen Ruf ein. Einige versuchten, des Präfekten habhaft zu werden, und dieser kam gerade noch mit dem Leben davon.

So seltsam es sich anhören mag, das Volk von Konstantinopel hatte Zoe ins Herz geschlossen, obwohl sie sich um dessen Gunst nie bemüht hatte. Man sah in ihr nicht nur die Tochter, Enkelin und

Urenkelin kaiserlichen Geschlechts und die Nichte eines der erfolgreichsten Kaisers, die Byzanz je erlebt hatte; auch ihr Alter spielte
eine Rolle. Sie war bereits Kaiserin gewesen, als die meisten von
ihnen noch gar nicht geboren waren, und damit fast unmerklich zu
einer Institution geworden. Alle wußten, daß sie den jungen Michael
aus freien Stücken adoptiert hatte und er einzig ihr seinen Aufstieg
verdankte, der gerade vier Monate zurücklag. Die Vorstellung, sie
habe ihn sogleich umbringen wollen, war so lächerlich wie ihre
Behandlung durch Michael schändlich. Psellos gibt einen lebhaften
Augenzeugenbericht der Szene, die nun folgte:

Da sie keiner mehr aufzuhalten vermochte – der Aufstand hatte
auf die gesamte Bevölkerung übergegriffen –, stellte sich die Menge auf einen Kampf ein. Man bildete als erstes kleine Gruppen, so
ähnlich wie Kompanien. Dann ging man als Bürgerheer geschlossen zum Angriff über. Alle waren bewaffnet, die einen ergriffen
eine Axt, andere schwangen ein schweres Breitschwert, die dritten
faßten einen Bogen und wieder andere einen Speer. Aber die
Hauptmasse des Mobs, in der einige schwere Steine unter den
Gewändern verborgen und weitere wurfbereit in den Händen
hielten, rannte blindlings durcheinander. Zu Verstärkung der Aufständischen waren alle Gefängnisse geöffnet worden.
Ich stand gerade in der Außenhalle des Palastes und diktierte ver-
trauliche Depeschen, als plötzlich Pferdegetrappel an unser Ohr
drang, was den meisten von uns das Herz bis zum Hals schlagen
ließ. Dann überbrachte ein Bote die Nachricht, die gesamte Bevölkerung befinde sich im Aufruhr gegen den Kaiser. Sie stehe wie ein
Mann zusammen, marschiere unter einer Flagge und habe nur ein
Ziel . . . Ich schwang mich sogleich auf mein Pferd und sah während meines Ritts mitten durch die Stadt mit eigenen Augen, was
ich noch heute kaum glauben kann.
Es sah aus, als stünde die ganze Menge unter dem Einfluß eines
kollektiven Wahns, die Menschen schienen nicht mehr sie selbst.
Sie bewegten sich wie Verrückte, fühlten größere Kräfte, ihre
Augen blitzten feurig beflügelt, die Muskeln ihrer Leiber strotzten
vor Kraft . . .
Man beschloß, sich zuerst auf auf die kaiserliche Familie zu stür-

Aufstand in Konstantinopel (1042) 371

zen und ihre stolzen Luxusvillen und Paläste niederzureißen. Dieses Ziel vor Augen, setzte der Mob zum Generalangriff an. Alles wurde dem Erdboden gleichgemacht. Manche Gebäude waren überdacht, andere unbedacht dem Himmel ausgesetzt; einstürzende Dächer überhäufte man mit Schutt, Fundamente legte man frei, als hätte die Erde selbst ihre Last abgeworfen und die Böden hinweggeschleudert. Dies war aber nicht etwa allein das Werk starker junger Männer; auch junge Frauen und Kinder beiderlei Geschlechts beteiligten sich an der Zerstörung. Ein jedes Gebäude fiel schon beim ersten Ansturm, und die Zerstörenden plünderten vollkommen wahllos, was sich darin befand. Die Beute trugen sie, ohne einen Gedanken an die edlen Häuser, aus denen sie stammten, zum Verkauf zusammen.

Zu den ersten Häusern, die dergestalt zerstört wurden, gehörte jenes von Konstantin, des Kaisers Onkel. Irgendwie hatte er sich mit einigen Getreuen durch den Mob einen Weg zum Großen Palast gebahnt. Dort fanden sie Michael V., allein, von seiner Garde verlassen, in einer Ecke kauernd. Sie erkannten, daß sie nur dann eine Überlebenschance hatten, wenn sie Kaiserin Zoe aus dem Exil zurückholten. Also sandten sie eilig ein Boot aus, sie zu holen. Unterdessen scharte Konstantin, dem es im Unterschied zu seinem lamentierenden Neffen nicht an Handlungswillen gebrach, um sich, was er an loyalen Leuten noch auftreiben konnte, und traf Maßnahmen, den Palast so lange zu verteidigen, bis sie eintrafen. Den ganzen Tag über kämpften sie und feuerten einen Hagel von Pfeilen und Bolzen nach dem andern von Türmen und hochgelegenen Fenstern herab. Viele der Aufständischen kamen dabei um, aber für alle, die fielen, sprangen gleich mehrere in die Bresche. Als Kaiserin Zoe eintraf, war die Verteidigungstruppe fast am Ende.

Sie befand sich indes in einem ähnlichen Zustand. Auch jetzt noch fürchtete sie Michael Kalaphates und seinen Onkel, und das mit Recht. Sie war gewiß weit davon entfernt, über ihn und das Schicksal, das er selbst über sich gebracht hatte, zu frohlocken, und zwar vor allem deshalb, weil es ganz so aussah, als würde sie es mit ihm teilen müssen. Sie stimmte daher allem zu, was man von ihr verlangte, insbesondere, sich dem Volk als die gesetzmäßige Herrscherin zu zeigen – und noch einmal mit ihrem Adoptivsohn gemeinsame Sache zu machen. Zofen entkleideten sie hastig ihrer rauhen, wollenen Kutte und ersetzten sie durch ein Purpurgewand; man setzte ihr das kaiserliche Diadem so auf, daß es, so gut es ging, die Haarstoppeln bedeckte, die nach dem Kahlscheren nun zu sehen waren. Danach schritten Michael und Zoe, mit ihren Nerven am Ende, zur *Kathisma*, der kaiserlichen Loge im Hippodrom, zu der es einen direkten Zugang vom Palast aus gab.

Die führenden Aufständischen wollten jedoch von den beiden nichts wissen. Zoe hätten sie wohl akzeptiert, aber die Anwesenheit von Michael an ihrer Seite reichte aus, um sie davon zu überzeugen, daß sie praktisch immer noch seine Gefangene war. Aus ihrer Sicht konnte es keine Lösung der Krise geben, solange Michael auf dem Thron saß. Plötzlich durchzuckte die Menge ein neuer Gedanke: Theodora. Nunmehr fünfzehn Jahre zuvor hatte Zoe ihre jüngere Schwester offenbar in einer ungerechtfertigten Anwandlung von Konkurrenzneid in das Petrionkloster einweisen lassen. Theodora war nicht wieder aufgetaucht und inzwischen weitgehend vergessen. Psellos behauptet sogar, Michael habe, als er den Thron bestieg, nicht einmal von ihrer Existenz gewußt. Doch Theodora war noch sehr lebendig, hatte als mögliche Kaiserin genausoviel Anrecht auf den Thron wie Zoe und ihr außerdem manches voraus. Da es nun nicht mehr so aussah, als könnte Zoe allein regieren, mußten sie und ihre Schwester dies eben gemeinsam besorgen. Noch am selben Nachmittag sandte man eine Abordnung unter *Patrikios* Konstantin Kabasilas, zu der auch alle Eunuchen, die früher ihrem Vater, Konstantin VIII., gedient hatten und später von Michael entlassen worden waren, mit dem Auftrag nach Petrion, Theodora augenblicklich nach Konstantinopel zurückzuholen.

Diese Mission erwies sich als reichlich schwierig. Theodora legte weit mehr Entschiedenheit an den Tag als Zoe, wollte sich von den Bitten der alten Freunde ihres Vaters absolut nicht erweichen lassen und suchte im Sanktuarium der Klosterkapelle Schutz. Doch Kabasilas und sein Gefolge gaben sich nicht weniger entschlossen. Sie folgten ihr an den Ort ihrer Zuflucht und zerrten sie gegen ihren heftigen Widerstand mit Gewalt auf die Straße. Unter Zwang blieb

Belagerung des Palastes (1042)

auch ihr nichts anderes übrig, als ihre Kutte gegen ein kaiserliches Gewand einzutauschen. Anschließend brachte man sie triumphierend zur Hagia Sophia, wo der Patriarch bereits wartete. Und spätabends, am Montag, dem 19. April, setzte man der zornigen alten Dame, die sich immer noch heftig wehrte, die Krone von Byzanz auf, während ein gewaltiger Auflauf von Menschen hohen und niedrigen Ranges aus allen gesellschaftlichen Schichten sie lautstark hochleben ließ. Michael Kalaphates wurde dagegen als Usurpator gebrandmarkt und für abgesetzt erklärt. Direkt im Anschluß an die Feier verließ die Versammlung die Kathedrale, strömte draußen wieder zusammen und marschierte erneut zum Großen Palast.

Michael befand sich jetzt in einer äußerst prekären Lage. Vier Stunden lang hatten er und Konstantin in der *Kathisma*, hoch über dem wütenden Tumult unten im Hippodrom, sich Gehör zu verschaffen versucht, wobei sie sich hinter der bedauernswerten Zoe verschanzten und sich im vergeblichen Versuch, die Menge davon zu überzeugen, daß Zoe die Macht in Händen halte und nicht sie, immer wieder vor ihr niederwarfen. Aber der Lärm schwoll an, und als der Mob anfing, Steine zu werfen und sogar Pfeile auf sie abzuschießen, mußten sie sich wieder in den Palast zurückziehen, wo man ihnen bald darauf die Nachricht von Theodoras Ankunft und Krönung hinterbrachte. Jetzt sann Michael nur noch auf Flucht; er gedachte sich mit dem Schiff vom kaiserlichen Hafen von Bukoleon zum großen, im Psamarthiaviertel gelegenen Studioskloster zu begeben, wo die Stadtmauer an das Marmarameer heranreicht, und dort Asyl zu suchen. Sein Onkel Konstantin hinderte ihn jedoch daran. Ein Kaiser, so beharrte er, dürfe niemals fliehen. Er müsse siegen oder kämpfend untergehen. Er sei entschlossen, den Palast bis zum letzten Mann zu verteidigen und erwarte, daß ihm der Neffe dabei zur Seite stehe.

Durch einen außerordentlichen Zufall kam in diesem Augenblick der bekannteste Feldherr des Reichs, Katakalon Kekaumenos, im Hafen an, dank dessen kühnem Ausharren im Jahr zuvor die Stadt Messina dem Reich erhalten geblieben war, während sonst ganz Sizilien in sarazenische Hand fiel. So hatte er sich seine Rückkehr gewiß nicht vorgestellt. Michael scheint durch sein überraschendes Auftauchen jedoch wieder neuen Mut gefaßt zu haben; er ließ sich jedenfalls dazu bewegen, seine Stellung zu behaupten. Die ganze Nacht durch hielten die Kämpfe an. Aber schon die ersten Vorboten des heraufdämmernden Morgens enthüllten, daß die Rebellen alle Zugänge zum Palast von der Land- und der Seeseite her komplett abgeschnitten hatten. Nun bereiteten sie einen Angriff von drei Seiten her vor: eine Abteilung griff die *Kathisma* vom Hippodrom her an, eine zweite das Chalketor vom Augusteion, und die dritte marschierte gegen das sogenannte *Tsykanisterion,* eine riesige offene Arena, die zweihundert Jahre zuvor Basileios I. hatte anlegen lassen, um seine Pferde zu trainieren.

Dienstag, der 20. April 1042, gehört wohl zu den blutigsten Tagen in der Geschichte Konstantinopels. Das Gemetzel muß fürchterlich gewesen sein, und zwar besonders unter den Aufständischen, die sich großenteils wehrlos den vollbewaffneten und gepanzerten Reichstruppen gegenüber sahen: An diesem einen Tag und in der darauffolgenden Nacht sind nach glaubwürdigen Informationen über dreitausend Menschen umgekommen. Aber letztlich behauptete sich doch die zahlenmäßige Übermacht. In den frühen Morgenstunden des Mittwoch fiel der Palast. Der riesige Gebäudekomplex wurde vom rasenden, wütenden Mob überrannt; man raubte und plünderte, verlor indes das vorrangige Ziel nie aus den Augen: Kaiser Michael V. aufzuspüren und zu töten.

Die Stellung noch weiter zu behaupten kam nun nicht mehr in Betracht. Kurz vor Morgengrauen bestiegen Michael und Konstantin, die sich noch schnell zur Tarnung schmutzige zerlumpte Kleider übergeworfen hatten, das auf sie wartende Schiff, segelten die Küste entlang zum Studioskloster, ließen sich sogleich das Haar scheren und wurden danach in die Klostergemeinschaft aufgenommen. Zoe schlug sich unterdessen allein im Palast durch, aber es dauerte nicht lange, bis die Aufständischen sie fanden und auf den Schultern zum kaiserlichen Thron hinübertrugen. Nach der Flucht Michaels und Konstantins hatte sie die Fassung wieder einigermaßen gewonnen. Obwohl dankbar für diesen plötzlichen Schicksalsumschwung, geriet sie doch außer sich, als sie von der Ankunft und anschließenden Krönung Theodoras hörte. Sie hatte wohl fest geglaubt und gehofft, ihre Schwester nie wiedersehen zu müssen. Zuerst wollte Zoe sie sogleich wieder in den Konvent zurückschicken, den sie nie-

Ergreifung Michaels und Konstantins (1042) 375

mals hätte verlassen sollen, und erst als sie die Hochrufe vor der Hagia Sophia vernahm und man ihr sagte, sie gälten ihrer Schwester, schätzte sie die Situation allmählich richtig ein: der zurückgezogenen, altjüngferlichen Theodora, an die noch vor wenigen Stunden kaum jemand gedacht hatte, jubelte die Bevölkerung plötzlich unerklärlicherweise zu wie einem langersehnten Idol. Widerstrebend und sicherlich auch recht ungnädig ließ sich Zoe auf die Partnerschaft ein, kam es ihr doch immer noch gelegener, als Mitkaiserin zu regieren als überhaupt nicht.

Szenenwechsel zum Studioskloster, wo Kaiser Michael V. und sein Onkel Konstantin im Klosterdunkel unterzutauchen gehofft, dabei aber das Ausmaß des Volkszorns gegen sie unterschätzt hatten. Sobald sich allgemein die Kunde verbreitete, wo sie Zuflucht gefunden hatten, marschierte der Mob aus dem Hippodrom westwärts die Mese entlang und verlangte lautstark ihr Blut. Psellos folgte der Menschenmenge in einer Abteilung der kaiserlichen Garde. Er hinterließ einen Bericht von den nun folgenden Ereignissen, der seinem Schrecken Ausdruck gibt:

Wir fanden das Kloster schon von der riesigen Menschenmenge eingekeilt; viele versuchten in ihrem Blutrausch das Gebäude niederzureißen, um dadurch hineinzugelangen. Es gelang uns nur mit größter Mühe, uns einen Weg durch die hysterische Masse zu bahnen, aus der unaussprechlich wilde Verwünschungen und Drohungen gegen die elenden Flüchtigen zu hören waren.
Bis zu diesem Augenblick fühlte ich mich persönlich zu keiner der beiden Seiten besonders hingezogen, obwohl ich die widerwärtige Behandlung der Kaiserin verabscheut hatte. Als ich jedoch die Kapelle betrat und die beiden Unglückseligen erblickte – der Kaiser auf den Knien, zitternd den Altar umklammernd, der *Nobilissimus* an seiner Seite stehend, beide in ihren erbärmlichen Lumpen kaum zu erkennen, die Gesichter von Todesangst verzerrt –, stand ich wie betäubt und meine Augen füllten sich mit Tränen.

Da die beiden Psellos' Gesichtsausdruck entnahmen, daß er ihnen offenbar nicht gänzlich übel gesonnen war, näherten sie sich ihm vorsichtig. Konstantin bemühte sich mit viel Aufwand, jegliche Unterstützung oder auch nur Anstiftung seines Neffen im Komplott gegen Zoe abzustreiten. Er habe ihn vielmehr lediglich aus Angst vor den möglichen Folgen nicht davon abgehalten: hätte Michael, wieder Herr der Lage, denn nicht unverzüglich seine ganze Familie verstümmeln lassen? Michael versuchte dagegen laut Psellos nicht, sein Handeln zu rechtfertigen. Er war schuldig, und nun zahlte er dafür.

Den ganzen Nachmittag über kauerten die beiden Männer am Altar; noch hielt sich die aufgebrachte Menge aus Respekt vor dem unantastbaren Sanktuarium zurück. Wie lange es angehalten hätte, weiß man nicht, denn bei Hereinbrechen der Dunkelheit kam der neue Stadtpräfekt, ein Mann namens Kampanaros, und gab an, auf Befehl von Kaiserin Theodora seien die Gefangenen festzunehmen und gegen das Versprechen sicheren Geleits in den Großen Palast zurückzubringen. Michael und Konstantin weigerten sich, glaubten sie doch – was sich später als richtig erwies – seinen Versicherungen nicht die Spur, und klammerten sich noch fester an den Altar. Aber der Präfekt war nicht gewillt, Zeit zu verschwenden: er befahl seinen Leuten, die beiden zu ergreifen; man schleifte sie unter lautem Geschrei und viel Widerstand aus dem Gebäude hinaus. Viele der Anwesenden, darunter auch Psellos, forderten von Kampanaros zusätzlich Garantien, daß den seiner Obhut Anvertrauten nichts geschehe, aber die überwältigende Mehrheit wollte davon nichts wissen.

Möglicherweise kursierten in der Stadt Gerüchte, es sei zu befürchten, Zoe könnte in ihrer unüberwindlichen Abneigung gegen ihre Schwester geneigt sein, die Herrschaft noch eher mit Michael als mit ihr zu teilen und ihm irgendwie wieder auf den Thron helfen. Das klingt zwar, nach allem, was sie mit ihm erlebt hatte, reichlich unwahrscheinlich, doch man wollte sich auch auf das geringste Risiko gar nicht erst einlassen.

Theodora teilte die Furcht vor der weiteren Anwesenheit Michaels und Konstantins in vollem Umfang. Schenkt man Skylitzes Glauben, hatte sie dem Präfekten heimlich Anweisung gegeben, den Kaiser und seinen Onkel unverzüglich zu blenden. Zur Ausführung dieses Befehls war Kampanaros fest entschlossen. Die beiden Männer,

Ergreifung Michaels und Konstantins (1042) 377

die der Mob immer noch umringte – dessen Verwünschungen inzwischen Hohn gewichen war –, wurden auf zwei Esel gesetzt, und diese trugen sie die Mese entlang zum Palast. Psellos fährt fort:

Schon nach einem geringen Teil der Wegstrecke trafen sie auf den Henker, der die Blendung vornehmen sollte. Nachdem seine Leute den Befehl vorgezeigt hatten, begannen sie das Eisen zu schärfen. Als die Opfer erkannten, welches Schicksal ihnen zugedacht war, erstarrten sie vor Entsetzen und wären auf der Stelle vor Angst gestorben, hätte nicht einer der anwesenden Senatoren sie in ihrem Elend getröstet und ihnen wieder etwas Haltung zugesprochen.

Trotz dieser Bemühungen stöhnte der Kaiser von seinem Schicksal überwältigt und jammerte laut, bettelte um Hilfe, rief Gott, die Kirche und alles, was ihm sonst noch einfiel, an. Sein Onkel dagegen nahm nun alle Kraft zusammen und ergab sich seinem Schicksal mit Haltung. Als er sah, daß der Henker und seine Gehilfen bereit waren, ging er gelassen auf sie zu und bot sich als erstes Opfer an. Als die Menge ihn umwogte, wandte er sich an den leitenden Offizier und sagte mit fester Stimme: »Befiehl diesen Leuten, zurückzutreten, dann wirst du sehen, wie tapfer ich mein Los auf mich nehme.« Als man ihm die Hände binden wollte, weigerte er sich und sagte: »Wenn ich nicht stillhalte, könnt ihr mich immer noch an einen Pfahl binden.« Nach diesen Worten legte er sich auf den Boden und rührte sich nicht mehr: es gab kein Geschrei, kein Stöhnen, kein Erblassen. Dann stach man ihm die Augen nacheinander aus. Als der Kaiser sah, was auch ihm schon bald widerfahren würde, schlug er mit den Armen um sich, raufte sich das Haar und erfüllte die Luft mit seinem Gejammer.

Der *Nobilissimus* stand ohne fremde Hilfe auf, wies auf seine blutigen Augenhöhlen, und sprach, auf einen engen Freund gestützt, zu denen, die in seiner Nähe standen, mit derart erstaunlicher Ruhe und so übermenschlicher Haltung, daß man hätte glauben können, das gerade Geschehene mache ihm kaum etwas aus. Dann kam der Basileus an die Reihe. Er war mittlerweile so außer sich, daß ihn der Henker binden und mit beträchtlichem Kraftaufwand niederhalten mußte, weil er sich mit aller Kraft wehrte.

Nach seiner Blendung beruhigte sich der tobende Mob, die Wut legte sich.

So fand die Herrschaft Michaels V. ihren Abschluß und damit auch die paphlagonische Dynastie. Kurze Zeit später sandte man ihn ins Eleimonkloster auf Chios, seinen Onkel Konstantin in ein anderes frommes Haus auf Samos. Ob die beiden die ihnen verbleibende Lebensspanne in der Dunkelheit, zu der sie nun verurteilt waren, ohne gewaltsames Ende abschlossen, oder ob sie, wie Johannes Orphanotrophos, ein noch schlimmeres Schicksal erdulden mußten, ist nicht bekannt.

Wie soll man nun Michael V. bewerten? Der Historiker Bury, Nestor der britischen Byzanzforschung, vertritt die Auffassung, man habe ihn zu Unrecht so verteufelt, er sei vielmehr ein weitsichtiger Herrscher gewesen mit keinem geringeren Ziel, als die Verwaltung des Reichs von Grund auf zu reformieren. Da sich dies schließlich nicht realisieren ließ, solange Zoe und Johannes Orphanotrophos an der Macht waren, sei deren Beseitigung – so fährt er fort – völlig berechtigt gewesen; Johannes sei, als man ihn wegschickte, überall verhaßt gewesen. Im übrigen komme Michael das Verdienst zu, Konstantin Dalassenos, den Erzfeind seines Onkels, aus dem Gefängnis geholt zu haben und auch Georgios Maniakes, den er als *Katapan* wieder nach Italien entsandte; außerdem habe er Konstantin Likhudes, einen der fähigsten Politiker seiner Zeit, zum Kanzler ernannt.[1]

All dies mag, wenigstens bis zu einem gewissen Grad, zutreffen. Obwohl keineswegs erwiesen, hat Michael solch gute Absichten möglicherweise durchaus gehegt, und vielleicht drängte sich die Ausschaltung von Johannes Orphanotrophos tatsächlich als unumgänglich auf, was immer man von der Behandlung Kaiserin Zoes, die ihn schließlich adoptiert hatte, auch halten mag. Nicht zu bestreiten bleibt jedoch, daß ihn schon nach vier Monaten und elf Tagen auf dem Thron ein Volksaufstand hinwegfegte. Reformwillige müssen, wenn sie Erfolg haben wollen, behutsam vorgehen, vor allem das Volksempfinden einkalkulieren und alles tun, um die Massen auf ihre Seite zu bringen. Michael hat nichts Derartiges versucht. So lobenswert seine Ziele auf lange Sicht auch gewesen sein mögen, erwies er sich in der Staatsführung als jämmerlich. Und schon aus diesem Grund konnte aus ihm niemals ein guter Kaiser werden. Wie er sich in den letzten Tagen verhalten hat, ist nicht gerade ein Ruhmesblatt, und auch auf seine Untertanen fällt dabei kein gutes Licht. Doch hatten sie allen Grund, sich seiner zu entledigen, und auch wir können froh sein, daß er nun von der Bühne abtritt.

18

Konstantin Monomachos und das Schisma
(1042–1055)

Über Michael, Jungpriester und falscher Patriarch,
den einzig die Angst vor dem Tod die Mönchskutte
anlegen ließ und der nun für seine abscheulichen
Verbrechen berüchtigt ist, über Leon, den
sogenannten Bischof von Ochrid, über Konstantin,
Kanzler dieses Michael, der die lateinische Liturgie
öffentlich mit Füßen getreten hat, und über all jene,
die ihnen in den obenerwähnten Irrtümern und
Mutmaßungen folgen, soll ein Anathema Maranatha
verhängt werden wie über die Angehörigen des
Simonismus, Valesianismus, Arianismus, Donatismus,
Nikolaiismus, Severianismus, Pneumatismus,
Manichäismus, Nazaränismus; wie über jene aller
Häresien, außer sie bereuen, und schließlich über den
Teufel und alle seine Engel. Amen, Amen, Amen.

Letzter Abschnitt von Kardinal Humberts
Exkommunikationsbulle

Während Michael V. am Dienstag, dem 20. April 1042, abends sein Schicksal ereilte, harrte Kaiserin Theodora noch immer in der Hagia Sophia. Über vierundzwanzig Stunden lang hielt sie sich dort auf und weigerte sich unverwandt, den Palast zu betreten, bevor ihre Schwester sie nicht dazu auffordere. Erst am Morgen danach aber überwand sich Zoe und sandte ihr die langerwartete Einladung. Bei Theodoras Eintreffen umarmten sich die beiden Schwestern vor einer großen Versammlung Adliger und Senatoren zum Zeichen ihrer Versöhnung, wenn auch eher kühl. Dann richteten sie sich auf ihre geradezu unwahrscheinlich anmutende Aufgabe ein, gemeinsam das Römische Reich zu regieren. Alle Familienmitglieder des ehemaligen Kaisers und ein paar seiner leidenschaftlichsten Anhänger schickten sie in die Wüste, die überwiegende Mehrzahl jener aber, die ranghohe Positionen im zivilen oder militärischen Bereich innehatten, bestätigten sie in ihren Ämtern. Zoe kam als der älteren von Anfang Vorrang zu; ihr Thron stand etwas weiter vorn als der Theodoras, die immer etwas zurückhaltender gewesen war und mit ihrem untergeordneten Status ganz zufrieden schien. Psellos beschreibt das kaiserliche Zweigespann sehr anschaulich wie folgt:

Zoe besaß eine rasche Auffassungsgabe, konnte ihre Gedanken aber weniger schnell formulieren. Bei Theodora war es genau umgekehrt: sie verbarg ihre innersten Gedanken; hatte sie sich aber einmal auf eine Diskussion eingelassen, zeigte sie sich beredt und informiert. Zoe war eine Frau von leidenschaftlicher Anteilnahme, die dem Tod mit derselben Intensität ins Auge sah wie dem Leben. Darin erinnerte sie mich an die Wellen der See, die ein Schiff einmal hochheben und es dann wieder tief hinabsenken. Solche Extreme gab es bei Theodora nicht. Sie war ausgeglichen veranlagt, man könnte fast sagen langweilig. Zoe war verschwenderisch, von der Art jener, die an einem einzigen Tag ein ganzes Meer von Goldstaub ausgeben können; die andere zählte die Münzen, wenn sie Geld ausgab, zweifellos weil ihre beschränkten Ressourcen sie ihr Leben lang vom leichtsinnigen Ausgeben abgehalten hatten, zum Teil jedoch auch, weil sie sich von Natur aus mehr beherrschte...
In ihrem Äußeren unterschieden sie sich noch weit stärker. Die ältere war nicht besonders groß, aber deutlich mollig. Sie hatte große, weit auseinanderstehende Augen unter eindrucksvollen Brauen. Die Nase war leicht gebogen wie bei einem Adler, doch nicht allzusehr, das Haar noch immer goldblond, und ihr ganzer Körper schimmerte von der hellen Haut. Es gab in ihrer Erscheinung nur wenige Zeichen für ihr Alter... sie hatte keine Falten, ihre Haut war überall glatt und straff. Theodora dagegen war größer und schlanker, ihr Kopf unverhältnismäßig klein. Wie ich

Das ungleiche Zweigespann (1042)

bereits erwähnte, sprach sie gewandter als Zoe, und sie bewegte sich auch behender. Es lag nichts Strenges in ihrem Blick, im Gegenteil, sie wirkte fröhlich und lächelte und suchte gerne nach Gelegenheiten, sich zu unterhalten.

Über die Frage, wie gut die beiden Frauen das Reich regierten, gibt es zweierlei Ansichten. Für Psellos grenzte das Paar an eine Katastrophe. Ihm zufolge verstanden sie weder etwas von Finanzen noch von Politik und waren schlicht unfähig, zwischen ernsthaften Staatsgeschäften und den »höchst eitlen Zerstreuungen des Gynäceums« zu unterscheiden; dazu habe Zoe mit ihrer unsinnigen Freigebigkeit die Staatskasse geleert. Johannes Skylitzes erzählt dagegen eine ganz andere Version, verweist auf die kaiserlichen Erlasse gegen den Ämterhandel, die Verbesserungen in der zivilen und militärischen Verwaltung und mehrere bewunderungswürdige Ernennungen in hohe Ämter, darunter jene von Konstantin Kabasilas zum Oberbefehlshaber der Streitkräfte im europäischen Teil des Reichs und, was noch wichtiger war, jene von Georgios Maniakes zum *Katepan* von Italien im Rang eines *Magistros,* womit er den höchsten Adelstitel außerhalb der kaiserlichen Familie erhielt.[1] Zudem wurde in dieser Zeit ein Tribunal einberufen, um den Amtsmißbrauch der vorhergehenden Regierung zu untersuchen. Man holte den *Nobilissimus* Konstantin zum Verhör aus seiner Mönchszelle, und er enthüllte schließlich die Existenz eines geheimen Verstecks in seiner Residenz; dort fanden sich die 5300 Pfund Gold, die in der Schatzkammer fehlten. Mit welchen Mitteln ihm dieses Geständnis entlockt wurde, entzieht sich unserer Kenntnis.

Welche Version auch immer der Wahrheit entsprechen mag, scheint doch eines zuzutreffen: dem gemeinsamen Regime fehlte es an einer eindeutigen stabilen Richtung, ohne die das Vertrauen des Volkes nicht zu erlangen ist. Da im Verlauf der Wochen immer deutlicher wurde, daß die beiden Schwestern nicht am gleichen Strick zogen, sahen sich Beamte und Senatoren unweigerlich gezwungen, Stellung zu beziehen, und die Regierung zeigte erste Anzeichen einer potentiell gefährlichen Polarisierung. Nach nicht allzu langer Zeit herrschte unter ihnen die einmütige Meinung, daß sie eine feste Männerhand am Ruder brauchten, damit es weitergehen könne.

Eine solche zu etablieren, konnte jedoch nur auf eine Art geschehen: mittels einer kaiserlichen Heirat. Theodora weigerte sich nach über fünfzig Jahren Ehelosigkeit kategorisch, einen solchen Schritt auch nur in Erwägung zu ziehen. Was dagegen Zoe betraf, entsprach dies auch ihren Wünschen. Obwohl ihre ersten beiden Ehen eindeutig fehlgeschlagen waren und dritte Ehen, wie wir bereits gesehen haben, in der Ostkirche als ein Greuel galten, begann sie sich unverzüglich nach einem passenden Ehemann umzusehen.

Als erstes fiel ihr Blick auf den – vor kurzem aus dem Gefängnis entlassenen – vornehmen und stattlichen Konstantin Dalassenos, der, wie man sich erinnert, im Jahre 1028 Wunschkandidat ihres sterbenden Vaters war, bevor die Zivilbeamten ihn überredeten, es sich noch einmal zu überlegen.[2] Zur einhelligen Entrüstung aller erschien er am Hof in Zivil und verhielt sich Kaiserin Zoe gegenüber so kühl und überheblich, daß sie ihn umgehend wieder wegschickte. Der nächste Anwärter war ein gewisser Konstantin Artoklines, ein Hofbeamter (ebenfalls bemerkenswert attraktiv), der ihr schon immer zugesagt hatte, so sehr in der Tat, daß es dreizehn Jahre zuvor, zur Zeit ihrer Verbindung mit Romanos Argyros, Gerüchte einer amourösen Beziehung zwischen den beiden gab. Aber ach, er kam unter geheimnisvollen Umständen wenige Tage, bevor die Hochzeit hätte stattfinden sollen, ums Leben. Es hieß sofort, seine gegenwärtige Frau habe ihn vergiftet, weil sie sich zweifellos an die Umstände erinnerte, die mit Romanos' Heirat einhergegangen waren, und eine Wiederholung mit allen Mitteln vermeiden wollte. Enttäuscht, aber ungebrochen wandte sich Zoe einem dritten Konstantin zu, Mitglied der alten, adligen Familie Monomachos. Auch er war ein außerordentlich schöner Mann – was Zoe schon immer zu schätzen gewußt hatte –, und er stand im Ruf, ein charmanter Herzensbrecher zu sein, außerdem elegant, kultiviert und sehr reich. Nach dem frühen Tod seiner ersten Frau hatte er Romanos Argyros' Nichte geheiratet, lange bevor jener den Thron bestieg. Doch erst während Romanos' kurzer Herrschaft hatte man ihn am Hof akzeptiert. Zur Zeit der Herrschaft von Basileios II. und Konstantin VIII. gab es Zweifel an seiner Loyalität, stand sein Vater doch einmal mit einer unbedeutenden Verschwörung in Verbindung. Michael IV. und Johannes Orphanotrophos, denen seine zunehmend enge Beziehung

Heirat und Krönung (1042) 385

zu Zoe nicht paßte, verbannten ihn kurzerhand nach Lesbos, wo er sieben Jahre im Exil verbrachte, bevor sie ihn nun zurückrief.

Dieser Konstantin Monomachos traf in der zweiten Juniwoche in Konstantinopel ein. Einen Tag zuvor hatte man ihn in Damokrania am Marmarameer abgeholt, wo er in der Michaelskirche die Regalien empfing und wo ein kaiserliches Schiff ihn erwartete, um ihn das letzte Stück seines Weges in die Hauptstadt zu bringen. So konnte er in Konstantinopel unter dem Jubel der Menge in vollem Staat einziehen. Am 11. Juni wurden Zoe und er in der Kapelle der Nea getraut. Die Tatsache, daß sich der Patriarch strikte weigerte, die – für Braut und Bräutigam dritte – Trauung vorzunehmen, überschattete zwar die Feierlichkeiten um ein weniges, aber zum Glück sprang einer der kaiserlichen Hofgeistlichen ein. Und am folgenden Tag hatte der Patriarch seine Skrupel auch schon überwunden und zelebrierte ohne Widerrede die Krönungsmesse.

Kaiser Konstantin IX. war selbstbewußter als Konstantin VIII., realistischer als Romanos Argyros, gesünder als Michael IV. und weniger halsstarrig als Michael V., und doch fügte er politisch dem Reich größeren Schaden zu als sie alle zusammengenommen, weil er bequem war und seine diesbezügliche Verantwortung nicht wahrnahm. Bei seinem Tod im Jahre 1055 waren in Unteritalien die normannischen Truppen unter der Führung von Robert Guiscard – einem der schillerndsten militärischen Abenteurer in der ganzen Zeitspanne von Julius Cäsar bis Napoleon – schon auf dem besten Weg, die byzantinische Präsenz in Apulien, Kalabrien und Sizilien endgültig zu eliminieren. Die seldschukische Dynastie, nun fest in Bagdad etabliert, begann bereits den Einmarsch nach Zentralanatolien zu planen. Völkerschaften aus der Steppe, unter ihnen petschenegische, kumanische und uzische Stämme, hatten die Donaugrenze durchbrochen. Ost- und Westkirche waren durch ein Schisma getrennt. Innerhalb des Reichs hatten Adlige zwei nur gerade knapp gescheiterte Umsturzversuche unternommen. Das Heer war so heruntergekommen, daß es sich in einem schlimmeren Zustand befand als je zuvor. Konstantin schien das alles jedoch kaum wahrzunehmen. Im Unterschied zu seinen Vorgängern machte er nicht den leisesten Versuch, Zoes großzügigem Umgang mit finanziellen Mitteln

Einhalt zu gebieten, sondern gab im Gegenteil noch mehr aus als sie. Seit Konstantin VII. Porphyrogennetos hatte Konstantinopel keinen solchen Luxus und Pomp mehr erlebt. War es diesem aber gelungen, das ganze aufwendige Zeremoniell bewußt als politisches Mittel einzusetzen, um sein Ansehen zu heben, erreichte Monomachos, der nicht vorgab, Geld für etwas anderes auszugeben als zu seinem persönlichen Vergnügen, genau das Gegenteil.

Zoe erwies sich als ebenso tolerant gegenüber ihrem neuen Mann. So brachte sie keine Einwände gegen seine langfristige Beziehung mit der Nichte seiner zweiten Frau vor. Diese, eine Dame von außergewöhnlichem Charme und Enkelin väterlicherseits des alten Bardas Skleros, des einstigen Rivalen von Basileios II., hatte mit ihrem Geliebten klaglos die sieben Jahre des Exils geteilt. Als dieser zurückgerufen wurde, blieb sie zunächst auf Lesbos: offenbar um ihn nicht zu kompromittieren und seine Chancen auf den Thron nicht zu beeinträchtigen. Da sie um die mit dritten Ehen verbundenen Schwierigkeiten nur zu gut wußte, scheint sie die Möglichkeit seiner Verbindung mit Zoe gar nicht in Betracht gezogen zu haben. Die Nachricht von der Eheschließung muß sie daher reichlich schockiert haben. Noch größer war dagegen wohl die folgende Überraschung, kamen doch Boten mit einem Brief von Kaiserin Zoe nach Lesbos, in dem sie sie ihres Wohlwollens versicherte und sie freundlich dazu ermunterte, ebenfalls nach Konstantinopel zurückzukehren. Dort wandelte sich ihr anfänglich bescheidenes Zuhause unter den Zuwendungen des treusorgenden Konstantin allmählich zur herrlichen Villa. Die Beziehung, zuerst mit der notwendigen schicklichen Diskretion gepflegt, gelangte allmählich an die Öffentlichkeit, und schließlich gab es ein offizielles Eingeständnis seitens des Kaisers. Im Verlauf einer sehr eigenartigen Feier, an welcher der gesamte Senat teilnahm, wurden Monomachos und die Sklerina – wie man sie allgemein bezeichnete – mittels eines Vertrags, den die Senatoren kriecherisch »Liebesbecher« nannten, offiziell miteinander verbunden. Danach schloß sie sich Monomachos und Zoe in einer offenbar harmonischen Dreiergemeinschaft an. Psellos beschreibt sie wie folgt:

Ihre Erscheinung war, ohne im ursprünglichen Sinne des Wortes schön zu sein, so elegant, graziös und attraktiv, daß es wirklich

Die liebenswürdige Sklerina (1044)

schwierig war, etwas an ihr auszusetzen. Was ihren Charakter und ihr Temperament anging, so konnte sie ein Herz aus Stein betören. Ihre Art zu sprechen war angenehm und so ganz anders als die aller anderen: rhythmisch, sanft und harmonisch. Sie besaß eine wunderbare Stimme, und ihre Diktion war so vollkommen wie ihr Klang süß. Alles, was sie sagte, war von unbeschreiblichem Charme. Sie verzauberte mich oft, indem sie mir mit dieser sanften Stimme mit Fragen über die griechischen Mythen zusetzte, und sie fügte hier und da kleine Anmerkungen an, die sie bei anderen Fachleuten über dieses Thema aufgeschnappt hatte. Keine Frau war je eine bessere Zuhörerin als sie.

Sie schmeichelte sich bei beiden Kaiserinnen ein, indem sie ihnen das gab, was ihnen am meisten Freude machte. Zoe schenkte sie Gegenstände aus Gold, nicht damit sie sie behalte, sondern um sie weiterzuschenken, was die alte Dame immer am liebsten machte. Außerdem verschaffte sie ihr süße Kräuter und Gewürze aus Indien, duftende Hölzer und Salben, hübsche kleine Oliven und Zweige weißen Lorbeers, mit einem Wort: alle nötigen Zutaten für ihre Lieblingsbeschäftigung, das Herstellen von Düften. Theodora dagegen gab sie alte Münzen und Medaillen, von denen diese Kaiserin bereits eine große Sammlung in speziell angefertigten Bronzekästchen angelegt hatte.

Zu ihrem Pech wurde das herzliche Einvernehmen beider Kaiserinnen mit ihrer bezaubernden Gönnerin von Konstantinopels Bevölkerung keineswegs geteilt. Schockiert und empört über die schamlose Affäre, machten sie ihrem Unmut bald Luft. Psellos verschweigt es zwar tunlichst, aber Skylitzes berichtet, wie am 9. März des Jahres 1044 eine kaiserliche Prozession zu Ehren der Heiligen des Martyriums von Buhrufen der versammelten Menge unterbrochen wurde. »Nieder mit der Sklerina!« schrien sie. »Es leben unsere geliebten Mütter[3] Zoe und Theodora, deren Leben sie bedroht!« Für einen Augenblick sah es aus, als sei Konstantins Leben in Gefahr. Das Volk zerstreute sich jedoch, wenn auch erst nachdem sich Zoe und Theodora am Palastfenster gezeigt hatten. Die Prozession wurde abgebrochen. Von da an wagte sich Konstantin nur noch sehr selten allein in die Öffentlichkeit, sondern ließ sich praktisch ausnahmslos von Kaiserin Zoe zu seiner Rechten und seiner Geliebten Sklerina zur Linken begleiten.

Die Anklage entbehrt gewiß jeglicher Grundlage. Wie mittlerweile wohl klargeworden ist, gab es zu allen Zeiten viele potentielle Mordlustige am Hof von Byzanz. Die Sklerina gehörte jedoch nicht dazu und soweit sich das heute beurteilen läßt, auch Konstantin Monomachos nicht. Er mag schwach, verantwortungslos und vergnügungssüchtig gewesen sein, aber es war kein wirklich böser Zug an ihm. Falls er tatsächlich die Möglichkeit in Betracht zog, seine Geliebte auf den Thron zu erheben, wie gemunkelt wurde, hätte er sie adoptieren und dann dann zur Mitkaiserin erklären können. Zoes Tod, geschweige denn derjenige von Theodora, wäre dazu nicht nötig gewesen. Die Frage ist aber ohnehin akademisch, denn nicht die Kaiserinnen starben, sondern die Sklerina. Das genaue Todesdatum ist nicht überliefert. Es heißt, sie sei von einer Lungenerkrankung befallen worden, habe keine Luft mehr bekommen und alle ärztliche Kunst habe sich als umsonst erwiesen; Konstantin soll wie ein Kind geweint haben und ließ sie im prachtvollen Georgskloster im Manganenviertel neben dem Grab bestatten, welches für ihn vorgesehen war. (Dieses Kloster stand neben ihrem Wohnhaus, und es heißt, er habe es errichten lassen, um einen Vorwand zu haben, sie zu besuchen.)

Es ist unmöglich, keine Sympathie für die Sklerina zu empfinden. Nach dem, was uns berichtet wird, besaß sie zweifellos seltene Qualitäten, und ihre Liebe zu Konstantin Monomachos muß tief und echt gewesen sein. Dennoch wirkte sich ihre Verbindung mit dem Kaiser in einer Beziehung verheerend aus, nämlich was die Folgen für die Zukunft des byzantinischen Teils Unteritaliens betrifft – doch dafür darf man sie gewiß nicht persönlich verantwortlich machen.

Georgios Maniakes war, wie erwähnt, im April des Jahres 1042 auf die italienische Halbinsel zurückgekehrt. Seit er zwei Jahre zuvor nach Konstantinopel zurückbeordert worden war, hatte sich die Lage drastisch verschlechtert. Messina befand sich als einzige sizilianische Stadt noch unter byzantinischer Herrschaft. Auf dem Festland hatten langobardische und normannische Kräfte im Jahr zuvor

Leon Tornikes' Revolte (1047)

drei wichtige Siege errungen, besaßen unbezwingbare Festungen in Aversa und Melfi und räumten konsequent und rasch ganz Unteritalien. Als der *Katepan* mit seinem Heer an Land ging, befand sich mit Ausnahme von Trani ganz Apulien nördlich einer Linie von Tarent nach Brindisi in offenem Aufruhr. Er verlor keine Zeit: mit Entsetzen erinnerte man sich in dieser Provinz noch lange an die schrecklichen Ereignisse jenes Sommers – wenigstens jene, die sie überlebt hatten. Brutal und gnadenlos schlug sich Maniakes mit Hilfe eines warägischen Regiments und des legendären skandinavischen Kriegerkönigs Harald Hardrånde in rasender Zerstörungswut von einer aufständischen Stadt zur nächsten durch. Überall hinterließen er und seine Männer nur schwelende Ruinen und verstümmelte Leichen. Männer und Frauen, Nonnen und Mönche, Alte und Kinder – niemand wurde verschont: die einen vergewaltigt und erhängt, anderen der Kopf abgeschlagen und viele, vor allem Kinder, lebendig begraben. Die Gegenseite setzte sich zur Wehr, und eine Zeitlang schien der Kampf ziemlich ausgeglichen, doch dann kam die Wende. Zum zweiten Mal innerhalb von zwei Jahren fiel Georgios Maniakes einer Palastintrige zum Opfer.

Diesmal hieß sein Widersacher Romanos Skleros. Dieser Bruder der Sklerina besaß Ländereien in Anatolien, die an jene Maniakes' grenzten, und die Beziehungen zwischen den beiden waren schon seit elf Jahren durch territoriale Streitigkeiten vergiftet. Wie wir wissen, war Maniakes ein gefährlicher Mann, wenn man sich ihm in die Quere stellte. Einige Jahre zuvor hatte er im Lauf einer besonders heftigen Auseinandersetzung Romanos angegriffen und fast totgeschlagen. Damals schwor sein Nachbar Rache. Nun, da er über seine Schwester zum engsten Kreis des Kaisers gehörte, sah er seine Chance zum Ausgleich gekommen. Es fiel ihm nicht schwer, Konstantin zu überreden, Maniakes aus Italien zurückzubeordern. In der Zwischenzeit nutzte er dessen Abwesenheit, um sein Haus zu plündern, sein Land zu verwüsten und, um das Maß voll zu machen, seine Frau zu vergewaltigen.

Maniakes erhielt die Botschaft, die ihn zurückrief, gleichzeitig mit der Nachricht seines Unglücks. Seine Wut war schrecklich anzusehen. Als im September sein Nachfolger in Otranto eintraf, ergriff er ihn, stopfte ihm Pferdemist in Ohren, Nase und Mund und folterte ihn zu Tode. Der *Patrikios* Tubakis, der den Unglücklichen aus Konstantinopel begleitet hatte, erlitt ein, zwei Wochen später dasselbe Schicksal. Darauf ließ sich Maniakes, dessen wahnsinnige Wut noch nicht nachgelassen hatte, von seinen Männern – die ihm zugetan waren – zum Kaiser ausrufen und führte sie über die Adria zurück. Einem apulischen Chronisten zufolge soll er auf der Überfahrt versucht haben, die stürmische See mit einem Menschenopfer zu beruhigen. Er beabsichtigte, über die Via Egnatia nach Konstantinopel zu marschieren und unterwegs zusätzliche Kräfte zu sammeln. Auf dem Weg nach Thessalonike trat ihm im bulgarischen Ostrowo ein kaiserliches Heer entgegen, um ihn aufzuhalten. Seine Truppen siegten zwar, doch gerade als der Sieg feststand, fiel er einer tödlichen Verletzung zum Opfer. Sein Kopf wurde in die Hauptstadt gebracht und auf dem höchsten Rang des Hippodroms ausgestellt. Später inszenierte Monomachos einen regelrechten Triumphzug, bei dem das rebellische Heer – das sich beim Tod seines Führers aufgelöst hatte – um die Arena geführt wurde: rückwärts auf Eseln reitend, die kahlgeschorenen Schädel mit Kot beschmiert. Doch nicht einmal diese erniedrigende Szene konnte über die Tatsache hinwegtäuschen, daß Konstantinopel sehr wohl, buchstäblich um eine Lanzenspitze, in Maniakes' Hand hätte fallen können, und Byzanz, wenn auch kaum dem bedeutendsten, so dem furchterregendsten Herrscher seiner Geschichte ausgeliefert gewesen wäre.

Georgios Maniakes stellte jedoch nicht die einzige große Gefahr für den Thron Konstantins IX. dar, ja nicht einmal die größte. Eine enorme russische Flotte, die im Sommer des Jahres 1043 in den Bosporus einlief, wurde – wie immer dank des Griechischen Feuers – noch ohne allzugroße Mühen zurückgeschlagen. Vier Jahre später, im September 1047, geriet Byzanz jedoch in viel ernstere Bedrängnis. Einmal mehr war es zu einem militärischen Aufstand gekommen, diesmal von seiten der Armee in Thrakien und Makedonien mit Hauptquartier in Adrianopel. An seiner Spitze stand ein Vetter zweiten Grades des Kaisers, ein aristokratischer Armenier namens Leon Tornikes, der lange in der Gegend gelebt hatte und, wie Psellos es zu formulieren beliebt, »nach makedonischer Arroganz stank«. Konstantin hatte ihn schon lange subversiver Aktivitäten verdächtigt.

Leon Tornikes' Revolte (1047)

Zudem ärgerte ihn Leons enge Beziehung zu seiner, Konstantins, jüngeren Schwester Euprepia, die ihn über alle Maßen zu rühmen pflegte und ihn – zu seinem Vorteil – mit dem Kaiser verglich. Konstantin versäumte deshalb seinerseits keine Gelegenheit, um den jungen Mann zu verunglimpfen und zu erniedrigen. Einmal ließ er ihm gewaltsam die Tonsur schneiden und seine Kleider in Fetzen reißen.

Schließlich hatte Tornikes die Nase voll. Eines Nachts schlüpfte er mit einer Gruppe makedonischer Anhänger aus der Stadt und begab sich direkt nach Adrianopel. Etwaige Verfolger hielt er dadurch auf, daß er bei jeder Reiseetappe sämtliche kaiserlichen Pferde schlachtete. Bei der Ankunft setzte er das Gerücht in Umlauf, der Kaiser sei tot, und Theodora, nun Herrin über das Reich, habe ihn, Leon, zum Mitregenten gewählt. Die Geschichte verbreitete sich wie ein Lauffeuer. Leon wurde auf einen Schild gehoben, in Purpur gehüllt und zum Basileus ernannt. Danach marschierte er, im Gefolge einige Tausend jubelnde Soldaten, nach Konstantinopel. Die Zahl dieser Anhängerschaft wuchs beständig, je näher er der Hauptstadt kam. Am Freitag, dem 25. September, schlug er sein Lager vor den Stadtmauern auf und bereitete sich auf eine Belagerung vor.

Er hätte den Zeitpunkt kaum günstiger wählen können. Die Armee befand sich bereits seit mehreren Jahren auf einer rasanten Talfahrt; in ihrem Haß auf die Militäraristokratie hatte die zivile Regierung die Stärke der Truppen systematisch reduziert und die Kleinbauern in ihren Reihen, deren Besitz noch nicht von den großen Landeignern geschluckt war, ermutigt, sich für einen bestimmten Geldbetrag vom Militärdienst loszukaufen. Gleichzeitig war nicht mehr der *Strategos* des jeweiligen Themas für die alltäglichen Regierungsgeschäfte zuständig, sondern ein ziviler Verwaltungsbeamter; damit waren Macht und Ansehen der Armee mit einem Schlag zerstört. Abgesehen von einer Handvoll Söldner, die hauptsächlich zeremonielle Pflichten hatten, gab es deshalb nur wenige Soldaten in Konstantinopel und der näheren Umgebung. Die Armee des Ostens – soweit es sie überhaupt noch gab – befand sich weit weg an der iberischen Grenze stationiert, um Einfälle der dort ansässigen fremden Stämme zurückzuschlagen.

Konstantin war nicht mehr ganz jung, aber vor allem auch nicht mehr gesund. Zur Zeit seiner Thronbesteigung hatte er bei den Spielen regelmäßig im Fünfkampf gewonnen. Jetzt waren seine Füße so geschwollen, daß er kaum noch gehen konnte. Die Hände, mit denen er als junger Mann die härtesten Nüsse knackte – »ein Arm, den er packte«, schreibt Psellos, »schmerzte während Tagen« –, sahen unförmig und wie verrenkt aus. In der Tat litt er an fortgeschrittener Arthritis, und diese verschlimmerte sich in den nächsten acht Jahren bis zu seinem Tod stetig. Mit einem Willen, wie ihn Michael IV. besaß, hätte er möglicherweise eine aktivere Rolle bei der Verteidigung der Hauptstadt gespielt. Aber das Zeug zu dieser Art Held war ihm nicht gegeben. Alles, was er tun konnte, war seinen Feinden zu beweisen, daß er entgegen dem, was man sie glauben machte, noch am Leben und an der Macht war. Am 26. September ließ er sich zum Blachernenpalast am nördlichen Ende der Landmauern tragen. Angetan mit dem kaiserlichen Staat, zu seiner Seite die beiden Kaiserinnen Zoe und Theodora, stellte er sich dort an ein hohes Fenster, von dem aus man die Wälle überblicken konnte. Damit setzte er sich jedoch unweigerlich Gespött und Schmähungen von seiten der Belagernden aus, und es dauerte auch nicht lange, bis ihn ein berittener Bogenschütze entdeckte. Dessen Pfeil verfehlte ihn nur um Zentimeter und traf einen der Offiziere. Die übrigen zogen Konstantin unverzüglich vom Fenster weg. Am nächsten Morgen stand er jedoch erneut dort, als wäre nichts geschehen.

An diesem Tag, man schrieb Sonntag, den 27. September, war Konstantinopel Leon Tornikes auf Gedeih und Verderb ausgeliefert. Es läßt sich nur schwer rekonstruieren, was vorher genau geschah. Offenbar hatte ein Trupp von Bauleuten im Schutz der Dunkelheit einen Vorposten dem Blachernenviertel gegenüber außerhalb der Mauer errichtet und verstärkt, von dem aus sie Leons Männern schwere Verluste zuzufügen hofften, dabei jedoch ihre Gegner unterschätzt. Die Rebellen zögerten keinen Augenblick. Wie ein Hornissenschwarm fielen sie über die klägliche Festung her und schlugen sie innerhalb von wenigen Minuten kurz und klein. Die meisten der darin eingeschlossenen Soldaten wurden erschlagen, und nur wenigen gelang es, lebend zurückzukehren. Doch das war erst der Anfang. Als die Männer, die die Mauern verteidigen sollten, zur Hauptsache sarazenische Söldner, verstärkt von einer Anzahl kräfti-

Tornikes verpaßt seine Chance (1047)

ger Zivilisten und eigens aus dem Gefängnis entlassener Sträflinge, das Massaker mitansahen, ergriff sie eine Panik. Sie verließen ihre Posten und flohen in die Stadt. Wie es heißt, ließen sie dabei die Tore weit offen...

Was hielt Leon Tornikes noch von seinem so gut wie sicheren Sieg ab? Die einen Chronisten betrachteten es als ein Wunder. Wußte man denn nicht schon lange, daß Konstantinopel seit je besonderen göttlichen Schutz genoß? Es war also gar nichts anderes zu erwarten. Für die anderen – darunter auch Psellos – hatte sich der Rebell einfach verrechnet. »Er wartete in seiner Arroganz offenbar auf unsere Einladung, den Thron zu besteigen. Er ging davon aus, daß man ihn in einem Zug mit brennenden Fackeln zum Palast führen werde, einer Prozession, die eines Souveräns würdig war.« Vielleicht wollte er aber auch der Stadt die Plünderung ersparen, der sie notgedrungen ausgesetzt gewesen wäre. Wie auch immer, er befahl seinen Männern, zu bleiben, wo sie sich gerade befanden, kein Blut mehr zu vergießen und ihre Zelte für die Nacht aufzuschlagen.

Diese Fehleinschätzung der Lage besiegelte sein Schicksal. Die erwartete städtische Abordnung traf nicht ein. Zwar liebte die Bevölkerung von Konstantinopel ihren Kaiser nicht gerade heiß und innig, aber sie hatte auch kein Bedürfnis, ihn gewaltsam gestürzt zu sehen, zuallerletzt von einem makedonischen Armenier, von dem sie zwar nichts wußten, aber um so mehr befürchteten. Sie hatten genug von Aufruhr und Gewalt. Nach wenigen Stunden legte sich die Panik, man sicherte die Tore, und die Verteidiger standen wieder auf ihren Posten. Die Stadt war gerettet. Enttäuscht und verwirrt versammelte Leon Tornikes seine Gefangenen unmittelbar unterhalb des Blachernenpalasts. Er hatte sie gut auf ihren nunmehrigen Auftritt vorbereitet:

Sie baten das Volk, Männer ihrer eigenen Rasse und Familie nicht ungebührlich zu behandeln, damit sie nicht mit ansehen müßten, wie sie vor ihren Augen erbärmlich in Stücke gehackt würden wie menschliche Opfergaben. Sie warnten uns, die Vorsehung nicht herauszufordern, indem wir einen Souverän unterschätzten, wie ihn die Welt noch nie gesehen habe, wie sie aus eigener Erfahrung nur zu gut wüßten... Dann, als Gegensatz dazu, ließen sie sich über die Missetaten unseres eigenen Kaisers aus, beschrieben, wie er zu Beginn seiner Herrschaft die Hoffnungen der Stadt hochgeschraubt habe, nur um uns aus allen Wolken fallen zu lassen und an den Rand des Abgrunds zu bringen.

Die Antwort war ein Hagel Geschosse, von denen eines Tornikes nur knapp verfehlte. Da, und erst da, erkannte er, daß er gescheitert war. Das Volk wollte ihn ja offenbar gar nicht. Ermuntert von heimlich zugesteckten Bestechungsgeldern Konstantins, verließen ihn seine Männer einer nach dem anderen. In den ersten Oktobertagen brach er sein Lager ab und zog gegen Westen. Man ließ ihn ziehen, ohne die Verfolgung sogleich aufzunehmen, denn es gab zuwenig Soldaten in Konstantinopel. Erst als die Ostarmee eintraf, die man eiligst aus dem fernen Iberien zurückgerufen hatte, ordnete Konstantin seine Gefangennahme an. Als ein Trupp ihn einholte, hatte er bis auf einen einen alten Waffenkameraden namens Johannes Watatzes alle seine Anhänger verloren. Die beiden wurden nach Konstantinopel zurückgebracht und, wie vorherzusehen war, geblendet.

Konstantin Monomachos pflegte den Leuten gerne zu sagen, er habe einen Schutzengel. Nach dem Fehlschlagen des zweiten militärisch unterstützten Aufstands innerhalb von vier Jahren nur dank eines nahezu unglaublichen Glücksfalls müssen es ihm viele seiner Untertanen geglaubt haben.

Für die anhaltende Schwächung der Armee während der zwölfeinhalb Jahre seiner Herrschaft hat sich Konstantin IX. den Löwenanteil der Schuld zuzuschreiben. Man kann sich unmöglich vorstellen, daß ein Kaiser wie Basileios II. auf dem Thron zugelassen hätte, daß die petschenegischen Stämme um 1047 die Donau überquerten und sich definitiv auf Reichsgebiet niederließen. Über hundert Jahre zuvor hatte Konstantin VIII. Porphyrogennetos die Notwendigkeit betont, diese äußerst gefährlichen fremden Völkerschaften[4] unter ständiger Kontrolle zu halten. Seine Taktik bestand darin, ihr Wohlverhalten mit aufwendigen Geschenken zu erkaufen und sie zu benutzen, den Reichsfeinden – in Bulgarien und Ungarn – in den Rücken zu fallen und so jegliche russischen Vorstöße nach Süden zu verhindern. Mit Basileios' Eroberung von Bulgarien und der damit

Das Schisma (1047)

verbundenen Ausdehnung der Reichsgrenze bis an das Donauufer veränderte die Situation sich dann grundlegend. Es gab kein Pufferzone mehr zwischen Byzanz und den Nomadenstämmen, und ihre unaufhörlichen Plünderzüge richteten sich nun nicht mehr gegen das bulgarische Reich, sondern direkt gegen Byzanz. Nicht in der Lage, diesem Ansturm etwas entgegenzusetzen, versuchte Konstantin Monomachos die Lage zu nutzen, indem er petschenegische Söldner anwarb, hauptsächlich als Truppen für die Grenzfestungen. Sie erwiesen sich jedoch als zu unzuverlässig. Statt den Frieden zu erhalten, verwandelten sie die Gegend in kürzester Zeit in ein Chaos. Es dauerte nicht lange, bis Konstantin keine andere Wahl sah, als einmal mehr die Waffen gegen sie zu erheben. Doch einmal mehr war seine Aktion zum Scheitern verurteilt. Nach mehreren demütigenden Niederlagen kehrte er zum alten System der Bezahlung zurück. Nun aber ließen sich die Petschenegen nicht mehr so billig kaufen. Erst nach Vergabe wertvollen Landes und mehrerer hoher Ehrentitel konnte er zumindest einen Waffenstillstand erreichen.

Für die größte Katastrophe seiner gesamten Regierungszeit – in der Tat eine der erschütterndsten, die die Christenheit jemals betroffen hat – muß Konstantin jedoch weitgehend von der Schuld freigesprochen werden. Dem religiösen Schisma zwischen Ost und West lagen zahlreiche Ursachen zugrunde, Konstantins Inaktivität gehörte jedoch nicht dazu. In der Tat pflegte das kaiserliche Byzanz von jeher das Konzept des römischen Primats der eigenen Kirche vorzuziehen, und zwar nicht zuletzt, um die Universalität des Reichs und den Anspruch auf Unteritalien zu erhalten. Dennoch drifteten die beiden Kirchen seit Jahrhunderten mehr und mehr auseinander, wie man nach dem Lesen dieser Geschichte nur zu gut weiß. Ihre langsame, aber stetige Entfremdung ist im Grunde ein Spiegelbild der alten Rivalität zwischen dem Lateinischen und dem Griechischen, zwischen Rom und Byzanz. Das römische Papsttum dehnte seine Autorität in Europa rasch aus, und mit der Zunahme seiner Macht wuchsen auch sein Ehrgeiz und seine Überheblichkeit – eine Tendenz, die man in Konstantinopel mit Unmut und nicht geringer Furcht aufnahm. Außerdem gab es einen grundlegenden Unterschied zwischen den beiden Kirchen in ihrer Haltung zum Christentum. In Byzanz, wo man den Kaiser als den Aposteln gleich betrachtete und die Fragen der Glaubenslehre als nur durch den Heiligen Geist lösbar und mittels eines ökumenischen Konzils kundgetan, war man empört über die Anmaßung des Papstes, Dogmen zu formulieren und nicht nur den geistlichen, sondern auch den weltlichen Supremat für sich zu beanspruchen. Der Papst galt dort lediglich als Primus inter pares, also Erster unter ranggleichen Patriarchen. Im legalistischen und disziplinierten Rom dagegen war die alte griechische Vorliebe für endlose Debatten und theologische Spekulationen schon immer auf Ablehnung und gelegentlich schockierte Verständnislosigkeit gestoßen. Bereits zweihundert Jahre zuvor hatten sich die Dinge anläßlich des Streits um den Begriff *Filioque* und des Konflikts um den Patriarchen Photios zugespitzt.[5] Zum Glück waren nach dem Tod von Papst Nikolaus und dank des guten Willens seiner Nachfolger wie auch Photios' die freundschaftlichen Beziehungen äußerlich wiederhergestellt worden. Die grundsätzlichen Probleme blieben aber ungelöst, das *Filioque* fand weiterhin Gefolgschaft im Westen, und der Kaiser hielt seinen Anspruch aufrecht, als Gottes Stellvertreter auf Erden zu regieren. Es war also nur eine Frage der Zeit, bis der Streit wieder ausbrechen würde.

Daß es gerade zu diesem Zeitpunkt geschah, lag hauptsächlich an Michael Kerullarios, dem Patriarchen von Konstantinopel und seit dem Jahre 1043 Nachfolger des alten Alexios. Angesichts dessen, was wir über ihn wissen, erscheint er nicht gerade als besonders sympathisch. Nach langer Tätigkeit in der zivilen Verwaltung hatte man ihn zur Strafe für die Teilnahme an einer Verschwörung gegen Michael IV. ins Exil geschickt, wo er in ein Kloster eintrat, um seinen brennenden Ehrgeiz mit einer geistlichen Karriere zu stillen. Er unterschied sich so sehr von seinem fernen Vorgänger Photios, wie man sich nur denken kann. Galt jener als der angesehenste Gelehrte seiner Zeit, war Kerullarios ein mittelmäßiger Theologe mit einer nur rudimentären Kenntnis der Kirchengeschichte. Wird Photios als ausgesprochen kultiviert, intelligent und charmant beschrieben, so Kerullarios als stur und engstirnig, durch und durch Bürokrat.[6] Wie zu erwarten, war er jedoch ein fähiger und effizienter Verwaltungsbeamter. Er besaß einen eisernen Willen, und obwohl dies auf den ersten Blick nicht einleuchtet, reichlich viel Wohlwollen bei der Bevölkerung von Konstantinopel.

Die Spannung steigt (1053) 397

War der Patriarch aber auch Mittelsmann im neuerlichen Ausbruch des Kirchenstreits, lag der eigentliche Anlaß im bedrohlichen normannischen Machtzuwach in Unteritalien. Am 17. Juli 1053 hatte sich Papst Leo IX., entschlossen, diese freibeuterischen Horden ein für allemal auszurotten, und sie mit einem großen, aus verschiedenen Völkerschaften zusammengewürfelten Heer in der Nähe des kleinen Weilers Civitate angegriffen, jedoch eine schmähliche Niederlage erlitten; er selbst war sogar während acht Monaten in Benevent gefangengehalten worden. Im folgenden April kehrte er nach Rom zurück, wo er kurz darauf das Zeitliche segnete. Zur Empörung der päpstlichen Gefolgschaft, die sich betrogen fühlte, war das byzantinische Heer in Civitate gar nicht erst erschienen. Dessen Führung bereitete die normannische Bedrohung jedoch ebenso große Sorgen wie dem Papst. Der Befehlshaber der kaiserlichen Truppen in Italien, der gebürtige Langobarde Argyros, wußte sehr gut, daß die einzige Hoffnung, die Provinz für das Reich retten zu können, in einer Allianz mit dem Papsttum lag. Der Kaiser, der Argyros mit Hochachtung begegnete, war damit von ganzem Herzen einverstanden.

Kerullarios sah die Frage jedoch ausschließlich in geistlichem Licht und erklärte sogleich seinen erbitterten Widerstand gegen dieses Vorgehen. Er konnte die Lateinischen nicht ausstehen und mißtraute ihnen. Und vor allem verhaßt war ihm die Annahme des päpstlichen Primats. Selbst wenn es durch den Zusammenschluß gelänge, die normannischen Eindringlinge hinauszuwerfen, würde dieser doch die Wiedereinverleibung der normannisch besetzten Gebiete unter Konstantinopels Rechtsprechung verhindern. Dies wußte Kerullarios, und er war deshalb bereits vor der Schlacht von Civitate aktiv geworden: als er vernahm, daß mit päpstlicher Billigung den griechisch ausgerichteten Gemeinden in Unteritalien von normannischer Seite lateinische Sitten aufgezwungen wurden – vor allem der Gebrauch ungesäuerten Brotes für das Abendmahl –, befahl er den lateinischen Gemeinschaften in Konstantinopel auf der Stelle, die griechischen Bräuche zu übernehmen, und als diese sich dem Ansinnen widersetzten, ließ er ihre Kirchen kurzerhand schließen. Als nächsten, noch folgenschwereren Schritt überredete er das Oberhaupt der bulgarischen Kirche, Erzbischof Leon von

Ochrid, dem orthodoxen Bischof Johannes von Trani in Apulien eine Botschaft zu schreiben, in der er bestimmte Praktiken der römischen Kirche als sündhaft und »judaistisch« in aller Schärfe verurteilte; Johannes sollte diesen Brief an »alle fränkischen Bischöfe, Klostergemeinschaften und Laien und den Hochehrwürdigen Papst persönlich« weiterleiten.

Eine Kopie davon gelangte in einer rohen lateinischen Übersetzung zum gefangenen Papst Leo IX. in Benevent. Wutentbrannt bereitete er eine detaillierte Antwort vor – beleidigend adressiert »an die Bischöfe von Konstantinopel und Leon von Ochrid«. Darin rechtfertigte er die lateinischen Bräuche, die Kerullarios untersagt hatte, und legte nacheinander alle Argumente vor, die für den päpstlichen Primat sprachen. Es spielte vielleicht nicht einmal eine große Rolle, daß zwei weitere Briefe bei ihm eintrafen, noch bevor er seinen abschicken konnte. Der eine davon trug unten an der Seite groß und purpurn den Krakel des Kaisers persönlich. Der Text ist nicht überliefert, enthielt jedoch wohl nichts Ausschlaggebendes. Leos Antwort, die uns erhalten geblieben ist, legt nahe, daß Konstantin Beileidsbekundungen für Civitate zum Ausdruck brachte und vage Vorschläge für eine weitere Stärkung der Allianz machte. Weit überraschender war jedoch der zweite Brief, der, abgesehen von ein paar sprachlichen Mißgriffen, von Versöhnlichkeit und Wohlwollen nur so strotzte. Er enthielt nicht den geringsten Hinweis auf die umstrittenen Riten, sondern rief zu größerer Einheitlichkeit der beiden Kirchen auf – und er war unterzeichnet mit Michael Kerullarios, Patriarch von Konstantinopel.

Es mag der Kaiser höchstpersönlich gewesen sein, der Kerullarios dazu überredete, diesen Ölzweig auszustrecken, wahrscheinlicher jedoch der Bischof von Trani, den die Frage unmittelbar betraf und der wohl nur zu gut verstand, wieviel auf dem Spiel stand. Jedenfalls scheint sich Kerullarios wirklich bemüht zu haben. Papst Leo hätte gut daran getan, die winzigen Seitenhiebe zu übersehen – so zum Beispiel, daß die Anrede »Bruder«, statt »Vater« lautete – und die Sache auf sich beruhen zu lassen. Leo war jedoch noch immer wütend und höchstwahrscheinlich bereits todkrank. Sein einflußreichster Sekretär, Kardinal Humbert von Moyenmoutier, der sich in den folgenden Ereignissen als keinen Deut weniger selbstgerecht

Die Legaten in Konstantinopel (1054)

und gereizt zeigen sollte als der Patriarch, hatte jedenfalls keine Schwierigkeiten, ihn dazu zu überreden, seinen Namen unter zwei weitere Briefe zu setzen und die Entsendung einer offiziellen päpstlichen Gesandtschaft zu genehmigen, die sie persönlich in Konstantinopel zu überbringen hatten.

Der erste dieser Briefe ging, diesmal immerhin mit der um einiges höflicheren Anrede »Erzbischof« versehen, direkt an Kerullarios. Er enthielt jedoch eine kräftige Rüge für seine unverzeihliche Anmaßung, die lateinischen Bräuche in Frage zu stellen, und den Vorwurf, er habe Ambitionen auf die ökumenische Autorität (was vermutlich auf einen Fehler in der lateinischen Übersetzung von Kerullarios' Brief zurückzuführen war). Zudem unterstellte der Brief, seine Wahl habe gegen das kanonische Gesetz verstoßen – eine bewußte Verleumdung, die jeder Grundlage entbehrte. Der zweite Brief war an den Kaiser adressiert. Er drehte sich, wie wir gesehen haben, hauptsächlich um politische Fragen. Es gab jedoch ein dickes Ende: der letzte Abschnitt enthielt einen heftigen Protest gegen Kerullarios' »unzählige unerträgliche Vorwegnahmen... Sollte er damit fortfahren – was der Himmel verhüte –, wird er unsere friedfertige Hochachtung keinesfalls behalten«. Der Papst endete sein Schreiben mit der Empfehlung der Legaten, welche die beiden Briefe nach Konstantinopel bringen würden. Er vertraue darauf, daß ihnen alle gebotene Unterstützung gewährt werde und sie den Patriarchen in angemessener Reumütigkeit anträfen.

Leo war ein fähiger und kluger Mann. Diesmal hatte er sich jedoch schwer verrechnet. Da er jede nur erdenkliche Hilfe gegen die normannische Bedrohung nötig brauchte, hätte er die Gelegenheit zur Aussöhnung mit der orthodoxen Kirche begrüßen sollen. Wäre er über den Stand der Dinge in Konstantinopel nur etwas besser informiert gewesen, hätte er auch gewußt, daß der Kaiser – wie er selbst mittlerweile todkrank – niemals versuchen würde, sich über seinen Patriarchen hinwegzusetzen, der über viel stärkeres Durchsetzungsvermögen verfügte und dazu das ganze Gewicht der öffentlichen Meinung auf sich vereinigte. Noch viel weniger Klugheit zeigte er in der Wahl seiner Legaten für diese so heikle Mission: Humbert, engstirnig, voreingenommen und ein fanatischer Griechenhasser, Kardinal Friedrich von Lothringen (der spätere Papst Stefan IX.)

und Erzbischof Peter von Amalfi, die beide bei Civitate gekämpft hatten und noch immer einen Groll gegen Byzanz hegten, weil dessen Truppen sie im Stich gelassen hatten.

Die drei Prälaten trafen Anfang April 1054 in Konstantinopel ein. Von Anbeginn ging alles schief. Schon als sie bei Kerullarios vorsprachen, waren sie sogleich beleidigt über die Art und Weise, in der er sie empfing. Sie hinterließen den päpstlichen Brief und stolzierten verstimmt davon. Als Kerullarios ihn las, war es an ihm, in Wut zu geraten, bestätigten sich doch seine schlimmsten Befürchtungen: die versöhnliche Geste, zu der man ihn wider sein besseres Wissen förmlich gezwungen hatte, schleuderte man ihm nun in Form einer happigen Retourkutsche mitten ins Gesicht. Und es sollte noch schlimmer kommen. Die Legaten hatten den vom Kaiser üblichen höflichen Empfang als Ermunterung empfunden, den vollen Wortlaut des nie abgeschickten, früheren päpstlichen Briefes an den Patriarchen und den Erzbischof von Ochrid in griechischer Übersetzung zu veröffentlichen, zusammen mit einer detaillierten Aufstellung der umstrittenen Bräuche.

Michael Kerullarios empfand das Maß an Beleidigung damit als voll. Hier lag ein Brief an ihn vor, von dessen Existenz er erst vernahm, als bereits Kopien davon in der ganzen Stadt im Umlauf waren. In der Zwischenzeit hatte eine genauere Untersuchung des zweiten Briefes – der ihm wenigstens in einer gewissen Form überbracht worden war –, ergeben, daß sich jemand an den Siegeln zu schaffen gemacht hatte. Wenn ihn, wie es nur allzu deutlich den Anschein machte, die Legaten geöffnet hatten: wem konnten sie ihn sonst nicht noch alles gezeigt haben? Ja, konnte es sich bei dem Brief nicht überhaupt sogar um eine Fälschung handeln? Diese sogenannten Legaten, so kam er zum Schluß, waren gewiß nicht nur unhöflich, sondern durch und durch unehrlich. Er erklärte daher, er weigere sich strikte, ihre Autorität auch nur einen Augenblick länger anzuerkennen sowie irgendwelche weitere Mitteilungen von ihnen zu empfangen.

Der Zustand, daß eine vollumfänglich akkreditierte päpstliche Gesandtschaft vom Kaiser wohlwollend empfangen, von seinem Patriarchen jedoch nicht anerkannt und ignoriert wurde, konnte

Die Legaten in Konstantinopel (1054)

selbstverständlich nicht lange andauern. Zu Kerullarios' Glück traf wenige Wochen nach Ankunft der Legaten die Nachricht vom Ableben des Papstes in Rom ein. Humbert und seine Kollegen verloren als Leos persönliche Vertreter mit seinem Tod jeglichen offiziellen Status. Kerullarios' Genugtuung über diesen Fortgang der Dinge läßt sich leicht vorstellen. Sie erfuhr aber vielleicht eine gewisse Beeinträchtigung durch die Tatsache, daß die Legaten nicht die geringste Verlegenheit zeigten. Das normale Vorgehen in einer solchen Situation hätte darin bestanden, umgehend nach Rom zurückzukehren. Statt dessen blieben sie offenbar unbekümmert weiter in Konstantinopel und verhielten sich mit jedem Tag noch arroganter und überheblicher. Die Publikation des päpstlichen Briefes hatte eine harte Replik eines gewissen Niketas Stethatos, eines Mönchs des Studosklosters, provoziert. Darin kritisierte er die lateinischen Gemeinden vor allem wegen ihres Gebrauchs von ungesäuertem Brot, ihrer Angewohnheit, am Sabbat zu fasten, und ihrer Versuche, den Geistlichen das Zölibat aufzuzwingen. Es handelte sich nicht um ein besonders eindrucksvolles Dokument, auch war es höflich und respektvoll formuliert. Statt mit einer vernünftigen Antwort reagierte Humbert jedoch mit einer schrillen Tirade beinahe hysterischer Beschimpfungen. Seitenweise tobte er, bezeichnete Stethatos als »verderblichen Kuppler« und »Schüler des bösartigen Mohammed«, der eher aus einem Theater oder einem Bordell als aus einem Kloster komme, und verhängte schließlich den Kirchenbann über ihn und alle, die diese »perverse Doktrin« teilten, die er aber nicht einmal zu widerlegen versuchte. Damit kann er die byzantinische Durchschnittsbevölkerung nur in der Meinung bestätigt haben, daß die römische Kirche in der Tat aus barbarischen Rohlingen bestand, mit denen keine Diskussion, geschweige denn eine Einigung je möglich war.

Michael Kerullarios hielt sich zurück, entzückt, daß seine Feinde nicht nur ihre Autorität verloren hatten, sondern sich außerdem zu Narren machten. Selbst als der Kaiser – der nun mit gutem Grund um die Allianz mit dem Papst zu fürchten begann, die ihm so sehr am Herzen lag – Stethatos zwang, seine Beschuldigungen zurückzunehmen und sich zu entschuldigen, selbst als Humbert bei Konstantin das Problem *Filioque* aufs Tapet brachte, dessen Ablehnung mittlerweile zu den Grundpfeilern der byzantinischen Theologie gehörte, vernahm man kein Wort aus dem Palast des Patriarchen, keinen Hinweis darauf, daß die orthodoxe Obrigkeit die würdelose Debatte überhaupt zur Kenntnis zu nehmen geruhte, die inzwischen Stadtgespräch war. Schließlich riß Humbert wie von Kerullarios wohlweislich erwartet der Geduldsfaden. Am Samstag, dem 16. Juli des Jahres 1054 um drei Uhr nachmittags, zogen die drei ehemaligen päpstlichen Gesandten, zwei Kardinäle und ein Erzbischof, vor den Augen sämtlicher zur Eucharistie versammelten Geistlichen in Meßgewänder gekleidet in die Hagia Sophia ein, stiegen zum Hochaltar empor und hinterlegten dort in aller Form die Exkommunikationsbulle. Nach dieser Tat machten sie kehrt, marschierten aus der Kirche und hielten nur kurz an, um sich symbolisch den Dreck von den Füßen zu klopfen. Nachdem sie sich offiziell vom Kaiser verabschiedet hatten, der so entgegenkommend blieb wie immer und sie mit Geschenken belud, brachen sie zwei Tage später nach Rom auf.

Einmal von der Tatsache abgesehen, daß die Legaten sich ja ohne päpstliche Ermächtigung dort aufhielten und die Bulle deshalb nach allen Maßstäben des kanonischen Rechts ungültig war, bleibt sie doch ein bestürzendes Elaborat. Steven Runciman beschreibt sie wie folgt:

> Nur wenige wichtige Dokumente enthielten jemals so viele nachweisbare Fehler. Es ist in der Tat höchst außergewöhnlich, daß ein Mann von Humberts Bildung ein so bedauerliches Manifest schreiben konnte. Es begann damit, daß Kerullarios sowohl als Person als auch als Bischof von Konstantinopel der Titel des Patriarchen abgesprochen wurde. Es hieß ferner, daß sich nichts gegen die Bevölkerung des Reichs oder Konstantinopels sagen lasse, daß jedoch alle, die Kerullarios unterstützten, sich der Simonie schuldig machten (wie Humbert wußte, das vorherrschende Laster seiner eigenen Kirche), die Kastration förderten (eine Praxis, die in Rom ebenso gebräuchlich war), darauf bestünden, die dem lateinischen Ritus Folgenden nochmals zu taufen (was zu der Zeit nicht zutraf), Geistlichen die Eheschließung erlaubten (was falsch war, ein verheirateter Mann konnte Priester werden, einer, der bereits die Weihen empfangen hatte, durfte aber nicht heiraten),

Exkommunikation (1054) 403

die Taufe von Frauen während der Geburtswehen billigten, sogar
wenn sie im Sterben lagen (ein guter frühchristlicher Brauch), die
Zehn Gebote über Bord würfen (was nicht zutraf), Männern mit
abrasiertem Bart das Abendmahl verweigerten (was ebenfalls
nicht zutraf, auch wenn griechische Gemeinden rasierte Priester
nicht billigten) sowie schließlich einen Passus im Glaubensbe-
kenntnis ausließen (genau das Gegenteil aber war der Fall). Nach
diesen Anschuldigungen verloren die Beschwerden über die
Schließung der lateinischen Kirchen in Konstantinopel und den
Ungehorsam gegenüber dem Papsttum jegliche Wirkung.[7]

Die Nachricht von der Exkommunikation verbreitete sich wie ein
Lauffeuer. In der ganzen Stadt fanden Demonstrationen zugunsten
Kerullarios' statt. Zunächst richteten sie sich zur Hauptsache gegen
die lateinischen Gläubigen, doch es dauerte nicht lange, bis die Menge ein neues Ziel für ihren Unwillen fand: den Kaiser, dessen offensichtliche Sympathien für die Legaten diese in ihrem Unmaß noch
bestärkt haben müsse. Zum Glück hatte auch Konstantin einen Sün-
denbock zur Hand. Argyros befand sich zwar in Italien und wußte
noch nicht, was vorgefallen war; deshalb setzte er sich noch immer
für eine Allianz mit dem Papsttum ein. Also ließ der Kaiser kurzerhand all dessen Familienangehörige, die sich gerade in Konstantinopel aufhielten, unverzüglich verhaften, was die öffentliche Meinung
bis zu einem gewissen Grad beschwichtigte. Aber erst als er die Bulle
öffentlich verbrannte und auch die drei Legaten offiziell mit dem
Kirchenbann belegte, kehrte wieder Ruhe ein.

So liefen die Ereignisse im Frühsommer des Jahres 1054 ab, die
zum endgültigen Schisma zwischen Ost- und Westkirche führten. Es
ist keine besonders erbauliche Geschichte. So unausweichlich der
Bruch auch gewesen sein mag, hätten diese Vorfälle doch nicht stattzufinden brauchen. Etwas mehr Willenskraft von seiten des sterbenden Papstes oder des lebensfrohen Kaisers und etwas weniger Selbst-
gerechtigkeit von seiten des engstirnigen Patriarchen oder des dick-
köpfigen Kardinals, und die Situation hätte sich retten lassen. Der
Ursprung der Krise lag ausgerechnet in Unteritalien, einem Gebiet,
in dem das politische Einvernehmen zwischen Rom und Konstantinopel lebenswichtig war. Der Todesstoß kam von den entmachteten

Legaten des verstorbenen Papstes, die eine führungslose Kirche vertraten. Noch war der neue Papst nicht gewählt, da griffen sie zu einem Mittel, welches im Widerspruch zum kanonischen Recht stand und sich inhaltlich nicht halten ließ. Beide Exkommunikationsurteile, sowohl das lateinische wie das griechische, richteten sich mehr gegen die Person der Anstoß erregenden Würdenträger als gegen die Kirche, die sie jeweils repräsentierten. Beide hätte man später durchaus rückgängig machen können. Zum damaligen Zeitpunkt rechnete auf beiden Seiten niemand damit, daß all dies zu einem endgültigen Schisma führen könnte. Genaugenommen war dies zwar nicht der Fall; in den folgenden Jahrhunderten anerkannte die Ostkirche aus politischen Gründen den Supremat Roms noch bei zwei Gelegenheiten: einmal im dreizehnten Jahrhundert in Lyon, das andere Mal im fünfzehnten in Florenz. Doch auch wenn ein Pflaster eine offene Wunde eine Zeitlang zudeckt, muß sie deswegen noch lange nicht heilen. Und ungeachtet des Balsams, den das Ökumenische Konzil 1965 auf die Wunde auftrug, die der christlichen Kirche von Kardinal Humbert und Patriarch Kerullarios vor neunhundert Jahren zugefügt wurde, blutet sie noch heute.

Trotz der Desaster auf politischer, kirchlicher und militärischer Ebene während Konstantin Monomachos' Herrschaft muß das Leben für die begüterten Gesellschaftsschichten Konstantinopels zu jener Zeit angenehmer gewesen sein als seit Jahren. Denn von all seinen Fehlern abgesehen, verfügte der Kaiser über ein Flair für Eleganz und Stil, das dem starren Regime von Basileios II. sowie dessen mangelhaft gebildeten, ungeschlachten paphlagonischen Nachfolgern gänzlich abging. Seit Konstantin Porphyrogennetos hatten sich die Hofzeremonien nicht mehr so prächtig, das Unterhaltungsangebot sich nicht mehr so üppig ausgenommen. Und wenn auch selbst kein Intellektueller, so war der augenblickliche Basileus doch auch nicht ohne Sinn für Kultur. Er förderte aktiv die Künste und die Wissenschaften und versammelte mit Vorliebe Persönlichkeiten von echter Bildung um sich. Der Auffälligste unter ihnen war Michael Psellos, Historiker, Politiker, Humanist, Philosoph und wohl mit Abstand der herausragendste Gelehrte seiner Zeit, außerdem ein Redner mit außergewöhnlichen Fähigkeiten – und dies zu einer Zeit, als diese

Die Universität von Konstantinopel (1054) 405

Kunst weit höher im Ansehen stand als heutzutage. Bedauerlicherweise war er aber auch selbstsüchtig, scheinheilig, unerträglich eitel – und, wie wir noch sehen werden, wenn nötig des schwärzesten Verrats fähig.

Zu Psellos' engem intellektuellen Kreis um Kaiser Konstantin IX. gehörte sein ältester und nächster Freund, der Jurist Johannes Xiphilinos von Trapezunt, der ein so gutes Gedächtnis besaß, daß man ihm nachsagte, er kenne den gesamten Gesetzeskodex des Reichs auswendig, sodann sein ehemaliger Lehrer, der Dichter-Gelehrte Johannes Mauropus, und der oberste Minister Konstantin Leichudes. Ihnen war weitgehend die kulturelle Renaissance Mitte des elften Jahrhunderts zu verdanken, insbesondere die Wiederbelebung der Universität von Konstantinopel im Jahre 1045. Dabei galt ihre vordringlichste Aufmerksamkeit der juristischen Fakultät, die unter Basileios so heruntergekommen war, daß es zum Zeitpunkt, da Konstantin Monomachos den Thron bestieg, keinen einzigen Lehrer der Jurisprudenz mehr in der Stadt gab. Von Mauropus völlig neu konstituiert, wurde die Universität von Johannes Xiphilion geleitet, der den klingenden Titel *Nomophylax* (»Hüters des Gesetzes«) erhielt. Die Lehrgänge der neuen philosophischen Fakultät waren Psellos, dem *Hypatos* (»Konsul«) der Philosophie, anvertraut und begannen mit dem klassischen Trivium Grammatik, Rhetorik und Dialektik, gingen weiter mit dem Quadrivium Arithmetik, Geometrie, Astronomie und Musik und endeten mit der Philosophie, der letztlichen Synthese allen Wissens.

Innerhalb weniger Jahre machte sich die Universität in der ganzen christlichen Welt und darüber hinaus einen Namen. Während der vorangegangenen zweihundert Jahre beherrschten arabische Gelehrte die intellektuelle Welt. Die sogenannten Weisen Konstantinopels, so befanden sie, seien nicht einmal Maultiere, sondern höchstens Esel. Unter dem Einfluß von Psellos und seiner Freunde sowie des aufgeklärten Patronats von Konstantin Monomachos gewann Byzanz seinen alten Ruf zurück und präsentierte sich einmal mehr als Treffpunkt der Gelehrten von ganz Europa und Asien. In aller Bescheidenheit schrieb Psellos denn auch das folgende an Michael Kerullarios:

Die keltischen und arabischen Völker sind nun unsere Gefangenen. Mein Ruf bringt sie aus Ost und West in Scharen in die Stadt. Der Nil mag zwar das Land des ägyptischen Volkes bewässern, doch es sind meine goldenen Worte, die seinen Geist nähren. Frag in Persien oder Äthiopien: man wird dir sagen, daß man mich dort kennt, mich bewundert und nach mir fragt. Vor kurzem traf ein Babylonier ein, vom unüberwindbaren Wunsch getrieben, seinen Wissensdurst am Brunnen meiner Redekunst zu löschen.

All das muß Wunder gewirkt haben für den internationalen Ruf des Reichs, der in dem Vierteljahrhundert seit dem Tod von Basileios II. reichlich gelitten hatte. Am meisten profitierte man jedoch im Reich selbst davon. Bereits seit Jahren hatte ein Mangel an qualifizierten Richtern und ausgebildeten Beamten geherrscht. Bis zum Ende von Konstantins Herrschaft hatte die neue Universität einen stetigen Strom hochgebildeter junger Männer hervorgebracht, mit denen die Regierung ihre Kaderstellen in der Verwaltung besetzen konnte. Ihr Fachwissen war größer, als in den kommenden Jahren je benötigt werden sollte.

Nach der Abreise von Humbert und seinem Gefolge konnte Konstantin IX. sein Ansehen nicht mehr wiedererlangen. Man hegte gegen ihn (mit gutem Grund) weiterhin den Verdacht, lateinische Sympathien zu unterhalten. Seine lahmen, geheuchelten Entschuldigungen dem Patriarchen gegenüber – darin er allen die Schuld zuschob, außer sich selbst – beeindruckten niemanden. Mittlerweile machte er ohnehin eine bedauernswerte Figur. Bald nach seiner Erniedrigung zog er sich in das Manganenkloster zurück, wo sein Grab an der Seite der Sklerina bereits auf ihn wartete. Das Kloster gehörte zu den üppigsten Stiftungen, die Konstantinopel je sah. Psellos schreibt:

Das gesamte Bauwerk war mit goldenen Sternen verziert wie die Himmelskuppel; während am Himmel jedoch zwischen den Sternen Abstände sind, war hier die Oberfläche vollkommen mit Gold bedeckt, das wie ein endloser Strom aus ihrer Mitte floß. Es war umgeben von anderen, kleineren Gebäuden und die wiederum

Die Universität von Konstantinopel (1054) 407

vollkommen oder teilweise von Kreuzgängen. Den Boden hatte man überall geebnet, und er erstreckte sich weiter, als das Auge reichte. Dann kam ein zweiter Kreis von Gebäuden, die größer waren als die ersten und von blumenübersäten Wiesen umgeben ... Es gab Fontänen, die sich in Wasserbecken ergossen, Gärten, zum Teil hängende, zum Teil sanft auf den Boden abfallende, und ein Bad, dessen Schönheit jede Beschreibung übersteigt.

In diesem Bad pflegte Konstantin IX. mehrere Stunden am Tag zu liegen, um seine chronischen Schmerzen etwas zu lindern. Und irgendwann im Herbst des Jahres 1054, als die Luft bereits etwas kühler geworden war, muß er sich zu lange im Wasser aufgehalten und sich eine Brustfellentzündung geholt haben. Zuerst schien er sich wieder zu erholen, doch dann begann sich sein Zustand rasch zu verschlechtern. Er siechte noch bis ins nächste Jahr dahin. Dann starb er am 11. Januar des Jahres 1055.

19

Auftakt zur Katastrophe

(1055–1059)

*Man hätte seinen Einzug in die Stadt für eine
Offenbarung Gottes halten können ... Ich habe an
vielen kaiserlichen Prozessionen teilgenommen und
bei Feierlichkeiten mit viel religiöserem Charakter
mitgeholfen, aber eine solche Pracht in meinem
ganzen Leben noch nie gesehen. Die strahlende
Menge umfaßte nicht nur Personen aus der Stadt oder
dem Senat oder aus der Masse der Bauers- und
Kaufleute, sondern auch Studierende der
theologischen Kollegien, Angehörige der
Bergbevölkerung und Eremiten, die ihre Klausen aus
in den Fels gehauenen Gräbern verlassen hatten, ja,
selbst die Säulenheiligen, ob sie nun von ihren Felsen
oder ihren luftigen Säulen herabgestiegen waren oder
die Berghöhen mit den Niederungen vertauscht
hatten: alle trugen dazu bei, daß der Einzug des
Kaisers in die Stadt zum unvergeßlichen Erlebnis
wurde.*

Michael Psellos über den Einzug Isaaks I. in
Konstantinopel

Konstantin IX. war als Witwer gestorben. Seine Frau Zoe war
drei Jahre nach Tornikes' Revolte und vier Jahre vor dem Schisma im Jahre 1050 gestorben; das genaue Datum ist nicht bekannt.
Es mag auf den ersten Blick vielleicht überraschen, daß er darüber
ganz und gar untröstlich war. Und doch: er hatte der um einige Jahre
Älteren eine Menge zu verdanken; natürlich die Krone, sodann den

Umstand, daß er und seine Geliebte Sklerina wie in einer Ehe zusammenleben konnten, was ohne Zoes Billigung unmöglich gewesen wäre, aber offenbar als Dreierbeziehung harmonierte. Andererseits war die Zeitspanne der gegenseitigen sexuellen Anziehung – falls es eine solche denn gab – wohl nicht von langer Dauer und soweit sich das beurteilen läßt anscheinend eher von einem ausgeprägten Mangel an Leidenschaft auf beiden Seiten begleitet. Vielen kam seine Trauer jedenfalls etwas unverständlich und übertrieben vor, besonders als er das Wachsen eines kleinen Pilzes an einem Stützpfeiler ihres Grabbaldachins als wunderbares Zeichen dafür deutete, daß sie nun zu den Engeln zählte. Doch was wissen wir von der Liebe?[1]

Mit Konstantins Tod fiel die Krone einmal mehr Theodora zu, denn der Kaiser hinterließ keinen legitimen Nachfolger. Seit man sie dreizehn Jahre zuvor aus dem Kloster geholt hatte, führte sie als Kaiserin, gelinde gesagt, ein Schattendasein. Nun aber würde sie, da sie sich weiterhin konsequent weigerte, eine Heirat auch nur theoretisch in Betracht zu ziehen, an eigener Statt herrschen. Und dies tat sie allen Schilderungen zufolge mit bemerkenswerter Effizienz. Sie sprach Recht, erließ Gesetze, empfing Gesandte und widersetzte sich unbeirrt sämtlichen wiederholten Versuchen des Patriarchen, die Zügel an sich zu reißen. Dennoch blieb eine Frage offen: Wer sollte ihre Nachfolge antreten? Zwar merkte man ihr das hohe Alter noch kaum an, weder geistig noch körperlich; sie schien in so guter Verfassung wie eh und je. Aber sie zählte mittlerweile siebenundsiebzig Jahre und würde nicht ewig leben. Sie wußte, daß sie sich der Entscheidung über die Nachfolge nicht entziehen konnte, doch sie war auch abergläubisch und fürchtete den Tod. Ganz offenbar ließ sie sich nicht dazu überreden, sich dem Problem zu widmen, dessen Dringlichkeit und Bedeutung mit jedem Tag zunahmen.

Es war noch immer keine Lösung in Sicht, als sie Ende August 1056 plötzlich von ungeheuren Schmerzen im Unterleib befallen wurde. Für einmal bestand kein Verdacht auf eine Vergiftung – Ursache war vermutlich ein Blinddarmdurchbruch –, aber es war bald klar, daß ihr Ende nahte. Mit ängstlichem Eifer begannen ihre Berater untereinander zu konferieren. Psellos, ebenfalls mit von der Partie, äußert sich reichlich schockiert über die Art und Weise, wie sie dabei »Schindluder trieben mit dem Reich wie Männer beim Würfelspiel«, um sich

Michael der Alte (1057)　　　　　　411

auf den geeignetsten Nachfolger zu einigen, dessen Namen die sterbende Kaiserin dann nur noch billigen mußte. Ihre Wahl fiel schließlich auf einen älteren Patrizier namens Michael Bringas, der zuvor den Rang eines *Stratiotikos* bekleidet hatte, ein zivildienstliches Amt, das jedoch mit der militärischen Verwaltung in Verbindung stand.[2] »Er war«, meint Psellos naserümpfend, »weniger zum Herrschen qualifiziert als dazu, von andern beherrscht zu werden.« Doch gerade dies betrachteten die berechnenden Minister als eindeutigen Vorteil. Sie hätten sich nichts Besseres wünschen können als eine Null wie Michael, von dem sie erwarteten, daß er sich für ihre Anregungen nur zu dankbar zeigte und über den sie das Reich nach eigenem Gutdünken regieren konnten.

Zum Zeitpunkt, da man sich zu der Entscheidung durchrang – gegen Mittag am 31. August –, ging es mit Theodora schon rasch bergab. Sie konnte bereits nicht mehr sprechen, aber die, die ihrem Bett am nächsten standen, wollten eindeutig bemerkt haben, daß sie den Kopf zustimmend neigte. Es gab noch eine kurze Verzögerung, als der Patriarch, der sich wie immer übergangen fühlte, bei Theodora um die Bestätigung nachsuchte, daß Michael tatsächlich ernannt sei. Schließlich erklärte er sich jedoch als zufriedengestellt und nahm noch am selben Nachmittag die Krönung vor. Wenige Stunden später war die letzte Vertreterin der makedonischen Dynastie tot und Michael VI., manchmal »Stratiotikos«, aber noch öfter »der Alte« genannt, souveräner Herrscher über das Römische Reich.

Seine Herrschaft begann mit einer eigenartigen Episode. Am Morgen nach Michaels Thronbesteigung versuchte ein gewisser Theodosios, ein Vetter oder Neffe von Konstantin Monomachos, der offenbar erwartet hatte, als rechtmäßiger Thronfolger anerkannt zu werden, aus dem Stegreif einen Staatsstreich herbeizuführen. Es gelang ihm tatsächlich, das größte Gefängnis zu stürmen und die Gefangenen zu befreien; diese schlossen sich ihm natürlich an. Alles verlief bestens, bis sie den Palast erreichten und sich dort den warägischen Sicherheitskräften sowie einer Abordnung Matrosen der kaiserlichen Flotte gegenübersahen: da verließ ihn plötzlich die Zuversicht. Er machte kehrt Richtung Hagia Sophia, wo er sich – aus unerfindlichen Gründen – die Unterstützung des Patriarchen zu sichern gedachte. Doch er hatte auf den falschen Mann gesetzt. Als er die Kirche betreten wollte, wurde ihm die Tür vor der Nase zugeschlagen. Seine Anhänger zerstreuten sich rasch in alle Winde, und nach kurzer Zeit waren Theodosios und sein Sohn, die in der äußeren Kirchenvorhalle kauerten und vor lauter Angst nicht einmal mehr davonzulaufen wagten, die einzigen Rebellen. Sie hatten Glück, entkamen sie doch *mit* den Augen; niemand scheint sie ernst genug genommen zu haben, um sie zu blenden. Sie wurden nach Pergamon verbannt. Ihre Aktion hatte letztlich nur die Beliebtheit des neuen Kaisers gefördert und seine Stellung auf dem Thron gefestigt.

Michael VI. entstammte einer Seitenlinie jenes Joseph Bringas, der während der Herrschaft von Romanos II. und Theophano das Amt des wichtigsten Magistraten innehatte.[3] Verglichen mit diesem Vorfahren bewies er allerdings ein bedauerlich geringes Maß an politischem Scharfsinn. Zu einer klugen Herrschaft gehörte in Byzanz Mitte des elften Jahrhunderts in erster Linie die Kunst, eine Balance zwischen den Angehörigen der Zivilverwaltung und der Militäraristokratie herzustellen. Michael ließ die einen jedoch gewähren und schikanierte die andere. Im Frühjahr 1057 – während der alljährlichen Feiern zur Karwoche, an der der Kaiser traditionellerweise alle belohnte, die sich im vergangenen Jahr besonders verdient gemacht hatten – erhielten der gesamte Senat und alle ranghohen Magistraten und Beamten zu ihrer Überraschung einen hohen Bonus und automatische Beförderung um zwei, andere sogar um drei Ränge. Dann kam die Armee an die Reihe. Psellos, einmal mehr Augenzeuge, beschreibt, was geschah:

Die Männer, die sich ihm präsentierten, waren angesehene Krieger, alles Männer mit gutem Ruf. Nachdem sie sich vor ihm verneigt und ihm die üblichen Ehren erwiesen hatten, hieß es, sie sollten sich auf einer Seite aufstellen. Danach hätte er sie einzeln zur Seite nehmen und ihnen mit einigen Worten danken sollen. Statt dessen aber gab er eine allgemeine Bewertung für alle ab und befahl dann den beiden Anführern Isaak Komnenos und Katakalon Kekaumenos vorzutreten. Dann wandte er sich in aller Öffentlichkeit mit einer Schimpftirade an Isaak und warf ihm vor,

Isaak Komnenos auf dem Vormarsch (1057) 413

mehr oder weniger Antiochia verloren und seine Truppen verdorben, keinerlei Zeichen von Führungsqualität gezeigt sowie öffentliche Gelder veruntreut zu haben, um seine persönliche Habgier zu befriedigen. Isaak, der Lob und Beförderung erwartet hatte, schien wie betäubt von der Heftigkeit dieser Anschuldigungen. Einige andere Feldherren versuchten etwas zu seiner Verteidigung vorzubringen, aber der Kaiser verbot ihnen zu sprechen.

Eine nach allen Begriffen erbärmliche Vorstellung. Es bestand nicht der geringste Anlaß für einen derartigen Ausfall gegen die beiden Feldherren; der Kaiser scheint vielmehr schlicht aus einer kindischen Rachsucht heraus gehandelt zu haben. Vierzig Jahre lang hatte Michael von seiten der Militäraristokratie Kränkung und Herablassung erfahren. Nun sah er sich endlich in einer Lage, ihnen seine Meinung zu sagen – und er nahm kein Blatt vor den Mund. Er bedauerte seine Handlungsweise nicht einmal. Bei einer zweiten Unterredung, die auf die Bitte der beiden Befehlshaber ein paar Tage später stattfand, hätte sich ihm eine günstige Gelegenheit geboten, sich zu entschuldigen oder zumindest einen Funken guten Willens zu zeigen. Er tat nichts dergleichen. Von da an war sein Niedergang so gut wie sicher.

Außer sich vor Empörung beschlossen die Feldherren zu handeln, waren sie doch der Ansicht, nun hätten lange genug bürokratische Angstschisser regiert, lediglich darauf bedacht, ihre Schäfchen ins trockne zu bringen, während die Armee verkümmerte und die Feinde des Reichs auf allen Seiten vorrückten. Sie fanden, die Zeit sei reif, all diesen schwachen, nichtsnutzigen kaiserlichen Oberhäuptern und den geschlechtslosen Eunuchen, die sie so lange schon manipulierten, ein Ende zu setzen. Sie wollten die alte römische Tradition des kriegerischen Imperators wiederaufleben lassen, eines Kaiser-Feldherrn, der sich persönlich an die Spitze seiner Truppen stellte und sie zum Sieg in der Schlacht führte. Aber wer war der geeignete Mann? Isaak Komnenos, naheliegendster Kandidat, weigerte sich hartnäckig, in den Vordergrund zu treten, und zog sich auf seine Güter in Paphlagonien zurück. Die Kollegen blieben jedoch – nicht ohne sich damit in Gefahr zu bringen – in Konstantinopel am Ball, um die Lage auszuloten. Sie sahen sich schon bald ermutigt, fanden sie doch einen unerwarteten Verbündeten und erst noch den wahrscheinlich wertvollsten nichtmilitärischen Anhänger, den sie sich hätten wünschen können: Michael Kerullarios, den Patriarchen von Konstantinopel. Anstatt die Tür der Hagia Sophia auch vor ihnen zu verschließen wie ein Jahr zuvor vor dem lächerlichen Theodosios, ließ er diese Verschwörer nachts heimlich ein.

Noch am selben Abend trafen sich die militärischen Anführer in der Dunkelheit des großen Kirchenraumes zu einer geheimen Sitzung, um den Sturz von Michael dem Alten zu planen und über seine Nachfolge zu entscheiden. Angesichts der offensichtlichen Abneigung von Isaak Komnenos fiel ihre Wahl zunächst auf die andere Zielscheibe für den Zorn Kaiser Michaels, Katakalon Kekaumenos, der außerdem den Vorzug besaß, daß er um einiges jünger war. Doch dieser schüttelte den Kopf. Isaak sei der einzige, der in Frage komme, erklärte er. Er überrage alle anderen weitaus an imponierender Präsenz und außergewöhnlicher Persönlichkeit. Wie sollte er ablehnen können, wenn man ihn in aller Form darum bitte und ihm erkläre, daß die Wahl einmütig auf ihn gefallen sei? Und so geschah es, daß Isaak Komnenos am 8. Juni 1057 auf seinem Gut in Paphlagonien zuließ, daß man ihn zum römischen Kaiser ernannte. Einen Monat später stieß Katakalon zu ihm; aufgebrochen in seinem Geburtsort Kolonea, marschierte er nun an der Spitze von nicht weniger als acht Bataillonen, die er unterwegs ausgehoben hatte, und zwar fünf byzantinischen und drei aus fremden, nämlich warägischen, fränkischen und normannischen, Söldnern bestehenden.

Die von Isaak Komnenos geführte Bewegung gegen Michael den Alten oder Stratiotikos war mehr als nur ein Aufstand. Sie hatte nichts mit den Revolten militärischer Anführer wie Georgios Maniakes oder Leon Tornikes gemein, wie eindrucksvoll diese auch gewesen sein mögen. Das hier artete zu einem regelrechten Bürgerkrieg aus, in dem praktisch das ganze asiatische Heer gegen den Kaiser marschierte, unterstützt von einem beachtlichen Teil der byzantinischen Bevölkerung aus allen sozialen Schichten und Lebensbereichen. Nachdem die Soldaten Isaak zum Kaiser ausgerufen und in alter Tradition auf einen Schild gehoben hatten, berief er sich zudem darauf, einen viel legitimeren Anspruch auf den Thron zu haben als

Isaak Komnenos auf dem Vormarsch (1057)

Michael, kam er doch nicht als Prätendent, sondern als der sowohl in den Augen seines Gefolges als auch in seinen eigenen rechtmäßige Basileus; bereits ließ er in seinem Namen Steuern einziehen. Unter diesen Voraussetzungen überrascht es nicht, daß man ihm kaum nennenswerten Widerstand entgegensetzte, als er mit Katakalon Richtung Westen nach Konstantinopel drängte. Bei jedem Zwischenhalt sammelten sich mehr und mehr Ortsansässige unter seinem Banner, Zivilisten wie Soldaten. Sie kamen in so großer Zahl, daß mehrere Male ein Chaos auszubrechen drohte. Zum Glück besaß Isaak offenbar ein bemerkenswertes Organisations- und Befehlstalent. Es heißt, daß ein Blick von ihm genügte, um jeden Widerspruch verstummen zu lassen, und daß starke Männer erbebten, wenn er nur die Stirn runzelte. So ließ er an Ort und Stelle härteste Tests durchführen, denen jeder Rekrut sich unterziehen mußte. Wessen Fähigkeiten oder Loyalität als nicht über jeden Zweifel erhaben schien, erhielt eine Aufgabe hinter der Front, während die erprobten Haudegen, die alle Befehle gehorsam ausführten, in neue Kompanien und Regimenter eingeteilt wurden. Jede Einheit hatte ihren festen Platz im Lager und auch beim Marschieren, jeder Mann innerhalb seiner Einheit. Dank der eingetriebenen Steuern konnte man den Soldaten den Sold pünktlich und in voller Höhe auszahlen.

Soviel wir wissen, schöpfte Michael der Alte keinen Verdacht, bis er von der Ernennung seines Rivalen erfuhr. Dann ergriff er die einzige Maßnahme, die ihm noch offenstand, indem er das Heer im europäischen Teil des Reichs zu Hilfe rief und es durch die wenigen ihm treu gebliebenen asiatischen Abordnungen ergänzte. Es dürfte sich daraus kaum eine eindrucksvolle Streitmacht ergeben haben. Wie Isaaks Heer enthielt es einen großen Anteil fremder Söldner, so daß viele bald gegen ihre Landsleute kämpfen sollten. Es stand unter der obersten Führung von Theodor, *Domestikos* der Scholen, einem ehemaligen Eunuch im Dienste Theodoras, der in den Rang eines *Proedros* erhoben worden war. Als sein – viel erfahrener – Stellvertreter amtierte ein *Magistros* Aaron, Mitglied einer bulgarischen Fürstenfamilie und zugleich Isaak Komnenos' Schwager: seine Schwester Katharina hatte sich ein paar Jahre zuvor mit Isaak verheiratet.

416 *Auftakt zur Katastrophe*

Anfang August 1057 trafen Theodor und Aaron mit ihren Einheiten in Konstantinopel ein, setzten unverzüglich nach Asien über und richteten ihr Hauptquartier in Nikomedia ein, was sich als ein verhängnisvoller Fehler erweisen sollte. Wären sie nach Nikäa weitergezogen, dessen gewaltige Schutzmauern die einzige Straße zum Marmarameer beherrschten, wäre Isaak, dem keine Schiffe zur Verfügung standen, ein weiteres Vorrücken schwergefallen. Nun aber kapitulierte die Stadt kampflos und bot ihm einen idealen Stützpunkt für seine Operationen gegen Konstantinopel.

Ein paar Wochen lang lagerten die beiden Heere in einem Abstand von ungefähr acht Kilometern zwischen Nikomedia und Nikäa. In dieser Zeit versuchten die Soldaten beider Lager anläßlich inoffizieller Treffen auf Streifzügen ihre jeweils widerwilligen Gegner zu überreden, die Seite zu wechseln, im großen und ganzen allerdings erfolglos. Am 20. August kam es schließlich zur Entscheidungsschlacht. Sie endete nicht in der schweren Schlappe, die man hätte erwarten können. Die Soldaten Theodors und Aarons kämpften ausdauernd; es gab schlimme Verluste auf beiden Seiten. Isaak Komnenos wurde im Gerangel von seinem Heer getrennt und von vier russischen Hünen angegriffen; er kam nur knapp mit dem Leben davon. Dennoch war der Ausgang eindeutig, und das geschlagene Heer Michaels dem Alten eilte schließlich in wilder Hast nach Konstantinopel zurück, wo seine beiden Oberbefehlshaber ihrem Herrn offiziell den Rücktritt anboten.

Für Kaiser Michael den Alten lag nun die letzte Hoffnung in den Mitteln der Diplomatie. Vielleicht ließ sich mit geschickten Verhandlungen noch etwas retten. Ein, zwei Tage später brach eine von ihm persönlich zusammengestellte Delegation zu Komnenos' Lager auf. Ihr gehörten Michael Psellos, der ehemalige erste Minister Konstantin Leichudes sowie der *Proedros* Leon Alopos an. Das Angebot lautete einfach genug: Isaak solle sich in Frieden nach Konstantinopel begeben; er werde dort sogleich zum Cäsar gekrönt mit der Garantie, daß er bei Michaels Tod die Thronfolge antreten könne. Die drei Gesandten trafen am 25. August ein und wurden ganz ohne Förmlichkeit empfangen. Beinahe zu ungezwungen für Psellos' Geschmack, beschränkte sich Isaak Komnenos doch zunächst dar-

Psellos' Mission (1057)   **417**

auf, ihnen Erfrischungen anzubieten und sich höflich zu erkundigen, ob sie eine gute Reise hatten. Am zweiten Tag sah der Empfang jedoch ganz anders aus:

> Der Anblick, der sich unseren Augen bot, war umwerfend. Zuerst wurden unsere Ohren vom Jubel des Heeres betäubt. Die Stimmen ertönten nicht etwa alle gleichzeitig: zunächst bejubelte ihn die erste Reihe, dann übernahm die zweite den Schrei, dann die dritte und so weiter. Als schließlich auch die letzte Reihe ihr Hurra gebrüllt hatte, vereinte sich das ganze Heer zu einem einzigen Schrei, der uns wie ein Donnerschlag traf.
>
> Der Kaiser [Isaak] saß auf einem Sofa, das mit zwei Kopfstützen verziert und mit Gold überzogen war; es stand auf einer hohen Plattform, mit einem Schemel zu seinen Füßen. Ein herrlicher Mantel gab ihm den Anstrich großer Würde. Er hielt das Haupt stolz erhoben und drückte die Brust heraus, wodurch eine kräftige Röte in seine Wangen stieg, während er durch einen entrückten Blick den Eindruck zu erwecken suchte, er sei in tiefste Gedanken versunken... Er war umringt von Soldaten. Unter den ihm am nächsten stehenden und wichtigsten befanden sich die ranghöchsten Adligen, Männer, welche der statuösen Großartigkeit der antiken Helden fast gleichkamen... In einem zweiten Kreis befanden sich ihre Stellvertreter und die erstklassigen Kämpfer, diese wiederum waren von den leichtbewaffneten Truppen ohne Rüstung umgeben, und hinter ihnen kamen alle Streitkräfte der barbarischen Nationen, die sich ihm angeschlossen hatten. Es gab Italiener und Skythen vom Tauros, Männer von furchteinflößendem Aussehen in fremdländischer Kleidung, die wild um sich blickten. Manche hatten die Augenbrauen ausgezupft und trugen Kriegsbemalung, andere ihre natürliche Hautfarbe beibehalten... Und schließlich gab es jene Krieger, die mit langen Speeren bewaffnet waren und ihre Streitäxte geschultert trugen.

Psellos trug das Angebot seines Herrn in einer Rede vor, die laut seinen eigenen Angaben selbst Demosthenes Ehre gemacht hätte. Zuerst, fährt er fort, habe es die unvermeidlichen Proteste von seiten der versammelten Soldatenschaft gegeben. Als er fortfuhr, sei jedoch allmählich Ruhe eingekehrt, und am Schluß seiner Rede sei klar gewesen, daß seine Argumente überzeugten. Darauf nahm ihn Isaak zur Seite und antwortete, daß er mit dem Cäsarentitel vollkommen zufrieden sei, unter der Bedingung, daß der Kaiser keinen anderen Nachfolger ernenne, die Ehrungen anerkenne, die er, Isaak, seinen wichtigsten Verbündeten übertragen habe und daß er ihm die Vollmacht zusichere, bestimmte militärische und zivile Ernennungen vorzunehmen. »Heute abend«, so habe er geschlossen, »wirst du mit mir speisen. Morgen wirst du meine Botschaft deinem Herrn überbringen.«

Man kann sich Kaiser Michaels Erleichterung, als er die Botschaft vernahm, lebhaft vorstellen. Er sandte Psellos sogleich wieder zurück ins Lager, um Isaak mitzuteilen, daß er seine Bedingungen akzeptiere. Er werde ihn in Konstantinopel wie einen Sohn empfangen und ihm so viele Ehren und Privilegien zuteil werden lassen, wie er nur wolle. Isaak war ebenso erfreut und begann unverzüglich mit den Vorbereitungen für seine Abreise. Noch am selben Abend traf jedoch ein Bote aus Konstantinopel ein: Michael sei nach einem Staatsstreich seitens einiger Senatsmitglieder unter Beteiligung des Patriarchen gewaltsam abgesetzt und gezwungen worden, in der Hagia Sophia Zuflucht zu suchen. Zuerst hielten sowohl Isaak als auch Psellos das Ganze für ein bloßes Gerücht. Als jedoch weitere Boten mit derselben Nachricht eintrafen und immer mehr Einzelheiten erzählten, ließen sie sich überzeugen. Psellos gesteht, er habe in jener Nacht kaum schlafen können. Als Vertreter des abgesetzten Kaisers, welcher sein Bestes getan hatte, um Isaak vom Thron fernzuhalten, war er so gut wie sicher, daß er keine Gnade erwarten durfte. Am nächsten Morgen begrüßte ihn Isaak jedoch mit der üblichen Freundlichkeit und soll ihn sogar gebeten haben, ihm in der Kunst des Regierens als Berater beizustehen.

Am 1. September des Jahres 1057 hielt Kaiser Isaak I. Komnenos in Begleitung von Tausenden, die zu seiner Begrüßung aus der Stadt heraus und über das Marmarameer gesegelt waren, triumphal Einzug in Konstantinopel.

Michael der Alte war ein Jahr an der Macht gewesen. Es ist seinem Nachfolger als hohes Vedienst anzurechnen, daß er weder geblendet

Isaaks Reformen (1057)

noch verbannt wurde. Es reichte vollends, daß er abdankte. Wenig später starb er als gewöhnlicher Privatmann.

Es überrascht kaum, daß sich Isaak Komnenos auf seinen Münzen mit gezogenem Schwert in der Rechten abbilden ließ. Er bestieg den byzantinischen Thron mit einer einzigen Absicht: dem Reich so schnell wie möglich die Größe zurückzugeben, die es ein halbes Jahrhundert zuvor gehabt hatte. Psellos schreibt, er habe sich noch am Abend seines Einzugs in den Palast an die Arbeit gemacht, noch bevor er ein Bad genommen oder sich auch nur umgezogen habe. Er strebte eine vollständige Militärreform an und verfolgte sein Ziel mit militärischer Effizienz und Skrupellosigkeit. Das soll nicht heißen, daß er das Kriegsrecht einführte oder sämtliche staatlichen Schlüsselpositionen mit Militärs besetzte. Im Gegenteil, niemand verstand die Gefahr besser als er, die darin lag, wenn sich zu viele siegestrunkene Soldaten untätig in einer reichen und dichtbesiedelten Stadt aufhielten. Eine seiner ersten Amtshandlungen bestand deshalb darin, seine Männer auszuzahlen und nach Hause zu schicken, wo sie auf weitere Befehle warten sollten. Außerdem verzichtete er darauf, sogleich alle zivilen Beamten und Senatoren aus ihren Ämtern zu entlassen. Er sorgte jedoch dafür, daß die Armee wieder in den Genuß der finanziellen Unterstützung gelangen würde, die ihr Zoe und ihre Familie so lange versagt hatten, und stellte rasch die straffe militärische Ordnung wieder her, in der, wie sich am Beispiel Basileios' II. bestätigt hatte, die einzige Chance für die Sicherheit des Reichs lag.

Doch all dies kostete Geld. Um den großen Schaden, den das Reich in den vorhergegangenen Jahren erlitten hatte, wiedergutzumachen, zögerte Isaak nicht, auch zu sehr radikalen Maßnahmen zu greifen. Er erschrak, als er sah, wie die großen finanziellen Reserven, die sich während der Herrschaft Basileios' angehäuft hatten, von den nach ihm Herrschenden vergeudet worden waren (und zwar zur Hauptsache für Geschenke und Schmiergelder für ihre Günstlinge und Luxusartikel für sich selbst). Unverzüglich lancierte er ein großangelegtes Programm zur Enteignung von Landbesitz. Die alten, legal erworbenen Besitztümer blieben unangetastet, denn er wollte die Macht seiner eigenen aristrokratischen Gesellschaftsschicht ja nicht schmälern. Große Gebiete jedoch, die erst vor kurzem an Günstlinge und Opportunisten übertragen worden waren, ließ er ohne Entschädigung beschlagnahmen. Die Opfer mochten so lautstark protestieren, wie sie wollten. Sie konnten sich nicht dagegen wehren, und sie wußten es.

Dies galt jedoch nur für Ländereien in weltlichem Besitz. Als sich Isaaks Beamte auch kirchlichen Gütern zuwandten, muß ihm klar gewesen sein, daß er damit Schwierigkeiten heraufbeschwor. Michael Kerullarios, der seit seiner Berufung unermüdlich an der weiteren Stärkung seiner Stellung gearbeitet hatte, erfreute sich mittlerweile fast ebenso großer Macht wie der Basileus und vermutlich größerer Beliebtheit. Er hielt sich mit gutem Grund als für Michaels Sturz entscheidend verantwortlich. Isaak verdankte ihm den Thron, und dafür erwartete er ein gewisses Maß an Anerkennung. Der Kaiser war seinerseits auch durchaus bereit, Entgegenkommen zu zeigen, sofern seiner Meinung nach keine direkte Gefährdung der Reichsinteressen bestand. Deshalb überließ er der Kirche die Verwaltung der Hagia Sophia, die zuvor in den kaiserlichen Verantwortungsbereich gehört hatte, und versprach, sich nicht in die geistlichen Angelegenheiten des Patriarchen einzumischen, sofern dieser dasselbe für säkulare Staatsfragen versprach. Die Schwierigkeit lag jedoch in der Frage, wo denn nun genau die Grenze zu ziehen war. Zu diesem Thema hatte Kerullarios seine eigenen, unverrückbaren Vorstellungen, was konkret darin zum Ausdruck kam, daß er zum Zwecke ihrer Durchsetzung ohne Zögern die Konstantinische Schenkung[4] anführte und Isaak mit der Absetzung drohte. Wenn man Johannes Skylitzes glauben darf, soll er bei einer Gelegenheit einmal sogar in des Kaisers Purpurstiefel geschlüpft sein.

Dies ging Isaak nun entschieden zu weit. Solange sich Kerullarios in Konstantinopel aufhielt, konnte er ihm zwar seiner Beliebtheit wegen nichts anhaben. Als er die Stadt jedoch am 8. November des Jahres 1058 verließ, um ein etwas außerhalb der Mauern gelegenes Kloster aufzusuchen, ließ ihn Isaak von den kaiserlichen Wachen ergreifen und in die Verbannung schaffen. Doch selbst in dieser Situation weigerte er sich kategorisch abzudanken. Dem Kaiser blieb keine Wahl, als für ein offizielles Absetzungsurteil zu sorgen.

Das letzte Fieber (1059)

Die dafür erforderliche Synode berief er durchtrieben in einer Provinzstadt ein. Wie erwartet, verkehrten sich dort die Debatten in eine Verhandlung, die einem Schauprozeß gefährlich nahe kam. Die Anklageschrift – zu niemandes Überraschung von Psellos verfaßt – beschuldigte den Patriarchen jeder Art von Häresie, Blasphemie und Laster. Der hartnäckige Patriarch hätte zweifellos eine energische Verteidigung zustande gebracht. Er war aber mittlerweile ein alter Mann und die Belastung zuviel für ihn. Er starb, außer sich vor Wut, aber wohl auch mit gebrochenem Herzen, noch bevor das Urteil gefällt wurde.

Zunächst sah es also aus, als wäre Isaak Komnenos als Sieger aus dem Konflikt hervorgegangen. Es zeigte sich jedoch sehr bald, daß der Kampf noch lange nicht zu Ende war. Die Bevölkerung von Konstantinopel, die ihren Zorn über die Verhaftung des beliebten Patriarchen kaum verhehlen konnte, betrachtete ihn schon bald als Märtyrer. Es kam zu Unruhen. Obwohl der »Soldatenkaiser« die Ordnung bald wiederherzustellen vermochte, gewann er seine frühere Popularität nie mehr zurück. So stellten sich nur knapp ein Jahr nach seiner Thronbesteigung die Kirche, die Aristokratie der Beamten und die Bevölkerung von Konstantinopel unversöhnlich gegen ihn. Nur gerade das Heer stand bis auf den letzten Mann hinter ihm. Es verteidigte für ihn mit Erfolg die Ostgrenzen, schlug einen entschlossenen Angriff von madjarischer Seite zurück und hielt selbst die gefürchteten Petschenegen in Schach. Psellos liefert uns eine unvergeßliche Beschreibung dieses so überaus gefürchteten Stammes:

Sie sind schwerer zu bekämpfen oder zu unterwerfen als irgendein anderes Volk... Sie tragen keine Brustpanzer, Beinschienen oder Helme und weder Schilde noch Schwerter. Ihre einzige Waffe und ihr einziges Verteidigungsmittel ist der Speer... Sie bauen keine schützenden Palisaden oder Gräben um ihre Lager. Dichtgedrängt wie ein Mann stoßen sie ein schallendes Kriegsgeheul aus und werfen sich mit dem Mut der Verzweiflung in einer dichten Masse Hals über Kopf auf ihre Feinde und stoßen sie zurück, drücken sich in festen Blöcken, wie Türme, gegen sie, verfolgen sie dann und metzeln sie gnadenlos nieder. Falls jedoch die gegnerische

Streitmacht ihrem Angriff standhält, machen sie kehrt und suchen ihr Heil in der Flucht. In ihrem Rückzug ist jedoch keine Ordnung erkennbar... Sie schwärmen alle im selben Augenblick aus; später dann versammeln sie sich auf eigenartige Weise wieder, einer kommt vom Berg herab, ein anderer taucht aus einer Schlucht auf, wieder ein anderer von einem Fluß, alle von verschiedenen Zufluchtsorten. Wenn sie durstig sind und Wasser finden, sei dies in Quellen oder Flüssen, werfen sie sich hinein und trinken hastig; wenn es kein Wasser gibt, steigen alle von ihren Pferden, schneiden ihnen mit einem Messer eine Ader auf und trinken dann das Blut... Danach zerteilen sie das fetteste Pferd, machen ein Feuer mit dem Holz, das gerade zu finden ist, und kaum haben sie die zerhackten Gliedmaßen des Pferdes dort auf der Stelle etwas erwärmt, schlingen sie das Fleisch, das Blut und den ganzen Rest in sich hinein. Ist die Mahlzeit vorbei, eilen sie in ihre primitiven Hütten zurück, wo sie wie Schlangen in tiefen Schluchten und an abschüssigen Felsen lauern, die sie ihr Zuhause nennen.

Diesmal, schreibt Psellos, habe der Anblick von Isaaks Heer mit seinen lückenlosen Schildreihen den petschenegischen Scharen einen solchen Schrecken eingejagt, daß sie ihre übliche Taktik, den Feind rein durch ihre Zahl zu erdrücken, fallenließen und statt dessen in getrennten Gruppen angriffen. Als dies ebenfalls nichts fruchtete, zerstreuten sie sich mit der Drohung, den Kampf in drei Tagen wieder aufzunehmen. Am dritten Tag nahm Isaak I. die Herausforderung an und marschierte los, um sie zu suchen. Sie waren jedoch nirgends zu sehen. Also gab er sich damit zufrieden, ihr Lager zu plündern und zu zerstören, und kehrte dann mit Beute und Trophäen beladen nach Konstantinopel zurück.

Isaak Komnenos verblüffte alle, die mit ihm in Berührung kamen, mit seinen schier unerschöpflichen Kräften. Ob er im Palast arbeitete oder sich auf einem Feldzug befand, er schien kaum Schlaf oder auch nur eine Ruhepause zu benötigen. Sein einziges Vergnügen war die Jagd, und auch darein stürzte er sich mit demselben unermüdlichen Aktivitätsdrang wie in jede andere Beschäftigung. Gegen Ende des Jahres 1059 zog er sich auf der Jagd das Fieber zu, welches zu seinem frühen Tod führte. Zuerst tat er es als bedeutungslos ab. Sein

Das letzte Fieber (1059) 423

Zustand verschlimmerte sich jedoch, und nach ein paar Tagen ließ er sich zu Schiff in das Blachernenviertel bringen. Bald stand fest, daß er nicht mehr lange zu leben hatte. Er wollte jedoch unbedingt in den Großen Palast zurückzukehren, bevor er starb. Psellos schreibt:

[Hier] bewies er, daß er nichts von seiner früheren Haltung eingebüßt hatte. Er verließ sein Gemach, ohne sich auf jemandes Arm zu stützen. Dies war typisch für die unabhängige Art dieses Mannes. Wie eine turmhohe Zypresse unter dem heftigen Schütteln einer Bö schwankte er beim Gehen. Seine Hände zitterten, doch er ging ohne fremde Hilfe. In diesem Zustand bestieg er sein Pferd. Wie es ihm auf dem Ritt erging, weiß ich nicht, denn ich nahm eilends einen anderen Weg, um vor ihm dort einzutreffen. Als er den Palast erreichte, sah ich, daß er außerordentlich aufgeregt war und kurz davor zusammenzubrechen. Alle Familienmitglieder saßen um ihn herum und klagten. Wenn es möglich gewesen wäre, wären sie freiwillig mit ihm gestorben.

Zu diesem Zeitpunkt äußerte der sterbende Kaiser den Wunsch, in den Kirchendienst einzutreten. Seine bulgarische Frau Katharina, Tochter von Johannes Wladislaw, machte heftige Einwände dagegen, aber er wollte seine Meinung nicht ändern und bestand darauf, sofort einen Nachfolger zu bestimmen. Der einzige Sohn war noch im Kindesalter gestorben. Es blieben seine Tochter Maria, sein Bruder Johannes und fünf Neffen. Seine Wahl fiel jedoch auf niemanden von all diesen, sondern er ließ Konstantin Dukas holen, den aristokratischsten Vertreter aus der Gruppe Intellektueller, die an der Wiederbelebung der Universität ein paar Jahre zuvor an verantwortlicher Stelle mitgewirkt hatten, und vertraute ihm feierlich das Reich an. Darauf ließ er sich ins Studioskloster tragen, zog sich die Mönchskutte über und starb schon wenige Tage später.

So zumindest lautet Psellos' Version der Ereignisse. Andere Chronisten erzählen eine leicht unterschiedliche Geschichte, nach der Isaak I. nicht erst auf dem Totenbett, sondern aus freien Stücken abdankte, möglicherweise in einem Anfall von Depression, weil ihm die politischen Probleme über den Kopf zu wachsen drohten. Die Wahrheit läßt sich wie so oft nicht rekonstruieren. Man kann nur sagen, daß die These der freiwilligen Abdankung nach allem, was uns von ihm berichtet wird, kaum zu Isaaks Charakter passen will, und daß Psellos' Schilderung mit ihrem Reichtum an wesentlichen Einzelheiten authentisch zu klingen scheint. Dagegen stellt sich eine viel entscheidendere Frage: Weshalb wählte Isaak nicht einen Soldaten zu seinem Nachfolger auf dem Thron, einen Mann, bei dem er darauf vertrauen konnte, daß er seine Politik weiterführen würde (zumindest was die Armee anging), die bereits Wirkung gezeigt hatte, statt die Macht einem hoffnungslos unpraktischen und wirrköpfigen Bürokraten zu übergeben, der – wie er gewußt haben muß – alles wieder umkrempeln und die alten Zustände, die unter der Herrschaft von Konstantin IX. herrschten, wiederherstellen würde?

Einmal mehr läßt sich hinter der Geschichte unschwer Psellos' Hand ausmachen. Eine Rückkehr des Beamtentums an die Macht wäre noch zwei Jahre zuvor undenkbar gewesen, nun aber aufgrund der Unbeliebtheit von Isaak Komnenos und des Todes von Michael Kerullarios plötzlich wieder in den Bereich des Möglichen gerückt. Konstantin Dukas war einer seiner ältesten und engsten Freunde – er beschreibt ihn in seiner Geschichte als einen wahren Ausbund an Tugend –, zudem sprach für ihn, wie Psellos uns reichlich hinterfotzig informiert, ein weiterer Umstand für ihn:

Andere mögen von seinen herrlichen Erfolgen sprechen, für mich dagegen gibt es nur eine Überlegung, die alles andere überwog: die Tatsache, daß dieser Mann, der ebenso bewundernswert war, wie er zu sein schien, mehr Vertrauen in mein Urteil hatte als in die Intrigen meiner Rivalen. Ob er mehr Beweise für meine Weisheit in meinen Ansichten sah als in denen der anderen oder ob er vielleicht meinen Charakter bewunderte, kann ich nicht sagen. Er war mir jedoch so zugetan, liebte mich soviel stärker als die anderen, daß er jedem Wort aufmerksam zuhörte, daß ich sagte, für geistigen Rat völlig von mir abhing und seine wertvollsten Besitztümer meiner persönlichen Fürsorge übergab.

Psellos kann unmöglich dieselbe Macht über Isaak Komnenos gehabt haben wie über Konstantin Dukas, aber er besaß eine unge-

Die Wahl eine Nachfolgers (1059) 425

wöhnliche Überredungsgabe. Wir können praktisch sicher sein, daß er den sterbenden (oder, wenn wir das vorziehen, den vollends demoralisierten) Kaiser mit irgendwelchen Mitteln dazu brachte, Konstantin zu seinem Nachfolger zu ernennen. Wenn diese Hypothese zutrifft, läßt sich dazu nur eins sagen: daß er sich damit eine große Schuld aufbürdete. Denn es gibt keinen Kaiser in der ganzen Geschichte des Spätrömischen Reichs, dessen Thronbesteigung so verheerende Folgen zeitigte. Man stelle sich vor: Isaak Komnenos wäre gesund geblieben und hätte zwanzig Jahre regiert statt nur zwei, die Stärke des Heeres wieder auf das Niveau zur Zeit von Basileios II. gehoben und dieses somit zu einem ebenbürtigen Gegner des Feindes gemacht, der an der Ostgrenze bereits seine Kräfte sammelte – und dann das Byzantinische Reich ungeschlagen und in unverminderter Größe direkt seinem Neffe Alexios übergeben können; dann sähe der dritte Band dieser Geschichte ganz anders, viel positiver aus. Doch es sollte nicht sein. Isaaks unzeitiger Tod und die letztlich unerklärliche Wahl seines Nachfolgers machte die erste der beiden großen Katastrophen, die den Fall von Byzanz besiegelten, endgültig unabwendbar.

20

Mantzikert

(1059–1071)

*Hier bot sich ein schrecklicher Anblick: die so
berühmten römischen Regimenter, die Ost und West
unter ihre Gewalt gebracht hatten, bestanden nun
gerade noch aus einer Handvoll Männer – Männer, die
zudem von Armut und Krankheit gezeichnet und nicht
einmal mehr voll bewaffnet waren. Statt Schwertern
oder anderen Waffen trugen sie wie in biblischen
Zeiten Piken und Sicheln. Und dies nicht zu
Friedenszeiten. Weil es jedoch so lange her war, seit ein
Kaiser hier kämpfte, mangelte es ihnen an Streitrossen
und aller anderen Ausrüstung. Und da sie als schwach
und feige und als nicht ernsthaft zu gebrauchen galten,
hatten sie auch keine Unterhaltsgelder erhalten, nicht
einmal ihren üblichen Zuschuß, um Getreide kaufen
zu können. Selbst ihre Standarten klangen dumpf,
wenn sie gestrichen wurden; sie sahen schmutzig aus
und wie von Rauch geschwärzt, und nur wenige
machten sich etwas daraus. All dies erweckte eine
große Trauer in den Herzen derer, die sie erblickten,
wenn sie des Stands gedachten, auf dem sich die
römischen Streitkräfte einst befanden, und dessen, auf
welchen sie nun gesunken waren.*

Johannes Skylitzes

Schon innerhalb weniger Wochen nach Isaaks Tod erkannten alle,
die Augen im Kopf hatten, daß seine kurze Herrschaft nur eine
kleine Verschnaufpause im Niedergang des Kaisertums bedeutete.

Dieser Niedergang hatte unmittelbar nach dem Tod von Basileios II. im Jahre 1025 mit der Thronbesteigung seines hoffnungslos genuß-süchtigen Bruders Konstantin eingesetzt und sich auch in der lang-jährigen, unerbaulichen Herrschaft von Zoe, ihren Männern, ihrer Schwester Theodora und ihres Adoptivsohns fortgesetzt. Nun, unter Konstantin X. Dukas – den man mit einigem Grund für den mit katastrophalsten Folgen geschlagenen Herrscher halten könnte, der je die Purpurstiefel trug –, erreichte Byzanz den Tiefpunkt. Nicht daß Konstantin in irgendeiner Form besonders schlecht oder bös-willig gewesen wäre. Wie wir hörten, war er ein enger Freund, ehe-maliger Schüler und bis zu einem gewissen Grad die Marionette von Michael Psellos und offenbar auf dessen Rat von Isaak I. zum Nach-folger ernannt worden, ein Gelehrter und Intellektueller und nach byzantinischen Maßstäben – an die unsere mit Sicherheit nicht her-ankämen – ein hervorragender Redner. Nicht zuletzt war er aber auch Sproß einer der ältesten und reichsten Familien der Militärari-stokratie. Hätte er, in Treue zu diesem Hintergrund, während seiner achtjährigen Herrschaft Isaaks Werk fortgesetzt, aufgerüstet und das Heer auf die Herausforderung vorbereitet, die so offensichtlich vor ihm lag, wäre die Situation vielleicht noch in diesem Stadium zu retten gewesen. Konstantin X. war jedoch kein geborener Soldat. Er zog die friedlichen Tätigkeiten unter den angenehmen Bedingungen in Konstantinopel vor, verwandte seine Zeit auf Gelehrsamkeit und Disput und arbeitete Entwürfe endloser Abhandlungen über Fein-heiten der Rechtsprechung aus. Das Reich bezahlte dafür einen außerordentlich hohen Preis.

Wieder einmal stand der Beamtenadel auf der Höhe seiner Macht. Über Jahrhunderte hatte er mit einem Handlungsspielraum operiert wie sonst nirgendwo (außer vielleicht noch in China). Man muß sich vergegenwärtigen, daß das Byzantinische Reich, obschon eine abso-lutistische Monarchie, seine Wirtschaft nach sozialistisch ausgerich-teten Gesichtspunkten betrieb. Kapitalistisches Streben war zwar gestattet, jedoch auf allen Stufen streng kontrolliert. Produktion, Arbeitskräfte, Konsum, Außenhandel, die öffentliche Wohlfahrt, ja sogar die Bevölkerungsentwicklung, lagen fest in den Händen des Staats. In der Folge gab es ein großes Heer von Beamten, die ihre Befehle theoretisch vom Kaiser erhielten – in Tat und Wahrheit

Der Feind vor der Tür (1059) 429

jedoch öfter von Psellos und Konsorten – und, soweit sich das beurteilen läßt, vor allen anderen insbesondere dem Prinzip huldigten, die Macht der Armee zu beschneiden, wenn nicht gar zu zerstören. Dies mochte darin begründet sein, daß das Reich in den vorangegangenen siebzehn Jahren drei militärische Aufstände erlebt hatte, von denen zwei mehr mit Glück als irgend etwas anderem niedergeschlagen worden und der dritte erfolgreich verlaufen war, und man daraus folgerte, die Armee müsse insgesamt zurückgebunden und in angemessenem Maße, das heißt mit gekürzten Finanzen niedergehalten die Autorität der Feldherren beschnitten und die ehemaligen Bauern-Soldaten, deren viele die Aufforderung der Regierung befolgt und sich vom Heerdienst freigekauft hatten, zunehmend durch fremde Söldner ersetzt werden.

Nicht abzuschätzen vermochten Konstantin und seine Regierung von Intellektuellen ganz offenbar nicht, daß erstens diese Maßnahmen gerade weitere Staatsstreiche provozierten und zweitens Söldner von Natur aus unzuverlässig sind und ihren Geldgebern nur so lange die Stange halten, wie sie ihren Sold bekommen oder bis ihnen jemand anders mehr bietet. Drittens und folgenschwerster Punkt aber war, daß der Feind – mithin der gefährlichste, den Byzanz seit der sarazenischen Bedrohung vierhundert Jahre zuvor erlebte – bereits angriffslustig vor der Tür stand.

Dieser Feind bestand in einem Volk, das erst vor noch nicht allzu langer Zeit in Erscheinung getreten war und in diesem Buch erst nebenbei Erwähnung gefunden hat: den seldschukisch-türkischen Stämmen, die zum ersten Mal in der zweiten Hälfte des zehnten Jahrhunderts als eigenständiges Volk in Transoxanien auftauchten, der Gegend Zentralasiens südöstlich des Aralsees. Sie nahmen dort rasch den islamischen Glauben an, lebten zu der Zeit jedoch noch nomadisch und trieben auch als räuberische Horden ihr Unwesen. Es wird von ihnen berichtet, daß sie benachbarte Stämmen angriffen, plünderten und raubten, wo immer sich eine Gelegenheit dazu bot; auch daß sie inmitten der ständigen Kriegswirren der ansässigen Fürsten genügend Beschäftigungsmöglichkeiten für ihre zähen kleinen Kriegsponys, ihre Schwerter und die Pfeilbogen fanden, die sie im fliegenden Galopp spannen konnten, wobei sie ebenso geschickt nach hinten wie nach vorn schossen und kaum je einen Pfeil vergeudeten. Unter ihrem Anführer Togrul-Beg verbreiteten sie sich bis 1045 im ganzen persischen Raum. Zehn Jahre später übernahmen sie die Herrschaft über Bagdad, machten das serbelnde abbasidische Kalifat zum Protektorat und riefen Togrul-Beg zum »Sultan und König von Ost und West« aus.

Niemals hatte ihr letztes Ziel aber in der Annexion des Kalifats bestanden, geschweige denn in der des Byzantinischen Reichs, dessen Existenz die islamischen Herrscher von jeher anerkannt hatten. Obwohl, wie in der vorliegenden Geschichte immer wieder erwähnt, unzählige Überfälle und Einfälle in beiden Richtungen stattfanden, wäre die Idee, Byzanz auszulöschen, den Sultanen des seldschukischen Reichs vollkommen unrealistisch, ja lächerlich vorgekommen. Ihr Interesse und ihre ganze Aufmerksamkeit galten vielmehr dem ägyptisch-fatimidischen Reich, das sich mittlerweile über Palästina und Syrien bis nach Aleppo erstreckte. Als streng sunnitische Gläubige mit dem fanatischen Eifer neu Konvertierter haßten sie die schiitischen Emporkömmlinge, die in ihren Augen nicht nur einen unaussprechlichen Irrglauben vertraten, sondern durch die unglaubliche Dreistigkeit, in Kairo ein konkurrierendes Kalifat zu errichten, auch einen Bruch in der fundamentalen islamischen Einheit herbeigeführt hatten. Es galt als gewiß, daß die fatimidischen Herrscher nicht ruhen würden, bis sich Bagdad in ihrem Besitz befand, und sie waren entschlossen, diese zu vernichten, bevor sich eine Gelegenheit dazu ergab. Zuerst mußten sie sich jedoch einigen Problemen widmen, die ihrer Heimat näher lagen. Das größte stellte sich in Armenien.

Seit 1045, also seit der Übereinkunft, die Johannes Smbat, der König von Ani, mit Basileios II. an die zwanzig Jahre zuvor getroffen hatte[1], befand sich Armenien mehrheitlich in byzantinischer Hand. In der Annexion nach Johannes Smbats Tod bestand in der Tat der einzige diplomatische Erfolg, den Konstantin IX. Monomachos verzeichnen konnte. Zu jener Zeit hatte er viel Aufhebens darum gemacht, doch er wäre besser beraten gewesen, die Finger davon zu lassen – um so mehr, als seine wie auch Konstantin X. Dukas' Armenienpolitik kaum kurzsichtiger hätte sein können. Obwohl sich die Aneignung der ausgedehnten hohen Bergkette an der Nordostgrenze

Die Armenienfrage (1059) 431

des Reichs ausschließlich strategisch begründen ließ, bestand eine
der ersten Maßnahmen von Konstantin Monomachos darin, eine
wüste Verfolgung des eisern dem Monophysitismus anhängenden
armenischen Volkes aufgrund seiner Religion in Gang zu setzen, der
sicherste Weg, die Bevölkerung gegen sich aufzubringen. Konstantin
X. Dukas hielt nun diese Verfolgungspolitik aufrecht, trieb die
Dummheit aber sogar noch einen Schritt weiter. Armenien unterhielt eine lokale Miliz von etwa fünfzigtausend Mann. Im Gegenzug
für deren Unterhalt wurden dem Land einige Reichssteuern erlassen.
Ständig auf der Suche nach neuen Geldquellen befahl er, diese Steuern wiedereinzuführen und die Miliz aufzulösen.

So geschah es, daß Byzanz einen unschätzbaren Pufferstaat verlor,
jedoch dafür keineswegs ein armenisches Bollwerk erhielt, wie zu
hoffen gewesen wäre, sondern was man vor hundert Jahren eine
Armenienfrage genannt hätte, eine unzufriedene und entsprechend
verstimmte Minderheit innerhalb des Reichs nämlich, wodurch
mehr Probleme entstanden als gelöst waren. Sich selbst überlassen,
hätten die armenischen Fürsten und das Volk der moslemischen
Invasion wie bislang Widerstand entgegengesetzt. Nun aber fragten
sie sich demoralisiert und gereizt, ob eine türkische Eroberung denn
noch merklich schlimmer sein könnte als ihre gegenwärtige Unterjo-
chung durch griechische Beamte.

Togrul-Beg zögerte keinen Moment, diese enorm zu seinen Gunsten verbesserte Ausgangslage zu nutzen. Sein erster Angriff auf
Waspurkan im Jahre 1046 schlug zwar fehl. Dem byzantinischen
Gouverneur gelang es, die türkischen Einheiten mit einem unvertei-
digten Lager zu ködern, und überrumpelte sie mit seinen Männern,
kaum daß sie zur Plünderung ansetzten. Zwei Jahre später machte
sich jedoch Togrul-Begs ungebärdiger Halbbruder Ibrahim Inal den
Umstand zunutze, daß die byzantinischen Truppen aus Anlaß der
Revolte von Leon Tornikes vorübergehend abberufen wurden, und
stürmte mit seinem Heer die Stadt Arzan. Der armenische Chronist
Matthäus von Edessa berichtet, es habe hundertfünfzigtausend Tote
dabei gegeben, außerdem seien »die Söhne in die Sklaverei verschleppt, Säuglinge gnadenlos gegen die Felsen geschmettert, ehrwürdige Alte auf öffentlichen Plätzen gedemütigt, die Frauen vornehmer Herkunft geschändet und weggeführt« worden. Vermutlich

übertreibt Matthäus, doch die Plünderung der reichen Stadt durch die einfallende seldschukische Soldateska war gewiß alles andere als erquicklich.[2] Von dem Zeitpunkt an kam es nahezu jedes Jahr zu neuen Übergriffen. Als Konstantin Monomachos seine Truppen einmal aus dem Osten abziehen mußte, um mit einer unmittelbareren Bedrohung durch die Petschenegen auf der Balkanhalbinsel fertig zu werden, schloß er einen Waffenstillstand mit Togrul-Beg; er hielt jedoch nicht sehr lange an. 1054 führte der seldschukische Sultan persönlich einen Feldzug an, bei dem Nord- und Zentralarmenien sowie die Ebene von Erzurum verwüstet wurden, und drang mit seinem Heer bis etwa achtzig Kilometer vor Trapezunt vor. Sein Einzug in Bagdad 1055 verschaffte Byzanz dann eine kurze Verschnaufpause, danach wurde das alte Muster nur allzubald wieder aufgenommen. Mittlerweile litt die lokale Bevölkerung noch zusätzlich unter den Streifzügen von turkmenischer Seite. Es handelte sich dabei ebenfalls um einen türkischen Stamm, der zwar äußerlich islamisiert war, seine nomadischen Gewohnheiten aber nie aufgegeben hatte, die Autorität des Sultans nicht anerkannte und weiterhin auf Plünderzüge ging wie seine Vorfahren.

Togrul-Beg starb im Jahre 1063. Nach zahlreichen familieninternen Konkurrenzkämpfen setzte sich sein Neffe Alp Arslan, Sohn seines mitherrschenden Bruders und seiner Schwägerin, als Nachfolger an seine Stelle. Alp Arslans Schnurrbart soll so lang gewesen sein, daß er ihn hinter seinem Rücken zusammenbinden mußte, wenn er auf die Jagd ging. Davon abgesehen, erzählen uns die Chroniken kaum etwas über sein Erscheinungsbild. Über seinen Charakter gehen die Berichte auseinander. Wie vorauszusehen, nennt ihn Matthäus von Edessa blutrünstig, und Aristakes bezeichnet ihn als Mitglied der Heerscharen des Antichrist. Laut Michael dem Syrer herrschte er dagegen gut und gerecht. Der arabische Historiker Ibn al-Adim weiß zu erzählen, er habe die Kritik des Propheten am Trinken von Wein nicht konsequent beherzigt, doch war dieses Versäumnis unter moslemischen Fürsten seiner Zeit nicht ungewöhnlich. Fest steht, daß er ein ausgezeichneter Feldherr war. Er kam im Jahre 1065 im Alter von wahrscheinlich dreiunddreißig Jahren an die Macht. Am Anfang des folgenden Jahres führte er einen aufwendigen Feldzug gegen Armenien an und setzte zur Belagerung der Hauptstadt Ani an.

Kaiserwahl (1067) 433

Niemand kann heute vor den Ruinen von Ani stehen, ohne daß ihm oder ihr der Atem stockt vor der überwältigenden Pracht des Anblicks: die hohen Mauern, die zum Teil heute noch stehen, die hügelige Weite dahinter, von der sich die Ruinen einiger der herrlichsten Kirchen ihrer Zeit erheben (Matthäus von Edessa behauptet, es habe tausendundeine davon gegeben), sowie, nicht sichtbar, bis man direkt am Rand steht, der jähe Abbruch, den der heute als Arpaçay bezeichnete Fluß und einer seiner Zuflüsse geschaffen haben und dem die Stadt die in der ganzen Region sonst unvergleichliche Stärke ihrer Verteidigungspositionen verdankte. Gegen die seldschukischen Angriffe nützte ihr dies allerdings wenig. Anders als viele ihrer Nachbarstädte leistete Ani wenigstens der Form halber Widerstand und hielt fünfundzwanzig Tage durch, bevor die Kapitulation ausgerufen wurde. Es heißt, im letzten Augenblick habe die Führung die besten jungen Mädchen und die schönsten Jünglinge vor die Tore geschickt, um die Plünderung zu verhindern. Alp Arslan kannte jedoch, wie üblich, keine Gnade. Der arabische Historiker Sibt Ibn al-Gawzi zitiert im folgenden angeblich einen Augenzeugenbericht:

> Die Soldaten fielen in die Stadt ein, metzelten deren gesamte Bevölkerung nieder, plünderten die Häuser und setzten sie in Brand; sie ließen sie in Trümmern zurück und nahmen alle gefangen, die noch am Leben waren ... Es gab so viele Leichen, daß alle Straßen davon bedeckt waren und man nirgendwo hintreten konnte, sondern über sie hinwegsteigen mußte. Und die Zahl der Gefangenen lag bei über fünfzigtausend Seelen. Ich hatte die Absicht, die Stadt zu betreten und die Zerstörung mit eigenen Augen zu sehen. Ich versuchte einen Zugang zu finden, wo ich nicht über Leichen klettern mußte, doch das war unmöglich.

Selbst die armenischen Quellen räumen ein, daß der Fall von Ani weitgehend dem mangelnden Widerstandsgeist seiner Bevölkerung zuzuschreiben sei. Auch scheinen sich die Ortsansässigen mit den byzantinischen Beamten nicht besonders gut verstanden zu haben. So oder so stellte die Stadt das einzige ernsthafte Hindernis für den seldschukischen Vormarsch dar. Die Einheiten drangen danach tief nach Zentralanatolien ein. An der Tatsache, daß sie bis 1067 Cäsarea in Kappadokien erreichten, läßt sich in etwa der Zustand der byzantinischen Verteidigung abschätzen; diese Stadt wurde einer weiteren gnadenlosen Plünderung unterworfen. Nur noch rund hundertsechzig Kilometer von Ankyra (heute Ankara) entfernt, zogen sich ihre Truppen schließlich zurück. Und zur noch größeren Schmach für das Reich war kaum je ein Schwert gegen sie erhoben worden.

Im gleichen Jahr starb Konstantin X. Noch auf dem Totenbett tat er sein Bestes, um für eine Fortsetzung seiner katastrophalen Politik zu sorgen. Er forderte von seiner Frau Eudokia, zu schwören, daß sie nicht wieder heiraten werde, und verlangte von allen Anwesenden, daß sie sich schriftlich dazu verpflichteten, niemanden denn ein Mitglied seiner Familie als seinen Nachfolger anzuerkennen. Darin wurde der Sterbende zweifellos von seinem Bruder, dem Cäsar Johannes Dukas, und von Psellos unterstützt, der gewußt haben mußte, daß kurzer Prozeß mit ihm gemacht würde, sollte ein Mitglied des Militäradels an die Macht kommen. Zu seiner großen Abscheu war er schon einmal in ein Kloster verbannt worden, und er hatte sich geschworen, daß so was niemals wieder vorkommen sollte. Zu dem Zeitpunkt hatte man jedoch von Cäsareas Schicksal bereits vernommen, und Konstantinopel war von Angst erfüllt. Selbst unter den Zivilbeamten gab es eine Anzahl, die erkannten, daß das Fortbestehen des Reiches wohl nur durch eine radikal geänderte Politik gewährleistet war. Dummerweise bestand außer einem Staatsstreich der einzige Weg, zu einem Kaiser wie dem erforderlichen zu kommen, darin, daß Eudokia ihn heiratete – genau das aber nicht zu tun, hatte sie soeben geschworen.

Die Kaiserin war zwar durchaus gerne bereit, wieder einen Mann zu nehmen, sofern man sie von ihrem Eid befreien konnte. Dafür benötigte sie jedoch einen Dispens sowohl des Patriarchen wie des Senats. Und da schienen ihre Chancen schlecht zu stehen, denn das Amt des Patriarchen hielt Psellos' Freund Johannes Xiphilinos besetzt – gewissermaßen gemeinsam mit ihm Begründer der neuen Beamtenpartei. Und der Senat bestand fast ausschließlich aus Männern, die Konstantin ernannt hatte. Eudokia ließ sich jedoch in ihrer Findigkeit nicht lumpen. Unter Mitwirkung eines ihrer Palasteunu-

Kämpfe im Osten (1070)

chen verbreitete sie das Gerücht, sie ziehe ernsthaft in Erwägung, den Bruder des Patriarchen zu heiraten, einen recht attraktiven Lebemann. Xiliphinos, der um die Beliebtheit seines Bruders bei den Frauen wußte, glaubte die Geschichte. Umgehend bestellte er deshalb die Senatoren einzeln zu sich und erläuterte ihnen beredt die Sündhaftigkeit des Eides, zu dem Konstantin X. seine Witwe Eudokia gezwungen habe. Er sagte, es sei ungesetzlich und ungerecht, kurz, der Versuch eines Mannes, seine Eitelkeit zu befriedigen, ohne Rücksicht auf das Wohl des Staates. Letzteres könne nur erhalten bleiben, wenn die Kaiserin einen würdigen Edelmann heirate und an diesen die kaiserliche Krone vererbe. Manche Senatoren stimmten ihm rückhaltlos zu, andere mußten auf die eine oder andere Art überredet werden, gaben aber schließlich ihre Einwilligung ebenfalls. Erst da konnte Eudokia ihre wahren Absichten preisgeben: sie würde nämlich nicht den Bruder des Patriarchen heiraten, sondern Romanos Diogenes, einen Mann, der mehr als jeder andere als Inbegriff des anatolischen Militäradels erschien.

Kaiser Romanos IV., der vermutlich an ein und demselben Tag getraut und gekrönt wurde, nämlich am 1. Januar 1068, stammte aus einer alten, vornehmen Familie von Militärs mit großen Ländereien in Kappadokien. Er stand in mittleren Jahren und hatte bereits als Gouverneur von Serdika gedient und in dieser Funktion mehrere Siege über die einfallenden Petschenegen errungen. Während seiner Dienstzeit in Bulgarien war er jedoch der Teilnahme an einer Verschwörung gegen den Kaiser angeklagt worden. Er kehrte nach Konstantinopel zurück, wo das über ihn zunächst verhängte Todesurteil in Verbannung umgewandelt und diese nach dem Tod von Konstantin X. aufgehoben wurde. Romanos kam frei; vor Kaiserin Eudokia gebracht, soll diese in Tränen ausgebrochen sein, als sie ihn erblickte. Die Bedeutung dieser Gefühlsaufwallung ist ungewiß und eher unwahrscheinlich als Liebe auf den ersten Blick zu interpretieren, obwohl Romanos – laut Michael Attaleiates, der mit ihm im Feld diente und ihn gut kannte – mit seinem breiten Kreuz und den hellen strahlenden Augen außergewöhnlich gut ausgesehen haben soll.[3] Aber Tränen hin oder her, ihr Hauptgrund für diese Ehe war fraglos politischer Natur. Sie wollte einen Soldaten auf den Thron erheben und so den Staat retten. Zuvor stand Eudokias Neigung eher nach dem anderen führenden Feldherrn jener Zeit, einem gewissen Nikephoros Botaneiates, von dem wir zu gegebener Zeit noch hören werden. Nach dieser einzigen Audienz änderte sie jedoch ihren Entschluß. Romanos, der unmittelbar danach nach Kappadokien reiste, war noch nicht zu Hause angekommen, da ließ sie ihn schon zurückrufen. Die Hochzeit und gleich auch die Krönung fanden wenige Tage später statt.

Es ist unmöglich, Romanos Diogenes nicht zu bedauern. Obwohl arrogant und sich seiner Bedeutung etwas allzu sehr bewußt, war er auch ein fähiger und emsiger Verwalter sowie ein tapferer Soldat. Er erkannte den Ernst der seldschukischen Bedrohung in seinem ganzen Ausmaß. Einmal hatte er sein Leben schon riskiert, um einen Kaiser zu stürzen, der seiner Meinung nach das Reich in den Untergang führte. Als dessen Nachfolger machte er sich nun eifrig und mit Bestimmtheit daran, das Schicksal noch einmal zum Guten zu wenden. Es ist ihm nicht als Schuld anzurechnen, daß er dabei scheiterte. Wo er auch hinblickte, was er auch versuchte, das Glück war gegen ihn. In Konstantinopel machten ihm Psellos, der ihn haßte, sowie die Familie Dukas zu schaffen, deren Mitglieder ihm die Machtergreifung sehr verübelten und fest entschlossen waren, früher oder später für seinen Sturz zu sorgen. Das Heer war hoffnungslos demoralisiert und bestand größtenteils aus wankelmütigen Söldnern, die schlecht genährt und schlecht ausgerüstet waren und mehrmals kurz vor der Meuterei standen. Romanos Diogenes führte sowohl 1068 als auch 1069 Feldzüge in den Osten an, und zwar dank seiner bemerkenswerten Führungskraft bis zu einem gewissen Grad sogar mit Erfolg, zur Hauptsache in Syrien, wo er mit seinen Söldnern Hieropolis eroberte und die byzantinische Stellung merklich stärkte. Die Schilderung jener Feldzüge durch Attaleiates, der ihn als Mitglied seines Militärtribunals begleitete, nimmt sich beim Lesen fast unerträglich bedrückend aus. Die Haltung von Kaiser Romanos, seine Festigkeit, sich nicht von Bedingungen und Umständen unterkriegen zu lassen, die praktisch jeden anderen Feldherrn zur Verzweiflung getrieben hätten, erstrahlt darin wie ein Licht im Dunkeln. Ansonsten ist sie eine kaum unterbrochene Geschichte von Enttäuschung und Auflösung, von Feigheit und Chaos.

Kämpfe im Osten (1070)   437

Die Kämpfe im Osten hielten die erste Hälfte des Jahres 1070 an, dann schloß man einen Waffenstillstand. Dieser Feldzug fand aber nicht unter Romanos' persönlicher Führung statt. Jedesmal wenn er Konstantinopel verließ, bestand das Risiko, daß seine Feinde – Psellos, die Dukas und ihre Anhängerschaft – einen Staatsstreich zu inszenieren versuchten. Die innenpolitische Lage war in jenem Jahr so gespannt, daß eine längere kaiserliche Abwesenheit von Konstantinopel nicht in Frage kam. Sein erzwungener Aufenthalt dort brachte ihm jedoch auch einen großen Vorteil. Er ermöglichte ihm, seine Energie darauf zu konzentrieren, das Los des Heeres zu verbessern, rückständige Zahlungen nachzuholen, neue Ausrüstung zu besorgen, Ausbildungsprogramme einzuleiten und ganz allgemein einen Teil des Schadens wiedergutzumachen, den Konstantin IX. und X. und einige noch zuvor angerichtet hatten. Außerdem verschaffte es ihm Zeit, neue Soldaten zu rekrutieren. Die Erfahrung der vorangegangenen beiden Jahre hatte gezeigt, daß die bestehende Armee des Ostens, selbst in Bestform, niemals genügen würde, um den seldschukischen Kräften eine so entscheidende Niederlage zuzufügen, daß die Sicherheit Armeniens und dadurch auch Anatoliens gewährleistet war. Der vor kurzem mit Alp Arslan geschlossene Waffenstillstand wurde ständig von den raubenden Turkmenenscharen gebrochen und war für ihn so gut wie toter Buchstabe. Deshalb plante er auch für 1071 einen Feldzug; bis dahin würde er in der Lage sein, sechzig- bis siebzigtausend Männer in den Kampf zu werfen.[4]

Dieses Heer überquerte den Bosporus in der zweiten Märzwoche des Jahres 1071 und marschierte direkt Richtung Osten. Einmal mehr war auch Michael Attaleiates dabei. Seine Version der Ereignisse jenes Sommers läßt zwar leider viele Punkte ungeklärt und viele Fragen offen, bleibt aber dennoch mit Abstand die detaillierteste und vertrauenswürdigste überlieferte Schilderung. Wie immer macht er kein Hehl aus seiner Bewunderung für den Kaiser. Nachdem das Heer etwa dreihundert Kilometer marschiert war, schien sich aber Romanos' Verhalten plötzlich zu ändern:

Er wurde für sein eigenes Heer ein Fremder, schlug ein separates Lager auf und besorgte sich eine protzigere Unterkunft. Als das Heer den Halys überquerte, überquerte er ihn zum Beispiel nicht zur gleichen Zeit, sondern blieb zurück und verbrachte mehrere Tage in einer Festung, die erst vor kurzer Zeit auf seinen Befehl erstellt worden war. Bald darauf erließ er den Befehl, seine privaten Besitztümer von jenen des Heeres zu trennen.

Skylitzes, dessen Bericht über jene Zeit sich eindeutig auf die Schilderung von Attaleiates stützt, äußert die Annahme, daß Romanos von verschiedenen angeblichen Vorzeichen beunruhigt war. So zum Beispiel vom Bruch der zentralen Stange seines Zelts und einem unerklärlichen Feuer, in dem er einen Großteil seiner persönlichen Ausrüstung und mehrere seiner besten Pferde und Maultiere verlor. Das kann durchaus sein. In jener Zeit war man empfänglich für Ahnungen und Zeichen und in Byzanz noch leichtgläubiger als anderswo. Es scheint jedenfalls kaum Zweifel daran zu geben, daß zu Romanos' angeborener Überheblichkeit nun verschiedene andere Charaktereigenschaften kamen, die den Fortgang der Dinge als mögliche Risikofaktoren überschatteten: Unnahbarkeit, Gereiztheit, ärgerliches Reagieren in Beratungen und ein Hang zu Grausamkeit, der vorher nie an ihm festzustellen war.[5]

Während das große byzantinische Heer durch Anatolien marschierte, zog Alp Arslan eigenartigerweise in eine völlig andere Richtung. Da es ihm absolut nicht gelang, die turkmenischen Räuberbanden unter Kontrolle zu halten und er wiederholt jede Verantwortung für ihre Unternehmungen abgelehnt hatte, war er der Meinung, der Waffenstillstand sei noch immer in Kraft und kam deshalb zum Schluß, nun sei der Augenblick gekommen, um seinen langgehegten Plan umzusetzen und das fatimidische Kalifat zu vernichten. Spät im Jahre 1070 verließ er mit seinen Einheiten das Hauptquartier in Khurasan, eroberte die armenischen Festungen Mantzikert und Archesch, marschierte dann Richtung Südwesten nach Amida und von dort weiter nach Edessa, wo er gegen Ende März sein Heer vor den Stadtmauern zusammenzog. Er hatte kaum mit der Belagerung begonnen, als eine Nachricht vom Kaiser eintraf. Romanos schlug ihm eine Erneuerung des Friedensabkommens und den Tausch von Mantzikert und Archesch gegen Hieropolis in Syrien vor, eine Stadt, die Byzanz drei Jahre zuvor erobert hatte. Alp Arslan gab grünes Licht für diesen Plan, ließ Edessa unversehrt und setzte seinen

Alp Arslan bereitet sich auf den Kampf vor (1071) 439

Marsch fort. Sechs Wochen später belagerte er Aleppo, als ein weiterer Bote von Romanos mit einer Wiederholung des Angebots aus Armenien eintraf, diesmal jedoch mit unverhohlen drohendem Unterton. Falls Romanos Alp Arslans Zusage auf sein erstes Angebot jemals erhalten hat, spielte er dem Sultan gegenüber falsch. Und selbst wenn er sie nicht erhalten haben sollte, befand er sich nun in einer Position der Stärke und stellte letztlich nichts anderes als ein Ultimatum. Alp Arslan war sogleich klar, daß ihm nichts anderes übrigblieb, als seinen Feldzug gegen das fatimidische Kalifat abzubrechen. Er kehrte auf direktem Weg in seine Heimat zurück. Dabei beeilte er sich so sehr, daß er beim Überqueren des Euphrat nicht genügend Sicherheitsvorkehrungen traf und viele Pferde und Maultiere von der Strömung weggerissen wurden und ertranken. Es machte für ihn keinen großen Unterschied, wußte er doch, daß er sein Heer ohnehin um einiges vergrößern mußte, bis er Romanos zu seinen eigenen Bedingungen entgegentreten konnte. Er sandte seinen Wesir Nisam al-Mulk mit dem Befehl voraus, in Aserbeidschan Truppen auszuheben. Er selbst setzte den Marsch Richtung Choi zwischen Wan- und Urmia-See fort und rekrutierte unterwegs gegen zehntausend berittene Kurden. In Choi stieß sein neues Heer zu ihm, und er machte sich auf die Suche nach seinem Gegner.

Romanos hatte in der Zwischenzeit sein Lager in der Nähe von Erzurum aufgeschlagen und dort das Heer in zwei Teile aufgeteilt. Den größeren sandte er unter der Leitung seines Befehlshabers Joseph Tarchaniotes nach Khelat (heute Ahlat), eine gut bewehrte, seldschukisch besetzte Festung ein paar Kilometer nördlich des Wan-Sees. Er selbst brach mit seinem anderen Oberbefehlshaber, Nikephoros Bryennios, und dem Rest zur kleinen Festungsstadt Mantzikert auf, von der er annahm, sie würde keinen großen Widerstand leisten. Wie sich herausstellte, traf dies ganz und gar zu; die Garnison kapitulierte kampflos. Tarchaniotes hatte dagegen weniger Glück. Was genau geschah, wissen wir nicht. Spätere moslemische Chroniken berichten uns von einer offenen Feldschlacht, in der Alp Arslan den entscheidenden Sieg davontrug; in den byzantinischen Quellen wird jedoch nichts dergleichen erwähnt. Attaleiates, der vertrauenswürdigste Chronist, schreibt lediglich, die Nachricht von der Ankunft des Sultans mit seinem neuen Heer habe genügt, um den »Halunken« Tarchaniotes Hals über Kopf flüchten zu lassen, seine Männer dicht hinter ihm. Sie hätten bis Melitene am Euphrat nicht angehalten und während des ganzen Feldzugs nicht mehr in das Geschehen eingriffen.

Ganz so einfach kann die Sache jedoch bestimmt nicht abgelaufen sein. Joseph Tarchaniotes war ein hochgeschätzter Feldherr. Ihm unterstanden dreißig- oder sogar vierzigtausend Mann – und damit vermutlich mehr, als die gesamte Seldschukenarmee zählte. Wenn wir die moslemische Version ablehnen – daß er eine schwere Niederlage erlitt –, bleiben uns mehrere andere Möglichkeiten, die sich aber alle unterschiedlich unwahrscheinlich ausnehmen: daß er wütend auf Kaiser Romanos war, dem er stark zugeraten hatte, das Heer nicht aufzuteilen, und entschlossen, ihm um jeden Preis zu beweisen, daß er im Unrecht war; daß ihn Alp Arslan überrumpelte und, weil es keine Möglichkeit mehr gab, seine Leute neu zu ordnen, Flucht als einzige Lösung blieb; oder – die verlockendste Variante – daß Tarchaniotes ein Verräter war, ein Werkzeug von Dukas, in Konstantinopel mit dem Ziel vor Augen aufgebrochen, seinen Kaiser im Stich zu lassen, sonbald sich die Möglichkeit dazu ergab. Zwar mag diese Theorie im Augenblick etwas weithergeholt scheinen, aber am Ende dieses Kapitels sieht es möglicherweise anders aus. Dies würde auch ein anderes Rätsel weitgehend erklären: weshalb Kaiser Romanos, der sich ja nur rund fünfzig Kilometer entfernt in Mantzikert aufhielt, nicht über die Vorfälle informiert wurde. Wie sehr wir jedoch über die Ursache der Niederlage spekulieren mögen, ihre Folgen präsentieren sich nur allzu deutlich: Bevor der Kaiser mit seinem Heer schließlich gegen die Seldschuken kämpfte, war ihm mehr als die Hälfte davon desertiert.

Romanos Diogenes' Soldaten hatte die Festung von Mantzikert eingenommen, doch er konnte den Triumph nur kurze Zeit auskosten. Bereits am nächsten Tag wurden ein paar seiner Männer auf einem Erkundungsstreifzug von berittenen seldschukischen Bogenschützen überfallen und erlitten schwere Verluste. In der Annahme, er habe es nur mit einer Handvoll Plünderer zu tun, sandte der Kaiser eine kleine Abordnung unter Bryennios los – und bekam einen

Ein Waffenstillstand wird vorgeschlagen (1071)   441

Wutanfall, als ein, zwei Stunden später die Bitte um Verstärkung eintraf. Nach einigem Zögern sandte er eine um etliches größere Einheit unter der Führung eines impulsiven Armeniers namens Basilakios zu Hilfe. Sie versuchten, die Bogenschützen zu verfolgen, wurden jedoch in eine Falle gelockt und umzingelt. Basilakios geriet in Gefangenschaft, aber nur wenige aus seinem Gefolge kamen mit dem Leben davon. Bryennios ritt erneut los – diesmal den gesamten rechten Flügel des Heers hinter sich –, um seine Retter zu retten, und sah sich einem offenbar beträchtlichen Teil des seldschukischen Heers gegenüber. Der Rückzug ins Lager erfolgte zwar geordnet, jedoch erlitt Bryennios dabei nicht weniger als drei Wunden, zwei von Pfeilen in den Rücken und eine von einer Lanze in die Brust. Zum Glück waren alle Verletzungen nur geringfügiger Natur, und er konnte den Feldzug fortsetzen.

In jener Nacht ging kein Mond am Himmel auf – und es gab nur wenig Schlaf für das byzantinische Heer. Die Seldschuken übten unerbittlich Druck aus, sandten Pfeilhagel um Pfeilhagel und verursachten soviel Aufruhr und Verwirrung in der Dunkelheit, daß man ein ums andere Mal glaubte, sie hätten die Verteidigungslinie durchbrochen und das Lager überrollt. Am nächsten Morgen war es für alle eine angenehme Überraschung zu sehen, daß die Palisaden gehalten hatten – aber eine höchst unangenehme zu hören, daß ein großes Kontingent von uzischen Söldnern zum seldschukischen Feind übergelaufen war. Es gab noch mehrere andere türkische Einheiten im Heer, und sie alle konnten deren Beispiel jederzeit folgen. Angesichts dieser Umstände und der Tatsache, daß die Hälfte seiner Armee mitsamt einem seiner besten Feldherren spurlos verschwunden war, hätte man von Kaiser Romanos erwartet, daß er die Delegation, die ein, zwei Tage darauf eintraf, willkommen hieß. Offiziell kam sie vom Kalifen in Bagdad, aber in Tat und Wahrheit offensichtlich von Alp Arslan, der sie in der Hoffnung sandte, man werde sie gnädiger empfangen, als wenn es hieß, sie komme von ihm. Sie schlug einen Waffenstillstand vor.

Wir fragen uns vielleicht, weshalb der Sultan freiwillig zu einem Waffenstillstand bereit war? Höchstwahrscheinlich weil er sich weit von einem sicheren Sieg entfernt wähnte. Wir wissen, daß er kurz vor Beginn der Kämpfe von einem möglichen Martyrium auf dem

Schlachtfeld sprach. Er kleidete sich ganz in Weiß, in ein Kleidungsstück, so erklärte er, das ihm auch als Totenhemd dienen könnte.
Auch ließ er alle um sich herum schwören, daß sein Sohn Malik-
Schah im Falle seines Ablebens die Nachfolge übernehmen würde.
Bis dahin hatten sich die Seldschuken stets auf ihr Geschick in einer
unsystematischen Kriegführung mit Überfällen, Hinterhalten und
Überraschungsangriffen verlassen. Sie mochten offene Schlachten
nicht und vermieden sie, wo sie nur konnten. Trotz der vor kurzem
erfolgten byzantinischen Demütigungen hatten die türkischen Truppen noch immer einen heilsamen Respekt vor der kaiserlichen
Armee.[6] Vor allem aber: gab es vom Standpunkt des Sultans aus
überhaupt einen vernünftigen Grund für den Kampf? Die einzige
ernsthafte politische Meinungsverschiedenheit betraf Armenien,
eine sowohl für Alp Arslan als auch für Kaiser Romanos strategisch
wertvolle Region. Man brauchte sich lediglich auf eine für beide Seiten akzeptable Teilung zu einigen, dann konnten beide Heere unversehrt abziehen – und Alp Arslan sein Augenmerk wieder ganz auf
das widmen, was ihn wirklich interessierte: das fatimidische Kalifat.

Allein, der Entscheid des Kaisers war bereits gefallen. Er wußte,
daß dies die einzige Chance war, das Reich ein für allemal von der
türkischen Bedrohung zu befreien. Alp Arslan stand mit seinem
gesamten Heer nur wenige Kilometer entfernt. Er selbst befehligte
trotz des Debakels von Khelat noch immer eine Streitmacht, die
zwar nicht gleich groß war wie die türkische, jedoch größer als jede,
die er jemals wieder würde ausheben können. Und zu guter Letzt
muß er sich folgendes überlegt haben: Welche Chancen, den Thron –
oder gar sein Leben – zu bewahren, blieben ihm denn angesichts der
Intrigen der Dukas, wenn er nach Konstantinopel zurückkehrte,
ohne daß es überhaupt zu einem Kampf gegen die Seldschuken
gekommen war? Er entließ die Gesandtschaft deshalb mit dem
Minimum an Höflichkeit und machte sich zur Schlacht bereit.

Es ist eine eigenartige und etwas frustrierende Tatsache, daß man
sich offenbar weder über das Datum noch über den Ort einer der folgenreichsten Schlachten der Weltgeschichte einig werden kann. In
den moslemischen Chroniken heißt es einmütig, sie habe an einem
Freitag stattgefunden, und zwar zweifellos im August. In der histori-

*Der Kampf beginnt (1071)*443

schen Forschung streitet man sich jedoch noch immer darüber, ob es der 5., 12., 19. oder 26. August war. Die meisten europäischen Untersuchungen halten offenbar den 19. für am wahrscheinlichsten. Dabei wird aber ein wichtiger Hinweis außer acht gelassen, der Umstand nämlich, daß Michael Attaleiates – der mit dabei war – die zweit- oder drittletzte Nacht vor der Schlacht als mondlos *(aselenos)* schildert. Im August des Jahres 1071 war, nach dem Julianischen Kalender, am 13. Vollmond. Dies würde heißen, daß am 16. und 17. die Nächte noch immer hell waren, am 23. und 24. aber schon viel dunkler, erschien doch der Mond dann nur noch eine oder zwei Stunden vor der Morgendämmerung als schmale Sichel. Wenn wir die Möglichkeit ausschließen, daß Attaleiates nur meinte, der Himmel sei bedeckt gewesen – zu der Jahreszeit in jener Gegend höchst unwahrscheinlich –, hieße dies für uns, daß das Schicksal des Byzantinischen Reichs am Freitag, dem 26. August 1071, besiegelt wurde.[7]

Was den Ort betrifft, so wissen wir, daß die Schlacht auf einer ziemlich flachen Steppe ausgetragen wurde, im Umkreis von zwei bis drei Kilometern der Festung von Mantzikert (wo heute die türkische Stadt Malazgirt steht). Der Chronist Nikephoros Bryennios, ein Enkel und Namensvetter von Romanos' Feldherrn und eine weitere wichtige Quelle, fügt hinzu, daß die byzantinischen Truppen im Endstadium der Schlacht in Hinterhalte gerieten. Da Steppen wenig Verstecke bieten, heißt das, daß es auch hügeliges Gelände in der Nähe gegeben haben muß. Nun ist Armenien ein gebirgiges Land, aber es gibt in der Tat eine solche Steppe von etwa fünf bis sechs Kilometern Breite, die sich etwa sechzehn Kilometer auf einer Südwest-Nordost-Achse unmittelbar südöstlich von Mantzikert erstreckt. Dahinter zieht sich ein von Sturzbächen und Schluchten zerklüfteter Hügelzug – ein ideales Gebiet für Hinterhalte – wieder zu den Bergen hinauf. Irgendwo auf dieser gegen hundert Quadratkilometer messenden Ebene stellten sich die beiden Heere also an jenem Freitag am frühen Nachmittag einander gegenüber auf. Die Schlacht begann.

Oder kann man das gar nicht sagen? Tatsache ist, daß sich das Geschehen vor Mantzikert trotz seiner überragenden historischen

Bedeutung bis auf den allerletzten Abschnitt kaum als richtige Schlacht bezeichnen läßt. Romanos hatte sein Heer, wie in den traditionellen Armeehandbüchern angegeben, in einer langen Linie formiert, mehrere Reihen tief, die Kavallerie zu beiden Seiten. Er selbst bezog in der Mitte Stellung, Bryennios zu seiner Linken und ein kappadokischer General namens Alyattes zu seiner Rechten. Dahinter stand eine beträchtliche Nachhut, die, wie es heißt, aus dem »Aufgebot des Adels« bestand: es handelte sich um die persönlichen Einheiten von Großgrundbesitzern; sie stand, etwas überraschend, unter der Führung von Andronikos Dukas, dem Sohn des Cäsars Johannes Dukas und Neffen des verstorbenen Kaisers Konstantin X. Der junge Mann scheint keinen Hehl aus seiner Verachtung für Romanos gemacht zu haben. Es verwundert deshalb, daß ihm dieser überhaupt gestattete, am Feldzug teilzunehmen. Vermutlich hielt er es für sicherer, ihn als potentielle Geisel in unmittelbarer Nähe zu haben, als ihn in Konstantinopel zurückzulassen, wo er ihm Schwierigkeiten bereiten konnte. Wenn es sich so verhält, sollte es sich als der größte Fehler seines Lebens erweisen.

Den ganzen Nachmittag lang rückte das kaiserliche Heer über die Steppe vor. Anstatt ihm jedoch entgegenzutreten, zog sich der seldschukische Gegner in einem weiten Bogen langsam zurück und überließ die Initiative seinen berittenen Bogenschützen, welche die byzantinischen Flanken entlang auf und ab galoppierten und sie mit Pfeilen übersäten. Wutentbrannt durchbrach daraufhin die Reiterei ihre Linie und verfolgte sie in das Vorgebirge hinein und – man braucht es kaum zu erwähnen – direkt in die sorgsam vorbereiteten Hinterhalte. Für den zunehmend frustrierten Kaiser in der Mitte blieb die Stelle, wo der Feind hätte sein sollen, jedoch leer. Er ritt immer weiter und weiter, offenbar in der Annahme, daß die gegnerischen Truppen wenden und sich dem Kampf stellen müßten, sobald sie die Berge erreichten. Dann erkannte er, daß die Sonne rasch unterging und er sein Lager so gut wie unverteidigt zurückgelassen hatte. Eine weitere Verfolgung hatte keinen Sinn mehr – wenn er denn überhaupt je jemanden verfolgt hatte. Er ließ die kaiserlichen Standarten wenden, gab damit das vereinbarte Signal zur Umkehr und wendete sein Pferd.

Auf diesen Augenblick aber hatte Alp Arslan gewartet. Von sei-

Der Kampf beginnt (1071) 445

nem Beobachtungsposten in den Hügeln aus hatte er jede Bewegung von Romanos und seinem Heer beobachtet. Jetzt, und erst jetzt, gab er den Befehl zum Angriff. Als seine Männer auf die Steppe hinunterströmten, brachen die byzantinischen Reihen in größter Verwirrung auseinander. Einige Söldnereinheiten, die sahen, daß die Standarte gewendet worden war und die Bedeutung dessen nicht verstanden, wähnten den Kaiser tot und flohen. Unterdessen stellten sich die Seldschuken direkt hinter der byzantinischen Front quer und schnitten sie so von der Nachhut ab. In diesem Augenblick hätte die Nachhut ihre Existenz rechtfertigen und vorrücken müssen, um den Feind zwischen sich und den regulären Einheiten einzuschließen und ihm die Flucht zu verunmöglichen. Statt dessen verbreitete Andronikos Dukas bewußt unter seinen Männern das Gerücht, der Kaiser sei geschlagen und die Schlacht verloren. Darauf flohen sie. Je mehr die Panik um sich griff, desto mehr Einheiten folgten ihnen. Lediglich die Reitertruppen am linken Flügel ritten dem Kaiser zu Hilfe, als sie erkannten, in was für Schwierigkeiten er steckte. Die Seldschuken stürzten sich jedoch von hinten auf sie, und so mußten auch sie bald ihr Heil in der Flucht suchen.

Inmitten seiner persönlichen Garde hielt Romanos die Stellung und brüllte seinen Truppenverbänden vergeblich zu, sie sollten sich wieder sammeln. Chaos und Verwirrung waren zu groß. Attaleiates beschreibt es folgendermaßen:

Außerhalb des Lagers war alles auf der Flucht, alle schrien Unzusammenhängendes und sprengten ohne Ordnung umher; niemand konnte sagen, was genau vor sich ging. Einige behaupteten, der Kaiser kämpfe noch immer mit dem Rest seines Heeres und die Barbaren seien in die Flucht geschlagen, andere, er sei getötet oder gefangen. Jeder hatte etwas anderes zu berichten ...
Es war wie ein Erdbeben: das Gebrüll, der Schweiß, die Wellen der Angst, die Staubwolken und nicht zuletzt die türkischen Horden, die überall um uns herumritten. Je nach seiner Behendigkeit, Entschlossenheit und Stärke suchte jedermann sein Heil in der Flucht. Der Feind folgte ihnen dicht auf den Fersen, brachte die einen um, nahm andere gefangen und zertrampelte wieder andere unter den Hufen der Pferde. Es war eine Tragödie, ein Anblick jenseits aller

Trauer oder Klage. Was könnte in der Tat entsetzlicher sein, als die ganze kaiserliche Armee auf der Flucht zu sehen, geschlagen und verfolgt von grausamen, unmenschlichen Barbaren; der Kaiser hilflos und von mehr und mehr Feinden umgeben, die kaiserlichen Zelte, Symbole der militärischen Macht und Überlegenheit, von diesen Männern übernommen, der ganze römische Staat zugrunde gerichtet – im Wissen, daß das Reich selbst am Rande des Zusammenbruchs stand?

Wer überlebte? Nur gerade jene, die rechtzeitig geflohen waren. Die armenischen Soldaten hatten auch in guten Zeiten nur wenig für Byzanz und seine Leute übrig. Diese hatten ihr Land erobert und verfolgten auch jetzt noch ihre Familien, weil sie ihren Glauben aufrechterhalten wollten. Die Söldner sind weniger zu bedauern. Sie waren dem Reich zwar gefühlsmäßig nicht verbunden und verständlicherweise über die Diskriminierung durch den Kaiser erzürnt, der seine einheimischen Truppen unverhüllt bevorzugte. Sie standen jedoch unter Vertrag, und ihr Sold war bezahlt. Sie verhielten sich zwar kaum schlimmer als alle Söldner auf der ganzen Welt, aber ein bißchen mehr Einsatz hätten sie schon beweisen dürfen. Die einzigen wirklichen Bösewichte waren jene aus dem »Aufgebot des Adels«, welche die Nachhut bildeten, sowie ihr Befehlshaber Andronikos Dukas. Ihre schmähliche Flucht lag vermutlich eher in Verrat als in Feigheit begründet, und dies macht sie um kein Jota entschuldbarer.

Es gab noch einen weiteren Überlebenden: Romanos Diogenes. Obwohl praktisch allein auf weiter Flur gelassen, widerstand er tapfer der Versuchung zu fliehen und kämpfte bis zum Schluß wie ein Löwe. Erst als sein Pferd unter ihm fiel und seine Hand so zerfetzt war, daß er das Schwert nicht mehr halten konnte, ließ er sich gefangennehmen. Seine Häscher müssen gewußt haben, wen sie da ergriffen. Dennoch erhielt er keine Sonderbehandlung. Die ganze Nacht lag er unter den übrigen Verwundeten und Sterbenden und wurde erst am folgenden Morgen dem Sultan vorgeführt: im Gewand eines gewöhnlichen Soldaten und in Ketten gelegt.

Nur wenige Chronisten jener Epoche, griechische wie moslemische, konnten der Versuchung widerstehen, über die Begegnung zu

Der Kaiser wird gefangengenommen (1071) 447

berichten, die am Morgen nach der Schlacht zwischen dem siegreichen Sultan und dem geschlagenen Kaiser stattfand. Was jedoch
überrascht, ist nicht die große Zahl von Schilderungen, sondern daß
sie in ihrem Inhalt übereinstimmen. Zuerst, heißt es, habe Alp Arslan nicht glauben wollen, daß es sich bei dem erschöpften Gefangenen, den man ihm zu Füßen warf, tatsächlich um den byzantinischen
Kaiser handle. Erst als ihn türkische Boten und sein Mitgefangener
Basilakios offiziell identifizierten, habe der Sultan sich von seinem
Thron erhoben, Romanos befohlen, den Boden vor seinen Füßen zu
küssen, und dann den Fuß auf den Nacken seines Opfers gesetzt.

Eine symbolische Geste, nichts weiter. Danach half er Romanos
sogleich auf die Füße, forderte ihn auf, sich neben ihn zu setzen, und
versicherte ihm, daß er mit allem seinem Rang gebührenden Respekt
behandelt werde. Während der nächsten Woche blieb der Kaiser
Gast im türkischen Lager und speiste an des Sultans Tafel. Nicht ein
einziges Mal begegnete ihm Alp Arslan anders als mit Freundlichkeit
und Höflichkeit, äußerte sich aber mehrmals kritisch über die Treu-
losigkeit jener, die Romanos in der Stunde der Not verlassen hatten,
und erlaubte sich hin und wieder eine leise Kritik an der Qualität
byzantinischer Kriegführung. Dies geschah alles im Rahmen der traditionellen islamischen Ritterlichkeit. Wir fühlen uns bei diesen
Berichten unweigerlich an ähnliche Geschichten erinnert, die man
hundert Jahre später über Saladin erzählte. Dahinter stand natürlich
eine wohdurchdachte Taktik des Sultans. Wieviel vorteilhafter war
es doch, wenn Romanos sicher nach Konstantinopel zurückkehrte
und den Thron wieder einnahm, als wenn diesen ein unerfahrener,
unbesonnener junger Mann übernahm, über den er nichts wußte
und der nur auf Rache sinnen würde.

Unter den gegebenen Umständen nahmen sich die Friedensbedin-
gungen gemäßigt, ja äußerst milde aus. Alp Arslan meldete keinerlei
Forderungen auf ausgedehnte Gebiete an – er verlangte nicht einmal
Armenien, auf das er denselben Anspruch wie Byzanz zu haben
glaubte. Alles was er forderte, war die Aufgabe von Mantzikert,
Antiochia, Edessa und Hieropolis sowie eine Tochter des Kaisers als
Braut für einen seiner Söhne. Blieb nur noch die Frage des Lösegelds.
Zuerst schlug Alp Arslan zehn Millionen Goldstücke vor. Als Roma-
nos einwandte, die Staatskasse verfüge bei weitem nicht mehr über

eine solche Summe, seit er diesen aufwendigen Feldzug ausgerüstet habe, kürzte der Sultan seine Forderung bereitwillig auf anderthalb Millionen und einen jährlichen Tribut von 360 000 Goldstücken. Er bestand außerdem darauf, daß Romanos sobald wie möglich nach Konstantinopel zurückkehrte, weil sonst die Gefahr bestand, daß er während seiner Abwesenheit abgesetzt wurde und sein Nachfolger die Gültigkeit ihrer Übereinkunft höchstwahrscheinlich nicht anerkannte. So geschah es, daß sich Romanos nur eine Woche nach der Schlacht auf die Heimreise machte. Alp Arslan begleitete ihn auf dem ersten Abschnitt und gab ihm dann für den Rest des Weges zwei Emire und hundert Mameluken als Eskorte mit. Romanos hatte Konstantinopel als Kaiser verlassen, und als Kaiser würde er zurückkehren.

So hoffte er jedenfalls. In Konstantinopel, wo die Nachricht der Niederlage als zweiter erschütternder Schlag des so schrecklichen Jahres eingetroffen war, teilte man seine Gefühle allerdings nicht. Im April, nur einen Monat nachdem Romanos Richtung Osten aufgebrochen war, hatten normannische Truppen unter Robert Guiscard Bari eingenommen. Seit Justinians Herrschaft war Bari Hauptstadt des byzantinischen Apulien und Hauptquartier des kaiserlichen Heers in Unteritalien gewesen, die größte, reichste und am besten verteidigte griechische Stadt der italienischen Halbinsel, zu Beginn der Belagerung allerdings die letzte Stadt unter byzantinischer Herrschaft. Die Bevölkerung hatte sich nicht weniger als zweiunddreißig Monate lang tapfer zur Wehr gesetzt, eingeschlossen von einer undurchdringlichen Land- und Seeblockade, aber schließlich keine andere Wahl gehabt als zu kapitulieren. Und dies bedeutete, nach über fünfhundert Jahren, das Ende der byzantinischen Herrschaft in Italien.

Die Berichte aus Bari waren aber wenigstens klar gewesen, die Nachrichten aus Mantzikert dagegen hoffnungslos wirr. Sie schufen eine Atmosphäre der Ungewißheit und Unentschlossenheit am Hof von Konstantinopel. In einem Punkt herrschte jedoch – vielleicht mit Ausnahme von Kaiserin Eudokia – Einigkeit: auch wenn Romanos sich noch am Leben und auf freiem Fuß befand, war er geschlagen und entehrt und kam als Basileus deshalb nicht länger in Frage. Aber wer sollte seinen Platz einnehmen? Die einen wollten, daß Eudokia wie-

Die Kaiserin wird verbannt (1071) 449

der die höchste Regierungsgewalt ausübte, wie sie es vor ihrer Ehe getan hatte. Andere gaben Michael den Vorzug, ihrem Sohn mit Konstantin X. – vielleicht in Verbindung mit seinen jüngeren Brüdern Andronikos und Konstantin. Wieder andere setzten die größte Hoffnung in dieser Krise auf den Cäsar Johannes Dukas, der nun eiligst aus Bithynien zurückkehrte, wohin ihn Romanos vor seiner Abreise verbannt hatte. Schließlich war es in der Tat Johannes, der handelte, wenn auch scheinbar nicht in eigenem Interesse. Es kann keinen Zweifel geben, daß er mit dem Thron liebäugelte. Andererseits war seine Anhängerschaft nicht groß genug und einem direkten Versuch der Machtergreifung daher wenig Aussicht auf Erfolg beschieden. Zum Glück war sein Neffe Michael noch so jung, daß er mit ihm verfahren konnte, wie er wollte – sobald seine Mutter erst einmal aus dem Weg geschafft war. Zudem wußte er die Warägerwache hinter sich. Während die andern noch werweißten, was zu tun sei, teilte er die Wache in zwei Gruppen. Die eine Hälfte stürmte unter dem Befehl seines kurz zuvor zurückgekehrten Sohnes Andronikos den Palast und rief Michael zum Kaiser aus; die andere marschierte direkt zu den Gemächern von Kaiserin Eudokia und nahm sie fest.

All das lief in Windeseile ab. Die überrumpelte Eudokia wurde in eine von ihr gegründete Kirche an der Mündung des Hellespont verbannt; dort scherte man ihr kurz darauf das Haar und zwang sie, den Nonnenschleier zu nehmen. Ein ähnliches Urteil wurde über Anna Dalassena verhängt, die Schwägerin des verstorbenen Kaisers Isaak Komnenos, als Warnung an die einzige andere Familie in der Hauptstadt, von der möglicherweise Schwierigkeiten zu erwarten waren.[8] Eudokias Sohn Michael VII. Dukas wurde in aller Feierlichkeit vom Patriarchen in der Hagia Sophia gekrönt. Jetzt mußte man sich nur noch um Romanos Diogenes kümmern.

Was Romanos nach dem Verlassen des seldschukischen Lagers im einzelnen unternahm, läßt sich schwer rekonstruieren. Es gibt nur wenige Quellen, und die meisten widersprechen sich auch noch. Mit einiger Sicherheit läßt sich eruieren, daß es ihm gelungen sein muß, den Rest seines einst so großen Heeres zu sammeln, mit dem Ziel, gegen die Hauptstadt zu marschieren. Johannes Dukas hatte sich jedoch auf ihn vorbereitet. Es scheint zwei Schlachten gegeben zu haben: eine in der Nähe von Dokeia gegen eine Streitmacht unter dem Befehl Konstantins, des jüngsten Sohns des Cäsars, und eine zweite in der Nähe von Adana in Kilikien, in der Romanos einem Feldherrn gegenüberstand, der ihn bei Mantzikert verraten hatte: Andronikos Dukas. Romanos verlor beide. Nach der zweiten lieferte er sich Andronikos aus und erklärte sich bereit, auf seinen Thronanspruch zu verzichten und sich in ein Kloster zurückzuziehen. Im Gegenzug sicherte ihm der neue Kaiser – unter Bekräftigung seitens der Erzbischöfe von Chalkedon, Heraklea und Kolonea – zu, daß man ihn nicht antasten werde.

Man könnte argumentieren, Andronikos' Befehl, den Exkaiser auf ein Maultier zu setzen und ihn auf diese Weise erniedrigt die gut achthundert Kilometer von Adana nach Kotiaios (heute Kütahya) zurücklegen zu lassen, sei nicht direkt als Antasten zu werten; als eine eigenwillige Auslegung der Bedingungen seines Auftrags erscheint es aber schon. Angesichts der nachfolgenden Ereignisse ist diese Frage aber rein akademisch. Skylitzes schreibt, mit Bezug auf die Erzbischöfe:

> Obwohl sie ihm helfen wollten, waren sie schwach und machtlos, als ihn grausame und harte Männer ergriffen und erbarmungslos, gnadenlos, sein Augenlicht auslöschten. Auf einem billigen Lasttier getragen wie ein verwesender Leichnam, die Augen ausgestochen, das Gesicht und den Kopf voller Würmer, lebte er noch ein paar Tage in Schmerzen und mit einem fauligen Gestank um sich, bis er den Geist aufgab und auf der Insel Proti, wo er ein Kloster hatte erbauen lassen, begraben wurde.
> Er erhielt eine aufwendige Beerdigung von seiner Frau, der Kaiserin Eudokia, und hinterließ Erinnerungen an Prüfungen und Mißgeschicke, die zu schrecklich sind, um erzählt zu werden. Trotz all seines Unglücks kam jedoch kein Fluch und keine Gotteslästerung über seine Lippen, er dankte Gott weiterhin und ertrug sein Schicksal tapfer.

Michael Psellos, der Romanos schon immer gehaßt hatte und keine Gelegenheit ausläßt, um ihn zu verunglimpfen, versucht, wie nicht anders zu erwarten, die Blendung zu rechtfertigen:

Die Katastrophe (1072) 451

Nur ungern beschreibe ich eine Tat, die nie hätte stattfinden sollen; und doch, wenn ich meine Worte leicht ändern darf [sic!], war es eine Tat, die fraglos stattfinden mußte. Einerseits verbieten es religiöse Skrupel, verbunden mit dem natürlichen Widerstreben, jemandem Schmerz zuzufügen; andererseits machten es die politische Lage und der plötzliche Wechsel der beiden Parteien absolut unumgänglich... fürchtete doch der enthusiastischere Teil im kaiserlichen Rat, daß es Diogenes gelingen könnte, seine Verschwörungen in die Tat umzusetzen und den Kaiser einmal mehr in Verlegenheit zu bringen.[9]

Dies war jedoch noch nicht einmal die letzte Kränkung. Kurz bevor Romanos im Sommer des Jahres 1072 starb, erhielt er noch eine Botschaft von seinem alten Gegner. Sie war im freundlichsten Ton gehalten und gratulierte ihm zu dem Glück, seine Augen verloren zu haben, sei dies doch ein sicheres Zeichen dafür, daß ihn der Allmächtige eines erhabeneren Lichts für würdig befunden habe. Dieser Gedanke muß Romanos in seinen Todesqualen großen Trost gespendet haben.

Bei der Schlacht von Mantzikert handelt es sich um das größte Debakel, welches das Byzantinische Reich im Verlauf seiner siebenhundertjährigen Geschichte erlitt. Allein die Demütigung war schlimm genug. Was das kaiserliche Heer bot, wird als eine Kombination von Verrat, Panik und schändlicher Flucht beschrieben. Seit Valerians Gefangennahme durch den persischen König Schapur I. im Jahre 260, als noch niemand auch nur an Byzanz dachte, hatte kein Kaiser dieses Schicksal erlitten. Die wahre Tragödie lag jedoch nicht in der Schlacht als solcher, sondern in ihrem schrecklichen Nachspiel. Hätte man Romanos Diogenes erlaubt, seinen Thron zu behalten, wäre alles in Ordnung gewesen. Er hätte die mit dem türkischen Sultan ausgehandelten Bedingungen eingehalten und Alp Arslan den Feldzug gegen die ägyptischen Fatimiden wiederaufgenommen; wir dürfen nicht vergessen, daß Alp Arslan gar nie die Absicht hatte, gegen das Reich Krieg zu führen, geschweige denn, es zu erobern. Und auch trotz Romanos' Ablösung durch einen anderen Kaiser hätte sich der Schaden leicht in Grenzen halten lassen – hätte es sich um einen Kaiser gehandelt, der diese Bezeichnung verdiente. Ein Nikephoros Phokas oder Johannes Tzimiskes, geschweige denn ein Basileios II. hätte den Status quo innerhalb weniger Monate wiederhergestellt. Die seldschukischen Heere begannen ihren systematischen Vorstoß in Anatolien erst im Sommer des Jahres 1073 – also zwei Jahre nach der Schlacht. Zu dem Zeitpunkt kann man es ihnen auch kaum verübeln. Daß Michael VII. sich weigerte, die Verpflichtungen des mit Romanos eingegangenen Abkommens anzuerkennen, gab ihnen einen legitimen Grund für ihr Vorgehen. Gleichzeitig gewährleisteten das innenpolitische Chaos in Byzanz und der Zusammenbruch des alten, auf militärischen Pachtgütern basierenden Systems der Verteidigung, daß sie dabei auf keinen nennenswerten Widerstand stießen.

So geschah es, daß Zehntausende turkmenischer Stammesangehöriger aus dem Nordosten nach Anatolien strömten und daß bis etwa im Jahre 1080 der seldschukische Sultan Malik-Schah[10] einen breiten Gebietsstreifen kontrollierte, der sich vermutlich über etwa fünfundsiebzigtausend Quadratkilometer erstreckte und tief nach Zentralanatolien hineinreichte. In Anerkennung der früheren Geschichte als Teil des Römischen Reiches, nannte er das Gebiet Sultanat Rum. Westkleinasien und die einstigen Mittelmeer- und Schwarzmeerküsten blieben dem Reich erhalten, aber es hatte auf einen Schlag einen beträchtlichen Teil der Getreideanbauflächen und mehr als die Hälfte seiner militärischen Stärke eingebüßt. Dazu war es aber nicht aufgrund militärischer Überlegenheit der seldschukischen Truppen gekommen, sondern als Folge der eigenen Ineffizienz und Kurzsichtigkeit. Die Schlacht, die zu diesem Verlust führte, war gegen einen Gegner ausgetragen worden, der nur widerwillig daran teilnahm und zuvor einen Wafenstillstand angeboten hatte. Sie hätte gar nicht stattzufinden brauchen, aber auch mit Leichtigkeit gewonnen werden können. Und selbst nach der Niederlage hätten sich ihre langfristigen Konsequenzen mit etwas kluger Diplomatie vermeiden lassen.

Doch die in Konstantinopel die Macht übernahmen, angeführt von Cäsar Johannes Dukas und aufgestachelt vom widerlichen Michael Psellos, weigerten sich kategorisch, die so offensichtlich notwendigen Schritte zu unternehmen. Mit den Scheuklappen einer

Das Reich bröckelt (1077)

selbstgefälligen, sich intellektuell gebenden Überlegenheit und einem sturen Ehrgeiz versehen, begingen sie jeden erdenklichen Fehler, vergaben sie jede Chance, die sich ihnen bot. Dabei machten sie einen mutigen und aufrechten Mann zum Märtyrer, der zwar kein Genie, aber doch mehr wert war als alle von ihnen zusammengenommen und mit ihrer Loyalität und Unterstützung die Situation hätte retten können. Kurzum, sie versetzten dem Byzantinischen Reich einen Schlag, von dem es sich nie mehr erholen sollte.

Die Herrschaft Michaels VII. ging so katastrophal weiter, wie sie begonnen hatte. Ein Jahr nach Mantzikert kam es in Bulgarien zu einem gefährlichen Aufstand. In der Folge wurde ein gewisser Konstantin Bodin, Sohn Fürst Michaels von Zeta[11], in der Stadt Prizren zum Zaren gekrönt. Es war weitgehend den Anstrengungen Nikephoros Bryennios' zu verdanken, daß das Reich schließlich die Kontrolle wiedererlangte, allerdings zu einem sehr hohen Preis. Es war klar, daß weitere Aufstände nicht lange auf sich warten lassen würden. In der Zwischenzeit baute Rom seinen Einfluß in den Gebieten auf der anderen Seite der Adria, für die Basileios II. einst die Oberhoheit beansprucht hatte, weiter aus. Im Jahre 1075 krönten die Legaten Papst Gregors VII. einen Vasallen namens Demetrius Zwonimir zum König von Kroatien. Nur zwei Jahre später erlitt das Byzantinische Reich einen weiteren Schlag, denn Zar Michael von Zeta wurde ebenfalls eine päpstliche Krönung zuteil. Vom Schwinden der byzantinischen Autorität profitierten die petschenegischen und ungarischen Völkerschaften und machten immer größeren Ärger. So zerbröckelte Basileios' großartige, mit soviel bulgarischem Blut errungene Leistung auf dem Balkan bereits ein halbes Jahrhundert nach seinem Tod.

Zu Hause sah die Lage keineswegs besser aus. Die Inflation stieg stetig bis zu dem Punkt, an dem eine *Nomisma* nicht einmal mehr ein ganzes Maß Weizen, sondern nur noch drei Viertel wert war. Es dauerte nicht lange, da hatte Michael VII. den Beinamen Parapinakes (»minus ein Viertel«), weg – ein Spottname, der ihm bis zum Tod blieb. Weiterhin schwach und hilflos überließ er sich dem Einfluß des Eunuchen Nikephoritzes, einem undurchschaubaren Emporkömmling in der Politszene. Nachdem er Psellos und Johannes

Dukas verdrängt hatte, übernahm er die effektive Regierung des Reichs und wurde rasch zu einer ähnlichen Machtfigur in Konstantinopel wie Johannes Orphanotrophos vierzig Jahre vor ihm.

Nikephoritzes hatte sich das Ziel gesteckt, die zentralistische Bürokratie des Staates noch weiter zu stärken. Dabei ging er so weit wie keiner vor ihm und unterstellte sogar den Kornhandel dem Monopol der Regierung. Dazu ließ er im Hafen von Rhaidestos am Marmarameer einen riesigen öffentlichen Kornspeicher erbauen, wo das ganze Getreide, das per Schiff in die Hauptstadt kam, bis zum Wiederverkauf gelagert werden sollte. Wie vorauszusehen, wirkte sich dieser Versuch ebenfalls katastrophal aus. Die Grundbesitzer in dem Teil Anatoliens, der noch unter Reichsherrschaft stand, erlitten schwere Verluste, und die städtische Bevölkerung erfuhr, daß Nikephoritzes viel weniger an einer angemessenen Versorgung interessiert war als an einer Erhöhung der Staatseinkünfte: er schraubte einfach die Brotpreise in die Höhe. Dies wiederum führte zu einem allgemeinen Preisanstieg und kurbelte die Inflation weiter an.

Zudem kam es wiederholt zu Militärrevolten. Für die erste zeichnete Roussel von Bailleul verantwortlich, Truppenführer der normannischen Söldner und selbst ein Söldner. Er erfreute sich keines unbefleckten Rufes. Gemeinsam mit Joseph Tarchaniotes war er in die rätselhaften Vorfälle in Khelat verwickelt gewesen, hatte sich offenbar jedoch wieder irgendwie zurück auf den Weg zu kaiserlicher Gunst gezaubert. (Es macht überhaupt zuweilen den Anschein, als wären alle, die Romanos Diogenes betrogen, ganz automatisch Günstlinge seines Nachfolgers geworden.) Später wurde Roussel mit gemischten Einheiten normannischer und fränkischer Reiterei gegen seldschukische Plünderer nach Anatolien entsandt. Kaum befand er sich tief in türkisch kontrolliertem Gebiet, da mißbrauchte er einmal mehr das Vertrauen seines Auftraggebers und errichtete mit dreihundert ergebenen Anhängern einen als unabhängig erklärten normannischen Staat nach süditalienischem Vorbild. Hätten Michael VII. und sein Beraterstab aber auch nur einen Augenblick nachgedacht, hätten sie einsehen müssen, daß Roussel im Vergleich zum Ausmaß der türkischen Flut, die das Reich zu überschwemmen drohte, nur ein geringfügiges Ärgernis darstellte. Statt dessen waren sie so sehr darauf aus, ihn zu vernichten – daß sie die Seldschuken

Die Inthronisierung Alexios Komnenos' (1081)   455

um Hilfe baten. Als Entgelt boten sie ihnen die formelle Abtretung jener Gebiete an, die sie ohnehin bereits besaßen, was einer grenzenlosen Stärkung der türkischen Machtstellung in Kleinasien gleichkam. Roussel gelang aber trotzdem die Flucht. Erst ein Heer, das unter der Führung von Alexios Komnenos, einem der fähigsten jüngeren Feldherren des Reichs, von Konstantinopel ausgesandt wurde, schaffte es, ihn schließlich aufzustöbern und in Ketten in die Hauptstadt zurückzubringen.

Alexios Komnenos konnte jedoch nicht überall gleichzeitig sein. Aufgrund der Vernachlässigung der Armee in den fünfzig Jahren zuvor gab es nur wenige Feldherren mit Erfahrung. Als Byzanz deshalb ein, zwei Jahre später einer erneuten und viel gefährlicheren Revolte gegenüberstand, wurde Roussel aus der Gefangenschaft entlassen und kämpfte Seite an Seite mit Alexios gegen zwei neue Thronanwärter. Der erste hieß Nikephoros Bryennios. Nachdem er sich in Mantzikert ausgezeichnet hatte, war er zum Dux (Gouverneur) von Dyrrhachion ernannt worden und dort hauptsächlich für die Niederschlagung des slawischen Aufstands von 1072 verantwortlich gewesen. Da er nicht mehr bereit war, die Unfähigkeit Michael Parapinakes' und seiner Regierung hinzunehmen – und er außerdem gehört hatte, daß der Eunuch Nikephoritzes ein Attentat auf ihn plante –, probte er im November des Jahres 1077 den Aufstand und marschierte in seiner Heimatstadt Adrianopel ein, wo er sich zum Basileus ausrufen ließ. Schon eine Woche später stand er mit seinem Heer vor den gewaltigen Mauern von Konstantinopel.

Seinem Aufstand hätte durchaus Erfolg beschieden sein können – hätte nicht beinahe gleichzeitig auch im Osten eine ähnliche Revolte stattgefunden. Deren Anführer hieß ebenfalls Nikephoros, aber mit Nachnamen Botaneiates, und amtierte als *Strategos* im Thema Anatolikon. Er ist überdies bereits an anderer Stelle einmal kurz in dieser Geschichte aufgetaucht, nämlich als Ehekandidat von Kaiserin Eudokia, bevor sie das Erscheinen von Romanos Diogenes diese Idee verwerfen ließ. Romanos aber hatte Botaneiates ganz bewußt vom Mantzikert-Feldzug ausgeschlossen, vermutlich weil er an seiner Loyalität zweifelte. Der Feldherr war darauf auf seine ausgedehnten Ländereien in Anatolien zurückgekehrt, wo er kurz nach

Michaels Thronbesteigung sein gegenwärtiges Amt übernahm. Nun erhob jedoch auch er, vermutlich aus denselben höchst ehrenwerten Motiven wie Bryennios, die Waffen gegen seinen Kaiser.

Von den beiden Kandidaten war Bryennios als Feldherr überlegen, Botaneiates dagegen als Angehöriger der Phokas und damit Mitglied der alten Militäraristokratie von weit vornehmerer Abkunft; außerdem befand er sich in einer stärkeren Position, insbesondere da es ihm gelungen war, die seldschukischen Streitkräfte zu bestechen, die Michael gegen ihn in Dienst gestellt hatte. Weder Bryennios noch Botaneiates unternahm einen direkten Angriff auf Konstantinopel. Aufgrund geheimer Verbindung zu entsprechenden Kreisen wußten sie sehr wohl, daß die allgemeine Unzufriedenheit über die steigenden Preise bald eine Entscheidung herbeiführen mußte. Und sie sollten recht behalten. Im März des Jahres 1078 brachen überall in Konstantinopel Unruhen aus. Viele Regierungs- und andere öffentliche Gebäude, darunter auch Nikephoritzes' neuer Kornspeicher, wurden niedergebrannt, er selbst von der Menge ergriffen und zu Tode gequält. Der erbärmliche Michael, der gerade noch das Glück hatte, mit dem Leben davonzukommen, dankte umgehend ab und zog sich ins Studioskloster zurück. Am 24. März zog Nikephoros Botaneiates im Triumph in Konstantinopel ein. Dort ließ er als erstes seinen Rivalen Bryennios festnehmen und blenden.

Dies war kein besonders verheißungsvoller Beginn für die neue Herrschaft. Botaneiates war ein fähiger Truppenführer gewesen, verstand jedoch nichts von Politik oder Staatskunst. Auch stand er bereits in hohem Alter, war er doch weit über siebzig. Obwohl von Erfolg gekrönt, hatte ihn die Machtergreifung viel Kraft gekostet. Vollkommen unfähig, mit der von seinem Vorgänger geerbten Krise fertig zu werden, konnte er nicht viel mehr tun, als dem weiteren Zerfall des Reichs hilflos zuzusehen. Eine Revolte folgte der nächsten, und der Staat glitt immer tiefer in die Anarchie. Die alte Faktion des Beamtenadels war mit dem Mord an Nikephoritzes zusammengebrochen und mit ihr die Macht des Senats. Der byzantinischen Bevölkerung blieb bald nichts mehr übrig, als zu beten, daß sich einer der Militärköpfe, die jetzt offen gegeneinander um die Macht rangen, durchsetzte und danach als eine Führungspersönlichkeit erwies, die dem Chaos ein Ende setzen konnte.

Die Inthronisierung Alexios Komnenos' (1081)

Drei Jahre später, gerade noch rechtzeitig, wurden ihre Gebete erhört, und zwar in größerem Umfang, als irgend jemand zu hoffen gewagt hätte. Der bemitleidenswerte alte Botaneiates dankte ab und machte einem aristokratischen jungen Feldherrn Platz, der nach der Thronbesteigung zu Ostern 1081 siebenunddreißig Jahre herrschte und dem Reich die Stabilität gab, die es so dringend benötigte, indem er mit ruhiger, fester Hand regierte. Es handelt sich um Alexios Komnenos, den Neffen Kaiser Isaaks I. und Vater der berühmten Anna Komnena, Verfasserin einer der erfreulichsten mittelalterlichen Biographien.[12] Aber auch er konnte den Schaden nicht wiedergutmachen, den die Schlacht von Mantzikert angerichtet hatte: dieser lag, leider, über dem noch zu heilenden Maß. Alexios brachte es jedoch fertig, Byzanz' Ruf unter den Völkern wiederherzustellen, und bereitete das Reich damit auf die Rolle vor, die es in der nachfolgenden Tragödie spielte und die ihren Anfang noch vor Ablauf jenes turbulenten Jahrhunderts nahm: die Kreuzzüge.

Karten und Pläne

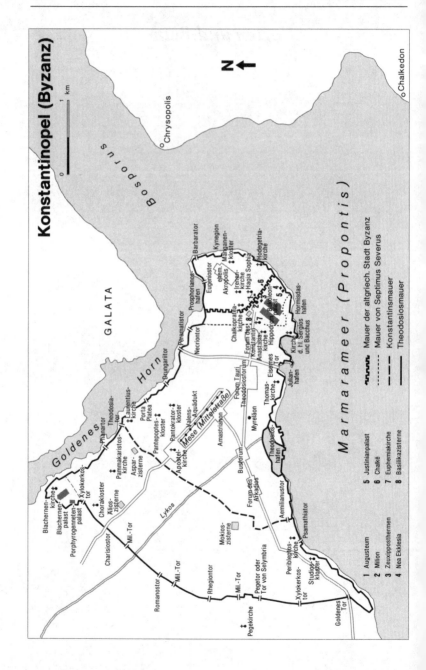

Karten und Pläne

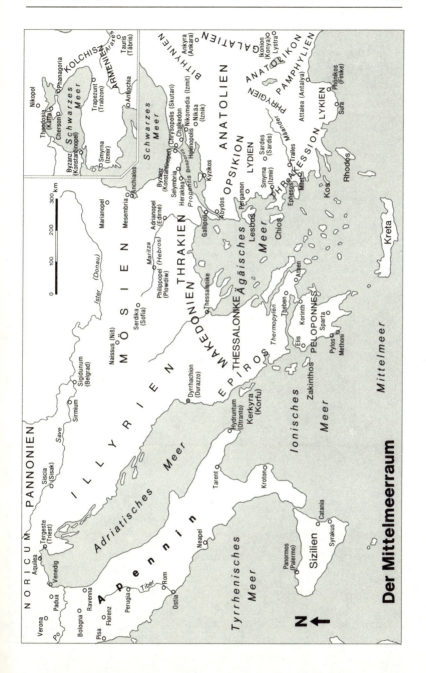

Karten und Pläne 463

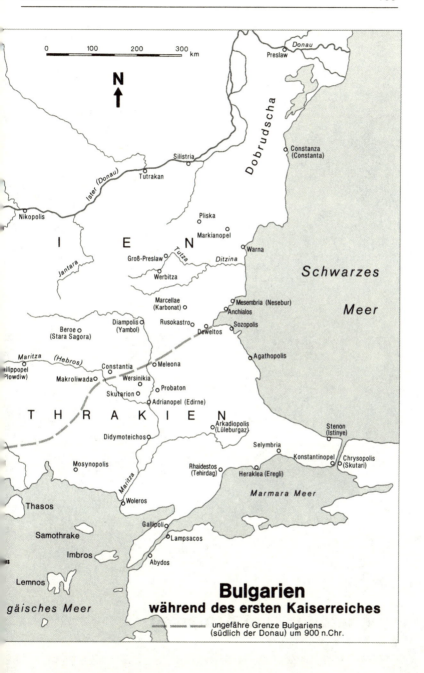

464   *Karten und Pläne*

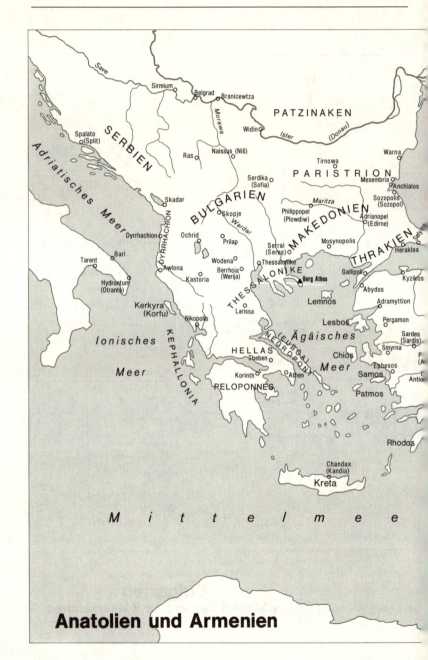

Anatolien und Armenien

Karten und Pläne

Genealogie

Amorische Dynastie

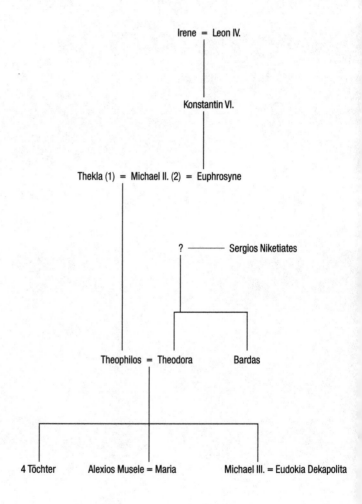

Makedonische Dynastie

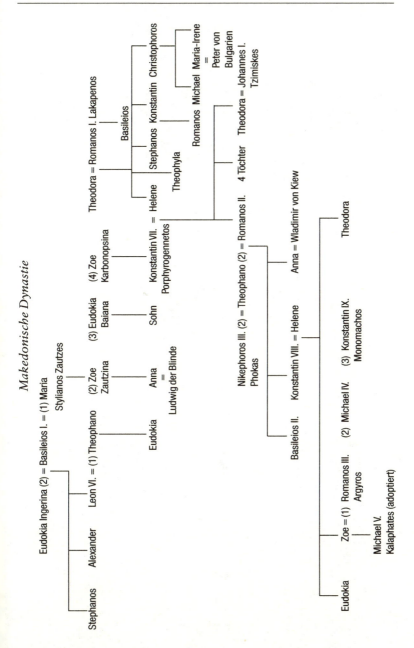

Genealogie

Bulgarische Khane

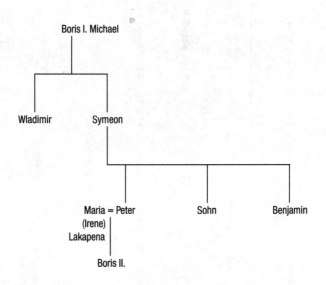

Kiewer Fürsten

Chronologische Verzeichnisse

472 Chronologische Verzeichnisse

Kaiser und Kaiserinnen
(797–1118)

Ost			West		
797–	802	Irene	800–	814	Karl der Große
802–	811	Nikephoros I.			
811		Staurakios			
811–	813	Michael I. Rangabe			
813–	820	Leon V.	814–	840	Ludwig der
820–	829	Michael II.			Fromme
829–	842	Theophilos	817–	831	
			840–	855	Lothar I.
842–	867	Michael III.	850–	875	Ludwig II.
					der Deutsche
			857–	875	Karl der Kahle
867–	886	Basileios I.			
			881–	888	Karl III.
					(der Dicke)
886–	912	Leon VI.	891–	894	Wido
			894–	898	Lambert
			896–	899	Arnulf von
					Kärnten
			901–	905	Ludwig III.
912–	913	Alexander			
913–	959	Konstantin VII.	915–	922	Berengar I.
920–	944	Romanos I.			
		Lakapenos			
959–	963	Romanos II.	962–	973	Otto I.
963–	969	Nikephoros II.	967–	983	Otto II.
		Phokas			
969–	976	Johannes I. Tzimiskes			
976–	1025	Basileios II.	996–	1002	Otto III.
			1014–	1024	Heinrich II.
1025–	1028	Konstantin VIII.	1027–	1039	Konrad II.
1028–	1034	Romanos II. Argyros			
1034–	1041	Michael IV.			

Chronologische Verzeichnisse 473

1041 – 1042	Michael V.		
1042	Zoe und Theodora		
1042 – 1055	Konstantin IX. Monomachos	1046 – 1056	Heinrich III.
1055 – 1056	Theodora (erneut)		
1056 – 1057	Michael VI.		
1057 – 1059	Isaak I. Komnenos		
1059 – 1067	Konstantin X. Dukas		
1068 – 1071	Romanos IV. Diogenes		
1071 – 1078	Michael VII. Dukas		
1078 – 1081	Nikephoros III. Botaneiates		
1081 – 1118	Alexios I. Komnensos	1084 – 1105	Heinrich IV.

Kalifen und Sultane
(786–1107)

Abbasiden

786 –	809	Harun al-Raschid
809 –	813	al-Amin
813 –	833	al-Mamun
833 –	842	al-Mutasim
842 –	847	al-Wathik
847 –	861	al-Mutwakkil
861 –	862	al-Muntasir (Akzent)
862 –	866	al-Mutazz
866 –	869	al-Muchtadi
869 –	892	al-Mutamid
892 –	902	al-Mutadid
902 –	908	al-Muktafi
912 –	932	al-Muktadir
932 –	942	al-Kahir
934 –	940	al-Radi
940 –	943	al-Muttaki
943 –	946	al-Mustafki

```
946 –  974  al-Muti
974 –  991  al-Tai
991 – 1031  al-Kadir
1031 – 1075  al-Kaim
```

Sultane des Großseldschukenreiches
```
1063 – 1072  Alp Arslan
1072 – 1092  Malik-Schah
1092 – 1107  Kilidsch Arslan I.
```

Patriarchen von Konstantinopel
(784–1111)

```
784 –  806  Tarasios
806 –  815  Nikephoros I.
815 –  821  Theodotos I. Melissenos
821 –  837  Antonios I. Kassimates
837 –  843  Johannes VII. Grammatikos
843 –  847  Methodios I.
847 –  858  Igantios
858 –  867  Photios
867 –  877  Ignatios (erneut)
877 –  886  Photios (erneut)
886 –  893  Stephanos I.
893 –  901  Antonios II. Kauleas
901 –  907  Nikolaos I. Mystikos
907 –  912  Euthymios
912 –  925  Nikolaos I. Mystikos (erneut)
925 –  927  Stephanos II.
927 –  931  Tryphon
931 –  956  Theophylax
956 –  970  Polyeuktos
970 –  974  Basileios I. Skamandrenos
974 –  979  Antonios III. Studites
979 –  991  Nikolaos II. Chrysoberges
```

Chronologische Verzeichnisse 475

Interregnum

996 –	998	Sisinnios II.
1001 –	1019	Sergios II.
1019 –	1025	Eustathios
1025 –	1043	Alexios Studites
1043 –	1058	Michael I. Kerullarios
1059 –	1063	Konstantin III. Leichudes
1064 –	1075	Johannes VIII. Xiphilinos
1075 –	1081	Kosmas I. Hierosolymites
1081 –	1084	Eustratios Garidas
1084 –	1111	Nikolaos III. Grammatikos

Päpste
(795–1118)

795 –	816	Leo III.
816 –	817	Stephan V.
817 –	824	Paschalis I.
824 –	827	Eugen II.
827		Valentin
827 –	844	Gregor IV.
[844		Johannes]
844 –	847	Sergius II.
847 –	855	Leo IV.
855 –	858	Benedikt III.
[855		Anastasius]
858 –	867	Nikolaus I.
867 –	872	Hadrian II.
872 –	882	Johannes VIII.
882 –	884	Marinus I.
884 –	885	Hadrian III.
885 –	891	Stephan VI.
891 –	896	Formosus
896		Bonifaz VI.
896 –	897	Stephan VII.
897		Romanus

897		Theodor II.
898 –	900	Johannes IX.
900 –	903	Benedikt IV.
903		Leo V.
[903 –	904	Christophorus]
904 –	911	Sergius III.
911 –	913	Anastasius II.
913 –	914	Lando
914 –	928	Johannes X.
928		Leo VI.
928 –	931	Stephan VIII.
931 –	935	Johannes XI.
936 –	939	Leo VII.
939 –	942	Stephan IX.
942 –	946	Marinus II.
946 –	955	Agapit II.
955 –	964	Johannes XII.
963 –	965	Leo VIII.
964 –	966	Benedikt V.
965 –	972	Johannes XIII.
973 –	974	Benedikt VI.
[974		Bonifaz VII.]
974 –	983	Benedikt VII.
983 –	984	Johannes XIV.
[984 –	985	Bonifaz VII.]
985 –	996	Johannes XV.
996 –	999	Gregor V.
[997 –	998	Johannes XVI.]
999 –	1003	Silvester II.
1003		Johannes XVII.
1004 –	1009	Johannes XVIII.
1009 –	1012	Sergius IV.
1012 –	1024	Benedikt VIII.
[1012		Gregor]
1024 –	1032	Johannes XIX.
1032 –	1044	Benedikt IX.
1045 –	1046	Gregor VI.

Chronologische Verzeichnisse　　　　　　　　　　　477

1046–1047　Klemens II.
1047–1048　Benedikt IX.
1048　　　　Damasus II.
1049–1054　Leo IX.
1055–1057　Viktor II.
1057–1058　Stephan X.
[1058–1059　Benedikt X.]
1061　　　　Nikolaus II.
1061–1073　Alexander II.
[1061–1072　Honorius II.]
1073–1085　Gregor VII.
[1080,
1084–1100　Clemens III.]
1086–1087　Viktor III.
1088–1099　Urban II.
1099–1118　Paschalis II.

Bulgarische Khane
(803–1018)

803–　814　Krum
[814　　　　Dokum, Dicevg]
814–　831　Omurtag
831–　836　Malomir
836–　853　Presiam (evtl. mit dem vorhergehenden identisch)
852–　889　Boris I. Michael
889–　893　Wladimir
893–　927　Symeon
927–　969　Peter
969–　972　Boris II.
976–1014　Samuel
1014–1015　Gabriel Radomir
1015–1018　Johannes Wladislaw

Anmerkungen

KAPITEL 1

1 Nicht zu verwechseln mit Papst Leo III., der den Heiligen Stuhl knapp siebzig Jahre später besteigen sollte.

2 Zu Irenes Gunsten muß gesagt werden, daß die Verbrauchssteuer ihrem Wesen nach besonders anfällig für Mißbrauch war. Theodor von Studios, der Abt des Studiosklosters und einer der wenigen Bewunderer der Kaiserin, beschreibt, wie die verschiedenen Gewerbetreibenden darunter zu leiden hatten und die Straßen und Küsten geradezu wimmelten von Fiskalbeamten (*Epistolae*, I, 6). Dazu bemerkt Bury: »Wenn ein Reisender an einen Engpaß kam, wurde er vom plötzlichen Auftauchen eines Steuereintreibers überrumpelt, der irgendwo über ihm auftauchte wie ein Gespenst« (*A History of the Later Roman Empire*, Seite 3).

3 Es heißt, kurz nach seiner Revolte habe Bardanes beschlossen, in Begleitung dreier seiner engsten Verbündeten den Einsiedler von Philomelion in der Nähe von Antiochia aufzusuchen, der weiterhin im Ruf stand, die Gabe der Prophezeiung zu besitzen. Der Einsiedler soll Bardanes bei dieser Gelegenheit mit durchdringendem Blick gemustert und dann entschieden den Kopf geschüttelt haben, um darzutun, daß für ihn keine Hoffnung bestehe. Dann soll er die anderen angeschaut und vorausgesagt haben, zwei von ihnen würden die Kaiserkrone tragen und der dritte es beinahe schaffen. Bei den ersten beiden handelte es sich um die künftigen Kaiser Leon V. und Michael II., der dritte war Thomas der Slawe (siehe Kapitel 2).

4 Die genaue Stelle der Schlacht ist noch heute umstritten. Der Paß von Verbitza – den man noch Mitte dieses Jahrhunderts als die »Griechenhöhle« bezeichnete – scheint jedoch die wahrscheinlichste Stelle. Eingehender befaßt sich Steven Runciman in *A History of the First Bulgarian Empire* mit dieser Frage.

5 Theophano war Athenerin, und ihre offensichtliche (wenn auch wahr-

scheinlich nur entfernte) Verwandtschaft mit Irene hatte Nikephoros nicht daran gehindert, sie auf eine kurze Liste schöner Jungfrauen aufzunehmen, die er als mögliche Bräute für seinen Sohn hatte erstellen lassen. Wie uns zu verstehen gegeben wird, erfüllte sie beide Bedingungen nicht ganz und soll nur deshalb ausgewählt worden sein, weil Nikephoros ihre beiden Rivalinnen seinem Sohn nicht gönnte.

6 In der griechisch-orthodoxen Kirche wurden – und werden noch immer – Bischöfe jeweils aus einem Kloster und nicht aus der Gemeindepriesterschaft gewählt.

7 Obwohl Venedig de facto seit 727 Autonomie besaß, war die Republik im politischen und kulturen Einflußbereich von Byzanz verblieben. Ein kalter Schauer muß die griechischen Herzen durchweht haben, als der Doge Obelerio degli Antenori an Weihnachten 805 Karl dem Großen als dem Kaiser des Westens seine Aufwartung machte und mit einer fränkischen Braut in die Lagunenstadt zurückkehrte, der ersten *Dogaressa* der Geschichte.

8 Es ist übrigens bemerkenswert, daß sie darauf bedacht waren, Karl den Großen niemals als Kaiser *Romanorum* (des römischen Volkes) zu bezeichnen; dieser Titel war für ihre eigenen Herrscher reserviert und wurde von da an auch tatsächlich häufiger benützt.

9 Johannes 6,37.

10 Einer davon, Niketas, wird uns in dieser Geschichte später noch einmal begegnen, und zwar als Ignatios, Patriarch unter Michael III. und Basileios I.

11 Das Gebäude stand am Ufer des Bosporus im heutigen Stadtteil Besiktas, hinter dem Dolmabahce-Palast.

KAPITEL 2

1 Es handelt sich dabei um das von Irene einberufene Konzil zur Verwerfung des Ikonoklasmus; siehe Norwich, *Byzanz,* Band 1, Kapitel 18.

2 Patriarch zur Zeit des siebten ökumenischen Konzils im Jahre 787.

3 Amorion war einst Hauptstadt der Provinz Anatolien und ein bedeutender Bischofssitz. Heute stehen davon nur noch ein paar wenige triste Ruinen in der Nähe des Dorfes Asarköy, gut fünfzig Kilometer südwestlich von Sivrihisar.

4 In der modernen Geschichtsforschung heißt es zumeist, er habe gelispelt. Wahrscheinlicher ist jedoch, daß er stammelte. So erklärt sich

Anmerkungen 481

auch sein Spitzname *Psellos*, »der Stammler«, (nicht zu verwechseln
mit dem späteren gleichnamigen Chronisten).

5 So versichert es uns zumindest unsere Hauptquelle, die Chronik, die
entsprechend der Intention ihrer Autoren als Theophanes Continuatus, also als »Fortsetzung des Theophanes«, bezeichnet wird (siehe
unten). Andere Chronisten behaupten, Johannes Hexabulios habe
sich plötzlich daran erinnert, daß Leon den Schlüssel eingesteckt hatte, und ihn aus der Tasche der Leiche holen lassen.

6 Damit sie ihn nicht ersetzen konnten. Nach byzantinischem Verständnis mußte ein Kaiser frei von allen körperlichen Mängeln sein.

7 Siehe Norwich, *Byzanz,* Band 1, Kapitel 13.

8 Siehe in diesem Band Kapitel 1, Anm. 3.

9 Eine Ableitung von *Aquaeductus*. Heraklea, das heutige Eregli, war
berühmt für das große römische Aquädukt vor der Stadt.

10 Die großangelegte äußere Befestigung von Konstantinopel, die Anastasios I. Anfang des sechsten Jahrhunderts über die fünfzig Kilometer von Selymbria (Silivri) am Marmarameer bis hinüber zum
Schwarzen Meer hatte erbauen lassen.

11 Aber auch dann leisteten noch ein paar Gemeinden Widerstand.
Dank der ausgezeichnet zu verteidigenden Lage hielt Taormina noch
bis ins Jahr 902 durch.

Kapitel 3

1 Er trägt nur Fragmente, denn Kaiser Herakleios brachte den Haupt-
teil des Kreuzes, nachdem es zweimal für längere Zeit in Konstantinopel und vierzehn Jahre in persischen Händen gewesen war, im Jahre
629 persönlich nach Jerusalem zurück (siehe Norwich, *Byzanz,* Band
1, Kapitel 14). Das Gewand der Gottesmutter Maria war 629 in
einem Sarg in der Blachernenkirche entdeckt worden.

2 Romilly Jenkins, *Byzantium: The Imperial Centuries,* Seite 147.

3 Nach fünf Töchtern hatte Theodora einen Sohn zur Welt gebracht, der
den Namen Konstantin erhielt, doch dieser starb noch als Säugling.
Theophilos bestimmte deshalb Alexios zum Nachfolger. Dieser Cäsar
blieb so lange potentieller Erbe, bis Theodora 840 nach zwanzig Jahren Ehe zu aller Überraschung dem künftigen Michael III. das Leben
schenkte.

4 Einer alten Überlieferung zufolge gingen ihre enthaupteten Körper
nicht unter, als sie in den Fluß geworfen wurden; einzig der Leichnam

des Verräters Boiditzes, der ihr Schicksal teilte, obwohl er ein Moslem geworden war, sackte wie ein Stein auf den Grund.

5 Das *Dromond* war das kleinste aller byzantinischen Kriegsschiffe, konstruiert nach Leichtigkeit und Geschwindigkeit. Es war mit etwa zwanzig Ruderern bemannt. Sie saßen auf einer Ruderbank und waren durch ein Dach gegen feindliche Geschosse abgeschirmt.

6 Zitiert nach Johannes Skylitzes in der deutschen Übertragung von Hans Thurn, aus: *Byzanz wieder ein Weltreich. Das Zeitalter der makedonischen Dynastie, Teil I. Nach dem Geschichtswerk des Johannes Skylitzes,* »Theophilos« (Kapitel 10, Seite 94). Bury meinte dazu: »Nicht geringe Bewunderung geziemt der geschickten und zierlichen Handführung des Folterers, dem es gelang, zwölf Jamben auf ein menschliches Gesicht einzubrennen.«

KAPITEL 4

1 Thomas Carlyle, *Helden und Heldenverehrung,* Seite 106.

2 Genesios berichtet, es sei auch eine Abordnung vom Athosberg dabeigewesen. Wenn er recht hat, wäre dies der erste Hinweis auf den Berg als einen heiligen Ort. Zu der Zeit lebten die Menschen, die sich dort aufhielten, vermutlich jedoch eher in Einsiedeleien denn als Mitglieder einer organisierten Mönchsgemeinschaft (siehe auch in diesem Band Kapitel 12).

3 Zwar ist nicht hundertprozentig sicher, ob es bereits in der Hagia Sophia, die zur Zeit Justinians errichtet wurde, figürliche Mosaiken gab, aber selbst wenn, ist es undenkbar, daß sie den Bildersturm überlebt hätten. Siehe Norwich *Byzanz,* Band 1, Kapitel 9.

4 Was diese Glaubenrichtung an eine einzige (göttliche) Natur Gottes betrifft, siehe Norwich, *Byzanz,* Band 1, Kapitel 7.

KAPITEL 5

1 Siehe in diesem Band Schlußseiten von Kapitel 1.

2 Darunter befanden sich eine mit kostbaren Steinen geschmückte goldene Patene, ein Goldkelch, von dessen Rand an Goldfäden Edelsteine herabhingen, ein goldener Schild mit eingelassenen Gemmen und ein goldbesticktes Gewand mit Szenen aus der Bibel, die von Bäumen und Rosen umrahmt waren.

Anmerkungen   483

3 Siehe Norwich, *Byzanz,*Band 1, Kapitel 14.

4 Eine ausführliche Diskussion der Probleme und mutmaßlichen Ereig-
nisse findet sich in C. Mango, *The Homilies of Photius, Patriarch of
Constantinople,* englische Übertragung, Einleitung und Kommentar,
Harvard, 1958.

5 Siehe auch in diesem Band Anfang Kapitel 3 und Anmerkung.

6 Nämlich die Anhängerschaft von Simeon Logothetes, zu denen unter
anderen auch Leon Grammatikos und Theodosios Melitenos gehörten.

7 Dies heißt zwar wörtlich »Verwalter der Gerätschaften«, war aber in
Wirklichkeit ein reiner Ehrentitel ohne praktische Funktion.

8 So behauptet jedenfalls die *Vita Ignatii;* aber diese ist wie fast alle
hagiographischen Schriften sehr einseitig und zugunsten ihres Protagonisten voreingenommen und daher gewiß mit Vorsicht zu genießen.

9 Rodoald kam jedoch auch noch an die Reihe, allerdings erst auf der
Synode im November 864.

10 Kaiser Ludwig I. (der Fromme) hatte das westliche Reich unter seine
drei Söhne aufgeteilt. Der jüngste von ihnen, Ludwig der Deutsche,
war König des ostfränkischen Reiches geworden.

11 Man ist lange Zeit davon ausgegangen, es habe sich bei dem von
Kyrill entwickelten Alphabet nicht um das moderne kyrillische
gehandelt, das vom russischen, serbischen, bulgarischen und mehreren Völkern der ehemaligen Sowjetunion verwendet wird, sondern
um ein anderes, das weit weniger elegant und längst außer Gebrauch
gekommen ist, nämlich das glagolitische. Diese Theorie wurde verschiedentlich in Zweifel gezogen. (Siehe Anhang IX zu Steven Runciman, *A History of the First Bulgarian Empire* und den Artikel von E.
H. Minns »St Cyril Really Knew Hebrew« in *Mélanges publiés en
l'honneur de M.Paul Boyer,* Paris, 1925.)

KAPITEL 6

1 Das griechische Wort *Parakoimomenos* bedeutet wörtlich »einer, der
in der Nähe schläft«, das heißt, der betreffende Höfling mußte im
Schlafzimmer des Kaisers übernachten. Im Laufe der Zeit nahm das
Amt an Bedeutung zu; gleichzeitig gingen seine ursprünglichen Aufgaben an untere Chargen über. Da gewöhnlich ein Eunuch dieses Amt
bekleidete, fällt die Ernennung von Basileios besonders auf.

484 Anmerkungen

2 Ob diese Hypothese stimmt oder nicht, sei dahingestellt. Leons Mutter steht fest, wer sein Vater ist, wird sich niemals mit Gewißheit klären lassen. Im weiteren Verlauf der Darlegungen soll Basileios als solcher gelten.

3. Da die Quellen widersprüchliche Daten bieten wie immer, kann einer der beiden Prinzen noch zu Lebzeiten Michaels oder ein paar Monate nach seinem Tod geboren worden sein – die Beweislage spricht allerdings dagegen –, was die Frage nach der Vaterschaft erneut aufwirft. Aber wie bereits erwähnt, ist sie ohnehin nicht mit Sicherheit zu klären.

4 Das heißt »Sankt Marien auf dem Kupfermarkt«; der Name geht darauf zurück, daß sie im fünften Jahrhundert an der Stelle, wo früher eine von jüdischen Kupferschmieden besuchte Synagoge stand, errichtet wurde. Die Kirche gehörte zu den angesehensten der Stadt, da sie und die Marienkirche im Blachernenviertel abwechselnd das Gewand der Muttergottes beherbergten. Heute ist davon nur noch ein Stück zinnenbewehrter Mauer, ungefähr hundert Meter westlich der Hagia Sophia übrig.

5 Der diensthabende Logothet, ebenfalls Armenier und einer der engsten Verbündeten Basileios'.

6 Rom, Alexandria, Antiochia, Jerusalem, Konstantinopel.

7 Ausgenommen jedoch die Bischöfe und der höhere Klerus, der sich ausschließlich aus den Klöstern rekrutierte und somit weiterhin dem Gelöbnis der Keuschheit verpflichtet war.

8 Ein paar Monate zuvor hatte Michael Basiliskianos den Purpur anbieten wollen. Basileios hatte ihn nur mit größter Mühe davon abbringen können.

Kapitel 7

1 Der Kaiser nahm persönlich nur an der sechsten, siebten, achten und letzten der insgesamt zehn Sitzungen des Konzils teil. Während aller anderen vertrat ihn *Praepositus* Baanes.

2 Siehe in diesem Band Kapitel 1 und Anmerkung 8.

3 Das heutige Divrigi. Hier errichtete dreihundertfünfzig Jahre später die türkisch-seldschukische Gemeinde eine der eindrucksvollsten Moscheen Anatoliens.

4 Nicht zu verwechseln mit seinem Enkel, dem Kaiser.

5 Nach einer ungewöhnlichen Geschichte in Theophanes Continuatus

Anmerkungen 485

soll Photios seine Rückberufung selbst arrangiert haben, indem er angeblich eine Urkunde fingierte, nach der Basileios von einer altpersischen parthischen Sippe abstammte. Diese habe er in die kaiserliche Bibliothek schmuggeln lassen, wo sie dem Kaiser wie zufällig während eines Besuches in die Hände gespielt wurde. Man habe ihm, als er um eine Deutung gebeten habe, mitgeteilt, nur Photios sei dazu gelehrt genug. Diese Geschichte klingt gar nicht so unglaubwürdig, wenn man bedenkt, daß Basileios stets versucht hat, seine Ahnenreihe zu glorifizieren und Photios ein solcher Schwindel durchaus zuzutrauen wäre.

6 Es wurde jedoch leider beim noch schwereren Erdbeben am 26. Oktober 989 zerstört. Siehe C. Mango _The Mosaics of St. Sophia at Istanbul_, Seiten 76–80.

7 Dieser war Basileios' Mutter angeblich im Traum erschienen und hatte ihr geraten, ihren Sohn nach Konstantinopel ziehen zu lassen, denn dort erwarte ihn eine glänzende Zukunft.

8 Um welchen Trick es sich auch immer gehandelt haben mag, kann man doch davon ausgehen, daß die Geschichte im Kern stimmt, denn es ist bekannt, daß Basileios an der Stelle, an der er die Vision hatte, eine Kirche errichten ließ.

9 Der Chronist Nikephoros Gregoras aus dem vierzehnten Jahrhundert, dessen Werk diesen Zeitraum nicht umfaßt, bemerkt einmal nebenbei, Leons Gefangenschaft habe drei Jahre gedauert, eine Angabe, der in späteren Geschichtswerken fast einhellig Glauben geschenkt wurde. Unsere Quellen aus dem zehnten Jahrhundert sprechen dagegen von dreimonatiger Haft oder verwenden vage Ausdrücke, die aber eine relativ kurze Dauer der Haft nahelegen. Siehe Vogt, »La Jeunesse de Léon VI le Sage« in _Revue historique,_ Band CLXXIV, Seite 424.

10 Die türkische Leibwache des Kaisers; sie bestand aus Sklaven von Gebieten jenseits des Oxus. Da viele von ihnen aus Farghana stammten, ging der Name, der keineswegs abschätzig gemeint war, schließlich auf die gesamte Gruppe über.

KAPITEL 8

1 Der Name leitet sich von den neunzehn Liegen her, auf denen Gäste nach antiker Sitte während feierlicher Bankette zu lagern geruhten, insbesondere in der Zeit zwischen Weihnachten und dem Fest der Epiphanie am 6. Januar.

486 *Anmerkungen*

2 Siebenundvierzig Jahre später inthronisierte Romanos I. seinen jüngsten Sohn Theophylax, der nur einen oder zwei Monate älter war.

3 Einer von achtzehn verliehenen Ehrentitel in kaiserlichen Diensten am Hof von Byzanz. Die drei höchsten waren *Cäsar, Nobilissimus* und *Kuropalates* und Mitgliedern der kaiserlichen Familie vorbehalten; ihnen folgten die Titel *Magister, Antihypatos, Patrikios, Protospatharios* sowie elf weitere.

4 *Drungarios* hieß der jeweilige Anführer der kaiserlichen Flotte, nicht aber jener der lokalen Einheiten, die man in den Küstenstädten zu rekrutieren pflegte und die unter dem jeweiligen *Strategos* ihres Thema standen. Zur Zeit, um die es hier geht, war der *Drungarios* jedoch trotz seiner bedeutenden Stellung dem *Strategos* untergeordnet. Rund fünfzig Jahre später nahm er in der militärischen Hierarchie den Platz direkt hinter dem *Domestikos* der Scholen, dem Oberbefehlshaber der Landstreitkräfte, ein.

5 Einem der wenigen Überlebenden war das Gemetzel so schwer aufs Gemüt geschlagen, daß er sich auf den Berg Joannitza bei Korinth zurückzog und den Rest seines Lebens auf einer Säule verbrachte. Die Rede ist vom später kanonisierten Säulenheiligen Lukas.

6 Der Abt des Lazarusklosters sah darin ebenso wie viele andere sittenstrenge Kleriker von Konstantinopel einen Wink des Himmels; deswegen weigerte er sich strikt, sie innerhalb der Klostermauern zu bestatten.

7 Die Kunst der Diplomatie – um es einmal milde auszudrücken – beherrschte er dagegen bei weitem nicht so gut, sonst hätte er dem Kaiser nicht einen Brief geschrieben, in dem stand: »Warum schickst du die Frau, die dir das ersehnte Kind beigebracht hat, nicht jetzt einfach mit einem Dankeschön fort, wie man das Schiff ziehen läßt, dessen Fracht gelöscht ist, oder die Schale wegwirft, welche die Frucht zum Reifen gebracht hat?«

8 Das Mosaik in der Lunette über dem mittleren der neun Eingänge, der vom Narthex in das Mittelschiff der Kirche führt, enthält ungewöhnlicherweise keine Namensbezeichnung. Das hat natürlich zu Streitigkeiten unter den Gelehrten geführt. Die überzeugendste Interpretation stammt von N. Oikonomides, der glaubt, das Mosaik zeige Leon als Büßer nach der vierten Eheschließung und seine Entsühnung durch die Fürsprache Marias. Diese schwebt in einem Medaillon über ihm, ihr gegenüber der englische Bote. Nach dieser Theorie steht das Mosaik in Verbindung mit dem Konzil des Jahres 920 und illustriert die Unterordnung des irdischen Herrschers unter den König des Himmels. Deshalb

Anmerkungen   487

befindet es sich auch über dem Eingang, durch welchen Leon zweimal
das Betreten der Kirche verwehrt wurde. Siehe »Leo VI. and the Narthex Mosaic at St. Sophia« in *Dumbarton Oaks Papers,* Band 30
(1976).

KAPITEL 9

1 Man ist sich in der Geschichtsforschung nicht einig über die Bedeutung
 dieser letzten Worte Leons. Die Verwendung der Präposition *meta* legt
 nahe, daß er sagen wollte, die schlimme Zeit werde *in* (nach) dreizehn
 Monaten beginnen. Könnten wir seine Äußerung mit »*während* dreizehn Monaten« übersetzen, hätte er eine bemerkenswerte Prophezeiung über die Herrschaft Alexanders abgegeben. Die obenstehende freie
 Übertragung behält zumindest die Zweideutigkeit des Originals bei.
2 Der Gerechtigkeit gegenüber Alexander halber sei an dieser Stelle
 angefügt, daß der Glaube, jede Person besitze ein lebloses *Stoicheion,*
 einen zweiten Behälter für sein körperliches und geistiges Wesen, war
 im Byzanz des zehnten Jahrhunderts weit verbreitet. Es ist sehr gut
 möglich, daß auch Romanos Lakapenos daran glaubte (siehe auch in
 diesem Band Kapitel 10).
3 Es handelt sich um die deutsche Fassung der überarbeiteten und leicht
 gekürzten englischen Übersetzung von P. Karlin-Hayter, *Byzantion,*
 Bände XXV–XXVII (1955–1957). Laut Theophanes Continuatus
 kehrte jener Mann, der Euthymios am Bart gerissen hatte, nach Hause
 zurück, wo er sein Haus niedergebrannt vorfand und seine Tochter
 stumm und gelähmt. In diesem Zustand lebte sie noch so lange, bis
 Nikephoros die Herrschaft übernahm.
4 Die Tafeln mit den Namen der Lebenden und Toten, deren während der
 Eucharistie-Feier gedacht werden sollte.
5 Oberbefehlshaber der Landstreitkräfte im Reich.
6 Stellung und Einfluß einer *Augusta* waren beträchtlich. Sie hatte einen
 eigenständigen Rang inne, der mit beträchtlicher Macht verbunden
 und für den eine spezielle Krönung nötig war. Nach der Krönung hielt
 sie ihren eigenen Hof und besaß die freie Verfügungsgewalt über nicht
 geringe Einkünfte. Bei zahlreichen wichtigen Zeremonien des Reiches
 spielte sie eine unentbehrliche Rolle (siehe Diehl, *Figures Byzantines).*
7 Es gibt Grund zur Annahme, daß Symeon anläßlich des Besuchs von
 Nikolaos von diesem gekrönt wurde, jedoch höchstens zum Herrscher

von Bulgarien. Romilly Jenkins' Interpretation *(Byzantium: The Imperial Centuries,* Seite 232), Nikolaos habe ihn mit einem behelfsmäßigen Diadem, »aus seinem eigenen Patriarchenschleier«, zum Kaiser von Byzanz gekrönt, ist dagegen abstrus.

8 Wie recht er mit dieser Annahme hatte, bewies Romanos Lakapenos sechs Jahre später, wenn auch nicht ganz so, wie es sich Symeon gewünscht hatte.

9 Der Titel »König« oder korrekter »König der Könige« wurde regelmäßig dem Oberhaupt des bedeutenden armenischen Clans verliehen, der gerade am mächtigsten war. Zwar ging er auch hin und wieder vom Vater an den Sohn über, aber er war nie wirklich erblich und wurde oft sogar zeitweilig gar nicht verliehen.

10 Das Areal zwischen dem südliche Ende des Hippodroms und der Küste des Marmararmeers. Dazu gehörten auch der private Hafen und der Seezugang zum Palast.

11 Frühere Abhandlungen (siehe zum Beispiel Steven Runciman, *The Emperor Romanus Lecapenus,* Seite 62) verlegen diese beiden Ereignisse ein Jahr vor, also in das Jahr 919, jedoch sowohl Grumel als auch Ostrogorsky halten fest, daß Romanos an der Synode von 920 als *Basileopator* auftrat, mit einem Titel also, den er niemals benützt hätte, wäre er bereits Cäsar, geschweige denn Kaiser gewesen.

Kapitel 10

1 Der Pegen-Palast stellt für die Forschung ein Problem dar. Das griechische Wort [gr. einfügen] bedeutet Fluß oder Quelle. Laut R. Janin, unserer führenden Quelle für die Topographie von Konstantinopel *(Constantinople Byzantine,* Paris 1950), gab es einen Palast »des Flusses« [gr. einfügen] direkt vor dem Tor mit demselben Namen (heute Silivri Kapi) in der Landmauer sowie einen Palast »der Flüsse« [gr. einfügen] auf der anderen Seite des Goldenen Horns, im heutigen Viertel Kasimpasa. Auf keine der beiden Stellen trifft jedoch die Beschreibung von Theophanes Continuatus zu, in welcher der Palast zweimal mit dem Bezirk Stenon am Bosporus in Verbindung gesetzt wird. Und doch ist unwahrscheinlich, daß es einen *dritten* Palast mit demselben oder einem ähnlichen Namen gab. Vielleicht irrt R. Janin hier?

2 Das fatimidische Haus geht auf eine schiitische, arabische Sippe zurück, die angeblich direkt von Fatima, der Tochter Mohammeds, abstammte. Im Jahre 909 hatte eines seiner Mitglieder namens Abu

Anmerkungen 489

Abdullah den arabischen Machthaber von Kairouan vertrieben und an dessen Stelle aus den eigenen Reihen Obaidullah eingesetzt, der den Titel eines Mahdi annahm und sich der Autorität des abbasidischen Kalifen in Bagdad offen widersetzte. Nachdem fatimidische Gruppierungen 969 Ägypten erobert hatten, herrschten sie dort bis 1171; dann wurden sie von Saladin abgelöst.

3 Heute Eyüp; das byzantinische Dorf hatte seinen Namen vom Kloster der Heiligen Kosmas und Damian, von dem jedoch kein Stein erhalten geblieben ist.

4 Das Datum, selbst das Jahr, ist sehr umstritten. Ich folge Steven Runciman *(The Emperor Romanus Lecapenus*, Seiten 246–248), der der Frage eine ganze Abhandlung widmet und, wie mir scheint, beweist, daß sie nicht schlüssig zu beantworten ist.

5 In Byzanz war man der Meinung, Symeons Tod sei nicht durch die Niederlage in Kroatien, sondern durch Reichshand bewirkt worden: nach Theophanes Continuatus erfuhr Romanos von einem Astrologen, bei einer der Statuen auf dem Forum handle es sich um Symeons *Stoicheion* (siehe in diesem Band Kapitel 9, Anm. 2). Er ließ sie darauf umgehend enthaupten, worauf Symeon auf der Stelle starb.

6 Symeons Sohn Michael aus erster Ehe wurde aus unerfindlichen Gründen in ein Kloster gesteckt. Benjamin, der jüngere von Peters beiden Brüdern, gilt als einer der ersten – und gewiß als der aristokratischste – in der langen und berüchtigten Reihe von »Balkan-Werwölfen«, die sich »so gewandt in der Kunst der Zauberei vor den Augen der Menschen plötzlich in einen Wolf oder in jedes andere Tier verwandeln« konnten (Liutprand von Cremona, *Antapodosis*, III, 29; zitiert nach der englischen Übersetzung).

7 Dies ist zumindest die These, die von Steven Runciman in *The Emperor Romanus Lecapenus* (Seite 99) vertreten wird; er deutet vielleicht etwas gar zu unfreundlich an, das Geld sei in Wahrheit dafür zur Verfügung gestellt worden, um die »adelige Botschafterin oder Spionin zu bezahlen, die sich der Kaiser am bulgarischen Hof hielt«.

8 Es entsprach jedoch nicht ganz der Gegend, die wir heute mit dem Namen Zweistromland (»zwischen den Flüssen«) verbinden. Bei den beiden Flüssen handelte es sich auch nicht um den Tigris und den Euphrat, sondern um die beiden Hauptarme des Euphrat.

9 Siehe in diesem Band Kapitel 5.

10 Daß Liutprand mit seinen Angaben über die Größe der russischen Streitmacht vermutlich recht hatte, heißt nicht, daß in allen anderen Fällen ebenfalls Verlaß ist auf ihn.

490 Anmerkungen

11 Der ungefähre Wert eines *Zolotnik* läßt sich aufgrund von Artikel fünf abschätzen, der die Lösegelder für russische Gefangene festlegte. Ein kräftiger junger Mann oder eine hübsche junge Frau konnte für zehn *Zolotniki* zurückgekauft werden, eine Person mittleren Alters für acht, Alte und Kinder für fünf.

12 Deren gewaltiges mittelalterliches Mauerwerk von über sechs Kilometern Länge ist erhalten geblieben; die Stadt heißt heute Diyarbakir. Die großen islamischen Reliefe über dem Harput-Tor auf der Nordseite datieren höchstwahrscheinlich aus dem Jahr 910 und bestanden damit zu der Zeit bereits seit mehr als vierzig Jahren.

13 Siehe Norwich, *Byzanz,* Band 1, Kapitel 7.

14 Diese Überlieferung ist offenbar Ursprung der Veronika-Legende, die schließlich im vierzehnten Jahrhundert in Frankreich richtig Fuß faßte. Dorthin gelangte sie wahrscheinlich mit Kreuzfahrern. Ein vergleichbares Objekt stellt das Turiner Grabtuch dar.

15 Die ausführlichste Beschreibung des Briefes und des Bildnisses – und vieles mehr über eine der faszinierendsten alten Städte – findet sich bei J. B. Segal, *Edessa, »The Blessed City«,* Oxford 1970.

16 Mariä Entschlafung ist die ostkirchliche Entsprechung von Mariä Himmelfahrt und wird am selben Tag, nämlich am 15. August, gefeiert.

17 Gibbon bezeichnet ihn als Konstantin VIII., aber in den meisten folgenden historischen Abhandlungen wird ihm ein Kaisertitel nicht zugestanden, und man behält diesen Namen dem Bruder und Mitkaiser von Basileios II. vor – der allerdings, wie wir bald sehen werden, nicht viel besser war.

18 *Crines solutus,* schreibt Liutprand (»mit gelöstem Haar«). Weshalb? fragt man sich. Hatte es zuvor einen Kampf gegeben?

19 Jesaija 1, 2.

20 Liutprand von Cremona, *Antapodosis,* V, 23; zitiert nach der englischen Übersetzung.

21 Einige Jahre später wurde Christophoros' Sohn Michael zum *Magister* und Rektor ernannt, und Konstantin Lakapenos' Sohn Romanos erklomm den Rang eines *Patrikios,* nachdem man ihn entmannt hatte.

22 Theophylax, der von seiner Jugend an für den Patriarchenstuhl vorgesehen gewesen war, hatte ihn schließlich im Jahre 931, im Alter von vierzehn Jahren, bestiegen. Als harmloser und im Grunde nicht ernst zu nehmender Jugendlicher hatte er seinem Vater keine Sorgen bereitet. Seinen zweitausend Pferden widmete er weit mehr Zeit als seinen

Anmerkungen 491

religiösen Pflichten, die er ohne zu zögern unterbrach, wenn eine seiner Stuten niederkam. Wie uns Sir Steven Runciman berichtet, unternahm er »den kühnen Versuch, Vergnügen und Frömmigkeit zu vereinigen, indem er den Gottesdienst mit einer Pantomime auflockerte; er erntete damit jedoch allgemein nur Mißfallen, wenn auch einige Gesten in Erinnerung blieben und die Rechtgläubigen noch hundert Jahre später schockierten«. Er genoß seine Stellung als Patriarch fünfundzwanzig Jahre lang; 956 starb er an den Folgen eines Reitunfalls.

KAPITEL 11

1 Theophanes Continuatus, *Chronographia*, Buch VI.
2 Von Buch V des Theophanes Continuatus, *Chronographia*, nimmt man an, es handle sich ausschließlich um sein Werk.
3 Konstantin, *De administrando imperio*, Kapitel 1.
4 A. a. O., Kapitel 7.
5 Es ist fraglich, ob Konstantin diesen Vorbehalt eingefügt hätte, wenn er sich nicht selbst auf recht unsicherem Boden befunden hätte. Seine Halbschwester Anna, die Tochter Leons VI. und dessen zweiter Frau Zoe Zautzina, hatte Ludwig III. (den Blinden) aus der Provence geheiratet, und sein Sohn Romanos (an den er diese Worte richtete) war im Alter von fünf Jahren mit Bertha vermählt worden, der unehelichen Tochter Hugos von Arles, des Königs von Italien, und zu der Zeit, als das Buch entstand, mit Hedwig von Bayern, der Nichte Ottos des Großen verlobt.
6 Konstantin, *De administrando Imperio*, Kapitel 13. Die Übersetzung ist leicht gekürzt, hält sich aber genau an den Geist des Originals.
7 Heute das kleine Dorf La Garde Freinet auf dem Kamm der Chaîne de Maures am Var. Die sarazenenische Enklave hielt sich mehr als hundert Jahre lang und zog die Gegend im Umkreis von Hunderten von Meilen in Mitleidenschaft.
8 Es sei denn, man rechnet die zumeist totgeschwiegene Päpstin Johanna dazu, der es gelungen sein soll, ihr wahres Geschlecht als Papst Johannes Anglicus drei Jahre lang zu verbergen, bis sie, wohl infolge falscher Berechnung, während einer Prozession auf den Stufen des Laterans ein Kind zur Welt brachte. (Eine Radierung, die dieses Ereignis darstellt, befindet sich in Spanheim: *Histoire de la Papesse Jeanne*, 2 Bände, Den Haag 1720.)

492 *Anmerkungen*

9 Man muß fairerweise hinzufügen, daß er später auf wunderbare Weise wiederhergestellt, rehabilitiert und in seinem früheren Grab erneut beigesetzt wurde.

10 Wenn es sich bei dem goldenen Baum um denselben handelt, der während der Herrschaft von Kaiser Theophilos hundert Jahre zuvor (siehe Kapitel 3) bereits aufgestellt war, sagt dies viel über die Dauerhaftigkeit byzantinischer Einrichtungen. Die Hebevorrichtung scheint dagegen eine Neuerung des zehnten Jahrhunderts gewesen zu sein. Zitat nach *Liudprandi antapodosis*, 4–6, Seite 489.

11 A. a. O., 6–8, Seite 491.

12 A. a. O., 8–10, Seite 493.

13 Um Olgas Taufe gibt es eine Kontroverse. In manchen Studien geht man davon aus, daß sie zwei oder drei Jahre vorher in Rußland stattgefunden habe. Ich schließe mich in dieser Frage meinem Lehrer Professor D. Obolensky an (*Cambridge Medieval History*, Band IV, Seite 511 f.)

14 Die ausgedehnten Stallungen, die Theophylax neben der Hagia Sophia für seine zweitausend Pferde hatte erbauen lassen, wurden in ein Altenheim umgewandelt.

15 Siehe in diesem Band Kapitel 9.

16 Ich folge hier seinem Bericht; Theophanes Continuatus gibt das Ereignis anders wieder; laut ihm gab es viel weniger Widerstand seitens der sarazenischen Einheiten.

17 In den arabischen Chroniken heißt sie »Karchanah«; ich konnte sie nicht lokalisieren.

Kapitel 12

1 *Liudprandi legatio*, 2, 3, Seite 527.

2 Auf dem Rückmarsch vom Kretafeldzug hatte Nikephoros seinen Anteil an der Beute Athanasios für die Errichtung dieser Stiftung überlassen, »wo du und ich allein sein können mit unseren Brüdern, um gemeinsam die Eucharistie zu feiern«. Das heute als Große Lavra bekannte Kloster ist als das älteste und ehrwürdigste auf dem heiligen Berg mitsamt den großen Bronzetoren, die der Kaiser persönlich gestiftet hat, immer noch erhalten.

3 Leibgarde des Kaisers, die sich ausschließlich aus Angehörigen sogenannter »Barbarenvölker« rekrutierte, zu denen auch das russische sowie das schlagkräftige warägische oder nordische gehörten; sie

Anmerkungen 493

stellte die Wachmannschaft im Großen Palast und stand dem Kaiser auf Feldzügen zu Diensten.

4 Dieses war im sechsten Jahrhundert von einem Mönch namens Abraham, dem späteren Bischof von Ephesos, gegründet worden, auf den auch das byzantinische Kloster auf dem Ölberg zurückgeht. Da es sehr exponiert lag, konnte es kaum ausbleiben, daß es kurz vor der türkischen Belagerung Konstantinopels im Jahre 1453 zerstört wurde – höchstwahrscheinlich mitsamt seiner wundertätigen Ikone.

5 Ob das nun zutrifft? Und wenn es nicht bloß eine Notlüge war, um Athanasios zu beschwichtigen: lag diesem Gang der Dinge Nikephoros' Eid zugrunde oder Theophanos Widerwillen? Das ist nicht mehr in Erfahrung zu bringen.

6 Die unmittelbare Todesursache soll laut *Encyclopaedia of Islam* eine »Harnverhaltung« gewesen sein. Sein Leichnam sei nach Majaffarikin gebracht und in der Türbe seiner Mutter vor der Stadt beigesetzt worden. Er habe angeordnet, im Sarg seinen Kopf auf einen Ziegel aus der Erde zu betten, die er auf seinen Feldzügen erobert hatte.

7 Auch in diesem Punkt folgt die Darstellung der Hypothese von Steven Runciman (siehe in diesem Band Kapitel 10, Anm. 7).

8 Johannes XII., der wohl verruchteste Vertreter der päpstlichen »Pornokratie« des zehnten Jahrhunderts, war 955 mit sechzehn Jahren Papst geworden. Gibbon schreibt, [laut Luitprand] »lesen wir mit einigem Erstaunen, daß der würdige Enkel der Marozia im öffentlichen Ehebruche mit den römischen Damen lebte; daß der lateranensische Pallast in eine Schule der Schändung umgewandelt wurde und daß seine Nothzüchtigung von Jungfrauen und Wittwen die Pilgerinnen davon abhielt, das Grab des heiligen Petrus zu besuchen, um bei dieser frommen Handlung nicht etwa Gewalt von seinem Nachfolger zu erleiden (Gibbon, *Die Geschichte des Verfalles und Untergangs des römischen Weltreiches*, Kapitel 49, Seite 1819).

9 Dies ist wohl die Reaktion des durchschnittlichen Westeuropäers auf den Geschmack des geharzten griechischen Weines Retsina.

10 *Liudprandi legatio;* 2, 3, Seiten 547 und 527.

11 A. a. O., 10–12, Seite 535.

12 A. a. O., 46, 47, Seiten 567–569.

13 A. a. O., 47–49 und 51–53, Seiten 569 und 571.

14 A. a. O., 57–60, Seite 579.

15 Die seltsame Erscheinung, »ungewaschen, mit nach ungarischer Mode kurzgeschorenem Haar und mit einer Messingkette umgürtet«, war unfreiwillig die Ursache dafür gewesen, daß Liutprand von

494   *Anmerkungen*

Cremona sich aufs äußerste beleidigt fühlte, weil ihm an der kaiserlichen Tafel Vorrang gewährt wurde.
16 Ältere Geschichtsstudien datieren den Fall von Philippopel meist ins
Frühjahr 970, ich folge auch diesmal der Chronologie von Steven
Runciman, *First Bulgarian Empire*, Seiten 205 f.

KAPITEL 13

1 Sie erschien noch ein letztes Mal in Konstantinopel: Wenige Monate
später entwischte sie aus ihrem Gefängnis und suchte Zuflucht in der
Hagia Sophia. Von dort wurde sie auf Befehl des *Parakoimomenos*
Basileios gewaltsam entfernt und in ein noch abgelegeneres Exil im
fernen Armenien verbannt. Als einziges Entgegenkommen wurde ihr
zugestanden, Johannes Tzimiskes noch ein letztes Mal zu sehen. Es
überrascht vielleicht, daß Johannes dem Treffen zustimmte; Theophano sagte ihm lautstark und deutlich die Meinung. Dann wandte
sie sich Basileios zu, der auf seiner Anwesenheit bestanden hatte. Dies
hat er wohl spätestens bereut, als sie tätlich wurde: sie ging mit Fäusten auf ihn los und schlug ihn windelweich, was einiges einiges über
ihre Wut – und ihren Mut – aussagt. Erst dann gelang es seinen Dienern, sie zu entfernen.
2 So hieß er damals, heute lautet sein Name Aksehir Gölü; er liegt gut
fünfzehn Kilometer vom Ort Aksehir entfernt.
3 In seiner *Storia di Scio* aus dem Jahre 1586 berichtet Hieronimo Giustiniani, es habe zu seiner Zeit unter den Bauersfamilien des Dorfes
Volissos noch immer Nachfahren der Familie Phokas gegeben.
4 Er wurde zweifellos nach seinem Geburtsort oder dem Kloster am
Ufer des Skamander, dem heutigen Kücük Menderes, der durch die
Ebene von Troja fließt, so benannt.
5 Es gibt einen schwachen Hinweis darauf, daß auch der alte Liutprand
dieser Delegation angehörte, womit er zum drittenmal in diplomati-
scher Mission am byzantinischen Hof weilte.
6 Hat Johannes möglicherweise gezielt deswegen geheiratet? Wenn
dagegen die alte Theorie zuträfe und die Prinzessin tatsächlich Romanos' Tochter war, wäre sie durch seine Heirat mit ihrer Tante ebenfalls
seine Nichte geworden. Von dieser Art sind die Rätsel, die die
Geschichte jener Zeit ausmachen.
7 Vom Rest der Familie ist kaum etwas überliefert. Die Zarin wird nicht
mehr erwähnt und auch nicht die Kinder. Entweder handelte es sich

Anmerkungen 495

um Töchter – und die werden in der Geschichte fast immer totgeschwiegen –, oder sie sind alle jung gestorben.
8 Siehe in diesem Band Kapitel 9, Anm. 9.
9 _Liber Pontificalis;_ die Reiterstatue von Mark Aurel galt während des
ganzen Mittelalters fälschlicherweise als Denkmal Konstantins – ein
Mißverständnis, das sie vor der Zerstörung als heidnisches Denkmal
bewahrte.

KAPITEL 14

1 Aus: Michael Psellos, _Chronographia._ (Die englische Übersetzung –
und die deutsche [A. d. Ü.] – aller Stellen dieser Quelle beruht auf der
Fassung von E. R. A. Sewter.)
2 Psellos war allerdings erst sieben Jahre alt, als Basileios starb. Doch er
versichert mehrmals, daß er viele Freunde und Bekannte hatte, die den
Kaiser gut kannten. Der Kontrast zwischen Basileios und seinen Vorgängern war so groß, daß mindestens ein Historiker die – ach so
bekannte und müßige – Frage aufwarf, ob Basileios möglicherweise
gar nicht der Sohn von Romanos II. war, sondern Sprößling einer kurzen Liaison seiner Mutter Theophano mit einem normannischen
Palastwächter. Es gibt jedoch, wie immer in Vaterschaftsfragen, kaum
Beweismaterial, um eine derartige These zu unterstützen.
3 »Jeder, den ein Hieb von seiner Hand traf, war sofort tot, und ganze
Heere zitterten, wenn von weitem seine Stimme ertönte.« (Psellos,
Chronographia.)
4 Psellos, der diese Geschichte erzählt, hält ein Wortspiel von ausgesprochen schlechtem Geschmack fest, dessen Urheber ebenfalls der Kaiser
gewesen sein soll. Wie alle Wortspiele ist es unübersetzbar. Die folgende Adaption, die mehrere moderne Geschichtsstudien schadenfroh
wiederholen, kommt dem Original wohl so nahe, wie man ihm überhaupt kommen kann: »Ich habe ihr Refektorium in ein Reflektorium
verwandelt, da sie jetzt nur noch darüber reflektieren können, wie sie
sich ernähren sollen.«
5 Steven Runciman, _The First Bulgarian Empire,_ Seite 221 f.
6 Unter den Überlebenden befand sich auch Leon Diakonos, der, wie er
berichtet, sein Überleben allein der Wendigkeit seines Pferdes verdankte.
7 Als warägisch (vom altnordischen Begriff für »gelobte Treue«) wurden
die russianisierten wikingischen Stammesangehörigen bezeichnet,

deren Vorfahren über die Ostsee und flußaufwärts in das Binnenge-
biet Nordrußlands gesegelt waren und dort nun die slawischen Stämme dominierten.

8 Die Chronologie der Ereignisse ist nicht ganz klar. Schon die zeitgenössischen Berichte – geschweige denn moderne Studien – gehen weit
auseinander. Nehmen wir Yayas Zeitangabe, das genaue Datum
13. April 989, für die Schlacht von Abydos als zutreffend an, kann das
Massaker von Chrysopolis kaum mehr als einige Wochen zuvor, aber
auch nicht lange nach Ankunft des wikingischen Trupps stattgefunden haben.

9 Mag durchaus sein, daß es sich dabei um die Ikone handelte, die venezianische Kreuzfahrer im Vierten Kreuzzug entwendeten und die heute unter dem Namen *Nikopeia* (»Friedensbringerin«) noch immer im
Markusdom hängt (siehe Canon Ag. Molin, *Dell' antica Immagine di
Maria santissima che si conserva nella basilica di San Marco in Vene-
zia,* Venedig 1821).

10 Swjatoslaws Versprechen, Cherson niemals mehr anzugreifen (siehe
in diesem Band Kapitel 13), war vermutlich mit seinem Tod hinfällig
geworden.

11 Es ist möglich, daß es sich bei dieser Taufe bereits um Wladimirs zweite handelte, hatte er sich doch möglicherweise zwei Jahre zuvor, als
seine Gesandten nach dem Abschluß der Vereinbarung mit dem Kaiser aus Konstantinopel zurückkehrten, schon einmal taufen lassen.

KAPITEL 15

1 Diese neue Konstruktion, berechnet von einem Armenier namens
Trdat, brach ihrerseits im Jahre 1346 ein (siehe Norwich, *Byzanz,*
Band 1, Kapitel 9, Anm. 18). Ebenfalls dem Erdbeben zum Opfer fiel
der Valens-Aquädukt; er konnte jedoch wieder instandgestellt werden und brachte danach erstmals seit mehreren hundert Jahren fri-
sches Wasser in die Stadt.

2 Der heilige Demetrios war zusammen mit den Heiligen Theodor Stratilates, Theodor von Tyros und Georg einer der großen vier (oder
möglicherweise auch nur drei, da die beiden Theodore ein und dersel-
be gewesen sein könnten) Schutzheiligen der Soldaten, welche die
byzantinischen Heere in der Schlacht beschützten.

3 Einer Annahme zufolge soll Photios sein Kloster verlassen und Basileios auf dem ganzen Feldzug begleitet haben, so wie der heilige Atha-

Anmerkungen
497

nasios seinerzeit Nikephoros Phokas. Wie so oft schweigen sich unsere unzureichenden Quellen zu diesem Punkt leider aus.

4 Einmal mehr sind unsere Quellen schrecklich dürftig und wenig informativ. Die byzantinischen Chroniken erzählen uns so gut wie nichts über diesen Feldzug; bleiben die jüdischen und arabischen Autoren; von ihnen scheint Yahya (der diese Zahl nennt) in der Regel der verläßlichste zu sein.

5 Siehe in diesem Band Kapitel 13.

6 Er ist als einziger Kaiser des Heiligen Römischen Reiches in der Peterskirche beigesetzt.

7 Nicht der – später heiliggesprochene – Bischof Bernward von Hildesheim, wie Schlumberger merkwürdigerweise annimmt.

8 Leider ohne den Bischof von Würzburg, der auf der Reise das Zeitliche gesegnet hatte. Unsere Informationen über diese Epoche sind so spärlich, daß wir nicht einmal wissen, ob sein Tod auf dem Hin- oder auf dem Rückweg erfolgte, nur daß er im Kloster Politika auf Euböa beigesetzt wurde.

9 Nach Johannes 19,34. Eine weitere Heilige Lanze, ebenfalls mit Anspruch auf Echtheit hatte man seit dem siebten Jahrhundert in Konstantinopel verehrt. Sie blieb bis 1492 dort, dann schenkte Sultan Beyazit II. sie Papst Innozenz VIII. Eine weitere wurde auf dem Ersten Kreuzzug in Antiochia entdeckt. Dabei handelt es sich ziemlich sicher um jene, die noch immer in der armenischen Kathedrale in Etschmiadzin aufbewahrt wird. Wir haben also die Wahl!

10 Es wurde auch schon die Meinung vertreten – von Petrus Damiani, einem schonungslosen Chronisten, und vielen nach ihm –, Johannes sei weniger auf Grund von Crescentius' Überredungskunst in sein Amt erhoben worden denn dank der mit byzantinischem Gold gefüllten Säcke, die er aus Konstantinopel mitbrachte.

11 Es besteht Grund zur Annahme, daß darauf zum ersten Mal das venezianische Emblem des geflügelten Markuslöwen mit der Pranke auf einem offenen Buch, dargestellt war.

12 Laut Kekaumenos, der etwa sechzig Jahre nach dem Vorfall schrieb, waren es vierzehn-, Kedrenos zufolge fünfzehntausend Gefangene.

13 Ihrem ältesten Sohn Prusian und zwei weiteren Söhnen war es gelungen, in die Berge zu entkommen, wo sie den Kampf fortsetzen wollten. Sie mußte aber ebenfalls bald aufgeben.

14 Der Kleine wurde drei Jahre später zurückgebracht – gerade noch rechtzeitig, denn ein, zwei Tage, nachdem er seinen Eltern sicher ausgehändigt worden war, machte Konstantin VIII., der soeben die Herr-

schaft angetreten hatte, einen entschlossenen Vorstoß, ihn nach Konstantinopel zurückbringen zu lassen. Zum Glück schlug der Versuch fehl. Weniger als zwei Jahre später, als Vater Georg im Alter von dreißig Jahren starb, trat er unter dem Namen Bagrat IV. seine Nachfolge an und herrschte fast ein halbes Jahrhundert praktisch über ganz Georgien.

15 Siehe in diesem Band Kapitel 2.

KAPITEL 16

1 Als zu Beginn des Jahres eine Gesandtschaft aus dem Westreich eintraf und erneut eine kaiserliche Heirat in Aussicht stellte, mag in ihr eine neue Hoffnung aufgekeimt sein, die jedoch gewiß alsbald wieder verdorrte, als sich herausstellte, daß der zur Disposition stehenden Bräutigam Heinrich, ein Sohn Kaiser Konrads II., erst zehn Jahre alt war. Daß aus dieser Sache nichts werden konnte, leuchtet unmittelbar ein.

2 Genau gesagt Vettern dritten Grades, denn beider Großmütter waren Töchter von Romanos Lakapenos.

3 Laut Zonaras soll Konstantin ursprünglich beabsichtigt haben, Argyros seiner jüngsten Tochter Theodora anzutrauen, da sie intelligenter war und als jüngere Frau noch einen Sohn zur Welt bringen konnte. Diese habe sich aufgrund der Blutsverwandtschaft jedoch kategorisch geweigert. Zoe scheint dagegen positiv reagiert zu haben.

4 Der Ausdruck bedeutet sicherlich nicht, wie Schlumberger meint, die Muttergottes, »die alle sehen sollen und die von überall her zu sehen ist«, sondern vielmehr die »Allsehende«.

5 Die *Peribleptos* gehörte zu den wenigen Kirchen in Konstantinopel, die nach der türkischen Eroberung als christliches Heiligtum fortbestand. Laut dem »Blauen Führer« *Türkei* (Seite 268) blieb die Kirche bis 1543 griechisch und ging dann im Anschluß an eine Palastintrige an die armenische Kirche über. Sie könnte nach neueren Forschungen aber auch 1608 unter das armenische Patriarchat gestellt worden sein.

6 Skylitzes behauptet, völlig geschockt habe der Patriarch lange Zeit geschwiegen und seine Sprache erst wiedergefunden, nachdem die Kaiserin ihm fünfzig Pfund Gold für sich und fünfzig für seine Mitgeistlichen in die Hand gedrückt habe.

Anmerkungen 499

7 Zu Michaels Zeit hieß die Kirche nach diesen beiden heiligen Ärzten, die nie ein Entgelt für ihre Dienste genommen hatten, _Anargyroi_ (die Unbezahlten). Von ihr ist nichts erhalten geblieben.

8 Einen der wenigen Anhaltspunkte bietet die Klosterkirche S. Maria di Maniace in der Nähe von Maletto, welche die griechischen Gemeinden kurz nach einer siegreichen Schlacht unter Maniakes an dieser Stelle errichteten. Graf Rüdiger I. ließ sie gegen Ende des Jahrhunderts restaurieren und erweitern. Mit dieser Kirche als Mittelpunkt gründete dann im Jahre 1173 Königin Margarete von Navarra die weiträumige, prächtig ausgestattete Benediktinerabtei von Maniace, die letzte bedeutende normannische Stiftung auf Sizilien. Später wurde sie in das Gut Brontë eingegliedert, das Ferdinand IV. 1799 Lord Nelson schenkte.

9 Das sogenannte Castello Maniace, welches heute noch in Syrakus steht, hat damit nichts zu tun; dieses ließ vielmehr Friedrich II. genau zweihundert Jahre, nachdem die byzantinischen Truppen die Stadt eingenommen hatten, erbauen.

KAPITEL 17

1 Dies ist Professor Burys Meinung, nicht die meinige.

KAPITEL 18

1 Skylitzes irrt sich hier mit ziemlicher Sicherheit. Wir wissen, daß Maniakes Ende April 1042 als _Katepan_ nach Italien zurückkehrte, das heißt nur wenige Tage nach dem Sturz von Michael Kalaphates. Seine Ernennung dürfte deshalb wohl eher noch diesem zu verdanken sein als Zoe.

2 Siehe in diesem Band Kapitel 16.

3 Im griechischen Original steht das Kosewort »Mama«.

4 Siehe in diesem Band Kapitel 11.

5 Siehe in diesem Band Kapitel 6.

6 Er scheint auch einen rachsüchtigen Zug besessen zu haben, der sich zum Beispiel in der Behandlung seines alten Gegners Johannes Orphanotrophos zeigte. Als Konstantin IX. den Thron bestieg, erbarmte er sich des vom Schicksal Geschlagenen und versetzte ihn vom grausigen Monabate an seinen eigenen früheren Verbannungsort Lesbos. Als eine

500   *Anmerkungen*

der ersten Amtshandlungen ließ ihn der neue Patriarch dann aber blenden.

7 Steven Runciman, *The Eastern Schism.*

Kapitel 19

1 Ein zeitgenössisches Mosaik von Zoe und Konstantin zu beiden Seiten Christi ist in der Hagia Sophia an der Ostwand der Südgalerie zu sehen, doch offensichtlich sind alle drei Köpfe verändert worden. Zoes Porträt zeigt sie (oder eine andere Frau) in einem viel jüngeren Alter und könnte ursprünglich durchaus aus der Zeit stammen, als sie Romanos Argyros heiratete. Vermutlich wurde das Gesicht später auf Geheiß Michaels V. entfernt, nachdem er sie verbannt hatte, jedoch nach seinem Tod im Jahre 1042 wiederhergestellt. Das angebliche Porträt Konstantins ist noch fragwürdiger; es ersetzt vermutlich eines von Michael IV. und dieses seinerseits eines von Romanos. Kein Wunder also, daß die Schrift darüber kaum lesbar ist.

2 Schlumberger scheint davon auszugehen, daß Michael sein ganzes beruflich aktives Leben in der Armee verbrachte. Dies trifft mit einiger Sicherheit nicht zu. Der neue Kaiser war im Gegenteil von den zivilen Beamten als einer der ihren gewählt worden und hegte, wie die folgenden Ereignisse zeigen werden, einen Widerwillen gegen alles, was mit dem Militär zusammenhing.

3 Siehe in diesem Band Kapitel 11.

4 Die Theorie, nach der Konstantin der Große seine Kaiserkrone bewußt der Kirche vermacht haben soll, damit sie den Kandidaten ihrer Wahl zum römischen Kaiser krönen könne (siehe Norwich, *Byzanz,* Band 1, Kapitel 18).

Kapitel 20

1 Siehe in diesem Band Kapitel 15.

2 Die Überlebenden sollen in die Nachbarstadt Theodosiopolis geflohen sein und diese nach ihrer alten Heimat in Arzan ar-Rum (Arzan der Römischen) umbenannt haben – woraus sich über die Jahre die heutige Stadt Erzurum entwickelte.

3 Attaleiates impliziert außerdem, Eudokia habe sich nie etwas aus Sex gemacht (woher er das wußte, erklärt er nicht). Falls ihre diesbezügli-

Anmerkungen 501

che Erfahrung sich auf ihren Mann beschränkte, überrascht dies vielleicht, nach allem, was wir von ihm wissen, nicht weiter. Was sie betrifft, so brachte sie jedenfalls drei Söhne zur Welt.

4 Diese Zahlen beruhen wie immer nur auf Mutmaßungen. Die byzantinischen Quellen machen keine Angaben über die Größe des Heers, die moslemischen Chroniken sprechen von zweihundert- bis sechshunderttausend, und Matthäus von Edessa behauptet sogar absurderweise, es habe sich um eine Million Männer gehandelt. In den meisten modernen Geschichtsstudien scheint man sich darüber einig, daß die hier genannte Schätzung die wahrscheinlichste ist, doch könnte die Zahl auch bei 100 000 gelegen haben.

5 Während des Feldzugs war ein byzantinischer Soldat angeklagt, einer Ortsansässigen einen Esel gestohlen zu haben. Er wurde vor den Kaiser gebracht, dessen Urteil lautete, man solle ihm die Nase abschneiden – eine Strafe, die zum Glück seit dem achten Jahrhundert nicht mehr üblich war. Als Romanos dieses Urteil selbst dann noch aufrechterhielt, nachdem der arme Mann die Fürsprache der siegbringenden Ikone der Heiligen Jungfrau von den Blachernen angerufen hatte (die immer vom Basileus in den Kampf getragen wurde), erwähnt Attaleiates zum ersten Mal seine Ahnung, daß die göttliche Rache folgen werde.

6 Dies wirft noch eine weitere Frage auf: Müßte der Sultan nicht eher optimistisch gewesen sein, wenn das seldschukische Heer das byzantinische bei Khelat tatsächlich in einer offenen Feldschlacht geschlagen hat? Je länger man darüber nachdenkt, desto glaubhafter wird der Verdacht, daß diese Schlacht gar nie stattfand.

7 Für diese Information wie für so vieles andere in diesem Kapitel bin ich dem verstorbenen Alfred Friendly zu Dank verpflichtet, dessen Buch *The Dreadful Day: The Battle of Manzikert, 1071*, mir von unschätzbarem Nutzen war.

8 Nikephoros Bryennios schreibt, sie sei das Opfer eines Schauprozesses geworden, in dem gefälschte Briefe vorgelegt wurden, um sie der Beteiligung an einer Verschwörung zu bezichtigen, die Romanos' Wiedereinsetzung zum Ziel hatte. Sie habe bei der Gelegenheit plötzlich eine Christusikone aus den Falten ihres Gewandes hervorgezogen und den Anwesenden zugerufen, dem wahren Richter des Verfahrens ins Gesicht zu sehen, was ihr zwar der wahrhaft bühnenreifen Wirkung wegen Applaus eingebracht, das Eis indes nicht zu brechen vermocht habe.

9 Damit ist Cäsar Johannes Dukas gemeint. Psellos fährt fort, er habe die Blendung angeordnet, ohne Kaiser Michael zu fragen.

Anmerkungen

10 Ein Sohn von Alp Arslan, welcher von einem seiner untergebenen Truppenführer angegriffen worden und am 24. November 1072 im Alter von einundvierzig Jahren seinen Verletzungen erlegen war.

11 Zeta hieß ursprünglich Dioklea und war theoretisch ein halb unabhängiges Fürstentum innerhalb der Reichsgrenzen. Um das Jahr 1035 hatte sich das Volk vom Reich abgespalten und sich als erster slawischer Staat der Balkanhalbinsel seit dem Tod von Basileios II. geweigert, die byzantinische Oberherrschaft anzuerkennen.

12 *Alexias,* von Friedrich Schiller ins Deutsche übertragen, in *Allgemeine Sammlung historischer Memoires vom 12. Jh. bis auf die neuesten Zeiten* [A. d. Ü.].

503

Bibliographie

1. Originalquellen

SAMMELWERKE

Bibliothek der Kirchenväter. Eine Auswahl patristischer Werke in deutscher Übersetzung, hrsg. von Bardenhewer, Schermann, Weymann und Zellinger, 79 Bände, Kösel/Kempten, München 1869–1888 und 1911 ff. (BK).

Byzantion. Revue internationale des Etudes Byzantines. Paris und Lüttich 1924–1929; Paris und Brüssel 1930; Brüssel u.a. 1930 ff. (B).

De Boor, C. (Hrsg.), *Opuscula Historica,* Leipzig 1880 (BHO).

Corpus Scriptorum Ecclesiasticorum Latinorum, 57 Bände, Wien 1866 ff., nicht vollständig (CSEL).

Corpus Scriptorum Historiae Byzantinae, Bonn 1828 ff., nicht vollständig (CSHB).

Cousin, L., Histoire de Constantinople, französische Übersetzungen, 8 Bände, Paris 1685 (CHC).

Hoare, F. R., *The Western Fathers,* mit englischen Übersetzungen, London 1954 (HWF).

Mai, A. (Hrsg.), *Novae Patrum Bibliothecae,* 10 Bände, Rom 1844–1905 (MNPB).

Migne, J. P., *Patrologia Graeca,* 161 Bände, Paris 1857–1866 (MPG).

Ders., *Patrologia Latina,* 221 Bände, Paris 1884–1855 (MPL).

Monumenta Germaniae Historica, hrsg. von G. H. Pertz, T. Mommsen u.a., Hannover 1826 ff., wird fortgeführt (MGH).

Muller, C. I. T., *Fragmenta Historicorum Graecorum,* 5 Bände, Paris 1841–1883 (MFGH).

Muratori, L. A., *Rerum Italicarum Scriptores,* 25 Bände, Mailand 1723 bis 1751 (MRIS).

504 *Bibliographie*

Library of the Nicene and Post-Nicene Fathers, 2. Serie, 14 Bände, mit Übersetzungen, Oxford 1890–1900 (NPNF).
Revue des Etudes Grecques, Paris 1888 ff. (REG).
Revue Historique (RH).

EINZELNE AUTOREN

Aristakes von Lastivert, *Geschichte Armeniens,* ins Frz. übers. von M. Canard und Haig Berberian, *Editions de Byzantion,* Brüssel 1973.
Attaleiates, Michael, Historia, in CSHB, Band 50, teilw. ins Frz. übers. von H. Grégoire, *Byzantinische Zeitschrift,* Band 28 (1958), und E. Janssens, *Annuaire de l'Institut de Philologie et d'Histoire Orientales et Slaves,* Band 20 (1968–1972).
Bryennios, Nikephoros, *Hyle Historias,* in CSHB, Band 26; ins Frz. übers. von H. Grégoire, in B, Band 23 (1953).
Cedrenus, Georgius, *Compendium Historiarum,* in CSHB, MPG, Bände 121–122.
Cedrenus, Georgius, *Synopsis Historiarum* (enthält Johannes Skylitzes und Skylitzes Continuatus), in CSHB, MPG, Bände 121–122.
Genesios, Josephos, *Regna,* hrsg. von C. Lachmann, in CSHB; *Byzanz am Vorabend neuer Größe. Überwindung des Bilderstreites und der innenpolitischen Schwächen* (813–886): *die vier Bücher der Kaisergeschichte des Ioseph Genesios,* übers., eingeleitet und erklärt von Anni Lesmüller-Werner, Wien 1989.
Glycas, M., *Chronicon,* hrsg. von I. Bekker, in CSHB; MPG, Band 108.
Ignatios Diakonos, *Vita Nicephori Patriarchae,* in BOH.
Johannes Zonaras, *Annales,* hrsg. von L. Dindorf, 6 Bände, Leipzig 1868 bis 1875; auch in MPG, Bände 134–135; ins Deutsche übers. in *Militärs und Höflinge im Ringen um das Kaisertum. Byzantinische Geschichte von 969–1118 nach der Chronik des Johannes Zonaras,* übers., eingeleitet und erklärt von Erich Trapp, Graz 1986.
Kekaumenos, *Vademecum des byzantinischen Aristokraten. Das sogenannte Strategikon des Kekaumenos,* übers., eingeleitet und erklärt von Hans-Georg Beck, Graz 1956.
Komnena, Anna, *Alexias,* in: *Schillers Werke,* Nationalausgabe, Band 15/ I: Übersetzungen aus dem Griechischen und Lateinischen, hrsg. von Norbert Oellers, Weimar 1993.
Konstantinos VII. Porphyrogennetos, *De Administrando Imperio,* griech. Text mit engl. Übertragung von R. J. H. Jenkins, Washington 1969.

Bibliographie 505

Kommentar zu Konstantinos VII. Porphyrogennetos von R. H. J. Jenkins, London 1962.

Konstantin VII. Porphyrogennetos, *Byzantinische Diplomaten und östliche Barbaren, aus den Excerpta de legationibus* des Konstantin Porphyrogennetos, ausgewählte Abschnitte, 1955.

Konstantin VII. Porphyrogennetos, *Vom Bauernhof auf den Kaiserthron, Leben des Kaisers Basileios I., des Begründers der Makedonischen Dynastie, beschrieben von seinem Enkel, dem Kaiser Konstantinos VII. Porphyrogennetos*, übers., eingeleitet und erklärt von Leopold Breyer; in *Byzantinische Geschichtsschreiber*, hrsg. von Joh. Koder, Band 14, Graz/Wien/Köln 1981.

Konstantin VII. Porphyrogennetos, *De Ceremoniis Aulae Byzantinae (Abriß des kaiserlichen Hofzeremoniells)*, hrsg. und ins Deutsche übers. von J. J. Reiske, CSHB; auch in: *Hofleben in Byzanz*, K. Dieterich, Leipzig 1912 (Auszug; Voigtländers Quellenbücher 19).

Konstantin VII. Porphyrogennetos, *Narratio de Imagine Edessena*, in MPG, Band 113. Leon Diakonos, Historia, in CSHB, MPG, Band 117.

Leon Diakonos, *Nikephoros Phokas, »Der bleiche Tod der Sarazenen« und Johannes Tzimiskes. Die Zeit von 959–976 in der Darstellung des Leon Diakonos*, übers. von Franz Loretto, Graz 1961.

Leon Grammatikos, *Chronographia*, Hrsg. von I. Bekker, in CSHB, MPG, Band 108.

Liber Pontificalis. De Gestis Romanorum Pontificum, Text, Einf. und Kommentar von L. Duchesne, 2 Bände, Paris 1866–1892, Neuausgabe Paris 1955.

Liutprand von Cremona. *Aus Liutprands Werken*. Nach der Ausgabe der Monumenta Germaniae übers. von Karl Von der Osten-Sacken, mit einer Einleitung von Dr. Wattenbach, Berlin 1853.

Liutprand von Cremona, *Liudprandi opera (Liutprands Werke)*, Freiherr vom Stein-Gedächtnisausgabe, hrsg. v. Rudolf Buchner, Band VIII, Darmstadt, 1971; darin *Liudprandi Antapodosis (Liudprands Buch der Vergeltung)* und *Liudprandi legatio ad imperatorem Constantinopolitanum Nicephorum Phocam (Liudprands Gesandtschaft an den Kaiser Nikephoros Phokas in Konstantinopel)*. Auch in MGH, Script. rer. Germ., 41.

Matthäus von Edessa, *Chronik*, ins Frz. übers. von E. Dulaurier, Paris 1858.

Michael (Mönch von Studios), *Vita etc. S. Theodori abb. mon. Studii*, in MNPB Band 6.

Michel le Syrien (Michael der Syrier), *Chronique (Beschreibung der Zeiten)*, hrsg. und ins Frz. übers. von J. B. Chabot, Paris 1905–1906.

Nestor Monachus, *Die Nestor-Chronik*, eingeleitet und kommentiert von Dimitrij Tschizewskij, Wiesbaden 1969.

Nikolaus I. (Papst), *Epistolae*, in MPL Band 119.

Nikolaus Mysticus (Patriarch), *Epistolae*, in MPL Band 111.

Paulus Diaconus und die übrigen Geschichtsschreiber der Langobarden, übers. von Otto Abel (2. Aufl. bearb. von Reinhard Jacobi), Leipzig 1939.

Paulus Diaconus, *Paul Warnefried's, Diakons v. Forum Julii, Geschichte der Langobarden*, übers. und mit Anm. versehen von K. v. Spruner, Hamburg 1838.

Paulus Diaconus, *Historia Langobardorum*, in MGH, *Scriptores*, Bände ii, xiii, engl. Übertragung von W. C. Foulke, Philadelphia 1905.

Petrus Damiani, *Opuscula*, in MPL Band 145.

Photios (Patriarch von Konstantinopel), *Epistolae*, in MPG, Band 102.

Photios (Patriarch von Konstantinopel), *Homilies*, ins Engl. übers., eingeleitet und kommentiert von C. Mango, Harvard 1958.

Psellos, Michael (auch Konstantinos), *Chronographia*, ins Engl. übers. von E. R. A. Sewter, Leiden 1952; ins Frz. übers. von E. Renauld, 2 Bände, Paris 1926; *Imperatori di Bisanzio*, ins Ital. übers. von S. Impellizeri u.a., 2 Bände, Mailand 1984.

Scriptor Incertus, *De Leone Armenio*, in CSHB.

Johannes Skylitzes, *Byzanz wieder ein Weltreich. Das Zeitalter der makedonischen Dynastie*, Teil I, in: *Byzantinische Geschichtsschreiber*, hrsg. von Johannes Koder, Band 15, nach dem Geschichtswerk des Johannes Skylitzes, übers., eingeleitet und erklärt von Hans Thurn, Graz, Wien, Köln 1983.

Simeon Logothetes (erscheint verschiedenenorts, so auch bei Leon Grammatikos; siehe dort).

Simeon Metaphrastes (auch Magister), *Chronicon*, in MPG, Bände 109, 113–116.

Simeon Metaphrastes (auch Magister), *Vita Theodori Grapti*, in MPG, Band 116.

Theodorus Studites, *Jamben auf verschiedene Gegenstände des Theodorus Studites*, Einleitung, kritischer Text, Übersetzung und Kommentar besorgt von Paul Speck, Berlin 1968.

Theodorus Studites, *Epistolae*, in MPG, Band 99

Theodosius Melitenus, *Chronicon*, hrsg. von G. L. F. Tafel, München 1859.

Theophanes Confessor, *Bilderstreit und Arabersturm in Byzanz. Das 8.*

Bibliographie 507

Jh. (717–813) aus der Weltchronik des Theophanes, übers., eingeleitet und erklärt von Leopold Breyer, in *Byzantinische Geschichtsschreiber,* hrsg. von Endre Ivánka, Band 6, Graz u. a. 1957.

Ders. *Chronographia,* hrsg. von C. de Boor, 2 Bände, Leipzig 1883 (Neuausgabe Hildesheim 1963).

Theophanes Continuatus, *Chronographia,* hrsg. von I. Bekker, in CSHB, MPG, Band 109.

Vita Ignatii Patriarchae, in MPG, Band 105.

Vita Nicholai Papae, in MPL, Band 119.

Vita Sancti Euthymii, ins Engl. übers. und hrsg. von P. Karlin- Hayter, B, Bände 25–27, 1955 ff.

Yahya (von Antiochia), *Historia,* teilw. ins Frz. übers. von M. Canard, in: Vasiliev, A. A., *Byzance et les Arabes,* II, ii (siehe dort).

2. Neuere Literatur

Adontz, N., *L'Age et l'Origine de l'Empereur Basile I.,* in B, Bände 8 und 9, 1933 f.

Alexander, P., *The Patriarch Nicephorus of Constantinople,* Oxford 1958.

Almedingen, E. M., *Charlemagne,* London 1968.

Baynes, N. H., *Byzantine Studies and Other Essays,* London 1955.

Blaue Führer, *Türkei,* Paris 1968.

Bréhier, L., *La Querelle des Images,* Paris 1904.

Bury, J. B., *A History of the Later Roman Empire (395–800 A. D.),* 2 Bände, London 1889.

Bury, J. B., *The Imperial Administrative System in the Ninth Century,* British Academy, Supplemental Papers, 1911.

Cahen, C., *La Campagne de Manzikert d'après les sources Musselmanes,* in B, Band 9, 1934.

Cahen C., *La Première Pénétration Turque en Asie-Mineur,* in B, Band 18, 1948.

Cahen, C., *Pre-Ottoman Turkey* (engl. Übers. J. Jones-Williams), New York 1968.

Cambridge Medieval History, besond. Band IV, *The Byzantine Empire, 717–1453,* neu hrsg. von J. M. Hussey, 2 Bände, Cambridge 1966 bis 1967.

Canard, M., »La Campagne Arménienne du Sultan Salgugide [sic], Alp Arslan et la Prise d'Ani en 1064«, in: *Revue des Etudes Arméniennes,* Band 2, Paris 1965.

Carlyle, Thomas, *Helden und Heldenverehrung (On heroes, heroe-worship and the heroic in history)*, übers. von Ernst Wicklein, Jena 1913.

Cobham, C. D., *The Patriarch of Constantinople*, Cambridge 1911.

Delehaye, H., *Les Saints Stylites*, Brüssel und Paris 1923.

Dictionnaire d'Histoire et de Géographie Ecclésiastiques, hrsg. von A. Baudrillat, R. Aubert u.a., Paris 1912 ff. (wird fortgeführt).

Dictionnaire de Théologie Catholique, 15 Bände in 30, Paris 1909–1950 (mit Suppl.).

Diehl, C., *Figures Byzantines*, 2 Teile, Paris 1906 und 1913.

Ders., *Hirstorie de l'Empire Byzantin*, Paris 1918.

Ders., *Chose et Gens de Byzance*, Paris 1926.

Ducellier, A., *Byzanz. Das Reich und die Stadt*, Frankfurt a.M. 1990.

Dvornik, F., *The Photian Schism. History and Legend*, Cambridge 1948.

Ebersolt, J., *Le Grand Palais de Constantinople et le Livre des Cérémonies*, Paris 1910.5.

Enciclopedia Italiana, 36 Bände, 1929–1939 (mit späteren Nachträgen).

Encyclopedia Britannica (11th Ed.), 29 Bände, Cambridge 1910–1911, sowie (15. Ed.) 30 Bände, University of Chicago 1974.

Encyclopaedia of Islam, 4 Bände, Leiden, London 1913–1934 (Neuausgabe ab 1960).

Finlay, G., *History of Greece, BC 146 to AD 1864*, neu hrsg. von H. F. Tozer, 1877, 8 Bände.

Fischer Weltgeschichte, Band 9, *Die Verwandlung der Mittelmeerwelt*, hrsg. von F. G. Maier, Frankfurt a.M. 1992.

Fischer Weltgeschichte, Band 13, *Byzanz*, hrsg. von F. G. Maier, Frankfurt a.M. 1973.

Fischer Weltgeschichte, Band 19, *Zentralasien*, hrsg. von G. Hambly, Frankfurt a.M. 1966.

Fliche, A., und Martin, V., *Histoire de l'Eglise, depuis les Origines jusqu'à nos Jours*, Paris 1934.

Freely J., und Summer-Boyd, H., *Istanbul. Ein Führer*, Übers. und dt. Bearbeitung von Wolf-Dieter Bach, München 1975.

French, R. M., *The Eastern Orthodox Church*, London und New York 1951.

Friendly, A., *The Dreadful Day. The Battle of Manzikert, 1071*, London 1981.

Fuller, J. F. C., *The Decisive Battles of the Western World*, Band 1, London 1954.

Gardner, A., *Theodore of Studium*, London 1905.

Bibliographie 509

Gfrörer, A. F., *Byzantinische Geschichten,* hrsg. von J. B. Weiss, 3 Bände, Graz 1872–1877.

Gibbon, E., *The History of the Decline and Fall of the Roman Empire,* 7 Bände, hrsg. von J. B. Bury, London 1896; deutsch *Die Geschichte des Verfalles und Untergangs des römischen Weltreiches, nebst einer biographischen Skizze über den Verfasser,* hrsg. von Johann Sporschil, Leipzig 1843, 2. Aufl.

Giustiniani, H., *The History of Chios,* Cambridge 1943.

Grégoire, H., *Etudes sur le 9e Siècle,* in B, Band 8, 1933

Grégoire H., *Etudes sur l'Epopée Byzantine,* in REG, Band 46, 1933.

Grosvenor, E. A., *Constantinople,* 2 Bände, Boston 1895.

Grumel, V., *La Chronologie* (Band 1 des Traité des Etudes Byzantines, hrsg. von P. Lemerle, Paris 1958).

Harnack, A., *Dogmengeschichte,* Tübingen 1931.

Harnack, Th., *Geschichte und Theorie der Predigt und der Seelsorge,* Erlangen 1878.

Haussig, H.-W., *Kulturgeschichte von Byzanz,* 2. überarb. Aufl., Stuttgart 1966.

Hefele, C. J. von, *Conciliengeschichte 1 bis IV,* Freiburg i.Br. 1855 bis 1860.

Hill, Sir George, *A History of Cyprus,* 3 Bände, Cambridge 1913.

Hitti, P. K., *History of the Arabs,* New York 1951, 3. Auflage.

Janin, R., *Constantinople Byzantine,* Paris 1950.

Jenkins, R., *The Byzantine Empire on the Eve of the Crusades,* London 1953.

Jenkins, R., *Byzantium: The Imperial Centuries, AD 610–1071,* London 1966.

Kähler, H., *Die Hagia Sophia,* Berlin 1967.

Karlin-Hayter, P., »The Emperor Alexander's Bad Name«, in: *Speculum,* Band 44, 1969.

Lethaby, W. R., und Swainson, H., *The Church of Sancta Sophia, Constantinople: a Study of Byzantine Building,* London 1894.

Mainstone, R. J., Hagia Sophia: Architecture, Structure and Liturgy of Justinian's Great Church, London 1988.

Mango, C., *The Homilies of Photius, Patriarch of Constantinople,* ins Engl. übers., eingeleitet und kommentiert, Harvard 1958.

Mango, C., »Die Mosaiken« in: Kähler, Heinz, *Die Hagia Sophia,* Berlin 1967.

Mann, H. K., *The Lives of the Popes in the Middle Ages,* 18 Bände, London 1902–1932.

Marin, E., *Les Moines de Constantinople,* Paris 1897.

Martin, E. J., *A History of the Iconoclastic Controversy,* London 1930.

Minns, E. H., »Saint Cyril Really Knew Hebrew«, in: *Mélanges Publiés en l'Honneur de M. Paul Boyer,* Paris 1925.

Neander, A., *Allgemeine Geschichte der christlichen Religion und Kirche,* 6 Bände, Hamburg 1825–1852.

New Catholic Encyclopedia, Washington 1967.

Norwich, J. J., *The Normans in the South,* London 1967.

Norwich, J. J., *A History of Venice,* Band 1: *The Rise to Empire,* London 1977.

Norwich, J. J., *Byzanz.* Der Aufstieg des Oströmischen Reiches, Düsseldorf 1993.

Obolensky, S., *The Byzantine Commonwealth,* London 1971.

Ockley, S., *History of the Saracens,* 4. Aufl., London 1847.

Simon Ockleys Geschichte der Saracenen, übers. von Th. Arnold, o. J.

Oikonomides, N., »Leo VI and the Narthex Mosaics at St. Sophia«, *Dumbarton Oaks Papers,* Band 30, 1976.

Oman, C. W. C., *The Byzantine Empire,* London 1897.

Ostrogorsky, Georg, *Geschichte des byzantinischen Staates,* in *Byzantinisches Handbuch,* Teil I, Band 2, München 1963.

Rambaud, A., *L'Empire Grec au Dixième Siècle. Constantine Pophyrogénète,* Paris 1807.

Ramsay, W., *The Historical Geography of Asia Minor,* RGS, Supplementary Papers, Band 4, 1890.

Runciman, S., *A History of the First Bulgarian Empire,* London 1930.

Runciman, S., *The Eastern Schism. A Study of the Papacy and the Eastern Churches during the 11th and 12th Centuries,* Oxford 1955.

Runciman, S., *The Emperor Romanus Lecapenus and his Reign,* Cambridge 1963 (2. Aufl.).

Runciman, S., *Von der Gründung bis zum Fall Konstantinopels,* München 1969.

Schlumberger, G., *Un Empereur Byzantin au Dixième Siècle. Nicéphore Phocas,* Paris 1890.

Schlumberger, G., *L'Epopée Byzantine à la fin du Dixième Siècle,* Band 1, Paris 1896.

Schreiner, Peter: *Byzanz, Oldenbourg, Grundriß der Geschichte,* hrsg. v. Jochen Bleicken, Lothar Gall, Hermann Jakobs, München 1986.

Segal, J. B., *Edessa, »The Blessed City«,* Oxford 1970.

Smith, W., und Wace, H., *Dictionary of Christian Biography,* 4 Bände, London 1877–1887.

Bibliographie

Swift, E. A., *Hagia Sophia,* New York 1940.

Talbot Rice, D., *Byzantinische Kunst,* München 1964.

Talbot Rice, D., und Hirmer, M., *Kunst aus Byzanz,* München 1959.

Toynbee, A., *Constantine Porphyrogenitus and his World,* London 1973.

Van der Meer, F., *Atlas of the Western Civilisation,* übers. von T. A. Birrell, Amsterdam 1954.

Van der Meer, F., und Mohrmann, C., *Atlas of the Early Christian World,* übers. von M. F. Hedlund und H. H. Rowley, London 1958.

Vasiliev, A. , *History of the Byzantine Empire,* 324–1453, Madison, Wisc., 1952.

Vasiliev, A. A., *Byzance et les Arabes,* frz. Ausgabe hrsg. von H. Grégoire und M. Canard, Band 1: *La Dynastie d'Amorium, 820–867,* Brüssel 1935; Band 2: La Dynastie Macédonienne, 867–959, Brüssel 1950.

Vogt, A., *Basile Ier et la Civilisation Byzantine à la fin du Onzième Siècle,* Paris 1908.

Vogt, A., »La Jeunesse du Léon VI le Sage«, in RH, Band CLXXIV, 1934.

Vryonis, S. *Byzantium and Europe,* London 1967.

Vryonis, S., *The Decline of Medieval Hellenism in Asia Minor and the Process of Islamization from the Seventh through the Fifteenth Century,* Los Angeles 1971.

Wheeler Bush, R. St Athanasias. His Life and Times, London 1888.

3. Literarische Umsetzung

Malerba, Luigi, Das Griechische Feuer, aus dem Ital. übers. von Iris Schnebel-Kaschnitz, Berlin 1991.

Personen- und Ortsregister

Aachen 23 f.
Abdul-Malik, Kalif 246
Abydos 299
Adata 211, 222
Adrianopel (Edirne) 18, 20, 32,
169, 181, 270, 278, 391, 455
al-Amin, Kalif 33
al-Mamun, Kalif 33, 50, 54, 61,
64, 66, 105
al-Muktadir, Sultan 144
al-Muti, Kalif 282
al-Tai, Kalif 298
Alakas, Johannes 271
Aldechis von Benevento 121 f.
Aleppo 226, 228 f., 233, 246,
311, 340, 439
Alexander, Kaiser 108, 127, 135,
146, 155, 157 f., 161
Alexandretta (Iskenderum) 228
Alexandria 54
Alexios Studites, Patriarch 348,
357, 369
Ali Ibn Yahya 83
Alopos, Leon 416
Alp Arslan, Sultan 432 f.,
437–442, 444, 447 f., 451
Alyattes, General 444
Alypina, Helene 290
Amida (Diyarbakir) 82, 194,
283, 438
Amisos (Samsun) 82
Amorion 67 f., 83
Anastasios, Mönch 53
Anchialos (Pomorie) 25

Ani 432 f.
Ankyra (Ankara) 67, 434
Anna, Fürstin von Kiew 300,
305 f.
Anna, Tochter Leons VI. 146
Antiochia 226, 246, 284, 286,
308, 311 f., 328, 340, 447
Antonios II. Kauleas, Patriarch
148, 150
Antonios III. Studites, Patriarch
286
Antonios, Bischof von Sylläon 37
Apamea 71
Aplakes, Johannes 27
Archesch 438
Arethas, Bischof von Cäsarea
150 f., 161
Argyra, Maria 322 f.
Arkadiopolis (Lüleburgaz) 52 f.,
271 f.
Arnulf von Mailand 321 f.
Artoklines, Konstantin 384
Arzan 431
Asad Ibn al-Furat 55
Aschot III. von Armenien 283
Aschot von Armenien 167 ff.
Asis, Kalif 311
Asylaion 115
Athanasios, Eremit 222 f., 233,
244 f.
Athen 326
Attalea (Antalya) 143
Attaleiates, Michael 435–439,
443, 445

Personen- und Ortsregister

Bagdad 33, 61, 105, 143 f., 294, 298, 430, 432
Bagrat von Abasgien 320, 327
Baiana, Eudokia 148
Balantes, Leon 262
Bardas, Bruder Kaiserin Theodoras 74, 80 ff., 87 f., 103–111
Bari 120 ff., 249, 448
Basileios I. Skamandrenos, Patriarch 275, 284 f.
Basileios I., Kaiser 103, 105–131, 133 f.
Basileios II., Kaiser 232, 259, 263, 289–331
Basileios, Proedros 219, 221
Basileios, Sohn Romanos I. 211, 238 f., 251, 261, 263, 291–295
Basiliskianos, Patrikios 115
Beirut 286
Benedikt VI., Papst 284
Benedikt VII., Papst 284 f.
Berengar von Ivrea 213 ff., 248, 251
Bernward von Würzburg 315
Beroe (Stara Sagora) 25
Berrhoia (Werija) 308 f.
Bodin, Konstantin 453
Bogas, Johannes 169 f.
Boiditzes, Offizier 68
Boioannes, Basileios 328 f.
Bonifaz VII., Papst 284 f.
Boris I. Michael, bulgar. Khan 96, 98, 100 f., 112, 119 f., 139, 279, 281 f.
Boris II., bulgar. Khan 259 f., 296
Bringas, Joseph 221, 225, 232–238, 240
Bryas 63
Bryennios, Nikephoros 439–441, 444, 453, 455 f.
Bursa 219
Burtzes, Michael 246, 261, 311 f.
Byblos 286

Cannae 328
Cäsarea (Kayseri) 235, 272, 286, 292 f., 434
Chaldos, Johannes 115
Cherson 280, 305 f., 308
Choi 439
Christophoros, Sohn Romanos I. 180, 196
Chrysopolis (Skutari) 174, 235, 299, 301
Crescentius, Patrikios 316 ff.

Dalassena, Anna 449
Dalassenos, Konstantin 336, 378, 384
Damaskus 226, 286, 312
Damianos, Parakoimomenos 78, 80 f., 107
Damietta 78, 81 f.
Dara 195
David, Fürst von Tao 308 f., 320
Dazimon (Tokat) 67
Dekapolita, Eudokia 80, 104
Deljan, Peter 358, 360
Demetrias (Volos) 142
Demetrius Zwonimir, König von Kroatien 453
Dermokaetes, Mönch 201
Develtos 25
Diakonos, Leon 170, 220, 223, 227, 239
Dukas, Andronikos 143 f.
Dukas, Andronikos 444 ff., 449 f.
Dukas, Johannes 449, 452, 454
Dukas, Konstantin 143, 162 f., 172
Dukas, Konstantin 449 f.
Dyrrhachion (Durazzo) 319, 359

Edessa 194 f., 341, 438, 447
Eladas, Johannes 163
Emesa (Homs) 286, 312

Engelbertha, Kaiserin 113
Erzurum 439
Eudokia Ingerina, Kaiserin 80,
107 f., 114 f.
Eudokia, Kaiserin 434 ff., 448 ff.
Eudokia, Tochter Leons VI. 145
Eugen II., Papst 58
Euphemios, Admiral 55
Euphrosyne, Frau Michaels II.
58
Eustathios, Feldherr 140, 142
Euthymios, Patriarch 151 ff.,
159 f., 162, 167, 219

Formosus von Porto 101
Fulda 318

Gabriel Radomir, bulgar. Khan
325 f.
Gallipoli 302
Genesios 106
Gongyles, Konstantin 211
Gregor Asbestas, Erzbischof 86,
88 f.
Gregor V., Papst 316 f.
Gregor VII., Papst 453
Guiscard, Robert 385, 448
Gutzuniates, Theodoros 128, 146

Hadrian II., Papst 118 f.
Hardr nde, Harald 355, 389
Harun al-Raschid, Kalif 11, 15 f.,
19, 33, 60 f.
Hedwig von Bayern 220, 248
Helene, Kaiserin 174, 199 f.,
210 f., 219 f.
Heraklea 27, 32
Herakleios 218, 225, 233, 286
Hermingarde, Tochter Lud-
wigs II. 120 f., 127
Hexabulios, Johannes 31, 43
Hiera 239
Hieropolis 436, 438, 447

Himerios, Offizier 142 f., 154 f.,
158, 178
Hugo von Italien, König 199, 213
Humbert von Moyenmoutier
398 f., 401 f.

Ibrahim Inal 431
Ignatios, Patriarch 86–89, 91–95,
105, 118, 120, 123 f., 135, 137
Igor, Fürst von Kiew 190, 192 f.,
217, 248, 268
Ikonion (Konya) 143
Irene, Kaiserin 12–15, 25, 38
Isaak I. Komnenos, Kaiser
412–425, 427 f.

Jerusalem 286
Johannes I. Tzimiskes, Kaiser
211, 232–235, 240, 246,
260–263, 265–288
Johannes VII. Grammatikos,
Patriarch 37, 61, 74 f., 105
Johannes VIII. Xiphilinos, Patri-
arch 338, 343 f.
Johannes VIII., Papst 124, 212
Johannes von Chaldia 309, 319
Johannes von Trani 398
Johannes Wladislaw, bulgar.
Khan 325
Johannes X., Papst 212
Johannes XII., Papst 248
Johannes XIII., Papst 252
Johannes XIV., Papst 285
Johannes XV., Papst 316
Johannes XVI., Papst 317

Kabasilas, Konstantin 372, 383
Kairo 430
Kalif von Córdoba 211, 217
Kampanaros, Stadtpräfekt 376
Kandia (Heraklion) 55 f., 224 f.
Karl der Große 7 f., 11, 13 f., 20,
23 ff.

Personen- und Ortsregister

Kastoria 326
Kekaumenos, Katakalon 373,
412, 414
Khelat (Ahlat) 189, 439
Khurasan 438
Kiew 190, 306
Komnena, Anna 457
Komnenos, Alexios 9, 455, 457
Konstantin der Große 7, 11,
208 f.
Konstantin IV., Kaiser 246
Konstantin V., Kaiser 12
Konstantin VI., Kaiser 12, 22
Konstantin VII. Porphyrogenne-
tos, Kaiser 78, 149, 154, 162,
165, 171–176, 178 f., 186,
196–198, 205–217, 221 f.,
248 f.
Konstantin VIII., Kaiser 232,
259, 263, 289 f., 302 f., 322,
333–337
Konstantin IX. Monomachos,
Kaiser 384–395, 401–407,
430 ff.
Konstantin X. Dukas, Kaiser
338, 423 ff., 428, 431, 434 f.
Konstantin, Sohn Basileios I.
108, 120, 127 f., 134
Konstantin, Sohn Romanos I.
196–200
Konstantin-Kyrill 87, 97 ff., 105,
123
Kosmidios (Eyüp) 182
Kotiaios (Kütahya) 450
Kredenos, Georgios 8, 170,
235
Kreta 54–56, 61, 78, 109, 122,
139, 154, 211, 221–225
Krum, bulgar. Khan 17–20,
25–33, 50, 182
Kurkuas, Johannes 188 f., 192,
194 ff., 202, 210
Kurkuas, Johannes 278

Kurkuas, Romanos 234
Kyzikos 219

Larissa 295 f.
Lazaros, Ikonenmaler 69 f.
Leichudes, Konstantin 405, 416
Leo III., Papst 7, 11, 13, 89
Leo IX., Papst 398 f.
Leodikea (Lattakia) 154
Leon III., Kaiser 12, 36, 38
Leon IV., Kaiser 12
Leon V., Kaiser 27–33, 35–38,
41–47, 49, 182
Leon VI., Kaiser 107 f., 127–157,
188, 190, 219
Leon von Ochrid 358, 397 f.
Leon von Tripolis 142, 155, 189
Leon, Erzbischof von Tessalonike
104 f.
Liutfrid von Mainz 213 f., 217
Liutprand von Cremona 8, 178,
191 f., 199, 209, 213, 215 ff.,
239, 242, 249–255, 275
Lothar II. von Lothringen 113
Ludwig der Fromme, Kaiser 33,
57 f.
Ludwig II., Kaiser 69, 96 f., 113,
117, 120 f.

Maleinos, Eustathios 312 f.
Maleinos, Konstantin 313
Maleinos, Michael 240
Malik-Schah, Sultan 443, 452
Maniakes, Georgios 341 f.,
354 ff., 378, 383, 388 ff.
Manjutekin, Heerführer 311 f.
Mantzikert 8 f., 189, 438 ff.,
447 f.
Manuel von Tekes 188
Maria von Amnia 22
Maria, Frau Basileios I. 107 f., 127
Maria-Irene, Frau Khan Peters
185 f., 247

Marozia, Römerin 212 f.
Martyropolis (Mayyafariquin) 83, 283
Matthäus von Edessa 431 ff.
Mauropus, Johannes 338, 405
Mehmed II., Sultan 9
Melitene (Malatia) 79, 122, 298, 328, 440
Mesembria (Nesebur) 26 f., 185
Mesonyktes, Theodosios 279
Messina 373, 388
Methodios 98 f., 123
Methodios I., Patriarch 57, 74 ff., 86
Michael der Syrier 67
Michael I. Kerullarios, Patriarch 396–403, 414
Michael I. Rangabe, Kaiser 20 f., 23, 25–28
Michael II., Kaiser 43–58, 61 f.
Michael III., Kaiser 78–81, 88, 90–100, 103–114, 133 f.
Michael IV., Kaiser 344 ff., 348–361, 364–378
Michael V., Kaiser 358, 364–378, 381
Michael VI., Kaiser 411–415, 418
Michael VII. Dukas, Kaiser 9, 449, 452–456
Michael von Zeta, Zar 453
Milet 110
Moroleon, Gouverneur 181
Mutasim 66–69

Nazareth 286
Neatokomites, Johannes 108
Nikephoritzes 453 ff.
Nikephoros I., Kaiser 14–20, 22 f.
Nikephoros I., Patriarch 21 ff., 26, 37 ff., 76
Nikephoros II. Phokas, Kaiser 55, 222–226, 228 f., 232–269

Nikephoros III. Botaneiates, Kaiser 9, 436, 455 ff.
Niketas, Admiral 121
Niketiates, Sergios 74
Nikolaos, Patriarch 150 f., 154, 158–165, 167, 171–175, 180–185, 202
Nikolaus I., Papst 89, 92–97, 99, 101, 112 f., 118 f., 212
Nikolaus von Adrianopel 287
Nikomedia 416
Nilus, Abt von Rossano 318
Nisibis 194, 283
Nowgorod 190

Ochrid 325 f.
Oleg, Heerführer 190
Olga, Fürstin von Kiew 217, 248, 260
Olymp (Ulu Da) 219
Omar Ibn Abdullah 79, 82 f.
Omurtag, bulgar. Khan 33, 51 f.
Orphanotrophos, Johannes 344, 346, 348–353, 357–360, 363, 365 ff., 378
Orphanotrophos, Konstantin 365 f., 371, 373–378
Orseolo, Giovanni 320, 322 f.
Orseolo, Pietro 319 f.
Ostrowo 390
Otto I., Kaiser 24, 211 f., 248 f., 251 f., 255, 276, 284
Otto II., Kaiser 275 f., 284, 314
Otto III., Kaiser 276, 314–317

Pantherios, Feldherr 197
Paschalis I., Papst 42, 57 f.
Pastilas, Strategos 223
Patras 17
Patzikos, Konstantin 31
Paulus von Populonia 101, 119
Pavia 213, 316 f.
Percri 189

Personen- und Ortsregister

Peter von Amalfi 400
Peter, bulgar. Khan 185 ff., 202,
209, 259
Petronas, Heerführer 82 f.
Philagathos, Johannes 315–318
Philippopel (Plowdiw) 26, 296 f.,
320
Philotheos, Logothet 110
Phokas, Bardas 192, 211, 222,
236 f., 240, 244, 259
Phokas, Bardas 266, 272–274,
277, 292–295, 299–304,
308 f.
Phokas, Leon 170–176, 210,
222
Phokas, Leon 226–228, 232,
236, 240, 246
Phokas, Nikephoros 140–142
Phokas, Nikephoros 266
Phokas, Peter 269, 292
Photios, Patriarch 86–89, 91–97,
100 f., 105, 112 f., 117–120,
123–128, 135 ff.
Pliska 18 f.
Polyeuktos, Patriarch 218 ff.,
234, 236 f., 239, 242 ff., 265 f.
Preslaw 247, 260, 278 f.
Prespa 297, 326
Prizren 453
Prokop 8
Prokopia, Kaiserin 21, 25, 27 f.
Proti (Knal) 198 ff.
Psellos, Michael 8, 290, 304,
309, 334, 338–377, 383,
386 f., 393, 404 ff., 412, 416 f.,
419, 421–424, 428 f., 434,
436, 450, 452, 454

Ravenna 316
Reseina 195
Rhädeston (Tekirda) 32
Rodoald von Porto 92 f., 95
Rom 89, 93 f., 212, 316 ff.

Romanos I. Lakapenos, Kaiser
170–203
Romanos II., Kaiser 197, 207 f.,
219–221, 229, 289
Romanos III. Argyros, Kaiser
336–349
Romanos IV. Diogenes, Kaiser
435–451
Romanos, Prinz von Thessalien
296 f.
Rostislaw, mährischer Fürst 96
Roussel von Bailleul 455 f.
Ruben der Armenier 326
Rurik, Fürst von Kiew 190

Saïf-ad-Daulah 189, 194, 211,
217, 227 ff., 246
Samarra 67 ff.
Samosata (Samsat) 122, 211
Samuel, bulgar. Khan 295 ff.,
305 ff., 309, 319 f., 324 f.
Santabarenos, Theodoros 136
Selymbria 32
Serdika (Sofia) 18, 296
Sergius III., Papst 152 f., 213
Sibit Ibn al-Gawzi 433
Sidon 286
Silistria 279 ff.
Sisinnios II., Patriarch 314
Sizilien 56, 61, 122, 139, 142,
354, 356, 373
Sklerina, Geliebte Konstan-
tins IX. 386 ff.
Skleros, Bardas 269–274, 278,
292–299, 303 ff., 308
Skleros, Konstantin 271 f., 274
Skleros, Romanos 389
Skylitzes, Johannes 8, 210, 270,
383, 387, 420 f., 438, 450
Smbat, armenischer König 168,
328, 430
Spondylos, Fürst von Antiochia
335

518 Personen- und Ortsregister

Staurakios, Kaiser 19, 21, 25
Stefan IX., Papst 399
Stenon (Istinye) 181
Stephanos I., Patriarch 108, 136, 148
Stephanos II., Patriarch 185
Stephanos, Heerführer 353, 355 f.
Stephanos, Magistrat 173
Stephanos, Sohn Romanos I. 196–200
Stethatos, Niketas 401
Stylianos, Kaplan 242, 244
Sursubul, Georg 185
Swjatoslaw, Fürst von Kiew 248, 255, 259 f., 268–273, 277–281
Symbatios, Logothet 111, 137
Symeon, bulgar. Khan 139 ff., 158, 164 ff., 169, 171, 180–187, 202
Syrakus 122

Taomina 142
Tarasios, Patriarch 21 f.
Tarchaniotes, Joseph 439 f., 454
Tarsos 122, 143, 154, 246, 320
Teluch 328, 341
Tephrike (Divrigi) 122
Tessalonike 140–143, 189, 309, 359 f.
Theben 359
Thedosios II. 104
Thekla, Frau Michaels II. 58
Thekla, Schwester Michaels III. 108
Theododote 22
Theodor von Studios 21 ff., 26, 39, 41 f., 56, 76
Theodor, Gelehrter 173, 176
Theodor, Schreiber 70 f.
Theodora, Frau Romanos I. 178, 180, 201
Theodora, Kaiserin 344, 372–376, 381–384, 387 f., 392

Theodora, Kaiserin 48, 65, 69, 73–77, 80 ff., 88, 103, 115
Theodoros Santabarenos, Erzbischof 128
Theodosia, Kaiserin 44, 46
Theodotos I. Melissenos, Patriarch 39 f., 46
Theognostos 94, 99
Theoktistos, Logothet 74, 77, 80 ff., 104, 109
Theophanes Continuatus 8, 47, 106, 128, 161, 210
Theophanes, Bischof von Nikäa 70 f.
Theophanes, Ikonenmaler 15 f., 19, 30
Theophanes, Parakoimomenos 195, 201
Theophano, Frau Leons VI. 128, 131, 134, 144 f., 152
Theophano, Kaiserin 220 f., 231–234, 241–245, 260–263, 265 f., 275
Theophilos, Kaiser 48, 56, 59–72, 90, 104 f.
Theophylax, Patriarch 178, 185, 200 f., 219
Thomas der Slawe 49–54
Tiberias 286
Togrul-Beg, Sultan 430 ff.
Tornikes, Leon 390–394
Tortosa (Tartus) 312
Tripolis 312
Tubakis, Patrikios 390
Turkos, Bardanes 16, 29, 36, 43, 49
Tyana (Kalesihisar) 16
Tyropoion 303

Uranos, Nikephoros 319, 326

Valens, röm. Kaiser 20
Venedig 23 f., 319 f.

Personen- und Ortsregister

Watatzes, Johannes 394
Wladimir, bulgar. Khan 139
Wladimir, Fürst von Kiew 217,
300 f., 305 f.

Xiphias, Nikephoros 324 f.
Xiphilinos von Trapezunt 405

Zacharias von Anagni 92 f.,
95
Zapetra 64, 122

Zautzes, Stylianos 130 f.,
135–138, 140 f., 143, 146
Zoe Karbonopsina, Frau Leons VI.
148 f., 153 ff., 158, 161 ff.,
167–176, 219
Zoe Zautzina, Frau Leons VI.
128, 130 f., 146
Zoe, Frau Romanos III. 321 f.,
336–339, 343–378, 381–388,
392, 409 f.
Zypern 246